U0866049

沈阳劳动模范

沈阳市总工会◎编

中国工人出版社

图书在版编目（CIP）数据

沈阳劳动模范 / 沈阳市总工会编. —北京：中国工人出版社，2016.4
ISBN 978-7-5008-6360-1

Ⅰ.①沈… Ⅱ.①沈… Ⅲ.①先进工作者—列传—沈阳市 Ⅳ.①K820.831.1

中国版本图书馆CIP数据核字（2016）第063081号

沈阳劳动模范

出 版 人	芮宗金
责任编辑	石钰艳
责任校对	赵贵芬
责任印制	栾征宇
出版发行	中国工人出版社
地　　址	北京市东城区鼓楼外大街45号 邮编：100120
网　　址	http://www.wp-china.com
电　　话	（010）62350006（总编室）　（010）62005039（出版物流部） （010）62382916（职工教育分社）
发行热线	（010）62005996　（010）82075964（传真）
经　　销	各地书店
印　　刷	北京睿特印刷厂
开　　本	787毫米×1092毫米　1/16
印　　张	35.25
字　　数	600千字
版　　次	2016年4月第1版　2016年4月第1次印刷
定　　价	78.00元

本书如有破损、缺页、装订错误，请与本社出版物流部联系更换
版权所有 侵权必究

《沈阳劳动模范》编委会

主　编　王翔坤　中共沈阳市委常委、沈阳市总工会主席

副主编　周荣生　沈阳市总工会常务副主席

曹　洪　沈阳市总工会副主席

王　勤　沈阳市总工会副主席

编　委（按姓氏笔画为序）

王海轩　党建文汇原主编

田宝君　中共沈阳市委党史研究室宣教处处长

朱少凡　辽宁职工报原记者部主任

刘一力　中共辽宁省委党史研究室宣教处处长

苏　开　共产党员杂志高级编辑

张家树　沈阳鼓风机集团股份有限公司原工会副主席

赵力军　沈阳日报原研究室主任

原　昌　沈阳芒种文学月刊社编审、作家

顾　威　工人日报辽宁记者站站长

徐子华　沈阳市总工会宣传教育部部长

徐光荣　中国传记文学学会副会长、著名作家

阎雨燕　沈阳市总工会劳动模范工作办公室主任

前言

人民创造历史，劳动开创未来。党的十八大以来，以习近平同志为总书记的党中央高度重视发挥工人阶级和广大劳动群众的主力军作用，始终倡导弘扬劳模精神、劳动精神。2015年在庆祝“五一”国际劳动节暨表彰全国劳动模范和先进工作者大会上，习近平总书记发表重要讲话强调，劳动模范和先进工作者是坚持中国道路、弘扬中国精神、凝聚中国力量的楷模，劳模精神生动诠释了社会主义核心价值观，是我们的宝贵精神财富和强大精神力量。习近平总书记的重要讲话，为我们做好新时期的劳模工作提供了理论指导和实践指南。

沈阳作为国家老工业基地，拥有百万产业大军。在我们党团结带领人民进行革命、建设、改革各个历史时期，沈阳各行各业、各条战线像长江后浪推前浪那样，先后涌现出“新纪录运动的创造者”赵国有，“全国劳动模范小组带头人”马恒昌，“毛主席的好工人”尉凤英，“职工技术协作发起人”吴家柱、林海丰、吴大有，“中国机器人之父”蒋新松，“中国压缩机机壳焊接拼装第一人”杨建华，“魂系海天的航空工业英模”罗阳，“全国最美职工”李志强班等成千上万的先进模范人物。这些不同时期的劳模典型的先进事迹，不仅在沈阳家喻户晓，也在全国产生了重大影响。他们立足本职、不懈追求、矢志创新，把人生理想、家庭幸福融入伟大事业，把个人梦与中国梦紧密联系在一起，在平凡的工作岗位上创造了不平凡的业绩，所彰显的以爱国主义为核心的民族精神和以改革创新为核心的时代精神，是激励沈阳人民既往开来、奋勇前进的不竭动力。

真抓才能攻坚克难，实干才能梦想成真。跨入“十三五”新的发展阶段，加快建设国家中心城市，实现老工业基地全面振兴，是时代赋予沈阳人民的崇高使命。实现我们的奋斗目标，开创沈阳的美好未来，必须全心全意依靠工人阶级、充分调动劳动和创造的积极性，必须在全社会大力弘扬劳模精神、劳动精神，充分发挥劳动模范的榜样引领作用。今天，我们编写出版《沈阳劳动模范》一书，就是要大力宣传劳动模范的先进事迹，使“爱岗敬业、争创一流，艰苦奋斗、勇于创新，淡泊名利、甘于奉献”的劳模精神不断发扬光大，使“劳动最光荣、劳动最崇高、劳动最伟大、劳动最美丽”的观念蔚然成风，让全市人民进一步增强精神力量，焕发劳动热情，释放创造潜能，满怀信心地投身于沈阳全面创新改革的伟大实践，朝着全面建成小康社会、实现中华民族伟大复兴中国梦的宏伟目标阔步前进！

王翔坤

2016年4月

目 录

绪　论………………………………………………………………………… 001

顶天立地做主人（1948—1952）

赵国有——新纪录运动的创造者…………………………………………… 005
马恒昌——全国劳动模范小组带头人……………………………………… 009
马德有——航空工业战线上的攻关尖兵…………………………………… 013
吕去病——中国第一代反坦克火箭弹专家………………………………… 017
焦百顺——新中国第一枚金属国徽铸造者………………………………… 021
高方启——全国第一个模范工厂厂长……………………………………… 024
赵　岚——贯彻管理民主化的模范厂长…………………………………… 028
姜万寿——“综合缝纫连续操作法”的创造者…………………………… 032
聂秉举——模范工会干部…………………………………………………… 036
田桂英——新中国第一位女火车司机……………………………………… 040
郑锡坤——“超轴500公里作业法”的创始人 …………………………… 044

长子担当士气高（1953—1957）

徐连贵——凿岩机“技术大拿”…………………………………………… 051
陈玉言——突破产量定额的革新能手……………………………………… 054
董朗泉——机床行业“神刀手”…………………………………………… 057
张甲禄——电缆行业“土专家”…………………………………………… 061
莫文祥——“一长双跨”的军工、航空战线领头人……………………… 064
赵奎元——老当益壮的技术革新闯将……………………………………… 068
王延隆——轧钢领域革新专家……………………………………………… 072
张振发——沈阳市第一个农业生产合作社的创始人……………………… 075
胡玉玺——全国农业战线一面红旗………………………………………… 078
龚畿道——沈阳农业教学科研事业的拓荒者……………………………… 082

自力更生集结号（1958—1965）

王凤恩——全国工业建设一面旗…………………………………………… 089

尉凤英——毛主席的好工人…… 093
王铮安——万吨挤压水压机的设计师…… 098
吴家柱——职工技术协作发起人…… 102
林海丰——职工技术协作发起人…… 107
吴大有——职工技术协作发起人…… 110
陈富文——水轮机大转子铸造先驱…… 113
张明云——刀具革新标兵…… 117
王春香——技术革新带头人…… 121
崔传华——“三勤四快”好织女…… 124
马　加——人民作家…… 127
李默然——人民表演艺术家…… 131
张敏媛——英雄列车长…… 135
李素文——巧理千家务的暖心人…… 139

默默奉献写新篇（1966—1978）

金福长——刀具大王…… 147
杨洪吉——心比炉火烫的特殊钢战士…… 151
齐　进——不停转动创新大脑的青年工人…… 155
李　薰——开创中国金属研究的科学家…… 159
庄育智——给人造卫星穿上防护衣的冶金物理学专家…… 163
安静娴——中国化学制药企业第一位女院士…… 167
张少铭——农用杀菌剂科研带头人…… 171
张嗣瀛——在“复杂”中寻求简单人生的控制专家…… 175
郑忠文——一心为顾客服务的模范…… 179
张桂兰——心贴心服务群众的金融模范…… 183
李润庭——中国知名肛肠病医学专家…… 187

改革窗口万象新（1979—1991）

张成哲——贡献卓著的革新大王…… 195
阎德义——闻名全国的焊接大王…… 199
赵希友——中国改革风云人物…… 203
徐有泮——锐意改革的优秀企业家…… 207
史继文——自学成才的“铁汉”…… 211
沈延刚——玻璃行业技术大王…… 215

师昌绪——国家最高科学技术奖获得者…… 219
顾诵芬——国产歼8Ⅱ战鹰的总设计师 …… 223
闻邦椿——中国振动利用工程学科第一人…… 227
唐任远——中国首台稀土永磁电机研制者…… 231
陈洪铎——揭开朗格汉斯细胞之谜的人…… 235
李锦韬——全国教育改革先进典型…… 238
筱俊亭——评剧筱派艺术创始人…… 242
花淑兰——评剧花派艺术创始人…… 246
李玉伟——第一个沈阳籍奥运冠军…… 250
王兴亚——农村改革先锋…… 254
杨胜东——北方水稻高产品种的开创者…… 258
王巧珍——商业战线“活雷锋” …… 262
刘国栋——名闻海内外的“辽菜泰斗” …… 266
刘敬贤——“中国食神” …… 270

凤凰浴火展英姿（1992—2002）

于廷伟——重型机械制造领域的专家…… 277
张绍阳——创造超微孔模具的“全国十大能工巧匠” …… 281
徐正新——“走在时间前面的人” …… 285
唐乾三——航空报国的领军人…… 288
邵守元——节约降耗的好工人…… 292
王春霞——带领下岗职工创业的主心骨…… 296
张德山——一心为民的好“官” …… 300
纪云华——公交战线服务明星…… 304
梁鸿义——全国职工职业道德标兵…… 308
关维国——为千家万户送去温暖的人…… 312
蒋新松——“中国机器人之父” …… 316
刘积仁——中国计算机软件产业化的先行者…… 320
孙淑君——为残疾儿童教育撑起一片蓝天…… 324
葛朝鼎——基础教育的改革者…… 328
刘永福——中国柔道界的“金牌教练” …… 332

振兴圆梦创伟业（2003—2015）

“五朵金花”——研制国产大型空分压缩机组的创新团队…… 339

徐　强——压缩机齿轮加工最高精度的创造者…………………… 343
杨建华——压缩机机壳焊接拼装第一人…………………………… 347
曹佰库——大型盾构机的装配大师………………………………… 351
陈新海——为“洋设备”治病的“中国医生”…………………… 355
田志永——走在创新路上的当代工人……………………………… 359
方文墨——80后“大国工匠”　………………………………… 363
罗　阳——魂系海天的航空工业英模……………………………… 367
姜　妍——产业报国追梦人………………………………………… 371
李志强——“动力铁军”的带头人………………………………… 375
高福军——建筑行业农民工典范…………………………………… 379
曲道奎——机器人产业化的领跑者………………………………… 383
陈温福——北方超级稻育种专家…………………………………… 387
徐占海——带领农民致富的好书记………………………………… 391
荆治严——浑河治臭第一人………………………………………… 395
夏云龙——百姓安居的“守护神”………………………………… 399
董文明——煤气抢修一线的“拼命三郎”………………………… 403
潘作良——“为党分忧　为民解难”的信访局长………………… 407
李栓良——群众拥戴的好交警……………………………………… 411
杨成东——舍生忘死的特警队长…………………………………… 415
陈松蒲——老人们的孝顺女儿……………………………………… 419
黄凤珍——“小巷总理”…………………………………………… 423

沈阳劳动模范名录（1949—2015）

全国劳动模范、先进生产（工作）者……………………………… 428
辽宁省劳动模范、先进生产（工作）者…………………………… 432
沈阳市劳动模范、先进生产（工作）者…………………………… 447

后　记 ……………………………………………………………… 543

绪论

劳动模范是在党和政府领导的群众性学赶先进活动和社会主义劳动竞赛中，涌现出来的先进模范人物。我国不同历史时期的千千万万劳动模范，为国家富强、民族复兴、人民幸福建立了卓越功勋。

沈阳作为共和国工业长子，是一个英雄辈出、劳模荟萃的光荣城市。新中国成立以来，这里共产生市级以上劳动模范近3万人（次）。他们为国家建工厂，为大国铸重器，为人民洒汗水、献真情，以赤诚之心、主人之责、创造之力、进取之态，为推动沈阳经济社会发展作出了杰出贡献，以实际行动践行了“爱岗敬业、争创一流，艰苦奋斗、勇于创新，淡泊名利、甘于奉献”的劳模精神。纵观沈阳劳动模范的奋进历程，这是一部可歌可泣、感人至深的奋斗史、创新史、奉献史。

一、劳动模范从延安走来

追溯历史，劳动模范最早诞生于土地革命战争时期中央苏区的公营企业和革命竞赛。抗日战争时期，为打破日本帝国主义和国民党顽固派的军事包围和经济封锁，陕甘宁边区掀起了大生产运动，延安和敌后各抗日根据地涌现出了一大批劳动模范。抗日战争胜利后，在党中央“建立巩固的东北根据地”方针指引下，东北解放区开始了大规模的生产运动，劳动模范的火种从陕甘宁边区扩展到东北解放区，谱写了东北解放区工人运动新的篇章。

1932年3月23日，中共中央组织局发布《关于革命竞赛与模范队的问题》的通知，第一次明确苏区工厂开展劳动竞赛的任务和方法。1933年8月，苏区各厂矿企业开展了劳动竞赛，提出了比数量、质量、成本等内容的竞赛目标，并表彰先进、评选模范，对超额完成生产任务的职工给予精神和物质奖励。1934年1月，毛泽东主席在《中华苏维埃共和国中央执行委员会与人民委员会对第二次全国苏维埃代表大会的报告》中指出，提高劳动热忱，发展生产竞赛，奖励生产战线上的成绩昭著者，是提高生产的重要方法。

抗日战争时期，国民党顽固派进一步加强了对陕甘宁边区的军事包围和经济封锁。为了支援前方战场，我党在陕甘宁边区掀起了大生产运动，“自己动手、丰衣足食”成为边区干部群众的响亮口号和奋斗目标。1942年，中共中央职工运动委员会在延安中央农具工厂进行调查研究中发现，熔铁炉烧火工人赵占魁以厂为家，主动担任最苦累的烧火工作，是以新的主人翁的态度对待新的劳动的典型，调研组及时总结并推广了赵占魁的事迹。同年9月12日，延安《解放日报》发表了《向模范工人赵占魁学习》的社论，陕甘宁边区总工会向边区各级工会发出《关于开展赵占魁运动的通知》。1942年12月下旬，毛泽东主席在中共中央西北局召开的陕甘宁边区高级干部会议上，作了《经济问题与财政问题》的报告。他特别指出，“应改善职工会的工作，发展赵占魁运动于各工厂”。一个学习赵占魁以新的态度对待新的劳动的群众生产竞赛运动，首先在陕甘宁边区的公营工厂职工中普遍开展起来，随后在敌后各抗日根据地得到广泛推广，各地涌现出许多赵占魁式的模范人物。

1943年11月26日，陕甘宁边区第一届劳动英雄模范生产工作者代表大会和第三届生产展览会同时开幕。这次大会成为党的历史上召开的第一次劳动人民的英雄盛会。毛泽东主席在中共中央招待劳动英雄代表会上发表《组织起来》的讲话，号召每一个共产党员，必须学会组织群众劳动，组织生产竞赛，奖励劳动英雄，发动群众的创造力和积极性，把日本帝国主义打出去，把一个新国家建立起来。1945年1月10日，毛泽东主席发表了《必须学会做经济工作》的讲话，充分肯定了劳动英雄和模范工作者的带头作用、骨干作用和桥梁作用。毛泽东主席的讲话鼓舞了各解放区的工人群众，推动了军民大生产运动进一步开展，各解放区的干部群众更积极地加紧生产，支援前线斗争，迎接抗日战争的最后胜利。

抗日战争胜利后，中共中央制定了“向北发展，向南防御”的战略方针，从关内抽调13万部队和2万干部进驻东北。1945年底，中共中央向东北局发出了《建立巩固的东北根据地》的指示，按照这一精神，东北民主联军让开大路，占领两厢，分赴广大农村和中小城市发动群众，建立后方根据地。根据地民主政权的诞生和公营企业中崭新生产关系的建立，为大规模的生产运动创造了条件。1946年7月，东北解放区大规模的模范劳动者运动持续开展起来，通过评选、表彰劳动英雄，调动了工人群众的劳动积极性，广大职工的觉悟不断提高，政治地位发生了根本性的变化。他们当中的许多优秀分子光荣地加入了中国共产党，有的还被选拔到各级领导岗位工作。据不完全统计，共有军工、铁路、矿山、纺织、机械、电业、造纸、邮电等十几个系统，20余万公营企业职工参加了生产竞赛运动，涌现出一大批劳动英模个人和先进集体，数以万计的工人立功受奖。

二、沈阳解放初期的工人运动

1948年11月2日，东北人民解放军解放沈阳。以此为起点，东北在全国率先将工作重心从战争转向经济建设、从乡村转向城市，沈阳成为新中国开展大规模建设的“试验场”，沈阳劳动模范成为中国工人阶级的领跑者。

沈阳解放后，沈阳工人阶级结束了受压榨、受剥削的历史，成为国家主人、城市主人。当时，日本帝国主义和国民党留给沈阳的是一座残破、贫困、饥荒的城市，工业遭受了严重破坏，许多工厂是一片废墟，到处是断壁残垣、蒿草丛生。发动工人群众恢复生产的首要任务是解决工人的吃粮、烧煤等生活问题。沈阳特别市军事管制委员会紧急调运粮食和煤炭发给工人，并给每个人发放生活费，工人群众生活有了保障，为恢复生产奠定了基础。

1949年1月5日，中华全国总工会主席、沈阳特别市军管会主任陈云亲自召开沈阳工人代表座谈会，他在讲话中号召沈阳工人阶级发扬主人翁精神，忍受暂时困难，挑起担子，团结一致，努力恢复和发展生产，支援前线，建设新沈阳，支持全国解放战争取得最后胜利。

在中共沈阳特别市委领导下，沈阳工会组织以建设新沈阳、解放全中国为己任，抓紧工会基层组织建设，协助市委、市政府接收工厂，恢复生产，稳定民心，维护社会治安。全市职工响应市委、市政府关于“叫工厂冒起烟来”的号召，以创造新纪录运动为开端，掀开了劳动竞赛的历史篇章。

1949年8月4日，沈阳第三机器厂工人赵国有首创140分钟加工一个塔轮

（机床部件）的新纪录。这比过去的最高纪录（5个小时）减少了160分钟，提高效率1倍多。同年10月5日—11日，沈阳市第一届职工代表大会召开，会上作出开展群众性创造生产新纪录运动的决议。创造生产新纪录运动从机械工业兴起，由点到面，逐步扩展到纺织、化工、电业、冶金等行业，在全市迅速形成了热潮。到11月，仅东北人民政府工业部机械工业局所属的第一机器厂、第三机器厂、第五机器厂、汽车总厂、实验厂等8家企业，就有3980名职工创造新纪录2473件。当时，在中共中央东北局发布的《关于开展群众性创造新纪录运动的决定》中指出，新纪录运动是“劳动竞赛的萌芽”和“东北经济建设高潮的起点”。创造新纪录运动开始由沈阳推向东北各地。

沈阳最早奖励劳动模范始于1949年10月沈阳市第一届职工代表大会。此次会议确定了“开展生产竞赛，创造模范，培养典型”的方针，大会奖励了赵国有、朱满堂等16名在复工生产、创新纪录、护厂等方面的劳动模范。这批劳动模范历史性地成为新中国成立后地方表彰的第一批劳动模范。

沈阳市总工会运用抓典型带动全面的群众路线的工作方法，不仅选树了“新纪录运动的创造者”赵国有，还及时总结了马恒昌小组这一先进班组的典型。

马恒昌小组全组10名车工在解放后的一年里先后立功、入党。沈阳市总工会在蹲点调研中发现了这个典型，认为他们已经从朴素的感恩和报恩思想升华为自觉的主人翁意识，马恒昌小组是新中国工人阶级的先进集体，这一典型具有方向性和代表性。1950年3月，东北总工会决定在东北全境推广马恒昌小组的先进经验，集中宣传报道马恒昌小组的先进事迹和学习马恒昌小组的活动历时一个多月，引起了强烈反响。中华全国总工会也向全国发出了向马恒昌小组学习的号召。

1950年9月4日至6日，专项授予劳动模范称号的沈阳市首届劳模代表大会召开。沈阳市人民政府市长朱其文在会议上致开幕词，他满怀深情地说：“在沈阳解放不到两年的时间里，沈阳的主要国营工厂全部复工，职工人数由4600人增加到13.2万人；私营工商业由17580户增加到29416户，职工人数由26000人增加到56500人。这是工人阶级的胜利，是劳动模范团结广大职工在恢复与重建沈阳经济中作出的历史性贡献。”沈阳解放初期所积累的发展生产、开展建设的经验，对新中国各项建设具有借鉴和示范作用。

1950年9月25日至10月2日，由中央人民政府政务院召开的全国战斗英雄代表会议和全国工农兵劳动模范代表会议，在北京中南海怀仁堂同时举行。赵国有、马恒昌、徐万福、贾德仁、赵岚、赵德惠、卢兴文、聂秉举、李景民、马德有、康学福、唐忠国、邹云，以及后来在沈工作的田桂英出席了会议。其中赵国有、赵岚、马德有为大会主席团成员（主席团由56人组成）。首批464位全国劳动模范中沈阳占14位，沈阳不愧为新中国劳动模范的摇篮。

三、沈阳劳动模范的历史贡献

在沈阳革命、建设、改革的各个历史时期，广大劳动模范以高度的主人翁责任感、卓越的劳动创造、忘我的拼搏奉献，为沈阳的建设和发展作出了杰出贡献，他们是沈阳的劳动功勋，是全市人民学习的榜样。

1.国民经济恢复时期（1948—1952）

沈阳解放后，为了恢复和发展生产，支持全国解放战争和抗美援朝战争取得最后胜利，沈阳市开展了轰轰烈烈的创造新纪录运动和爱国主义劳动竞赛，涌现出一大批个人、班组、企业的先进典型，其中，赵国有、马恒昌小组、五三工厂经验在全国产生了深远影响。

1952年9月，中华全国总工会会同东北总工会等有关部门总结了沈阳五三工厂依靠工人阶级办好企业、推行计划管理、建立企业正常生产秩序等基层工作的一整套经验，并建议中共中央向全国工矿企业推广，得到了中央的同意和支持。1953年1月，五三工厂被中央人民政府政务院财经委员会和中华全国总工会命名为“模范工厂”，中央人民政府副主席朱德题词“你们是依靠工人阶级搞好工厂企业的模范”。

2.“一五”计划时期（1953—1957）

沈阳是“一五”时期国家重点建设的地区之一。在国家确定的156项重点建设工程中占有6个，同时，国家还在沈阳布局了26个限额以上重点项目。经过“一五”时期的建设和改造，沈阳工业技术水平快速提升，主要产品生产逐步接近当时国际先进水平，已发展成为一个以机电工业为主、门类比较齐全的综合性工业城市，成为国家重要的工业基地，赢得了“共和国工业长子”的美誉。

这5年间，除全国大力支援和苏联专家帮助外，主要依靠沈阳工人阶级的劳动创造。沈阳市总工会在全国率先开展了增产节约、技术革新和先进生产者竞赛活动，广大职工以饱满的劳动积极性和创造性参与竞赛，涌现出一大批劳动模范、先进生产者和先进工作者。沈阳市每年都举办一届劳动模范代表会议，并在会上推广生产新方法和典型经验。劳动模范充分发挥了带头、骨干和桥梁作用，他们积极团结职工群众，解决了生产与工作中的关键问题，保证了国家建设计划的超额完成。

3.社会主义建设时期（1958—1965）

随着社会主义改造基本完成，我国进入了社会主义建设时期。1957年，中国工会八大召开，按照大会关于团结教育广大职工群众，最大限度地发挥职工群众的积极性和创造性的工作要求，沈阳各级工会组织积极开展群众生产工作，组织劳动竞赛，掀起了技术革新和技术革命的群众运动，培养了宏大的崇尚技术的职工队伍，造就了一支又红又专的劳模队伍。“全国工业一面旗帜”王凤恩、“毛主席的好工人”尉凤英、“大转子小组”组长陈富文、“巧理千家务的暖心人”李素文、“英雄列车长”张敏媛等劳模的先进事迹在全国产生重大影响。

20世纪60年代初，面对国家遭受三年自然灾害和苏联突然撤走专家的严峻考验，沈阳工人阶级自力更生、艰苦奋斗，顶住了压力，渡过了难关。1961年6月，吴家柱、林海丰、吴大有等劳动模范和先进生产者在沈阳率先发起了厂际经验交流和群众性技术协作活动。同年10月24日，全国第一个地方性职工技协组织在沈阳成立，并迅速扩展到全省和全国大部分地区。职工技协作为沈阳工人阶级的伟大创举，极大丰富了我国社会主义建设时期工人运动的时代内涵，载入中国工运发展史册。

4.“文化大革命”和拨乱反正时期（1966—1978）

“文化大革命”使沈阳工会组织遭受了严重破坏，工会工作基本上处于停顿状态。大批劳动模范、先进生产工作者被划为“保守派”“保皇派”，备受排斥和侮辱。但他们仍然坚定社会主义理想信念，怀揣甘为国家建设出力流汗的真挚情感，默默坚守在工作岗位，努力做好本职工作。金福长、杨洪吉、庄育智、安静娴等劳动模范、先进工作者在力所能及的范围内，冒着风险坚持生产和科研攻关，展现了沈阳工人阶级无私无畏的豪迈气概。

在共和国最为特殊的历史时期，劳动模范在逆境中坚守并默默奉献，他们为迎接历史新时期和社会主义现代化建设的春天蓄势待发。

5.改革开放初期（1979—1991）

党的十一届三中全会以后，党和国家的工作重心转移到社会主义现代化建设上来。沈阳市作为国务院批准的首批计划单列市，大胆探索城市综合改革，在国有企业中积极推行租赁制、股份制、承包经营责任制，并在全国率先出台地方性企业破产规章，为破解城市改革难题和突破发展瓶颈发挥了典型示范作用，成为全国闻名的“改革窗口”城市。

在这一时期，沈阳涌现出一批全国知名劳动模范。赵希友、徐有泮等企业家劳模敢为人先、锐意改革，施展杰出的管理与开拓市场才能，带领企业闯入国内同行业前列；张成哲、王兴亚等老劳模承上启下，解放思想、开拓进取，为劳模精神赋予了充满激情的时代内涵；顾诵芬、师昌绪等是先进工作者的杰出代表，他们矢志国防、科技攻坚，为国防建设和军工事业发展作出了重大贡献。在新的历史时期，劳动模范不仅在沈阳现代化建设中当先锋、做表率，也激励着千千万万的职工群众积极投身改革开放的伟大实践。

6.深化改革时期（1992—2002）

随着市场经济的深入发展，沈阳大批国有企业难以适应，不少企业停产、半停产，数十万职工下岗。面对严峻的形势，全市各级工会组织围绕深化国企改革，创造性地开展了融思想教育和经济活动为一体的“主人翁工程”活动。这一活动从1994年启动，到2000年结束，持续七年且逐年深化，取得了扎实的成效。

在深入实施“主人翁工程”活动中，沈阳市总工会大张旗鼓地宣传“全国十大能工巧匠”张绍阳、全国职工职业道德“十佳标兵”梁鸿义、下岗职工再就业典范王春霞等劳动模范的先进事迹，并于2000年5月1日在铁西区劳动公园建立了沈阳全国劳动模范雕像群。这一系列举措为深化国企改革注入了强大的精神动力，引领着全市职工挺直腰杆，勇闯难关。在经济转轨和社会转型的阵痛阶段，劳动模范以为党分忧、共克时艰的实际行动，彰显了主人翁的时代风采。

7.实施振兴战略时期（2003—2015）

2003年10月，中共中央、国务院发布《关于实施东北地区等老工业基地振兴战略的若干意见》，为沈阳加快调整改造指明了前进方向。沈阳市委、市政府召开“东北振兴，沈阳先行”誓师动员大会，吹响了打赢振兴老工业基地“辽沈战役”的进军号。

在加快沈阳老工业基地全面振兴的征程上，全市各级工会组织围绕中心、服务大局，着眼发挥工人阶级主力军作用，深入开展“百千万技能人才培育工程”和职工职业技能竞赛活动，为推动振兴发展凝聚精神动力、提供人才保障、汇集强大力量。这一时期，沈阳各行各业涌现出一大批劳动模范，“五朵金花”、徐强、杨建华、潘作良、曹佰库、陈新海、田志永、方文墨、罗阳、姜妍、李志强等劳模典型的先进事迹，不仅在沈阳家喻户晓，也在全国产生了重大影响。

人无精神不立，国无精神不兴。长期以来，沈阳劳动模范用智慧和汗水、执着与付出让劳动之花美丽绽放，用实际行动铸就了一座座劳动丰碑。展望“十三五”，贯彻“五大发展理念”，落实习近平总书记关于推动东北老工业基地振兴发展“四个着力”的总要求，深入实施中共中央、国务院《关于全面振兴东北地区等老工业基地的若干意见》需要我们在全社会大力弘扬劳模精神、劳动精神，用辛勤劳动、诚实劳动、创造性劳动，奋力把沈阳老工业基地振兴发展推向新阶段，朝着加快建设国家中心城市、实现中华民族伟大复兴中国梦的宏伟目标阔步迈进。

顶天立地做主人

（1948—1952）

1948年11月2日，在辽沈战役最后决战的凯歌声中，沈阳迎来了解放，成为中国共产党最早接管的大城市。当时摆在全市人民面前的迫切任务，是建立人民民主政权、迅速恢复生产和支援全国解放战争。正当沈阳人民进行恢复生产之际，1950年6月，朝鲜战争爆发。沈阳人民为支援抗美援朝、保家卫国的伟大斗争作出了巨大贡献。经过艰苦努力，到1952年，沈阳市胜利完成了国民经济恢复工作，为大规模经济建设打下坚实基础。

1948年11月16日，沈阳市职工总会筹备委员会成立。沈阳市工会组织在党的坚强领导下，围绕恢复和发展生产这个中心任务，在推进企业民主管理、发动竞赛推动生产和评选劳模鼓励先进等方面，做了大量卓有成效的工作。

沈阳解放时面临的是一个全面崩溃的烂摊子，恢复和发展生产的任务十分艰巨。日本投降后，许多先进的工业设备被苏军拆卸运走。国民党接收后，大部分工矿企业停产，设备被盗卖。工厂内看不见冒烟的烟囱，厂房里垃圾遍地、杂草丛生，几乎没有一台完好的机床，沈阳工业处于瘫痪状态。

恢复生产首先是恢复设备运转。1949年3月3日，市职工总会筹委会向全市职工发出了开展献纳器材运动的号召，得到职工的热烈响应，献器材、修设备，一大批工人成为贡献器材、抢修设备的主力军。沈阳机器厂工人唐广安带头献出油钢、尺架子、皮带等生产器材，掀起了该厂献纳器材的高潮。在工会组织“努力生产支援前线，献交器材支援工厂”的口号下，仅半年时间，全市共有上万名职工捐献各种器材7.3万多件。

沈阳解放后，人民政府把接管的164家官僚资本主义企业改造为国营企业，国营企业的民主改革成为整个城市民主改革的重中之重。国有企业的民主改革主要在两个方面展开：一是通过成立企业工会组织，发挥工会组织团结教育职工的作用。工会通过各种方式，了解职工的生活和思想状况，有针对性地开展了加强团结教育、党的政策教育活动，提高了职工的思想觉悟，激发了工人当家做主搞好生产的积极性。二是彻底废除旧的生产关系，建立起新型的民主化的企业生产关系。各工矿企业普遍建立了工厂职工代表会、管理委员会。职工代表会代表职工群众，反映每位职工对本厂各方面的意见和要求，参与生产管理和决策。工厂管理委员会的行政指令都是由工会讨论后再予以实施。职工代表会制度培育了工人主人翁精神，使工人阶级当家做主的政治地位得到充分体现。

创造新纪录运动是沈阳工人阶级的首创，具有深刻的革命性。1949年8月4日，沈阳第三机器厂车工赵国有创造了车削“塔轮”的新工具，首创140分钟加工一个塔轮（机床部件）的新纪录。这比过去的最高纪录（5个小时）减少了160分钟，提高效率1倍多。以此为开端，在工会组织的积极倡导和有力组织下，创造新纪录运动开展起来了。这不仅使劳动生产率得到大幅提高，企业管理也得到了进一步加强，加快了生产的恢复和发展进程。仅半年时间，全市就有1.3万名职工参加了创造新纪录运动，创造新纪录6000多项。

在开展创造生产新纪录运动中，沈阳市总工会及时总结了沈阳第五机器厂马恒昌小组这一先进典型，使创造新纪录运动由个人推向集体创造。1950年3月，东北总工会决定在东北全境推广马恒昌小组的先进经验。中华全国总工会也向全国发出了向马恒昌小组学习的号召。

将职工的爱国激情与实干精神紧密结合起来，是沈阳市总工会在抗美援朝期间组织开展爱国主义劳动竞赛的主要特点。赵国有、马恒昌小组带头向全国职工发出了爱国主义劳动竞赛的挑战，广大职工纷纷应战，迅速掀起竞赛高潮。特别是军工企业的广大职工，以“增加产量、提高质量”的实际行动，有力地支援了抗美援朝战争。其间，沈阳“五三工厂经验”在全国得到推广并产生了深远的影响。

沈阳最早奖励劳动模范始于沈阳市第一届职工代表大会。当时，沈阳解放还不到一年时间，伴随着开国大典的礼炮声，1949年10月5日—11日，沈阳市召开了第一届职工代表大会，大会对沈阳市近10个月来的职工工作进行了总结，提出了今后的工作方针和任务。大会将沈阳市职工总会名称确定为沈阳市总工会，并选举产生了市总工会第一届委员会。大会奖励了赵国有、马恒昌、朱满堂等16名在复工生产、创新纪录、护厂等方面的劳动模范。这批劳动模范成为新中国成立后地方表彰的第一批劳动模范，载入了中国工运发展史册。

1950年9月，沈阳市召开首届劳模代表大会，又奖励了一批劳动模范。同年，赵国有、马恒昌、赵岚、聂秉举、徐万福、贾德仁、赵德惠、卢兴文、李景民、马德友、康学福、唐忠国、邹云以及后来在沈工作的田桂英出席了全国工农兵劳动模范代表会议。在首批464位全国劳动模范中沈阳有14位，不愧为新中国劳动模范的摇篮。

沈阳市注重发挥劳动模范的带头作用、骨干作用和桥梁作用。1950年至1952年，连续三年开展劳模表彰活动，全市涌现出航空工业战线上的技术尖兵马德有、反坦克火箭弹专家吕去病、铸造新中国第一枚金属国徽的焦百顺、创造“五三工厂经验”的模范厂长高方启、贯彻管理民主化的模范厂长赵岚、创造“综合缝纫连续操作法”的姜万寿、模范工会主席聂秉举、多次创造火车超轴运载全国纪录的郑锡坤等一大批劳动模范。他们在沈阳市支援全国解放和抗美援朝的伟大斗争中，在完成国民经济恢复工作的伟大实践中，发挥了典型示范作用，作出了巨大贡献，他们的名字回响至今。

赵国有 1924年出生，辽宁省辽阳市人，中共党员。沈阳第三机器厂车工。曾任中华全国总工会生产部副部长、中国第二重型机械集团公司设备处副处长。1948年沈阳解放后，在恢复和发展生产的艰难时期，赵国有主动接受创造加工塔轮新纪录的挑战，把以往加工一个塔轮需要8个小时缩短到只用50分钟，成为东北新纪录运动的创造者。1950年被评为全国劳动模范，出席了全国工农兵劳动模范代表会议。曾当选第一届全国人大代表。

赵国有——新纪录运动的创造者

1948年11月2日，沈阳解放，工人们成了国家的主人。面对千疮百孔、百废待兴的沈阳，工人们纷纷站出来，以主人翁的姿态挑起恢复和发展生产的担子。沈阳第三机器厂以往加工一个塔轮需要八九个小时，可是却冒出一个不信邪的车工赵国有，硬把这个纪录给打破了，最后创造出只用50分钟加工一个塔轮的最新纪录。当时的《东北日报》刊文称“赵国有是东北新纪录运动的创造者，今天不但成为东北工人的一面旗帜，而且在全国人民面前享有很高的荣誉”。

赵国有出身穷苦家庭，15岁到“满洲制作所”当学徒工，吃尽了苦头。新中国成立了，赵国有的苦日子熬到头了，翻身做了主人，喜悦的心情化作高昂的劳动热情，总有使不完的劲儿。

1949年4月，厂里开始试制仿日6尺、8尺皮带车床。加工皮带车床的“塔轮”，既要车外圆，又要掏内孔，加工程序复杂，要求精度很高，以往加工一个塔轮需要八九个小时，伪满时期最高纪录也得5个小时。怎样才能打破以往的纪录，提高生产效率呢？

1950年赵国有在全国工农兵劳动模范代表会议上致答辞

不久，赵国有和工友们得知沈阳第四机器厂的工人车一个皮带车床的塔轮只用4个小时，工效翻了一番。可这件事大家都不太相信。于是工会组织一部分积极分子和一些“犟眼子”去四厂参观学习。他们亲眼看见这一事实，有些人坐不住了，回厂后马上开始加班干，结果最快用6个小时车出一个塔轮。经过研究和改进，逐步加快速度，很快缩短到只用5个小时就能加工一个塔轮。

这时，同厂的划线工张尚举率先向车工赵国有发起挑战，他来突破车床划线的技术难题，赵国有来缩短机床塔轮的生产时间，看谁能创新纪录。赵国有不甘示弱，马上应战。

赵国有暗下决心，非要超过4小时车一个塔轮的新纪录不可。于是，他和时间较上劲儿了：利用“走刀”时间跑步去厕所，为做好下一个工序做准备；下了班还继续干。后来连家都顾不上，索性把铺盖卷搬到厂里，不分白天黑夜“连轴转”。就这样争分夺秒，他把加工一个塔轮的时间缩短为3个小时。

可是没过几天，又传来了兄弟厂打破了赵国有创造的新纪录的消息。

在你追我赶的竞赛推动下，赵国有的信心和干劲儿越来越大。没想到就在这时，有位老工人对他说：“小赵，你年轻，身强力壮，可以拼体力。我老了拼不过，咱们要凭手艺（技术）创造新纪录，才是真本事！”老工人的这番话，给赵国有很大的启发。从此，他开始用脑子干活儿。走路、吃饭时都在考虑用什么办法能创造更高的生产纪录。

赵国有和他加工的塔轮

赵国有决定对工具进行改进，他找出塔轮图纸，测量好塔轮鼓肚的样板尺寸以及改制样板的坯料，自己动手锤打成样板刀，又在砂轮机上研磨成型，制成了合乎图纸要求的鼓肚尺寸的样板刀。结果试验成功，仅这道工序就节省了半个小时，而且加工出的产品质量更好，既光滑又规矩。他又与师傅共同研究，找出车塔轮的关键问题，把刀头改为两面刃，把加长的刀杆尾部卡在“走刀”架上，端头插进安在床头主轴的轴承孔里，让轴承架着刀杆，再上刀时劲儿大点儿也不往外抖了，一刀过去就完成了粗加工。然后再用磨成塔轮一样尺寸的棒铣刀铣一遍，整个工序就完成了。采用这种车、铣相结合的加工方法，将加工时间缩短到了2小时30分。

赵国有还不满足，又进一步改进工具，把车塔轮的内孔和外圆都改成样板刀，都是一刀成型，把加工时间缩短一大截，最快仅用50分钟就车完一个塔轮。另一边，张尚举的技术改造也取得成功。两个人的比赛结果都超过了四厂的工时。

1950年沈阳市第一届劳动模范代表会议会场

赵国有50分钟车一个塔轮，在全厂引起了轰动，大家认为这是一个令人难以置信的奇迹，是不可逾越的极限。这一次，积极分子们更积极了，原来那些“犟眼子”也不犟了，凡是有“能耐”的人都想出来比一比。就这样，你追我赶地掀起了创造生产新纪录的高潮。赵国有不仅自己带头干，还主动团结和带动其他工友共同改进工具，使他们也创造出了生产新纪录。“一帮一”“一对红”，集体攻关创纪录在全厂蔚然成风。

创造了最新纪录的赵国有成为工人阶级主人翁意识和创造精神的突出代表。1949年10月，东北总工会和沈阳市总工会作出决定，在全市开展学习赵国有创造新纪录的群众运动。全市立即掀起了创造新纪录的生产竞赛高潮，使劳动生产率得到成倍的提高。不久，中共中央东北局、东北人民政府和东北总工会总结推广了沈阳的经验，联合发出开展创造新纪录运动的决定。《人民日报》以“燎原的火焰——创新纪录运动的烈火是怎样点燃起来的”为题作了专题报道。此后，创造新纪录运动在东北大地蓬勃展开，并迅速推向全国，在新中国初创时期的工业发展史上书写了浓重的一笔。

1950年9月，赵国有参加了全国工农兵劳动模范代表大会，荣获“全国劳动模范”称号，并代表全体英雄模范向大会致辞，在这次大会上，他受到了毛泽东主席的亲切接见。与毛主席的合影照片，成为赵国有永久的纪念。

马恒昌 （1907—1985），辽宁省辽阳市人，中共党员。沈阳第五机器厂车工一组组长。曾任齐齐哈尔第二机床厂车间主任、总机械师、党委副书记。在支援全国解放战争中，马恒昌带领所在车工一组完成了制作高射炮闭锁机任务。在工厂开展的“红五月”劳动竞赛中，车工一组制定了“先检查头一个活儿”制度、“三人技术互助组”制度，连续大干37天，没出一个废品，被命名为“马恒昌小组”。马恒昌小组不断创造生产新纪录，并创造了班组民主管理模式。1950年，马恒昌被评为全国劳动模范，马恒昌小组被评为全国劳动模范小组。曾当选第一届至第六届全国人大代表。

马恒昌——全国劳动模范小组带头人

旧社会，马恒昌在兵工厂做工，在车床旁站了25个春秋，承受着工头的压榨和盘剥。沈阳解放这一年，他进入沈阳第五机器厂当了一名车工。解放前后鲜明的对比使他认清只有共产党才是为人民的，从内心焕发了当家做主的自豪感和积极性。

当马恒昌看到厂里要工具没工具，要原料没原料，恢复生产困难重重的景象时，决定献出珍藏多年的千分尺。这把千分尺在母亲病重的紧要关头，马恒昌曾要把它卖了。可老母亲知道了，在病榻上抱着这把千分尺说啥也不撒手，她说全家七八口人啊，不能为了救我大伙儿都没饭吃。后来，马恒昌拿着千分尺来到母亲坟前跪了很久，磕了三个头："妈呀，我把这个千分尺要送给党了，我想你不能不乐意吧？"第二天，他把千分尺捐了出去。这把尺子震动了全厂，工友们纷纷捐献器材，只要家里的东西工厂能用上的，几乎全拿了出来，机器开动起来了。

马恒昌为人忠厚纯朴、身材高大、技术高超，被工友们推举为车工一组组长。他

建组初期马恒昌小组组员合影

说："工人当家了，咱得干出个样儿来。"

有一次，工厂把修复17门高射炮闭锁机的任务交给了车工一组。闭锁机是高射炮的核心部件，不仅是小件，而且是曲型，如果没有专门的工装卡具根本干不了。马恒昌也从来没干过这个活儿，又不会搞制图设计。但他没气馁，一心想着军令大过天，下定决心把它做出来。从接过活儿起，马恒昌的心就长在了车床上，边琢磨边动手干。一天大早，正当马恒昌来到车床开始操作时，外面响起了空袭报警声，工友赶紧拉起他躲避，马恒昌手里拿着工具，镇静地说："他炸他的，我干我的，我命大不会有事的。"话音刚落，一枚炸弹就落在车间旁，把玻璃炸得粉碎。马恒昌就是凭着这股劲儿和一手好功夫，硬是把这块骨头啃了下来。马恒昌的模范行动感染着身边的工友，他们同马恒昌一起日夜奋战，谁也不叫一声苦、喊一声累，终于提前5天完成了任务。高射炮运往前线后，有效地扼制了国民党飞机的轰炸，为解放战争的胜利作出了贡献。紧接着，小组又圆满完成了子弹装存机等多项任务，受到东北人民政府和东北军区的表彰奖励。

马恒昌看到车间产品合格率低、浪费大，考虑到工友们的技术等级不一样，特别是刚进厂的年轻人比较多，打破旧社会"教会徒弟、饿死师傅"的戒规，毫无保留地把自己的手艺传授给他人，不厌其烦地进行讲解和示范操作。一次，马恒昌从材料库里领来一根足有两米长的钢料，牢牢地卡进卡盘，然后从工具箱里取出一把刀具，把它紧紧地拧在刀具台上。马恒昌启动车床，只见刀头飞速切削，铁屑细长，冒出缕缕蓝烟。工人们瞪大了眼睛，盯着马恒昌的车床，车床转速竟然达到了1400转。当马恒昌拿起光滑锃亮的丝杠时，叫好声一片。马恒昌也激动地流下了热泪。这绝活儿是他挨了小日本一刀，偷学了好几年才学会的。他今天检验一下自己的手艺，只是想让大家明白，除了多干活来报答共产党的恩情之外，最重要的还要琢磨怎样才能干好活，出绝活儿。在他的带动下，工人学技术的热情越发高涨。

俗话说，"人心齐，泰山移"。为了迎接"红五月"劳动竞赛，厂里上上下下干得如火如荼。"打倒蒋介石，解放全中国"的标语贴满了车间。马恒昌带领车工一组建立了"技术研究会""检查头一个活儿""三人技术互助组"，改进了10多种工具，建立了产品质量保障制度。他和小组工友每天都提前上班，每天都能干出两天的活儿，产品质量件件过关，这在当时算得上是一个奇迹。最后，车工一组以连续37天无废品、工效提高2倍多的新纪录，走在了全厂的前列。在厂里召开的竞赛总结表彰大会上，厂长把"生产竞赛模范班"的红旗颁发给车工一组，并以马恒昌的名字命名车工一组为"马恒昌小组"。之后，全组成员用半年时间又创造了10项新纪录，改造了18种工装卡具，只用28天就完成了两个月的生产任务。组员佟俊山以37分钟加工一个塔轮的全市新纪录，打破了沈阳第三机器厂赵国有50分钟加工一个塔轮的纪录，被沈阳市总工会授予“塔轮大王”的称号。10名组员8个月内全部加入中国共产党。

马恒昌不仅是生产竞赛的模范，也是班组生产管理的模范。他说：“大家选我当组长，咱得实心实意地依靠大家，团结大家，齐心协力地把生产搞好。最关键的，组里的事不能只靠我一个人说了算，得想办法把全组的人都鼓动起来。”从此，马恒昌小组有了学习干事、卫生干事、工具保管干事、文教干事、安全干事，还产生了福利干事、评功干事。马恒昌带领工人发扬民主封出来的“官儿”，充分地发挥了小组每个人的专长，调动了所有人的积极性。再后来，马恒昌小组形成了“六大员”（政治宣传员、技术质量员、经济核算员、工具管理员、设备安全员和生活服务员）的民主管理模式。

DONGBEI RIBAO
东北日报
東北人民政府工業部關於一九五〇年第二季度工作的決定
馬恒昌模範小組 經常保證優越質量 一貫超過生產任務
該組先進生產經驗值得效法
擴大縣級結算範圍
社論 推廣馬恒昌小組的生產經驗
慘殺我被俘軍民四百多
馬恒昌小組的生產經驗

1950年4月14日东北日报报道马恒昌小组经验并配发社论

1950年9月，马恒昌被评为全国劳动模范，马恒昌小组被评为全国劳动模范小组——“生产战线上的模范”，这是新中国成立以来，第一次以个人名字命名的先进班组。马恒昌代表小组光荣地出席了全国工农兵劳动模范代表大会。在党中央和政务院举行的盛大国庆招待会上，马恒昌代表劳模向毛主席敬酒，毛主席像见了老朋友似的连说：“马恒昌，我知道的，我知道你。”马恒昌激动地说：“我代表工人阶级向您敬酒，为您的健康干杯！”毛主席也举杯示意，声音洪亮地回答道：“为了工人阶级幸福干杯！”并同他热情握手。

马恒昌后来回忆说：“怀仁堂是什么地方？是毛主席、共产党把咱们工人聚到这个地方。我寻思啊，‘工人’这两个字，摞起来不就是个‘天’么，咱们工人得把天给挺起来。”

抗美援朝战争爆发后，东北人民政府将部分企业疏散到北部边陲城市。马恒昌小组随第五机器厂的一部分来到新建的齐齐哈尔第十五机器厂。岁月流逝，但马恒昌和马恒昌小组“忘我生产、无私奉献”的精神，始终激励着千千万万的劳动者为实现工业强国的梦想努力奋斗。

马德有（1907—1978），天津市人，中共党员。空军工程部东北修理总厂第五厂工人，国营黎明机械制造厂工人技师。五厂在抗美援朝战争期间是志愿军空军的后方基地。为完成抢修飞机和试制飞机零配件的任务，他利用废旧材料研制出5种发动机检修专用模具、卡具和检测设备，大大提高了工作效率，被工友称为“马德有工具”。1967年退休后，他仍保持劳模本色，无偿为工厂解决各种技术难题，其中一项发明给工厂挽回几千万元损失。1950年被评为全国劳动模范，出席了全国工农兵劳动模范代表会议。

马德有——航空工业战线上的攻关尖兵

马德有把自己的一生都献给了党的事业，献给了祖国的航空工业。他的一生都拼打在生产一线，是老一代沈阳航空人的杰出代表。如今他的塑像耸立在黎明公司厂区内，职工们每天都能瞻仰到老劳模的风采，鼓舞后人继续为祖国的航空事业奋斗。

1907年6月，马德有出生在天津的一个工人家庭，从小生活艰辛，是个在苦水里泡大的汉子，沈阳解放时他已步入不惑之年。在旧工厂的多年磨砺经历，不仅养成了他倔强的性格，也使他积累了丰富的技术知识。

1949年3月，马德有参军，在空军工程部东北修理总厂第五厂任技术员。1950年6月，朝鲜战争爆发。同年12月，中国人民志愿军空军参战，马德有所在的工厂成为空军

马德有（右一）与工友在革新设备前留影

的后方基地。当时，志愿军空军有一个团的兵力驻扎该处，飞机经常在这里起降。从苏联购买的上百架“米格-15”等飞机部件，也是运到这里后在苏联专家的指导下组装试飞。同时，工厂还承担抢修飞机和试制飞机零配件的任务。

当时工厂的设备非常简陋，材料紧缺，技术力量十分薄弱，修理工作面临着巨大的困难。马德有把对党和新中国的爱全部倾注在工作上。他吃、住在车间，先后制造5种修理飞机发动机的专用模具、夹具和试验设备，提高了工效，保证了修理质量。他所创造发明的工具设备，被工友称为“马德有工具”。以后他又自己动手利用废旧器材，制造成功活塞发动机汽缸研磨机，加工效率提高6倍。马德有还和工友一道修理了“雅克-17”“拉-9”“米格-15”等10余种飞机600多架，有力地支援了抗美援朝战争，受到空军和总厂的好评。1950年9月，马德有被评为全国劳动模范，作为大会主席团成员光荣出席了全国工农兵劳动模范代表会议。

1951年6月，马德有转到111厂装配车间工作。当他发现洗涤发动机零件都是用人工洗涤，不仅费时、费力，而且浪费能源，便找来一些废泵、废管、废槽、废喷嘴，成功研制出洗涤机，使洗一台发动机零件所需工时由100小时降到10小时。

1952年，马德有利用过去美日旧式发动机分解台，改造了一台活动旋转式的发动机分解台，在发动机上部零件分解之后，通过一套齿轮装置把发动机翻转180度，将下面未分解的零件转到上面来。这样，不仅提高了效率，而且大大降低了工人的劳动强度。后来，他又利用同一原理，设计制作机匣夹定器，使机匣修理也能旋转自如，任意固定，避免了零件划伤，保证了质量。

整装待发的中国人民志愿军空军部队

1956年1月，马德有调入410厂，任装配车间前机匣工段长。虽已年近半百，但为了参加新机试制，仍刻苦学习文化和新技术。作为老劳模，哪里有困难，他就到哪里攻关，被誉为“攻关尖兵”。

退休后马德有两次被黎明公司评为劳动模范

马德有退休后仍然保持劳模本色，不顾身患多种疾病，经常无偿地为工厂解决生产中的技术难题。20世纪70年代中叶，工厂生产的某型发动机发生事故，涉及数千台发动机，如不及时解决，将会影响空军的训练和战备需要。退休在家的马德有听说后匆忙赶到工厂，凭着丰富的经验和对发动机各部位的透彻了解，他提议制作一件能拿到空军外场进行检查的专用工具，结合理化实验室制定的化学鉴定法，应该可以确定哪些发动机有问题。经过这样的鉴定过程，需要返厂的就只是一小部分发动机了。他的想法一经提出，便得到厂领导和技术人员的极大支持。办法虽然有了，但没有检查工具。马德有主动请缨，誓要发明一个既管用，又方便的工具。他自己动手画图，自己动手找材料加工。虽然年纪大了，腿脚不够灵便，却每天早早就来到车间，一会儿对他研制的工具进行试验，一会儿又拿着工具到车间去改制，一天不知要往返多少趟。经过一个多月的反复试验，一件近乎于机械手的工具终于诞生了。可别小看了这个长不足1米、直径不足30毫米的工具，工作起来准确率达100%，这项发明解决了困扰企业的一个特大难题，给工厂挽回了几千万元的损失。

为表彰马德有的特殊贡献，国营黎明机械制造厂在1975年和1976年连续两年都破格将他评为劳动模范。1977年底，马德有患胃癌住院，领导和职工去看望他，他说：“别看我70岁了，可我不服老。这辈子最大的遗憾，是没有把我国自己设计制造的发动机亲手装配送上天。我病好出院后，到需要我时，我还是要干的。”

1978年1月，病魔夺去了马德有的生命，但他的贡献与精神却成为中国航空工业永恒的财富。

吕去病（1915—2012），江苏省丹阳市人，中共党员。中国第一代弹药火箭专家。曾任沈阳五二工厂技术科长、副厂长兼总工程师，兵器工业部第二三研究所总工程师。抗美援朝战争期间，他所在工厂承担了研制生产新型武器的紧急任务。在十分艰难的条件下，吕去病带领研制小组，成功研制了中国第一代反坦克火箭弹和炮兵火箭，为打破以美国为首的联合国军的陆地优势，迅速扭转战场的被动局面，取得抗美援朝战争的最后胜利立下了功劳。中国第一代反坦克火箭曾获国家创造发明奖一等奖。他于1952年、1953年被评为沈阳市劳动模范。曾当选第一届全国人大代表。

吕去病——中国第一代反坦克火箭弹专家

在抗美援朝战争中，中国人民志愿军同以美国为首的“联合国军”坦克部队，进行了一场力量悬殊的大角逐。志愿军凭借国产火箭炮等反坦克武器，打破了敌人的坦克优势，迅速扭转战场的被动局面，为抗美援朝战争的胜利争得了主动权。吕去病作为中国第一代反坦克火箭弹专家，功不可没。

吕去病的一生都和兵器事业相连。1933年他考入大学，国家贫穷、落后、受人欺压的历史，使吕去病立志专攻兵器专业，将来报效祖国。1945年在美国兵工学校专修轻兵器8个月，毕业后回国。

1950年4月，在新中国工业化建设的火热年代，吕去病听从组织安排，从山城重庆来到北国沈阳，在国家重要的兵工企业——沈阳五二工厂任中央技术管理局火箭研究小组组长兼任工厂技术科科长、主任工程师。

1950年10月，抗美援朝战争开始后，前方急需反坦克武器。

当时在朝鲜战场上，敌方的坦克以快速的突击力、机动力和强大的火力、防护力，成为“陆地之王”。中国人民志愿军在入朝初期的前四次战役中，缺乏反坦克武器，能否有效反制敌方坦克，成了志愿军争取战役胜利的关键因素之一。

吕去病在研究产品设计方案

中国决心生产反坦克武器。1951年1月，中央军委下达了反坦克武器研制任务，确定了生产重点。吕去病担任组长的火箭研究小组奉命在3个月内研制成功反坦克火箭。

接到命令后，吕去病一夜都没

有睡。火箭弹在国内从未生产过，火箭发射筒更是没有研制经验。要完成这项任务，他心里确实没有十分的把握。任务是艰巨而光荣的。在厂党委的领导支持下，他依靠全厂职工，组织火箭研究小组及技术科的工程技术人员开始了艰难的技术攻关。大家一心扑在工作上，以一天一个实验周期的速度，每天工作16个小时，有时通宵达旦地干，没有人叫苦喊累。1951年3月底，在规定的3个月期限内，他们完全依靠自己的技术力量，全部使用国内资源，自行设计和研制成功中国第一代反坦克火箭弹及发射筒。火箭弹采用多喷口涡轮式火箭发动机，最大射程1100米，有效射程300米，能穿透105毫米厚度钢板。这种火箭弹对打击敌方20~30吨中型坦克绰绰有余。同年8月，又研制成功威力更大的第二代反坦克火箭弹——241式90毫米单孔尾翼式反坦克火箭弹，采用单孔喷火发动机，最大射程780米，有效射程200米，能穿透152毫米厚度钢板。1951年全厂制造出火箭筒5000具，火箭弹20万发，有力地支援了前线。

这些反坦克武器投产后，即大量运往朝鲜前线。志愿军利用国产反坦克武器，组建了各级反坦克分队，形成了完整的反坦克体系，使我军的反坦克火力发生了根本性的变化，为整个战役的胜利奠定了基础。据1951年10月《东北日报》报道，志愿军使用反坦克火箭弹，仅一个多月就击毁了美军坦克282辆，打退了敌人坦克群的猖狂进攻。对粉碎美帝的“秋季攻势”起到了很好的作用。

中央军工总局于1951年底在五二工厂举行了极其隆重的表彰奖励大会，火箭研究小组的7位工程师荣获国家创造发明一等奖。吕去病作为工程技术人员的代表被评为沈阳市劳动模范，出席了沈阳市第三届劳模大会。还当选为沈阳市人民政府委员。

在抗美援朝战争期间，吕去病还主持研制成功我国第一代炮兵火箭，并生产了3万发，在上甘岭战役中发挥了很大作用。志愿军大型火炮少，为了提高小炮的威力，吕去病和研制人员把解放战争时期兵工战士制造的60和82迫击炮超口径炮榴弹，从结构上加以改进，设计、研制成120毫米及150毫米直径的大头弹和长杆弹，将小炮威力扩大成大炮威力，大大提高了步兵作战能力。1953年，他再次被评为沈阳市劳动模范，出席了沈阳市第四届劳模大会。同年，作为代表出席中国工会第七次全国代表大会，受到党和国家领导人的接见。

中国第一代反坦克火箭发射筒

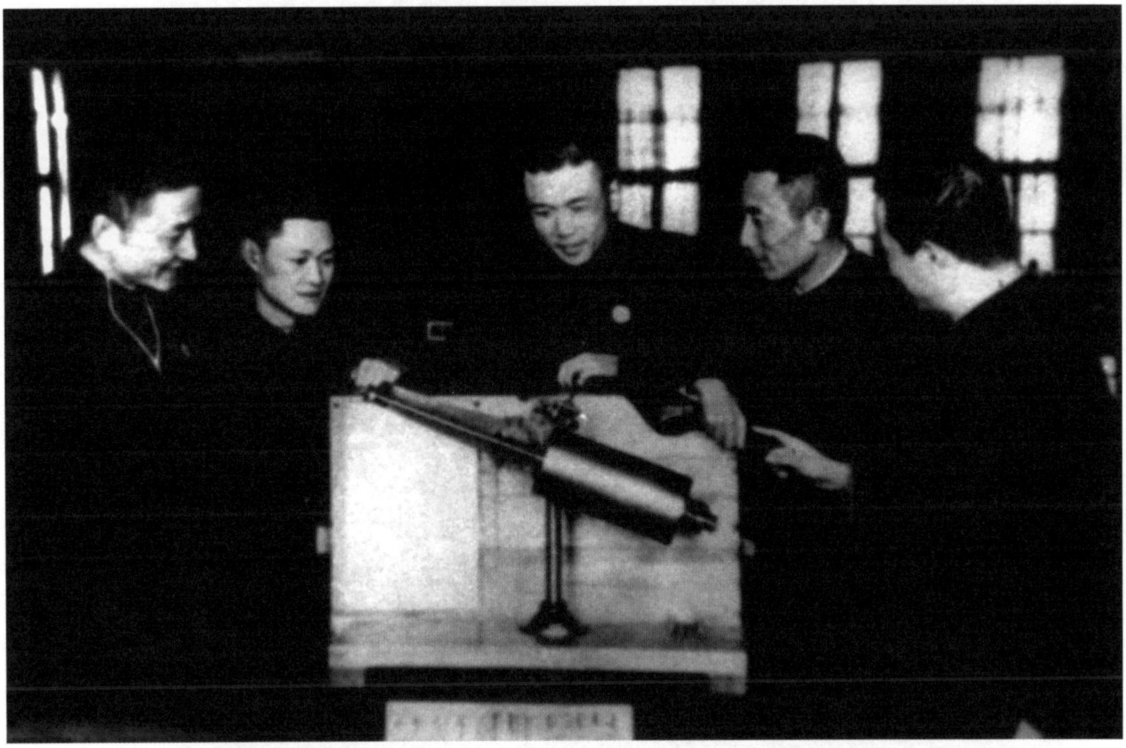

抗美援朝战争期间吕去病（左一）与谢光选（中）等在一起讨论设计方案

1954年后，吕去病任工厂生产副厂长兼总工程师。他奠定了工厂技术管理基础，解决了当时苏联工厂也同样存在的质量关键问题。吕去病在技术攻关领域不断取得新的成果。1959年研制成功160迫击炮增程弹，不但填补了国内空白，而且其主要性能远远超过苏联同类产品，达到当时国际先进水平。1964年，为配合我国第一颗原子弹试验，他接受了上级下达的要在两个月内研制成功收集粉尘用的气象弹的特急任务，结果只用57天就圆满完成了研制和生产任务。他为国防科研事业作出了突出贡献。

焦百顺（1914—2000），山东省掖县人，中共党员。曾任沈阳第一机器厂铸造车间大型工段工长。1950年9月，中央人民政府把铸造新中国第一枚金属国徽的任务交给了沈阳第一机器厂。在工厂设备简陋、工具落后、技术存在难题的情况下，焦百顺和工友们团结协作、攻坚克难，圆满完成了任务。1951年五一国际劳动节，沈阳工人铸造的新中国第一枚金属国徽悬挂在天安门城楼上。1956年他被评为全国机械工业系统先进生产者。

焦百顺——新中国第一枚金属国徽铸造者

国徽象征着国家的主权和尊严。鉴于沈阳第一机器厂拥有一定的铸造技术力量，1950年9月，中央人民政府把铸造新中国第一枚金属国徽的任务交给了该厂。工厂接到任务后，推举铸造技术尖子焦百顺担此重任。

沈阳解放后，焦百顺担任沈阳第一机器厂铸造车间大型工段的工长。深秋的一天，工厂领导郑重地把一尊带有五颗星、天安门城楼、麦稻穗和齿轮的圆形石膏浮雕立体模型放在了桌子上，告诉焦百顺："现在有一项重要任务，需要你带头去完成，而且只准做好不许做坏。"得知是为新中国铸造第一枚金属国徽时，焦百顺十分激动。"铸造国徽是咱们厂的光荣，我相信你一定能带头完成好任务。"领导又嘱咐说，"现在离明年五一国际劳动节只有半年多时间，任务非常艰巨。"激动之余，焦百顺不免有些紧张，怕完成不好任务，可转念一想："俺不干，谁干？解放前，自己逃荒要饭来到沈阳，是共产党、新中国把俺从苦海里救了出来，自己不是在党旗下宣过誓吗？俺咋能不听党的话呢？"加班生产已经连续几天没休息的焦百顺，信心十足地回答："保证完成任务！"

当时，机器一厂在铸造技术上虽说有名，但生产条件却是很艰难的，不仅设备简陋、工具落后，技术上也存在很多难题，从模具制作到浇铸成型主要凭经验手工操作。要完成国徽这样高精度的铸件，工艺难度相当大。

铸造国徽的第一道工序是做模型，这直接关系到铸件的质量。焦百顺亲自翻砂做模型，力求使铸件平整光滑、纹理清晰、凹凸有序。但在刚开始时，做出的模型就是不过关，图案模糊，麦稻穗的粒不鼓、芒不显。焦百顺带领攻关小组，经过多次实践和摸索，终于做出了合格的模型。

铸造国徽的第二道工序是向模型里浇铸金属液。国徽的质地为铜铝合金，其中铜占8%，铝占92%。难题是两种金属熔点相差很大，温度高了低了都不行，浇铸的火候很难掌握。国徽上的绶带部分因纹理较厚，金属冷却后总是呈现很大的凹陷部位。在熔制过程中，工人们反复试验，采取局部浇水加速冷却的方法，使铸件局部缩型的难题迎刃而解。

在铸造国徽的日子里，焦百顺和工人们不分白天黑夜连轴转，困了就在厂房里和衣而睡，饿了拿窝窝头就着咸菜吃。铸造车间常常彻夜灯火通明。

没有炉子，工人们砌了个砖炉；没有化铝罐，自制铁罐代替；没有脱氧剂，用木棒搅拌脱氧；没有测试铝水温度的仪器，就在炉前肉眼观察铝水颜色的变化。参加过国徽铸造工作的老工人吴嘉祐回忆，当时为了完成国徽的抛光加工，工人们还自制了许多小工具，用自制的钢丝刷将国徽毛坯表面那些凹凸不平的地方打磨干净，然后将有瑕疵的地方修补完整，再用自制的小刀将国徽图案中的细节部分一一雕刻出来，最后再用专用刮刀刮平图案表面，进行整体抛光，这样打磨出的国徽如镜面般光亮。

1951年4月，焦百顺和沈阳第一机器厂的工人们硬是凭目测、手工操作的精湛技艺，攻克了一道又一道难关，提前20天成功地铸造出10多枚不同型号的国徽。其中直径为2米的大型国徽于1951年5月1日庄严地悬挂在天安门城楼上。在人们欢庆国际劳动节那天，沈阳工人阶级格外自豪。

焦百顺不骄不躁，在“一五”时期工厂改建中刻苦学习技术，不断创造新成绩。他试验利用新技术铸造成功1A62床身铸件，试铸成功水平尺铸件，主动承担的试铸空气压缩机气缸的任务，解决了生产上的难题。他于1956年荣获全国机械系统先进工作者称号。

电影《国徽》剧照

高方启（1915—1966），河北省深县人，中共党员。曾任沈阳五三工厂厂长、沈阳飞机制造厂厂长。任沈阳五三工厂厂长期间，他在依靠工人阶级搞好生产、建立企业生产管理制度、理顺企业内党政关系等方面进行了积极探索，工厂逐年超额完成国家计划，生产的武器弹药有力地支援了抗美援朝战争。1953年被评为沈阳市劳动模范。同年，五三工厂被中央人民政府政务院财经委员会和中华全国总工会命名为模范工厂。曾当选第一届全国人大代表。

高方启——全国第一个模范工厂厂长

在国家即将迈入第一个五年计划、大规模的工业建设即将开始之际，如何建立国营企业的生产管理制度，怎样对待和理顺企业内的党政关系，成为国民经济发展时期企业管理体制探索的重中之重。在沈阳，五三工厂走出了一条新路，创造了全国闻名的“五三工厂经验”。五三工厂的带头人，正是厂长高方启。

沈阳五三工厂是兵器工业部枪弹生产重点企业。1949年12月，抗日战争时期参加革命的高方启出任厂长。高方启对于如何管理企业缺乏经验，但党组织和工人群众的信任，激发起高方启极大的干劲儿，他决心不辜负组织的期望，为五三工厂的发展作出贡献。

从1949年10月到1952年底，是国民经济恢复时期，当时许多厂矿在由恢复转向生产之后，出现了某种混乱现象，五三工厂也不例外。虽然工厂在生产恢复时期进行了民主改革，建立了工会等组织，还成立了工厂委员会，实行民主化管理，但是在生产计划、产品质量、成本核算等方面还没有可行的标准，更无完善的制度，很多人还存在着供给思想，生产后劲儿不足。

针对这一状况，高方启带领干部职工制订了一系列推动生产改革的措施。首先规定了产品的生产标准，接着落实经济核算制，实行车间成本核算。在开展新纪录运动中，除学习苏联先进方法实行定额、制订日生产计划外，还大胆改进工资制度——由超额奖励制过渡到计件工资制。为加强生产管理，制定了有关技术、生产安全、劳动保护等各项制度；健全了各职能科室及车间管理组织建立了各项业务的办事细则，实行了从厂长到直接领导生产的干部的三级制，实行了独立会计制度，开展了质量大检查，等等，从而使生产管理、技术管理、财务成本管理逐步走向正轨。

抗美援朝战争爆发后，五三工厂的生产任务骤然增加。为加快枪弹生产速度、支援前线，全厂开展了大力推广先进经验，广泛深入地发动职工找窍门、挖潜力，提合理化建议活动。通过开展活动，使产品产量、质量不断提高，成本不断降低。1951年，五三工厂生产的各种枪弹比1950年增加了4倍，1952年的产量又比1951年增加1倍，有力地支援了抗美援朝战争。

随着生产的发展与提高，职工的物质文化生活也得到很大的改善。业余疗养所、慢性病疗养所、宿舍区门诊所、保健食堂、托儿所、子弟学校等集体福利设施相继建成，厂里还买了两辆崭新的苏联大吉士客车作为上下班时接送工人的通勤车。此外，厂里还买了冰果机，给高温作业的工人做冰果吃。同时，为满足职工政治业务素质提升要求，工厂开办了业余文化学校，增加了图书费。

高方启高度重视党委、行政、工会、青年团的团结统一，注意理顺企业内的党政关系，他认为这是整个工厂工作的起点。这种团结是建立在搞好生产的基础上的。在五三工厂，党、政、工、团的工作互相配合，密切联系，互通信息，交流经验，处理具体问题，推动工作不断前进。

高方启把全部心血都投入到工厂的发展和建设上来。他以厂为家，工作上认真负责、兢兢业业，处处注意节约。1952年9月，高方启荣获了中央兵工总局颁发的二等奖状并获奖金3000元，他将其中的1000元交了党费、1000元捐献买飞机大炮支援抗美援朝、1000元交给工厂作为改善职工福利使用。正是有了这样的好带头人，五三工厂在短短三年时间里，不断发展进步，不断创造奇迹。

五三工厂的经验得到了上级主管部门的肯定，也引起了中华全国总工会的重视。1952年9月，中华全国总工会同东北总工会等有关部门共同总结了五三工厂适合当时国营企业情况的依靠工人阶级办好企业、推行计划管理、建立企业正常生产秩序等基层工作的一套经验，并建议中共中央向全国工

1953年朱德同志亲笔为五三工厂题写的奖旗

1953年工人出版社出版的《五三工厂工作经验》

矿企业推广。同年12月，中央人民政府政务院财经委员会、中华全国总工会作出《关于奖励五三工厂的联合决定》，授予五三工厂模范工厂光荣称号。1953年4月，中央人民政府政务院财经委员会、中华全国总工会联合决定“在全国推广五三工厂政治工作、行政管理和工会工作的经验”。

五三工厂经验的总结和推广，不仅对东北工业发展起到了加速作用，而且对于全国工业的恢复与建设，特别是适合我国国情的国营企业管理体制的初步建立，起到了基础性作用。高方启和“模范工厂”及其“五三工厂经验”永载中国工运史册。

赵　岚 1920年出生，山西省岢岚县人，中共党员。曾任沈阳冶炼厂厂长、重工业部计划司副司长、冶金部副部长。20世纪40年代末，恢复生产后的沈阳冶炼厂一度问题成堆，举步维艰。赵岚临危受命，团结党、工、团共同开展工作，充分发挥工人群众和技术人员的作用，实现管理民主化，仅半年时间就改变了落后面貌，进入沈阳市先进工厂的行列。1950年被评为全国劳动模范，参加了全国工农兵劳动模范代表会议。

赵岚——贯彻管理民主化的模范厂长

赵岚曾参加过抗日战争和解放战争，1949年夏，由于工作需要，调任沈阳冶炼厂厂长。虽然没有做过经济工作，但他深刻体会到什么是革命需要。赵岚下了决心：在哪里工作都要有独当一面的勇气。

当时，东北各厂实行厂长负责制，对如何处理好党政工团的关系，大家都在探讨和摸索。冶炼厂也是一样，由于厂里党政工团工作不协调、不配合，严重影响大家的生产积极性。赵岚到厂后就明确提出“狠抓内部团结，统一思想、统一步调，党政工团，面向生产”的口号，并付诸实践。他除了负责对生产的组织管理外，还经常对党和工会的工作提出建议，并积极协助开展工作。在制订生产计划时，采取个别交谈、碰头会、工厂管理委员会等形式，与党、工、团负责同志商量并尊重他们的意见；落实生产计划时，做到责任明确，互不推诿；全厂行政会议都请党、工、团参加，让他们及时了解生产进度、生产要求及生产中的各种问题，加强了沟通和协调。通过党、工、团的工作，党员、团员积极发挥作用，行政的生产计划变成了职工群众的具体行动，完成生产任务有了可靠的保证。

过去，工厂管理委员会的活动局限在工厂上层，与职工群众的联系不够密切，未能充分反映职工的真实要求。为此，赵岚把工人参与生产管理各个环节，作为贯彻工厂管理民主化的重要步骤来实施。制订生产计划草案，先到车间征求意见，然后拿到工厂管理委员会通过；到月底，要将下月生产计划传达给全体工人，经过全厂干部会、职工代表会、先进生产者会议讨论，再规定具体做法，定出完成计划的日期；实行车间成本核算。对生产计划、原材料的定额、材料的单价、降低成本的计算和奖励办法，都由工会组织车间工人讨论，使每个职工心里都有一个成本账。经常把宣传典型、传播先进生产者经验与奖励一同进行，起到事半功倍的效果。

赵岚善于听取工人意见，建立健全工厂各项管理制度。为了保证连续生产，建立了夜间值班制和交接班制；为了杜绝电气、机械事故，建立了检修制度和运转制度；为实行定额管理，制定了数量定额、质量定额、技术定额、原材料消耗定额，确定了单位成本；

为激发职工的生产热情，制定了奖励办法，试行了赶超奖励制度；等等。正是有了工人的参与，这些制度和办法更加接地气，可操作性更强。

冶炼厂过去有20多个股以上直接管理生产的人员，都是留用职员或不善组织的技术人员，成为贯彻民主化的一大障碍。为此，赵岚让旧管理人员中不称职但有技术的专任技术员，不担负行政管理职务；一般职员则分配到适当部门去工作，由懂技术、有组织才干的工人担任股长、班长，改变了过去管理人员与工人不通气的现象，工人的工作积极性普遍提高。

赵岚重视职工建议，改善劳动条件。当时厂里的澡堂是伪满时期建的，又小又脏。工厂修建了新澡堂，可容纳150人，使大部分职工都能一天洗一次澡。新建的医务所扩充了设备，添置了病床，极大地方便了职工看病。针对冶炼生产对工人身体的危害，专门设立保健食堂，还办了定期轮休的疗养所。当时经济还很困难，物质生活还不丰富，办这些实事使工人们切身感受到党和政府对他们的关心，进一步增强了主人翁责任感。

赵岚作风民主，对职工的意见和要求，能办的立刻办，不能办的也及时作出答复。一次，一名工人写匿名信，质问全勤奖励为什么不执行。赵岚接到信后，在职工代表会议上先作了检讨。他说："这首先说明我们领导还不够民主，不然工人为什么有意见没地方去提呢？为什么连名字都不敢写上？其次，我们为这件事曾发过通知，且已按要求照办了，但这位工人还不知道，这也说明我们的工作有官僚主义，因而与群众有了隔阂。"这一件件看起来的小事，在赵岚眼里就是放不下的大事。正是通过这一件件小事，折射出工人群众在赵岚心里的位置。

沈阳解放初期赵岚与家人

管理民主化给沈阳冶炼厂带来了勃勃生机，全厂上下团结一致，集中力量搞生产，工厂的管理水平不断提高，生产任务月月超额完成计划。1950年

4月底，矿石产粗铜、电解铅提前完成了上半年的全部生产任务。5月中旬，粗铅、电铅也提前完成了上半年的生产任务，而且质量（金属含量）提高到99.95%。1950年夏，沈阳冶炼厂甩掉了落后的帽子，进入沈阳市先进工厂的行列，赵岚被评为沈阳市劳动模范。同年9月，赵岚被评为全国劳动模范，出席了全国工农兵劳动模范代表大会，并被选为大会主席团成员。

1951年下半年，赵岚调离沈阳冶炼厂，在更加重要的工作岗位施展作为，他为中国冶金工业发展贡献了毕生的智慧。

1950年全国工农兵劳动模范代表会议资料

姜万寿（1910—1995），山东省掖县人，中共党员。曾任东北军区后勤部被服局第一工厂副厂长、厂长、党委书记。沈阳解放后，工厂担负支援全国解放和抗美援朝军需生产的任务。在时间紧、任务重、设备简陋、工人技术水平低的情况下，他改进劳动组织，挖掘生产潜力，创造了“综合缝纫连续操作法”。东北军需被服行业推广这一操作法后，大大提高了生产效率，有力地支援了抗美援朝战争。1951年至1953年他被评为沈阳市劳动模范。曾当选第一届全国人大代表。

姜万寿——“综合缝纫连续操作法”的创造者

1952年，东北军区军需生产部召开推广“综合缝纫连续操作法”表演大会，众多同行观摩学习。表演的主角，是东北军区后勤部所属被服局第一工厂的工人师傅。大家都对这个操作表演连连称好，大会号召全东北军需被服生产行业学习这一经验。从此，军需被服生产摒弃了原来陈旧的生产方式，开始实行综合缝纫连续操作法。创造这一操作法的是被服局第一工厂副厂长姜万寿。

姜万寿17岁那年来到黑龙江省绥芬河地区一家私人成衣铺，开始了学徒生涯。抗战胜利后，姜万寿的缝纫手艺开始有了用武之地。1946年他来到东北民主联军供给部佳木斯被服厂当了一名工人。虽然条件艰苦，但为共产党的军队生产被服，心情与以往大不一样，车间里每天都能看到他忙碌的身影。入厂第二年，姜万寿光荣地加入了中国共产党。从此，他更加积极地为解放东北日夜奋战在生产一线。

1948年11月东北全境解放后，佳木斯被服厂随东北军需部三局迁往沈阳，姜万寿任军需部三局被服厂工务科长。当时，工厂除负责东北军区的军需供应外，还负责南下大军的被服供给任务。工厂的生产设备都是接收国民党的，机器破损严重，操作方法落后，基本上以手工操作为主，工人用双脚踩动机器，凭眼看手摸的方法进行生产。姜万寿和工友们一

姜万寿在生产车间

道，在这种困难的条件下，生产加工了一批又一批军用被服，有力地支援了全国解放战争。

1949年新中国成立后，全国迅速转入恢复建设时期。随着和平建设时期的到来，军需生产任务减少，1949年11月工厂移交地方管理，厂名改为东北人民政府财政部被服局第一被服厂。1950年10月，抗美援朝战争爆发后，工厂由部队收回，厂名改为东北军区后勤部被服局第一工厂。此时，姜万寿担任副厂长，挑起了全厂生产的重担。

志愿军赴朝作战，适逢秋冬交替季节，前线急需大量的军用被服。由于时间紧、任务重，加之设备简陋、工人技术水平低等原因，完成大批量生产的任务十分困难。被服局第一工厂的工人们提出了“前方需要多少，我们就生产多少”的豪迈口号，并主动放弃休息时间，竞相加班加点，自发地开展献工活动。

作为负责生产的副厂长，姜万寿想到疲劳战术无法适应战争的长期性，必须尽快拿出科学提高生产效率的法子来。一天，他在车间看到缝纫女工做袖子时，左手拿起一片小袖片，右手拿起一片大袖片，合在一起才能缝制。机器走一段后就得停下来，重复上述动作，浪费了不少时间。他就把大小袖片合在一起交给女工，结果速度明显加快了。他立即与车间主任研究，给这位女工配了一个助手，由助手把大小袖片合在一起交给缝纫工，这样下来，每天都做300副袖子，工效比原来提高130%。于是，姜万寿就把服装的制作过程分为若干工序，冬季服装为52道工序，夏季服装为53道工序，进行流水式作业，连续操作。他还针对操作过程中存在的“好抬压脚、好揪线头、好跑空趟、好停机器”的“四好”现象，提出了“四不”，即“不抬压脚、不揪线头、不跑空趟、不停机器”，这样就使整个操作过程系统化、规范化，这种具有连续性的操作方法，被称为“综合缝纫连续操作法”。

这个操作法在全厂推广后，取得了非常明显的效果，棉大衣、棉服的产量分别提高了37%、62%。按1952年冬服计算，每套衣服节约17.5米线，平均降低成本34.2%；产品质量也得到了保证，合格率由87.1%提高到99.5%。在工厂组织开展的红旗竞赛活动中，工人们运用姜万寿创造的综合缝纫连续操作法，你追我赶，日夜奋战，生产竞赛搞得热火朝天，生产效率大大提高，实际产量超定额1倍多，为在冰雪严寒中与敌人浴血拼杀的志愿军官兵送上了祖国人民的温暖。

繁重的军需生产，迫切需要更多的一线工人。为培养新生力量，工厂于1951年秋季成立了缝纫技术培训班，主要内容是学习综合缝纫连续操作法。连续举办的3期学习班，共培训200多名青年女技工，她们大多成为生产战线的骨干力量，为完成支援抗美援朝战

1951年4月，姜万寿（中）随中苏友好协会代表团访问苏联

争和保证国内军需生产的任务作出了贡献。

1951年4月，姜万寿作为沈阳市唯一的劳模代表，随同中苏友好协会赴苏联和民主德国参加“五一”观礼活动。1951年至1953年，他连续3次被评为沈阳市劳动模范。1954年当选第一届全国人民代表大会代表。

聂秉举（1918—2002），辽宁省盖州市人，中共党员。曾任沈阳第三机器厂工会主席、沈阳市总工会副主席、辽宁省总工会副主席。在担任工厂工会主席期间，带领工人群众开展生产竞赛，培养选树了赵国有等先进典型，率先提出并积极推动了创造生产新纪录运动。他关心生产、重视工人生活，被誉为“职工的贴心人”。1950年被评为全国劳动模范，出席了全国工农兵劳动模范代表会议。

聂秉举——模范工会干部

如果说，新中国成立初期家喻户晓的“新纪录创造者”赵国有是一匹千里马的话，该厂工会主席聂秉举就是发现并推举赵国有的伯乐。

聂秉举当过16年车工，懂技术、有能力。沈阳解放后，他积极工作，成为工会依靠的骨干，不久当选为厂工会主席。

1949年5月，沈阳第三机器厂正式开始生产车床。当时工厂沿用伪满时期的定额，加上刚开工生产，新工人多，加工一个六尺车床塔轮需八九个小时。6月间，聂秉举听说沈阳第四机器厂工人苗雨亭加工一个塔轮只用4小时，就组织工人到四厂参观，赵国有等人亲眼看到了这一事实。

回厂后，聂秉举借着大家不服气的劲头，连夜开会动员大家“超过4小时的纪录”。赵国有心想：虽说自己不是做塔轮的，但不突破这一关，全厂的生产运动就难以向前进一步发展，于是勇敢地站起来：“我愿意和四厂挑战。”会后，赵国有遇见了张尚举，一见面不约而同地问：“咋整呢？”“你说咋整就咋整呗！”“你要是能4个小时做出一个塔轮，我的六尺车床划线就由180个小时缩短到90个小时。”在聂秉举的支持下，两个人展开了竞赛，结果都打破了纪录。赵国有以2小时30分打破了4小时的纪录，聂秉举兴奋地脱口而出：“这是新纪录。”“创造新纪录”的名词就这样叫开了。聂秉举鼓励赵国有再接再厉，继续努力。赵国有不负众望，接连不断创造新纪录，最后创造出50分钟加工一个塔轮的新纪录。聂秉举把赵国有的事迹登上黑板报，号召全体工人向他学习，

新中国成立初期的聂秉举

1950年出席全国工农兵劳模代表会议的全体东北区工业劳模一起合影（二排右四聂秉举）

全厂出现了你追我赶的生产新气象。第三机器厂的创造新纪录运动，得到上级工会的重视，1950年10月，在第一届全市职工代表会议上，市总工会作出决定，全力开展创造新纪录运动。此后，沈阳市掀起了创造新纪录运动的高潮。

在创造新纪录运动中，厂里曾经出过追求数量忽视质量的问题，生产出来的车床不受欢迎。聂秉举说："质量不好，是三厂工会与全体职工的耻辱。"为此，他号召并组织开展了创质量新纪录活动，组织了质量突击队，工会首先发动积极分子定质量目标，在这个基础上定出质量规范条例。聂秉举还深入到车间帮助建立责任制，哪里质量不好就把重点放在哪里。铣工班责任制流于形式，严重影响了流水作业，聂秉举加强了对班组的工作指导，铣工班废品锐减。

为了把各工作部和科室组织起来，进而保证按质、按量、按期完成任务，共同保证集体合同的实现，聂秉举在全市首创签订联系合同和集体合同的方法，取得明显效果，全厂月月完成生产任务，生产六尺车床由380个工时降为128个工时。

关心工人生活，想法解决困难，是聂秉举的一贯作风。他认为，工人越是忘我工作，工会越要关心他们的疾苦。工厂一部工人吴耀祯生病了，聂秉举拿着蛋糕亲自到他家去慰问，当时有些老工人感动地说："共产党对工人真好！"铸工厂工人纪维良烫伤了，聂秉举也到他家去慰问，纪维良后来成为生产中的积极分子。铸工厂徒工李恩兴，父亲年

1950年全国工农兵劳动模范代表会议后，聂秉举（中）多次在全国各地巡回报告

岁大了不能做工，母亲瘫痪，家里生活困难。聂秉举了解情况后，便发动工人捐助，大家凑了300元，买了1000斤高粮米，给他存在合作社里，还从行政部门要了300斤米，亲自给他送到家里，李恩兴母亲被感动得哭了。对独身工人，他更关心，常常晚上去独身宿舍给工人上政治课，工人们的思想情况以及生活困难他了解得很详细。当时住独身宿舍的工人有1000人，环境卫生成了大问题，聂秉举就在宿舍里发动了一个清洁竞赛，作了一面红旗，买了一些奖品，经他一番苦心组织，工人自己动手把宿舍卫生搞得很干净。工人们都称赞聂秉举，夸他是“工人的贴心人”。

聂秉举，这位从工厂走出来的工会干部，后来担任沈阳市总工会副主席、辽宁省总工会副主席，直到离休。

田桂英 1930年出生，辽宁省大连市人，中共党员。曾任中长铁路大连机务段司机长，沈阳铁路局机务处工程师。田桂英不畏世俗偏见，报名参加女火车司机培训。1950年“三八”国际劳动妇女节，田桂英所在的包车组正式运行，她成为新中国第一位女火车司机。她的行动，带动了成千上万的女青年，开辟了新中国第一代妇女参加工作的新途径，谱写了中国妇女运动史的新篇章。1950年被评为全国劳动模范，出席了全国工农兵劳动模范代表会议。

田桂英——新中国第一位女火车司机

1949年，只有19岁的田桂英，不畏世俗偏见，依靠自己的能力和毅力，勇敢挑战妇女工作禁区，熟练掌握蒸汽机车驾驶技术，成为新中国第一位女火车司机。她的事迹，在中国妇女运动史上谱写了精彩的篇章。

田桂英出生在大连旅顺一个渔民家庭。小时候，因为家境贫穷，先在日本人开办的一家被服厂当童工，后来又到印刷厂当学徒工，经常挨打受骂。困苦生活的磨砺，练就了她坚韧、独立、百折不挠的性格。

1945年11月，东北人民自治军在印刷厂印刷一批军用地图。这是一项机密工作，政治审查要求很严格，而且由于当时经费紧张，又不付给任何报酬。田桂英一连半个多月住在工厂里，夜以继日地干，连一次家也没回过。工厂成立工会组织，田桂英主动报名，还动员姐妹们参加。由于积极肯干，工作成绩突出，不久就被评为大连市印刷系统劳动模范。

田桂英在检查机车

1949年5月，大连机务段决定招收培训一批女火车司机。消息传来，田桂英第一个报名。她的这一举动，遭到了父母的反对，社会上的风言风语也向她耳边吹来，就连到医院参加体检，医生也说：“机务段闹着玩呢，女人的身体再好也不是男人呀，你们能吃得了这个苦？”田桂英不服气、不气馁，她和一起参加报名的姐妹们说：“不学会开火车咱们就谁也别结婚，只要男人们能干的活，咱们妇女也能干。”

想当火车司机就得从当火夫学起。那时的火车都是蒸汽机车，以煤为燃料，如何往炉里投煤，便成了必须学习的第一关。按照要求，15分钟得投280锹煤，投完之后又要一锹锹地把煤掏出来，掏空了再投。别说是一个女孩子，就是壮小伙子这样干下来也够受的。田桂英一天天地练，累得满头大汗也不肯休息，就这样坚持不懈练了两个月，终于闯过了投煤关。

投煤体力这一关过去了，田桂英又迎来了新的挑战，学习机车构造技术原理和制动机理论。当她走进机务段机车模型教学室，面对那一张张机车构造挂图，图纸上那弯弯曲曲的管路，那密如蛛网的圈圈点点，才开始意识到，开火车真不是那么简单。开弓没有回头箭，既然下决心干，就得干出样来。为了记住这些构造，田桂英盯着图纸反复辨认，一遍不行，再来一遍。一台蒸汽机车有大大小小上万个零件，它们的作用与性能各不相同，又互有联系，形成一个有机整体。为了学会弄懂，田桂英聚精会神听讲，课后与大家互相讨论，巩固学习成果，晚上熄灯后还打着手电在被窝里看书。凭着顽强的毅力，田桂英以优异的成绩又闯过了理论考试这一关。接着，又经过实地操作的严格考试，1950年2月，田桂英正式走上火车司机岗位，因为成绩突出，还被提升为司机长。

1950年全国工农兵劳动模范代表会议期间田桂英（右三）和部分女代表合影

田桂英和“三八号”机车的姐妹们

1950年3月8日，是新中国诞生后的第一个三八妇女节。在大连火车站广场，三八机车组出车典礼大会隆重举行。铁道部长从北京发来贺电：“这是女青年在我国驾驶火车的第一次，你们是铁路员工学习技术的红旗，希望你们成功和继续前进，启发和带动更多的女青年员工。”在一片热烈的掌声中，田桂英和机车组的姐妹们登上机车，开始在祖国大地上一路前行。

从此以后，田桂英更加虚心地向老师傅们学习，在操纵技术上有了更大的进步。到1951年3月，三八机车组经过一年的运行，安全行驶6万多公里，没有发生过一次责任事故。同时，靠着过硬的操作技术，节煤达到50吨，省油40多公斤。

田桂英作为新一代中国妇女的代表、新中国第一位女火车司机，党和人民给予她极高的荣誉。1950年，田桂英双喜临门，她光荣地当选为东北铁路一等劳动模范和全国劳动模范。这一年，她光荣地出席了全国工农兵劳动模范代表会议，受到毛泽东主席的亲切接见。

1951年，田桂英作为列席代表进京参加全国政协会议，再次见到了毛主席。毛主席握着田桂英的手说：“你能开得动大火车？”她手上故意使了点儿劲儿，想让主席看看自己到底行不行。

1952年底，三八机车组解散了，田桂英被送到学校补习文化知识，她恋恋不舍地离开了驰骋近三年的铁道线。1955年，田桂英考进唐山铁道学院，在机械系学习蒸汽机车理论。毕业后，她被分配到沈阳铁路局机务处当工程师。

1985年，田桂英离开了工作岗位。离休后，她经常应邀到工厂、学校，给职工和学生讲革命传统。她还参加了沈阳市劳模物业公司，每天与离退休劳模一起，义务维护沈阳北运河，把劳模精神发扬光大，传承下去。

郑锡坤（1926—1987），辽宁省营口市人，中共党员。曾任沈阳铁路局苏家屯机务段机车司机长，中国铁路总工会副主席、党组副书记。郑锡坤打破先例，采取“超轴”方法，加大机车承载货物的重量，并结合苏联的先进经验，创造了“超轴500公里作业法”，极大地提高了运输效率。抗美援朝战争期间，郑锡坤超轴运载的纪录不断刷新，直至5870吨。铁道部向全国铁路系统发布了《关于开展满载、超轴、五百公里运动的决定》，他成为全国铁路超轴牵引的领头人。1951年被评为沈阳市劳动模范、全国铁路劳动模范。曾当选第一、第二、第三届全国人大代表。

郑锡坤——“超轴500公里作业法”的创始人

郑锡坤16岁告别家乡，来到苏家屯铁路机务段当上了一名学徒工。因为刻苦钻研，练就了拿手的开火车技术。

1949年春，苏家屯机务段将一台修复的机车交给郑锡坤等9位青年工人使用，郑锡坤任司机长。在极其困难的条件下，他和包车组工人不论白天黑夜，听从指挥搞运输，安全正点地完成了运输枪支弹药、坦克、大炮等军需物资的任务，有力地支援了全国胜利战争，包车组获得“青年先锋号”的称号。

1952年沈阳苏家屯机务段郑锡坤青年包车组

一天，他听到哈尔滨机务段出了个模范机车，叫“毛泽东号”，司机长的名字叫李永，因为工作出色，人们称他“老英雄”。这件事使郑锡坤非常激动。他想，在旧社会工人没有一点地位，今天能当主人，已经是天大的事了，怎么还能当英雄呢？他就仔细打听李永的事迹。原来“毛泽东号”机车是由一辆破旧机车改修的，但是李永驾驶着它不仅避免了三次恶性事故，还比别的机车省煤、省油，多拉快跑。郑锡坤开始明白一个主人翁应该怎么工作。他决心向“毛泽东号”机车学习，努力干出成绩。

当时，东北铁路运输繁忙，车站上有些货物不能及时运出去。郑锡坤想，如果能“超轴”（机车承载货物的重量超过定数为“超轴”），多拉快跑，不就能解决这个问题了吗?

1949年8月的一天，郑锡坤驾驶机车停在沈吉线上的清原站。站内停放的4个车皮，装满了豆角和香瓜，已经在这里两天两夜了。因为运不出去，两位货主焦急不安。看到郑锡坤，便恳求他把这4个车皮的货物挂上运走。如果把2个车皮香瓜拉走，机车正好满轴，但若再拉上2个车皮豆角，属于严重“超轴”。

郑锡坤看到满车的蔬菜瓜果在烈日下暴晒，想到城里人正急等着菜吃，觉得实在可惜。于是，他向站长请示将4个车皮一起拉走。站长一听急了，还没见过这么“超轴”的。看郑锡坤不死心，便让他再请示调度，调度也不敢答应。郑锡坤向他们作出保证，得到允许后，他将2车皮豆角挂上了列车。一路上，郑锡坤全神贯注地驾驶着机车，在关键路段营盘岭上坡处，他和包车组的队员只有一个念头，就是冲上坡去。说时迟那时快，只见司炉加足了火力，郑锡坤迅速把汽门开满，“手把”提到最高处，机车终于通过了营盘岭坡，大家悬着的心放下来了。在巨大的轰鸣声中，机车挟着一股劲风，由远及近驶向沈阳，到达目的地后，一看表，还提前了3分钟。郑锡坤“超轴”运载成功的消息轰动了沈阳铁路局，这一先进作业法得到推广。

1950年7月，苏家屯机务段在段内推行苏联的运行500公里先进经验，即要求每台机车一昼夜走行500公里。郑锡坤带头响应，他将苏联的先进经验和自己的超轴运载法有机地结合起来，首次作业便提前23分钟完成任务，创造了“超轴500公里作业法”。从1949年7月至1951年10月，郑锡坤和他的包车组安全走行26万公里，超轴7.8万吨。自实行“超轴500公里作业法”以来，有8个月完成了日行500公里的任务，创全国最高纪录。

抗美援朝战争爆发后，郑锡坤带领包车组发出了“出乘就是打仗，没有事故就是消灭美帝；多拉一吨货，就是给中国人民志愿军增添一份力量”的战斗誓言。

往年一到冬天，机车的牵引定数比夏季就要相应减少。而这一年却不同，因为

1955年1月出版《郑锡坤的故事》

军运任务十分繁重，而且刻不容缓，仅苏家屯、大石桥这条线上的定额就比夏季增加了200吨，一共是1700吨。“分水岭”这个地方又是必经的一个大坡道，足有12公里长，不少机车因为天冷结冰爬不上坡而退下来，只好甩车后再爬。面对迫在眉睫的军运任务，人人焦虑不安。

这时，郑锡坤驾驶机车正在苏家屯至四平间的北部线抢运物资。领导决定把郑锡坤的包车组调到南部线来，把突破“分水岭”难关的任务交给他们。郑锡坤把队员们召集到一起，开了个碰头会，讨论如何突破“分水岭”。他们认为这些机车上不去，是因为准备工作做得不够。郑锡坤说：“在冬天还用夏天的老办法，那怎么行？开火车也得研究天气的阴、晴、风、雨。规章是死的，工作是活的。”大家一致表示，玩儿命也要拿下“分水岭”，于是信心百倍地上阵了。

机车开到了车站，郑锡坤一开口就要拉2000吨，一下子就超轴300吨，把车站调度员吓了一跳。人家正常牵引爬坡还吃力，他这一次就超轴这么多，能行吗？郑锡坤常年跑车，他太熟悉这条线路了，知道路况的危险。他也十分清楚，在这么寒冷的冬天，要起动这么长的列车的确不容易，但他心里早已有了底数，包车组在各种不同的坡道线路上，已经掌握了不同的驾驶方法。这次，郑锡坤采取“压缩车勾、分别起动”等方法，加大了机车牵引力，终于冲过“分水岭”，打通了这条线路。之后，又在苏家屯至抚顺间创造了突破3000吨、4000吨的新纪录。

郑锡坤“超轴500公里作业法”在东北和全国铁路传播开来。铁道部肯定了郑锡坤的经验，并向全国铁路系统发布了《关于开展满载、超轴、五百公里运动的决定》。从此，全国铁路各个站段、车间和班组纷纷响应，“满载超轴500公里”运动就这样轰轰烈烈开展起来了。

1951年，郑锡坤先后被评为沈阳市劳动模范和铁道部劳动模范，成为新中国成立后火车司机的先进典型。

长子担当士气高

（1953—1957）

1953年，党中央制定了过渡时期总路线，正式提出要在十年到十五年或者更长一段时期内，基本上完成国家工业化和对农业、手工业、资本主义工商业的社会主义改造。由此，中国进入有计划的经济建设和全面进行社会主义改造时期。

“一五”时期，国家对战略地位重要、工业基础较好的沈阳进行了以机电工业为中心的大规模基本建设。摆布在全市的工业建设项目近1500个，其中6个为全国重点建设工程，26个为国家限额以上的项目，投资总额达16.1亿元。沈阳的工业建设热火朝天，整个沈阳宛若一个沸沸扬扬的大工地。

被国家列入156项重点建设项目的东北机械七厂（即后来的沈阳风动工具厂，现为沈阳瑞风机械有限公司），计划由苏联援助扩建成年产两万台凿岩机械和气动工具的专业化工厂。在扩建中，工厂贯彻“边扩建、边生产”的建厂方针，各项工作都取得较大成绩，仅用一年半的时间就收回了扩建投资，提前16个月完成“一五”计划，为国家重点工程建设提供了丰富经验。1955年1月，工厂正式开工生产，结束了我国气动工具依靠进口的历史。

同期被国家列入156项重点建设项目的沈阳第一机床厂（现为沈阳机床集团有限责任公司），于1953年5月开始进行全面改建，仅用两年零八个月就完成改建任务，1955年12月正式投产。正式投产5个月，主导产品1A62车床月产量即达到设计水平。改建后的第一机床厂，成为全国最大的现代化车床制造厂。当时工厂的管理、技术和产品均居全国领先地位。

同期被国家列入156项重点建设项目之一的沈阳第二机床厂（即后来的中捷友谊厂，现为沈阳机床集团有限责任公司），1956年完成技术改造，先后试制完成多种型号的镗床和钻床，成为该厂持续多年的主导产品。1957年，生产钻床1929台，占全国钻床总产量的68.2%；生产镗床137台，占全国镗床总产量的29.5%。

同期被国家列入156项重点建设项目的沈阳电缆厂于1953年开始改建扩建，全厂职工经过三年积极努力，到1956年9月，以91%的全优工程而胜利完工。当年，工厂即可生产高频电缆等15个品种、总导体11291吨，工业总产值5884万元，上缴利润258万元。

同期被国家列入156项重点建设项目之一的国营一一二厂[现为中航工业沈阳飞机工业（集团）有限公司]，于1956年建设成为新中国第一家现代化的喷气式歼击机制造厂。当年，工厂投产喷气式超音速歼5飞机，使中国进入航空喷气技术时代，达到了国际20世纪40年代末期的飞机生产水平。1957年，工厂开始自行设计制造飞机。

同期被国家列入156项重点建设项目之一的国营四一〇厂[现为中航工业沈阳黎明航

空发动机（集团）有限责任公司]，1956年建成投产，成为新中国第一家现代化航空喷气发动机制造厂。当年，工厂仿制生产新中国第一批喷气发动机，使中国成为世界上第七个能够制造喷气式飞机发动机的国家。1956年7月13日，国营一一二厂和国营四一〇厂共同完成了第一架歼5飞机的总装任务，7月19日试飞成功。

经过五年的建设和改造，到“一五”末期，沈阳工业技术水平快速提升，机械工业产品从国民经济恢复时期仅能生产178种，增加到1957年的441种，电器工业已能生产大型变压器和高频电缆等产品，主要产品生产技术水平逐步接近当时国际先进水平。沈阳为鞍钢、武钢、包钢等国家重要钢铁基地提供了众多技术装备，为国家经济建设积累了大量资金，为全国各兄弟省市输送和培养了几万名技术工人及几千名技术人才。沈阳已发展成为一个以机电工业为主、门类比较齐全的综合性工业城市，成为国家重要的工业基地，赢得了“共和国工业长子”的美誉。

这五年间，除全国大力支援和苏联专家帮助外，主要依靠沈阳工人阶级的劳动创造。在市委、市政府的领导下，沈阳市总工会和各级工会组织以迎接国家大规模经济建设、动员广大职工完成第一个五年计划为契机，广泛深入地开展了增产节约、技术革新和劳动竞赛活动。广大职工以主人翁的使命与担当投身建设，以饱满的劳动积极性和创造性参与先进生产者运动和社会主义劳动竞赛，涌现出了一大批劳动模范、先进生产（工作）者，创造出许多发展生产的新方法、新成果。各级工会组织通过举办先进经验学习班、技术讲座以及操作表演等方式，交流、推广先进工作经验，促进了沈阳工人队伍整体技术水平的提升。

沈阳市委、市政府充分尊重人民群众的首创精神，激发和保护广大职工的创造热情，使劳动模范和先进人物的模范带头作用不断得到强化与彰显。自强不息、崇尚技术的沈阳工人阶级，以劳动模范和先进人物为榜样，用智慧和汗水担负起大规模工业化建设的重任，展现了“共和国工业长子”的时代风采。徐连贵、陈玉言、董朗泉、张甲禄、莫文祥、赵奎元、王延隆等就是在沈阳大规模工业建设中涌现出的劳动模范的典型代表，他们积极团结带动职工群众，为第一个五年计划在沈阳各项任务的超额完成作出了卓越的贡献。与工业战线一样，沈阳农业战线也涌现出张振发、胡玉玺、龚畿道等在全国有影响的劳动模范，他们带头响应党的号召，以火热的激情和冲天的干劲，为沈阳农村经济发展、农民生活改善和农业科技进步作出了历史性贡献。

徐连贵（1921—2013），辽宁省昌图县人，中共党员。曾任沈阳风动工具厂工段长、车间副主任。他勇于技术革新、发明创造，改变了过去用钻头加工凿岩机缸体内孔的生产工艺，研制成功凿岩机缸体套料刀，可将孔内金属整块套出并加以利用，被誉为“节约增产的好车工”。他还带头学习高速切削及高速挑扣的先进经验，创出高速切削挑扣每分钟213米的成绩。1956年、1959年被评为全国先进生产者。曾当选中共八大代表。

徐连贵——凿岩机“技术大拿”

1956年6月29日，国家副主席朱德来到沈阳风动工具厂视察。他没进会议室，就直奔第一车间大六角工段参观“套料刀”切削加工操作过程。厂长介绍：“套料刀”加工部件是凿岩机缸体，以前加工时把内部钢都削成沫做废料了，现在把内部钢拿出来，还可以做一个螺旋棒，重1.7公斤，这是一笔很大的财富。“套料刀”的创造者就是本厂车工徐连贵。

徐连贵勇于革新，坚持发明创造，是全厂公认的技术骨干。

1952年，他带头学习高速切削及高速挑扣的先进经验，创出高速切削挑扣每分钟切削140米的空前成绩，后来又创出了切削213米的成绩，操控机器的技术达到高度熟练，结果使产量由每天12个提高到95个，得到专家的称赞，带动了全厂职工学习先进经验的热潮。

套料刀的发明是徐连贵的经典之作。过去，风动工具厂是用钻头加工凿岩机缸体内孔，内孔的金属都钻成铁屑，钻孔效率很低，下道工序经常待料，严重影响流水作业。1955年，在技术人员的协助下，徐连贵试验成功凿岩机缸体、机头套料刀。使用套料刀可以把孔内金属整块套出，再加以

徐连贵在进行技术表演

沈阳生产的新中国第一台气动凿岩机

利用，提高了金属利用率；由于套料刀头采用硬质合金材料，切削速度很高，排屑效果好，又有羊干油冷却，不用倒沫，减少了机动工时和辅助工时，耗电量也显著降低。套料刀不仅可以用于直径50毫米以上的通孔，还可用于大小同心孔、死孔、钢料、有色金属、铸件等，应用相当广泛。据1955年9月至12月统计，共节省钢材11531公斤，节电3843.6度，有力地保证了生产任务的完成。《辽宁日报》为此发表社论，向全省推广徐连贵的经验。

徐连贵不仅自己坚持发明创造，还团结帮助技术人员和工友们共同革新攻关。他曾帮助一位车工运用苏联科列索夫高速车削法，使加工凿岩机部件活塞由每天25个提高到90个，质量百分之百合格。他特别注意节约，当看到很多工人不会磨刀，硬质合金刀的浪费很大，便研究用断屑器代替车刀卷曲沟，这样，既可延长硬质合金刀使用寿命3~5倍，又能保持科列索夫车刀法的同等效能，以一个二级工为例，每年可节省72把硬质合金刀。

在修建三车间厂房时，徐连贵为了使苏式机床不受损坏，一连两个月没回家，在厂房内巡视。在多项工作中，发动职工们一起为工厂提合理化建议。正因为有了徐连贵这样的好工人，发挥带头作用，风动工具厂提前16个月完成“一五”计划，受到国务院总理周恩来的表扬。该厂也结束了我国气动工具依靠进口的历史。徐连贵由于成绩突出，1956年、1959年两次荣获全国先进生产者称号，并当选为中国共产党第八次全国代表大会代表。

陈玉言 1932年出生，山东省荣成县人，中共党员。曾任沈阳风动工具厂铣工、车间副主任。她是在生产中善于“实干加巧干”的工人典型，不断突破产量定额，曾创造5年完成7年半工作量的优异成绩。1956年、1959年被评为全国先进生产者，曾参加全国群英会和全国青年社会主义建设积极分子代表大会。

陈玉言——突破产量定额的革新能手

一贯积极工作，努力钻研技术，虚心学习先进经验，不断突破定额，是陈玉言典型的工作状态。

1955年，陈玉言在加工活塞、柄体工序上改进了工具，全部运用苏联高速铣削法，使生产效率提高了两倍多，提前75天完成全年计划，产品合格率达到百分之百。她的模范行动带动全组按期完成国家计划。

1957年，陈玉言运用苏联高速铣削法等先进技术，加工8种部件，突破许多部件的定额，如加工凿岩机活塞部件由过去最高每天生产170个提高到213个；OM506螺旋棒，由定额260个提高到300多个。当年，由于她的实干加巧干，提前68天完成国家计划，并创

陈玉言在铣床上加工零部件

1956年陈玉言（右二）参加全国先进生产者代表会议期间与部分女代表合影

造5年完成7年半工作量的优异成绩。她还试验成功双刀铣活塞，提高效率1倍。

陈玉言在工作中抓住关键性技术难题不放，千方百计寻求突破，直到实现技术创新。在做活塞铣牙时，她发现分盘机不好用，便提出建议，在技术人员帮助下改进一套工具，由每班60个提高到160个，突破了技术难关。她不仅自己技术过硬而且乐于助人，在同事中享有较高威信。她无私地关心帮助工友们一同进步，如帮助一位青工学习苏联列昂洛夫铣刀经验，提高产量1倍多。在培养朝鲜徒工时，克服语言上的障碍，仅用3个月时间，就使他们成为熟练工人。

陈玉言在生产中严格执行各项制度和工艺规程，与检验员密切合作，贯彻先确定标准件制度，发现问题及时研究，保证了废品率不断下降。1957年加工两万多个零件，从未出过废品。她勤俭爱厂，在节约方面更是精打细算，使用消耗材料和工具时，做到了能省则省，能不用的尽量不用。

陈玉言以不断突破生产定额，走在时间前面的工作成绩，连续五年被评为沈阳市、辽宁省劳动模范，并于1956年、1959年两次荣获全国先进工作者称号。

董朗泉（1927—2005），辽宁省辽阳县人，中共党员，高级技师。曾任沈阳第一机床厂车间技术主任、设计科长，车床研究所所长、党支部书记。1953年，作为新中国第一批工人出身的技术员，他学习先进经验，刻苦钻研技术，成为高速切削能手，并创造了通俗易懂的教学方法，以“传帮带”的方式推广先进技术，被誉为“神刀手”。1956年被评为全国机械工业先进生产者、全国先进生产者。

董朗泉——机床行业“神刀手”

董朗泉是技术革新能手，“传帮带”的典范。他虽然只有小学六年级文化，但聪明上进、勤奋好学，在学习技术过程中有种“打破砂锅问到底”的执着精神，善于同工友们切磋技艺。长期的一线生产实践，特别是经过三次脱产学习，他在文化水平、工作能力和生产经验上有了显著提高，技术等级达到八级。

1953年3月，董朗泉被提拔为新中国第一批工人出身的技术员。他最了解工人生产操作上的问题，也能够根据每个工人的实际水平，随时给予适当的技术帮助，被工友们亲切地称为“董师傅”。1954年，为适应改扩建后大规模生产的需要，使工人们能正确熟练地掌握新机床的操作，在董朗泉的倡议下，工厂成立了先进经验推广组，集中全厂技术员给工人上技术课。在高速切削训练班里，董朗泉担任推广技术员，通过理论教学和实际操作

1956年董朗泉（前排右五）担任一机部先进经验推广检查队副队长

表演相结合的教学方法，只用20小时就在37名车工中使30人掌握了苏联科列索夫等车削专家的高速挑扣等先进切削方法。1955年，他组织车间60多名工人开展以“学习苏联先进经验，学习技术和技术革新”为主要内容的社会主义竞赛，帮助工人掌握先进技术。董朗泉的“传帮带”，让全厂工人的技术等级都有了不同程度的提高，解决了工厂改建后技术力量缺乏的困难，推动了工厂生产效率的不断提高。

董朗泉搞技术革新有一个著名的“从1到8”的故事，当时在厂内广为流传。厂里有一台“独生子”机床，承担加工机床主轴的任务，车出一根主轴需要8个小时，也就是说一天只能车出一根。它的工作量决定全厂的生产量，这根本满足不了生产任务的需要。董朗泉建议革新齿轮转数提高工作效率，并与车床的操作者崔成林一同攻关。他们利用夜班时间开始革新试验。董朗泉亲自操控车床，刚刚抬起操纵手柄，由于转数一下子超高8倍，车床的齿轮很难在短时间内适应这么大的冲击力，齿轮牙子被打掉好几个，他们不约而同地喊道：“完了！”董朗泉仔细地找到问题的症结后，不怕失败，再次搞起攻关。这回是崔成林上车床操作，他在旁边指挥。他们采取吃刀量、送刀量逐渐加大的方法，手柄慢慢抬起，一切运转正常。他和崔成林又同时喊出：“成功了！”以前车主轴时由于转数慢只能看见铁屑，现在是铁皮整个往下掉。以往车一根主轴需要8个小时，革新后车一根主轴只需要55分钟，提高工作效率8倍。崔成林也因此被评为沈阳市劳动模范。

哪里出现技术难题，哪里就留下董朗泉的身影。

1955年，董朗泉被提拔为车间技术主任。一次，车间接了个车气缸的生产任务，这个活儿分配给车间的一位老技工，工期为3天。结果，这位老技工干了3天也没达到要求，在万般无奈的情况下，老技工把董朗泉请来，帮助查找原因。只见董朗泉反复观察琢磨，终于发现问题出在刀具安装的角度上。老技工按照他的说法调整了刀具的安装角度，改进后车出来的零件完全达到要求，第二天就轻松交工了。老技工逢人便说，这个刀到了老董的手里就神了！从此，董朗泉得了个“神刀手”的绰号。《工人日报》为此发文，热情洋溢地予以报道。

董朗泉还主动地帮助工人学习苏联以“精刨”代替“刮研”的经验，在为外厂协助加工一个长6米、宽1.5米的大平台时，用12小时“精刨”代替了1224小时“刮研”，在保证质量的基础上提高效率101倍，被誉为“神刀手”。为此，工厂敲锣打鼓送贺信，国家一机部也专门发来贺电。1A62车床是机床一厂1955年正式投产的主导产品，床身刮研成为关键，运用这一经验后，每台床身只用40小时刮研（原来需要400小时左右），解决了当时必须增加40名钳工又无处调人的困难，突破了生产的薄弱环节。

1956年，董朗泉被评为全国先进生产者，与其他进京受奖劳模不同的是，这次他还有一个特殊的任务，就是代表沈阳第一机床厂在全国先进生产者面前作现场表演。在千百双眼睛的注视下，他熟练地操作车床，圆满完成了现场表演准备的项目，给沈阳工人增了光。

1956年董朗泉在全国机械工业先进生产者代表会议上获得的奖状

张甲禄（1927—1977），黑龙江省呼兰县人，中共党员，工人技师。沈阳电缆厂工人，兼任沈阳市总工会副主席。20世纪50年代开始，他在工友们的配合下，共研制设备12台、制造工具18种、改进设备40余台，是全国电缆行业公认的“土专家”。1956年、1959年被评为全国先进生产者。

张甲禄——电缆行业“土专家”

张甲禄是全国电缆行业公认的“土专家”。

第一个五年计划时期，在沈阳各个重点项目工地上都有苏联专家，沈阳电缆厂却出了个“土专家”，他就是木工车间维修组长张甲禄。在担任维修组长期间，面对老旧的设备，张甲禄带动全组随时检查及时修理，使得车间未发生过一次设备事故。他刻苦钻研、大胆探索、勇于实践，在技术革命和技术革新运动中，带动全组工人解决了很多工具、设备和生产上的技术难题。他改进了装配工段陈旧的大钻床，既保证了生产操作的安全，又提高效率35%；他和工友们共同研制了一对冲压切料刀，这对切料刀全部用废料制成，既为国家节约了资金，又减轻了工人的劳动强度，使木盘拉杆产量由原来日产400根增加到800多根，一举扭转了木盘生产经常完不成任务的局面。

张甲禄想国家之所想。他设计的扒槽机，提高工效20%，一年可节约木材200多立方米、钉子500多公斤。1958年，张甲禄又以惊人的创造力，仅用两个月时间，独立设计、制造了一台土设备——五部传动自动送料木旋床，采用机械手传动。这台设备投产使用后提高工效12倍，曾在北京土设备展览会上展出。1958年，木工车间生产木轴，需要大

1973年张甲禄（后排左八）等劳动模范与到沈推广“优选法”的数学家华罗庚（前排中）合影

张甲禄（二排左二）作为骨干成员积极参加沈阳职工技协组织开展的各项活动

量木材。当时木材十分紧缺，张甲禄提出用塑料代替木材的设想，并亲自动手实践。遇到疑难问题时他从不灰心，想尽办法攻克，或到兄弟厂矿学习。经过十几次反复试验，他终于战胜困难，自制出一台压力机以及压料钢模等部件，为以后使用塑料压制电缆轴，提供了宝贵的经验。

张甲禄急工人之所急。“一五”期间，电缆厂机械工段的劳动环境很不好，刨花灰尘很多，严重影响工人们的健康。张甲禄看在眼里急在心上，他主动与组内的老师傅多次研究，克服了技术与物料上的种种困难，利用废铁自制了一台大型排尘设备，将刨花直接运送到锅炉房。厂房空气从此焕然一新，每天还可以节省三四个搬运刨花的劳动力。他见到钻大型木盘线头斜眼时冒烟，浇水又使设备不断发生故障的情况，就与同组钳工共同研制出一种套筒钻头，避免了事故，提高生产效率5.1%。他改进了24英寸自动刨的变速轮，提高效率65.4%；改进18英寸自动刨木机的传动设备，既减少了占用面积，保证了安全，还提高效率30%。他与本组工友共同研制的一种给压模划窝的钻头，和外组工人共同用废料装配的钻眼机，等等，有的代替了手工操作提高产量6倍，消灭了废品及返修品；有的节省了国家开支并解决了生产不平衡的问题。

张甲禄是一个“闲不住”的人，时时刻刻都在考虑车间的工作。他常说：“别人说我脑子好使，其实我的脑子和大家一样，不比别人聪明，只不过我常常在考虑技术革新这些事情。”正因为这样，厂子里不论谁在技术上遇到问题，都喜欢找他研究。他没有“洋专家”的渊博知识，但他这个“土专家”保证会给工友们一个满意的答复。在他的带动下，厂内多种工具和设备得到改进升级。自1955年起，在工友们的配合下，张甲禄共研制设备12台、制造工具18种、改进设备40余台。他制作的钉盘机和钉钉机等设备应用了几十年。

“土专家”为电缆厂的发展作出了杰出贡献，自1955年起，张甲禄十余次被评为沈阳市、辽宁省劳动模范，1956年、1959年两次荣获全国先进生产者光荣称号。

莫文祥（1923—2013），山东省夏津县人，中共党员。曾任五三工厂党委书记，国营一一一厂和国营四一〇厂党委书记、厂长，中共沈阳市委书记处书记，航空工业部部长。他是我国军工、航空工业战线优秀的管理者。在任国营一一一厂和国营四一〇厂厂长期间，他按照“老厂创建新厂”和“一长双跨”的原则，带领广大干部职工边建厂边做生产准备，在建成我国第一座现代化航空发动机制造工厂的同时，国产喷气式发动机试制成功，从开工建设到建成投产仅用一年半的时间，创造了世界航空史的奇迹。1954年被评为沈阳市劳动模范。曾当选中共十二大、十三大代表，第十二届中央委员会委员，第一、第七、第八届全国人大代表。

莫文祥——“一长双跨”的军工、航空战线领头人

莫文祥是军工战线的优秀领导者。

1946年3月，根据工作需要，莫文祥开始从事军工工作，任东北民主联军军工部第三兵工厂政治委员。在极端艰苦的条件下，他倾注心血发展军工生产，及时保障了军需供应，为东北人民的解放事业倾尽了全力。

1948年11月沈阳解放后，东北军区军工部接管了国民党沈阳兵工署第九〇工厂，莫文祥被派到军工部沈阳兵工总厂枪弹所任军代表，后任沈阳兵工总厂第三厂监委（政治委员）。1949年9月，军工部第三兵工厂改称五三工厂，取消监委制，成立党委，莫文祥任书记。他工作作风民主，与其他厂领导一同创造了依靠工人阶级办好企业的经验。五三工厂党、政、工、团步调统一，带领全体职工艰苦奋斗，充分发挥积极性和创造性，克服各种困难，抢修机器，搬迁工厂，恢复生产，改造旧企业；开展阶级启蒙教育和创生产新纪录运动；发挥政治工作的保证监督作用，建立科学的经营管理制度，超额完成国家计划，创造了优异的成绩和先进经验。沈阳市总工会及时总结推广了五三工厂工会工作经验。1952年11月，中华全国总工会召开以推广五三工厂工作经验为中心内容的全国基层工会工作会议。同年12月13日，经周恩来总理批示同意，全国总工会作出《关于推广五三工厂工会工作经验的决定》。12月24日，中央人民政府政务院财政经济委员会和中华全国总工会联合授予五三工厂“模范工厂”称号。12月25日、26日，《人民日报》《工人日报》分别发表社论，推广五三工厂的经验。1953年1月，朱德总司令为模范工厂奖旗亲笔题词：“你们是依靠工人阶级搞好工厂企业的模范。”从此，五三工厂的工作经验，由沈阳逐步推向全国，在新中国工运史上写下了光辉的一页。

莫文祥也是航空工业战线的优秀领导者。

1952年6月，莫文祥调到航空工业部门工作，担任国营一一一厂党委书记、厂长，他以满腔的热情投身航空工业建设。为了迅速掌握喷气发动机技术，他以身作则，率领干部和职工夜以继日地学习和工作，带出了一支敢打硬仗的职工队伍，领导工厂职工完成修理

厂的改建工程。

1954年，国家开始建设沈阳航空喷气式发动机制造厂（国营四一〇厂）。要在一个“一穷二白”的国度里，在刚刚从战争的废墟里走出来、百废待兴的土地上，建设一座现代化的航空发动机制造工厂，实乃奇迹。只有在中国共产党的领导下，充分发挥生产组织者和广大工人的聪明才智才能够实现。

四一〇厂的建设创造性地采取了老厂（一一一厂）包建新厂（四一〇厂）和“一长双跨”的组织形式，即一一一厂厂长莫文祥、总工程师许锡缵和车间科室的正职领导人都统筹兼顾新老两厂的全面工作，副职则分工负责一一一厂和四一〇厂的工作。这样就能在生产试制中建厂，在建厂中生产试制，逐步形成两套干部班子、两套组织机构。时机成熟时就可以“细胞分裂”“母鸡下蛋”，新老两厂一分为二，各自独立发展。这对一一一厂来说就像是割韭菜，割了一茬又重新生长，对四一〇厂来说就是“母鸡下蛋”。

莫文祥就是这一创造性组织形式的优秀组织实施者。“一长双跨”的组织形式，持续了四一〇厂建厂的全过程。在莫文祥等的组织指挥下，新厂建设时，老厂已开始试制零组件。新厂建成一个车间，老厂就连人带工艺装备和新产品向新厂转移，转移到新厂的车间也立即投入试制生产，真正做到了在生产中建厂，在建厂中生产。边试制、边转移、边

莫文祥在车间指导生产

投产，大大缩短了建厂的时间。“一长双跨”使一个有23万平方米生产面积、两万多人和2000多台机床的大厂，从开工建设到建成投产只用了一年半的时间。工厂建成之日就是新的喷气发动机试制成功之时，创造了世界航空史上的奇迹。四一〇厂的成功实践，不仅鼓舞了中国航空人的信心，振奋了中国航空人的精神，也使当年的苏联专家赞叹不已。当时，航空工业局的基建顾问谢苗诺夫感动地说：“中国四一〇厂的建设速度和劳动热情，在我一生的经历中是很少见到的，使我终生难忘。”1956年4月，四一〇厂顺利地完成了新中国第一台喷气发动机的试制和批量生产。

莫文祥1954年被评为沈阳市劳动模范，这一期间还先后当选为中华全国总工会第七届执行委员会委员、第一届全国人大代表。20世纪80年代莫文祥任国家航空工业部部长。

赵奎元（1900—1968），辽宁省沈阳市人，中共党员。国营七二四厂工长、工人工程师。1953年，工厂推行产品制式化，他和技术人员一起攻关，试制成功碾片机，大幅度提高产品质量和产量，满足了新产品试制定型的需要。他还带领攻关小组为我国第一台氮氢气压缩机的研制作出了突出贡献，被誉为“老英雄”。1956年、1959年被评为全国先进生产者。

赵奎元——老当益壮的技术革新闯将

赵奎元是技术革新的闯将。沈阳解放时，赵奎元已48岁，在党组织的教育下，他把全部精力都倾注到工厂的恢复、建设和发展的事业中。“生产上有关键没有？”是赵奎元与工友们交谈时常挂在嘴边的一句话。1953年，工厂推行产品制式化，主要产品原材料黄铜板质量低、产量低，严重影响冲压车间新产品试制定型。赵奎元和技术人员及其他工人师傅一起攻关，试制成功一台碾片机。用这台机器生产黄铜板，不仅质量大幅度提高，产量更是提高9.5倍，满足了新产品试制定型的需要。

赵奎元是公而忘私的典范。1957年党中央提出“军民结合，平战结合，以民养军”的方针，号召军工企业学会两套本领，为发展我国国民经济作出贡献。七二四厂接受了试

赵奎元（二排右四）与出席首届辽宁省人民代表大会的沈阳职工代表合影

制大型氮肥设备——2400马力氮氢气空气压缩机的任务。这是一项大型的、填补国家空白的艰巨任务。赵奎元当时患高血压病，车间领导强令他休息养病。他听到工厂开始试制2400马力氮氢气压缩机这个消息，便三番五次找到领导要求上班。车间领导没办法，把“矛盾”转交给医院。他又多次到医院恳求医生，最后医生勉强批准他半休，即每天只允许上半天班。2400马力氮氢气压缩机试制中遇到的最大难题是：主机（机身、缸套）20多米长、10吨重的大部件如何加工？如果向国外定购设备需250万元外汇，并且要等待两年后才能到手。厂领导紧紧依靠工程技术人员和老工人，群策群力，终于创造出“蚂蚁啃骨头”的经验，仅用3个月时间便自制小机床7种共13台。接着就用这些小设备大摆“蚂蚁阵”把机身、缸套等大难件一个个“啃”了出来，揭开了我国机械加工史上新的一页，轰动了全国。

2400马力氮氢气压缩机研制中面临的难题很多，赵奎元抢到手的任务是从未见过的挂乌金瓦。在没有资料和设备的情况下，他先带着几个老师傅四处请教，到外厂学习经验，之后便一头扎进车间，夜以继日地搞攻关。有同志提醒他注意休息时，他顺嘴就说：“我最了解我的病，干活儿比吃药都灵。这点我还能负得了责任。”后来，他干脆在车间办公室里放张床，吃住都不离开车间。经过多次失败之后，终于在第25天设计出浇注方案。试制中，他又拜师访友，创造性地用“半硬砂模”代替铝模铸造，结果既耐温又消除了砂眼，加快了氮肥设备的研制进度。接着，他还改进有关工艺设计，用酒精、汽油、吹风代替原来复杂的洗涤设备，为工厂节约大量资金。同时，他针对铸造工艺多年采用的既笨重又浪费人力的多人单包陈规，提出单人单包、单车双包的建议，建议被采纳后提高生产效率6倍多。赵奎元带领的攻关小组，提前完成挂乌金瓦的任务，有力地配合了我国第一台氮氢气压缩机制造任务的完成。

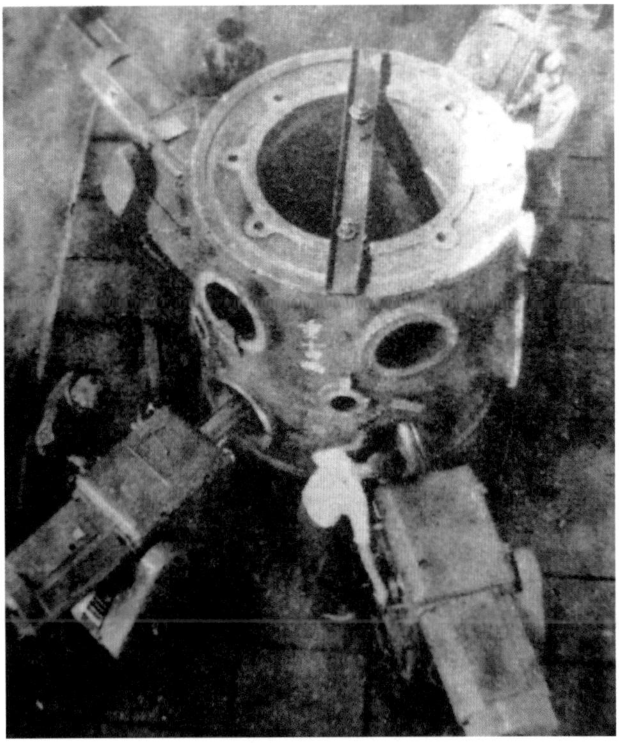

“蚂蚁啃骨头”机械加工方法

赵奎元还是搞好“传帮带”的楷模。赵奎元的脑子里没有从旧社会走过来的老工人那种“教会徒弟饿死师傅”的落后观念。他技术精湛，肯钻研不保守，不仅自己工作出色，还乐于“传帮带”，带动工友们共同进步，毫无保留地把多年积累起来的丰富经验和技术窍门传授给青年工人，为国家培养了大批技术人才。赵奎元的业绩使他自1950年起12次当选沈阳市劳动模范，1956年、1959年两次获得全国先进生产者光荣称号。

赵奎元永远记得随厂里带着试制成功的氮氢气压缩机模型进京报捷的情形。那天，在中南海怀仁堂刘少奇、周恩来等党和国家领导人仔细看完用“蚂蚁啃骨头”的办法生产出的压缩机的模型后，周总理问：“来老工人没有？”赵奎元上前说：“我是老工人！”接着周总理特地和他握了手。赵奎元看到党和国家这样关心老工人，激动得几乎落下泪来。

王延隆（1917—2011），山东省沂南县人，中共党员。曾任沈阳轧钢厂车间主任，东北工学院钢铁厂副厂长。20世纪50年代，他作为轧钢一线上的技术革新专家，在沈阳轧钢厂带领工人连续创造轧钢生产新纪录，为沈阳轧钢行业的恢复与发展作出了开拓性贡献。1958年因工作需要，王延隆调任东北工学院钢铁厂副厂长、加工实验室技师，负责组织指导轧钢生产，先后进行多项革新，攻克许多技术难关，为促进教学、科研作出了新贡献。1956年被评为全国先进生产者。

王延隆——轧钢领域革新专家

王延隆是奋战在轧钢生产一线的技术革新专家，为沈阳轧钢行业的恢复和发展作出了开拓性的贡献。

沈阳解放后，在国民经济恢复时期，面对百废待兴的沈阳轧钢厂，作为技术骨干的王延隆，不等不靠，以主人翁的使命感，带领工人们收集旧零部件安装机器，使工厂在25天内就奇迹般地恢复了生产。在创造新纪录运动中，他将压延机由二联式改为三联式，克服了不能压三四英寸料的困难，使生产效率提高一倍。他带动压延工人开展劳动竞赛，改进生产组织管理，建立生产责任制，使产品产量和质量不断提高。

由于在企业恢复时期表现出色，王延隆于1952年被厂里选派脱产学习3年，技术水平

王延隆（前排左一）就读哈尔滨工业大学工农速成中学劳模班时的合影

得到很大提高。1955年回厂后担任车间主任，在工作中积极克服困难，与职工们共同攻关，对旧设备进行了许多技术改进，提高了设备运用能力。1955年下半年，他组织老工人在一起研究，将3段罗拉伞型轮改为钢轴加粗，设备运用率提高11.76%。设备运用率提高了，加热能力又显得不足，他又组织工艺员、机械员研究将加热炉棚降低，利用红砖代替镁砖铺炉底等措施，提高了加热炉效率20%。他在短短几个月的时间内进行了9项较大的技术改进，保证了生产计划的完成，为国家节约了大量资金。

王延隆1950年、1951年连续两年被评为沈阳市劳动模范

王延隆不仅是出色的生产组织者，也是技术革新的能手，他带领车间工人，连续创造轧钢生产的新纪录。在1955年以前，毛轧机每上一次大绳需用1个小时，王延隆研究改用吊车上，缩短上大绳时间50%；过去，光轧机通常是反转的，他建议并研究将光轧机由反转改为正转，结果仅在4个月时间内就节省大绳12根，折合人民币5280元，耗电量降低30%以上，仅1个月就节电55225度。他组织改进冷却场，将其下降300厘米，使其和地基齐平，在地面上再铺上铁板，保障了现场的生产安全。

长期的生产实践让王延隆的革新成果不断涌现。大炉过去每3个月修一次，有时不到检修期，正在生产中炉子就会塌顶，工人们被迫歇班抢修，打乱工时计划。1956年，王延隆研究由单层炉旋改为双层，这项工艺可延长到半年修一次，还彻底防止了生产中的塌顶现象。在大炉改进工程中，他积极与技术人员研究，将光轧五联机器改为三联，两个轧辊改为3个，并改进了坡板，安设了罗拉道，不仅大大地减轻了工人的体力劳动强度，还将光轧机上原先的20多个劳动力减少到11个，节省了生产成本。他还在成品出口槽铁上安装罗拉道，使劳动力由28个减少到14个，节省人力50%。这一系列技术革新，使轧钢厂生产节节上升，他也连续被评为沈阳市和辽宁省劳动模范，1956年获得全国先进生产者称号。

1958年，王延隆调任东北工学院钢铁厂副厂长、加工实验室技师，负责组织指导轧钢生产，并先后进行多项革新，攻克许多技术难关，为促进教学、科研作出了新贡献。

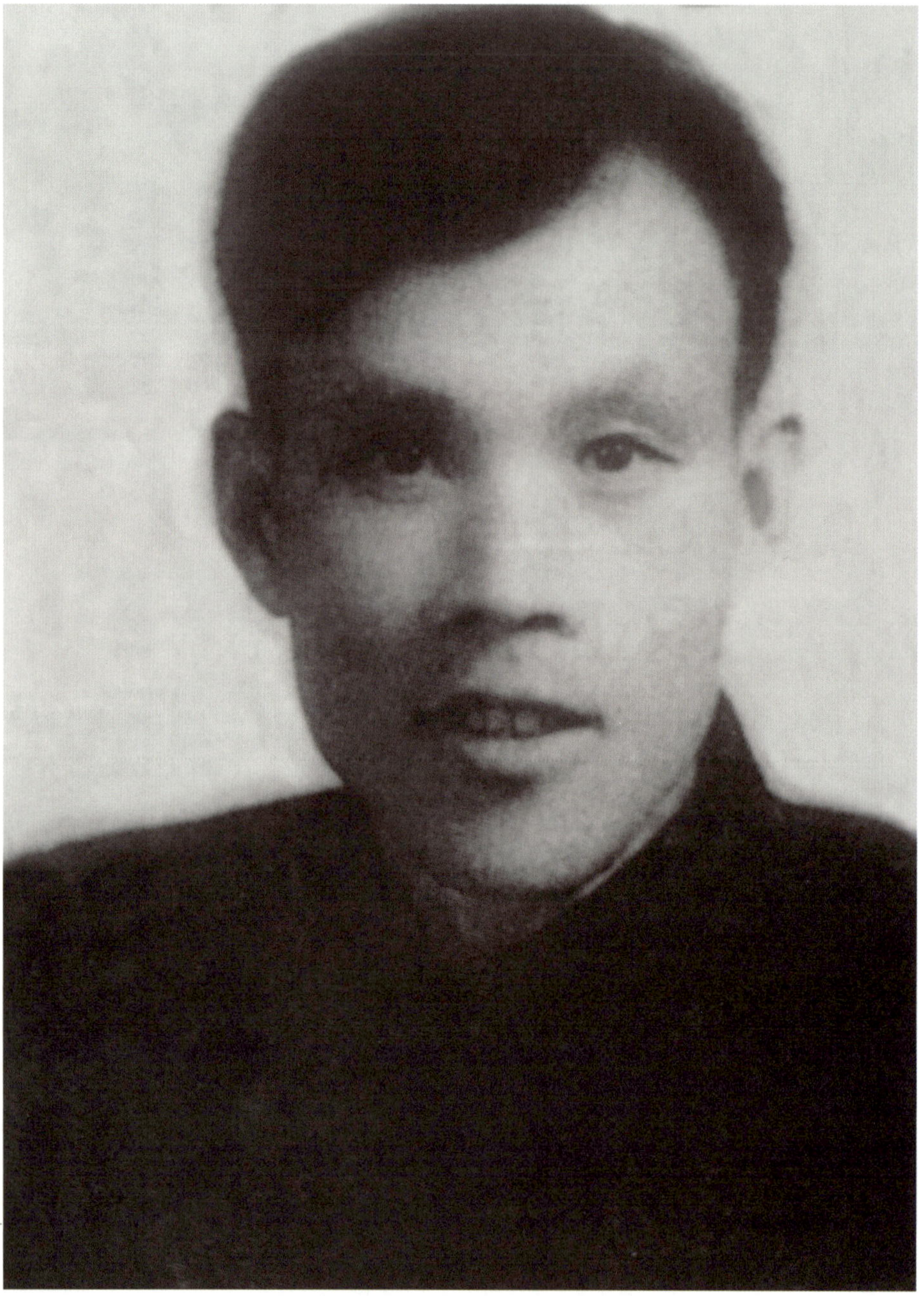

张振发（1916—1995），河北省玉田县人，中共党员。曾任沈阳市东陵区高坎村村长，高坎集体农庄（高级社）主席，高坎人民公社党委副书记、副社长。他带头走农业合作化道路，在发展农业生产中做出突出成绩，多次受到党和政府的表彰。从1952年起，多次被评为沈阳市劳动模范、辽宁省劳动模范。1957年被评为全国农业劳动模范。曾当选第一、第二、第三届全国人大代表。

张振发——沈阳市第一个农业生产合作社的创始人

1948年11月沈阳解放，为沈阳郊区高坎村的纯朴农民张振发的人生带来重大的转折。他满腔热忱地投入土地改革运动。在土改中，他被选为丈量土地主任，又被选为农会公安委员。由于他工作勤恳，为人忠厚，积极协助人民解放军征集粮草，热忱参加土地改革运动，在党的培养下，1950年4月光荣地加入中国共产党，成为高坎地区第一个入党的翻身农民。同年，张振发被选为高坎村村长。

张振发积极响应党提出的“组织起来发展生产”的号召，于1951年带头由4户贫农、3户下中农组建了东陵地区第一个生产互助组。在他的带动下，全村相继组建了14个互助组，全地区共建常年互助组64个。张振发互助组的一块7亩玉米地，收获玉米6090斤，套种豆子生产130斤，平均亩产888.5斤，创全市农业生产最高纪录。在他的带动下，全地区互助组普遍达到了增产增收。1952年1月，在中共沈阳市委工作组的帮助下，张振发在互助组的基础上，联合55户125个农民（后发展为74户380个农民）办起了沈阳市第一个农业生产合作社——高坎（初级）农业生产合

1954年出席沈阳市首届人民代表大会的部分劳动模范合影。马恒昌（中）、张振发（左二）、郑锡坤（右二）

作社，为沈阳市郊的农民树立了榜样。

高坎（初级）农业生产合作社建立后，充分发挥了集体经济的优越性。1953年，高坎农业生产合作社使用新农具和新耕作法的面积已扩大到耕地的65%，使用新农具效力大、成本低、产量高，农业生产获得全面丰收，各种作物平均亩产677斤，比1952年提高了51.2%。年末分配时，每个劳动力的粮食增加了40斤。张振发在经营项目上，实行多种经营，扩大了蔬菜种植，栽植了果木，发展了养鸡、养猪业，实行了分工分业、常年包工的制度；在经营管理上实行民主办社、民主理财、财务公开；在劳动管理上，按业分工，实行固定工分、日工分、大包工、小包工等评分制，年终结算以工分为计酬单位，体现了按劳分配的原则，调动了农民集体劳动的积极性，显示出“组织起来”的优越性。

在高坎（初级）农业生产合作社的影响和带动下，沈阳市出现了发展农业生产合作社的小高潮。到1953年3月，经市郊办事处批准，全市建立了40个农业生产合作社。

为了进一步发展农业生产合作社，在市委、市政府的支持与引导下，1954年3月，张振发领导高坎合作社联合邻近22个农业生产合作社、1629户农民，建立了高坎集体农庄（高级社），并任农庄主席。

张振发创办的高坎农业生产合作社和集体农庄，调动了农民的生产积极性，改进了经营管理，带动了周边地区合作社的组织建设，促进了农业生产发展，繁荣了农村经济，体现了广大农民永远跟党走，坚决走社会主义道路的心愿。

张振发（前排）参观沈阳机床一厂新建车间

1954年9月，张振发作为全国人大代表，参加了第一届全国人民代表大会第一次会议，在北京怀仁堂受到毛泽东等党和国家领导人的接见。1954年至1956年，张振发连续被评为沈阳市和辽宁省劳动模范。1957年，被评为全国农业劳动模范。1958年2月13日，毛泽东主席亲临高坎公社视察，成为激励沈阳地区广大农民发展农业生产的强大动力。

张振发一生奋斗在农业战线，直到1980年才光荣退休。

胡玉玺（1900—1991），辽宁省辽中县人，中共党员。曾任辽中县黄西村农会主席，冷子堡人民公社副社长、党委书记。沈阳解放后，为了让穷苦农民过上幸福生活，他响应党的号召，搞土改、分田地，自力更生，艰苦创业，带领农民走上社会主义农业合作化道路。多次被评为辽宁（辽西）省劳动模范、辽宁省特等劳动模范。1957年被评为全国农业劳动模范。曾当选第三、第五届全国人大代表。

胡玉玺——全国农业战线一面红旗

1948年10月28日，辽中县解放。按上级的有关指示，冷子堡乡黄西村建立了村政权，贫苦农民出身的胡玉玺被推选为村农会主席。

1949年底，党中央、毛主席发出了“农民要组织起来，走互助合作道路，自力更生，发展农业生产”的号召。胡玉玺积极响应，率先和本村另两户人家组成互助组，胡玉玺任组长，并主动把自家的农具献出来。在他的带领下，3户人家齐心协力搞生产，粮食单产比单干时增长18%。这使得正在观望、犹豫的乡亲们受到极大的鼓舞，纷纷踊跃参加农业生产互助组。黄西村很快组成了36个农业生产互助组，1951年该村的农业生产获得大丰收。

1951年1月，胡玉玺出席辽宁省劳动模范表彰大会，在会上被授予省劳动模范荣誉称号。当上劳模，他决心要发挥好“火车头”作用，办好合作社，让大家共同富裕。回到辽中后，大年三十那天，他把乡亲们请来了，详详细细地讲了办社的道理，并宣布自己全家报名入社。在县委的支持和群众的拥护下，1952年春，胡玉玺在本村首先组织起由45户农民参加的辽中县第一个初级农业生产合作社，命名为红旗社。它是当时全省最大的初级农业生产合作社。

1955年胡玉玺获得的奖状

红旗社组建后，胡玉玺每天早出晚归，不辞劳苦，一边带头干活儿，一边宣传合作社的好处，鼓励大家坚定合作办社的信心。在县委的指导下，胡玉玺带领的红旗社不断解决工作中遇到的实际问题，1952年获得农业生产大丰收，全社粮食总产量比上一年增长了16.2%。农民积极要求加入合作社，黄西村有251户农民组织起农业生产合作社，一个想集体、奔集体的群众运动自然形成了。1956年，胡玉玺又率先带领农民成立了高级农业生产合作社。同年他被评为辽宁省特等农业劳动模范。1957年7月，黄西村在胡玉玺的领导下成立黄西村集体农庄，胡玉玺任农庄主席。

胡玉玺心里装的永远是集体的事。他有一个老习惯，一年到头每天都是鸡叫头遍就起床下地，晚上不到二更天不回家睡觉。每逢外出，因惦记社里的生产情况，他总是难以入眠，一回社，也总是习惯性地先到地里走一圈，看看庄稼，然后才放心地回家。一次，他在沈阳参加市党代会，闷热的天气像蒸笼一样，好多天没下雨，他一直担心社里的旱情。会议结束的当天晚上，他一宿没睡好觉，早上就乘车回了黄西村，照例到地里转了一圈，看到大田庄稼打蔫，他心头像压了块大石头。第二天，他在地头召开抗旱会议，提议挖条沟，引水库的水灌田。当晚收工后，他让社员回家去睡觉，自己又留下来看管机器。刚坐下，眼皮就打起架来，他怕耽误事儿，就用冷水擦擦脸。第二天天亮时，人们上工来了。看着干渴得要命的庄稼喝上了水，胡玉玺心里的一块石头落了地。

1957年夏，滂沱大雨一连下了七昼夜，辽河水猛涨，河滩地里的庄稼眼看着就要被

1960年辽中县出席辽宁省劳模大会代表合影，前排中为胡玉玺

胡玉玺与辽中县劳动模范交流经验

洪水吞没。胡玉玺心急如焚，带领广大社员冒雨修起了一道道防水堤坝。他领着一部分社员上面淋着雨，下面泡着水，昼夜看护。5天过去了，雨还在下，修好的堤坝瞬间被水冲开了，水向着庄稼地冲过去。眼看河滩地庄稼就要被淹了，在这千钧一发之际，他果断地决定用人墙堵堤。他纵身跳入急流中，汹涌的河水几次将他冲倒，但他还是爬起来，挣扎着在水里搏斗，群众无不为之感动。在他的带领下，社员们也接连跳入水中，挽着胳膊，筑成一道人墙，终于堵住了堤坝的决口。4185亩庄稼地保住了，而胡玉玺却因劳累过度而昏倒在地。当年，胡玉玺被评为全国农业劳动模范。

胡玉玺以实际行动塑造了一个抛开个人利益，一心为国家为集体的劳模形象。

龚畿道（1912—2007），江苏省海门县人，中共党员。曾任复旦大学农学院教师、沈阳农学院遗传育种教研室主任、上海农学院农学系遗传育种教研室主任。他五十年如一日，潜心研究农业科学，在高粱、小麦、玉米、蚕豆遗传育种方面有很深的造诣。20世纪五六十年代，他历时5年，走遍辽宁省40多个县进行考察和试验，培育成功“分枝大红穗”“早熟大红穗”等优质新品种，改善了高粱品质差、产量低的状况，种植推广面积达百万亩，为粮食增产作出巨大贡献。1956年、1960年被评为全国先进生产者。

龚畿道——沈阳农业教学科研事业的拓荒者

龚畿道是沈阳农业科研、教学事业的拓荒者。

1952年，全国高等学校院系调整，复旦大学农学院的农学、园艺及土化三系迁往辽宁省沈阳市。在复旦大学任教的龚畿道响应党的号召，率全家一起来到沈阳，为建立沈阳农学院（现沈阳农业大学）承担了很多奠基性的工作。

1957年，龚畿道赴苏联莫斯科季米利亚捷夫农学院学习和考察。1959年回国后，仍在沈阳农学院任教授，兼该院党委委员、院务委员会委员等职。他把从苏联学到的先进经验与研究成果与本国、本地区的具体情况紧密结合起来，充实到教材中去，并亲自组织现场教学进行讲解。他深入各地田间调研考察，足迹遍及辽宁省90%的县、乡。

龚畿道在给农民讲解栽培技术

龚畿道十分关心学校教学和科研事业的发展，悉心指导学生和中青年教师。他专业理论知识渊博，为本科生和研究生主讲《遗传学》《育种学》《生物统计学》《植物生理学》《植物病理学》《受精生物学》和《作物栽培学》等课程，编写了7部教材，达93万字。有时白天工作忙，就经常晚间开夜车备课，编写教学讲义至凌晨。这种勤奋忘我和敬业的工作精神，为身边的教师树立了榜样。他对于教学工作和科学研究十分认真负责，带着学生从实践中学习，从生产实际出发，和群众打成一片进行科学研究，成果突出。

龚畿道是具有大家风范的毕生矢志遗传育种专业的杰出科学家。在科学实验研究和生产推广以及领导艺术方面独树一帜。他五十年如一日，潜心研究农业科学，专注执着，尤其在棉花、小麦、玉米、蚕豆的遗传育种方面有很深的造诣。经过多年艰辛的科学研究和田间试验，育成了“遗字6281”“遗字6507”等小麦新品种，“分枝大红穗”“早熟大红穗”等高粱新品种及“沈杂1号”高粱杂交种。

20世纪50年代，龚畿道在对春小麦的研究中，通过引种试验和培育，育成一个适合辽宁地区种植的春小麦高产新品种。60年代采取常规育种手段，又先后育成两个春小麦优良品种，在辽宁、黑龙江等地推广，为小麦增产作出了贡献。

龚畿道自苏联进修归来后，除了出色地完成繁重的教学任务外，还在高粱育种的科研工作上取得了突破性进展。当时，辽宁地区主要粮食作物之一的高粱仍处于质量差、产量低的状态，针对这一状况，龚畿道历时5年，跑遍全省40多个市县进行考察和试验，终于培育成功优质高粱新品种——“分枝大红穗”。该品种具有品质优良、糯性强、产量明显高于同类品种的特点，在辽、鲁、冀等省推广达百万亩以上，并逐步扩大到全国高粱产

龚畿道在科教电影《分枝大红穗高粱》摄制现场

区，在栽培面积和产量上获得双丰收。这在当时因自然灾害粮食稀缺的年代，对广大城乡居民无疑是一个福音。这一成果荣获1965年辽宁省科技成果奖，龚畿道受邀在全国育种工作会议上作《选育、试种和推广分枝大红穗高粱》的学术报告。

龚畿道是享誉全国的农学教授，1956年、1960年两次被评为全国先进生产者。1979年7月，他调任上海农学院农学系植物遗传育种研究室主任。龚畿道德高望重，桃李满天下。他培养的大批学生，早已成为本行业的业务骨干和国家建设的栋梁之材；他丰硕的科研成果，为提高我国农业生产水平作出了突出贡献。

自力更生集结号

（1958—1965）

1958年至1965年，这是我国探索社会主义建设规律的一个历史时期。新中国在社会主义建设的实践中依靠自己的力量，克服了三年自然灾害、苏联突然撤走技术专家等困难，创造了经济、技术条件都很落后的新中国在短时间内独立自主成功研发原子弹和氢弹的世界奇迹。整个国民经济仅用三年时间就走出了“大跃进”的困境，也创造了国民经济继1949年至1952年从战争破坏中迅速恢复后的又一奇迹。

1958年2月，毛泽东主席莅沈，先后视察了黎明机械厂、松陵机械厂和沈阳小型开关厂，给全市职工以巨大鼓舞。沈阳产业工人响应党中央号召，自力更生、艰苦奋斗，在工业生产中创造了一个又一个“新中国第一”。与此同时，沈阳继续在人力、财力、技术等方面，大力支援全国经济建设，成为名副其实的“共和国装备部”。1958年至1960年，这三年沈阳市经国家调拨各地的金属切削机床37524台，重型装备145551台，通用设备159704台，变压器2380万千伏安，电缆37778公里。三年中，沈阳工业上缴国家利润呈逐年增长态势，总额为27.5亿元，超过同期国家对沈阳市工业基本建设的投资总额两倍以上。1961年1月，沈阳市按照中央统一部署，贯彻对国民经济实行“调整、巩固、充实、提高”的方针，认真总结经验教训，积极进行经济调整。

把技术革新作为提高生产力的主要方法，是沈阳解放以来在不断实践中获得的宝贵经验。沈阳市总工会按照全总和市委要求，团结动员广大职工以开展群众性的技术革新和技术革命为核心，广泛深入地开展社会主义劳动竞赛。在各级党委和工会的指导下，许多工厂成立了竞赛委员会，干部、工人劳动热情空前高涨，全市形成了“比学赶帮超”的生动局面，涌现出了许多行之有效的技术革新成果。与此同时，劳动竞赛也造就了沈阳劳模队伍，培养了宏大的崇尚技术的职工队伍，为群众性技术协作在沈阳的率先推广提供了组织保障。

家贫出孝子，国难见忠贞。20世纪60年代初，在国家遭受三年自然灾害和苏联突然撤走专家的严峻考验面前，沈阳工人阶级自力更生、艰苦奋斗，顶住了压力，渡过了难关。1961年6月，吴家柱、林海丰、吴大有等劳动模范和先进生产者在沈阳率先发起了厂际经验交流和群众性技术协作活动，互帮互学，研究解决各自工厂里的生产关键问题。经3人串联，技协队伍像“滚雪球”一样扩大，不到半年时间，技协活动迅速扩展到全市5个行业、近600人参与。沈阳市总工会及时发现和扶植了这项活动，帮助他们总结这一具有方向性和强大生命力的新生事物，同年10月24日，沈阳市召开劳动模范和先进生产者代表会议，正式成立沈阳市劳动模范、先进生产者厂际经验交流和技术协作活动委员会，由此，诞生了我国第一个地方性职工技术协作组织。

沈阳市成立职工技术协作组织后，迅速形成星火燎原之势，在全省乃至全国产生连锁反应。党中央和国务院有关部门领导同志也对辽沈地区的职工技术协作活动给予了充分肯定和热情支持。1963年10月，中央政治局委员彭真同志来沈阳视察工作，专门接见了辽宁省和沈阳市的技协骨干，并要求全国都来学习沈阳的经验，都搞起技术大协作。职工技术协作作为沈阳工人阶级的伟大创举，极大丰富了我国社会主义建设时期工人运动的时代内涵，永载中国工运史册。

榜样的力量在于精神的召唤。砥砺奋进的沈阳劳动模范，始终与祖国同呼吸、共命运、心连心，“工业建设十面红旗”之一王凤恩、“毛主席的好工人”尉凤英、陈富文大转子小组、“巧理千家务的暖心人”李素文、十二次英雄列车长张敏媛等事迹传遍全国。沈阳劳动模范用汗水和智慧、信念和拼搏铸就了一座座劳动丰碑，引无数后来人驻足仰望。

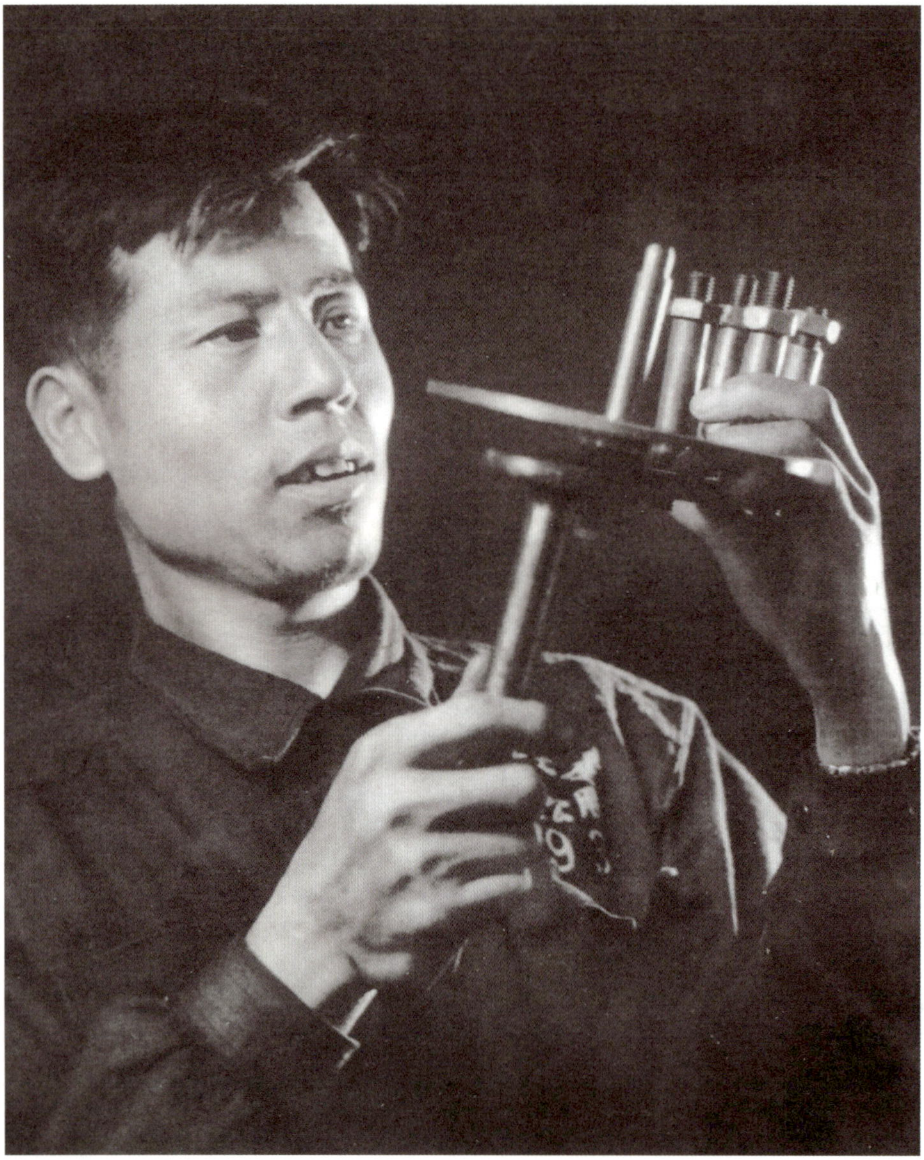

王凤恩（1924—1999），辽宁省本溪市人，中共党员。曾任沈阳变压器厂副总工程师、副厂长，兼任沈阳市、辽宁省职工技术协作委员会副主任。他是工人出身的工程师，是中国第一台5000千伏安大型变压器的主要研制者。1951年至1958年，他先后革新创造机器设备、工艺装备207项。多次被评为沈阳市劳动模范、辽宁省先进生产者。1959年被评为全国先进生产者，赴京参加全国群英会，被命名为全国工业战线生产建设“十面红旗”之一。曾当选第二、第三、第四届全国人大代表。

王凤恩——全国工业建设一面旗

1948年，王凤恩进入沈阳变压器厂，从几栋破厂房、几台旧机床起步，他和百十来个工人一起完成了由修理变压器向制造变压器的历史跨越。

1951年，沈阳变压器厂接受了国家下达的制造中国第一台5000千伏安大型变压器的任务。作为大型变压器车间工段长的王凤恩深感责任重大。在没有先例的条件下，制造5000千伏安大型变压器困难多得难以想象。第一道工序就卡住了，变压器的绝缘筒没有一个人会做，此前的绝缘筒都是国外的，把绝缘纸卷成筒子得用机器。王凤恩修理电动机是“大拿”，开吊车也不错，但说到造机器，却从未干过。一试验，卷出来的绝缘筒满身都是褶子。而这种特殊的绝缘材料当时在国内还没有，是苏联支援的。看着成堆的废料，王凤恩忧心如焚。一天，他带着这个难题回到家，见妻子正在熨衣服，就坐在一边看着。看来看去，突然起身抢过熨斗就往外跑，妻子在后边怎么喊，他也不回头。来到厂里，他用熨斗在绝缘纸上一按一推，绝缘纸起泡的问题就这么解决了。那段时间，王凤恩达到了忘我的程度，加班加点，甚至吃睡在车间，他和工程技术人员、工人一起克服重重困难，制造出了卷线机、卷筒机、

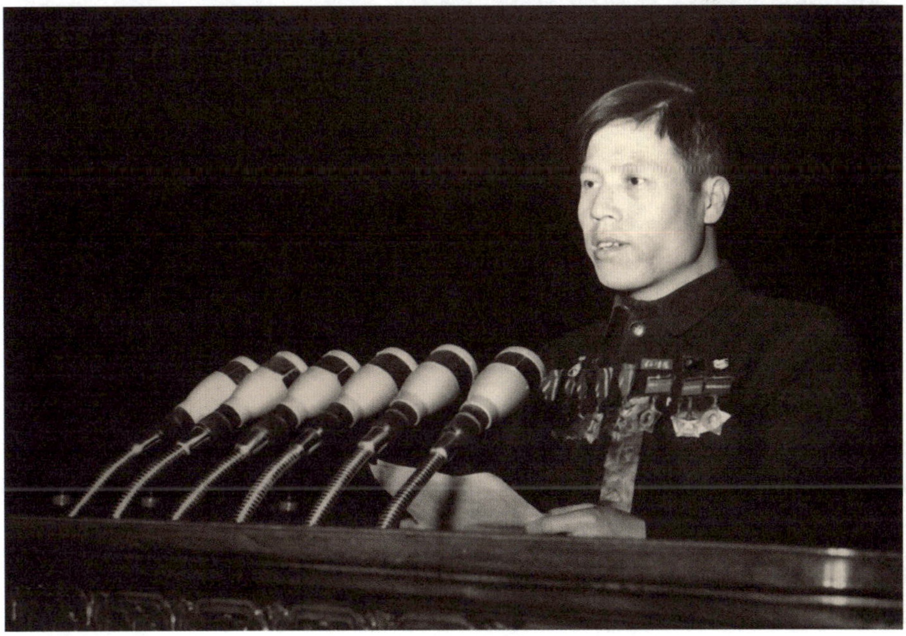

1959年王凤恩在全国群英会上发言

焊接机、伸颈式大台面冲床、卷管机、脱管机、绝缘筒等机器设备。1953年，中国第一台5000千伏安大型变压器终于成功制造出来了。

王凤恩在工作中的钻研精神是出了名的，他有敏锐的眼光发现问题，更有持续的钻研精神解决问题。为了技术革新，他经常吃住在厂里，机台旁常年放着一床带拉锁的空心鸡毛褥子，累了在褥子上躺一会儿，实在太困了就钻进去打个盹儿。一次，为了解决一台机器的动力问题，他几天没回家，脑子都想木了。徒弟壮着胆子，劝他回家歇歇。“回去换换脑子也好。”他骑上自行车，一脚蹬下去，顿感豁然开朗。他立即跳下自行车，摇起脚蹬子，只见车后轮转得飞快，“有了！”他马上卸下车链子跑回车间。他在机器上安上牙轮，连上车链子，难题解决了。这天，他一路走回家，妻子问：“你的车子呢？”“拆了！”“没车来回上下班咋办？”“我今天走得比骑车都快。”

1958年之前，王凤恩就关注过绝缘车间的裁纸问题。裁纸工裁的胶纸上有酚醛，酚醛刺激皮肤，纸末飞到手上、脖子上，就起疙瘩，痒得很。王凤恩想：“如果搞台自动化的机器，人往远处一坐，碰不到纸就好了。”1958年2月，生产激增，裁纸工序成了“瓶颈”，裁纸组三班倒，后来车间又搞“人海战术”——全车间的干部职工都调去裁纸，但手工操作无论如何也供不上下道工序的机器生产。王凤恩潜心钻研，与工友和技术人员一道，一次次地实验、改进。到第十八次实验的时候，王凤恩把机器一开，机器飞转起来，自动将绝缘纸切开又卷成管。人们欢腾起来，庆贺再不会为裁纸窝工了，也不用挨手工操作的累了，坐在旁边看管机器就行了。女工们更是高兴，不但从此不用上夜班，而且手和脖子也不会再起疙瘩了。

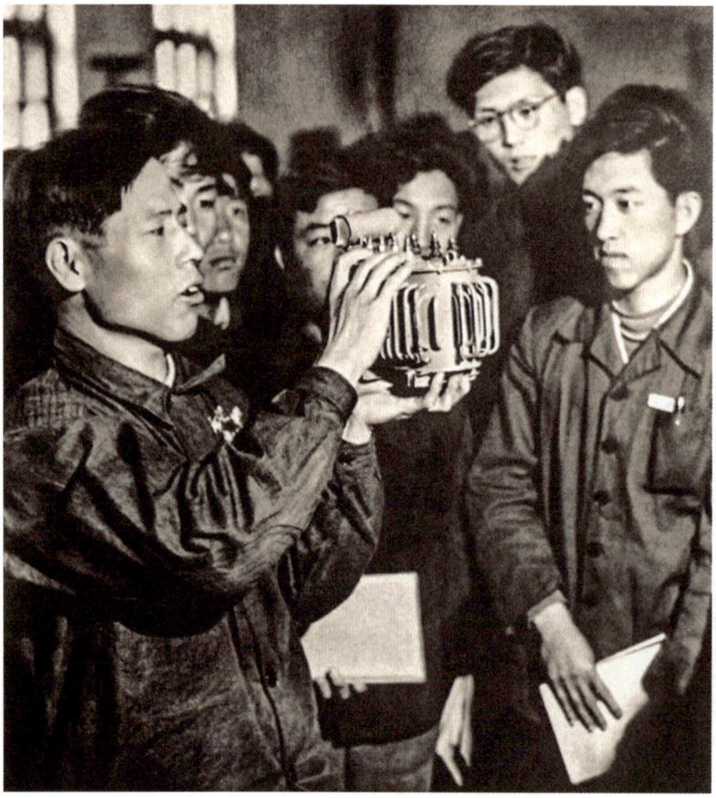

王凤恩给大学生讲解变压器结构及工作原理

1958年初，王凤恩一直考虑着如何变车间手工操作为机械化、自动化。这个车间原来只

王凤恩（右二）与出席全国群英会的劳动模范在一起畅谈

能实现30%的机械化生产，其余均为手工操作，效率很低。他和工友们一起反复计算，定出五年规划，尤其可贵的是规划中所需要的31台机器都是他自己制造和发动工人制造的。此后，机器的运转声代替了锤子、手锯的响声，工作效率成倍提高。

1959年，王凤恩被评为全国先进生产者，赴京参加全国群英会，并在这次会上被命名为全国工业战线生产建设“十面红旗”之一。

20世纪60年代初，我国遇到暂时经济困难，劳动模范纷纷义务开展技术协作攻关活动。王凤恩出任辽宁省和沈阳市技协副主席，组织科技人员和能工巧匠，为沈阳机床三厂、高压开关厂、自行车厂、铸造厂、油毡纸厂等30多家企业和单位解决了72项技术难题。1962年，他帮助沈阳市长途电信局解决了引进的收发报机不能正常运转的技术难题；1970年，他为辽阳参窝水库突击修建了每扇重达百吨的14扇闸门；1971年，他为实现大连港装卸机械化建立了各类设备加工制造点；1973年，他配合华罗庚教授，在辽宁省各地推广应用优选法和统筹法，取得了丰硕成果。

王凤恩离休后，仍然关心着工厂，弥留之际向组织交了最后一次党费2000元。临终前，女儿发现他眼里含着泪，连忙问他怎么了，他用只有家人才听得清的声音说：“我再也不能为厂里帮忙了！”说完，泪水止不住流下来。1999年2月12日，王凤恩永远离开了他为之奋斗一生的事业。他自强不息、创新不辍的一生昭示着生活的朴素真理：唯有进取才有辉煌。他的事迹曾被拍成电影、编成连环画《红色工程师》。

尉凤英 1933年出生，辽宁省抚顺市人，中共党员。东北机器制造厂工人。曾任沈阳一三九工厂副厂长、工会主席。1953年，为赶制抗美援朝需要的产品配件，在老师傅的帮助下，她研制成功自动分料器和半自动搬柄，提高了生产效率。此后，她把全部精力投入到技术革新中，到1959年底，实现技术革新170多项。她倡导成立“业余红专大队”，并带领队员积极参加职工技术协作活动。曾13次受到毛泽东主席的接见。1965年10月22日，《人民日报》发表《向毛主席的好工人尉凤英同志学习》的社论，中华全国总工会举办尉凤英事迹展览会，从此“毛主席的好工人尉凤英”享誉全国。1956年、1959年被评为全国先进生产者。曾当选中共第九、第十届中央委员，第十一届中央候补委员，第二、第三届全国人大代表。

尉凤英——毛主席的好工人

1953年，出身于抚顺煤矿工人家庭的尉凤英，进入沈阳东北机器制造厂当了六角车床学徒工。她每天早来晚走，兜里揣着一个小本子，养成了“眼勤、手快、好问”的习惯。在入厂3个月后，便开始独立上岗。有人说，尉凤英这个大姑娘从来不知道什么叫作“走”，总是抬腿就“跑”。尉凤英说：“跑得越快，社会主义工业化离我们就越近。”每月，她都给自己订一个“跷脚计划”，把极大努力和不断革新才能达到的先进指标作为自己的定额。

当时，抗美援朝战争正处于最后阶段，身在军工厂的尉凤英为了追赶进度，就使劲儿“吃刀”，没想到因为用力过大，刀折了活儿也废了。邻床的师傅看到后就对她说：“干活儿不能用蛮力，窍门儿满地跑，看你找不找。”师傅的一番话，使尉凤英迷上了技术革新。为了找窍门儿，尉凤英费尽心思，就连吃饭也在思考，经常是一手端着饭碗，一手拿着筷子，用筷子沾着菜汤在桌子上画图、想窍门儿。不久，尉凤英的第一项革新成功了，提高效率80%，保证了产品质量。

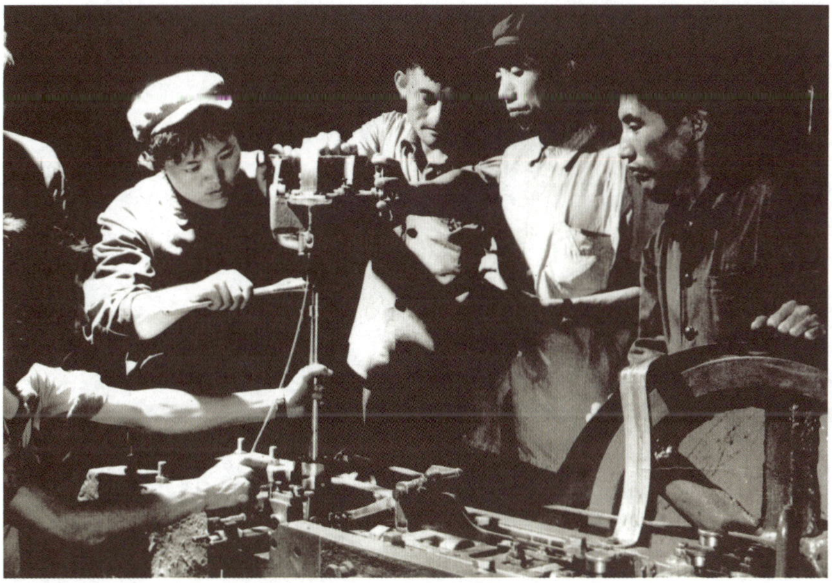

尉凤英和红专大队队员革新卧式自动平底冲床

这个敢想敢干的姑娘成了车间里的革新能手。她不知道什么是困难，她那黑亮的眼睛里，永远闪耀着铁屑旋出的火花。然而，一天，姑娘的眼睛突然蒙上了一层愁云。冲床的工友完不成任务，又有一位工友在送料时压断了一节手指头。尉凤英想帮助冲床的工友做一个自动送料器，既可以防止压手的事故，又可以提高工作效率。

当天，尉凤英向工厂附近的商店要了一些破纸盒，回到宿舍，就用这些破纸盒做起冲床自动送料器的模型来。此时恰逢中秋节，尉凤英妈妈要她回家吃饭。在那个物资匮乏的年代，香喷喷的猪蹄会让所有人垂涎欲滴，然而此时的尉凤英却怔住了，她问妈妈："猪蹄为什么能打弯？"尉妈妈好气又好笑地说："因为骨头上有筋。""筋？对，筋就是弹簧！"受猪蹄启发，尉凤英想到在自动送料机器上加个弹簧，就一定能解决自动打弯送料的问题。于是她放下碗筷，拔脚就冲出屋外，边跑边喊："妈，你自己吃吧！"尉凤英开始了第一次试验，厂里的同志闻讯赶来，都想一观究竟。只听"吭"的一声巨响，自动送料器竟被压得扁扁的。随着一阵唏嘘，有人冷冷地说："我早就知道不行。"也有的人叹惜："白费劲儿了，若能行，早就有人做了。"一时间，沮丧、灰心、懊恼之情全部涌出来，泪水模糊了尉凤英的双眼。

夜深人静，尉凤英仍在车间里试验。这已经是第十次试验了。送料器有两节钢丝绳，使用细的，只开动几下，就被拉断了；换用粗的，钢丝绳虽然不断了，可送料器上的送料板又被拉弯了。进行第十一次试验，换上一个车链子，又加上两节弹簧。尉凤英用脚一踩冲床的脚闸，机器立即发出了有节奏的响声，自动送料器终于试制成功了。冲床的女工们用着新工具，仅用21天就完成了全年的生产任务。凭着这种埋头苦干与不断革新取得的成果，入厂仅三年，她就被评选为全国劳动模范。

尉凤英与青年在一起学习

尉凤英和同志们都尝到了技术革新的甜头，从此便一发不可收拾。她利用簸箕簸豆子的原理、建筑工地工人筛沙子的原理和门弓子

1964年在第三届全国人大一次会议期间，毛泽东主席亲切接见尉凤英等代表

（门上安装的弹簧）的原理制作出了机器模型。她白天生产，晚上就留在厂里把机床卸下来，安装上自己制作的模型进行试验，边实验边改进。天快亮时，就枕块砖头在车间睡一会儿，最后，终于研制出了“半自动搬把”。此后五年，尉凤英技术革新项目达107项。

尉凤英连续多年被评为沈阳市、辽宁省和全国劳动模范，先后13次受到毛泽东主席的接见，1965年被国务院命名为“毛主席的好工人”，成为全国人民学习的榜样。

1955年9月28日下午3时，这是尉凤英永远都不会忘记的时刻。这天，她作为全国青年建设积极分子第一次见到了毛主席。头一天听到这个消息，尉凤英激动得跳了起来。为了将自己打扮精神一点，她用牙缸装上热水，将裤子熨了好几遍。来到中南海，尉凤英捡起一片树叶小心翼翼地夹到笔记本里留作纪念。在怀仁堂，毛主席握着尉凤英的手，问她叫什么名字，从哪里来的，干什么工作，尉凤英都一一作了回答。毛主席亲切地对尉凤英说：“工人阶级是领导阶级，你是工人阶级的先进分子，要好好学习，努力工作。”尉凤英铭记毛主席的教导，学习工作更加努力，不断创造出令人瞩目的新成绩。

“一个人的力量是微小的，只有群众的力量才能移山倒海。”1957年，尉凤英在党支部书记的支持下，把大家组织起来，成立业余红专小组，组织大家学习毛主席著作、交流技术、开展技术革新。1958年，团市委书记张鸿钧提议将红专小组命名为“尉凤英业余红专大队”，在她带领下，全厂先后成立130多个红专小组，有1000多人参加。从1957年到1965年，红专大队共搞技术革新和设备改造707项。

尉凤英与尉凤英中队的孩子们在一起

尉凤英有两个女儿。她怀孕后怕领导照顾，为了不被工友觉察，就给自己做了一件又肥又大的衣服，精心伪装，严格保密，怀孕6个月还照常上班。直到小孩出生了，医院给车间打来电话，许多工友都感到惊奇，开玩笑说她是“先生孩子，后怀孕”。产假应休56天，她只休30天。在产假里，她提出六项技术革新，其中一项机械加工改自动化加工，提高生产效率8倍。她把全部精力投入到技术革新中，达到了如痴如醉的程度。

这是一个永不知疲倦的人，始终保持纯朴的本色、旺盛的干劲。她用434天完成了第一个“五年计划”的工作量，用4个月完成了第二个“五年计划”的工作量。工厂实行计件工资的时候，车间每月都发给她很多超额奖金，可是，每次她都把奖金原封不动地送回。她对定额员说：“我没有超额，我刚刚完成了自己订的定额。”

1993年，尉凤英从新阳机器制造厂退休，她的身影仍藏不住奉献的自觉、余热的动能，她经常出现在守护北运河的劳动队伍中，活跃在“关心下一代”的辅导活动中，并一次次受到表彰。这位曾与“毛主席的好战士”雷锋、“毛主席的好干部”焦裕禄齐名的“80（岁）后”时代楷模，给“80后”留下了一抹耀眼的“夕阳红”。

2013年4月28日，尉凤英作为劳模代表去北京参加全国劳模座谈会。习近平总书记走到她面前握手，叮嘱她要保重身体。尉凤英说：“总书记，您提出的中国梦也是我们老劳模的心愿。在党中央的领导下，中国梦一定会实现！”她的话，赢得在场人一片掌声。

王铮安（1925—1964），湖南省临湘县人。曾任沈阳重型机器厂设计股长、设计处长、总设计师。1952年，负责设计5吨蒸汽锤，这是新中国自行设计、制造的第一台重型机器，开创了我国生产重型机器的历史。20世纪60年代初，担任1.25万吨卧式挤压机的总设计师，主持完成了重型设备的设计任务，由此我国成为世界上第三个拥有万吨水压机的国家。1951年、1952年被评为沈阳市劳动模范。

王铮安——万吨挤压水压机的设计师

1950年，王铮安从南京大学工业学院机械工程系毕业，作为一名见习技术员，他被分配到东北机械二厂（原沈阳重型机器厂）设计股工作。当时，该厂铸造工祁宝仁发明的“叠芯串铸”新工艺带领工人19天制成10万把军镐支援朝鲜前线的事迹被传为佳话。王铮安也被感染着，他为来到这样的工厂而骄傲。

王铮安每天埋头于测绘、转化图纸和做各种生产技术准备工作，很快他的才能便凸显出来。当年工厂奉主管局指令，制造18台14英尺龙门刨床支援兄弟厂。在刨床加工制造过程中，床面变形总是达不到精度要求，成为一大技术关键，最后是王铮安采取措施解决了问题。从此，王铮安的才能也引起了全厂上下的重视，厂里委任他为设计股长。

瀋陽日報

本月每分之值 兩千一百廿元

讀報提要

機械二廠職工提前試製成功 新中國的第一台五噸蒸氣錘

迎接大規模經濟建設的重大貢獻

新中國第一台五噸蒸氣錘試製成功 機械二廠職工寫信給毛主席報捷

1952年王铮安主导设计的新中国第一台五吨蒸汽锤试制成功

1952年，工厂决定自力更生制造国产重型机器。王铮安按上级的要求，整理日伪遗留下的图纸、资料，提出了试制五吨蒸汽锤的想法并负责产品设计。12月16日，高9.5米、重150吨，公称压力为5吨的蒸汽锤试制成功，使厂锻压车间恢复了生产能力。5吨蒸汽锤的试制成功，全厂职工像过节一样的高兴，他们给毛主席写报捷信。信中有这样一段话：“当我们写信给您的时候，我厂助理工程师、市劳动模范王铮安说，要告诉毛主席，我们技术人员遵照他的话，把我们知道的技术理论与工人的实际经验结合起来了，在这次试制中，我

王铮安主导设计的国产首台1.25万吨有色金属卧式挤压机

们结合得更加密切了。我们要遵照毛主席的教导，为国家制造出更多的新机器。”五吨蒸汽锤是新中国自行制造的第一台重型机器，它开创了我国生产重型机器的历史，成为具有划时代意义的里程碑。而王铮安本人，由于这一时期的突出贡献，自1951年至1954年，连续四年当选为沈阳市劳动模范，1954年还当选为辽宁省劳动模范。后来，他担任厂设计处处长、总设计师。

20世纪60年代初，党中央决定自力更生发展国防事业，决定自行研制九套大型成套设备。九套设备之一的1.25万吨有色金属挤压机是发展航空工业，用于飞机、导弹的翼梁、壁板、型材、鼻锥的锻压和挤压的大型挤压模锻设备。任务落在了沈阳重型机器厂。

当时，世界上仅美国和苏联有这种设备，国内既没有设计经验又没有任何资料可以参考借鉴，其研制难度之大可想而知。为了圆满完成这项艰巨而光荣的政治任务，各级领导都想了很多办法。王铮安虽然已担任工厂设计处长，但因为历史问题，当时还戴着“特嫌”的帽子。按照“阶级斗争为纲”的逻辑，有这样历史背景的人，根本就没有资格参与国家重大项目的方案设计。时任国家机械工业部副部长的沈鸿是个务实的老干部，他爱惜人才，不惜以中共中央委员的身份为一个“特嫌”分子担保，力排众议启用王铮安担任总设计师，主持该工程项目设计。

被委以重任的36岁铮铮铁汉，得知这一消息，激动无语，仰天拭泪。随后一甩头：“请部长放心，我一定会让中国飞起来！”一着急，连“飞机”二字都省略了。王铮安肩负重任，倾情践诺，仅用10天就拿出了完整的设计方案，并一次获得通过，这在重大工程

王铮安（右二）在车间指导工人生产

项目中是不多见的。

1962年在哈尔滨召开的一次会议上，有的与会者提出了苏联同类挤压机的缺点，其中的核心问题是穿孔问题。此后是历时一年的激烈争论，争论中提出的方案多达十几个，均未获通过。在争论中，王铮安充分考虑了现有方案的特点，在此基础上提出了一个全新的穿孔方案，能够完全满足生产中的工艺要求。方案通过以后，沈阳重型机器厂制造了一台3500吨的样机，结果验证了王铮安方案的可靠性，为我国重型机器的发展实现了重大突破。

为了报答老部长的知遇之恩，更为了让中国“飞起来”，王铮安废寝忘食几乎拼了命。1962年下半年，王铮安开始感到右侧胸腹部隐隐作痛，后来发展到了即使服用大量止痛片也不见效果的地步。但是他顾不得看医生，时而用手按压，时而用膝盖顶压，一个劲儿地疯狂工作。他说：“不是我不想去医院，而是怕难以面对残酷的现实，摧垮我的意志。倒不如现在这样，使我能有勇气做完1.25万吨挤压机。”

整个设计和制造期间，除了工人们的辛劳与汗水，全身心投入设计中的王铮安的意志更是震撼了众人。他预感到了现实的残酷，便始终忍受着病痛的折磨，一直坚持到从西南铝加工厂传来的生产考核试验机完全达到预期效果的消息，才在妻子的陪同下去医院就医，被确诊为晚期肝癌。可直到生命的最后，王铮安仍心系1.25万吨水压机制造的进展情况。可是无情的癌细胞已经扩散，医生已无力回天。在与病魔殊死抗争时，39岁的王铮安在墙壁上用指甲刻下“天生我才必有用，奈何天不从我愿”的痛苦呐喊。1964年2月26日，王铮安带着对祖国的祝福，与世长辞。

1966年，1.25万吨卧式挤压水压机制造成功，使我国成为世界上第三个拥有万吨水压机的国家，沈阳重型机器厂为航空工业发展建立了功勋，被国家授予银质奖章。

吴家柱（1927—1964），辽宁省瓦房店市人，中共党员。群众技术协作发起人之一。曾任沈阳气体压缩机厂工程师，兼任沈阳市、辽宁省职工技术协作委员会主任。1960年，面对国家出现的暂时困难，他和本厂几位工人自发组织技术协作活动并成立厂职工技术协作组织。1961年6月，会同林海丰、吴大有率先发起了群众性技术交流和技术协作活动，他的家也成了技协活动的场所。他和同志们一起推广革新项目63个，培养了一批技术人才和能工巧匠。1956年、1959年被评为全国先进生产者。

吴家柱——职工技术协作发起人

1961年初，沈阳市总工会组织的一次学习班，使劳动模范吴家柱、林海丰、吴大有坐到了一起。正是由于三人的不谋而合，中国第一个工业技术协作活动的星星之火，迅速形成了燃遍全国的燎原之势。吴家柱、林海丰、吴大有三位技术协作发起人的事迹，也以辉煌的亮色载入沈阳劳模史册。

吴家柱出生在辽宁复县（今瓦房店市）得利寺吴家屯。新中国成立后的1950年，吴家柱进入沈阳气体压缩机厂当工人。从此，他把自己的命运与党的事业融在了一起。

抗美援朝期间，厂里接受了生产一批汽车防滑链的任务。由于没有对焊机，吴家柱挺身把研制对焊机的任务接下来，然后他跑沈阳、跑鞍山、熬长夜，终于将对焊机制作成功。这或许是吴家柱人生中“弹奏”的第一个响亮音符。

在沈阳气压机厂，他经常从这个车间急匆匆出来，又连忙进入另一个车间。他在每台机床前不是驻足询问，就是紧盯机床的运转。他对设备的了解，比设备“主人”还清楚。

1956年，吴家柱在北京参加全国先进生产者代表会议。一次休会，别人去游览北京名胜，可他却跑到北京暖气器材厂学习铸件焊补经验。原来，自己厂里的主轴箱、机体等大铸件易出沙眼，有了沙眼就得报废。厂里对此一直束手无策。此次来京，吴家柱学习了一天一夜，把“窍门儿”带回来了，使厂里大批报废部件复活。1957年，厂里试制出640马力空气压缩机，但因缺少高压控制，产品不能出厂。吴家柱连夜将300马力的高压控制器改为640马力。1958年夏天，厂里52马力和190马力的气压机焖火以后产生的那些氧化皮需用手工往下敲打，耽误事啊！设计科的同志把目光投向吴家柱。吴家柱想起金属可以通过电解使其分解的道理，便跑到自行车厂拜师去了。学完招数回来后，用电解法使“连杆”上的氧化皮自行脱落，比手工处理提高效率100多倍，最高达到了206倍。

既谦虚谨慎又敢想敢干是吴家柱的性格特点。一次，他无意中听到厂长和一工程师交谈，说手工磨空压机上的“阀片”常常保不住质量。那位工程师说最近看到一本美国杂志上有研磨机的照片，但缺少文字说明。吴家柱在一旁听了，凑过去表示要“照量”一下子。工程师说：“美国可是刚研究出来的。”吴家柱来一句：“那怕啥？美国能研究成，咱们就能。”一旁的厂长立刻鼓励吴家柱“琢磨琢磨”。第二天，吴家柱把要研究研磨阀片机的想法向两位技术员说了。为了支持吴家柱，党支部和科里领导特批由实验室让出一台大车床，作为他们制造研磨机的专用车床。于是，这三人开始反复琢磨美国杂志上那张照片。忽然一次，他们想到了平台上的磨件，一定与平台下边的轴转有关。于是，吴家柱带着二人一次次试验，80次、90次、101次……安装电滚、安装偏心轮、直流改交流……研磨机终于研制成功了！驻厂的苏联专家科茨尼琴科给这台研磨机作出鉴定和评价说：“它具有世界水平！”

厂里要做一台“交直流混合探伤器”，这种探伤器还没有谁见过。这个东西就像大夫的听诊器一样，能把大型锻件和钢管的裂纹、暗伤探测出来。吴家柱一脚迈进了苏联专家办公室，借了张探伤器的图，又找到技术员和老工人及电工组的伙伴儿们，一番研究后，又开始试制试验。一天，吴家柱把机器上电流的一个卡子卡在部件上，铁粉竟在部件上徐徐移动，在有伤痕的部位自动打上记号。苏联专家闻讯赶来，紧紧握住吴家柱的手说：“你们很不简单，这回你们生产大型精密空气压缩机没问题了。”

吴家柱操作演示振动研磨机

1961年初，吴家柱和当时沈阳拖拉机制造厂工人出身的技术员林海丰、沈阳高压开关厂快速切削能手、工人出身的技术员吴大有参加了市总工会举办的毛主席著作学习班。学习班上，毛泽东的一句“众人拾柴火焰高”，让吴家柱忽然意识到了什么。他对林海丰和吴大有说：“三个臭皮匠，顶个诸葛亮。我们联合起来，迎着困难前进，不蒸馒头蒸（争）口气。”当时，苏联撕毁合同、撤走专家，加上国内自然灾害，使许多工厂的生产和发展陷入停滞与迷茫。进口设备出了故障，常常影响生产。这年6月，吴家柱找到林海丰和吴大有，提出大搞技术革新，互相帮助，互相交流经验的想法。此后，三人开始合作攻关。林海丰在自己的单位按照吴家柱提供的图纸研制振动研磨机。听闻试验失败的消息后，吴家柱当晚就去了林海丰试机现场，找原因、调设备，一夜未睡。第二天，能去毛刺、去锈、倒圆角和抛光的研磨机终于正常运转了。林海丰也帮助吴家柱解决了气压机厂磨床砂轮修整的难题。三人技协虽然屡出成果，但他们还是感到势单力薄。时任中共沈阳市委书记处书记的朱维仁曾向干部、劳模传达党中央号召：发愤图强，自力更生、艰苦奋斗、勤俭建国。吴家柱等三人决定联合沈阳市劳模，将技协活动搞起来。他们找到变压器厂王凤恩，东北机器制造厂尉凤英，沈阳铸造厂张成哲等。职工技术协作组织很快增加到十几人。他们常常晚上到吴家柱家里集合，为了研究技协工作，吴家柱让母亲、妻子及6个孩子挤睡在另一间屋子里，这间屋子便成了技协活动的场所。每次活动，每人都能带来一个或几个技术难题。肚子饿了，就用开水冲酱油，喝酱油汤充饥。

沈阳劳动公园吴家柱塑像

技协队伍如滚雪球般发展，很快突破百人。金属专家葛庭燧、焊接专家斯重遥、“刀具大王”金福长等众多高手都主动申请加入。气压机厂党委得知技协队伍扩大，便将厂专家室让给了技协。于是每当晚上和周日，上百人拿着图纸、设备模型、工卡量具等涌向气压机厂专家室。沈阳市劳模、第三机床厂工人孔庆堂在生产中遇到了不少问题，始终未能解决，闻讯找上门来。吴家柱马上约了王凤恩、张成哲等10多位技协伙伴，只几天功夫，就解决了12个难题中的9个。

技协活动在新中国的工业建设中显示了朝阳般的生机。1961年10月，中共沈阳市委在批转市总工会党组《关于劳动模范吴家柱等同志发起厂际经验交流技术协作活动的情况和对这一活动加

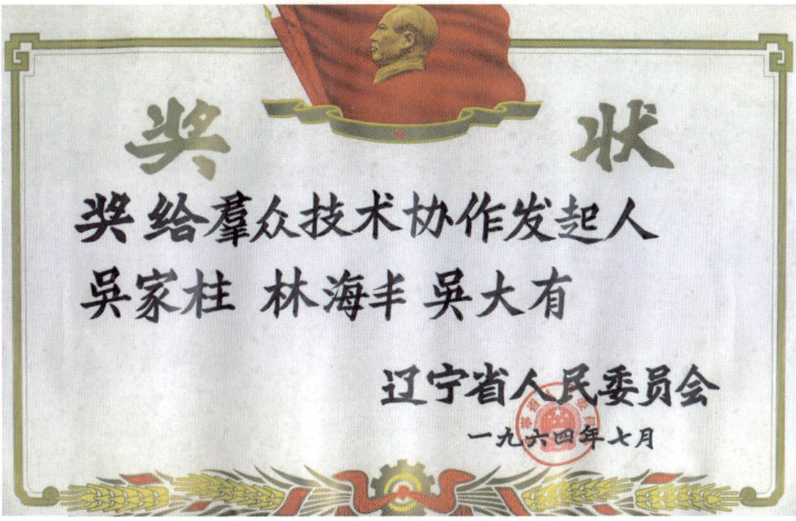

辽宁省人民政府为技协发起人吴家柱、林海丰、吴大有颁发奖状

强领导的报告》时指出，“这一活动是模范、先进人物崇高的共产主义思想的产物，是一个十分可贵的创举”。此后，吴家柱先后被选为沈阳市、辽宁省群众技术协作委员会主任。技协由最初机械行业的三个人，很快扩展到全市重工、轻工、电业、交通、基建等行业。在辽宁，有1678个大中型工矿企业开展了技协活动，技协积极分子12万人。

1963年10月4日，中共中央政治局委员、中央书记处书记彭真到沈阳，听说职工技协后，专门约见了吴家柱、林海丰、吴大有等二十几名技协骨干。彭真说，你们开展的群众技术协作活动是真正的共产主义风格、真正的群众路线、真正的“三结合”。他要求全国要向沈阳学习，技协活动要在全国开展起来。

由于长期的超负荷工作，吴家柱积劳成疾，终未躲过无情的病魔。1963年10月21日，吴家柱在沈阳陆军总院被诊断为脑瘤。次年2月20日，吴家柱病逝，年仅37岁。他逝世后，辽宁省、沈阳市领导与千余群众为他送行，表示深深的哀悼。

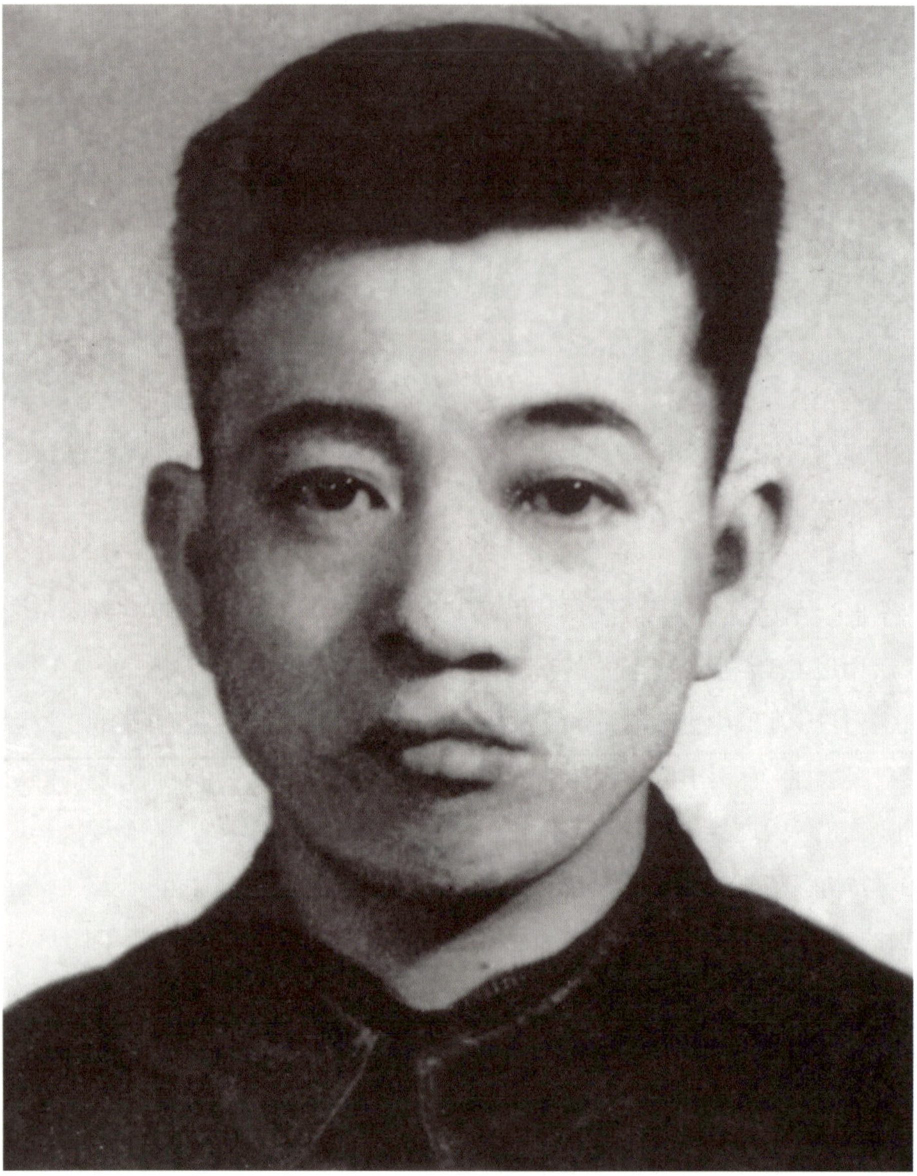

林海丰（1930—1981），辽宁省沈阳市人，中共党员。群众技术协作发起人之一。沈阳拖拉机制造厂车工、技术员，兼任沈阳市职工技术协作委员会副主任。1961年，他与吴家柱、吴大有发起了群众技术协作活动，把业余时间全部用在搞技术革新和技协串联活动上。“文化大革命”期间仍坚持技协活动，当沈阳面粉厂设备出现故障亟须修理时，他带领技协积极分子前去抢修，保证了面粉生产供应。他还参加了辽河化肥厂设备安装工程大会战、沈阳冶炼厂二氧化硫回收工程大会战。在确诊为晚期肝癌后，仍坚持技协活动。3次被评为沈阳市劳动模范，2次被评为辽宁省先进生产者。

林海丰——职工技术协作发起人

林海丰虽只念了3年书，但他爱思考、喜钻研。技协活动开展以后，他好像生了翅膀，在技术革新的天空里自由翱翔。有一次，为了研制一台钻孔机，他连夜在家画图纸，天亮早早来到车间，找材料、配零件、自己加工。这次研制用了两天时间，但试验时却失败了。面对闲言，他不灰心、不退缩，在领导和同志们的帮助下，终于试验成功。接着，他又相继改进了加工气门顶杆的方法和不停车夹具，使工效提高，工人劳动强度减轻。

市技协成立后，他啃的第一块“硬骨头”，是厂里东方红28拖拉机机油泵上许多部件研磨达不到要求精度的大难题。要想攻下这个难题，需要制作一台振动研磨机。他进行了多次试验也没成功。这时，吴家柱主动来厂协助，很快解决了这一难题。从此，林海丰全身心地投入到技术革新和技术协作活动中去。有一次，吴家柱所在的气压机厂曲轴磨床用的砂轮修整器坏了，而这种修整器所用的金刚石当时都是靠进口的。林海丰为此四处打听，终于得知瓦房店轴承厂用的砂轮修整器是利用废刀头碾碎浇铸成的。他喜出望外，自掏腰包去瓦房店取经，回来后顺利地解决了问题。铁西区贵和街道拉链厂产品质量不过

林海丰动员工友参加劳动竞赛

中国职工技术协作活动发起人吴家柱（中）、林海丰（左）、吴大有（右）

关，他听说后，一边了解情况，一边组织技协的能工巧匠研制拉链模具。后来，拉链厂的产品达到了一级品。为了排除拖拉机配件修复厂磨床的故障，他和几位技协骨干放弃新年休息，从1962年12月29日一直干到1963年元旦夜里。

1963年的一天，林海丰得知沈阳水泵厂工人刘永奎研究滚珠冲胎、提高工效4倍的消息后，他第二天就去拜师，结果连去三次都没见到刘师傅。林海丰有股倔劲儿，第四次凌晨4点多就在刘师傅家门外等，任凭风雪抽脸、眉上挂霜。快6点时，刘师傅家里的灯亮了，林海丰的心里也亮了。叩门后，向刘师傅说明来意，刘师傅大受感动，当即毫无保留地将“秘籍”传给了他。林海丰马上回厂投入试验并一试成功。林海丰搞革新极其入迷，一个星期天，他在家里设计抛光机，爱人心疼他，便劝他去看场电影散散心。他勉强听从了。但他人在影院，心却在抛光机。他坐不住，电影没演完，就溜回家中继续和抛光机“较劲儿”。

1964年，林海丰调省里工作，先后任省计委技术处工作人员、辽南会战副总指挥、省技协机械组负责人。即使在“文化大革命”期间，他也没有停止技协工作。东北输油管道工程动工，他带领省技协小组圆满完成工程所需的自动焊管机和成型管打压机的试制任务。他在指挥沈阳冶炼厂大会战时，亲自组织技协骨干试制回收二氧化硫所需的大流量、耐高压、耐高温、耐腐蚀的鼓风机。经过21个昼夜、23次试验，终于试制成功铅、铁、铝合金鼓风机，保证了会战的顺利进行。

1980年，林海丰被诊断患了晚期胃癌。死神逼近之时，他仍然带领技协骨干帮助部队改装了坦克液压吊车。

1959年至1964年间，林海丰先后七次被授予沈阳市劳动模范、辽宁省青年社会主义红旗手、省先进生产者等荣誉称号。1981年6月10日，林海丰病逝于沈阳，时年51岁。

吴大有（1937—2005），辽宁省辽阳市人，中共党员。群众技术协作发起人之一。沈阳高压开关厂车工、技术员，曾任沈阳市总工会职工技术协作委员会办公室主任、经审委员会主任，兼任沈阳市职工技术协作委员会主任、辽宁省职工技术协作委员会副主任、全国职工技术协作委员会常委。1961年，他与吴家柱、林海丰发起了群众技术协作活动。为壮大技协队伍，他披星戴月，走工厂，访家庭，恭请能工巧匠，串联300多人参加技协活动。20世纪80年代后，他同广大技协干部、积极分子一起，积极探索技协工作改革途径，发展了技协活动。3次被评为沈阳市劳动模范，2次被评为辽宁省先进生产者。曾当选第三届全国人大代表，第六届全国政协委员。

吴大有——职工技术协作发起人

吴大有是沈阳高压开关厂的快速切削能手。1961年，他和吴家柱、林海丰结识后不久，便一同搞起了技术协作。沈阳市技协成立之初，有专长的人才并不多，其中奇缺焊接方面的高手，又偏偏有许多工厂不断提出焊接方面的技术难题。吴大有请吕德顺出山的故事是一桩美谈。

有一天，吴大有到吴家柱家里串门，他告诉吴家柱说厂里有这么一个人，就是脾气倔不好请。吴家柱则让吴大有想方设法一定要把这位老工人请出来。吴大有说的这位老工人，是高压开关厂焊接实验室的吕德顺。吴大有知道，吕师傅脾气倔，请他不能急，先要让他了解技协的好处，兴趣上来了再说。于是，吴大有先利用午休时间到吕德顺的焊接实验室聊天，一口一个“吕师傅”，把吕师傅叫得很高兴。两人从家庭生活聊到吕师傅喜欢的钓鱼上，又聊到青年工人学习技术和开展技术协作问题。开始，吕师傅不感兴趣，吴大有耐住性子，聊了五六次以后，吕师傅才开始对技协活动频频点头——他被吴大有的真诚和敬业态度感动了。于是，技协活动又增加了一名骨干分子。一天，电业局的人跟吴大有说，沈阳市输电线路有些用的是铜线，有的是铝线，两种线扭在一起经常烧坏，电业局研究多次也没法解决。吴大有就把吕德顺给介绍过去了。经吕师傅巧妙调理，铜铝线接头事故显著减少。又一天，吴大有听说沈阳市油毡纸厂的铸铁槽有了裂缝，新的一时还买不到。吴大有又找到吕师傅，吕师傅说这个不是他的拿手活儿，但他从沈阳铸造厂找来了林师傅，林师傅去了油毡纸厂不长时间，就把焊接铸铁槽裂缝的难题解决了。

吴大有为壮大技协队伍，在恭请能工巧匠方面是出了名的。1961年，他为革新刀具，六请“刀具大王”金福长。之后两年间，他先后请出40多位能工巧匠。针对兄弟厂存在的技术问题，他串联300多人参加技协活动，为鼓风机厂、皮革综合加工厂、气体压缩机厂等解决了车床不断屑、曲轴加工等工艺技术难题80余项，推广先进技术500余项，研制出火车头前照灯等一批国家急需的新产品。

1956年至1959年，吴大有在高压开关厂曾创立“青年突击队”，开展不领料工作日

吴大有参加技协攻关活动

和技术革新活动。1958年被评为沈阳市先进生产者，他所创立的“青年突击队”被评为建设社会主义先进集体。1959年，吴大有获辽宁省五好职工称号，1960年、1961年，吴大有连续被评为沈阳市先进生产者。1963年至1966年，3次荣获沈阳市劳动模范称号。

1973年，吴大有调任沈阳市总工会生产部副部长、技协办公室主任后，继续坚持参加和指导技协活动。20世纪80年代以后，吴大有同技协干部和广大技协积极分子一起，一方面积极组织支援中小企业、乡镇企业和贫困地区，为振兴地方经济出力；另一方面积极探索技协改革途径，组织产品开发和引进技术消化吸收，并成功地解决了技协有偿服务，投入技术市场，把职工技协办成革新者之家等问题，把发扬共产主义风格同执行现行经济政策结合起来，把技术交流和技术贸易结合起来，使技协活动更加兴旺发达。

1997年，吴大有从市总工会经审委员会主任岗位上退休。2005年，因病辞世。

陈富文（1918—1998），辽宁省盖州市人，中共党员。曾任沈阳重型机器厂铸造车间生产组长、工段长、车间主任、副总锻冶师。1953年，由他任组长的大转子小组制造出我国第一台1万千瓦大转子，结束了大转子依赖进口的历史。此后，大转子小组先后突破72500千瓦、10万千瓦、22.5万千瓦、30万千瓦转子，质量达到世界先进水平。1953年至1978年，大转子小组生产的转子总装机容量达623万千瓦，占当时全国混流式转轮机容量的90%。1964年，大转子小组同马恒昌小组一起被第一机械工业部命名为全国工业机械战线的两面红旗。1979年被评为全国劳动模范。曾当选第五届全国政协委员。

陈富文——水轮机大转子铸造先驱

沈阳重型机器厂是“中国重机工业摇篮”。在这里，老一辈工人在环境恶劣、设备条件差、技术水平很低的情况下，凭着为国争光、刻苦钻研、敢于实践的劲头，把许多的不可能变成了一个个活生生的现实！也正是在这里，老一辈工人师傅在陈富文的带领

陈富文（前排中）与大转子小组成员

下，成立了后来享誉全国机械战线的大转子铸造小组，为发展我国水利电力事业作出了巨大贡献。

20世纪50年代，我国的水电事业正值发展时期，水力发电设备所需的水轮机“大转子”作为整个机组的“心脏”，成了关键产品。可是，国家初创、百废待兴，工人们有热情，但经验却是白纸一张，生产要大上，但设备能力不足……怎么办？厂领导把信任的目光投向了铸造经验丰富、沉稳可靠的工段长陈富文身上。

大转子铸造小组成立之初，组长陈富文和工友们面对即将迎来的工作都很头疼：毕竟以前连转子的样子都没见过，但现在却要把型线复杂、质量要求高、生产难度大的转子一下子琢磨透，着实非常困难。可听起来异想天开的事情，却完全拦不住饱含着一腔爱国热情的小组成员。凭着不服输的劲头，陈富文白天带领大家与技术人员一起熟悉图纸，搞研究；到了晚上回家，也依旧满脑子图纸，不停地琢磨、摸索。一处不明白就反复讨论研究，一次试验不成功或不满意就两次、三次改进重做……功夫不负有心人，经过4个多月的努力，大转子铸造小组在当年就创造出了“奇迹”：1万千瓦大转子试制成功，为祖国贡献了属于自己的国产水轮机转轮。

此后，陈富文带领大转子铸造小组乘胜追击、一路凯歌，从牡丹江上的镜泊湖到云贵高原的六郎洞，从鸭绿江边的太平哨到塔里木河的乌拉摆都用上了“沈重”牌水轮机转子。在国家力推火力发电之前，沈重的大转子名扬四海。从试制成功1万千瓦转子到制造

超大型转轮由专门车辆承运

成功30万千瓦转子，从仅能生产性能一般的转轮到生产出达到国际先进质量标准的转子，并且以30年生产173台转轮无一废品的卓越业绩，大转子铸造小组创造了水轮机转轮生产史上的奇迹。1959年，大转子小组被授予全国社会主义建设先进集体。

陈富文和他的大转子铸造小组出名了，可是当他遇到困难时，却从没有因此向组织多伸过一次手。陈富文是家里唯一的劳动力，虽然入厂就是128元的八级工工资，但分摊到家里10多口人的生活上，就明显不够用了。孩子吃得多，饭不够，他和爱人就饿一顿；住的是平房，晚上孩子们挤在火炕上，他常站在地上加班研究图纸。三年困难时期，陈富文曾让组里吃不上饭的工人一家老小到自己家里吃住。饭菜不够，全家就吃榆树钱和野菜做的菜团子。长期吃不饱、没营养，导致他的三女儿肠穿孔，动了大手术才捡回一条命。即便这样，他还是经常对女儿说："我们要有爱心，要帮助有困难的人。"担任厂副总锻冶师后的陈富文，一直在"沈重"工作到76岁。20世纪90年代，工厂效益不好的那段时间，只开一半的工资。偏赶上他得了脑血栓，到手的工资买药治病都不够，更别说维持生活了，可他宁可节衣缩食，宁可默默流泪，也不跟单位张口。直到80岁去世时，陈富文还住在两个单间、没有厅的老式楼房里；一只从老家带来的大躺箱，是他最小的女儿陈伟出嫁前家里唯一的家具。

"老爸总说，啥时候不能给别人、给组织添麻烦。"陈伟红着眼睛说，"他生前一直把参加全国群英会、全国劳模大会的合影挂在家里最显眼的位置，最愿意时常跟儿孙提起自己的'当年勇'——带领大转子小组试制成功了国产首台72500千瓦水轮机转轮；英雄集体大转子小组被命名为'全国机械工业学大庆红旗集体'；1979年，他被授予全国劳动模范称号……每谈到这些，他都是眉开眼笑，滔滔不绝，老爸把这些当成了他一生最大的财富。他也一直身体力行地用劳模精神影响着儿孙，教育他们多学习，靠本事吃饭，做对家庭负责、对国家和社会有益的人。这些话，至今仍时常回荡在我们耳边。"

张明云 1934年出生，辽宁省营口市人，中共党员。曾任沈阳黎明发动机制造公司工程师、工会生产部副部长兼技术协作办公室主任。他创造性地学习和运用先进经验，熟练掌握了120余种加工件和480多道工序的加工技术，被誉为“刀具革新标兵”。他和同志们连续奋战27个月，为成功制造出我国第一台涡轮喷气式发动机作出了贡献。1958年参加全国青年社会主义建设积极分子代表大会，被评为全国青年社会主义建设积极分子。1959年被评为全国先进生产者。

张明云——刀具革新标兵

1955年，张明云响应党的号召，参加国家重点建设，被调到沈阳航空喷气发动机厂工作。在任职期间，张明云为适应航空工业科研、生产的需要，利用业余时间自学相关技术，把学到的技术应用到实际工作中。他先后参加了5个机种的发动机齿轮传动杆、联轴器、附件机匣、滑油泵、高空点火器、离合器和部分工夹量具等试制与批量生产工作。张明云在当车工时总结出“心在活上、眼在刀上、手在摇把上”的一套操作经验，使他在工作中质量一贯优等，月月超额完成任务。

张明云还积极参与工会组织的技术协作工作，共实现大小技术革新144项，其中较大项目有14项。例如：放气带顶杆拉环内螺纹精细加工工艺的改进——该零件内螺纹加工要求零件内螺纹对端面偏差不大于0.03毫米，即比头发丝还细的要求。在车床上加工时内螺纹刀具很容易碰到内孔端面，不是把刀碰坏就是把零件碰坏，生产效率极低。经他改进制作一套夹具，制作一副专用丝锥，用钳工攻丝方法解决了这一关键。原来需五级以上车工加工，改进后由二级钳工完全可以加工，而且工效提高8倍，质量100%合格。这些技术关键的突破，最明显的效果是质量彻底过关，生产效率成倍增长。

1959年张明云参加厂优质高产劳动竞赛

张明云在担任技术革新员期间，曾带领攻关队到39车间帮助解决喷气发动机涡轮叶片加工难题，积极建议采纳新技术、新工艺。他建议用冷滚轧的方法加工叶片，经试验获得成功，并投入生产。他发明创造的“V”形车刀，在加工轴套类零件时提高工效2~4倍，还参加了全国刀具表演。

20世纪60年代初，工厂试制新型发动机。工程技术人员编制新机工艺规程过程中，每逢遇到技术难题，就深入车间现场同有经验的工人师傅研究。“没有头碰头，难题难破头。”新机试制过程中首先遇到的难题是没有专用的工具夹，无法完成零部件的加工任务。张明云和同志们一起动手，设计制造简易工装，满足了试制生产的需要。

1964年，在公司一项新机生产任务中，40台后追加的生产任务又下到了张明云所在的班组，而生产任务原本就品种繁多、异常繁重。为确保配套任务的完成，在生产零件的过程中，张明云经常是一天当中换好几种活儿、调换几次床子、换好几套工装。俗话说“歇人不歇马”，可对那时的张明云来说却成了“歇马不歇人”。尽管他马不停蹄地工作，还是满足不了工厂任务节点的要求，在这关键时刻，张明云提出了改变传统工艺加工方法的设想，并得到了各级领导的大力支持。他和有关工程技术人员、工人师傅一起，对一些工装设计不合理、满足不了技术要求的关键设备、部件，重新进行了设计、测算、改造。这种新的加工方法使加工效率得到了成倍的提高，大大缓解了工厂和车间的压力，为确保此零件按节点正常交付，起到了至关重要的作用。

张明云创造性地学习和运用先进经验，熟练掌握了120余种加工件和480多道工序的加工技术。他和同志们协同作战，仅27个月，就成功加工制造出我国第一台涡轮喷气式发动机，结束了我国不能制造航空喷气发动机的历史。

1972年张明云与技术革新能手讨论编写《车削工艺》一书

对祖国的挚爱使张明云对自己的责任有着深刻而生动的理解。作为一名一线生产工人，他利用业余时间到工学院学习机械制图、机械设计、机加工艺、材料学、热处理、工程力学、企业管理等知识，为的是让技术更精湛一些。“那时候加工零件的刀具是从国外进口的，是全国的老百姓省吃俭用，用节省下来的豆油和猪肉换来的。”所以，他在干活的时候，给自己定的规矩是每月车刀最多领两把，尽量为工厂节约资金。优质高产、无废品、不受伤，张明云真正干出了一流的活儿。“优秀车工”“技术革新能手”“优质高产标兵”“全国青年社会主义建设积极分子”“全国先进生产者”……诸多荣誉纷至沓来。

张明云经常代表黎明公司职工参加市里的技术协作活动，帮助兄弟单位解决十余项技术关键。他曾帮助沈阳长途电信局解决了德国进口的电报机上的易损件“印字轮”制造工艺关键，为国家节省了外汇，打破了国外对这一技术的封锁，提高了公司的知名度；帮助沈阳热电厂解决了透平机五级涡轮榫槽加工关键，经他提出的加工工艺方法，仅用7天时间就修复发电，而按常规修复则需要两个多月。“都是国家的事，办好了大家都高兴。”

工作中遇到问题时，张明云能主动承担，通过技术改进、技术革新和改进工艺方法解决了很多难题。这些革新项目不仅在当时解决了大问题，有的项目至今还在生产中使用。

王春香 1935年出生，辽宁省锦西县人，中共党员。曾任沈阳鼓风机厂车工、车间副主任、扩建办公室副主任、技协主任。1955年到1961年，他先后实现了弹簧光刀、光轴滚刀、套磁刀改进等多项技术革新，总结出“快速光轴法”“一看、二查、三结合车削法”等先进经验，创造出加工各类风机主轴13000根无废品的优质高产纪录。1959年被评为全国先进工作者。

王春香——技术革新带头人

1959年，中国大地上掀起一场技术大比武的热潮。各行各业的“状元”被选送到北京，参加了一次“群英会”。“英雄不问出处”，一位羞涩、文静，并不像大工匠的小伙子站在了“擂台上”，他就是来自沈阳的王春香。王春香原本叫王春江，从小在农村生活，16岁的时候被招到沈阳扇风机厂当车工。厂里会计在做工资表时把他的名字写成了王春香，他就一直沿用了这个名字。

学徒一般要三年才能出徒，王春香只用了一个季度就达标。出徒的第二年，就被评为厂里的劳模。1954年，三级工王春香生产的产品数量和质量都达到了八级工的水平。在1955年到1961年期间，王春香先后实现了弹簧光刀、光轴滚刀、套磁刀改进等多项技术革新，总结出“快速光轴法”“一看、二查、三结合车削法”等先进经验，创造了加工各类风机主轴13000根无废品的优质高产纪录。

王春香在测量工件

20世纪60年代初，王春香任沈阳鼓风机厂的技协主任，经常参与沈阳职工技协开展的各种技术协作活动。这期间，他走访了许多工厂和车间，也认识了不少技术骨干。当时的沈阳鼓风机厂资金吃紧，没钱买设备，生产也上不去。王春香看在眼里，急在心上。

一天，王春香偶然得知这样一个消息：沈阳第一机床厂有一批报废机床。

于是，他马上联系了沈阳第一机床厂的两位劳模，以废铁的价格，或买或换地获得了四五十台报废机床。随后，他又组织了5位沈阳鼓风机厂的技协成员，照着厂里的“好机床”，改进了“废机床”的部分设备和零件，还安装上了自己的齿轮。没出一个月，几个人就改造出了30台小型机床和10台大型机床，与厂里一直用的机床一模一样。而这40台机床的总成本，要是按照当时的采购价格来看，仅能买下两台新机床。

王春香在调试设备

在沈阳鼓风机厂工作期间，王春香改进了大型电子计算机机房滑动式天棚、活动地板和自动灭火装置管路等项目；革新了德国无声铆接机基架；仿制出具有先进水平的无声铆接机；组织了相关部门建成了焊接高压容器——压缩机辅机生产线等重大技术革新，为国家节省大量资金，加快了工厂消化应用引进技术的步伐。他先后被评为沈阳市、辽宁省劳动模范和全国先进生产者，并作为中国先进工人代表访问了苏联等东欧四国。

如今，王春香还愿意回味与机器为伴，从图纸中找趣的“工人生活”。人们都知道他是闻名全国的沈阳鼓风机厂劳模集体“五朵金花”之一王英杰的父亲，对此他很满足，也很开心，“因为女儿也是我的产品哟！”或许，这种精神的传承是对“劳模”二字最生动的诠释。

崔传华（1929—2011），山东省烟台市人，中共党员。沈阳棉织厂捻纱挡车工。曾任沈阳经编厂工会主席。她以主人翁的姿态，满腔热情地投入新中国的纺织工业建设，在捻纱工岗位上整整工作了24个春秋，总结出“三勤四快”等五项捻线操作法。她带领的班组年年月月超额完成生产计划，班组9名挡车工都是优级手和厂级先进生产者，先后被评为沈阳市先进小组和纺织工业部先进集体。1959年被评为全国先进生产者。

崔传华——“三勤四快”好织女

“迢迢牵牛星，皎皎河汉女。纤纤擢素手，札札弄机杼。”牛郎织女故事中织女心灵手巧、勤劳善良的形象深入人心。20世纪五六十年代，在辽沈大地也有一颗“织女星”熠熠生辉，她就是轻纺业众口相传的“三勤四快”好织女、全国先进生产者——崔传华。

新中国国民经济恢复时期，崔传华进入沈阳棉织厂当上了捻线工。入厂前，长辈告诉她，咱家没招谁没惹谁，就招惹了一个“穷”字。如今穷人翻身当了主人，你进工厂要干出个模样来。走进车间，一片织机发出震耳欲聋的噪声。崔传华感到上班和在家里做针线活大不一样，看似穿针引线、巧手飞梭的工作，干起来可没有那么轻松。作为捻线工怎么才能让丝线接头又快又好、保质保量地完成生产任务，常常让倍加珍惜工作机会和内心好强的崔传华暗暗咬牙。于是，她悄悄地向一位经验丰富的老师傅请教诀窍，老师傅很有文化，也没多说，就告诉了她一句话：“我亦无他，唯手熟尔。”原来成功没有捷径，技能纯熟来自不断磨炼，聪慧的崔传华牢记在心。

从此，她为了练就扎实的操作技能，牺牲了无数的下班时间，在练兵车上“摸、爬、滚、打”反复练习。对于捻线工最基本的“机下打结”一项，她对自己更是高标准、严要求，平时基本上做到手不离纱线，别人接500个，她就接1000个，别人练1小时，她就练3小时，手指硬是被软软的棉纱勒出了道道口子。慢慢地，崔传华干得越来越快、越来越好，她成了车间里一名小有名气的操作能手，纺出的纱的质量达到了惊人的100%合格率，回丝率比国家计划降低60%。心灵手巧的人自然也勤于思考，通过虚心学习别人的经验与认真总结自己操作实践，崔传华创造出“三勤四快”等五项捻线操作方法，推广后全车间每年可以节约棉纱约2.5吨。

由于崔传华的优异表现，1958年她被评为沈阳市劳动模范、辽宁省先进生产者、全国三八红旗手，1959年作为纺织业代表出席了全国群英会。崔传华出名了，可是她从未放松对自己的要求。“文化大革命”期间，停工停产对社会生产造成了较大干扰，她就白天外出开会，晚上上夜班大干。有人给她统计过，她这样每年干了至少相当于400个工作

崔传华与同事研究工作

日。她对待工作一丝不苟的态度更是令其他同志钦佩，十几年来，她从未放过缺股纱，还曾经顶着高温奋战6小时，帮助同志从上千个管纱中查出一个缺股纱。

“一花独秀不是春，百花齐放春满园。”崔传华觉得一个人技术再好，力量也是有限的，要带动身边的人共同进步，才能为社会主义建设作出更多贡献。每逢有人来请教经验，她都是不厌其烦地传授、讲解、示范，一遍不懂就两遍，常常一讲就是两三个小时，嗓子渴得冒烟也顾不上喝水。人们见到她，无论老幼，都亲切地称呼她“崔大姐”。她担任车间教练员期间，培养出来的操作能手，仅1977年就占沈阳市纺织工业系统织布行业操作能手的1/3。

崔传华担任厂工会主席后，既注重维护女工的权益，又围绕提高产品质量抓竞赛活动，特别是通过技术协作项目，为企业挖潜增效和发展沈阳轻纺工业作出了重要的贡献。

马 加（1910—2004），原名白永丰，曾用名白晓光，辽宁省新民市人，满族，中共党员。曾任辽宁省文联主席，辽宁省作家协会主席。1928年考入东北大学，同年开始新文学的创作活动。九一八事变后，在北平参加了“左联”。1942年，参加了延安文艺座谈会。抗日战争胜利后回到东北，创作了《江山村十日》《开不败的花朵》等多部中长篇小说。其中，长篇小说《北国风云录》《血映关山》获辽宁省人民政府优秀文艺作品奖和首届东北文学奖。1960年被评为全国先进工作者，2000年辽宁省人民政府授予他“人民作家”称号。

马加——人民作家

2000年2月22日，是老作家马加90华诞。中共辽宁省委、省政府隆重集会，授予这位把一生精力奉献给革命文学事业的老人以“人民作家”的崇高荣誉。这是继20世纪50年代北京市授予著名作家老舍“人民艺术家”称号后，国内为数不多的享有前缀“人民”盛誉的作家之一。作为中国现代文学史“东北作家群”的一员，马加有过当亡国奴的经历，曾经拿起枪杆子奔赴炮火纷飞的战场，做过东北地区和辽宁省的文艺界领导人，也曾经被打倒、挨批判、“走五七”下放到穷乡僻壤……可不管人生道路如何险峻，牢牢把握正确的文艺方向，一直坚持为革命、为人民而创作是马加不变的人生追求。

“集中我们的力量，我们要把这古老的社会推翻；瞧吧，这风的威，电的火，烽火的

1960年马加（后排左三）出席全国文教群英会期间在京留影

烈焰，世界上有一支新兴的势力随着杀声推展……”这是长诗《火祭》里马加不屈的灵魂呐喊。1931年，九一八事变爆发，日本侵略者占领沈阳，大肆屠杀东北人民。正在东北大学读书的马加义愤填膺，毅然投身抗日救亡运动。他以笔为剑，在左联刊物《文艺月报》上发表了震动文坛的长诗《火祭》。激昂的文字、热烈的情怀唤起民众不做亡国奴、誓死抗战到底的民族使命。1935年马加在北京加入了左翼作家联盟，从此开始了一个东北爱国青年真正自觉的革命文学之路。

1937年抗日战争爆发后，马加从北平（今北京）南下河南，从黄河边步行300多公里，饥餐渴饮，晓行夜宿，走到延安宝塔山下开始了新的文学生涯，并首次使用了“马加”为笔名，代替了以前一直使用的“白晓光”笔名，以激励自己要“快马加鞭”，紧跟时代步伐，不断创作反映人民生活的作品。1942年5月，他参加了著名的“延安文艺座谈会”，并响应毛泽东主席文艺创作要“从群众中来，到群众中去”的号召，会后根据亲身战斗经历创作了第一部反映解放区人民斗争生活的长篇小说——《滹沱河流域》。1945年10月，他随干部大队从延安回到东北，并很快写出长篇小说《开不败的花朵》，成为新中国成立初期最优秀的文学作品之一。

1958年10月，已担任辽宁省作家协会主席的马加全家从沈阳搬到新民县兴隆公社长山子村安家落户，以便长期深入生活。孩子们也都在当地的小学读书，粮食关系、户口都转到当地，为了工作和体验生活便利，组织上任命马加兼任新民县县委副书记。马加和长山子村农民一起改良猪种、鸡种，建学校。他用自己的稿费买了一些书籍，帮助村里建立了图书室。他还把自己准备盖房的木料无偿送给了小学校盖校舍。长山子村的老老少

1942年马加参加延安文艺座谈会

少，都熟悉他，亲近他，有心里话愿意和他讲。他一边深入生活，一边写作长篇小说《红色的果实》。1960年马加被评为全国先进工作者。“文化大革命”期间，造反派到长山子村来搞外调，收集马加的“黑材料”，却没有从这里的群众口中掏走一个字。长山子村的群众用他们无言的行动，保护了这位他们认可的、属于自己的作家。

马加与夫人

一直以来，马加始终不忘要为东北人民的抗日斗争立传。从20世纪60年代初期开始他就酝酿写作《北国风云录》。他想通过自己的亲身经历，写一部规模宏大的长篇小说，表现从九一八事变到抗日战争胜利这一历史阶段的中国人民的风云史，塑造为民族献身的英雄。到1966年初已写出10余万字，但在一场浩劫中，他被斗、被抄家……多年心血熔铸的文稿在一片火光中化为灰烬。之后，他又被下放到盘锦，插队到昭乌达盟的偏远山村……

当文艺的春天终于来临时，马加已年届七旬，满头银发，但一股强烈的、在胸膛里久久郁结的感情，一股正气凛然的冲动，使他又一次握笔写出《北国风云录》。1982年，当这部30余万字的长篇小说问世时，评论家公认这是新时期出现的优秀历史题材长篇小说。而已近八旬的马加壮心不已，像一匹奋蹄的老马，又写出了续篇——长篇小说《神州烽火录》。这两部姊妹长篇小说堪称东北人民抗日战争的英雄史诗，在当代文学史上灼灼闪光。马加也以他的勤奋创作、丰硕成果，被选为辽宁省劳动模范。

李默然（1927—2012），黑龙江省尚志县人，回族，中共党员。曾任辽宁省人民艺术剧院院长、中国文联副主席、中国剧协主席。他是中国当代话剧、电影史上自成一格、成就卓著、贡献突出的表演艺术家。从艺逾60年，演出话剧60多部。在电影《甲午风云》中成功塑造了爱国将领邓世昌的形象。1996年被中共辽宁省委、省政府授予“人民表演艺术家”称号，2007年被人事部、文化部授予“有突出贡献话剧艺术家”称号。1960年、1995年被评为全国先进工作者。曾当选中共十五大代表，第六、第七、第八、第九届全国政协委员。

李默然——人民表演艺术家

戏剧大师曹禺曾说："很少有人能像李默然那样保持这样永远的艺术青春。50多年来，他从未停止过艺术创作活动。从24岁时的库烈聘到33岁时的邓世昌，从52岁时的李健到59岁时的李尔，直到66岁时的贾泽，他走过了一条不间断的持续探索的艺术道路，为人民群众留下了一连串闪耀着生命灵光的人物形象。"李默然一生勤勉不倦，他的艺术人生，就是一出演不完的剧。

"撞沉吉野！"李默然在电影《甲午风云》中那掷地铿锵的四个字，至今仍能穿透时空震撼着华夏儿女的心灵。

1960年的春天，李默然北上长春试镜。按照原来的安排，李默然扮演的是"李鸿章"，主角"邓世昌"原定由当时的著名演员金山出演，可金山却因故缺席，导演林农自然十分着急。见到李默然，摄像王启民对导演林农说："还找什么主角，就是他了！"导演林农望着浓眉大眼的李默然，很快决定让他出演"邓世昌"。当时的李默然还是个一脸"青春痘"的小伙子，让一个从未"触过电"的话剧演员担任如此重要的角色真的可以吗？

李默然在电影《甲午风云》中饰演邓世昌

在肯定与质疑声中，"闯宴"这场戏的试拍开始了。让所有人大感意外的是，李默然很快就进入了角色：面对奸细罗皮尔，他两眼喷出愤怒的火焰，给予痛斥。试片一出，叫好声一片。人们这才发现，这个外表粗犷却英华内敛的年轻人，把民族英雄邓世昌演绎得淋漓尽致、栩栩如生。时至今日，那场“撞舰”大戏、那个威风凛凛的“邓大人”，还让多少观众印象深刻、难以忘怀：致远舰舵手牺牲后，邓世昌怒火中烧，把辫子猛的一甩，缠在脖子上，手握舵把，驾驶着致远号向敌指挥舰撞去。

1963年，《甲午风云》正式上映，立时引发了轰动，人们纷纷赞誉李默然就是“邓世昌”，“邓世昌”就是李默然。从此李默然无论走到哪里都会被认出。有一次李默然在大连渔场参观，渔工们一下子认出了他，竟不约而同地向“邓大人”拱手问安。那个威风凛凛的“邓大人”已经成了人们心中永远无法抹去的记忆。

我国话剧有三大演剧流派：以北京人艺和中国青艺为代表的京派话剧；以上海人艺为代表的南派话剧；以辽宁人艺为代表的关东话剧。而李默然对北派演剧艺术的概括是：“大江东去与潺潺流水并用；异峰突起与曲径通幽并用；浓墨泼洒与白描工笔并用；大开大阖与精雕细刻并用。”

李默然对话剧艺术最杰出的贡献，在于他创造了长枪大戟、壮伟刚健的李派表演艺术。他的表演“爆发时，如惊涛拍岸；控制时，如渊停岳峙；紧张时，如飘风急雨之骤至；舒缓时，如浮云冷月之悠然；粗砺时，有斗酒彘肩，风雨过江之豪放；细腻时，有小桥流水，碧草黄花之缠绵”。在话剧舞台上，他曾成功饰演过捷克民族英雄尤利乌斯·伏契克、杰出的共产国际革命家季米特洛夫、海军政委冯涛、市委书记陈明。粉碎“四人帮”后，更以《报春花》中的党委书记李健而闻名大江南北。

充分体现北派艺术最高峰的是李默然主演的《李尔王》。1986年，时任辽艺院长的李默然决定排演《李尔王》，并亲自出演李尔王一角。国际话剧界将莎士比亚四大悲剧的演出视为畏途，而《李尔王》则是公认最难演的剧目。该剧剧情大起大落，情感跌宕，由东方人来演西方剧作更难，许多艺术家望而却步。

李默然一向用心演戏。而此时他已59岁，身患高血压、心脏病，激情是高血压和心脏病的天敌，演这台戏不但情绪上剧烈波动，而且需要很好的体力，年近花甲的李默然吃得消吗？这是个难以逾越的高度。李默然却义无反顾地向这个高度冲击！

1986年4月18日晚，辽宁人艺在上海戏剧学院实验剧院首演《李尔王》。李默然把莎翁笔下这个专横暴虐、自私昏聩的独裁者的狂、愚、哀、癫演绎得淋漓尽致。他表演的李尔最大的不同之处在于，他在形体、动作、台词、情感的设计上大量运用了中国戏曲的表现技巧，如他用“四跪”将人物的情感历程充分展现：一跪大女儿是愤怒，二跪二女儿是怨恨，三跪人民是觉醒，四跪小女儿是认罪，这“四跪”便是受了中国戏曲的启发，由此形成了李尔独特的个性。评论家对李默然的评论是“回肠荡气”，他做到了“西方朗诵与中国戏曲念白的完美结合”，他的演出达到了“壮美”的境界。

最后一场戏下来，李默然的脉搏达每分钟130次。演出结束，国际莎士比亚学会主席菲力浦·布罗克班克冲上舞台与他拥抱，激动地说：“你是演出《李尔王》的五国演员中最出色的一个！你是中国的活李尔！”

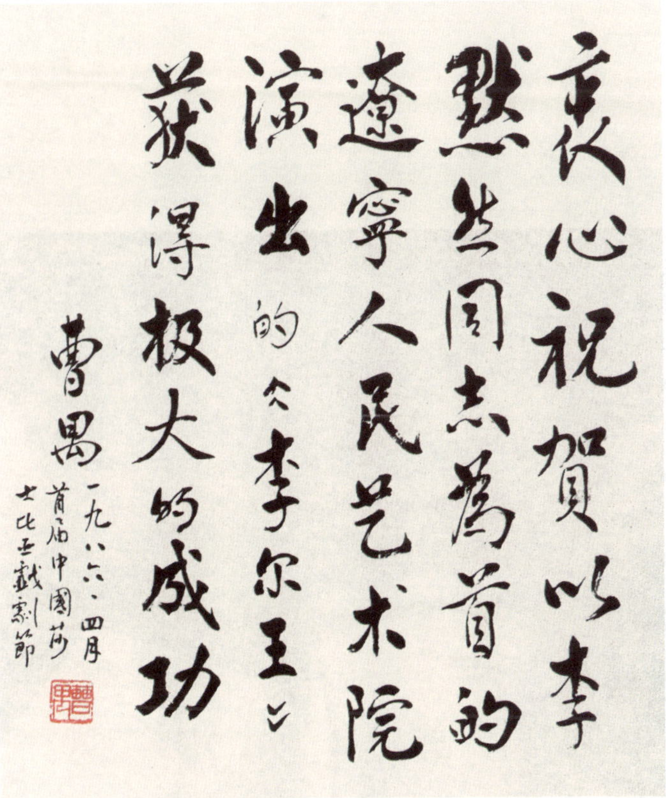

剧作家曹禺为祝贺《李尔王》演出成功题词

2007年，中国话剧已走过百年历程。其时，李默然80诞辰。半个多世纪的艺术生涯，46台话剧、7部电影和5部电视剧，长长的剧目单昭示着这位人民艺术家的辉煌业绩。国家人事部、文化部授予他“国家有突出贡献话剧艺术家”“北派艺术的杰出代表”，辽宁省政府授予他“人民艺术家”荣誉称号。

尽管年岁增长，李默然却一直未停下艺术探索的脚步，在为繁荣我国戏剧事业呕心沥血。老人在接受媒体采访时谈到自己的时候轻描淡写，却不厌其烦地与记者讲一个艺术家的社会责任：一个有理想、有抱负的文艺工作者，要做到“三个必须”——必须关心国家的命运；必须追求真善美；必须摆正普通人的位置。

晚年的李默然还时常参加重要的社会活动。2012年11月，在他卧室的写字台上，放着刚刚写完的回忆中国话剧1982年以来发展历程的《三十年回眸》，这竟成了他的遗稿。他在文章最后一段中写道：“万花吐艳，舞台芬芳。梅花奖继续评选，人们有理由企望愈办愈好，不断改进完善，使其含金量愈来愈高，影响愈来愈大，从而让我们的戏剧舞台，永驻创新、青春之活力，万花园中，永远芬芳四溢。”这是他留下的最后的文字，想不到也成了他向热爱他的观众告别的谢幕词。但是永远的“邓大人”“中国的活李尔”，李默然那正气凛然、声遏行云的形象深入人心，不论在舞台上，还是生活中，人们看到的，总是那个光彩照人、壮伟刚健的他，那个有强烈社会责任感的人民艺术家。

张敏媛 1935年出生，辽宁省沈阳市人，中共党员。曾任沈阳铁路局客运段第12次列车第一任列车长。1959年7月，由沈阳开往北京的12次列车行驶至绥中路段遭遇特大洪水。她机智果敢，科学指挥，经过三昼夜连续奋战，12次列车平安返回沈阳，创造了新中国铁路史上的抢险奇迹。1960年，以其事迹为原型的电影《12次列车》上映，轰动全国。1959年，12次列车包车组被评为全国先进集体，她作为代表参加了群英会。1960年被评为辽宁省劳动模范。

张敏媛——英雄列车长

1951年，当时只有16岁的张敏媛考入沈阳北站当上了一名广播员，后来又在售票员的岗位上创造了“万张售票”无差错的纪录，由于业绩突出，她当选为沈阳北站团总支书记。1958年，23岁的张敏媛被派往刚刚组建的12次列车“三八”包乘组，担任第一任列车长。

1959年7月21日晚，由沈阳到北京的12次列车迎着小雨，像平时一样缓缓驶出了站台。此时，没人能预料到这场雨将带来一场灾难。当列车穿过锦州到达兴城之时，空中的雨点骤然变大，已经看不到常见的“点线”之形，完全变成了“瓢泼”之状。暴风骤雨突然袭来，发疯似的冲撞着大地，冲击着奔驰的12次列车。机车刚刚跨上石河桥的路基，当地一位工务长挥着红旗，大喊“停车”。原来前方铁路路基已被洪水掏空，无法继续前行。当列车停下飞转的车轮，前四节车厢已经上了石河桥。

张敏媛在12次列车上热心为旅客服务

大雨继续下着，河水还在猛涨，桥下洪峰翻滚，天空漆黑如墨。列车前行有危险，停在桥面上更危险！怎么办？紧急之中，列车长张敏媛果断决定“后退”。这在当时是一个危险的举动，因为所有的列车行驶必须听从调度命令，此时倒车会发生与后发同方向列车相撞的危险。危急之中，张敏媛带领乘警长、运转车长和司机长纷纷跑向桥头，用护路部队的电话向锦州方面请示调度命令。在得到“后退”的指令后，12次列车迅速由石河桥倒退行驶，一直后退到前卫车站。在整列车体刚刚退出石河桥面之际，一股洪峰到达，将石河桥梁全部冲垮。车上旅客纷纷拍胸后怕："这要不是12次列车的果断决定，现在我们必将跟桥梁一起被洪水冲走。"

列车退至前卫车站之际，张敏媛车长立即与车站的单站长取得联系，在询问最新调度命令时，才知道通信线路已被洪水摧毁，他们现已与上级完全中断联系。正在这时，3声枪响，山洪暴发、水库决口了，只见从西北方向涌来一片白茫茫的水墙。洪峰的水浪有几层楼高，倾泻而下，瞬间将地面的房屋推倒荡平。大树被连根拔起后卷入水流，就像水面上漂浮着一棵葱。车站附近原有一片较大的粮食仓库，眨眼工夫已被洪水夷为平地。

洪水向12次列车扑来，其势汹涌，淹没了车轮，扑打着车门和车厢。列车急速起动并退出前卫车站，向身后的高坡地带驶去。洪水追赶着列车，两者像比赛一样较量着速度。列车在后退的路基两边，有许多刚从洪水中逃出来的灾民，正拼命地向高处跑。张敏媛连忙让乘务员将车厢门、窗户全部打开，大家一起抢救逃出来的人：大雨中，车下人往上推，车上人往里拽，只求在有限时间内能多救出一人。列车在后退行驶过程中，连续3次停车，从洪水中抢救出350余名受灾的村民。

最后，列车被迫停滞在一座山岗之上，而周围已是一片汪洋。张敏媛立即广播救人，解放军、工人、学生、乘务员……大家纷纷下水，捞上了9位淹在水中的村民。其中一位老大爷被救上车时，已是奄奄一息，身上的衣物也全部被洪水冲走了。张敏媛回忆："车上都是女乘务员，老人上来时是一丝不挂的，却没有人后退。当时我们的眼里只有生命，只为救人。"

雨停后，除了安抚旅客，近千人的吃饭与饮水也成了难题。当时的列车组并不提供餐饮，只有列车机组人员自带的食物，尽管他们纷纷把自己的食物拿出来给急需的老人、儿童，但也是杯水车薪啊。作为车上的"主心骨"，张敏媛并未显出一丝慌乱，马上召集车上党支部成员

12次列车成功脱险后，张敏媛（中）与列车临时党支部成员合影

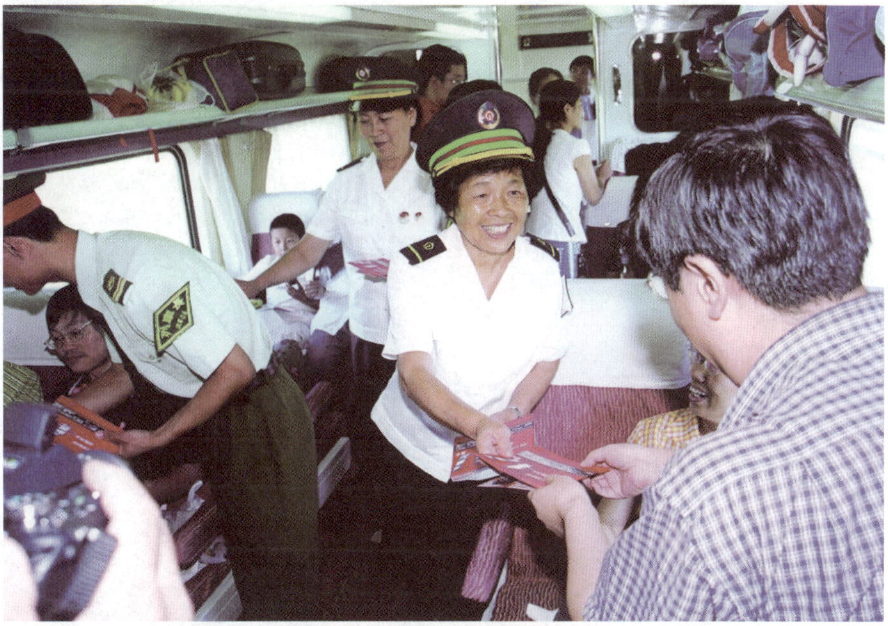
张敏媛退休后重返12次列车

召开党小组会，决定把旅客中的军人和政府工作人员组织起来，召开旅客代表会议，重点照顾好老人、妇女和儿童……同时组织人员想办法打捞粮食，借村民的锅灶烙饼，到七八里地外挑水回来烧……在她的调度下，众人齐心协力，在平稳中等来了救援。

7月25日8时30分，与百年不遇的特大洪水顽强拼搏、奋战了三昼夜的12次列车平安驶回沈阳。全列车612名旅客、30名乘务人员以及从洪水中救出的350余名灾民全部安然无恙。

12次列车的英雄事迹感动了全国人民，时任铁道部部长的滕代远亲自签发嘉奖令，将新中国诞生后铁路系统首项最高荣誉“红旗列车”授给了12次列车。1960年，八一电影制片厂根据同名话剧改编的电影《12次特别快车》轰动了全国，有3亿多群众观看了此片。乘务员的英雄事迹和高尚精神传遍大江南北，影响了一代又一代的中国人，12次列车成为全国家喻户晓的英雄列车。

如今，56年过去，12次列车终点站已经从北京延伸到了广州，经过全国铁路的6次大提速，车速也比当年快了一倍。12次列车列车长换了一任又一任，人员换了一茬又一茬，但他们“一心想着旅客，一切为了旅客”的精神没有丢。每当有新职工走上工作岗位，他们都会组织新职工参观T11/12次列车陈列室，邀请第一任列车长张敏媛讲述当年的故事。

李素文 1933年出生，河北省乐亭县人，中共党员。曾任沈阳市沈河区南塔商店第二门市部营业员、沈阳市和平副食品商场营业员、沈阳市糖果厂副厂长、沈阳市轻工局供销处副处长，供销公司经理。她始终坚持全心全意为顾客服务，提出并推广营业员“五不、六个一样”的职业道德标准，热情周到地为顾客做好事、做实事，被誉为“巧理千家务，温暖万人心”的“红色管家人”。1959年被评为全国先进生产者。曾当选第三届全国人大代表。

李素文——巧理千家务的暖心人

在老沈阳人的记忆中，都不会忘记那位从卖菜起步，“巧理千家务，温暖万人心”的服务明星、“卖菜大姐”李素文。

青年时代的李素文是一个心灵手巧、作风利落、很有志向的姑娘，21岁加入了中国共产党。1956年，她投奔爱人从河北农村老家来到沈阳，在沈阳南塔副食商店第二门市部卖菜。令人没有想到的是，这样平凡的工作，竟让她干得风生水起。

刚开始工作时，她总觉得每天和油盐酱醋、三分葱二分菜打交道，对社会主义建设出不了什么力，思想有些苦闷。通过党的教育和学习，她认识到：卖菜工作也关联着农业，联系着工业，关系着千百万群众的生活。把卖菜工作做好了，对城乡的物资交流、城乡人民的生活都有一定作用。因此，卖菜也是社会主义建设事业中不可缺少的组成部分，做好卖菜工作，也是为社会主义建设出了力。把这项工作做好了，也同样有出息。就这样，她爱上了卖菜的行业。

李素文在卖菜

20世纪60年代，商业体制单一，分配制度“吃大锅饭”，商品短缺，所以，造成了某些岗位人员的“特权感”，有的商业工作者工作态度生硬，经常是顾客来了爱搭不理的，“走后门”的现象也时有发生。李素文却始终坚持全心全意为顾客服务，倡导商业工作者的职业道德，热情周到地为顾客做好事、做实事，深受群众的欢迎和爱戴。

有一次，门市部来了一批果

脯，不少顾客问明价格以后，犹豫一下走开了。为什么问的人多，买的人少呢？李素文心中琢磨。一天，一位老大娘在柜台前指着果脯问道："这东西有没有小盒的？"这一问顿时提醒了她：顾客可能是因为嫌盒子大，价钱高。于是，她便建议把果脯分成小包出售，领导采纳了她的建议。以前，每盒卖几元钱；改装后，每包才几角钱。而且橄榄、桃、杏等样样都有，顾客可以任意挑选，销售量大大增加。

她从这件事情联想到有些商品，顾客用量不多，只为商店计算和管理方便不零售，给顾客增加负担，又容易浪费物资。在她的倡议下，食品、百货、文具等组营业员也不嫌麻烦地将20多种商品由按打、按盒、按捆出售，改为按个、按支、按张出售，还有的由论斤、论瓶改为论块、论两或买多少钱的都行。这样，顾客花一分钱就可以买到大小不同的几根缝衣针，两分钱可以买一个信封和几张信纸。成双、成副的枕套、裤钩等，只要顾客要求，也都拆开卖，因此，很受顾客欢迎。

根据自己的工作经验，李素文提出了营业员"五不、六个一样"的职业道德标准。"五不"即工作时不想私事，不谈私事，不开后门，不走后门，不买快货。"六个一"即接待生人和熟人热情服务一个样，对老人和小孩服务周到一个样，对买多买少介绍商品一个样，对买与不买主动热情一个样，开业后和闭店前柜台商品丰满一个样，工作忙与闲服务质量一个样。真正做到顾客百问不烦、百挑不厌。这充分体现了新社会营业员的职业道德要求，深受群众的欢迎。她的这一经验，在商业系统中迅速得到广泛推广。

为了让那些有困难的人也能吃到菜，她建议营业员走出柜台，实行送货到院。当时，有位姓赵的老大娘患有佝偻病，不能下楼，买菜的时候，别人又不在家，所以买不到菜。李素文同居民委干部一起调查，又发现每个楼都有两三家有特殊困难不能下楼买菜的住户。她们就对老、弱、病、残的顾客实行"早（班前）访晚（班后）送，晚访早送，访送结

1963年李素文（中）在和平副食品商店向两位徒弟传授技能

合，分片包干，送货到门，服务到家”的服务方法。对双职工，除了调整营业时间外，还实行预约售货的办法。

李素文利用休息日到公社了解蔬菜长势并向农民反映市民需求情况

由于她们为顾客买菜提供了方便条件，使群众摆脱一些家庭琐事，安心于生产、工作。她们把党的温暖送到千家万户，因而受到顾客的称赞。那时，李素文的代号是1033，很多顾客写信和大字报表扬她，夸她周到耐心，热情负责，要求领导表扬她。有一位白发苍苍的老大爷从千里之外给她带来了“生意经”；有的教师主动帮助她学文化；有的医生关心地提醒她注意身体健康；有一位老教授，是建筑专科学校的，给她送来一副裱好的对联，上联是：巧理千家务；下联是：温暖万人心，横批是：红色管家人。

她的事迹和服务经验曾先后在市副食品公司、第二商业局、省市和全国商业系统介绍、推广。李素文被选为公司、局的先进工作者，多次被评选为沈阳市劳动模范，1959年被评为全国先进生产者，1964年被推选为全国商业系统学习毛主席著作积极分子。

默默奉献写新篇

（1966—1978）

1966年至1978年，从十年“文化大革命”到粉碎“四人帮”，这是我们国家最为特殊的历史时期。党的十一届三中全会召开，成为社会主义现代化建设新时期的伟大起点。

“文化大革命”使沈阳工会组织遭受了严重破坏，沈阳工会工作基本上处于停顿状态。大批劳动模范、先进生产（工作）者被划为“保守派”“保皇派”，备受排斥和侮辱，但是，他们仍然坚定社会主义理想信念，怀揣甘为国家建设出力流汗的真挚感情，顶着压力，默默坚守在工作岗位上，努力做好本职工作。许多劳动模范、先进生产（工作）者在力所能及的范围内，冒着风险坚持进行技术协作活动，解决生产技术难题，表现了工人阶级无私无畏的豪迈气概。

“文化大革命”期间，沈阳一些大中型企业根据中央建设“三线”的要求，认真落实各项援建计划。以沈阳风动工具厂为例：为支援国家在甘肃省天水县北道镇建设天水风动工具厂，厂党委和工会向全厂职工发出了“好人、好马、好设备”支援“三线”的号召，劳动模范鞠复海等带头响应，携妻带子，奔赴西北，把可贵的劳模精神带到了新的岗位并发扬光大，被当地人称为“沈阳来的铁脊梁”。

1976年10月22日，沈阳市职工和各界人民25万人冒雨举行集会游行，热烈庆祝粉碎“四人帮”的伟大胜利。在医治动乱创伤的同时，沈阳工人、农民、知识分子都积极投身到经济建设之中。在沈阳市委的领导下，沈阳市总工会在工运领域里“拨乱反正”，工会组织的优良传统得以恢复。1977年3月，沈阳市召开工业学大庆会议，表奖了金福长、杨洪吉等53名劳动模范、192名先进生产（工作）者、105个先进单位、224个先进集体。这次会议是“十年动乱”后沈阳市召开的第一次劳模表彰大会，劳模的社会贡献重新被认可，劳模的政治荣誉重新被肯定。

1978年3月18日，中共中央在北京召开全国科学大会。会上，时任中共中央副主席、国务院副总理邓小平作了重要讲话，指出“现代化的关键是科学技术现代化”，并着重阐述了“科学技术是生产力”这个马克思主义观点，明确了“新中国的知识分子是工人阶级的一部分”。邓小平的讲话，澄清了长期束缚科学技术发展的重大理论是非问题，打开了“文化大革命”以来长期禁锢知识分子的桎梏。

沈阳作为共和国的重工业城市，集中着很多国家重点科研院所、高等院校和骨干企业，一大批知识分子在为国家建设作出重要贡献的同时，也为沈阳的建设发展作出了特殊的贡献。在沈阳劳动模范群体中，知识分子始终占有一定比例。1978年，在科学的春天里，李薰、安静娴、庄育智、张嗣瀛等18名沈阳科技工作者在全国科学大会上受到表彰。

1978年12月18日至22日，中国共产党在北京召开了具有重大历史意义的十一届三中全会，作出了把党和国家工作中心转移到经济建设上来、实行改革开放、实现四个现代化的历史性决策。

在共和国最为特殊的历史时期，劳动模范在逆境中坚守并默默奉献，他们为迎接历史新时期和社会主义现代化建设的春天蓄势待发。

金福长（1922—2003），辽宁省沈阳市人，满族，中共党员。曾任沈阳重型机器厂技术员、工艺实验室副主任、厂工会副主席、厂副总工艺师，兼任沈阳市职工技术协作委员会副主任。他成功研制24类220余种新刀具，创造出特种钢材零件的10余种加工方法，为厂内外解决重大生产技术关键180多项，被誉为“刀具大王”。1961年至1990年，他为市职工技协举办的“先进刀具技术讲座”授课300余次，培养徒弟100余人。著有《先进刀具选》《车刀绝技》。4次被评为沈阳市劳动模范，4次被评为辽宁省先进生产者。

金福长——刀具大王

是困难把金福长逼上了刀具革新之路。

1957年，沈阳重型机器厂为鞍钢加工一种大型高锰钢件，材质很硬，车刀上去转了两三圈就钝了。所有的刀具都用上了，就是啃不动。金福长请教驻厂的外国专家，外国专家说：“这种件不好加工，应当采用精密铸造来解决。”他们明知道我们没有掌握精密铸造技术，却说这样的风凉话。金福长心里憋着一股气。路是人走出来的，往后还会遇到更多的困难，依靠别人总不是办法。金福长把那二十几把废了的刀具摆在一起琢磨起来，各个角度分头试验了几次，还是失败。这时自己的身边也有风凉话了：“外国专家都没办法的事，你那玩意儿能行？”但是更多的人在鼓励他：“不要灰心，搞下去，搞出来我们以后的腰板就硬了！”经过夜以继日的几十次试验的失败，一把“大倾斜角切刀”在老师傅们的帮助下搞出来了，解决了高锰钢件的加工问题。金福长最喜欢当时老师傅们说的一句话：“这把刀是咱中国式的。”这句话给他坚定了信心，刀具革新并不是高不可攀，外国人没干过的，我们也可以干。

金福长在给技协积极分子讲授车刀技法

金福长讲，他的刀具革新之路不仅是困难逼出来的，也是被“卡脖子”给“卡”出来的。1962年，我国从苏联进口的冷轧辊，人家不给了。沈重人都知道当时人家的开价是“一根冷轧辊要我们200头大肥猪”。这不是欺负人吗！金福长和工友们心里都憋着一口气。这个冷轧辊，厂里首先攻关搞出了材料。但是这4米多长的零件，淬火的时候不先钻个通孔它就会裂纹。金福长接下了研制钻孔的钻具。开始他费了好大劲儿，钻出了一个内排屑深孔钻，到加工现场一试，钻头进去不深就打个稀碎，铁屑也排不出来，失败了。金福长心里很不是滋味，六七天时间他窝在厂里，从实验的失败中总结出了24项技术问题，一项一项地研究改进，深孔钻终于搞成功，4米多长的细长孔被钻通了，在深孔加工上闯出了自己的路。冷轧辊靠我们自己的技术力量生产出来了！

当时，大直径深孔加工一直是困扰我国机械加工行业的一项重大技术难题。有的件需要钻有洗脸盆粗、三四米长的深孔，原来的加工方法是用各种大小的钻头先钻孔，然后再一刀一刀地把孔扩开，一个件需要4天时间，零件有两吨重，钻下的铁屑就有一吨重，白白浪费掉了。“能不能从那里抱出个金娃娃来？”金福长琢磨，能不能做一种刀具，一次就套进去，把孔里的芯棒完整地拿出来，一个零件可省下来一吨钢啊！他经过十几次试验，成功制造了“深孔套料刀”。用这种刀加工深孔，可在缸口粗的钢材中间巧妙地掏出一根脸盆粗的整体芯棒，提高工效10倍，节约了大量钢材。

一个挑战解决，又一个新的挑战迎面而来。有的零件要求不通孔，这又让套料刀没了用武之地。但大家认为作为走直线的车床这是不可能解决的。“刀具又不会自己拐弯！要想解决这个问题就得让刀具拐弯！”金福长又给自己提出了一个新的课题。在和大家研究的时候，有同事指着门口的水桶打了个比方：“水桶梁围绕桶口正好形成一个圆弧面，如果在一个类似水桶梁的刀杆上装上一把刀，使它进行圆弧切削，就可能把不通孔的芯棒掏出来。”这一提示给金福长打开了思路。他先后用了两年时间，经过了13次试验，终于使刀具“听话”会拐弯了，“不通孔套料刀”应用到了生产中。

金福长作现场技术展示

深孔钻、深孔套料刀和不通孔套料刀的发明是机械加工技术的新发展，它给国家创造的价值是不可估量的，他因此而获得“刀具大王”的美誉。

1961年，沈阳市兴起职工技术协作活动后，金福长全身心投入这一活动中。市技协提出搞技术讲座，把他的新刀具推广到全市，用这些新的刀具来推动全市机械加工效率的提高，并决定由金福长主讲。金福长犹豫了，自己只念过三年书，讲课真是难为自己。但一想到一旦全市用上自己的刀具，全市机械加工的生产率就会大幅度提高，他就把研究刀具那个劲头又用在了备课上。一次课得花三四个晚上准备。听课的是全市各厂的革新骨干，无论刮风下雨，照讲不误。从1961年至1990年，金福长为市职工技协举办的“先进刀具技术讲座”授课300余次，培养徒弟100余人。

金福长著书《车刀绝技》

1979年，金福长仅以一张附有“等离子均热切削”文字说明的外国图片为参考，克服重重困难，经过近两年100余次试验，研制成功“等离子加热切削”新技术，切削效率提高6~8倍，为加工高强度、高硬度、高耐磨材料闯出了一条新路，填补了中国机械工业的一项空白。他先后编写并由机械工业出版社、中国工人出版社编辑出版了《先进刀具选》《车刀绝技》两本书，其中《车刀绝技》一书至今仍作为青工学习的教材。

杨洪吉（1921—1996），山东省济南市人，中共党员。曾任沈阳重型机器厂工长、车间主任、副厂长。20世纪50年代，在他的组织下打破了平炉只能冶炼碳素钢的陈规，开创了用平炉冶炼合金钢的先河，满足了生产急需。70年代中期，他攻克多道技术难关，用平炉冶炼出高锰钢，而且每冶炼一炉高锰钢可比电炉冶炼同等数量的钢节电2.5万度。1956年、1959年、1977年被评为全国先进生产者。曾当选中共十大、十一大代表。

杨洪吉——心比炉火烫的特殊钢战士

杨洪吉一辈子和炼钢炉打交道，是那平炉让他的智慧插上了翅膀，让他的才能得以展示，他像一个父亲呵护儿女那样爱惜与他朝夕相处的炼钢炉。

1954年以前，无论是杨洪吉还是沈重的炼钢炉，都并不出名。杨洪吉担任炉长前，他的平炉只能冶炼一般的碳素钢。而重型厂产品所需的合金钢铸锻件要靠电炉冶炼，厂里只有两台电炉，产量低，即使是加班加点地干，也不能满足生产需要。杨洪吉不信邪，就是要打破平炉只能冶炼一般的碳素钢而不能炼合金钢的传统框框。

突破与创新并非易事。电炉吃细粮，平炉吃粗粮。平炉吞下的是矿石，电炉咀嚼的是废钢铁。对于杨洪吉要用平炉炼合金钢，有的赞成，有的怀疑。有人说："天生的盐碱地，咋能长出稻子来！"杨洪吉凭着自己的经验，认真分析两种炉的不同和冶炼合金钢所需要的条件。在他的组织下，采用氧化铁炼炉底等多项措施，最终炼出了合金钢，不仅闯出了平炉炼合金钢的新路子，还大大地缩短了炼钢、出钢时间，一下子提高效率20多倍。

杨洪吉与工友在一起

1962年，对杨洪吉来说是一个非常重要的转折点。沈重厂离不开冷轧辊，无论是生产破碎机还是滚切剪，都离不开这个核心零部件。当时的苏联"老大哥"一下子变了脸，订了合同的产品也不给我们了。这种困境超过了工厂能承受的极限。杨洪吉面对困难，又一次上来了犟劲儿，人有不如自己有。"靠别人是靠不住的，解决困难就得靠自己。"国家计委下达了重型厂要自己试制冷轧辊的指令。问题的核心还是合金钢的原料问题。而合金钢的原料恰恰是酸性的平炉才能冶炼出来的。杨洪吉接受了任务，他想就是“头拱地，腰累弯”也要完成。

为保证正常的生产状态，炼钢炉顶部的耐火镁砖掉下来必须先捡出来，再进行修补。大修也是首先把炉顶掉到炉底的镁砖一块一块捡出来。完成这一作业杨洪吉不知干了多少次。要知道，平时冶炼钢铁时温度为1800摄氏度的炼钢炉，降温大修时也足有500摄氏度。杨洪吉穿着那身穿了十几年的石棉炼钢服，拿起浸到水中的草袋子披在头上，戴上那副破手套，在鼓风机冷风的掩护下，一个箭步，跳进带火的炉膛。1、2、3、4、5……当数到17的时候，他抱着两块镁砖，冲出炉膛。接着是一个个共产党员、共青团员和工人师傅接连冲进去又冲出来，没有人在炉膛停留的时间能达到17秒。多数人数到4个数时，不管拿没拿到砖，都跑出炉膛了。不要说高温，就是从炉顶掉下来的镁砖，每块就达34斤重。平炉修好了，钢水出来了，化学成分、物理指标都达到了设计标准。这是划时代的宣告，冷轧辊依赖进口的历史结束了。

时至今日，人们还常把杨洪吉穿着石棉炼钢服，头上披着浸了水的草袋子冲进500度高温炼钢炉的情景与“铁人”王进喜冒着零下30～40摄氏度的严寒，奋不顾身地跳下结着薄冰的泥浆池，用自己的身体搅拌泥浆的感人场面联系在一起。人们还在赞叹，并为之

杨洪吉在炼钢炉前带班生产

感动。

1974年，全国“大打矿山仗”，沈重矿山设备产量猛增，所需耐磨性强的高锰钢铸件亦随之增多。这一钢种原是依靠电炉冶炼，当时因供电不足，每天只能冶炼3~4炉，远不能满足需要。在杨洪吉的组织下，沈重克服多项技术难题，用平炉炼出了高锰钢。而且每炼出1炉高锰钢，可比电炉冶炼同等数量的钢节电2.5万度，又创造了一个平炉的奇迹。1976年，沈阳市支援“辽化”建设，他率领由全市32个工厂、24个专业队组成的工程队开赴“辽化”。在那里按照先进工业国家的工艺标准成功焊接直径为22.4米大型球罐。1982年，厂里对冷煤气站酚水污染进行治理，又是他挑起了大梁，研制成功隔油设备，控制了污染，并从下水道中回收废油90吨，每年节省排污费30万元，他还组织职工利用煤气站的副产品煤焦油代替重油炼钢，每年可节约50万元。

一生与炼钢炉结缘的杨洪吉，凭着勤奋钻研和“不听邪、压不倒”的志气，创造了一个又一个奇迹。1996年10月12日，杨洪吉永远地离开了，临终前他不停地念叨着“我要看一眼平炉”。时过近20年，人们还记着那是个心比炉火还烫的特殊钢制成的战士。

齐　进 1953年出生，辽宁省昌图县人，中共党员。曾任沈阳第一机床厂工人、生产科副科长，沈阳市总工会生产部部长、副主席，中共沈阳市直属机关工作委员会书记，沈阳市副市级巡视员。20世纪70年代，作为青年工人，他虚心向老师傅学习，围绕刀具、冷却液、加工吸尘等开展技术革新50余项，大大提高了生产效率，成为青年工人学习的楷模。1979年被评为全国新长征突击手，1980年被评为辽宁省劳动模范。

齐进——不停转动创新大脑的青年工人

令人难以置信，一个刚进厂两年多还没出徒的小青年竟真的搞起了技术革新。

1972年6月，沈阳机床一厂接受了一批任务，其中零件高压输油管卡头分配给齐进加工。这批活儿任务重、精度高、难度大，而且时间要求也非常紧。齐进忙了一个班只加工20来对活儿。看着那堆着如小山的毛坯件，齐进心里急得难受。绝不能让这批活儿在我这道工序多耽搁一点时间。正是满怀一腔热血要对党和人民有所贡献的年轻人，如不畏虎的初生牛犊，找到了车间领导，提出要搞技术革新、提高生产效率的想法。车间领导和一些老师傅都看好这个平时工作特别爱动脑子的年轻人，对他的热情给予了大力支持。

齐进紧张地忙碌起来了。那几天，他吃不好、睡不稳，还在学徒期间，有些图纸都看不懂。这又是他第一次搞革新，真的搞不好那脸可要丢尽了。面对技术和思想上的双重压力，这个年轻人的意志力充分地表现出来了。干！不会就学。向老师傅学！向书本学！一边学一边干。经过认真分析，大胆实践，最后找出这批活儿干得慢的主要原因是刀具的强度不够，增加了工序，多用了时间。齐进想了一个办法，如果在原来一把刀切削的基础上再加一把刀，采用双刀切削，一个粗车，一个精车，这样不就能加工快了吗？在老师傅的帮助下，他做成了往复刀

齐进在进行技术表演

架，开始上车床上试验。谁知卡上刀一试，切削震动加大，根本不能正常加工。第一次试验就在那几分钟时间里失败了。那一晚，齐进瞪了天棚一宿。第一次革新失败，脑子里反复回映着试验失败的镜头，慢慢理清了。加工时震动是因为单刀强度不够，如果把两把刀紧靠在一起，同时切削不就增加了刀具的强度了吗？他重新画图，调整结构，再次试验，效果好转。又经过几次调整试验，终于制成了往复切削辅助刀架。用到加工中，生产效率由原来的班产十几对上升到90多对，工效提高了6倍多，并保证了质量，提前完成了生产任务。这是齐进第一次尝到技术革新的甜头，从此齐进对技术革新上了瘾。

机械加工工人都知道，车床在加工轴类零件时，要把工件用顶尖顶起来加工，这样就首先要打中心孔、换顶尖、来回移动尾座等几道工序。加工零件批量一大，这些辅助费时又费力。齐进想，应该有更简捷的省时又省力的加工方法。利用星期天，他和几个年轻人跑到辽宁科技情报研究所，以为一定能找到这方面的资料。后来他发现他低估了这个问题的技术含量。查了大半天，只找到了一张英国的两用顶尖图片，这张图片仅有几十字的外文介绍，一个实际尺寸都没有。齐进按照图片勾了草图，回到车间里和几个同事一起研究，并提出自己的意见。许多人都说可以试，也有人泼冷水："这个活儿几十年都是这么干的，你才出徒几天就想解决，还想改外国人的东西，这不是异想天开嘛！"此时，齐进又上来了犟劲儿："没有人说我们不可以对国外的东西做改进啊！"从此他的脑子成天到晚地全陷入到那顶尖中。他和师傅们反复分析英国那张顶尖图，最后愣是从那张图片中分析出了问题的主症。抓住了主要矛盾，从车床加工工件的实际受力中，找出合适的弹簧，改革了结构。经过20多天的反复试验，终于革新成功了两用活顶尖，生产效率提高了两倍，减轻了劳动强度。根据科技部门鉴定，这项革新赶上和超过了英国产品样本介绍的技术，并作为沈阳机床一厂的献礼项目送到市技术革新展览馆展览。

齐进在车间研究生产工艺

1974年9月，车间加工一批凸轮

轴车床的滚针时卡了壳。这批零件是生产上的急需件，工艺安排是磨削。但由于直径小、强度硬，加工难度非常大，一天只能磨出十几件，质量还达不到要求。齐进大胆提出用车床加工的建议，可是试验几次都失败了。有人说："磨床都磨不好的活儿，用车刀车，这不是没有金钢钻硬揽瓷器活儿嘛！"齐进非常清楚，按常理，磨床的加工精度肯定要比车床高，但磨床有它的局限性，有的零件更适合车床加工。如果改进加工方法，车床精度也是可以达到磨床的加工度！一个星期六的晚上，齐进在车间里一边琢磨一边在车床上试验。他发现滚针经过淬火与普通硬质合金刀的硬度差不多，刀具硬度不够，就不能切削工件。能不能用别的硬度更高的刀来代替普通刀呢？第二天一早，他顾不得一夜的困倦，到市技协找有经验的老师傅请教。老师傅们给他介绍了几种不同牌号的刀头，经过几番试验，确定采用两种新刀头代替了原来的刀头，并重新设计了角度，终于攻下了这个难关，生产效率提高了十几倍，保证了生产的如期完成。

1979年齐进被团中央命名为新长征突击手标兵

"活儿总该干得更好一点！"年轻的齐进十几年如一日，围绕机械加工，在刀具、冷却液、加工吸尘等方面搞了数十项革新，许多革新过程被传为佳话。他先后被评为沈阳市、辽宁省劳动模范，还荣获过"全国新长征突击手"称号。

李　薰（1913—1983），湖南省邵阳市人，中共党员。中国科学院院士，著名冶金和金属物理学家。曾任中国科学院金属研究所所长、中国科学院沈阳分院院长、中国科学院副院长兼技术科学部主任、辽宁省人大常委会副主任。新中国成立伊始，应郭沫若之邀回国组建中国科学院金属研究所。他领导科技人员为中国第一颗原子弹、第一颗返回式人造卫星、第一架超音速喷气式飞机、第一艘核潜艇提供关键材料，开拓尖端技术，作出了不可磨灭的贡献。1978年被评为全国先进科技工作者。曾当选第二、第三、第四、第五届全国人大代表。

李薰——开创中国金属研究的科学家

“望天涯海角回忆处/忽易寒暑/脉脉心情谁诉；秋风时节聊寄语/勤餐饭/念旧居。”这是李薰在英国留学期间，随身皮夹中始终珍藏着的一张妻女小照背面上他写的一首小诗，印证了他当时对祖国的眷恋之情。

1950年，李薰获谢菲尔德大学冶金学博士学位后，正值华年，成名英国，人们私下预言，这颗新星将在大不列颠的科学天空里大放光彩。某些英国同行向李薰一再暗示，倘若他加入英国国籍，前程会青云直上。李薰明确地回答：“我永远是中国人。”他内心常常自问：何日是归期？不久，李薰收到一封祖国的来信，拆开一看，顿时热泪盈眶。信的内容是中国科学院院长郭沫若邀他回国组建金属研究所。

祖国的万金家书，让他夜不能寐，四处奔走串连，寻找在英的中国科学家和留学生，共商归国大计。但是，当时朝鲜半岛战火已起，中英互为敌国，英国政府迟迟不发签证，一拖好几个月过去了。最后还是李薰想出个办法，要求到英国租借地香港旅行。几经辗转，1951年秋，这个离国14年的游子终于回来了。

中国科学院决定建立金属研究所，任命李薰为筹备处主任。1953年4月10日，周恩来总理亲自签署任命通知书，任命他为所长。

金属研究所是中国科学院成立后新建的第一个大型研究所。一个应用科学研究所应该

1948年6月28日于英国谢菲尔德大学，李薰与指导的研究生留影。左起：张沛霖、李薰、方炳。（张沛霖和方柄均为李薰在英国指导的研究生，并于1951年随李薰回国筹建金属研究所）

怎样确定它的工作方针呢？李薰有一个基本的指导思想：国家拿出这么多钱来建立这个研究所，应当给经济建设解决实际问题。也就是他常说的一句话："不要当'波斯猫'，供人玩赏不捉耗子。我们要给国家'捉耗子'。"共和国恢复与建设急需钢铁的呼声始终回荡在李薰的脑海中。他决定以冶炼、燃料、耐火材料为金属所主要研究方向。研究所选址时，他考虑，中国重工业基地在东北，选址当以沈阳为宜。1951年冬，李薰等一行到沈阳南郊，在一片荒地上，历时年余建起中国科学院金属研究所。同时，广泛罗致人才，除了邀请留英学者张沛霖、张作梅、庄育智、方柄、罗俊等一同回国创业外，还先后争取到从美国和欧洲回国的学者葛庭燧、何怡贞、师昌绪、郭可信、斯重遥、吴鼎铭等来金属所任研究员，这些专家日后均在各自开拓的学术领域作出了卓越贡献。

金属研究所成立后，李薰主要抓三方面工作：一是接受国家任务，二是指导耐火材料研究室为鞍钢炼钢平炉强化冶炼过程，三是研究提高钢质量，开拓了冶金过程物理化学研究。例如，与大连钢厂合作，在国内首先实现电炉氧气炼钢；与鞍钢合作，从压力加工到热处理，研究改进钢板、钢轨质量。

20世纪50年代末，李薰审时度势，引导金属研究所在研究方向上作出较大转变。他认定发展高温合金和高强度材料是主要方向，于是在所内迅速组织力量成立了高温合金、难熔金属、金属陶瓷、表面涂层等研究小组；同时也加强了合金钢的力量；为配合我国核技术的发展，成立了铀合金研究组。不久，这些研究组又被拓展为研究室。自此，新材料的研究与开发成为金属研究所最主要的研究领域。在较短的时间内，成效显著，金属研究所为中国成功地爆炸第一颗原子弹、发射第一枚重返地面的人造地球卫星、造出第一架超音速喷气飞机、建成第一艘核潜艇等，成功地研制出某些关键材料，作出了重要贡献。

在当时物质极其匮乏的条件下，科研条件也十分艰苦，李薰与同志们一起夜以继日、长年累月地在试验室内熬煎，不断交替品尝着失败的辛苦和成功的喜悦。脑汁的绞损、试验的劳乏，使李薰面容消瘦，两鬓斑白，他却全然不知，依然和科研人员一起战斗在第一线上。经过五年艰苦奋斗，终于完成了中国科学院下达给金属研究所一项有关核燃料元件生产流程与定型的紧急任务。这一任务，全部达到并部分超过苏联的工艺标准。经过全面鉴定，正式投入生产。轰然升腾的蘑菇云，在高空向全世界宣告：中国第一颗原子弹试爆成功了！为打破美苏核垄断作出了自己贡献的金属所，掀起一片欢乐的波浪。而李薰却诙谐地说："我们又给国家'捉'住一只'耗子'。"

"文化大革命"中，李薰两次进"牛棚"。1969年9月，李薰被"三结合"增补为金属研究所革命委员会副主任，主持科研工作。他虽处自身不保的境遇，仍千方百计保护金属研究所的科技人员。他冒着重进“牛棚”的风险，以承担国防重点军工任务的名义，把遣送到农村插队落户的科技人员一批一批抽调回所，避免了人才流失，保存了金属研究所的科研实力。

1972年8月，李薰在沈阳814厂与技术人员讨论铝合金质量问题

1972年，李薰受中国金属学会的委派，率团赴巴黎参加国际学术会议。回国之后，他急切地奔走于有关部门，建议把科研机构整顿好，尽快把科研工作搞上去。他的呼吁声在“大批判”的浩大声势中，如浪花般被巨浪吞没。在“反击右倾翻案风”的运动中，他再次被打倒、被批判。尽管一张张大字报骇人醒目，一阵阵讨伐声不绝于耳，但此时的李薰为了科学强国的理想，已经将个人的荣辱安危置之度外。他始终坚持自己的信念，实事求是，科学严谨，不趋炎附势，不随波逐流。几番炉火他早已练就了钢一样的品格。

1978年全国科学大会召开，李薰被评为全国先进科技工作者。在科学的春天里，李薰被平反昭雪。1979年7月，李薰被任命为中国科学院沈阳分院院长、党组副书记。他以一个科研领导者的独到眼光与魄力，破格提拔起用了蒋新松、孙大正等刚刚摘帽的“右派分子”，让他们分别担任了沈阳自动化研究所副所长和沈阳科学仪器厂副厂长的职务，一年后，又将蒋新松晋升为沈阳自动化研究所所长，孙大正晋升为沈阳科学仪器厂厂长。

1981年11月，李薰亲自到沈阳主持对沈阳自动化所海洋机器人研究课题的评议会。他在听取蒋新松所长的汇报后，明确表态说：“沈阳自动化所要‘下海’为海洋服务，搞智能机器人在海洋中的应用研究。”他还果断地说：“我们既要上九天揽月，也要下五洋捉鳖。”李薰的意见，得到参加评议的五位学部委员的一致赞同。评议结果认为，海洋机器人研究是一个多学科综合性的研究课题，对国民经济和国防建设具有重要意义。建议项目名称应改为“智能机器人在海洋中的应用研究”。1983年该课题正式列为中科院重点课题，为水下机器人的研究开发奠定了基础。

1983年3月20日，李薰在考察攀钢等冶金企业行经昆明时，不幸病逝，享年70岁。

庄育智（1924—1996），广东省潮安县人，中共党员。中国科学院院士，材料科学、物理冶金学家。曾任中国科学院金属研究所研究员、室主任、副所长，劳动人事部科学技术委员会副主任，中国劳动科学研究院名誉院长。他创建了我国第一个难熔金属研究室，成功研制出无缝钢管生产上穿管用的钼顶头，取得了巨大的经济效益。他攻克了人造卫星外蒙皮的研制难关，为我国第一颗返回式人造卫星的成功发射和按计划安全返回作出了重大贡献。1960年被评为沈阳市先进工作者，1964年被评为沈阳市劳动模范。曾当选中共十一大、十二大代表。

庄育智——给人造卫星穿上防护衣的冶金物理学专家

庄育智生命的最后几天是这样度过的——

1996年3月7日至14日，已经年逾70岁的庄育智，还为原来所承担的课题结题和新项目的申报工作，冒着严寒只身上北京，一干就是7天；回校后又开始主持研究生论文答辩，对10多位研究生的毕业论文一一过目；3月14日至18日，为拓展与海外同行的联系，他邀请荷兰阿姆斯特丹大学的德·波尔教授来校讲学，商定合作协议；3月19日至20日，他为系学位委员会的工作奔走；3月21日晚，庄育智要到沈阳主持研究生毕业答辩，这已是短短一个月内的第四次出差了。临行前，他还照例早晨7点30分到办公室，与分管科研的系副主任和金属材料及热处理教研室主任一起研讨金属材料学科“211工程”建设的立项等问题，一直忙到中午12时才分手——45年来，庄育智一直就这样废寝忘食地工作着。在他的工作日程表上没有休息日。即使是春节，也在加班加点伏案工作——3月23日19时40分，庄育智因劳累过度心脏病突发，在北京逝世，享年72岁。

科学家就此远离了我们，但他在中国难熔金属合金研究领域留下的科研成果人们却不会忘记，他的许多成果至今还应用于各个领域；他的精神更是留给共和国母亲的珍贵财富。

李熏（中）、庄育智（右）等讨论难熔金属的熔炼问题

1947年，庄育智到英国留学，在英国利物浦大学冶金系读研究

生，先后从事铅锡合金的时效硬化和锆粉末烧结金相学研究。前者主要是热处理基本理论的工作，后者是原子能用结构材料。1950年他积极参与李薰倡议在英国的中国科学家和留学生共商归国大计的活动。1952年回国协助李薰创建中国科学院金属研究所。

早在建所初期，庄育智就根据国民经济恢复时期的需要，深入东北几个大钢厂，解决钢材质量问题，开创了国内对钢中夹杂物和薄板夹层的研究。直到今天，金属研究所在夹杂物方面的研究仍在全国居领先地位。

1958年，庄育智领导创建了难熔金属研究室，开辟了我国冶金科技尖端——难熔金属合金的新领域。难熔金属合金主要用于航天技术和原子能工业。当时，这是一项十分保密的课题，既得不到国外的有关技术资料，更买不到现成的熔炼、测试设备。他带领几名年轻人克服重重困难，自行设计和研制难熔金属熔炼、测试等实验设备，建立了相应的测试方法。到1964年实验基本上接近当时的国际水平。小型真空压蠕变试验机和真空高温维氏硬度计因结构和性能指标达到国际先进水平，在1964年全国工业新产品展览会上获得三等奖。

庄育智研制的钼顶头解决了无缝钢管生产难题

1965年2月，鞍钢钢铁研究所向金属研究所求援，希望帮助无缝钢管厂解决生产上穿管用的顶头效率低和寿命短的问题。鞍钢当时用的穿无缝钢管顶头是苏联牌号的合金钢顶头，每个钢顶头在6~7秒钟内，仅穿一根1米长的不锈钢管坯就报废了。而穿孔中顶头软化划伤钢管内壁，造成钢管内壁不光洁，必须经过一道镗磨工序，不仅工人劳动强度大，而且产品质量合格率也低。更突出的问题是钢顶头最长只能穿出4～5米长的不锈钢管，不能生产国家建设迫切需要的规格为8～9米长的无缝钢管。通过在鞍钢进行调查研究和试探性的试验，庄育智凭着他对难熔合金研究的深厚功底，决定用钼合金做顶头。要做全钼顶头就要解决从生产大规格钼锭到大钼锭的开坯、模锻等一系列工艺和设备问题，这在当时属于国内的技术空白。那一段时间，庄育智几乎吃睡在工厂里，没睡过一个完整觉。1965年6月5日，庄育智领导研制出的钼顶头在无缝钢管厂开始了试验。试验的最高纪录是，一个钼顶头穿成48根4～5米长的不锈钢管，而且还在国内第一次穿过了5根长超过8米不锈钢管，突破了苏联专家说的“鞍钢不能生产长不锈钢管”的洋框框。试验结果表明，钼顶头可使成品率提高15%～20%，还可以省去镗磨工序。1965年12月，最后一批生产性试验效果更好，一个钼顶头以1米长的坯计可穿制150多根不锈钢管，比钢顶头的寿命高150多倍。中国科学院和冶金工业部进行鉴定后，该项成果广泛用于全国耐热钢管制造部门，取得了很大的经济效益。当时《人民日报》报道称之为工业生产上的一项重大技术革新。此成果1978年获全国科学大会奖。

1968年，庄育智在李薰所长的指导下，接受了为我国第一颗返回式人造卫星研制外蒙皮材料和加工成型任务。人造卫星重返地面时要通过地球的稠密大气层，高速运动的人造卫星在通过大气层时，足以使一般镍基高温合金软化，甚至熔化。由于材料极易氧化，需要加抗氧化的防护涂层才能使用，因而对卫星蒙皮材料的质量要求很高。当时正值“十年动乱”期间，庄育智已被错误地打成里通外国的特务、反动学术权威。但他排除各方面的干扰，全心扑在研制上。选用铌合金作为板材，要经过熔炼成锭、冲压成型、淬火、酸洗和焊接等工序。庄育智每道工序都在现场，一道道工序严把质量关。铌合金板材经过淬火后，表面有一层氧化皮，要有酸洗工序。铌合金板材遇浓硝酸产生强烈的刺鼻黄烟，他们共清洗了2000多块铌合金板材。每块板材在焊接前要形成一定的尺寸和弧度，如果尺寸与弧度不对，则整个蒙皮连起来就会变形。通常需要几十块板材拼成一个弧板，稍不留心就会出错。庄育智领导大家克服了冲压成形、焊接中的种种困难，终于按期完成了人造卫星铌合金蒙皮的研制，给人造卫星穿上了“防护衣”。同时，他主持研究的“遥测铌合金天线”也取得成功，从而保证了1975年11月我国第一颗返回地面人造卫星的成功发射和按计划安全降落地面。此项目获1978年全国科学大会奖。

1984年11月，庄育智调任中华人民共和国劳动人事部任锅炉压力容器检测中心主任兼总工程师，从事中心的实验室建设工作。1987年9月至1993年9月，庄育智任中华人民共和国劳动部科学技术委员会副主任。1994年1月，庄育智任中国劳动科学研究院名誉院长。1994年12月任华南理工大学教授。

安静娴（1929—2015），山东省烟台市人，中共党员。中国化学制药企业第一位工程院院士，著名化学制药专家。曾任东北制药总厂技术员、工程师、磺胺分厂副厂长、研究所副所长。她提出并组织实施磺胺嘧啶重大技术路线的改进，使其顺利实现产业化。她成功制取了抗疟疾新药——脑疟佳，主持了中国头孢系列药物的开发，为我国医药工业发展作出了重要贡献。1956年被评为全国先进生产者，1978年被评为全国先进科技工作者。

安静娴——中国化学制药企业第一位女院士

安静娴少时的理想是学医，但一次偶然的买药经历，让她的专业选择从学医转到了制药。那次她发现药房卖的药都是进口药，药价十分昂贵，老百姓根本买不起。即使知道病因也没办法医治，很多老百姓因看不起病而等死。这个状况，让安静娴放弃了当医生的初衷，立志学药，并报考了北京大学。1952年从北京大学毕业后，进入东北制药总厂工作。从24岁入厂，到79岁还工作在生产科研一线，55年的坚守，她用纯真、善良、敬业、开拓，展示了一个科学家迷人的风采，创造了中国制药业的奇迹。

那是刚进厂不久，一次生产磺胺药物主要原料之一的氯磺酸生产车间发生了爆炸，一位年仅19岁的工人不幸遇难。这件事对安静娴的震动很大。“工程技术人员不仅要为国家和人民制造出必需的药品，还要对生产一线工人的健康与安全负责。”这个近乎朴素的责任感成为她搞技术创新的原始动因。

“文化大革命”期间安静娴在实验室工作时的留影

在制药企业，改善设备和厂房谈何容易。32岁的安静娴作为专责工程师，从改进生产工艺路线入手，开始了漫长而艰险的试验。二氧化锰、高锰酸钾……参与氧化反应的物质，形成了一个易燃、易爆的混合物。有段时间，东药厂区总能传出震耳欲聋的爆炸声。全厂人都知道，那是安静娴的试验装置又爆了。随着爆炸次数增多，质疑的声音此起彼伏，赶紧停止这可怕的“死亡游戏”吧！安静娴外表柔弱、慢声细语，但她的内心却非常强大、坚韧。她顶住压力，不断反思，一点一点地找到了每次爆炸的不同诱因，并采取相应的措施进行排除，终于在1965年试成利用丙炔醇为原料合成磺胺嘧啶的新工艺路线。新工艺路线具有污染少、工序短、消耗低、成本低、质量好、占用厂房设备及劳动力少等优点，节省设备94台、劳动力115名、厂房1500平方米，同时大幅度地消除了安全隐患。这一工艺路线沿用至今。该项目于1978年获得全国科学大会奖。安静娴被评为全国先进科技工作者。

1977年，我国时任驻喀麦隆大使陪同喀麦隆总统访华，得了恶性疟疾，发高烧，尿都是黑色的了，用了美国王牌“氯喹”依然没有效果。穷尽办法之后，有人提到东北制药总厂生产的“脑疟佳”。是否可以一试？经有关部门批准后，给大使服用了“脑疟佳”，当天烧就退了，连服3天后，大使痊愈。这个“脑疟佳”是安静娴10年前作为项目负责人研发的成果，被誉为当时中国的抗疟王牌，其合成方法获得了国家发明专利。这个药的研发过程更是一波三折。

20世纪60年代，我国疟疾流行性爆发。“谷于黄，病倒床，闷头摆子似虎狼”，这是西南边陲流传的顺口溜。当时，治疗疟疾首选药是美国的“氯喹”，但许多地区疟原虫对常用抗疟药奎宁和氯喹产生抗药性。1967年，国家成立“523”防疟药研制协作组，还根据专业划分、按专业任务成立了化学合成药、中医中药、驱避剂、现场防治4个专业协作组，向疟疾发起“总攻”。东北制药总厂与中国军事医学科学院微生物流行病学研究所合作研究发明抗疟疾新药，安静娴承担了这一项目，在她的组织下，通过大量的定向合成和广筛，从5800多个化合物中找出了在鼠疟模型上显示良好抗疟效果的新药“脑疟佳”。可是，正当人们为此感到欣喜时，却发现按文献记载，合成方法中间体有剧毒。它的毒性有可能在人体内潜伏10~20年，发作后将使人终生残疾，更甚者还有研制者死亡的报道。关键时刻，安静娴没有被吓

安静娴指导头孢菌素类药物的研制

倒，她决定以身试药，在自己身上做试验。这一冒着极大风险的“人体实验”，让课题组成员先是担心，进而敬佩，再后来演变成了集体的信任和加入。经过多人的“以身试药”，反复试验，安静娴逐渐摸清了化合物的毒性，最终确定了易控制、最安全的合成方法，成功地制取了高效、无抗药性的抗疟新药——“脑疟佳”，疗效超过了美国王牌“氯喹”。

开始头孢菌素系列产品研发时，意见分歧很大。主流意见是即使我们自己搞替代进口产品，也要从第一代搞起。当时国外头孢菌素已经上市10多年了，经历了第一代、第二代。安静娴不同意，“我们不搞一代，也不搞二代，直接搞三代，这样的话我们搞起来就跟上世界的步伐了”。这个重担当然地落在安静娴的肩上。安静娴为此呕心沥血，夙兴夜寐。头孢系列产品中的第一个品种，从论证到向生产过渡历时4年。随后其他4个产品的研发以及对已成型产品的不断改进历时十几年。其中头孢噻肟钠、头孢三嗪、头孢他啶、头孢氨苄的成功开发，填补了我国头孢类抗生素的生产空白。安静娴也被制药业美誉为“中国头孢第一人”。

20世纪90年代，鉴于我国老龄人口的增加及其对脑血管用药的需求，安静娴适时选择了“长春西汀”这个课题的研究。在制剂处方无任何文献资料参考的情况下，安静娴自行设计了新处方，使其生物利用度无论在药理模型上还是在临床试验中都达到了与日本“长春西汀”同等药效，长春西汀的改进技术和新用途获国家发明专利。1997年11月，她当选中国工程院院士，成为全国医药企业中第一位获此殊荣的科技人员。

安静娴在东药的55年里，一直工作在医药产品科研开发的岗位上。由她主持或参与的获奖科研项目多达数十项，这些项目投产后，为企业创造了数亿元的经济效益和显著的社会效益。

张少铭（1908—1997），山东省高密县人，中共党员。曾任沈阳化工研究院实验厂厂长、农药研究室主任、院技术咨询委员会主任。20世纪60年代，他主持研发的“多菌灵一号”对我国棉花、小麦防病增产发挥了重大作用，是我国产量最大的农用杀菌剂。他研发的“多菌灵二号”有效地用于防治柞蚕寄生虫害，获国家发明三等奖。1978年被评为全国先进科技工作者，1990年被化工部授予“为化学工业作出贡献的老专家”称号。曾当选第五、第六届全国政协委员。

张少铭——农用杀菌剂科研带头人

“只要我在这当厂长，就一定要把一个完好的工厂交到人民的手中。”青岛解放前夕，国民党责令该厂将所存染料全部运往上海。时任代理厂长的张少铭率领工人们，坚决抵制这一行为，他以工人工资无着落为理由，坚决拒绝将物资运往上海。他同工人一起吃住在厂里，与国民党斗智斗勇，保卫工厂，终于迎来了解放，把一个完好的工厂交到人民的手中，实现了自己的承诺。

青岛刚解放，急需大量汽车轮胎支援前线，但由于帝国主义国家的封锁，生产汽车轮胎所需加硫促进剂的原料1-萘胺无法进口，致使青岛橡胶厂的生产无法进行。张少铭利用青岛染料厂积存的萘，由小试验做起，经过硝化、还原、蒸馏，获得质量合格的1-萘胺产品，及时投产，提供给橡胶厂使用，生产出国产轮胎，为解放战争取得胜利作出了贡献。

1955年，张少铭调任国家化工部沈阳化工研究院实验厂技术副厂长，主管该院染料、农药、中间体的新产品试生产工作，随后又任院办公室主任，协助技术副院长工作。在此期间曾赴苏联、波兰等国家就有关煤焦油综合利用进行技术考察。1960年，开展农用杀菌剂的研究工作，从此，他把自己的后半生都献给了国家农用杀菌

张少铭调研解决羽毛画防蛀问题

剂的科研工作。

20世纪50年代，农药中的有机汞制剂因易发汞中毒，被国家停止使用。此后植物病害日趋严重，新型农药研制成为当时农业发展的难解课题。张少铭深知，中国是农业大国，农药研制是关系到保障人民有饭吃的大事。他对农药“六六六”生产中的大量无毒体的开发利用进行了研究，这些副产品当时难以处理。张少铭利用无毒体碱性水解制五氯酚钠，并改溶剂法为水溶法获得成功，很快推广应用，五氯酚钠成为当时我国生产量最大的稻田除草剂，目前仍是杀灭血吸虫宿主钉螺的主要药剂，同时还大量应用于铁路枕木防腐处理中。

1970年，国外对苯来特苯并咪唑基团化合物具有杀菌活性及内吸性的报道，引起了张少铭的重视。他对这类化合物的杀菌性能、合成方法和药效进行了系统的研究。经过菌株测试，筛选出的多菌灵一号及多菌灵二号效果最好。这两个化合物在国外当时并未实现工业化生产，而合成方法又比苯来特简单，成本低廉，他便埋头于研究开发中，很快将其推向生产。

多菌灵一号是一种具有内吸性的优良杀菌剂，早期用于防治棉花枯、黄萎病。而后发现该药具有广谱性，可防治许多主要农作物的多种病害，如小麦赤霉病等。1974年通过了化工部鉴定，取得了可观的经济效益及社会效益。当时，江苏小麦赤霉病大面积发生，当地试用多菌灵，仅一季就挽回小麦损失15万公斤。多菌灵因此一举成名，供不应求。该农药使用至今，年产量逾5000吨，产值1亿元以上。这项发明不仅有学术价值，而且是我国年产量最大的重要农用杀菌剂。除供国内使用外，出口量也很大，为国家创收大量外汇。

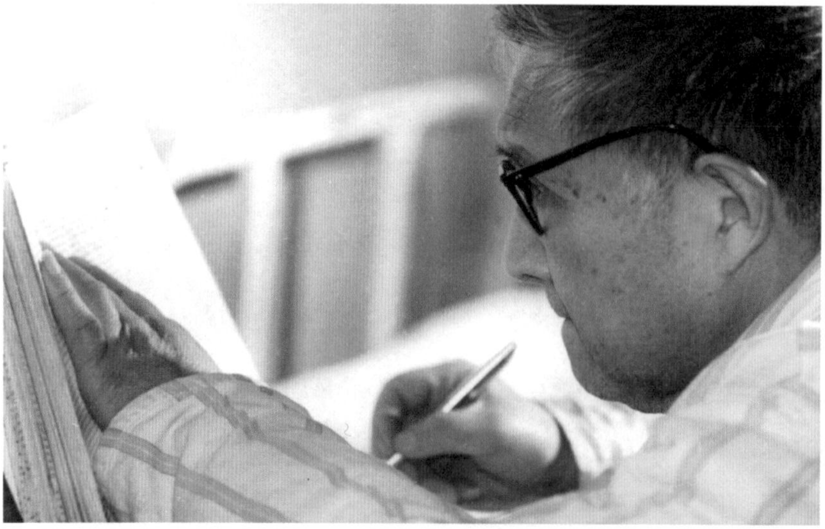
1992年冬张少铭住院期间仍坚持翻译资料

柞蚕是我国北方生长的经济昆虫，柞蚕丝为我国的特产，是优异的纺织品原料。但是柞蚕体内往往寄生着线虫，会引起蚕的死亡，影响柞蚕丝生产的发展。当时用了很多杀虫剂，包括多菌灵一号，不是杀不死线虫，就是连蚕也一起毒死。张少铭与辽宁丹东柞蚕研究所科技人员合作，利用多菌灵二号防治柞蚕体内线虫，柞蚕通过食用带药柞叶，可杀死蚕体内线虫，而对蚕体无害。多菌灵二号获1982年国家发明三等奖。

农药产品更新换代十分迅速。张少铭为使我国农药研究跟上时代步伐，积极培养有才华的年轻人。在他担任沈阳化工研究院总工程师期间，特别推荐两名科技人员赴联邦德国和加拿大进修深造，他们现已成为沈阳化工研究院的主要技术带头人。20世纪80年代末，张少铭已年逾八旬，但仍坚持每天阅读文献，指导研究生学习，编写有关资料。

张少铭一生对祖国倾注了无限的热爱。1950年，他同夫人匡淑元将一处楼房和全部金银首饰献给国家，用来购买飞机大炮，支援抗美援朝战争，并送一子一女参军。1955年，因工作调转离开青岛时，又将剩余的5处房产全部交公。1959年，他为了丰富中国历史博物馆的馆藏，将家传的西周青铜器召伯虎簋、汉石洛侯黄金印及其家丞铜印各一方、金代印纸币（中国纸币始于宋、金代）铜钞板和青铜器簋盖等，献给了国家。这些文献是珍贵的国宝。时任国家文化部部长沈雁冰为此特签发奖状，授予张少铭。“文化大革命”后，张少铭又将自己保存的元、明代印刷的古版书数百册，明、清字画真迹25轴，周、秦时期青铜器65件，历代古钱千余枚，石章百余枚，玉器21件，捐献给辽宁省博物馆。

张嗣瀛 1925年出生，山东省章丘县人，中共党员。中国科学院院士。曾任东北工学院工程力学系主任、自动化研究所所长，国务院学位委员会学科评议组成员。他长期从事运动稳定性、最优控制、微分对策等理论研究工作，在自动控制领域取得一系列系统性理论成果。20世纪70年代，他参加了“红箭—73型”反坦克导弹控制系统的研制工作，提出了一种解除交叉耦合的方法，解决了技术难题，提高了导弹的命中精度，为我国国防事业作出了重大贡献。1978年被评为全国先进科技工作者，1989年被评为沈阳市特等劳动模范、辽宁省劳动模范，1998年获全国五一劳动奖章。

张嗣瀛——在“复杂”中寻求简单人生的控制专家

何谓大师？隐于世事喧哗之外，简单生活，专心治学，硕果累累。这就是张嗣瀛这位中国控制界受人敬仰的专家的真实写照。

1949年，从武汉大学机械系毕业的张嗣瀛被东北人民政府招聘团选中，北上支援国家建设。1951年，张嗣瀛成为东北工学院机械系讲师，开启了他的教学与科研生涯。

张嗣瀛把综合型大学理学院的数学课程作为目标，从图书馆借来数学分析教程，开始学习研究，在这个过程中发现了数学“曲线族的包络”概念。他设想，如果把曲线族的包络这一概念搬到控制系统稳定区域中，定义稳定区域的包络并找到包络，便可以把整个稳定区都包起来，得到一个更大的稳定区。为了这个设想，他开始了不分昼夜的推理、推导、分析、证明。经常是推着推着觉得不对，就推倒重来，经过几百次的失败后，张嗣瀛证明了控制系统稳定区域包络的存在性，并推导出了包络表达式。这是他第一次独创性的研究，取得的第一个科研成果。

1957年至1959年，张嗣瀛被派到苏联莫斯科大学数学力学系，学习进修现代控制理论，主攻运动稳定性问题。

张嗣瀛在接受采访

1957年11月2日，毛泽东主席率中国党政代表团赴莫斯科参加苏联十月革命40周年庆典活动。张嗣瀛作为留学生代表，受到了毛主席的接见。为期两年的进修学习很快步入尾声，由于他的学习成绩突出，科研成果先进，导师契塔耶夫当面向张嗣瀛提出挽留。但当张嗣瀛想到毛主席对年轻人的希望，“世界是你们的……”犹鸣耳畔。张嗣瀛拒绝了导师的好意，1959年夏末，他按期回到祖国。

带着多篇关于有限时间区间稳定性问题的论文，回到了阔别两年的东北工学院。而当时国内关于稳定性理论的研究还是空白。可以说，张嗣瀛是我国稳定性问题研究领域的先驱者之一。

有人说，他选择这个研究领域太难。他说，不难何以谈到价值。有人说，他的研究领域太理论化。他却把自己的研究成果很快地应用到我国的军事科学研究中。敢为人先，迎难而上，张嗣瀛真正进入了科学的殿堂。

20世纪70年代中期，我国加强了军事科学研究的力量。命名为“红箭-73”的反坦克导弹的研制工作启动了。张嗣瀛受命参加了反坦克导弹控制系统的研究工作。

当时的关键问题是，在导弹发射与飞行的过程中，导弹不听控，多次实弹打靶从未命中。这一问题不解决，导弹就是废铁。张嗣瀛凭借他坚实的理论基础，首先，在原理上找到了解决途径，提出了脉冲调宽控制系统周期平均力的矢量表示法，并据此提出了独创的解耦方法，解决了两通道指令间的交叉耦合问题。其次，根据这一解耦原理，调整了弹体上陀螺仪的安装角度。经过几次调整后，进行正式打靶演习，目标为3000米远活动坦克靶，结果是十发九中。“红箭-73”导弹的研究成功，大大增强了我国的国防力量。张嗣瀛也因此在1978年全国科学大会上，获得了全国先进科技工作者称号。

经过最优控制问题和实际军工项目的研究与实践，张嗣瀛看到了一个更为广阔的研究方向。他开始了对微分对策理论全面深入的研究，系统地、创造性地建立了一套新的理论体系和方法，并与有关部门协作项目相结合，获得了一系列应用成果，成为我国微分对策理论研究的开创者。张嗣瀛努力将理论方法与实际问题相结合，

张嗣瀛在指导博士生

与八机部、四机部、航天部等单位建立了协作项目，进行“飞行最优制导律”“基地布防拦截规律”“地空导弹拦截律”等实际问题的研究，得到了“空战格斗中的两个区域”“点捕获”“有限时间局部捕捉区”“碰撞避免”等可指导实际应用的结果。1987年，张嗣瀛以自身研究成果为内容和体系，出版了《微分对策》一书，这是国内唯一一本关于微分对策理论的专著。当今世界最系统、最完备的大型学术性数学工具书《数学辞海》中收录的有关微分对策的30余个词条均出于《微分对策》一书。同年，张嗣瀛也因其“微分对策及定性极值原理的研究”荣获国家自然科学三等奖和国家教委科技进步一等奖。

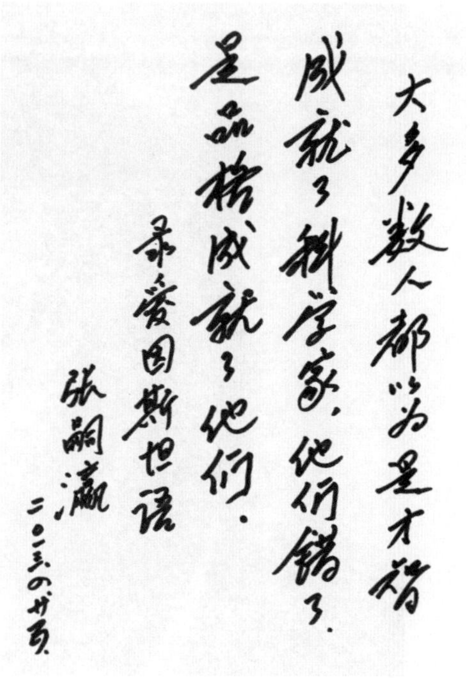

张嗣瀛手录格言

为了使微分对策的研究更适合于工业应用，张嗣瀛又扩展了研究范围。从20世纪80年代中期到90年代初，他将主要精力放在了主从对策理论及应用的研究上。张嗣瀛深入发展了主从对策理论，首次提出了“惩罚量”等新概念和一系列相应的非线性策略及其算法，将以往定性鼓励策略发展为定量鼓励策略，并在生产规划、能源配置、库存管理等方面获得应用。张嗣瀛此项研究荣获1992年国家教委科技进步二等奖。

如果说20世纪80年代以前，张嗣瀛的研究工作是孤军奋战，那么从80年代开始，他有了一批追随者，在微分对策和主从对策的研究方向上培养出了5个博士、8个硕士。至此，一个研究团队形成并逐渐强大起来。1990年和1993年两届国际自动控制联合会（IFAC）的世界大会录用了这个团队的7篇论文，在国际上产生了很大的学术影响。

张嗣瀛经常对自己的团队说：“我们不能总跟在别人后面做科研，要有自己的方向和特色，搞别人没有搞过的东西，要在国际控制领域建立我们中国人的制高点。”20世纪90年代初，他提出并开辟了一个全新的研究方向——复杂系统的研究。至20世纪末，这一研究取得了重要进展，得到了系统性的结果，并向着更深层次、更广范围拓展。1995年，“复杂控制系统对称性及相似性结构的研究”获得了国家教委科技进步一等奖。

张嗣瀛为我国控制科学发展作出了卓越的贡献，但他从不居功自傲。他常说：“孜孜弗倦，可登堂奥，涓涓不息，而成江河。”在复杂系统的研究中寻求简单的人生，是张嗣瀛人生最真实的写照。

郑忠文 1936年出生，辽宁省沈阳市人，中共党员。曾任沈阳市北市百货商店（大楼）营业员、销售组长、副总经理。她秉承“商店就是为群众服务的，就该千方百计为群众解难”的工作理念，40年来始终热心细致周到地为顾客服务，是20世纪六七十年代沈阳商业服务战线的先进典型。曾6次被评为沈阳市劳动模范，5次被评为辽宁省劳动模范。1978年、1979年被评为全国劳动模范。

郑忠文——一心为顾客服务的模范

1956年10月，郑忠文参加工作后被分配在北市百货商店。北市百货商店是当时沈城八大商店中公认的“劳模摇篮”。郑忠文刚上班，就被分到了艾雨生所在的服装组做实习营业员。当得知自己的师傅半年前刚去北京参加全国商业系统先进工作者代表会议，受到毛主席亲切接见并合影留念时，师傅在她心目中的形象瞬间高大起来。她还给自己设定了一个明确的目标——将来也要像师傅一样当劳模。商品知识、沟通艺术、销售技巧、收款对账、入库盘点……师傅手把手地教，郑忠文就认真地记、反复地练。一般员工要两年时间转正，而她只用了半年就转为正式职工了。1959年起，她连续被评为公司、沈阳市商业局和沈阳市先进工作者。此后的20多年里，她曾在北百的3个商品部、8个营业组的三尺柜台前，真正地把平凡的工作做出了全心全意为群众服务的特色。

在计划经济时期，国内物资相对匮乏，顾客购买布料需要凭票定量购买，怎么节省使用布料几乎是每个家庭主妇都在研究的学问。

郑忠文回忆：“在布匹销售组工作时，一天，店里来个买布的学生，他说家在外地，实在拿不出更多的布票做裤子了。我就想怎么能帮帮他，后来就和裁布师傅一起商量改进裁剪方法。”从这件小事，郑忠文深刻地感觉到，穿衣是百姓的大事，作为卖布的营业员能帮助百姓节省出一寸布就相当于给百姓解决了很实在的问题。所以她整日地和同事研究改进

郑忠文（左四）与徒弟们在一起

新的裁剪方法，为购买布料的顾客免费裁剪，尽可能地减少布料浪费。

刚到花布组，为了量好布，郑忠文主动跟师傅学习自制尺棍：先用刀在尺棍尾部拉出2厘米长的“V”形豁口，在豁口处背面放上锯条，用胶布固定好。用自制尺棍量好布料后，将布横过来在豁口的锯齿上一拉一拽，布就扯好了。不仅免去了使用剪刀裁布的麻烦，提高了工作效率，还将布料剪裁精确到一分一毫。买布的人多，尺棍就用得费，用不了1个月，两侧的棱角就被磨圆了。“这样的尺棍必须马上更换，要不顾客买到的布就会‘缩水’了。”在郑忠文看来，一根刻度准确的尺棍，丈量的不仅是布料，更是顾客的利益和信任。

布量准了，可新问题又来了。遇到顾客问做衣服或裤子要买多少布，郑忠文却答不上来。她就利用休息时间拜服装加工部的师傅为师，求他整理了一套各种服装用布量草图样本，并运用套裁法归纳出公式和口诀，以此来为顾客量体买布当参谋。不仅如此，她还免费为顾客裁剪小孩衬衣、罩衣、娃娃服和大中小裤头，并把裁剪技术教给顾客。对这些公式和口诀，晚年的郑忠文还是如数家珍。

那个时代，商品销售领域还没有售后保修服务的概念。为了搞好销售，郑忠文提倡承诺商店卖出的自行车在1年内免费维修，也受到了顾客的欢迎。

郑忠文常说，要把群众当亲人，顾客想到的要做到，顾客没想到的，也要尽量替他们想到、做到。一天，商店快要闭店了，突然急匆匆跑进来一名顾客，要买自行车链卡子，但不巧这种商品卖完了。顾客沮丧地说：“修车铺也下班了，你们又没这个件，看来只能推着车走回铁西了。”郑忠文心里很不是滋味，就跑到商店内部修车点，在装零件的箱子里翻出一个旧链卡子，求修车的同志帮助顾客接上了车链子。顾客感激地说：“太感谢你了，你们服务得太周到了。”

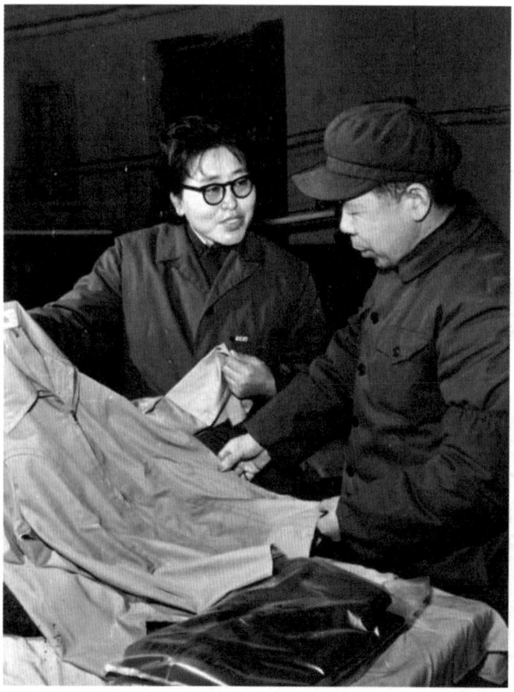
郑忠文与同事交流服务技能

从这位顾客的嘴里，又让郑忠文认识到，她所做的每一件事，不仅代表她个人，更代表了整个百货商店的形象。商店就是为群众服务的，就该千方百计为群众解难。

计划经济时期，商品实行凭票供应。一个线

郑忠文在为顾客服务

票只能买一支单色线，家里人口少或者单身的职工买线、做活儿都不方便。郑忠文就和化杂组的同事商量，把黑、白、蓝、灰、绿五种颜色的支线拆开，混色出售，这样一来，顾客用一个线票就能买到5种颜色的线了。一个肥皂票只供应一块肥皂，买增白皂可以供应两块。可是柜台上，经常遇到顾客只想买一块增白皂，又舍不得花一个票的情况。郑忠文又想了一个办法，把一块肥皂切成两半，遇到买一块增白皂的，就再卖给他半块肥皂。顾客感动地说："真是想到我们心里去了。如果商场的服务都能像'北百'这样就好了。"

有一次，郑忠文的柜台前一起来了4个男同志，只买一根针。原来，他们是从广州来的，住在附近的旅社。由于背兜带断了，借了旅社一根针，在缝的过程中不小心把针折断了，想买一根针，一是把兜带缝上，二是赔给旅社。郑忠文想，兜带那么厚，又没有顶针，买回针去他们也缝不好，便主动提出帮他们缝。4个大男人感激地说："没想到，你们沈阳人的服务态度这么好，向你们学习！"没想到这一个小小的援手，竟让人家外地人说咱们沈阳人好。看来我们百货商店还真是一个城市的窗口啊！此时，郑忠文的心里也充满着喜悦。这更增加了她从小事做起，做好每一件小事的责任心。

帮助子女不在家的大娘换暖瓶胆；为坐月子的顾客送布上门，还帮裁婴儿的衣服；捡到没贴邮票的信，里面有订做结婚礼服的取衣单，就买张邮票给邮走；捡到外地顾客的钱包和驾驶证，跑去火车站没找到失主却不放弃，通过给失主单位写信最终物归原主……每一次伸手相助，都让顾客感受到了温暖，也让她感受到了助人的幸福。

郑忠文用她的工作诠释了一个简单亦深奥的道理：只要用心，即便是平凡的工作也能做出特色；不要觉得没有机遇，平凡中也能找到机遇；在成全别人的同时，自己也收获着喜悦，这是最大的机遇。

1982年，郑忠文担任"北百"副经理。走上领导岗位，地位变了，但她一心为顾客服务的心始终没有变。她经常告诫大家：商场不仅要用商品吸引人，更重要的是要有内在的文化和精神，"它是一种让顾客产生信任的魔力"。

张桂兰 1934年出生，辽宁省岫岩县人，满族，中共党员。曾任沈阳市太原街第一储蓄所储蓄员、主任，中国工商银行沈阳市分行储蓄部主任，兼任沈阳市职工技术协作委员会副主任。她在银行储蓄岗位上工作了40年，总结出金融行业“五不、六个一样”工作法，在20世纪70年代率先提出了“主动热情、文明礼貌、诚恳朴实、亲切周到、办事迅速、又准又好”24字文明服务用语。在她的带动下，储蓄所连年获得先进储蓄所称号。曾6次被评为沈阳市劳动模范，3次被评为辽宁省劳动模范。1978年、1979年被评为全国劳动模范。

张桂兰——心贴心服务群众的金融模范

20世纪60年代，银行工作和其他许多行业一样，没有现在这么好的科技服务条件，张桂兰她们硬是用两只勤快的手和一腔热情的话，把服务做到了极致，让群众感到了“胜过亲人”的周到服务。

那时，已在金融岗位工作了十几年的张桂兰，结合金融工作实际，创立了“五不”“六个一样”工作方法，即工作时间不擅离职守、工作时间不唠闲嗑、工作时间不吸烟、工作时间不做与工作无关的事、工作时间不在柜台接待亲友、不以权谋私；领导在与不在一样负责好工作、存大额款与存小额款一样欢迎、生人熟人一样服务周到、开门前与关门后对急用款的储户一样欢迎、大人小孩一样欢迎、节假日一样服务周到。在20世纪70年代她又率先提出了“主动热情、文明礼貌、诚恳朴实、亲切周到、办事迅速、又准又好”24字文明服务用语，被印成小册子在全市金融系统广泛推广，至今在整个金融服务业有着很大的影响。同时为加强柜台服务，她还编写了服务工作100例，采取不同的方法接待好储户。这些琐碎的工作，说起来容易做起来难，坚持持久尤其难。在张桂兰的带动下，就是靠这些切实可行的办法，使其所在储蓄所连年保持“先进储蓄所”的称号，也为银行储蓄服务工作的发展起到了促进作用。

这就是在银行储蓄岗位上工作了40年的张桂兰，听起来没做什么惊人的大事，但构成她整个工作经历的一件件小事，却无不令人感动、敬佩。什么叫劳动模范？读懂张桂兰也许就读懂了劳模精神。

热忱服务，让储户高兴而来，满意而走，是张桂兰长期坚持的服务准则。她在做外勤工作时，经常深入厂矿企业、街道居民委组，积极宣传储蓄、登门办理储蓄。凡是老弱病残储户都是她登门服务的对象。不管刮风下雨，不论早晚，只要储户有需求，她都会快速赶到，从没有耽误过群众存取款。20世纪六七十年代，储蓄所服务理念和设施都比较落后，那个时候，张桂兰和同志们就在储蓄所里每天为储户准备好热水和水碗；冬天下雪为储户准备好扫雪用的小扫帚，夏天准备好扇子，为年龄大的储户准备花镜，让储户感到非常贴心。张桂兰总是和大家强调："先说一句话，多说一句话，主动当参谋。"她自己带头这样做。有储户问："几点下班？"她就多说一句："我们早8点到晚6点，365天，天天办公。"有人问："死期存款怎么存？"她就多说一句："定期不是死期，定而不死，急用时可以提前支取。"对于年老体弱和腿脚不方便的储户，她更是热情周到，每每都走出柜台办理。当时太原一所有5万多个储蓄存款户，经常有因存折丢失挂失的，又有很多储户记不住自己的账号。在几万个户头中凭人工查找开户人名字很不容易，要花费大量的时间。她当时也很为这个问题挠头。一次在图书馆，她发现了图书借阅的索引方法，这不正是可以用在储蓄所的储户索引上吗！回到所里，在她的带领下，按姓氏笔画建立了《储户索引卡》，这样既给储户提供了方便，节约了时间，也提高了所里的服务质量。当然这《储户索引卡》可是张桂兰和她的姐妹们，一个字一个字用钢笔写出来的。由于她所在的储蓄所服务质量高，因此经常得到群众的赞扬。一位盲人曾对他们说："我家离这里远，眼睛又不方便，来这里路过5个储蓄所，但我就是愿意到这里来存款。"

20世纪70年代，储蓄所和一般商店一样，都是8点半开业。张桂兰认为调整服务时间可以更加方便群众。她在所里建议："太原街上所有商店都是8点半以后开业，我们早半个小时8点开业，从我们这取完钱，正好商店开业，储户就可以在商店开业时及时买东西。"

张桂兰在为储户服务

作为一名女同志，张桂兰的家务事也不少，但她从未因为家里的事耽误过工作。有一年，她爱人得了骨质增生病住院手术，医生告诉她，手术需要3个多小时。当时她想，扔下工作3个多小时怎么能行呢？就和医生商量好后回到了所里。后来知道爱人手术取出12块骨头碴，虽然手术效果不错，但心里还难免酸酸的，觉得对不住爱人。爱人出院后，仍然卧床不起，很需要有人照顾。她和爱人商量，每天上班前她把暖水瓶、水碗、便盆等拾掇好放在床边，下班后她再打扫。她从未因照顾爱人请过一天假。

由于工作突出，张桂兰获得了很多荣誉，但她还是保持着普通储蓄员的本色。1978年她当选为辽宁省人大常委，参加完省人大会，便立即回到了所里。同志们担心她在所里干不长，就试探地问她：“这次回来做什么工作？”她回答：“我这个代表是群众选的，以前和大家在一起，今后仍然和大家在一起。如果离开了你们，我还代表谁呢？”春节期间所里照常加班，正赶上在黑龙江老家休养的爱人又犯了病，几次休克。老家的人几次来长途电话叫她回去看看，由于加班工作离不开人，她干脆没和同事们说，初一到初三一直坚持上班。

几十年如一日，张桂兰几乎都是第一个上班，最后一个下班，每天从早到晚连续工作十几个小时，节假日没有完整地休息过一天。仅1980年一年她就登门为储户服务152次，促进全所增加吸储560万元，超额完成全年任务一倍以上。这一年她担任主任的太原街第一储蓄所被评为省级文明单位。

这就是张桂兰，近40年工作中的一件件小事如璀璨的珍珠，串起了一个劳动模范的多彩人生。

李润庭 1931年出生，辽宁省本溪市人，中共党员。全国著名肛肠疾病专家。曾任沈阳市沈河区痔瘘医院院长、沈阳市痔瘘医院院长。从20世纪50年代开始，他经过长期不懈的努力，将一个只有1名医生、1名护士、6张床位的区级医院痔瘘科，发展成拥有300张床位、180名职工的全国最大的痔瘘专科医院。经过长期的研究和大量的医疗实践，他在防治肛肠疾病方面取得了重大成就，初步形成了一个中西医结合的医疗体系，其科技成果获全国科学大会奖。1978年被评为全国先进科技工作者，1979年被评为全国劳动模范。曾当选第六、第七届全国人大代表。

李润庭——中国知名肛肠病医学专家

李润庭曾是一位普通外科医生，但因患者的需要，他成为一位治疗肛肠疾病的专家。痔瘘病是常见病、多发病，但却非常难以治愈。在20世纪50年代，这种病长期不受重视，很多医生也不愿意在这个“费力不讨好的病”上下功夫。患者因为得不到有效治疗，工作、生活受到很大影响。看到这种状况，李润庭的心里很酸楚，作为医生眼看着患者遭罪不能给予解除，你这个医生有什么用？虽然自己做的是大外科，但能为患者把病治了才是医生的职责所在。从此他下决心，一定要攻克痔瘘病这个难关。

当时，国内外关于治疗肛肠疾病的资料很少，自己又没有实践经验，可想而知，这对于李润庭来说是多么大的困难。但他鼓励自己，什么事只要肯下功夫，就一定会有好的结果。从1956年起，他开始一边医病一边自学。人们常看到他那黄挎包里装满了资料，无论在哪里只要有时间就拿出来学。他用5年业余时间学完了医科大学医疗系的全部课程。

那些年，他几乎所有的节假日都是在图书馆里度过的。在那里他读了《太平圣惠方》《医宗金鉴》《外科症治全书》《外科精要》等中医外科经典。为了学习外国的先进技术，他还以惊人的毅力自修了英、日、俄三门外语，就这样他为自己打牢了攻克肛肠病的基石。

李润庭在培训医护人员

1957年春天，沈河区医院第一次挂上了痔瘘科的牌子，这个科的医生也只有李润庭一个人。他诊治的第一个患者是一个年近七旬的老工人。李润庭给他用的是当时治疗这个病常用的“枯痔法”。上午他精心地为老人敷了药，下午老人却痛苦万分地坐着一辆手推车来找他。老人疼得受不了，经验不足的李润庭心情非常紧张，只好又把上午敷的药精心地洗掉。可一周以后，老人又来了，有说有笑，说病况已经大为好转。李润庭非常惊讶，追问老人病情变化的每一个细节。晚上他连饭都没吃，就跑到附近的一位老中医那儿请教。经老中医指点，他明白了老人开始的疼是所敷“枯痔散”中的一味药的刺激。要想效果好，患者又能接受，就必须调整那味药的剂量。不能用患者试验，李润庭就在自己的大腿上试，从疼痛难忍一直到能接受得了。后来他发现西医的治疗中有用石碳酸液往痔核中注射的疗法。他想借鉴这种方法，把“枯痔散”制成液体，注射到痔核中，岂不是避免了对患者正常皮肤的刺激？于是，他请教了药剂师，终于制成了“枯痔液”，在临床中获得了医生和患者都满意的效果。

随着时间的推移，李润庭掌握了治疗痔瘘病的医疗技术，为大批患者解除了痛苦。但在诊治的过程中他发现，现有的技术并不完善，这个病“太缠人”，很难去“根”，这也是很多医生不愿意在这个病上下功夫的重要原因。要想提高疗效，其医疗技术必须有所改进。用“丝线结扎法”治疗内痔，是疗效相对较好的办法，当时国内外都在应用。但在实际诊疗过程中他发现，这种方法可以使小的痔核完全脱落，但对大的痔核则脱落不彻底，基底部仍有健康肌肉溃烂，不仅病人痛苦，病症不久还会复发。为了解决这一问题，他又熬夜苦读，从古医典《太平圣惠方》中发现这样的记载：“蜘蛛丝捻成线，缠扎疣赘，逐紧逐缩，不数日自然脱落。”心中豁然开朗，用一根带弹性的线结扎不就可以解决了吗？他马上动手，经过反复试验，终于创造出了“胶圈套扎法”，到1978年已用此法治疗患者5000多例，治愈率达95%以上。

李润庭热心地向群众宣讲防痔知识

1972年春天，有一位患结肠息肉的患者向李润庭提出，别的医院都要从肚子开刀，你能不能从肛门手术，让我少流点儿血。当时这种高位肠息肉都是从腹部开刀切除，而许多患者因惧怕开腹，错过了最佳治疗期。面对这个病症，李润庭又想到中医书上说的“珊瑚痔用线结扎自然脱落”的记载。但是这种病一般息肉长的位置都距离肛门20厘米左右，普通器械根本完成不了结扎动作。为此，他几天几夜吃不好、睡不稳，查找了几十种资料也没找到可行的办法。一天，他突然从书店一幅《草原牧民》的国画中得到了启发。能不能做一个像套马杆那样的器械，伸进肠腔把息肉套住，进行结扎呢？可做这样一个能伸进肠腔里的器械谈何容易？经过百般研究、几十次试验，李润庭用辛勤的汗水浇开了智慧之花，创造出了“远端套扎法治疗高位息肉”的治疗方法，疗效准确可靠。

李润庭在医疗实践中写出了十多篇学术论文，创造了十多种新疗法，被业内评价为填补了多项肛肠病治疗的空白。他创造的“瘢痕支持固定法”治疗脱肛，基本上替代了国外沿用多年的“直肠悬吊固定术”，免除了患者的切腹之苦；他在实践中总结出的“切口减压法”，把“内痔结扎法”术后肛门水肿率从国外的30%降低到1%，让外国专家感到惊讶；经过他改进的“挂线不紧线留桥术”治疗肛瘘，解决了肛瘘手术后发生肛门失禁这个外国人尚未解决的难题；而“远端套扎法治疗高位息肉”的治疗方法，被专业人士认为在国际上也是领先的。一位日本大肠协会的理事先后给李润庭寄来5封书信，称赞李润庭创造的新疗法，并向这位中国专家致敬。

面对痔瘘科没有专业书的现实，李润庭用近一年的时间，每天只睡四五个小时，写出了45万字并绘制了220多幅插图的《中西医结合防治肛门直肠疾病》一书，之后又陆续编写了《中、日、英、俄肛门直肠疾病辞典》等3部专著。这些专著在国内外肛肠疾病治疗界引起很大的反响。

李润庭在肛肠病治疗中的不断创新，不但使他在国内外肛肠病医学界享有盛誉，还使他成为医疗服务业全国瞩目的劳动模范。

改革窗口万象新

（1979—1991）

十一届三中全会以后，改革率先从农村开始。短短数年，农村巨变，各业兴旺，气象万千。1984年10月，党的十二届三中全会召开，总结了十一届三中全会以来城乡经济体制改革的经验，作出了具有历史意义的《中共中央关于经济体制改革的决定》。全会对我国经济体制改革特别是城市经济体制改革进行了规划和部署，指出“增强企业的活力，特别是增强全民所有制的大中型企业的活力，是以城市为重点的整个经济体制改革的中心环节”。由此，中国城市经济改革开放的大幕正式拉开。

1984年，沈阳被国务院确定为经济体制综合改革试点城市，实行计划单列，并赋予省级经济管理权限。同年，大中型企业的管理权限开始下放。1985年4月，中共沈阳市第七次代表大会顺利实现了领导班子的新老交替，确立了振兴沈阳经济的“三改三开”（经济改革、技术改造、工业改组；开发人才、开发新产品、对外开放）方针，坚持以搞活企业特别是搞活大中型企业为中心环节，不断推进和深化改革。按照中央的决策部署，沈阳大胆探索城市综合改革，在企业改革中推行租赁制、股份制、转让制和承包经营责任制，并在全国率先出台地方性企业破产规章，实施了全国第一家企业破产试点，为破解城市改革难题和突破发展“瓶颈”发挥了典型示范作用，沈阳成为全国闻名的“改革窗口”城市。

沈阳市各级工会响应市委、市政府号召，组织动员广大职工积极支持改革，踊跃投身改革。1984年12月26日，市总工会作出授予史继文“自学成材模范职工”称号的决定；1987年3月7日，市总工会作出授予王巧珍“无私奉献，他人第一的模范职工”称号的决定，史继文、王巧珍成为全市职工学习的榜样。改革得到了广大职工的积极拥护，全市职工的主人翁精神得到进一步发扬。

1989年9月，沈阳市总工会建立了全国第一个劳模扶贫团队。这个团队是以劳模、技协积极分子为主体，以工会为依托，广泛吸收社会各界人士参加的群众性扶贫组织，它们积极帮助因技术落后、管理不善等原因陷入困境的企业，为稳定经济、稳定社会和稳定职工队伍作出了贡献。在劳动模范无私奉献精神的感召下，困难企业职工振奋精神，奋起生产自救，使企业逐步走上了复苏之路。到1990年上半年，沈阳市的劳模和先进企业与89户困难企业签订了帮扶合同，在短短几个月里，就使19户企业彻底实现了扭亏为盈，37户减亏。1990年3月，全总和辽宁省总工会在沈阳市召开了经验交流会，推广了沈阳市建立劳模扶贫团队的经验。中华全国总工会主席倪志福称沈阳市建立的劳模扶贫团队是80年代的一个创造。

1979年，中共中央、国务院在《关于召开全国职工劳动模范代表大会的通知》中，对新时期劳动模范的评选标准作出了明确规定："判断一个职工是不是模范，一个集体是不是先进，归根到底，要看其在推动生产力发展方面是不是起了显著的作用，对社会主义建设事业是不是作出了较大的贡献。这是我们选举劳动模范和先进集体的根本标准。"沈阳市总工会正是遵循着这一标准，将一大批在改革大潮中勇立潮头的改革家和在平凡工作岗位上取得突出成绩的劳动者推选进劳动模范队伍。

张成哲、阎德义、史继文、沈延刚等工业战线劳动模范，他们艰苦奋斗，勇于创新，成为业内专家，为社会创造了0巨大财富；赵希友、徐有泮等劳动模范，他们锐意改革，抓住改革开放的大好机遇，施展杰出的管理与开拓市场才能，带领企业闯入同行业前列。他们为劳动模范赋予了充满激情的时代内涵，创造了有别于前辈的业绩。

师昌绪、顾诵芬、闻邦椿、唐任远、陈洪铎、李锦韬、筱俊亭、花淑兰、李玉伟等劳动模范、先进工作者，他们为中国的国防科技、装备制造、医药卫生、教育体育、文化艺术事业，付出了心血，贡献出智慧，取得了令人瞩目的辉煌业绩。

沈阳市农业战线、服务战线也涌现出一批在国内外产生广泛影响的先进典型。孜孜不倦30年钻研改良东北水稻品种的杨胜东，勇于改革带领全村人提前进入小康的王兴亚，被誉为商业战线"活雷锋"的王巧珍，享誉海内外的辽菜大师刘国栋，被誉为"中国食神"的首届中国烹饪冠军刘敬贤等劳动模范，他们在辽沈沃土上写下了辉煌的一页，为沈阳劳模光荣榜增添了异彩。

20世纪80年代，沈阳劳模群英荟萃。他们在现代化建设中当先锋、做表率，做出了无愧于时代的杰出贡献。

张成哲 1933年出生，辽宁省盖州市人，中共党员。曾任沈阳铸造厂副总机械师、设备分厂厂长，沈阳市劳模物业管理有限公司经理，兼任沈阳市、辽宁省职工技术协作委员会副主任。全国闻名的技术革新能手。曾在20世纪60年代研制“六〇大”暖气片机械化造型生产线，70年代研制自动化轴流式回转前炉，80年代研制铸铁管漂浮检验机，填补了国内铸造行业的多项空白，创造和节约价值达数千万元，被誉为“活着的孟泰”。退休后，创办劳模物业公司，承担起沈阳市新开河全长37.4公里的看护保洁工作，为绿化沈阳、美化家乡作出了新贡献。1979年、1989年被评为全国劳动模范。曾当选中共十二大、十三大代表。

张成哲——贡献卓著的革新大王

1950年，张成哲进入沈阳铸造厂当钳工。他爱学习、肯钻研、刚出徒就利用业余时间搞技术革新。1956年，才23岁就成为全国机械工业先进生产者，参加了全国机械工业群英会。

20世纪60年代初，沈阳铸造厂生产一种长600毫米的翼型暖气片，工人们都管它叫“六〇大”。当时，造砂型大部分已是机器作业，但像“六〇大”这种结构复杂、棱角突出的铸件依旧靠手工操作。8小时内，一个人要用锹往砂箱里装1万斤砂子，要用七八斤重的砂冲子在砂箱里捣8000下左右，百斤重的砂箱要抬上抬下300多次。老师傅们编了个顺口溜：“提起六〇大，神鬼都害怕；要吃这碗饭，就得拿命换。”张成哲发誓要革新它，厂领导也很支持，成立了张成哲牵头的“六〇大”机械化造型研究小组。他们经过100多次试验、历时三年，终于在1965年2月研制成功“六〇大”机械化造型生产线。人们高兴地看到：造型工人把砂箱往机器上一放，输送带上传来的型砂经过漏斗流进砂箱，装满后机器自动震动几下，合格的砂型便造成了。在通往烘干窑的生产线上，有两根铁轨，上面是放砂型的平车，造好的砂型从这里自动进窑。这条生产线上有上万个零部件，其中80%是利用废旧材料加工而成的，仅此一项就为国家节约20多万元。

张成哲与徒弟们研究革新方案

正式投产那天，人们给“六〇大”生产线起了个响亮的名字，叫作“翻身一号”。它填补了国内铸造行业的一项空白，中央新闻纪录电影制片厂特地来拍了电影。

张成哲搞革新，越干越有劲。“文化大革命”中，一些人热衷煽动停产武斗，张成哲却坚持奋战在车间。当时，沈阳铸造厂的化铁工序，一直采用固定前炉进行生产，出一次铁水，捅一次、堵一次出铁口。大炉工人手持长钎挑着黄泥团去堵出铁口，既浪费时间又消耗体力，操作工人还常被喷出来的铁水烫伤。为了多出铁、快铸件，也为了改善工人兄弟的劳动条件，张成哲顶着“唯生产力论”的压力，一心一意研究自动化生产流程。急需的材料没处去领，重要的零件没人给安排加工，他还被人指着鼻子斥责是“光低头拉车，不抬头看路”。尽管困难重重，他还是继续坚持干下去。在组装最紧张的日子里，张成哲每天天不亮就到厂，中午饿了吃点干粮，晚上连轴转。一天夜里，张成哲骑车回家，因为极度困倦，刚一迷糊就摔倒了，胳膊、腿全磕破了。1968年11月，经过整整一年的努力，自动化轴流式回转前炉试制成功。当时，《铸造机械》杂志以《一按电钮，铁水就自动流出来了》为题，报道了这个填补我国铸铁工艺空白的革新成果。

张成哲在技协攻关中精益求精

张成哲用液压技术改进造型机

铸铁管最初的检验工序比较原始，工人要用双手往管壁上涂抹肥皂沫，打气，然后一遍一遍观察是否有漏点。工人劳动强度大，检验质量无保证。张成哲受补自行车内胎启发，带领攻关组成员大胆提出研制铸铁管验气漂浮检验机的项目计划。1984年，这台检验设备研制出来了。机械手将两端封闭好的铸铁管全部浸入水中，随后打压，工人通过观察水中有无气泡即可检验铸铁管有无泄漏。铸铁管漂浮检验装置的成功研制，节省了大量人力，并保证了次品不出厂。这项成果，也填补了国内铸造行业的空白，当年获辽宁省科学技术成果二等奖。首都钢铁公司铸造厂、广州铸管厂等厂家也闻风而来，争先采用，铸铁管产品及其检验设备给企业带来了数以百万计的效益。

张成哲还是沈阳市群众技术协作活动第一批积极分子，并分别兼任辽宁省、沈阳市技术协作委员会副主任。在那个连肚子都填不饱的年代里，他拖着浮肿的双腿东奔西走，哪里有问题就出现在哪里，先后帮助苏家屯区30多个中小型企业和乡镇企业解决了技术难题，救活了普兰店铸造厂等3家企业。他参加市锅炉改造、辽化工程、热电厂余热利用工程等省内技术协作大会战十几项，为省内外近百家中小企业无偿解决技术难题250多项，每年义务奉献近千小时。张成哲在厂内外共参与完成革新项目785个，其中重大项目60余项，填补国内、省内空白18项，节约各种原材料几千吨。人们赞誉他是“革新大王”“活着的孟泰”，辽宁省和沈阳市总工会分别作出决定，号召职工向张成哲学习。

1992年，张成哲退休后，带领劳模进入市场。1997年3月，他创办了沈阳劳模物业公司，组织王凤恩、马洪谦、杨德林、金福长、尉凤英等104名离退休的劳动模范和200多名下岗工人，承担起沈阳市横跨市内５区、全长37.4公里的新开河的看护保洁工作。为了美化新开河，他们自筹资金在郊区办养花基地，每年给新开河15个景观园区提供各种花卉10多万盆，为绿化沈阳、美化家乡作出了巨大贡献。2003年，70岁的张成哲再一次光荣地被辽宁省人民政府破例授予省特等劳动模范称号。

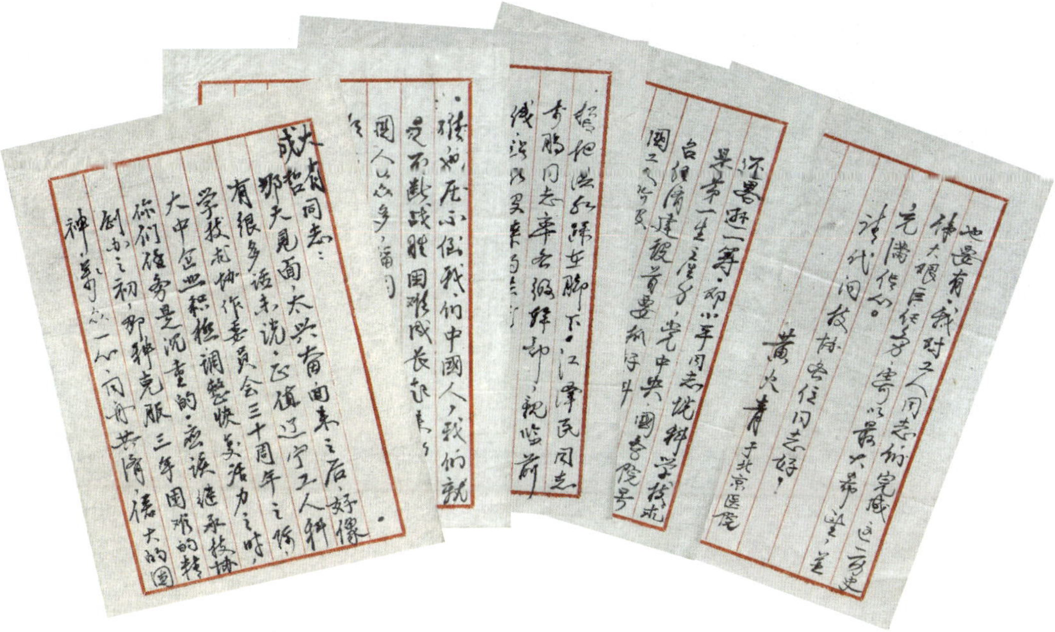
大有、成哲同志：
那天见面，太兴奋了，回来之后，好像有很多话未说。正值辽宁工人科学技术协作委员会三十周年之际，大中企业积极调整，焕发活力之时，你们任务是沉重的。应该继承技协创办之初，那种克服三年困难的精神，群众一心，同舟共济，渡过很大的困

原中共中央东北局书记处书记黄火青给吴大有、张成哲写的信

阎德义（1929—1989），天津市人，中共党员。曾任黎明机械公司焊工、工程师、工会生产部副部长。他参加了歼5、歼6、歼7等型号飞机发动机的试制和批量生产工作，用拖斗充氩和反面保护的新工艺，在大气层中直接进行钛合金焊接，填补了中国焊接技术的空白。他为本公司和其他兄弟单位解决了许多焊接难题，被誉为“焊接大王”。1978年被评为全国先进科技工作者，1979年被评为全国劳动模范。曾当选第五、第六届全国人大代表。

阎德义——闻名全国的焊接大王

阎德义13岁就开始当童工，给资本家打铁、烧焊，受苦挨打。新中国成立后，阎德义才吃上饱饭，有了做主人的感觉。1949年3月，他积极报名，到空军工程部东北总厂第三厂（现中航工业黎明公司）冲焊厂23车间当了一名焊工，由于表现突出，同年10月加入中国共产党。

20世纪50年代初，工厂试制涡喷5发动机时，焊接火焰筒需要在零件尾部凸台堆焊硬质合金块。按照当时苏联专家的要求，必须堆焊两层，使硬质合金块厚度达到6毫米，然后再磨掉3毫米。阎德义认为，这样加工效率低，又费料。他大胆地进行了改进，采用

1974年阎德义（前排右三）参加全国重点工程技术攻关后与小组成员合影留念

一层堆焊成功，在保证质量的前提下，为国家节约了大笔资金。他立足岗位，带头钻研技术，练就了一身响当当的绝活儿，为工厂解决了航空发动机特种材料焊接诸多难题，填补了多项国内空白。1957年晋升为工人工程师。

20世纪60年代初，苏联停止供应中国航空材料。当时焊接用的氩气，要以每瓶360元的价格从他国进口。阎德义非常着急，他反复试验，把按当时标准质量不合格的国产氩气用电炉加温，提出纯氩，代替了进口，为工厂节约了大量外汇。

阎德义以高度的主人翁精神，刻苦钻研焊接技术。他参加了歼5、歼6、歼7等型号飞机发动机的试制和批量生产工作。1971年，他带病攻关，在工程技术人员的配合下，把涡喷6发动机的半气膜火焰筒，加上十几个"漏斗"，改为全气膜火焰筒，解决了火焰筒使用几十小时就掉块、裂纹的问题，使其寿命延长到200小时，为涡喷6发动机延寿作出了贡献。1979年，在试制国产新型歼击机发动机过程中，钛合金机匣的焊接出现了氧化、裂纹、变形三大难题。根据国外资料，焊接钛合金要在真空室或者尼龙真空充氩罩内进行，操作十分不便，质量也难以保证。阎德义大胆提出在大气层中焊接的设想。经过上百次的试验，用拖斗充氩和反面保护的新工艺成功地在大气层中直接进行钛合金焊接，书写了中国焊接技术史上的精彩一页。1982年，在承担新机试制任务中，阎德义知难而进，为解决环形件焊接问题，他制作了一个通气夹具，在焊缝的背面进行通氩气的保护，保证了技术要求。他还制作了一台无极变速焊接转具，解决了焊接时烧损零件及焊透不均等质量关键。

阎德义应邀参加辽化工程会战。他带领80多名焊工，闯过了铆焊、横焊、立焊、平焊等技术难关，完成了大型金属罐的焊接任务，并一次测试合格。外国专家惊讶地竖起大拇指，连说"了不起"。1981年，辽化急需一批波纹管，他在没有技术资料、没有试验设备的条件下，经过五昼夜反复试验，最终采用脉冲氩弧焊加壁的办法加工出合格的产品。

阎德义与徒弟全国劳模郭维林

1984年，阎德义所在的黎明公司与天津化纤厂签订了一份民品合同——加工分离盘和膨胀节，这是由国外进口的化纤成套设备中的两个重要备件，合同金额大、任务急，技术难度和工艺要求非常高。阎德义主动承担了这两种产品的焊接工作。他反复研究并改进加工方法，把三层至五层耐热不锈钢板和两层碳素钢板由常规的两次焊接改为一次焊接，大大提高了加工效率。工作中，他顶着高温，一干就是十几个小时，整个焊接任务完成后，他竟晕倒在焊件旁。

沈阳劳动公园阎德义塑像

阎德义还经常帮助兄弟单位解决技术问题。先后参加了上海、北京、天津、四川、黑龙江、广东、深圳等省市60多个单位的攻关会战和技术协作活动。30多年中，他为本厂和兄弟单位完成革新攻关项目100余个，其中较大的8项，创造价值近千万元，成为闻名全国的“焊接大王”。

阎德义一生艰苦朴素，严谨踏实，乐于助人。在当年贫困得不能保证温饱的情况下，他总是以高度的责任感无私奉献。工作中，他把积累多年的焊接技艺和绝活儿毫无保留地传授给徒弟。作为全国人大代表，他充分发挥代表作用，积极为职工办实事，多次帮助身边困难职工解决生活困难，可他却从不向组织提任何要求……

1977年起，阎德义七次当选沈阳市劳动模范，五次当选辽宁省劳动模范。1978年出席全国科学大会，获先进科技工作者称号。1979年被授予全国劳动模范称号。曾当选第五届全国人大常委、第六届全国人大代表。

1989年11月11日，60岁的阎德义因心肌梗塞猝然去世。阎德义的事迹感动了许多人，为了纪念他，沈阳市总工会等部门在劳动公园劳模广场为他竖起大理石基座的半身塑像，以弘扬劳模精神。

赵希友 1934年出生，辽宁省凌源市人，中共党员。曾任沈阳汽车拖拉机工业公司总经理，沈阳汽车工业公司董事长兼总经理，金杯汽车股份有限公司董事长兼总经理、党委书记。20世纪80年代，他积极倡导发展沈阳汽车工业，创立了“金杯”汽车品牌并推向全国，为沈阳汽车工业发展壮大奠定了坚实基础。他站在改革前列，大胆进行改革试验，在国内经济界、企业界引起强烈反响。1988年获全国五一劳动奖章，1989年被评为全国劳动模范。曾当选第八届全国人大代表。

赵希友——中国改革风云人物

沈阳是中国民族汽车工业的发祥地。1931年，张学良投资兴建的汽车制造厂生产出中国历史上第一台国产车——“民生牌”汽车。赵希友，1952年8月入沈阳矿业总厂，后来到沈阳德克仪器厂和沈阳通用机械厂工作，历任会计员、车间主任、代厂长。1958年以后，先后任沈阳市机电局综合计划处计划员、市农机工业管理局科长、政治部主任、副局长。多年的工作经历，使他对沈阳这座工业城市发展汽车工业充满了希望与憧憬。

20世纪80年代，国门打开了，赵希友有机会到国外知名汽车制造企业考察。他在考察中感到，汽车这种由上万个零部件组成的工业产品是社会化大生产的产物，靠千百个小工厂作坊式的生产是不行的。我们的落后不仅在汽车技术上，还在于各自为政分散的生产组织束缚了生产的发展上。汽车工业应该走高起点、大批量、专业化的道路。回国后，他把自己的改革设想向有关领导作了汇报。他建议把沈阳市所有分散的各自为政的汽车厂家组织起来，把行政性工业局改造成汽车托拉斯企业；把生产总成和零部件厂按高度的专业化组织起来生产，变分散劣势为联合起来的相对优势。市政府领导经过深思熟虑，接受了他的建议。1984年，当全国还都在搞松散的横向联合时，沈阳已经冲破重重阻力，实行了紧密联合，全市97家单兵作战的汽车厂（配件厂）组成了一个实力雄厚的实体公司——沈阳汽车工业公司，赵希友被任命为沈阳汽车工业公司董事长兼总经理。公司成立20个月

赵希友与职工在一起

后，固定资产原值提高38%，汽车产量增长1.4倍，实现利税2.6亿元，一年就收回了投资。

在汽车工业公司成立伊始，赵希友就提出要向企业改革要效益、求发展。1984年6月，他选择公司所属两个小型企业——沈阳市汽车汽油泵厂（国营企业）、沈阳市汽车轴销厂（集体企业）在国内率先进行了小型企业租赁经营的试点。6月21日，《租赁企业招标布告》发出，“租赁条件：凡本公司内职工均可投标，通过竞争，谁投标的经济指标先进、措施可行，谁中标；租赁要求：租赁期3年。从租赁之日起，租赁者停发工资和奖金，以年计算，按完成合同规定利润指标的好坏决定承租者的报酬。如完不成指标，欠缺部分由承租者个人补偿”。经过层层答辩筛选，曾是助理工程师的凌方遒和劳资干部费忠凯中标。赵希友与他们签订了《租赁经营合同书》，在全国率先走出了一条所有权和经营权分离的改革新路。到1987年，沈阳市有700余家企业实行租赁经营，租赁形式也发展到4种，即个人租赁、合伙租赁、全员租赁、甲企业租赁乙企业。首创租赁经营的赵希友被请进国务院发展战略研究中心，介绍企业租赁经营的经验。1988年3月，全国人大七届一次会议上表决通过了《中华人民共和国全民所有制工业企业法（草案）》，其中规定：“企业依据政府主管部门的决定，可以采取承包、租赁等经营责任制形式。”这足以说明沈阳的探索是成功的。

改革给沈阳汽车工业带来了活力。1987年，金杯牌SY132轻型载重汽车和SY622C旅行汽车被评为部优质产品。公司连续几年赢得了全国汽车行业净产值、全员劳动生产率第

1984年，赵希友率先在国内进行小企业租赁经营改革，图为1987年合同续签仪式留影

金杯公司股票（正面）

一，资金利税率第一。1988年5月，由沈阳汽车工业公司改制而来的金杯汽车股份有限公司成立。两个月后，金杯公司向全社会发行总价值1亿元的优先股票，每股100元。当时，成立股份公司发行股票要有胆量，更要有超前的眼光。赵希友认定：企业员工是企业的主人，但只是政治意义上的主人，如果职工购买了金杯股票，他们从经济上也就变成了企业主人；同时，社会上大家都来买金杯股票，都是金杯的主人，这符合社会主义原则。1992年5月，国家体改委等部门发布《股份制企业试点办法》，规定股份制企业可以“开辟新的融资渠道”，明确“经批准，公司可以向社会公开发行股票，股票可以交易或转让”。当年7月24日，金杯股票在上海证券交易所上市，成为上海证券市场第一家北方上市公司。从上午开盘到下午交易结束，“金杯汽车”以164.5元收盘，成交70960股，赵希友为企业股份制改革闯出了一条新路。1992年10月，金杯股票在美国纽约证券交易所上市交易，成为中国第一家赴海外上市的内地企业。

赵希友站在改革的前列，大胆进行改革试验，创造了全国6个第一。即第一个创办企业实体性公司——沈阳汽车工业公司，第一个试办租赁制企业，第一个对公司所属企业沈阳市防爆器械厂进行破产倒闭试验，第一个推出资产经营责任制试点，第一个成功地搞起企业股份制，第一个成功地将企业股票在纽约挂牌上市。他为探索建立社会主义市场经济体制作出了重要贡献。

1984年赵希友出任汽车工业公司董事长兼总经理时，公司的资产只有1.8亿元，但当他1993年12月从金杯公司董事长兼总经理岗位退休时，金杯汽车的资产总额已经超过了60亿元。

赵希友以他改革的成功实践，登上了美国《时代周刊》的封面。而他所创立的沈阳金杯汽车公司为新时期沈阳汽车工业的发展开拓出一条新路，为沈阳汽车工业迅猛发展打下坚实基础，堪称沈阳汽车工业发展的奠基人。

徐有泮 1933年出生，山东省栖霞县人，中共党员。曾任沈阳电缆厂车间主任、厂长，沈阳市机械局局长。20世纪80年代，他带领企业锐意创新，打破“大锅饭”，通过实施划小核算单位、实行承包经营、搞活内部分配等一系列改革，使国有企业焕发出生机和活力。1985年获全国五一劳动奖章，1989年被评为全国劳动模范。曾当选中共十三大代表。

徐有泮——锐意改革的优秀企业家

始终搏击挺立在改革潮头的徐有泮，集能力与魄力于一身，汇才德与胸襟于一体。

1951年，徐有泮考入沈阳电缆厂。由于积极肯干，1954年被厂领导派往苏联列宁格勒电缆厂实习。回国后，先后任沈阳电缆厂车间党支部副书记、书记、车间主任、厂计划科长、生产科长、生产副厂长。

1984年5月，徐有泮出任厂长，可以说，是受命于危难之际。那时候沈阳电缆厂有职工15000人，是国内最大的电线、电缆制造企业，固定资产原值1.4亿元，但净值只有4700万元，设备老化严重，效益低下。

具有多年企业经营管理经验的徐有泮上任后，认为企业要走出困境，必须大刀阔斧实行改革。他首先从更新工艺装备入手，解决企业发展后劲问题，提出要外引也要内造，该花的必花，能省的一定要省。他从瑞典、芬兰、比利时等国引进了全塑控缆线等5条大型生产线。引进技术消化吸收后，厂里又自行设计生产了18种大型关键设备，其中有5种可与国际同类设备水平比肩。

为了不断完善企业内部机制，他变革了原来生产车间的旧体制，把划小核算单位作为增强企业活力的突破口，将原8个生产车间划小为16个分厂，实行分级分权管理，做到权力层层有、责任层层负、利害层层担、人人有指标、个个有压力，不吃

徐有泮在生产车间

“大锅饭”。

在划小核算单位的基础上，徐有泮先后实行了产品质量升级创优承包、降低成本分成承包、经济效益承包、企业管理升级承包、新产品开发承包等多种承包形式，收到了显著成效。为了保证完成利润和工业产值计划，他与总厂各位副厂长、总工程师、总经济师、总会计师签订了“三包”（即包利润、包质量、包产值）、“四保”（即保品种、保企业升级、保新产品、保出口创汇）、“一挂”（即工资总额与利税挂钩）的承包合同。总厂厂长和各分厂厂长签订的合同中也都规定了奖罚的条款，其中经济效益指标完成好的，另予嘉奖。这样层层搞承包，层层明确了责、权、利的关系，充分调动了广大职工的生产热情。

在承包经营过程中，他还十分注意搞活内部分配，坚持不搞“大锅饭”，确定了奖金分配的5条原则：一是把有限的奖金用在超额劳动上，奖金不是平均分配的福利待遇。二是拉开档次，重奖轻罚。三是奖金分配要留有储备，以丰补歉。四是物质奖励和精神鼓励相结合，以精神鼓励为主。五是经营者和劳动者利益兼顾。另外，还确定了奖金分配按四个重点进行：把奖金用在提高产品质量上，用在提高经济效益上，用在发展短线产品上，用在现代化管理上。同时，在奖金分配上做到区分贡献大小、责任大小、一线和二

改革年代沈阳部分知名企业家合影（前排左一徐有泮、右二赵希友、二排右三唐乾三）

线、重体力劳动与轻体力劳动等，使分配进一步合理化。

一系列改革给国营大型企业带来了生机和活力。1985年至1987年的三年中，沈阳电缆厂总产值平均每年以27.9%的速度递增，实现利税平均每年递增46%，相当于3年赚回3个电缆厂。徐有泮在沈阳电缆厂担任了6年厂长，有5年实现利润排在沈阳市工交企业第一位。尤其是划小核算单位、目标责任制等经验被推广到全国。在推行厂长负责制和企业改革实践中，徐有泮重视企业人的管理，党政工青协调工作，关心职工，受到职工的爱戴和信赖。1989年，他被提拔为沈阳市机械局局长、党委书记。

徐有泮是一个成功的改革者，他廉洁自律，两袖清风，敢于创新，锐意进取，有勇有谋，硕果累累，不骄不躁，声名远扬。自1985年起，他先后两次被评为沈阳市特等劳动模范、辽宁省劳动模范，1989年荣获全国劳动模范称号。

1995年退休后，徐有泮仍然在关注着国企改革。他非常赞成对国有企业实行股份制改造，实行产权主体多样化改革。正可谓“老骥伏枥，志在千里”。

史继文 1943年出生，辽宁省盘锦市人，中共党员。曾任沈阳鼓风机厂数显中心站站长、辽宁省数控数显技术服务中心经理。他自学成才，大胆革新，是工人出身的数显专家，曾为全国17个省38个市、县的300多个单位提供数显技术服务，使产品质量和生产效率大幅度提高。他三次与病魔、死神抗争，身患重症仍坚持工作，彰显了新时期的“铁人精神”，被誉为“铁汉”。1986年、1990年，史继文两次参加全国劳模报告团，他的报告《理想是人生的精神支柱》，催人奋进，感人至深，成为全国职工学习的榜样。1989年被评为全国劳动模范。曾当选第七、第八届全国人大代表。

史继文——自学成才的“铁汉”

凡成就一番事业者，必有明确的目标、恒久顽强的毅力，能耐得住寂寞、经得起波折打击，忍受得住来自精神与身体的苦痛，笃信奉献乃是人生的最大价值。靠自学成才的史继文就具备了这些特质。

1963年，20岁的史继文考入沈阳鼓风机厂。工作之余，他始终坚持自学，先后学习摘抄了《晶体管脉冲数字电路》《机械设计原理手册》《数控机床》等300多本电气机械方面的理论书籍，累计抄写20万字，读书笔记就有13本之多。

苍天不负苦心人，多年的自学让史继文在工作中脱颖而出。

1977年，车间成立了革新小组，史继文众望所归地当上了组长。当时，机械加工车间引进来一台德国设备，可在冬季运行过程中总是突然发出刺耳的警示音，然后自动停止运行，这让大家甚是诧异。经观察、研究后找到了原因。原来是运料车经常进出车间，大门反复开合导致车间温度过低，而德国设备对环境温度要求较高，就出现了机器总是自动停止的现象。

史继文在调试数显装置

史继文看着车间大门，想如果车间大门改成自动大门，车辆进出后可以自动关闭，设备自动停车的问题不就解决了吗？说干就干，他从废料堆里找回一些铁片，在车间的一个角落里搭起一个小屋，作为攻关阵地，后来索性把行李搬进工厂，吃住在车间。经过一个月的奋战，自动大门制成了。汽车出入车间大门自动开关，如同现在的感应门一样。史继文的这个革新轰动了全厂，同时也正式开启了他的革新之路。

当时的沈阳鼓风机厂由于设备陈旧、机床精度差，废品率高达20%，而出一件废品就要损失几万元。这让善于搞革新发明的史继文坐不住了，如何降低废品率成了他决心攻克的一个课题。可他在实践中发现，改进刀具、工艺，并不能解决机床老化带来的问题。当时一些发达国家早已普及了数显技术，这种应用微电子技术是改造老设备的最好方法。1975年，厂里虽然花费2.6万元买进了4块数显表，但是应用之后并没有取得好的效果，数显表也被堆放在废品堆里。史继文对这4块数显表打起了主意。他从仓库里翻出数显表，借来图纸，开始了数显技术的研究。经他重新调试后，数显表安装起来，车床的废品率由原来的20%下降到2%。前进的脚步不会停歇，他还成功改造了数显表的开关，实现了一表两用。

全厂轰动了，业界轰动了，辽宁省机械厅给他颁发了机械设备改造的奖励证书。只知埋头苦干的史继文这才意识到，原来自己的技术还可以“拿得出手”，这让他萌生了专攻数显技术的念头。还是说干就干，他提出了有关计划。知人善任的企业领导支持他，由史继文负责领导的数显站正式成立了。

数显站的任务就是专攻数显技术在机床改造上的应用。随着技术的日趋成熟，史继文的名声也越来越大，省内外300多个单位前来学习取经，许多单位还邀请他去讲课，他的成果轰动了全国。1984年，全国建立了6个数显技术服务中心。

辽宁省数显技术服务中心也在史继文带领下组建起来了。服务中心创立初期许多事情都需要史继文亲自去做。而此时死神正在悄悄地向他走来，他的左腹内长了一个巨型肿瘤。他的病情牵动了市政府的领导，专门为他请了很多专家会诊。但手术时打开腹腔又合上了，病灶太复杂，切不了。从沈阳辗转多地，没有一个医院敢收治他。他在尝试了气功、中药等方法后，便与妻子商量去北京求医。“北京就是我最后一站，如果还是不行，我也没有什么可遗憾了。”在北京中日友好医院，潘瑞芹教

史继文与青年工人交流学习体会

授用了6个小时，切除了他腹内1.6公斤的神经纤维恶性肿瘤，终于挽回了他的生命。

手术后的史继文，情况依旧不乐观，左腿失去知觉。“腿不好使，脑子还好用。”他非让妻子骑三轮车送他去上班。可是，在北京中日友好医院临出院前，潘医生曾再三叮嘱他，要一个月以后来复查。然而5个月过去了，他不仅没去复查，更没休息。后来，在厂长的强烈要求下，他才进京复查。潘教授给他检查后，告诉他最少还可以活5年。

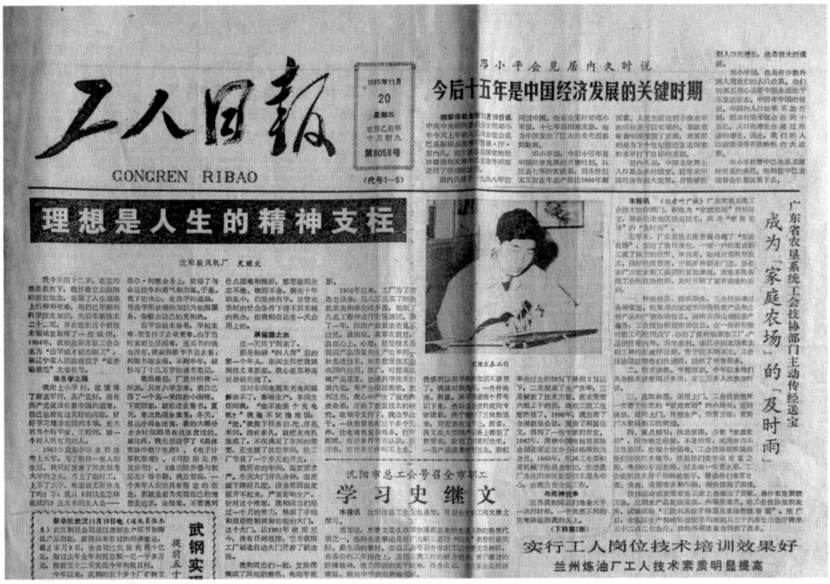
工人日报
GONGREN RIBAO
今后十五年是中国经济发展的关键时期
理想是人生的精神支柱
学习史继文
实行工人岗位技术培训效果好
成为“家庭农场”的“及时雨”

1985年《工人日报》报道史继文事迹

5年，1825天，以工作为生命的史继文强烈地感觉到时间的紧迫。在病魔和死神面前，他立下了“生命不息、奋斗不止”的誓言。多少同事劝阻他，让他好好休息休息，享受一下人生。他只是笑笑，忍着病痛工作在现场，还是那么废寝忘食，还是那么忘我投入，没有休息日，职工们都称他为“铁汉”。5年间，史继文先后接待了来自全国17个省38个市285个单位的2000多人，对他们进行技术辅导和服务；为全国15个省27个市推广应用了1000多个坐标数显，累计创造经济效益3000多万元，他还编制了90个学时的数显数控录像带，作为各地的培训教材。

1988年8月的一天，史继文在从工厂回家的路上，因剧烈的胃疼跌倒在马路上。无情的病魔又一次向他扑来，他再次躺在了北京中日友好医院的手术台上，胃又被切除了4/5，体重一下子掉了6公斤。40天后，这个与生命赛跑的人再次回到沈阳。回沈第二天，由他主持的光栅数显表的鉴定会如期召开。

自学成才的史继文，在取得突出工作业绩的同时，三次与病魔和死神交锋，最终以顽强的毅力战胜了病魔、赶跑了死神，响当当地成为新时期“铁人精神”的代表。

1986年和1990年，史继文两次参加全国劳模报告团，他的报告《理想是人生的精神支柱》，感人至深，催人奋进，他成为全中国职工学习的榜样。

沈延刚 1935年出生，辽宁省丹东市人，中共党员。曾任沈阳玻璃厂钳工、高级工程师，兼任沈阳市职工技术协作委员会副主任。20世纪70年代，他研制出我国第一台玻璃自动掰切机，大大降低了工人的劳动强度，提高了产品质量，降低了运输损耗，填补了国内空白。80年代，他研发的玻璃搅拌设备提高了玻璃表面的平整度，解决了玻璃生产工艺上的技术难题，技术性能达到国内先进水平。30多年来，他完成技术革新项目760多个。1987年获全国五一劳动奖章，1989年被评为全国劳动模范。

沈延刚——玻璃行业技术大王

1976年初，一条来自沈阳玻璃厂的消息震惊了全国：我国第一台玻璃自动掰切机试验成功了！

消息传开，全国各地的厂家都来参观学习，一个工人耐心地为他们讲解，还热情地提供技术转让，受到业内同行的热烈欢迎。

他们怎么也没想到，这个玻璃自动掰切机就是这个普通工人发明的，他叫沈延刚。

1951年3月，17岁的沈延刚从丹东农村考入沈阳玻璃厂，当上了一名学徒钳工。

沈延刚虚心好学又吃苦耐劳，仅用一个月的时间，便掌握了别人需要一年才能掌握的技能，可他只上过三年小学。沈延刚是个见书没命的人，在别人休息聊天的时候，他常抱着书不放。而且，他还善于把书本上学到的知识运用到技术革新中。

沈阳玻璃厂是在20世纪30年代老厂的基础上改造投产的。玻璃的引上和切割，延用的还是老办法，既笨重又落后。一大张玻璃七八十公斤，全靠工人用双手掰下来，再提到架子车上。不论天多热，掰板工都得在炙热的玻璃面前烤着，成天是泡在汗水里干活儿。三伏天，常有工人虚脱昏倒在现场，而且还经常发生伤残事故。这在当时不仅是沈阳玻璃厂的实际情况，也是全国玻璃行业的老大难问题。看到工人艰辛的操作，想到工人受伤的痛苦，沈延刚心中有说不出的难受。他暗下决心：一定要解决玻璃掰切自动化这个难题。

沈延刚在指导徒弟

想搞自动掰切机，可国

内没有样机，沈延刚就自己花钱买来两捆白纸，并买了制图工具和几十本技术资料。白天他在厂里干活儿，晚上回家画图，一头扎进自动掰切机的设计之中。他的想法很好，可实际搞起来实属不易。首先，要把玻璃顺顺当当地从引上机上掰下来，应该用多大力，有不少说道，得通过计算才能得出数据。特别是玻璃发脆，不能猛一下掰下来，要有一个缓冲，有个闷劲儿，怎么解决？切割难度大，怎么把七八把刀都挂上？怎么实现自动抬刀、自动落刀、自动留边？所有的难题都摆在了沈延刚的面前。他是个只有小学三年文化的工人，虽然通过自学，粗通了相关技术，但真正计算设计起来，还真让沈延刚费了极大的力。但他没有退缩，困难反而激发出了他的拼搏精神，激发出了他的聪明才智。

机械制造的改革，不仅是脑力劳动，更是一个体力活。一次次的失败，一次次的修改与完善，一次次的试验，反反复复700多个日日夜夜，功夫不负有心人，我国第一台自动掰切机终于在他的不懈努力下试验成功了！

玻璃自动掰切机正式投入使用后，不仅大大降低了工人的劳动强度，提高了产品质量，而且减少了运输损耗，仅这一项每年就给工厂节约大笔费用。同时，也为全国玻璃行业掰切自动化创出了新路，提供了经验，填补了国家玻璃制造业的空白。1977年，沈阳玻璃厂9台制板机全部实现了掰切自动化。

消息传开，全国各地的厂家都来参观学习，沈延刚耐心地为他们讲解，还热情地提供技术转让，受到业内同行的热烈欢迎。

学无止境，沈延刚的机械革新更无止境。1986年，沈延刚和技术人员、工友又成功试制了滚筒分格式纯碱喂料机、小料（芒硝、煤粉）预混机，使玻璃调合料的均匀度由65%提高到85%。同时，这套玻璃搅拌设备提高了玻璃表面的平整度，这又解决了玻璃行业的一个难题。该设备技术性能达到国内先进水平，获得了辽宁省

沈延刚在讲解玻璃自动掰切机工作原理

重大科技成果一等奖。

沈延刚还借鉴一份日本的资料，成功制造了世界最先进技术“热风烤窑”的关键部件——燃烧器，为我国热风烘烤孔机大型池窑提供了成功的先例。他发明的这个部件，获辽宁省“五小”成果一等奖。

一路走来，沈延刚搞的技术革新越来越多，名气越来越大，被人们誉为“机械大王”，还被推选为沈阳市职工技协副会长。许多工厂纷纷请他前去支援，解决遇到的难题。沈延刚没有沾沾自喜，没有高高在上。20多年来，沈延刚帮助他人不用车辆接送，谢绝吃请招待，不拉关系、不计报酬，始终坚持业余时间干活儿，受到广泛好评。1989年被评为全国劳动模范。

沈延刚用一路汗水，无私奉献、满怀智慧、不断创新，绽放出一个劳动模范的闪光风采。

师昌绪（1918—2014），河北省徐水县人，中共党员。中国科学院院士，中国工程院院士，第三世界科学院院士，著名材料科学家。曾任中国科学院沈阳金属研究所研究员、所长，国家自然科学基金委员会副主任，中国工程院副院长。20世纪60年代，他带领攻关小组相继突破造型、脱芯、测壁厚、合金质量控制等一系列技术难关，研制出我国第一片9孔铸造镍基高温合金空心涡轮叶片，为提高国产涡轮发动机性能作出了重大贡献。1985年该项成果获国家科技进步一等奖，1989年被评为全国先进工作者，2011年获国家最高科学技术奖。曾当选第三、第五、第六届全国人大代表。

师昌绪——国家最高科学技术奖获得者

1955年，在美国获得金属学博士学位的师昌绪，怀着一颗报国之心，冲破重重阻力回国来到中国科学院沈阳金属研究所，并很快承担起一系列国家急需的金属研究任务。

20世纪50年代末，国家发展航空工业急需高温合金。高温合金通常以镍、铬金属为主。在当时国内镍、铬产量很少，中苏关系恶化后高温合金进口受到严重限制。国家决定立足国内生产喷气式发动机所需的高温合金，并为此成立了攻关小组。师昌绪是专家之一，他带领科研人员与抚顺钢厂合作共同研制我国第一种铁基高温合金GH135。1960年初，东北地区生活十分困难，关内来的攻关人员陆陆续续都走了，只有师昌绪带领金属所的科研人员每天往返于抚顺、沈阳之间。因为劳累过度，他患了严重的肾盂肾炎，但仍然坚持着，直到国产高温合金完全过关。最终铁基高温合金GH135部分代替了当时使用的镍基合金GH33，我国用铁基高温合金GH135生产出数以千计的航空发动机涡轮盘，不但解决了当时急需，还带动了全国开发铁基高温合金的热潮。

学生时代的师昌绪

1964年，航空发动机的设计师们提出了提高涡轮发动机推力的动议。达到这一目的最简单有效的方法，就是提高涡轮进口温度，但这就必须提高叶片的耐热度，而叶片的耐热程度受到合金熔点的制约，采用冷却手段降低叶片温度成为一个可行的技术路径。师昌绪在三机部六院副总工程师荣科建议下，采用了精密铸造的多孔气冷叶片方案。

多孔气冷叶片内部有许多细小的管状通道，最小的直径仅0.8毫米，长达百余毫米，在进口处还有一个转折，制作工艺非常复杂。最大的难题是型芯材料的选择和型芯的定位、脱芯及产品质量的检验等。当时世界上只有美国能够制造这种叶片，其技术关键属于高度机密，我方无从获得。怎么办？师昌绪没有退缩。他与设计和生产部门组成了“三结合”的攻关小组，并在所内组织了上百人的科研队伍。不到两年的时间，相继攻克了造型、脱芯、测壁厚、合金质量控制等一系列技术难关，终于用金属所研制的M17高温合金在实验室做出了我国第一片9孔铸造镍基高温合金空心涡轮叶片。

1966年11月，9孔涡轮叶片生产线正式投入生产。我国成为世界上继美国之后第二个掌握精铸气冷涡轮叶片技术的国家。9孔涡轮叶片作为我国用量最大的航空涡轮叶片，装备了我国多个先进机种，且从来没有因叶片失效而发生过事故。1985年，该项成果获国家科技进步一等奖。

师昌绪一直致力于我国高温合金的研究开发和生产应用，他带出了一支实践经验丰富、有较高理论水平的科研与生产队伍，建立了若干个研究和生产基地。我国航空发动机所用高温合金的研制与生产完全立足国内，成为世界上继美、英、苏三国之后第四个具有高温合金体系的国家。

师昌绪还是一位经验丰富的科技管理工作者。在担任中国科学院沈阳金属研究所所长期间，他作的几项决策使金属研究所保持了较强的科技实力。在他的努力下，我国在沈阳筹建了第一个金属腐蚀与防护专业研究机构——中国科学院金属腐蚀与防护研究所。1984年，师昌绪离开工作生活了29年的沈阳调到北京工作，先后担任中科院科学技术部主任、国家自然科学基金委员会副主任。他高瞻远瞩，为材料科学发展提出许多战略性建议，在重要资源开发利用、碳纤维和纳米技术发展方面提出独到

1968年师昌绪到工厂检查发动机涡轮盘

见解。1989年，由群众推举全国劳动模范（先进工作者）的消息在国家自然科学基金委员会传开后，人们经过充分酝酿和慎重考虑，一致推荐了基金委员会副主任、著名材料科学家师昌绪，他被国务院授予“全国先进工作者”称号。

师昌绪捐赠50万元设立奖学金以表彰金属研究所优秀研究生

作为长期工作在科研一线和科技管理一线的科学院院士，师昌绪深知发展工程科学的重要性，他1982年、1992年两次与张光斗等院士联名向国家建议成立中国工程院，并参与了筹备建设。他极力主张把科学技术转化为生产力，提倡科学院的研究所与国内大企业成立联合体，为发展我国工程科学和科研面向经济建设，起到了积极的推动作用。他还牵头组织对我国大型飞机、航空发动机及燃气轮机、新材料研发及工程化、材料加工大型装备等重点科技领域的发展进行战略咨询研究，取得了一系列重大的、突破性研究成果。他多次向党中央、国务院提出决策建议，为推动我国科技体制改革和科技进步作出了重大贡献。

2011年1月14日，灯火辉煌的人民大会堂，当时任国家主席胡锦涛将“国家最高科技奖”证书颁发给93岁高龄的师昌绪院士时，全场响起了热烈的掌声。师昌绪将获得的500万元奖金全部捐献为奖学金，用于奖励在中国金属研究方面作出突出贡献的科技人才。2014年11月10日，师昌绪因病在京逝世，享年96岁。

2015年2月27日，师昌绪当选中央电视台“感动中国”2014年度人物，对他的颁奖词是：“八载隔洋同对月，一心挫霸誓归国。归来是你的梦，盈满对祖国的情。有胆识，敢担当，空心涡轮叶片，是你送给祖国的翅膀。两院元勋、三世书香，一介书生、国之栋梁。”

顾诵芬 1930年出生，江苏省苏州市人，中共党员。我国航空工业领域唯一的两院院士，飞机空气动力学家。曾任国防部第六研究院第一设计研究所（601所）所长兼总设计师、沈阳飞机制造公司总设计师、航空工业部科学技术委员会副主任兼中国航空研究院副院长。他领导了国产歼8战斗机的气动设计工作，冒着生命危险，解决了跨声速抖振等重大技术关键。担任国产歼8Ⅱ战斗机总设计师，为国产歼击机的研制作出了重大贡献，闯出了一条中国航空自行研发战斗机的新路。1988年被评为全国劳动模范。曾当选第六、第八、第九届全国人大代表。

顾诵芬——国产歼8Ⅱ战鹰的总设计师

1988年4月20日，国务院授予顾诵芬等十名同志全国劳动模范称号。这是1983年国务院启动随时表彰全国劳动模范机制以来，沈阳市劳模获此殊荣的第一人。

因经历了七七事变日本帝国主义飞机对北平西郊的轰炸，顾诵芬从小就立志搞航空。1951年他从上海交通大学航空工程系毕业，他认定航空报国必须到航空工业第一线，毅然来到沈阳国家刚成立的重工业部航空工业局报到。

1956年起，顾诵芬先后承担歼教1型喷气式教练机及初教1型初级教练机的气动设计工作。他在国内首创两侧进气方案。他抓住初级教练机失速尾旋的特点，通过计算机翼环量分布，从优选择了初教1即后来的初教6的机翼布局。1956年他参与我国第一个飞机设计室的组建。1961年国防部第六研究院第一设计研究所（601所）在沈阳成立，他出任工程师，1963年任副总设计师。1964年，他开始领导歼8飞机的气动设计工作，并解决了方向安定性和排除抖振等重大技术关键，确保了飞机定型。

顾诵芬（后排）三次乘机近距离观察歼8飞机抖振故障

1976年，他参与了歼8飞机的设计工作，歼8飞机诞生于内忧外患的年代，外部世界苏美两大国际政治集团对中国进行全面封锁，内部“十年动乱”又全面冲击航空科研和国防建设。以顾诵芬为代表的的中国航空人不迷信外国、不自暴自弃，敢争天下先，敢于瞄准当时世界军用飞机最高性能指标，自力更生、屡败屡战、百折不挠、忘我工作。

1978年夏天，歼8进行飞行

试验。在当时没有所需测试设备的情况下，48岁的顾诵芬提出亲自上天观察歼8飞机后机身的实际流场，以彻底解决跨声速抖振故障。战斗机在空中机动飞机，会产生4～5个过载，这对从来未接受过飞机训练的顾诵芬来说有很大风险。歼8飞机首任总设计师黄志千是顾诵芬的“连襟”，1965年出国执行任务在开罗因客机失事遇难，年仅51岁。由于黄志千逝于空难，顾诵芬的夫人和家人有个约定——不再乘坐飞机，以免让亲人再承受对往事回忆的哀恸。但是顾诵芬决心已下，为了中国空军的歼8战斗机早日上天，他说服了领导，背着爱人，冒着生命危险，三次乘歼教6上天，用望远镜近距离观察流场，终于发现了问题所在。

有的放矢，顾诵芬反复研究，多次试验，终于彻底攻克了跨声速抖振等重大技术的关键难题，确保了飞机定型。

为了歼8，顾诵芬每天都要提前半个小时到办公室，下班总是在大家都走了之后，休息日他基本上是在办公室度过的。为了省时间，他经常吃些罐头类方便食品。他对技术工作十分严谨，即使是当了总设计师后，还是亲自动手起草技术报告。歼8白天型设计定型技术报告，歼8Ⅱ飞机首飞技术报告都是他亲自编写的。

1980年4月13日上午，他在一室进气道组组织有关专业人员讨论两侧进气道的设计方案时，由于连日辛劳，讨论至上午10时30分左右，顾诵芬在走出办公室时不慎摔倒，昏迷不醒，被急送到中国医大一院，直到17时仍在抢救中。当他醒来时，第一句话仍然是关于歼8进气道的设计。

顾诵芬听取歼8机试飞员飞行情况

1981年5月18日，航空工业部在北京召开歼8Ⅱ型飞机方案论证会，国防工办副主任邹家华在会上宣布了任命顾诵芬为歼8Ⅱ型飞机总设计师的命令。同年11月8日至14日，航空工业部等多部委联合在沈阳召开歼8Ⅱ型飞机成品协调会，总设计师顾诵芬向大会汇报了设计方案和协调要求。会议落实了关键成品的定点问题，协调了生产进度，签订了128份协议书。1984年6月，歼8Ⅱ飞机试飞成功，不久投入生产。像歼8Ⅱ型飞机这样一架适用范围广、性能要求高、结构改动大的新机，从国家正式批准到生产装配完毕，全部过程用了不到4年时间。其速度之快、质量之好，是中国航空工业新机研制史上的创举。顾诵芬对国产歼击机的研制作出了重大贡献，1983年被评为沈阳市特等劳动模范，1985年获全国五一劳动奖章，1988年被国务院授予全国劳动模范称号。

顾诵芬与飞机设计人员研究技术问题

歼8飞机的研制成功和当时的“两弹一星”一样，同样是一个奇迹，是“两弹一星”精神在航空领域的体现。中国航空的出路在自研，而中国航空自研努力之始在歼8。

1986年，顾诵芬被调往中国航空研究院任副院长。他领导了飞机主动控制技术研究，在国内首次实现不稳定飞机的自动控制飞行。1990年起，他领导了高性能远景飞机的概念研究。

2009年2月10日，顾诵芬在中国航空工业大型电视专题片《龙腾东方》新闻发布会上透露，国产大飞机将于2016年实现首飞，中国完全可能在2012年至2016年之间造出与空中客机A320、新一代波音737飞机抗衡的大型客机。

2011年12月5日，中航工业集团公司在京召开了“祝贺两院院士顾诵芬从事航空事业60周年大会”，授予顾诵芬院士“航空报国终身成就奖”。

顾诵芬虽然荣调北京，但是还常常说：“我永远忘不了沈阳！”

闻邦椿 1930年出生，浙江省温岭市人，中共党员。中国科学院院士，著名工程机械专家。东北大学教授。他系统地研究和发展了振动学与机械学相结合的新学科“振动利用工程学”，使振动这一现象变害为利，创造了巨大的经济效益和社会效益。他还在转子动力学、机械系统非线性振动等诸多领域卓有建树，被评为全国第一批有突出贡献的中青年专家。1983年被评为沈阳市特等劳动模范，1984年被评为辽宁省劳动模范。曾当选第六、第七、第八届全国政协委员。

闻邦椿——中国振动利用工程学科第一人

1983年5月5日，296号客机10时47分由沈阳起飞。飞机在空中遭到6名持枪分子劫持，随时可能机毁人亡。原计划飞往上海的飞机被迫降落在南朝鲜（韩国）机场。飞机降落后，劫机分子控制飞机和机上人员近8个小时。有一个旅客挺身而出，号召大家不要乱，一定要返回祖国！他起草了一份声明，要求联合国有关组织及国际红十字会惩办劫机凶手，保证全体旅客安全，要求返回祖国大陆。最终全体乘客连同机组人员一起安全返回祖国的怀抱，他受到了中央领导和传媒界的高度赞扬。

他，就是成长于沈阳的科学家闻邦椿。

1955年闻邦椿从东北工学院机械系毕业，考入研究生班。他选择了当时国家急需的“振动机械”这个课题作为研究方向。

“振动”，在20世纪50年代以前一直被列为一大公害。地壳振动会给人类带来至今还无法抗拒的地震，机床的振动影响加工精度，因此，世界各国都在研究如何消除振动。20世纪50年代后，科学家们开始把注意力转移到如何利用振动。

1985年闻邦椿（右二）带领课题组进行新型振动机械的试验

勇敢地迎接困难和挑战是闻邦椿的人生态度，当他看准了“振动利用工程”这一研究方向就锲而不舍地坚持，即使在“十年动乱”期间仍未中断。1982年，闻邦椿出版了专著《振动机械的理论及应用》，这一专著为我国建立“振动利用工程”这一学科奠定了理论基础。目前，这本书仍是这一领域主要参考书。

闻邦椿的成功之道在于善于创新。他的创新，不仅仅是提出一种新的理论、新的观念，更重要的是把这种理论、观念运用到实践中，使振动这一现象变害为利、造福社会。在半个多世纪的时间里，闻邦椿坚持科研和生产相结合，创新和实践相结合，在振动机械和工程机械领域里应用新理论研制了10多种新机器，为冶金、铁道、煤炭、电力、机械等部门解决了多个关键技术问题，创造了巨大的社会效益和经济效益，堪称“我国振动利用工程学科第一人”。

20世纪80年代初，呼和浩特铁路局急需一种新型清理路基石料的清筛机。原有的清筛机效率低，不仅每小时清理量达不到要求，而且清理后含土量超过标准，达10%左右（要求在3%以下），致使路基弹性很差，影响路轨使用寿命。闻邦椿和他的研究组接受制造一种新型铁路清筛机的任务后，深入到铁路工地，认真调查研究，苦心钻研设计。他把瑞典制造的概率筛的优点和法国制造的等厚筛的优点综合起来，设计了一种前段用概率分层和筛分，后段采用等厚筛分，两个平行筛子同时作业的新型筛机——大揭盖清筛机。结果清理量每小时2200吨，含土率仅3%，完全达到了标准要求，仅一年就为呼和浩特铁

2003年闻邦椿（左三）与国家自然科学基金重大项目组成员研讨技术问题

路局节约200万元。很快，这种清筛机就被全国11个铁路局推广使用。闻邦椿在设计此款新型清筛机的过程中，提出了一种新的理论——概率等厚筛分原理，并在有关国际学术会议上发表。

1981年，首钢委托闻邦椿设计大型冷矿筛。当时，某钢铁公司花了300万美元从日本引进了6台冷矿筛，用了不到一年半，有的筛机筛箱横梁就出现了裂纹。我国仿照联邦德国的产品，质量也不过关。闻邦椿根据他提出的“偏转式激振器自同步振动机”理论，设计了大型冷矿筛，并由一个矿山机械厂制造出来。调试那天，机械厂的同志怕试车出现故障，使闻邦椿丢面子，就劝他不要到现场，让别人去试。闻邦椿坚持亲自调试。现场来了几十人，鸦雀无声。由于这台机器在设计时采用了新的原理，所以，怀疑者有之，新奇者有之，担心者有之。一开车，机身震动得很厉害，人群骚动了。闻邦椿冷静地仔细观察，发现主要是隔振弹簧刚度过大。他马上指挥撤去8个隔振弹簧，机身平衡了，噪声消失了。用仪器测量，指标达到了要求，调试成功了，骚动的人群响起了掌声。这种冷矿筛在20世纪八九十年代生产出50台，在我国十多个钢铁企业推广使用，占我国90年代使用的冷矿筛的2/3。这种筛机和从国外引进的产品相比，高度由4米降到3米，重量从50吨减为30吨，其性能、使用寿命均超过了从国外引进的同类产品。50台筛机可节省人民币一亿多元。

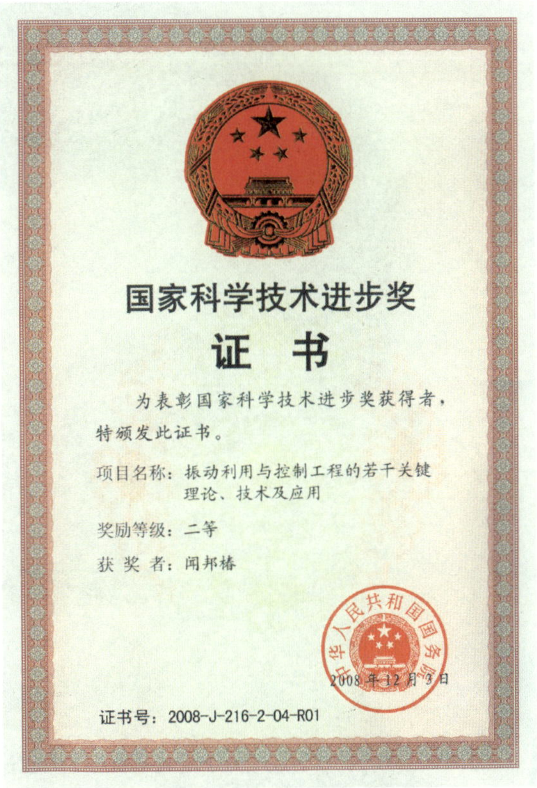
国家科学技术进步奖

证　书

为表彰国家科学技术进步奖获得者，特颁发此证书。

项目名称：振动利用与控制工程的若干关键理论、技术及应用

奖励等级：二等

获 奖 者：闻邦椿

2008年12月3日

证书号：2008-J-216-2-04-R01

2008年闻邦椿获得国家科技进步二等奖

闻邦椿在创建振动利用工程学和转子动力学、机械系统非线性振动等诸多领域卓有建树。“惯性共振式概率筛”获国家发明三等奖和国际发明博览会“尤里卡”金奖及“骑士”奖章；“激振器偏转式大型冷矿振动筛”获国家科技进步三等奖。他先后被评为沈阳市特等劳动模范、辽宁省劳动模范。1984年当选为全国第一批有突出贡献的中青年专家。2006年，闻邦椿获中国工程院颁发的特别奖——光华工程科技奖。

唐任远 1931年出生，上海市人，中共党员。中国工程院院士，著名电气工程专家。曾任沈阳工业大学特种电机研究所所长、国家稀土永磁电机工程技术研究中心主任。他创建了稀土永磁电机理论研究体系和开发技术，是我国稀土永磁电机领域奠基者和开拓者之一。他成功研制我国第一台稀土永磁电机，首创世界容量最大的稀土永磁副励磁机，轰动国际永磁材料与电机学界。在他主持完成的国家“863”计划重大项目、国家自然科学基金项目、国家重大技术装备科技攻关项目中，有20项被鉴定为国际先进、国际水平、国内首创。多次被评为沈阳市劳动模范、辽宁省劳动模范。1988年获全国五一劳动奖章。

唐任远——中国首台稀土永磁电机研制者

任重道远为国家，勇攀科技展宏图。

1978年冬，一机部有一项为上海机械学院太阳能热发电实验电站研制一台3000瓦、每分钟2万转高速发电机的任务，要找能承担此项任务的单位。有关部门跑遍了上海一些实力雄厚的名牌大学和科研院所，结果均失望而归。最后，抱着试试看的态度，来到沈阳机电学院（沈阳工业大学前身）。学院主讲电机制造的唐任远教授通过查阅国外资料和调查研究，认为采用稀土永磁方案较好。可是，采用稀土永磁材料制造高速同步电机，当时只有少数几个国家实践过，那时我国还没有制造这种高性能电机的先例，用常规办法设计很难达到技术要求。有人说："这种电机上海都不接，就凭机电学院的条件，还能做出来？就是做出来了，也转不了2万转。"

1982年唐任远（左二）投入稀土永磁副励磁机原型机试验

1983年唐任远给研究生上课

科技工作者强烈的使命感，使唐任远抛弃了顾虑。1979年元旦过后，他和其他几名同志组成了太阳能发电机研制小组，开始艰苦攻坚。他采取设计、计算、材料采购、工艺准备和工程制作平行交叉运行的总体方案，以平均每天14小时以上的超负荷工作，创造了各个关键技术环节一次性成功的奇迹。当年金秋9月，我国第一台稀土钴永磁高速电机问世了。它成功地经受住了每分钟2.4万转的考验，各项性能指标全部达到或超过预定要求，唐任远因此受到了一机部的奖励。

1981年年末，以唐任远为校方负责人的课题组，与国内两个大型电机厂合作，首创世界上容量最大的60~75千伏安稀土永磁副励磁机（当时国外最大为40千伏安），一举轰动了国际永磁材料与电机学界。在第7届国际稀土永磁及其应用学术会议上，唐任远教授作了专题学术报告，并展出了样机。国外专家认为："中国稀土钴永磁应用已达国际先进水平。"1985年，他们研制的75千伏安稀土永磁副励磁机，获国家科技进步二等奖。同年，他们又与工厂联合研制成功容量更大的160千伏安稀土永磁副励磁机，迄今已装备228台6693万千瓦大型汽轮发电机，极大地提高了电厂运行的可靠性，创经济效益8089万元，节汇572万美元，使采用该产品配套的21万千瓦汽轮发电机得以出口巴基斯坦等国，创汇1925万美元。

唐任远在国内还率先从事高效永磁电动机的研究开发，主持完成了国内首台钕铁硼永磁电动机和自启动永磁同步电动机、宽调速伺服电动机等多种高水平永磁电动机的研制。主持完成了国家"863"计划重大项目"高效高启动转矩钕铁硼永磁同步电动机"，成果转让给闽东电机（集团）公司、浙江调速电机厂等多家企业生产，创效益1814万元。永磁同步电动机替代异步电动机后，解决了油田抽油机、风机、水泵类负载在"大马拉小车"时电能浪费严重的问

中国第一台稀土永磁发电机试验现场，左三为唐任远

唐任远与学生在一起

题，综合节电率达20%左右。

唐任远还创建了稀土永磁电机理论研究体系和开发技术，在防失磁和永磁磁路设计等关键技术上取得重大突破。他主持研制成当前世界上容量最大的1120kW异步起动高效永磁同步电动机等6种稀土永磁电动机，经鉴定为国际水平；积极推动我国稀土资源开发应用，是我国稀土永磁电机领域奠基者和开拓者之一；他开创三维电磁场T-Ω分域解法、T-Ψ-Φm法和T-To-Ω场路耦合法，解决了变压器局部过热和抗短路能力等重大技术关键，列入国家重点推广计划，用于9家企业和国产720MVA等多台巨型变压器；在交流励磁变速发电机理论与设计和失步振荡影响等研究方面取得重大经济与社会效益。在他主持完成的国家“863”计划重大项目、国家自然科学基金项目、国家重大技术装备科技攻关项目中，有20项被鉴定为国际先进、国际水平、国内首创，创效益1.3亿多元，创汇近2000万美元。

在重视科技创新的同时，唐任远也非常重视人才培养工作。他从改革课程结构、更新教学内容入手，用最新的科技成果和教学内容来培养研究生。让课程和论文交错进行，增加实践环节，引导研究生把学习重点放在能力提高上，收到了显著的效果。在毕业的研究生中，有的已成为高校校长、博士生导师、大企业集团总工程师和国家工程中心负责人。

唐任远的时间概念里没有周末，没有节假日，始终保持日工作12小时以上的记录。沈阳工大的师生都赞叹唐教授是地地道道的“工作狂”，是令人尊敬的“劳动模范”。

陈洪铎 1933年出生，浙江省绍兴市人，致公党党员，中共党员。中国工程院院士。现任卫生部免疫皮肤病学重点实验室主任，曾任中国医科大学附属第一医院院长、辽宁省政协副主席。他是我国朗格汉斯细胞功能研究的主要奠基人，针对朗格汉斯细胞来源、分布、转换、抗原、功能和病理以及角质形成细胞免疫功能的研究成果已获国际公认。他证实了绿茶提取物、薏苡仁提取物对光老化、光免疫抑制及光致癌的预防和治疗作用。1989年被评为全国先进工作者，2012年获“吴阶平医学奖”。曾当选中共十三大、十四大代表，第八、第九届全国政协委员。

陈洪铎——揭开朗格汉斯细胞之谜的人

1956年，陈洪铎从中国医科大学毕业后，留校附属医院做皮肤科医生，不久就在国际上第一个证实家兔是须癣毛菌的传染源，初露锋芒。

1979年，陈洪铎以优异的成绩考取公费留学，赴美国宾夕法尼亚大学医学院专攻免疫学和朗格汉斯细胞的研究。陈洪铎在研究皮肤移植过程中，根据田鼠颊囊和人角膜移植后成活率较高，而两者又都缺少朗格汉斯细胞这一事实，提出这样的设想：移植物内的朗格汉斯细胞可能对移植物是否被排斥起决定性作用，他决心揭开朗格汉斯细胞之谜。经过3000多次动物实验，陈洪铎终于成功了。他在国际上首次证实了朗格汉斯细胞来源于骨髓和脾脏，发现朗格汉斯细胞可表达多种免疫功能，并在皮肤移植排斥反应中发挥重要作用等，推动了免疫学的前进，为祖国争得了荣誉。此外，他在角质形成细胞的免疫功能、维甲酸促进皮肤光损伤的修复、硬红斑的病因、皮脂腺癌的诊断等方面的研究成果也都获得国际公认。他被宾夕法尼亚大学聘为客座教授。美国、日本各大学纷纷邀请陈洪铎讲学。

1979年陈洪铎在美国宾夕法尼亚大学实验室做动物实验

国外求学的经历，使陈洪铎深深意识到，我国皮肤科学研究的基础还非常薄弱，人才匮乏、资金短缺、学术氛围不浓。他要回国为发展祖国医学研究贡献力量。他婉言谢绝了美国留他长期任教的优厚待遇，毅然回国。回国后的第一件事，就是组建临床免疫研究室，打造一支免疫研究的学术队伍。他相信，要想走得远，必须大家一起走，这是现代科学的规律和要求。陈洪铎带领的以朗格汉斯细胞研究为核心的免疫皮肤病学研究团队，构建了我国免疫皮肤病学研究的旗舰，在国内外业界产生了巨大影响。当初只有几个人的免疫研究室，现已发展成国内唯一的卫生部免疫皮肤病学重点实验室，其研究成果获得了迄今国内唯一皮肤病学的国家自然科学奖。

陈洪铎具有非常务实的思想，他的口头禅之一是“单讲理论是没有用的，得解决实际问题”。他注重基础研究，更注重将基础研究的成果转化为解决临床问题的手段。早在20世纪80年代，陈洪铎积极牵头，设计制作了国内第一台负压吸引表皮移植机，开展了白癜风、浅表脂溢性角化症的临床治疗，如今该技术已在全国各地得到广泛应用。他发现维甲酸能促进紫外线所致皮肤损伤的恢复，已被用于皱纹等日光损伤的修复。陈洪铎在基础研究方面高屋建瓴，提出了很多创新性的意见和建议，推动了该项目的顺利进展。

20世纪80年代，陈洪铎走上了中国医大附属第一医院院长的领导岗位。他领导和支持各科开展新技术、新疗法200余项，其中脏器和骨髓移植、胸腔镜下肺叶切除术、冠状动脉搭桥术、冠状动脉扩张术、心血管病的非手术疗法、胚脑细胞移植术、各种介入疗法、激光疗法、血浆交换疗法以及病毒检查等达到国际或国内先进水平。

他主持医院工作后，力主改变了几十年来每周三、五下午政治学习不开诊的老做法，急患者之所急，敞开挂号窗口。对少数向患者索取钱、物的医护人员坚决惩处，有力地弘扬了医德医风。

1993年陈洪铎在自身做表皮移植试验

由于陈洪铎在医学科研、临床、教育、管理工作中的突出贡献，1989年，他被评选为全国先进工作者，还获得国家教委科技进步奖、国家自然科学基金奖。2012年，获中国医学界最高奖——吴阶平奖。

李锦韬 1936年出生，辽宁省海城市人，中共党员。辽宁省功勋教师。曾任沈阳市第134中学校长，沈阳市和平区教委主任，中国教育学会初中教育专业委员会理事长。20世纪80年代，他在学校进行教育改革，实行个别化、个性化教育，让每个孩子都成为有用之才，使一所薄弱初级中学成为全国教育改革先进集体，引领了初中教育改革的方向。1988年获全国五一劳动奖章，1989年被评为全国先进工作者，2013年被新华网评为中国教育功勋人物。

李锦韬——全国教育改革先进典型

20世纪80年代初，位于沈阳市和平区的第134中学是出了名的乱学校。一些学生上课故意捣乱，经常打架骂人，教师间也互不服气，学生的毕业统考及格率仅为10.7%。面对学校的现状，老师们常常无奈地感叹："咱们是三类学校四类苗，怎么干也白搭啊！"区教育局领导班子几经研究，决定派懂教学、会管理的李锦韬到第134中学担任副校长。

1955年，李锦韬从沈阳市第一师范学校数学训练班毕业走上讲台，不久就获得了沈阳市优秀教育工作者称号。"十年浩劫"中，因为他的教学水平高、所教学生升学率高，被戴上了"反动学术权威"的帽子，走下讲台，走进"牛棚"。"文化大革命"结束，他重登讲台后，没有责怪整过自己的老师和学生，而是全心投入、兢兢业业。在他担任市第23中学数学教研组长期间，所任数学科成绩竟超过了当时市重点中学的水平。

1983年4月10日，李锦韬到134中任副校长。他没有坐在办公室里了解情况，而是一头扎进教师和学生中间，边调查、边整改。他认为要想改变学校的面貌，必须先从教师抓起。只有把全校教职员工的积极性调动起来，给大家创造一个施展才能的环境，才能从根上解决学校的问题。在全校教职工大会上，李锦韬坚定而响亮地提出要用8年时间把学校办成沈阳市第一流初中的目标。李锦韬热情鼓励那些有想法、有潜质的教师搞教学改革试验。他

李锦韬参加教师公开课

身体力行地与这些教师一起研究具体的方案。渐渐地，很多班级开始在全区统考中名列前茅。

每个班都有几个调皮的学生，课堂上，他们常常弄得老师没法讲下去，严重影响了全班的教学进度和质量。李锦韬大胆地进行了尝试，把这些调皮学生单独编在了一个班。开始，一些家长有意见，说是把他们的孩子当废品甩出来了。区教育局领导也怕违反规定。李锦韬却说，这叫因人施教。作为教育工作者，要讲道德，我们要实事求是，挑选最好的方法方式，只要达到最好的效果就可以了。不能让后进的孩子虚度年华，荒废学业，也不能向社会提供一批文盲、流氓。李锦韬为这个班精选了责任心强、业务水平高的市级优秀教师当班主任。只一年工夫，这个班纪律好转了，打架骂人的现象没有了，学生的基础知识也补上了不少。为了调动学生们的积极性，发挥他们好学爱动的特长，李锦韬和班主任还为这个班加开了职业课，专学服装裁剪技术。这些学生的家长后来了解了真实情况后，非常高兴。

为了鼓励学生，更为了向同行宣示自己的改革成果，一天，李锦韬到区教育局开会，特意穿上了学生们做的“学生服”。同行们看着他这件缝得歪歪扭扭的衣服，都禁不住笑了。李锦韬伸了伸熨得不太平整的衣襟，自豪地说：“这是我们学校的学生自己设计、自己制作的，别看样子不好看，可我穿着心里舒服。”校长的鼓励，激发了孩子们的上进心。毕业后，这个班的42名学生，个个都有出路，有的升入高中或技校，有的参了军，有的被服装厂录用。

李锦韬的教育研究成果

李锦韬把满腔热情奉献给学校和师生，却常常顾不上妻儿老小。他妻子患脑瘤要进行手术。在手术的前一天，他在医院陪伴了一通宵。第二天早7点，他目送妻子被推进手术室，想着医生说手术后妻子可能会出现双目失明、偏瘫等后果时，心里油煎般难受。但一想到学校还有那么多工作亟待安排，他抑制住焦虑、悲伤的情绪，在手术室外边的椅子上修改起新学期学校改革的计划来，连早饭和午饭都没顾上吃，一直等到下午妻子手术结束。当得知手术成功后，他才放了心。可他没有照顾妻子，而是马上赶到学校召开会议，研究新学期的工作。

那时，学校就他一名校长，工作又忙又累，但他仍兼着毕业班的课。他所带班级学生的升学考试成绩平均90.1分，比原来提高了30多分。

1988年沈阳市第134中学荣获全国五一劳动奖状

1986年秋，沈阳市第134中学由全市的薄弱初中跃升为先进初中，学校的改革经验名扬全国。同年11月，在全国初中工作会议上，国家教委将沈阳市第134中学列为全国3个最有说服力的先进典型之首。李锦韬通过改革与教研，使134中学凤凰涅槃，被评为全国教育系统先进集体、全国教学改革先进集体，他于1988年荣获全国“五一”劳动奖状（当年全国教育系统仅此一家）。他们的经验在全国产生了广泛影响。李锦韬被评为全国先进工作者、“辽宁省功勋教师”。

1991年4月，李锦韬被提拔为和平区教委主任。他任教委主任期间，和平区的教育工作始终在省内保持领先，“两基”达到全国先进水平。

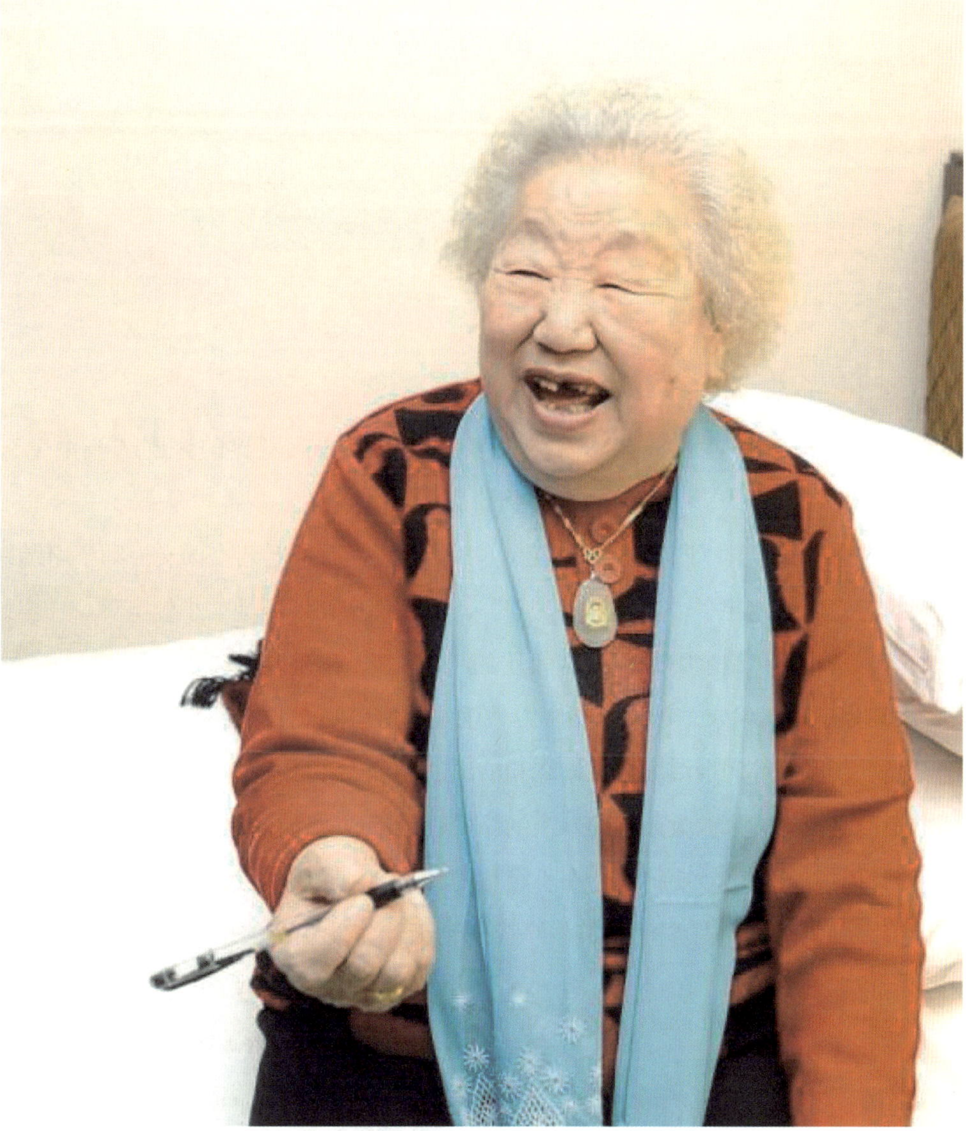

筱俊亭（1921—2013），原名张俊亭，山东省庆云县人，民盟盟员。著名评剧表演艺术家。曾任沈阳评剧院副院长、艺委会主任，辽宁省戏剧家协会副主席，沈阳市文联副主席。曾主演《杨三姐告状》《花为媒》《打金枝》《对花枪》《杨八姐游春》等多部剧目。她对评剧老旦唱腔的丰富和发展作出了贡献，积累了一整套唱腔与表演模式，形成了低回婉转、节奏灵活、俏丽多姿、收放自如的艺术风格，被誉为“筱派”艺术。多次被评为沈阳市先进工作者。1980年被评为辽宁省先进工作者，曾当选第三届全国人大代表，第五、第六届全国政协委员。

筱俊亭——评剧筱派艺术创始人

沈阳评剧院评剧表演艺术家筱俊亭是享誉全国戏剧界的评剧“筱派”艺术的创始人。

筱俊亭1921年生于天津，6岁丧父，8岁学艺，后拜老艺人杨义为师学习蹦蹦儿戏。戏班的老先生给她起了个艺名“花俊亭”，大人都亲切地叫她“小俊亭”。13岁她就当了小主演，贴戏报和戳水牌时，都要写上主演的名字，于是改为“筱俊亭”。

20世纪30年代末，筱俊亭在唐山天乐戏院搭班唱戏，与评剧名伶刘翠霞、爱莲君、鲜灵霞、新凤霞等同台演出。在排练和演出的过程中，筱俊亭努力学习她们的优点。“金嗓歌王”骆玉笙的京韵大鼓、侯永奎的昆曲等也都成为筱俊亭学习借鉴的样板。后来在排演新剧目时，一些美妙旋律总会在不经意间融入到她的唱腔中，使她的演唱巧腔迭出，回味无穷，独具魅力。19岁时，筱俊亭应邀到天津华北戏院演出，一出《白蛇传》轰动津门。她还多次应邀到唐山、林西矿区、山东等地演出，从此成名，红遍天津、河北、山东各地。

评剧流派韩、花、筱创始人韩少云（左）、花淑兰（右）、筱俊亭（中）在一起

新中国成立后，筱俊亭的舞台艺术开始进入一个崭新的境界。这时她主攻青衣、花旦，以青衣戏见长。1952年6月她进入锦州评剧团，不仅主演了《刘翠屏哭井》《安安送米》《杨三姐告状》《四劝》等拿手好戏，还新排演了《小二黑结婚》《牛郎织女》《梁

山伯与祝英台》《卓文君》《哭长城》《小女婿》《救急包》《妇女代表》等新剧目。这时她开始对评剧青衣唱腔进行系统改革。

1954年底，筱俊亭调至沈阳评剧院工作。她结合自己的嗓音及身形条件，有意识开辟新路，尝试着进行老旦行当的创造。1956年排演了第一出纯老旦剧目《杨八姐游春》大获成功，接着又排演了《穆桂英挂帅》《古国风云》《三关排宴》《母亲》《洪湖赤卫队》《江姐》《南海长城》《丰收之后》《东风解冻》《社长的女儿》等剧目，成功地塑造了众多不同时代、年龄、性格、身份的老年妇女形象。通过一系列剧目的演出，筱俊亭为评剧老旦行当积累了一整套唱腔与表演模式，她学习各家运用低腔之长，并吸收了单弦、大鼓等演唱方法，逐渐形成了低回婉转、节奏灵活、俏丽多姿、收放自如的艺术风格，得到广大观众、艺术专家及同行的认可，最终形成享誉海内外的评剧老旦“筱派”唱腔。

粉碎“四人帮”后，筱俊亭重返舞台，她组织演员积极排练，四处演出。她移植演出的评剧《初升的太阳》受到好评，中国唱片社将其主要唱段灌制唱片。1980年，这位没有多少文化的老人勇于挑战自我，又开始了编剧生涯。筱俊亭与剧作家任峰等合作编写了《这样的女人》。1981年，沈阳市举行现代剧目汇演，她自编、自导、自演的《这样的女人》获剧本创作奖、音乐设计奖、优秀表演奖，同年被中央电视台改编成评剧电视剧《小院风波》，受到全国各地观众的好评。1982年，《这样的女人》又获辽宁省人民政府文艺创作奖。由于她对评剧表演艺术的贡献，1980年后，她连续多次被评为沈阳市和辽宁省先进工作者。

离休后，筱俊亭定居在天津的农家小院，经常有戏迷朋友前来请教，筱俊亭总是来

筱俊亭剧照

2009年筱俊亭荣获“沈阳劳动功勋”

者不拒，热心辅导。虽年过八旬，依旧活跃在祖国各地的文艺舞台上，每次评剧盛会都少不了她的身影。

2013年，筱俊亭病逝于天津，她塑造的艺术形象和对中国评剧事业的突出贡献永远印刻在广大观众的心中。

花淑兰（1929—2005），原名葛淑兰，河北省唐山市人，中共党员。著名评剧表演艺术家。曾任沈阳评剧院二团副团长、院艺委会副主任、艺术顾问，沈阳市、辽宁省剧协副主席。曾主演《茶瓶计》《谢瑶环》《黛诺》《霓虹灯下的哨兵》《孔雀胆》等多部剧目。她嗓音甜润、韵味醇厚、字正腔圆、声情并茂，成为中国评剧艺术一大流派，被誉为“花派”艺术。她与韩少云、筱俊亭合为“韩花筱”三大评剧流派，入选首批国家非物质文化遗产名录。1960年被评为辽宁省先进工作者。

花淑兰——评剧花派艺术创始人

2005年4月3日8时，沈阳回龙岗革命公墓公祭堂，从全国赶来的30多个花淑兰的弟子正在为追悼会作准备。“人常说，景颇山上云雾深，云雾深处有苦情。山中的苦竹有多少，我是那满腹的苦水竹一根……”戏迷们自发地唱起了《黛诺》选段，听戏思人，引来哭声一片。

花淑兰是评剧界的花魁，梨园中的上品。

花淑兰幼年随母学戏、后拜师习评剧青衣、花旦。她天赋好，又虚心、认真、刻苦，能胜任小旦、花旦、青衣甚至是小生各个行当。12岁便在唐山、秦皇岛、天津等地演出。1946年崭露头角后，进入北京演出，她以《刘翠屏哭井》和《保龙山》一炮而红，被誉为“评剧花腔女高音”。

新中国成立后，花淑兰进入锦州评剧团。她两次进京参加了戏曲演员讲习班，受教于梅兰芳、张庚、郭汉城、罗合如、荀慧生等艺术大师，深入学习了戏曲理论和戏曲表演理论，不断钻研，不断提高。花淑兰的演唱特点是嗓音甜润，脆而亮，唱腔高亢流畅、华丽清新，表演活泼、自然大方。她擅演花旦戏，《茶瓶计》是她的代表剧目。在这出戏里充分发挥和显示了她演唱的艺术特色，丰富了小丫鬟春红的音乐形象，加上边歌边舞，情趣横生，把一个机灵、活泼、顽皮、天真无邪的小春红表现得活灵活现。1953年，花淑兰以一

花淑兰给青年演员现场示范

出《茶瓶计》获东北汇演优秀表演奖，随团赴朝慰问中国人民志愿军，演出了《茶瓶计》《志愿军的未婚妻》《相思树》等。花淑兰演唱有力度，共鸣好，音域宽，能唱到15度，音高超越了师傅刘翠霞。她充分发挥这一优势，使花腔在高音区行绕，听起来坚实有力，又华丽跳荡，形成了她自己独特的演唱风格，深受同行喜爱，纷纷仿效，自然形成了一个新的艺术流派——花派。国家对花淑兰这样的艺术家非常重视，因而工资标准就自然很高。而花淑兰主动申请自降工资，把自己的工资降到了原来的四分之一。申请了几次，才被批准。批准那天，花淑兰特别高兴，因为她觉得终于可以跟大家一样了。花淑兰心地善良，25岁还没有结婚时，就收养两个孤儿做了子女，她一生也再没有生育。花淑兰在没有演出任务的时候，经常到工厂去体验生活，还主动要求扫厕所。她身边的人都说她傻，可她却干得相当有劲。1960年，花淑兰加入中国共产党。同年，她被评为辽宁省文教系统先进工作者。

花淑兰代表剧目《谢瑶环》

“文化大革命”期间，花淑兰先后在盘锦、沈阳辉山、辽中县牛心坨公社参加劳动改造。粉碎“四人帮”后她重返舞台，焕发了艺术青春，争分夺秒排练，亲自带团往返于东北及京、津、冀巡回演出，同时教授来自河北、北京、天津、吉林、黑龙江、内蒙古和省内的50名学生，把自己积累的艺术经验传授给下一代。当年的这批爱徒如今已成为各剧院团的主演和艺术骨干。

花淑兰《相思树》剧照

在65年的艺术生涯中，花淑兰共演出了200多出戏，给观众留下了难以忘怀的印象。辽宁省和沈阳市等有关部门为纪念花淑兰从艺65

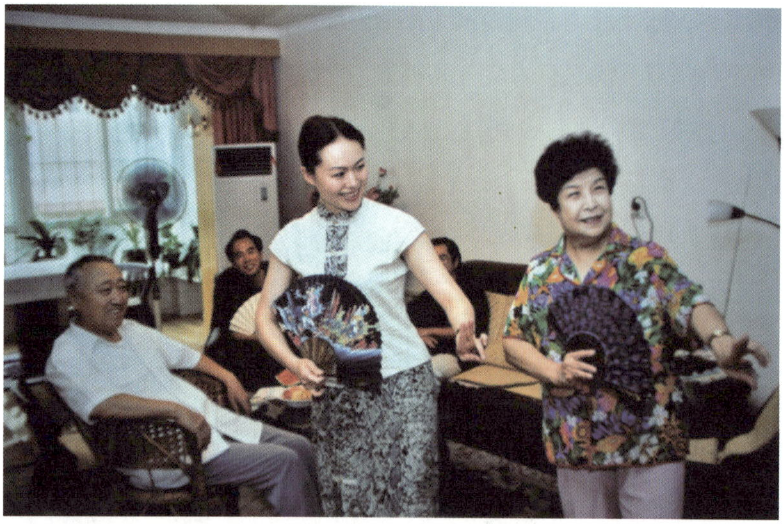

花淑兰向弟子冯玉萍（全国先进工作者）传戏

周年，举办了花（淑兰）派经典剧目展演。2003年9月1日，花淑兰荣获“中华英才”奖杯，是当年全国十名获奖者中最年长的一位。

花开灿烂，兰香幽远。2005年4月，花淑兰逝世后，老伴王景山收到戏迷赠送的一尊花淑兰铜雕像，沈阳著名旅游景点新民市三农博览园专门修建了花淑兰艺术纪念馆，河北作家王凤翔写了一本50万字的花淑兰评传《艺术星座花淑兰》。人们忘不了这位将毕生心血奉献给广大观众的评剧表演艺术家。

李玉伟 1965年出生，辽宁省沈阳市人，中共党员。著名射击运动员。现任辽宁省军事体育陆上运动学校副校长，辽宁省射击射箭运动管理中心主任。在1984年第23届奥运会上，年仅19岁的他以587环的总成绩获男子50米移动靶标准速项目比赛金牌，成为中国历史上第四枚奥运金牌获得者。他是第一位在奥运会上摘金的沈阳籍运动员，也是射击项目有史以来最年轻的世界冠军。1984年被评为辽宁省劳动模范。

李玉伟——第一个沈阳籍奥运冠军

1984年7月28日下午，美国洛杉矶第23届奥运会在纪念体育场正式开幕，中国中央电视台全程直播。

全国上下之所以重视这次奥运会，是因为这是在距中国首次参加第10届奥运会52年之后，参加的第一次奥运会，将要实现中国奥运会金牌零的突破。

“跑猪”射击比赛决赛开始了。来自沈阳的李玉伟，一枪接着一枪射击，著名解说员宋世雄现场解说道：“李玉伟，他沉着冷静，不慌不忙……”

比赛结果，李玉伟以587环的总成绩获男子50米移动靶60发慢加速射比赛金牌，成为中国历史上第四枚奥运金牌的获得者，仅比许海峰获得奥运首枚金牌晚了一天时间。

这是沈阳籍运动员第一次在奥运会上摘金，19岁的李玉伟也成为射击项目有史以来

李玉伟（中）获得第23届奥运会射击金牌

最年轻的世界冠军。

李玉伟的家在沈阳市于洪区北陵乡小韩屯村，父亲是村办工厂的负责人，母亲是普通农妇。李玉伟有4个姐姐，却和三姐走得最近，因为三姐夫爱玩，没事就背把气枪打鸟，李玉伟整天和三姐夫玩在一起，一来二去，就爱上了射击。那时李玉伟想成为一名音乐家，跟着村里一个老者学了半年二胡，也没拉出啥名堂，倒觉得还是射击好玩。

李玉伟父亲的工作单位与沈阳市军事体育陆上运动学校仅一墙之隔。当时陆校对外招收业余学员，父亲就让他去学习射击了。陆校移动靶招收一个班，只有5个学员，一个月学费8元钱。入校前，教练对李玉伟进行了测试。“教练让我把手伸出来，趁我不注意，一巴掌扇下来，我赶紧把手缩回来，没打着。教练一看，这小子反应速度还挺快。”

李玉伟的启蒙老师张东风对队员要求极高，从基本动作练起，一点点规范姿势。举枪动作一练就是半天，极为枯燥。枪托举起来，贴着脸瞄准，张老师观察队员脸上会不会产生褶皱。有褶就说明力量用得不对，张老师立即就给队员纠正过来。每天这么干举着，很多队员忍受不住，没练半年纷纷放弃了，最后只剩李玉伟一个人留了下来。练了一年，14岁的李玉伟参加省里比赛，获得了第三名。“前两名都是省队的专业选手，人家一天能打50多发子弹，我一周最多才打100发。人家枪也好，子弹也好，可成绩出来以后，我比他们才差了不到5环。这场比赛下来，我的自信就建立起来了，我知道自己和专业选手一点都不差。”运动队中的激烈竞争，使李玉伟有了奋斗的蓝图：少年冠军—全国冠军—世界冠军。射击训练即使在炎热的夏季也要穿着毛衣、皮夹克，托着7公斤重的枪进行瞄准射击。李玉伟比其他同学更刻苦，大汗淋漓，咬牙坚持，连星期天也舍不得休息。冬天，训练馆没有窗户，零下20多摄氏度，经常冻得手扣不动扳机，僵住了，这才到后边烤烤火，等手指头能动了，再出来继续训练。

移动靶和打猎颇有渊源。靶标被做成鹿和野猪的外形，胸部有环。当年射击运动员都管这个项目叫“跑鹿”，再后来叫“跑猪”。“50米移动靶跑猪射击”，难度很大。

1981年10月，李玉伟代表辽宁省队参加全国青少年射击个人冠军赛，以388环的成绩获50米移动靶（混合速）第一名，真的成了“少年冠军”，实现了他的第一个目标。

1983年，李玉伟被选入国家射击队。1984年3月，他到墨西哥和洛杉矶参加比赛，因为场地不适应以及时差问题，成绩不够理想。回国后李玉伟仔细分析失败原因，纠正错误，更加刻苦地训练。“参加比赛就要有比劲，有争劲，要敢于盯着强手，尽力去比、去争”，李玉伟平时就这样要求自己。

在辽宁队的时候，他成绩最好，训练起来很轻松，但水平提高不快。一到国家队他的地位马上由“老大哥”变成了“小弟弟”。李玉伟暗下决心，在短时间内要超过“老大哥”。他打定了主意，暗地里“摆擂台”，和水平高的队员比着干。耐力训练，老队员练习端枪瞄准的时间长，他不示弱，要求自己更长。练击发，打得不果断、不迅速，即使是满环也不算数。李玉伟就这样对自己高标准、严要求，边比边练，结果技术水平有了很大提高。正是出于这样的心态，李玉伟才能在激烈的比赛中获胜。

李玉伟至今仍然清晰地记得奥运得金那60发子弹的每一个射击细节：倒数第八枪是个9环，之后7枪全部10环。

洛杉矶奥运会，射击项目夺金的希望本来并不在李玉伟身上，王义夫、吴小旋都是焦点。由于是“计划外”，就没有记者跟踪拍摄。后来人们看到的李玉伟比赛的录像，都是赛后从外国电视台买回来的。颁奖时，正赶上吴小旋比赛，摄像又赶了过去，只有新华社记者拍下了李玉伟的照片。

一般人很难意识到李玉伟在洛杉矶奥运会上取得的金牌的价值。从1984年开始，中国队在后来的1988年、1992年、1996年、2000年奥运会移动靶项目上一共取得了三金两银两铜的成绩，在中国体育界，除了跳水和乒乓球的个别项目外，没有哪一个项目的成绩比男子移动靶射击更好了。

1986年李玉伟获得世界锦标赛冠军，1987年又获得两个世界冠军。

在一次参加国际比赛时，韩国队的翻译找到李玉伟，动员他到韩国做教练，并承诺给高薪，被他拒绝了。20世纪90年代，南方不少单位也邀请他，除了房子，还许诺工资每月可达五六千元，他都婉拒了。他要为家乡的射击运动作出贡献。

如今的李玉伟已是辽宁省军事体育陆上运动学校副校长、辽宁省射击射箭运动管理中心主任。每天早上，在浑南新区祝家街道的辽宁体育训练中心柏叶基地，那个亚洲规模最大的射击馆里，李玉伟仍然是早早起床，督促运动员起床跑步、做早操。即使枪已离手，他依旧在用运动员的标准要求着自己。

王兴亚（1926—2008），辽宁省沈阳市人，中共党员。曾任沈阳市新城子区财落堡乡大辛二村党总支书记。20世纪70年代末，他带领群众反复试验，创造了“大豆玉米间种等距稀植”技术，使大豆、玉米平均单产大大提高。他还带领群众改变种植方式，提高复种指数，一举解决了农民吃油难问题。他倡导村集体创办乡镇企业，走出了农业产业化的新路子，是农民致富奔小康的带头人。1994年，大辛二村成为沈阳市首批小康村。1979年、1989年被评为全国劳动模范。

王兴亚——农村改革先锋

王兴亚从互助组、生产合作社到人民公社，一直是沈阳农村的先进典型。

1976年10月，粉碎“四人帮”以后，敏锐的王兴亚感觉到中国政治气候将有所改变。他虽然不知道如何改变，但知道是让老百姓过上好日子，不会再被批判为资本主义了。他开始琢磨，怎么才能让全村的老百姓过上好日子呢？那时的油荒一直困扰着城乡居民的生活，一个人一个月只供应三两油。而农村的种植结构一直还是重粮轻油。王兴亚决定转变重粮轻油的种植观念。他带领群众反复试验，创造的“大豆玉米间种等距稀植”技术获得了成功，千亩连片的大豆玉米平均单产大大提高，大豆从原来的亩产150公斤提高到230公斤，玉米平均亩产也超过500公斤。王兴亚成了全省的“大豆状元”。

探索无止境。王兴亚又带领群众改变种植方式，提高复种指数。大面积播种油菜，6月末收获，单产达到了150余公斤。他们还倒茬播种罗马尼亚油用葵花籽。秋后，葵花籽单产也达到了150余公斤。王兴亚创造了东北油料作物一年种收两茬、丰产丰收的经验。

大辛二村葵花籽喜获丰收

一时间，油菜复种葵花籽的经验在北方全面推广，“炒菜再不用干扒拉了”！困扰村民多年的油荒难题终于得到了解决。按奖励政策返回来的菜籽油、葵花籽油，把全村家家户户装得大缸满、小缸流，村民再也不用为吃油犯愁了。尝到甜头的父老乡亲跟着王兴亚一起试验推广“小麦复种葵花”技术，又解决了农民吃细粮的问题。

“大豆玉米间种等距稀植”“油复葵”“麦复葵”种植技术获得沈阳市科技成果奖。1979年，王兴亚被评为全国劳动模范。

王兴亚和农业技术员在进行大豆考种

党的十一届三中全会后，“包产到户”成为农村改革的大趋势，但王兴亚并没有简单地贯彻这一政策，而是结合本村实际，制定并实行了“统一经营，专业承包”的方针，重点强化了对农技、农机和农肥三方面的投入，成了全省乃至全国一个农业适度规模经营的典型。

1981年，王兴亚组织村民推广药剂灭草、一次性深施肥、免中耕和生物防治害虫等一系列农业新技术，使亩产量稳定在550公斤以上，平均亩效益在250~300元。1983年，村财力增强后，他带领群众大搞农业机械化，先后投资150多万元购买了轮式、链式拖拉机和农用汽车等农机具50多台（件），实现了粮食生产全过程机械化。农户从此告别了几千年沿袭下来的“面对黄土背朝天”的艰苦劳动，使“种地不用犁不用铲、草死苗活地发暄”的神话成为现实。全村80%的农业劳动力从田间解放出来，向二、三产业转移。他还根据多年的农业生产经验，狠抓农家肥的投入工作，组织村民大力积造农家肥养地，亩施肥每年都达到万斤以上，超过了国际土壤学会规定的标准。

王兴亚为实现传统农业向现代农业转变作出了杰出贡献。1989年，时隔10年之后他再次荣获全国劳动模范称号。

王兴亚看到农民单枪匹马搞经营，“一人一杆秤”跑市场，难以应对市场经济的挑战。在他的组织策划下，经过党支部、村委会认真考察论证，村里投资1400万元，在1992年成立了集种鸡繁育、肉鸡饲养、饲料加工调配、肉鸡屠宰、分割、加工、内销、外贸为一体的综合性企业——沈阳畜禽加工实业公司。与畜禽加工配套的包装纸箱厂、包装塑料彩印厂等也相继建成，形成了一条龙生产。这不仅开辟出一条种、养、加工一条龙，贸、工、农相结合的农业产业化新途径，还走出一条畜禽多、粪肥多、粮食多的经济效益、社会效益、生态效益合一的绿色农业资源循环利用的道路。每个养殖户平均年增

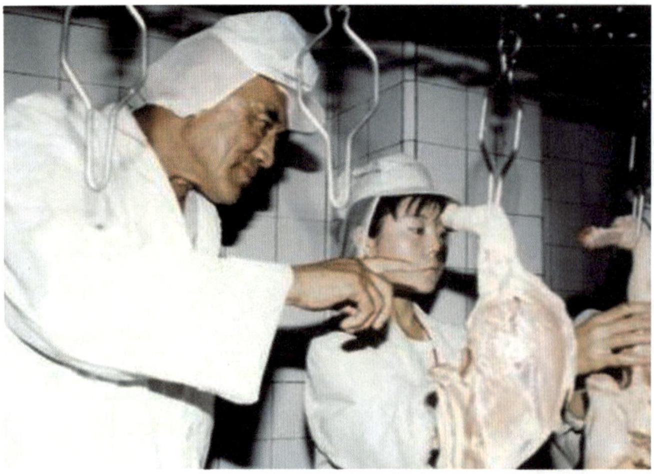

王兴亚在村办企业指导工作

收1万元。村办肉鸡食品加工厂成为沈阳市乡镇企业中最早的两个亿元厂之一。

1994年，在王兴亚的倡导下，大辛二村瞄准高新技术和国际市场，又投资5490万元，成立了辽宁生物技术公司。经过3年多的努力，获卫生部的批准，开始生产具有国际先进水平、填补国内空白的VERO人用狂犬疫苗等生物制品，企业年产值达到4亿元。从单一农业到“工业富村”，王兴亚开辟出了农业产业化的新型经营模式。

王兴亚领导的大辛二村不仅物质文明高速发展，全村精神文明建设也取得了显著成绩。1994年，村集体建起四栋居民楼，提前开始了农村城镇化的进程，成为沈阳市首批小康村。

王兴亚不愧为农村改革的先锋。

杨胜东 1927年出生，湖北省房县人，中共党员。研究员级高级农艺师，首批辽宁省优秀专家。曾任沈阳市浑河农场技术员、技术室主任。从20世纪50年代起，他辛勤工作在农业生产第一线，经过近30年的漫长奋斗，在20世纪70年代末选育成功水稻新品种“辽粳 5 号”，提高水稻单产20%，结束了辽宁省半个多世纪种植日本水稻品种的历史，获国家发明二等奖。多次被评为沈阳市劳动模范、辽宁省劳动模范。1985年获全国五一劳动奖章。曾当选第六、第七届全国人大代表。

杨胜东——北方水稻高产品种的开创者

“南有袁隆平，北有杨胜东”。袁隆平被称为“籼稻、杂交稻之父”，杨胜东则是“直立穗、理想株型”水稻的“鼻祖”。

杨胜东研究水稻是被日本人逼出来的。1952年，湖北农学院毕业的杨胜东和几个同学，响应号召来到了沈阳浑河农场。

当时辽宁的水稻都是日本品种，细高挑，风一吹就倒，单产才五六百斤。就这样原种更新还常常受制于人。“你们中国人只管种地，我们日本人给育种就行了。”日本专家的高傲，深深地刺激了杨胜东。“我们中国一定要有自己的优良稻种！”

他头顶烈日，忍受着蚂蟥的叮咬，站在稻田的泥水里一株一株地杀雄授粉。一朵水稻花从绽放到闭合仅仅是几分钟的时间。他忙得连从口袋里摸块干粮啃一口的时间都没有。秋天，杂交实验成功了，他收获了6粒种子。

为了加快科研进度，1971年冬天，杨胜东带着几十个水稻杂交后代来到海南岛，借人家大田中的一席之地，精心播下稻种。他整日忙碌在田间，不顾烈日暴晒，也不顾蚊虫叮咬，育种工作的顺利进行让他心里充满喜悦。一天，他去海口办事，晚上回来却听说水稻被收割了！

杨胜东急忙打着手电筒连夜跑到稻田，只见成堆的稻子混在一起，到哪里去找自己的稻种啊！他一下坐在田里哭了。不，不能这样认了。第二天一大早，他扛着铁锹跑到田里，把十几个品种的稻茬，挑壮实的每一种挖出一棵来，多带了些泥土，每棵都用一个塑料袋包好、放好，沿途一直浇水。回到沈阳，都把它们栽上了。秋天，稻子长得很好，只是抗寒性差。杨胜东知道，在北方这个问题不解决，株型再理想也没有用。

正当杨胜东为科研难题殚精竭虑的时候，又一个沉重打击降临了。1972年，妻子突然高位截瘫。杨胜东望着病榻上的妻子心如刀绞。当初，父母望眼欲穿地盼了两年，杨胜东也没有像他的同学一样回家乡湖北。老人知道儿子决心已定，只好叹着气，把儿媳送到沈阳。夫妻俩住在一间由鸭舍改造的小房里，5个孩子相继降生。像杨胜东一样，妻子因为气候不适应也得了关节炎。多年来，她不顾自己病情的日渐严重，承担了所有的家务，好让他无牵无挂地工作。现在她倒下了，杨胜东怎么办，这个家怎么办？

孩子要照顾，家务要料理，科研更要继续。十多平方米的小屋里，一铺炕、一张桌、7口人。外面下雨、屋里滴水，一做饭就满屋是烟。夜深了，孩子们上炕睡觉了，杨胜东还在伏案苦读深思。

为加快育种周期，他得在沈阳实验，到海南去育种。冬天，妻子的病情加重，为避免长褥疮，杨胜东每天夜里都要给她翻几次身。离家前，他对幼小的孩子又叮咛又嘱咐。工作一结束，他马上赶到妻子身边，看到的是：老伴的臀部长了一大片褥疮，靠近胯骨的地方露出了白森森的骨头。杨胜东流着泪“埋怨”妻子为什么不把实情早点儿告诉他。妻子哭着说，孩子们太可怜了，她不忍心夜里把他们叫起来。

1976年金秋，试验田景象喜人。可杨胜东的关节炎复发，连翻身都要别人帮忙，他忧心如焚：500多份杂交品系在田里，收割时稍不注意给弄混了，20多年的心血就白费了。不行！无论如何，也要亲手把杂交品系收回来。

杨胜东让人用自行车把他驮到地里，强忍剧痛，趴在稻捆上，一面指挥割稻，一面认真筛选品系，登记在册，然后把一株株稻穗装进纸袋里。突然，一个农场头头带一帮人来到地里，“黑”着脸开了腔：“农场是个企业，不是科研单位，搞育种会影响产量。”第二天，试验田里的稻子就被一扫而光。杨胜东二十几年的心血汗水，培养出的几百份杂交后代，只剩下他头一天收回的二十几份。杨胜东伤心得捶胸痛哭。

杨胜东（中）给农场职工讲解水稻育种技术

杨胜东在察看水稻长势

不幸中的万幸是，二十几份幸存的杂交品系中，就有后来的“辽粳5号”。

阳光总在风雨后。1978年秋天，幸免于难的杂交品系终于定型了。1981年4月，经辽宁省农作物品种审定委员会鉴定，确定这个新稻种统一编号为“辽粳5号”，并开始向农村推广。1982年，沈阳大旱，可秋收一算，“辽粳5号”比著名的日本品种“丰锦”“秋光”平均每亩增产50多公斤。沈阳郊区12万亩水田栽种“辽粳5号”亩产超500公斤，最高单产837公斤。这一年，“辽粳5号”获国家农垦部重大科技成果奖。1983年，辽宁省栽培“辽粳5号”面积达67万亩，又都是亩产超500公斤。这在当时国内是前所未见的奇迹。杨胜东因选育成功“辽粳5号”荣获了国家发明二等奖。

1983年9月，省农垦局受国家农牧渔业部农垦局的委托，在沈阳召开“辽粳5号”扩大实验会议。来自全国19个省、市、自治区科研院、所、站的水稻专家和生产单位代表一致认为：“辽粳5号”在国内外水稻生产品种中前所未有，是水稻株型育种的一次重大突破。

“要让科研成果化作农民的财富。”杨胜东在农闲季节，深入农村面对面向农民传授技艺。常常是屋里屋外挤满了农民，不少人带来了“辽粳5号”丰收后买的录音机，生怕漏掉了致富真经的一字一句。杨胜东操浓重的湖北口音，夹杂着东北方言，深入浅出悉心讲解，听得农民们入耳入脑、心领神会。他在《新农业》杂志封面上的照片被一些农民贴在了自家的大门上：“只有科学才是真财神！”

杨胜东的研究成果震惊了世界。日本访华团来沈阳参观，见到“辽粳5号”，惊奇地问：“这品种你们是从哪个国家引进的？”农民自豪地回答：“这是我们中国人自己培育的。”1985年秋天，世界著名水稻专家、日本学者角田重三郎专门到沈阳考察。他在考察报告中承认“辽粳5号”是世界水稻的杰作，中国东北的水稻育种走在了日本的前面。1986年秋天，日本佐藤繁实教授到浑河农场看望“辽粳5号”的发明单位和发明人。当他看到矮矮的十几间陋室和又黑又瘦的农民一样的杨胜东时，半天没有说出一句话来……

杨胜东在20世纪90年代又育成了糯稻新品种“浑糯3号”，亩产600~700公斤，结束了糯稻低于粳稻产量的历史。

王巧珍 1939年出生，安徽省砀山县人，中共党员。曾任沈阳市北市百货商店（大楼）营业员、商场经理。她苦练服务本领，待顾客如亲人，热情为顾客服务，像慈母般关爱青年职工，带出了14个优秀的徒弟。30多年来，她全心全意为顾客、为职工服务的感人事迹，在沈城广为传颂，成为商业战线的一颗服务明星。她把雷锋作为自己行动的楷模，常年利用业余时间为社会做好事，被誉为“活雷锋”。先后10余次被评为沈阳市劳动模范、辽宁省劳动模范。1989年被评为全国劳动模范。

王巧珍——商业战线“活雷锋”

1956年12月，王巧珍到沈阳市百货公司当保育员。由于她积极肯干，各方面表现优秀，1958年被调到沈阳市北市百货商店当了营业员。

1963年，毛主席发出“向雷锋同志学习”的号召后，她把雷锋作为自己行动的楷模，下决心要做一个像雷锋那样的人。

那时商店所有的商品都是隔着柜台售卖，顾客再着急想看或者想买什么商品，也得等着营业员递给你。一个营业员每天要接待的顾客不会少于500人次，其辛苦可想而知。这样的售货方式和劳动强度，营业员一般都会产生厌倦心理，长期下去就懒得多说话，就更甭提主动介绍商品了。于是，顶撞顾客或者怠慢顾客等问题成了屡见不鲜的现象。商店营业员对顾客的“生、硬、顶”早已成了商业的“老大难”问题。而王巧珍，却一直不厌其烦地、热情地接待顾客。她努力学习各种商品的知识，苦练服务本领，研究顾客的各种心理，主动热情地为顾客服务，得到了顾客的一致好评。

有一天，一位满脸污垢的老人，拿着一个旧雪花膏瓶来了。王巧珍把老人让到柜台前，先给老人缝上掉了的扣子，又洗了一条毛巾为老人擦干净脸和手，然后擦掉旧瓶里残留的变质雪花膏，再把瓶洗净擦干，装上老人要的雪花膏，把盖拧紧。一系列的动作，紧凑贴心。老人临走时，嘴角颤抖着说出5个字：“闺女，好人哪！”

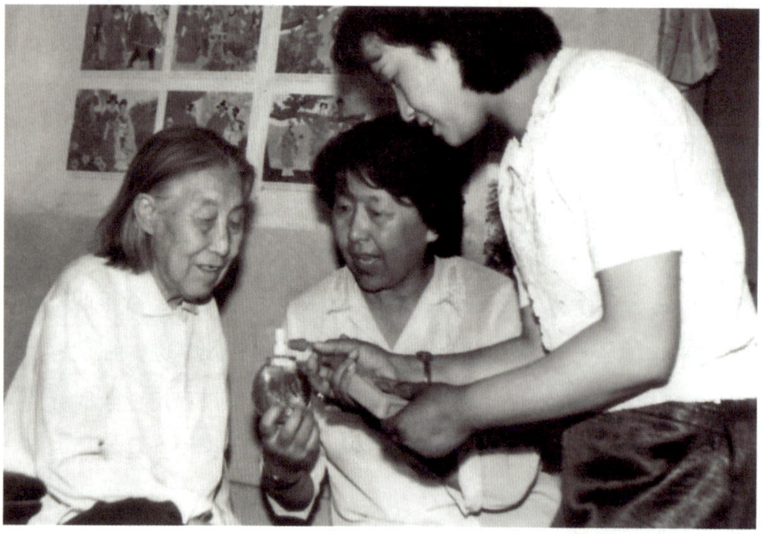

王巧珍（中）上门服务

有一天，一位退休老工人在电视机柜台前转来转去，犹豫着是买还是不买，到底是买哪一种最好。王巧珍揣摩透老工人的心思，就给他耐心讲解各种电视机的特点，还给他推荐了一款物美价廉的电视机。最后老人说："冲着你，我就买它了！"

1985年全国商业系统劳模会议期间，王巧珍（左一）等向著名劳动模范张秉贵学习工作经验

这样的场面，在王巧珍的柜台前难以计数。

看王巧珍卖货，是一种享受。她的和颜悦色，她的娓娓道来，她的每一个笑容，每一个肢体动作，都透着别样的美。

有位专家说："王巧珍把语言学、经济学、社会学、心理学、美学、医学都融合在一块了！"

这是多高的评价，也正如王巧珍所说："岗位可以平凡，但工作应该是出色的。"

王巧珍的爱心不止停留在柜台前，还延伸到了社会中。

北市百货商店附近的平房区住着一位老人，儿子牺牲在抗美援朝的战场上。王巧珍偶然得知后，就领着徒弟照顾老人，连续30多年，他们把老人的全部家务包了下来，买粮买菜、劈柴、洗衣服、打煤坯、做棉衣。每年大年三十晚上，还陪老人度过除夕之夜。1995年，老人以百岁高龄去世，她还给老人料理了后事。老人的远亲和邻居们都说："要不是王巧珍帮助，老人早就不在了，还能活到100岁？她不是女儿，比亲生女儿还亲哪！"

商店的职工老李患肺癌住进了医院，在他人生最后的日子里，气喘且吐痰不停，还大口咳血，连他的亲人也不愿意到跟前。王巧珍不怕传染，不怕脏，靠在他身边接血团。老李临终时，突然剧烈咳嗽，溅了她一脸一身的血，最后歪倒在她怀里咽了气。

这种事情不胜枚举。她为盲人、聋哑人、肢体残疾人洗衣服、拆被褥、打扫房间，为军属买菜、劈柴、打煤坯，成了生活的常态。

王巧珍在柜台前为顾客热心服务

好事做得太多了，在她的柜台前，总是聚着很多人，除了买东西的顾客，还有慕名而来的参观者，更有来感谢和来看望她的烈军属、孤寡老人、残疾人。

她全心全意为顾客、为职工服务的感人事迹，在沈城广为传颂，被誉为沈阳商业战线的“活雷锋”。

刘国栋 1923年出生，辽宁省沈阳市人，中共党员。中国烹饪大师。曾任沈阳圆路餐厅副经理。他师承前辈技艺，勤学苦练，20世纪80年代，将东北地区特有原料与宫廷技法、西餐工艺融为一体，创造了刘氏烹饪风格流派，成为辽菜奠基人之一。他集60年司厨之经验，著书立说，编写出版《中国满汉全席新编菜谱》等多部专著，为丰富我国饮食文化宝库、促进辽菜的研究和发展作出了巨大贡献。1989年被评为全国劳动模范，2006年被商务部命名为“中华名厨”。

刘国栋——名闻海内外的“辽菜泰斗”

2008年，北京奥运会。

时任国家主席胡锦涛宴请各国嘉宾的奥运迎宾宴正在举行。当色、香、味、形、气俱佳的头道菜“金盅烩松茸”摆上桌面，嘉宾们品尝后，都啧啧称赞起来。

人们有所不知，这道菜出自沈阳的国家特一级厨师刘国栋之手。如果他们知道刘国栋已是85岁的耄耋老人，而且整个奥运迎宾宴也都是他亲自策划的，那么他们除了惊奇，一定会更加赞叹。

1938年，他进沈阳天一坊饭庄学徒，从刷大勺、洗碗筷、掏炉灰、点炉子、抬煤开始，一步步熬到了叫菜、水案、帮灶、三灶、二灶、头灶。天天烟熏火燎，切菜、配料、掂大勺，他一直虚心求教，勤学苦练，渐渐地，就有了名气。1949年8月，刘国栋与师傅在沈阳创办“南味斋”，他领衔主厨招待了来沈阳演出的著名京剧表演艺术家袁世海、李少春、程砚秋、姜妙香、黄玉华等。

1956年，刘国栋受上级指派到沈阳著名的香雪饭店主厨。三百六十行，行行出状元。掌握一手高超厨艺的刘国栋，如妙手丹青大师一般，普通的食材经他那么一调配，便升华为一件件艺术品，五味中求平衡，清鲜中求醇浓，麻辣中求柔和，口感中求层次，色、香、味、形样样俱佳，让食客们强忍涎液，却迟迟不忍下箸。

刘国栋传授厨艺

1958年，他和辽宁其他三位名厨赴北京、上海等知名饭店表演交流厨艺。就在这一年，他被评为沈阳市劳动模范，出席了全国技术革新会议，受到周恩来、朱德、李先念等老一辈党和国家领导人的接见。1959年，香雪饭店举办了有史以来第一次厨师进修班，由刘国栋和王甫亭、任树芳、唐克明四位大师任教，开启了以进修方式培养烹饪名师的先河。1963年刘国栋成为商业部首批命名的特级厨师之一。

刘国栋带徒

20世纪70年代，刘国栋调任到圆路餐厅，担任了技术经理。1982年，他被推选为辽宁省烹饪协会副会长，被辽宁省人民政府授予特一级厨师职称。其后，他又创制出了桃花香扇、软溜黄鱼扇、芙蓉蟹黄、蜜汁莲花苹果、凤凰戏牡丹、鸡茸扒白菜等16个菜肴。这些菜肴主要吸取了扬州南菜、川菜的特长，改制成以东北口味为主的菜肴。其中咸甜适口的虾段，一经推出便好评如潮。他还受北京清水白菜的启发，调整了东北鸡丝烩吉菜的做法和配料，一下子使这道菜具备了清香爽口、辛辣提味赶寒的特点。而将红扒鸡改进成酥扒鸡更是一绝，酥烂味醇、色形俱佳。

1986年，刘国栋研制的素食宴被辽宁省商业厅评为创新宴席。由于他技艺高超、制品精良，所烹饪的脱骨香酥鸡、脆皮鱼、油爆虾球、桃花香扇等菜肴，深受国内外顾客的称赞。他又能博采众长、撷华取蕊，将东北地区特有原料与宫廷技法、西餐工艺融为一体，创造了刘氏烹饪风格流派，为辽菜的形成作出了巨大贡献，成为辽菜奠基人之一。

为使中国烹饪事业后继有人，刘国栋毫无保留地将自己精湛的技艺传授给后人。他传授技艺的足迹遍布省内及青岛、唐山、石家庄等地。1986年，他与辽宁省军区联合举办培训班，为部队培养了上百名军地两用人才。在圆路餐厅内部，他经常给职工传技授艺并进行考核，这使餐厅厨师的技术水平很快提高一大截，圆路餐厅因此成为享誉沈城的名店。

刘国栋为丰富中国烹饪艺术宝库，集50年司厨之经验，著书立说，先后编写出版了

《火锅菜谱》《辽宁表演菜谱》《辽宁名菜讲座75例》《烹饪大师刘国栋师徒技艺集锦》等专著。其中最珍贵的是《中国满汉全席新编菜谱》，这是刘国栋带领其门下高徒数十人，在沈阳举办的中国满汉全席盛宴大展中制作的全部菜肴集，包括了辽菜系全部之精华，展示了辽菜之恢宏博大的气势。为丰富我国饮食文化宝库、促进辽菜的研究和发展作出了巨大贡献。

鉴于刘国栋对辽沈地区烹饪事业的杰出贡献，他先后被评为沈阳市、辽宁省劳动模范，全国劳动模范，被誉为“辽菜大师”“中国餐饮文化大师”。

刘国栋司厨经验著述

刘敬贤 1944年出生，辽宁省沈阳市人，中共党员。中国烹饪大师。曾任沈阳鹿鸣春饭店经理，现任沈阳总统大厦恭王府酒楼总经理。1983年，他在全国首届烹饪大赛上荣获冠军，成为辽菜发展史上代表性人物。他先后被邀请到新加坡、美国、日本等地表演和传播中国厨艺，被海内外誉为“中国食神”。他将原本师徒口口相传的教学方式，提升为理论与实践相结合的现代教育模式，撰写出版《厨师培训教材》等著作，并被北京大学、清华大学等聘为烹饪顾问、客座教授，开创了厨师登上大学讲坛的先例。1984年被评为辽宁省劳动模范，1990年获全国五一劳动奖章。

刘敬贤——“中国食神”

刘敬贤是一位享誉海内外的沈阳名厨。

高中时代的刘敬贤是学校里的风云人物，不但成绩优异，而且还担任学生会主席和文体部长。1963年参加高考时，目标是清华、北大的他踌躇满志，发挥良好。但由于特殊的时代背景，阴差阳错之下，刘敬贤与大学“失之交臂”，再怎么慨叹命运的不公也已经于事无补。

恰好当时税务部门招人，家人安排他去应试。刘敬贤私下放弃了父母的安排，却考进了沈阳市中西餐高级厨师培训班，他相信自己与烹饪的缘分，决心在餐饮这个平凡的行业里创造出一番事业。

一直被父母、老师、同学认为最有出息的人，却在饭店里当起了“火头军”，捣煤、掏灰、洗碗、刷盘子，很多人都不理解他是怎样的心境。其实，他有时候心里也不平衡，也很矛盾，但是他咬紧牙关，硬是坚持了下去。他不想让人看扁，让人瞧不起。

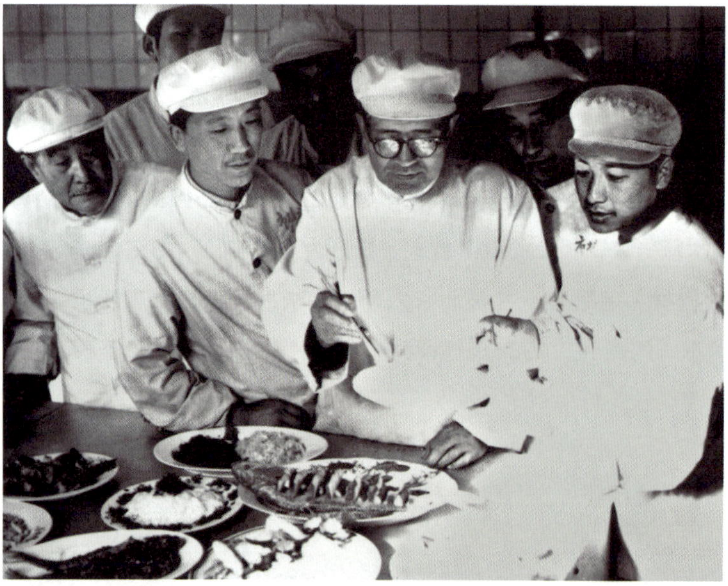

刘敬贤（左二）向劳动模范王甫亭（中）学习厨艺

花落花开，春去秋来。他不仅练就了一身烹饪好本领，也深深喜欢上了厨师这个行业。本来他的文化水平就很高，何况他的禀赋很好，许多人难以理解的知识，他一看就明白，并且喜欢钻研、虚心求教，不断地推陈出新。王甫亭、唐克明、任树芳、苏林、刘国栋等名师都被他的聪明以及悟性所感动，把自己的绝活儿教给了他。他十分喜欢翻大勺，百翻不厌，这也成就了他后来享有盛名的“刘派大翻勺”绝技。那时候，他已经是闻名遐迩的鹿鸣春饭店的主厨了。

1983年，北京人民大会堂，第一届全国烹饪赛暨全国烹饪名师技术表演鉴定会正在这里举行。来自全国各省的83名厨师精英，个个跃跃欲试。其中有50年代就为毛主席、周总理等做饭的高望久师傅，有代表中国到德国莱比锡国际烹饪博览会上表演的北京丰泽园饭店特级厨师王义均……担任这次大赛评委的阵容也十分强大，有末代皇帝溥仪的弟弟溥杰、全国政协副主席荣毅仁、北京大学历史学家王利器，还有烹饪界权威人士、营养专家等。

为公平起见，比赛用特殊的保密方法进行裁判。每人烧4个菜，由服务员交替穿插送到评委团面前。评分标准分为色、香、味、形等，满分为100分。如此壮观、权威的比赛，在中国历史上也是第一次。

辽宁代表队以刘敬贤为首，共4名队员、1名助手。刘敬贤按比赛规则进入赛场。他走到灶台前点火，两个灶眼吐出熊熊火焰。“好火！”他暗自高兴，心情振奋起来。凭经验，火候过猛，不适宜做扒菜，于是他选择了两个炉圈分别放到两个灶眼上。这下子火候适中，他的信心更强了。他操起大勺，一招一式都精心对待，不敢稍有含糊。在规定时间内，他的“兰花熊掌”做好了。当菜品端出去的时候，他的心情就紧张起来。他虽相信自己的技艺，但还是有一些担心。要知道，这是多高标准的评委团啊。不一会儿，从外面传来消息：“兰花熊掌”100分。

刘敬贤烹制扒三白

100分！这可是大赛以来的第一个满分啊。各媒体记者纷纷挤到刘敬贤面前，拍照，采访，合影。

后来，刘敬贤又专心制作了“红梅鱼肚”“凤腿鲜鲍”“游龙戏凤”3道菜，这3道菜品也得到高分。尤其是“游龙戏凤”，一上到评委们面前，嗬！只见乳白色的汁汤还在沸腾，黑色刺参在水里游动，好似乌龙翻滚；笋鸡在滚汤间轻摇，犹如白凤扑水，龙凤同嬉，情趣盎然。“唱戏在腔，烹饪在汤”，评委们一致认为，此汤鲜美可口，非同寻常。

几天比赛下来，种种迹象表明，刘敬贤的总分可能名列前茅，可是高望久、王义均、常静等名厨的分数也很高啊。究竟花落谁家，大家都在等待着。日子一天一天过去，结果终于出来了：“刘敬贤第一名，大赛的状元，名列十佳优秀厨师之首！”

刘敬贤以他烹制的“辽菜”夺得中国首届烹饪大赛冠军！“辽菜”从此也成为传统的“八大菜系”之外一个新的菜系。

获得冠军后的刘敬贤并没有骄傲，他知道自己的路还很长，肩头的责任更加重大。他先后被邀请到新加坡、美国、日本等地表演和传播中国厨艺。每到一处他都尽展绝技，得到了国外友人的一致赞誉。他被海内外称为“中国食神”。

刘敬贤是非遗项目辽菜传统技艺代表性传承人。他在烹饪上突出的贡献，并非仅仅是高超的厨艺，还在于他对烹饪理论的总结。他将原本师徒口口相传的教学方式，提升为理论与实践相结合的现代教育的模式，完成了工匠型向知识型厨师的转型，并先后被北京大学、清华大学等聘为烹饪顾问、客座教授，开创了厨师登上大学讲坛的先例，被公认是“辽菜发展史中最具代表性的人物”，将辽菜系推向了全中国乃至全世界。他从渴慕进入清华大学的落榜青年，完成了人生一次又一次的拼搏，以中国烹饪冠军的身份荣登清华大学讲坛，获得掌声阵阵，能不说是一个奇迹吗？

《人才与管理杂志》《中国劳动》《中国东方美食》《辽宁画报》《辽宁青年》等将他作为封面人物；国家教委中小学教材审定委员会将其事迹编入九年义务教育小学课本《思想品德》第七册；著名作家徐光荣根据他对祖国餐饮事业的贡献撰写出版了《中国食神——烹饪大师刘敬贤》，港台地区再版……

为了更好地继承和发展中国烹饪事业，刘敬贤相继撰著了《厨师培训教材》《鹿鸣春名菜、名点集锦》《烹饪技艺》等著作。还拍摄了6集《刘敬贤烹饪艺术集锦》专题片。他的学生近20000人，嫡传弟子数十人，其中不乏李春祥、罗永存、张奔腾等大腕级人物。在中国美食走进联合国活动中，他的徒弟罗永存被邀请到联合国总部，现场制作了中国美食。

永怀敬贤之心，必成贤德之人。刘敬贤，响当当的一代名厨。

凤凰浴火展英姿

（1992—2002）

20世纪90年代，中国改革的重点聚焦于国有大中型企业。从党的十四大确立建立社会主义市场经济体制改革目标，到党的十五大后国企进入三年改革与脱困的攻坚阶段，沈阳牢牢抓住国企改革这一中心，积极推进国有资产运营体制改革，加快产业结构、企业组织结构和产品结构的调整，现代企业制度逐步建立起来。

这一时期，面对市场经济的汹涌大潮，大批国有企业难以适应，不少企业停产、半停产，数十万职工下岗。不改革企业难以生存，改革又必然触及职工群众的眼前利益。沈阳的国有企业改革犹如凤凰涅槃，但结果必然是浴火重生。

按照沈阳市委、市政府的统一部署，全市各级工会组织围绕推进国企改革，创造性地开展具有沈阳特色的“主人翁工程”活动。同时，充分发挥工会组织联系职工群众的桥梁纽带作用，协助政府健全社会保障体系，大力推进“送温暖工程”，在经济转型期发挥了不可或缺的作用。

1994年，沈阳市总工会开始开展“主人翁工程”活动。活动以增强职工主人翁意识和劳动技能为重点，动员全市职工从六个方面创造业绩：一是积极开拓市场，提升企业素质，增强市场应变能力；二是推动企业新产品、新技术开发，努力提高经济效益；三是优化资金管理，促进资金的合理使用；四是大力开发新的经济增长点，努力发展新技术产业、第三产业和乡镇企业；五是参与招商引资和改善投资环境，扩大企业和沈阳市经济发展的外向度；六是搞好社会“窗口”行业工作，树立沈阳的良好形象。

作为全市性的群众经济活动，“主人翁工程”活动连续开展了七年，逐年向纵深发展。“百万职工岗位大练兵、技术大比武”“争创主人翁工程样板班组”“主人翁楷模”“选树岗位技能带头人”“双指标贡献杯竞赛”“创名牌产品技术攻关”“师徒携手争做跨世纪人才”等活动如火如荼，平均每年实现“主人翁工程”立项6万余项，职工提合理化建议约12万件。作为工会直接参与经济建设的重大举措，“主人翁工程”活动取得了显著的成绩，每年平均创效5亿元。

“主人翁工程”活动是沈阳市总工会在经济转型期的工作创举，其活动设计具有针对性、创新性，组织实施具有联动性、融合性，活动影响具有持续性、综合性，极大地调动了职工的积极性、创造性，提高了职工队伍的整体素质，为沈阳工运事业留下了一笔宝贵的财富。

沈阳市总工会将大力弘扬劳模精神融入“主人翁工程”活动中，注重发挥劳模的示范带头作用。“全国十大能工巧匠”张绍阳、全国职工职业道德“十佳标兵”梁鸿义、下岗职工再就业典范王春霞等劳动模范的事迹激励着全市职工挺起腰杆、负重奋进；航空报国带头人唐乾三、挺起民族工业崛起脊梁的于廷伟等劳动模范在企业面临困难的时候，用勤劳和智慧勇闯难关，促进了企业扭亏增盈；在科技领域，“中国机器人之父”蒋新松、中国计算机软件产业化的先行者刘积仁等先进工作者，用创新和坚韧开拓了沈阳产业的崭新领域，作出了世人瞩目的贡献；在公交、供暖等服务行业也涌现出“乘客的贴心人”纪云华、“为千家万户送去温暖”的关维国等劳动模范，他们用真情温暖了群众的心窝子，化解了许多的社会矛盾，为城市增添了和谐。

凤凰涅槃、浴火重生。有着光荣传统的沈阳工人阶级在国家利益与个人利益、根本利益与眼前利益的抉择中，识大体、顾大局，谱写了改革发展的恢宏篇章。

于廷伟 1960年出生，黑龙江省宝清县人，中共党员。现任北方重工集团有限公司矿山冶金设备分公司副总经理，研究员级高级工程师。他刻苦钻研业务，不断攀登技术高峰，主持开发与设计的各类磨煤机遍布全国56家电厂，多次获部、省、市科技进步奖，有的填补国家空白。现已成为我国火电行业磨煤机制造领域的知名专家。2005年被评为全国劳动模范。

于廷伟——重型机械制造领域的专家

2005年4月29日，北京人民大会堂，全国劳模表彰大会隆重举行。在辽宁代表团的座席里，沈重集团公司设计院专业设计总师于廷伟身披绶带端坐其中。“我是一个普通的技术工作者，党和人民给予我这么高的荣誉，我一定要为辽宁振兴再立新功。”他心情激动，思绪万千。

怀揣振兴民族装备制造业的远大理想，历经22年的艰苦拼搏，于廷伟从一个普通的大学生到技术骨干、专业设计总师，每一步都伴随着他吃苦耐劳、始终如一的执着追求，都凝结着他刻苦钻研、不懈攀登的智慧与汗水。

1983年，于廷伟从吉林工业大学矿山机械专业毕业，以优异的成绩被沈重选中。第二年，他被调入设计院从事矿用球磨机设计工作。3年后他转到了磨煤机设计岗位，从此与磨煤机结下了“情缘”。

20世纪80年代，沈重的矿用球磨机与电厂磨煤机技术在全国领先，于廷伟在这个平台上开始了自己的技术积累。1989年，沈重从法国引进双进双出磨煤机技术，于廷伟赴法进行图纸转化工作。

于廷伟在产品展销现场

双进双出磨煤机是用于火力发电厂的新型设备。当时，国内的双进双出磨煤机市场，被美国的福斯特·惠勒公司、德国的巴高克等世界知名大公司垄断。于廷伟憋着一口气：掌握先进技术，造出中国自己的产品。

两个月后，于廷伟回国投入到技术转化工作中，很快设计出产品图纸。但是，从1991年起，沈重与国内电厂洽谈的4个项目都没谈成，原因是造价太高。双进双出磨煤机设计图一“睡”就是8年。1996年，厂长找到于廷伟：“我们必须进行国产化改造，把价格降下来！”于廷伟坚毅地点点头，挑起设计师的担子，开始了艰苦的国产化设计改造工作。半年后，新的国产化双进双出磨煤机设计方案出台了，经测算，其产品价格只是国外产品的三分之一。

有了好的产品，还要尽快走向市场。就在厂里一些人因企业效益不好想跳槽时，于廷伟却与销售人员背着几十斤重的资料，坐火车、乘汽车、住地下室，奔波在全国各电厂、矿山和设计院之间。功夫不负有心人，1997年，山东莱城电厂终于同沈重签订了12台双进双出磨煤机的供货合同。

经过一年的加工制造，1999年11月6日，安装调试工作开始了。于廷伟整整24小时盯着磨煤机没合眼。12月10日，双进双出磨煤机一号机组顺利通过了168小时的试机运行，超过国际72小时标准。随后，二号机组投入运行，仅11天就通过了168小时试机运行，创下世界同类产品安装调试的纪录。之后设备没有停下来，又连续运转了131天。这一成绩被上海吉尼斯大世界总部收录为世界之最。

2000年10月20日，于廷伟终生难忘。由国家经贸委主持召开的双进双出磨煤机产品鉴定会在山东泰安召开。鉴定结果：沈重研制的双进双出磨煤机“达到国际先进水平，填补了国内空白，结束了长期依赖进口的历史”。由此，双进双出磨煤机在国内电力行业引起了强震，一些厂家向沈重抛来

于廷伟在改进产品设计

"橄榄枝"，于廷伟的名字也与双进双出磨煤机紧紧地连在一起。

奉献的人生是一种境界的升华。于廷伟更忙了。多少个夜晚，笔记本电脑陪他度过，成千上万个数字在他脑海中翻滚。他跑电厂、锅炉厂……沈重国产化的双进双出磨煤机渐渐被人们接受了。产品订单接踵而至：2000年株洲电厂8台、贵州黔北电厂8台；2001年河南永城电厂6台、山西河曲电厂10台；2002年开始，全国市场全面打开，2003年签订了100台，2004年签订了156台。从生产第一台双进双出磨煤机开始到2005年，累计签订单达到398台，产值达27亿元。双进双出磨煤机成为沈重的拳头产品，占企业产值的40%。

于廷伟没有休息日，每年200多天出差，其他大部分业余时间都在设计室里度过。2003年10月1日，于廷伟出现胃出血。妻子马上把他送到医院治疗。打完点滴后于廷伟立即要求回家，医生不同意。于廷伟恳求说："大唐电力公司马上要招标了，这个项目是沈重目前为止最大的项目，不能丢在我手里。"10月4日，于廷伟赶到北京，马上投入招标工作。大唐电力公司是4个电厂打捆招标，价值达1.6亿元。经过一周的充分准备，标书做完了。竞标中，沈重以绝对优势击败国外对手，全部中标。

于廷伟对沈重有太多难以割舍的情结。进入新世纪，他连续被评为沈阳市、辽宁省劳动模范，2005年又荣获全国劳动模范称号。有了名气后，求贤若渴找上门的人不断，有的单位出高薪聘请，于廷伟从没动心过。他说："是沈重给了我成长的舞台，我要用毕生精力来回报。"

于廷伟愧对父母。2002年11月8日，于廷伟正在北海招标，家里打来电话，告诉他父亲病故了。于廷伟强忍悲痛，把招标工作做完，直到宣布中标后才匆匆赶到鸡西老家。一进门，他"扑通"一声跪在父亲灵前，内疚地恸哭不已。

不忘初心，方得始终。于廷伟对企业的生存发展有一种紧迫感，对企业前途与命运有一种责任感。振兴民族工业是他持之以恒的追求和梦想。他主持开发设计的国产化BBD4062双进双出磨煤机，被中国企业联合会、中国企业家协会列入"中国企业新纪录"；他先后开发出BBD4360、BBD4366等十几个规格的系列磨煤机新产品，使沈重磨煤机市场更为广阔。2003年，他又自主开发出了MBB2936闭式循环棒磨机，填补了一项国内空白。2004年12月，双进双出磨煤机的国家标准得到通过，制定标准的所有参数都出自于廷伟之手。

于廷伟没有陶醉于事业的成功，而是不断地向更高目标迈进。在沈重发展史上，于廷伟已经画出了优美的图画。在振兴民族工业的大路上，期待他描绘出更美的画卷！

张绍阳 1955年出生，山东省黄县人，中共党员。沈阳手表厂模具钳工、技师。20世纪90年代，在企业面临生存危机的关键时刻，他研制的“超微孔模具”使企业打开市场，创造了可观的经济效益。他刻苦钻研技术，练就了一套冲微孔的绝活儿，先后完成了技术革新50多项，其中，“石英电子表整体一钻表夹板”填补了国内空白，在第八届全国发明展览会上获金奖。1995年被评为全国劳动模范，1997年被中华全国总工会命名为“全国十大能工巧匠”。

张绍阳——创造超微孔模具的“全国十大能工巧匠”

1994年金秋时节，全国第八届发明展览会在海滨城市青岛举办。时任全国人大常委会副委员长的李沛瑶和许多领导同志参观展览。工程师出身的李沛瑶对参展作品看得非常仔细认真，在全国总工会送展的一个项目前，他停住了脚步——这个项目是多点位超微孔模具（冲微孔0.03毫米）。

微孔0.03毫米，就是说，冲头尚不足一根头发粗，必须在放大镜下才能看清楚。深悟此道的李沛瑶俯下身子，凑近模具看了又看。“发明者不仅能研制出这么细的冲头，而且还能用来冲击微孔，这不是世界罕见的技术吗！”李沛瑶十分感叹。更令他惊喜的是，这套磨具的发明者，是来自沈阳的一位年轻人。李沛瑶不禁脱口而出：“咱中国工人创造了奇迹！”

这个奇迹的创造者，正是沈阳手表厂的普通工人张绍阳。在全国第八届发明展上，“多点位超微孔模具”荣获金奖，成为全国总工会系统和沈阳市所选送的发明成果中，唯一一个获得金奖的项目。

张绍阳出生在一个普通的工人家庭。1976年他从农村抽调回城，分配在沈阳手表厂工作，干上了模具钳工。他虽然只有初中文化，却对造型各异的模具特别有兴趣，买来《模具制造原理》等专业书籍认真研究，并记下了20多万字的读书笔记。

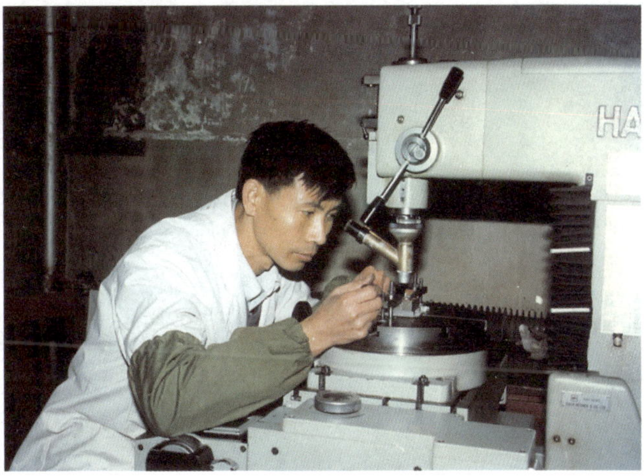

张绍阳在加工模具

1982年，当得知厂里外购的“夹板17孔模具”每年需30多万元巨资时，张绍阳感到十分震惊。“外购模具不是咱模具工人的耻辱吗？”他暗下决心，要攻下这一套精度很高的模具。那些日子里，张绍阳每天要完成生产任务，只能利用业余时间攻关。半年时间里，他找资料、画图纸、搞试验，困了打个盹，饿了啃个面包。经过上百次的试验，“精修夹板17孔模具”终于在他这个“小字辈”手里诞生了，结束了这套模具外购的历史。初战告捷，张绍阳尝到了革新的甜头。从此他的创造激情喷涌而出。1988年，他研制的手表“整体小夹板”模具填补了国内空白。

20世纪80年代，世界手表市场竞争激烈。沈阳手表厂试制了一款“神鹰”石英电子手表，但是好景不长，还没等打开市场就滞销积压了。企业亏损，职工忧心忡忡。张绍阳心里也非常着急。这时他得知，如果把石英表上的超微孔模具研制出来，可使机芯内的7块钻石减少为一块，手表的生产成本将大幅度下降，就会在市场上有竞争力。

超微孔模具是当时世界制表行业最先进的模具，只有瑞士、日本少数国家才有。超微孔模具的冲模只有15微米，跟人的头发丝差不多，加工的技术要求极高。当时国内各手表厂都投入了大量人力、物力进行研制，可因为制造与维修难度大，都未能闯过这道难关。此时，“研制微孔模具，生产一钻表”，成为沈阳手表厂技术革新的主攻方向。

张绍阳想，这个难关如果攻下来，就能为企业解决大问题。他找到厂长谈了自己的想法，得到了厂领导的支持。

为了研制新模具，张绍阳早上四五点钟就上班，晚上十一二点才回去。他把全部精力都用在了研制上。由于长时间处于紧张和疲劳状态，他1.8米的大个子，体重下降到69公斤，视力由1.0下降到0.4。一天，他正在磨制冲头，忽然两眼一黑，什么都看不见了。眼睛可是张绍阳的命根子啊！他强迫自己放下研制，稍作休息。第二天，他的视力稍加恢复，就又投入紧张的工作。

张绍阳（左二）参加科学家与能工巧匠交流会

经过上百次的试验，超微孔模具终于问世了！沈阳市手表厂“神鹰”牌石英电子表成为全国第一家一钻表，合格率由80%迅速上升为96%，产量由1989年的10万只一跃为64万只，并在香港市场打响了。

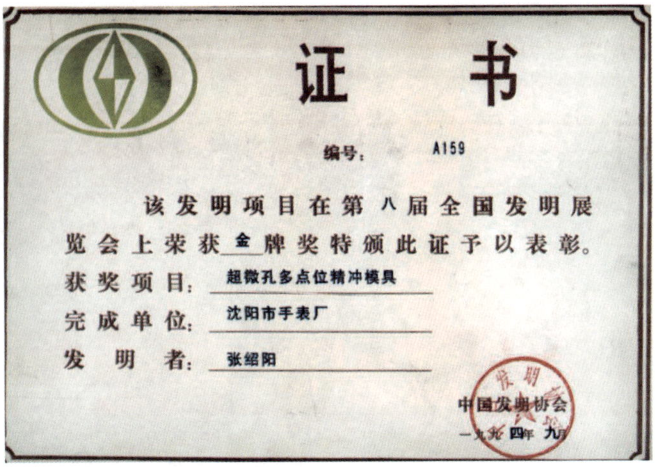

张绍阳在全国发明展览会获金牌

张绍阳不仅研制微孔模具，又瞄准了“多任务位步进模数冲齿模具”，完成这套模具可以使生产工序由四道简化为一道，大大缩短生产周期。1995年，张绍阳被评为全国劳动模范。

1997年11月，“国际科学与和平周”在北京举行，张绍阳应邀带着机器设备在人民大会堂进行表演汇报。在人民大会堂里开动机器，这可是历史上的第一次。张绍阳在软管壁上进行模具冲孔的技术，引来不少科学家都拿着放大镜观看。当时党和国家领导人尉健行、王光英、何鲁丽，老科学家周光召、何祚庥等都非常感兴趣，围到表演台旁边仔细观看，连声称“真绝”。这一年，张绍阳获得了首届“全国十大能工巧匠”荣誉。

2005年，沈阳手表厂破产了。当时，工厂低价处理了各种机器设备，张绍阳舍不得那台陪伴他多年的“伙伴”，就把它买了下来。张绍阳带着自己的冲床和一身绝技，率领8名下岗工人，创办了绍阳模具技术服务部，重新进行了第二次创业。

沈阳劳动模范纪念馆筹建之初，张绍阳捐赠了近200件珍贵的收藏品，成为当时捐赠文物数量最多的劳模。“我的劳模荣誉是各级党组织和工会组织对我多年工作的肯定，社会有需要，我就要把它们献出来。”张绍阳说。

徐正新 1949年出生，山东省诸城市人，中共党员。中捷友谊厂铸造工人。他在苦脏累的铸造扣箱岗位上勤奋工作，无论生产任务多重，从不叫苦叫累。他每月生产的品种最多时达七八十种，每天单产最多时达60箱，用26年的时间完成了60年的工作量，被誉为“走在时间前面的人”。1991年获全国五一劳动奖章，1995年被评为全国劳动模范。

徐正新——“走在时间前面的人”

在他的人生经历中，多年重复着这样一幅画面：一个普普通通的工人，伴随着沉重的砂型、呛人的烟尘、火红的铁水，在挥汗操作。岁月磨粗了他的双手，皱纹爬上了他的眼角，他把自己的青春年华毫无保留地献给了铸造事业。当年，与他一起进入铸造车间的60多名工人都陆续离开了这个苦、脏、累的岗位，只有他一人坚守在第一线，一直干到退休。他就是沈阳机床股份有限公司中捷友谊厂铸造车间工人徐正新。

1995年五一劳动节，徐正新作为全国劳动模范走进了人民大会堂，心情格外激动。此时，当年的那个肩阔膀圆的壮小伙子已经步入了中年，手上皮肤粗糙，伤痕累累，钢丝刺进的油泥形成了一片片黑点。在全国劳模座谈会上，老劳模张成哲举起了徐正新的手激动地说：“大家看看，这就是劳动模范的手。”在场的人无不感动。

徐正新的父亲是沈阳桥梁厂的老劳模，曾经参加过人民大会堂、武汉长江大桥等重点工程的建设。父亲那闪闪发光的劳模奖章，那刻有“献给新中国的建设者”字样的金龙钢笔，是徐正新从小就珍爱的传家宝。父亲告诉他，机床的80%是铸件，铸造工作虽然苦点、累点，但是很重要。没有没出息的工种，只有没出息的人。这些语重心长的话，徐正新从参加工作那天起就牢牢记在心上。

工作中的徐正新

一次，徐正新觉得头昏脑涨实在挺不住了，到医院一量体温，好家伙！发烧39.5℃。医生给他办理了住院手续，又挂上了点滴。可徐正新惦记着班里的工作，趁人不注意，他拔掉针头就跑回车间干活儿了。可是他病得实在不轻，走路打晃，平时一只手能拿起的砂芯子，现在双手抱着都很吃力。工段长看他脸色煞白，喘气费劲，用手一摸他的头竟然滚烫，气得大喊：“你不要命了！”徐正新知道当天的活儿特别多，少一个人就少一份力量，因此坚持留在车间。等他干完最后一件活儿时，两眼一黑竟然跌靠在一堆砂箱上。

有一年体检，在拍X光片时，医生问他是不是得过肺结核病，徐正新竟然不知道。那时真是“大病不住医院，小病不下火线”，完全靠年轻力壮挺一挺就过来了。徐正新心里装着班组、车间、企业，唯独没有自己。各级工会多次组织劳模疗养，徐正新哪也没去过，却一次次放弃了疗养机会。他放心不下那些芯铁和砂模，直到有一年上级硬性命令，他才随队到了北戴河，但只住了一宿就回沈阳了，因为他还是梦见了那些炉火、钢水。

在铸造的几十个环节中，扣箱的技术性最强。要把经过十几道工序加工下来的芯子、砂型按图纸组合在一起，然后留出浇铁水的空隙。如果位置摆放错误，浇出的铸件都将变成废品，前面十几道工序也将前功尽弃。徐正新始终把吃透图纸放在首位，在做砂型时将那些易被铁水冲击损坏的地方，逐一予以加固。20世纪80年代初，车间接到一个军工航天铸件，其结构非常复杂而且细密，最密处伸不进个指头，得用钢丝探进去做。徐正新费尽心思完成扣箱后，工程技术人员都来观看，简直想象不出那些细微之处是怎样做出来的。他用心钻研铸造技术，使企业面临的许多难题迎刃而解。

那时候，徐正新的收入不高，可每当到新华书店看到《铸造工艺学》一类的书籍时，他都咬牙买下来，认真阅读，细心体会，用于实践。他还经常到外厂取经学习。1987年9月，在企业开展的同工种竞赛中，徐正新以高超的技术一举夺魁，创造了月工时638小时、50个品种、扣236箱无一件废品的生产纪录。

徐正新艺高胆大，厂里有些已经损坏甚至报废的砂型，经他用沙子、白泥和铅粉精心修补又变废为宝。他的铸件废品率仅为千分之六，比企业制定的标准整整降低了50%，内行人都明白，这是多么不容易的事。因为在标准之上，每提高0.1%都是极其困难的，而在徐正新这里，永远都是朝着新的纪录冲刺。

由于工作忙，徐正新很少有时间照顾家里和父母，这是他最内疚的一件事。父亲病重住院两个多月里，他没有耽误一天工作。他岳母患癌症住院直到去世，他也没有请过一天的假。许多亲友埋怨徐正新太没有人情味，他只能什么都不解释，报以苦笑。妻子理解他：“都是老徐的工作实在太忙了。”

1995年，徐正新以26年时间完成了60年的工作量，被誉为“走在时间前面的人”，并荣获“全国劳动模范”称号。也是在这一年，他被提拔为工段长。可是，当了“官”的徐正新比以前更忙更累了。他不但言传身教，而且身体力行。从造型班、外皮班到扣箱班，处处有他的足迹和身影。

由于徐正新技术高超，有些单位想高薪聘他当顾问。可是，徐正新不为所动。他说：“我的一切都是党和人民给予的，我要把毕生精力和所有技能，都献给我热爱的企业。”

唐乾三 1933年出生，湖南省长沙市人，中共党员。曾任中航工业沈阳飞机工业（集团）有限公司总装车间主任、副总经理、董事长兼总经理。他任董事长兼总经理期间，带领企业全体职工用5年时间完成4项国家重点新机科研项目，创造了我国航空史上的奇迹。他积极推进“军转民”和“内转外”战略，使企业成功地走上军民结合的道路，效益连年增长，进入国家一级企业行列。1988年获全国五一劳动奖章，1995年被评为全国劳动模范。

唐乾三——航空报国的领军人

沈阳飞机工业集团公司被誉为“中国歼击机的摇篮”。几十年来，沈飞集团曾经装备了中国空军70%的战斗机，制造了数以千架的歼击机飞上蓝天，为加速国防现代化建设作出了巨大贡献。

唐乾三，1982年至1995年担任沈飞集团公司董事长兼总经理。这期间，是沈飞历史上的一个特殊时期。当时，沈飞的军品订单急剧下降，所面临的订货量由三位数、两位数直降为一位数，形势严峻到全厂2万名职工一年的生计仅靠6架飞机生产任务来维系的地步。此时的沈飞，虽然人才济济、设备精良，但却像一只被困在笼子里的老虎，虽有猛志雄风而无法施展。

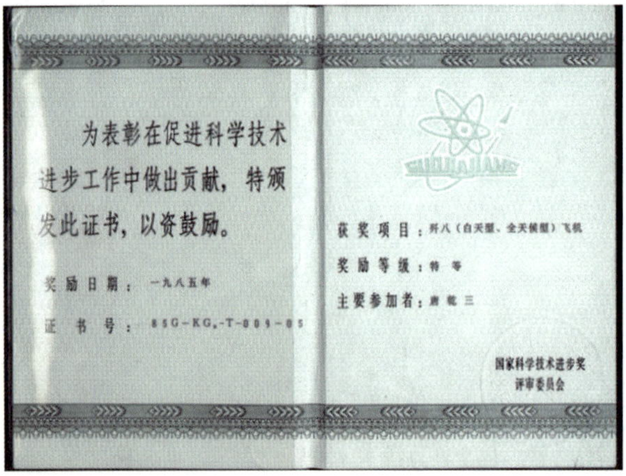

1985年唐乾三获国家科技进步特等奖

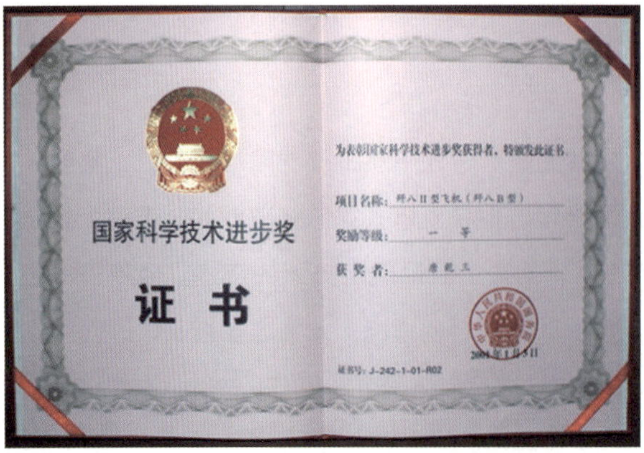

2001年唐乾三获国家科技进步一等奖

面对巨大的压力，唐乾三展现出过人的胆识和气魄。他与公司领导班子商量，毅然决定调整经营方向，产品定位实行军转民。在班子会上，唐乾三斩钉截铁地说：“我们就是要用民品生产保军品任务，再把民品生产创造的利润用于军品研发上。眼前的战略调整，是为了保证军品这块永久的阵地。”在这种新的战略指导思想支配下，沈飞开始了“刀剑铸犁锄”的转变。

而要搞好民品生产必须面向市场，置身于市场经济的大环境中去接受考验。这对多年来一直靠国家指令性计划安排生产的沈飞来说，确实是一件难事。许多人对这样做能否摆脱困境提出疑问，唐乾三坚定地回答：“沈飞职工队伍是一支特别能战斗的队伍。能造飞机，同样能造民品。我们的字典里没有‘不可能’三个字。”军品转民品，以民保军、以军促民。一场前所未有的特殊战役打响了！

“民品是饭碗子，军品是命根子。不能为饭碗子而不要命根子，决不能让中国歼击机的发展在我们手里断代。”当时，虽然军品任务“吃不饱”，但新机型研发任务并不轻，唐乾三在前任工作的基础上，加快了新机研制步伐，一边抓紧歼8 I型飞机的研制和批量生产，一边承接国家下达的研制歼8Ⅱ型飞机的任务。

时间进入1984年，上级要求确保新机1984年底上天。唐乾三深知研制歼8Ⅱ这种当代国际先进水平的歼击机难度前所未有。为了使国内最先进的歼击机早日上天，他提出“七一”前的时间节点，并立下了“军令状”。为了按期完成任务，他把研制全过程分为八大防线，分兵把守，他与干部职工一起，在生产现场熬过了一个个不眠之夜。6月12日，歼8Ⅱ首飞上天，先后共有4架歼8Ⅱ飞机投入定型试飞。经过严格考核，证明飞机的主要性能指标都达到了设计要求。1988年10月，歼8Ⅱ设计定型。歼8Ⅱ从方案论证到设

1984年6月12日，歼8Ⅱ飞机比国家计划提前202天首飞成功，创造了研制周期短、经费省、质量好的范例。图为歼8Ⅱ飞机现场总指挥唐乾三在飞机前留影

计定型，历时8年。由于飞机的方案论证比较充分，原理性试验工作扎实，仅用17个月，飞机就试制成功，研制进度比计划提前110天，开创了中国航空史上歼击机研制周期最短、质量最好的范例。1989年，又按期完成了歼8Ⅱ型飞机首次装备部队的艰巨任务，在空军装备史上掀开了新的一页。

唐乾三写下新型歼击机上天浓墨重彩的一笔，但2万人吃饭仍然是企业燃眉之急，唐乾三深感责任重大。于是，他带领沈飞轰轰烈烈地开始了开发民品求生存的艰巨工作。他告诫自己，越是在重大的转折关头，越要保持清醒的头脑。

生存靠民品，路子怎么走？唐乾三提出“大企业要有大气魄，不能跟小企业争饭碗。在军转民上要占领制高点，拿出国家最需要的产品”。于是，“制高点”聚焦在开发旅游车上。引进日本技术，在国内最先开发出高级旅游车，并实现全部国产化。沈飞成为国家旅游车重点生产厂，“沈飞”大客很快行驶在沈阳的大街小巷，并销往全国各地。企业形成了以生产客车为代表的汽车系列产品、以铝合金工程和档案装具为代表的轻金属结构系列产品、以烟草机械及电力配套设备为代表的大中型机械设备系列产品的新格局，民品销售收入平均每年以40%的速度、出口创汇平均每年以10%的速度递增。

唐乾三执掌帅印期间，沈飞实现工业总产值增长5倍，销售收入增长5.6倍，创利增长2.1倍，为国有大中型企业，特别是军工企业改革和发展探索了成功的经验。

党和人民给了唐乾三崇高的荣誉。他因组织研发歼8飞机、歼8Ⅱ型飞机分别获得国家科技进步特等奖和一等奖。1995年4月，他被授予“全国劳动模范”称号。

邵守元 1939年出生，天津市人，中共党员。沈阳变压器厂工人。从参加工作那天起，孟泰就是他心中的榜样和英雄。他立足本职，结合油料收发工作进行多项技术革新，设计安装了24台计量仪表，解决了储油罐的“跑油”问题。他善于学习新知识、新技术，率先提出并实施了油罐微机管理。他会同有关部门共同攻关，一举解决了变压器渗漏油这一行业老大难问题。几十年来，为企业创造了可观的经济效益。1992年获全国五一劳动奖章，1995年被评为全国劳动模范。

邵守元——节约降耗的好工人

从邵守元参加工作那天起，孟泰就是他心中的榜样和英雄。孟泰精神激励他几十年如一日为企业奉献自己的全部光和热。

1977年，任仓库铜线保管员的邵守元看到储存变压器油的千吨储油罐经常发生跑油事故，每年因此损失几万元，便主动要求给储油罐安装计量仪表。他带领一名徒弟经过两年的艰苦努力，为储油罐安装了24台自动化计量仪表，实现了坐在屋子里就可以看到几十米以外油罐的油位高度，从此结束了持续十几年油罐跑油的历史，为沈变公司节约了大量生产物资。1978年，邵守元又提议引进0.1级高精度储罐液体称量技术，他亲自设计、施工，一年后液体称量仪安装成功。这使千吨储油罐的计量精度达到公斤级，达到同行业最先进水平。

邵守元在地下泵房监控设备运转

1982年，邵守元担任易燃库班长。在这个风险高、责任大的岗位上，他提出“年年有创新，月月有改进”的小组工作方针，带领小组全体同志一边抓技术革新促进安全生产，一边抓质量控制强化班组建设。他紧紧围绕仓库管理，先后发表6项QC成果，全部获厂优秀成果奖，其中有一项获市机械局优秀QC奖。在他的带领下，班组很快从厂一级班组升为特级班组，还荣获沈阳市班组建设成果奖。1988年，他利用业余时间承担了绝缘油罐改造工程中五个项目的设计，其中“储油罐蒸汽灭火装置”填补了工厂储油罐消防设施空白，“多功能自控泵房”实现了产品用油可以直接供给，这两个项目获沈阳市技术革新成果奖。邵守元立足工作岗位、不断技术革新的经验和创新成果在1990年全国机冶工会组织的职工合理化建议和发明创造活动经验交流会上进行了交流。同年11月，沈阳日报以“文化低也能攀高峰”为题，报道了他的事迹。

1994年由于生产的发展，互感器产品开始使用45#变压器油，可当时企业没有储存45#油的储油罐。邵守元主动承担了设计和组织安装储油罐的任务。4月开始施工，7月投产。这个项目不但及时满足了生产，而且节约了一笔资金。厂领导高兴地说：“真是神速，工厂多有几个邵守元就好了。”

邵守元把全部的精力和心血都献给了油库。为保护易燃区的安全，防止烟花爆竹落入油区发生火灾，每年大年三十他都在厂守夜。变压器油由火车罐车装运，到厂后必须立即卸车，晚上来晚上卸，半夜来半夜卸，他经常是在工厂“连轴转”。仓库的日常工作要做好，还要搞技术革新，经常加班加点，他却从无怨言，始终尽心尽力地默默工作。1991年，他被市总工会等单位命名为沈阳市技术革新大师，并荣获沈阳市劳动模范和辽宁省五一劳动奖章；1992年被中华全国总工会命名为全国优秀革新能手，授予全国五一劳动奖章；1995年被国务院授予“全国劳动模范”。

1996年6月，公司成立技师劳模协会，邵守元被推选为会长。他一边抓仓库管理工作，一边抓劳模协会工作。变压器漏油是变压器行业存在了几十年的老大难问题，此时已严重地影响到沈变产品的市场竞争力。技师劳模协会提出“关于变压器油箱防止渗漏油的建议书”，得到公司领导的重视，邵

邵守元的技术革新项目——油罐指示表

守元被聘请为攻关组召集人。他会同设计、工艺、质检等部门全方位立体式攻关，用两年时间基本扭转了变压器漏油现象。从1996年技师劳模协会成立到2000年，他们提出的小革小改项目达1815项，创造价值达1180万元。

2002年3月，63岁的邵守元正式退休了，可他仍然闲不住，用自己的数码照相机开始义务为社区的居民照相，还自掏腰包把照片洗印出来，感动了不少居民。

邵守元就是这样，在工作岗位上为企业作出了突出的贡献，退休后仍然用余热服务社会、造福群众。

王春霞 1958年出生，吉林省双辽县人，中共党员。曾任沈阳市第三建筑工程公司油工班班长，现任沈阳市春霞装饰有限公司经理。20世纪90年代，她主动提出下岗，成立油工专业队，吸纳130多名下岗职工再就业，自费为其购买工具和专业书籍，传授自己多年的经验和绝活儿，成为带领下岗职工再就业的全国先进典型。1999年被评为沈阳市特等劳动模范、辽宁省劳动模范，2000年被评为全国劳动模范、“全国十佳女职工”。

王春霞——带领下岗职工创业的主心骨

人生，只要勇于应对挑战总会充满希望。王春霞就是迎着挑战一路走来，从一名普通下岗职工到成为全国劳模，从带领工友们求生存、闯市场到进京参加全国劳模座谈会。自1994年起，王春霞用了10年的时间实现了人生的一次崭新跨越。她用自强不息的奋斗精神，证明了“在改革大潮中被企业分流下岗，不应该是工作和事业的终结，而是挑战自我、实现人生价值的新起点”。

1979年，王春霞进入沈阳市第三建筑工程公司当了一名油工。她聪明好学、苦练技术，几年后就成为市建工系统的油工状元。20世纪90年代初，国有企业面临着转制重组的改革任务，大批职工下岗分流。王春霞是企业技术骨干，如果自己不提就不会下岗。

1994年4月的一天，沈阳市第三建筑工程公司第五分公司召开职工大会，宣布了油工班、抹灰班放长假的决定，油工班长王春霞另行安排工作。刚刚散会，许多工友围住了王春霞，有的女工还流泪告别。王春霞一连几天饭吃不下、觉睡不实，心里不是滋味：我自己有班上，班里其他人怎么办？想起在党旗下的庄严宣誓，王春霞更坚定了“不能让大家下岗后没饭吃”的决心。她把油工班的同志召集起来说：“企业改革，职工下岗分流是大趋势，我愿意下岗带大家一起

王春霞在施工现场

干，到市场上找饭碗。有我的饭吃，一定就有大家的饭吃。”

大家纷纷报名加入，一支由14人组成的闯市场的“油工专业队”组织起来了。而要面向市场靠技术吃饭谈何容易？14人中只有王春霞是油工科班出身。

王春霞心里明白，离开了企业的大锅饭，每个人都必须有真本事才能生存，天上不会掉馅饼。为了让工友们尽快掌握技术，她一方面自费买来工具和专业书籍组织大家学习，一方面抓紧技术练兵。也巧，这时正赶上王春霞的二哥家回迁，家里的家具需要刷油。就这样，二哥家的新房成了他们的“练兵场”。王春霞让大伙每人拿一块板，先从打腻子、蹭砂纸学起，再让他们在板上刷油，刷好了再往家具上刷。结果有的人第一次还是刷了“大花脸”，反反复复弄了四五次才说得过去。二哥对王春霞调侃：“我虽没花工钱，可请大伙吃饭比出工钱还贵啊！”

俗话说，万事开头难。揽活儿是头一道工序，也是最难的。王春霞带领大家，从蹲“马路市场”干零活儿到承接粉刷新竣工的住宅，一处处留下了他们忙碌的身影。她最先把眼睛盯在新建小区的装修上。听说和平区民富小区回迁了，她把一块“沈阳三建油工专业”的招牌立到小区内，抽5名技术最好的同志上阵。施工前王春霞亲自调料，操作时自己先刷出个样板，然后让大伙照着干。活儿干得精益求精，王春霞一炮打响。

一次，王春霞听说某企业一栋6800平方米的宿舍楼需要装修，她先后4次到企业拜访厂长但都没见到，便找到这位厂长家，从17点一直等到21点。厂长夫人不但不开门还说

沈陽日報

Shenyang Daily

国务

三定方案

头雁高飞

——记优秀共产党员、市三建五分公司油工班长王春霞

2

沈阳日报·综合新闻

拼搏，再就业之路有霞光

——记全国劳模、沈阳春霞装饰有限公司经理王春霞

《沈阳日报》报道王春霞的先进事迹

了很多蔑视的话。王春霞回到家，一头扎在床上放声大哭。丈夫劝她：“咱家日子过得下去，你别干了。”委屈和误解并没有难倒王春霞，她想明白了一个道理：“市场经济不相信眼泪，听几句难听的话就打退堂鼓，还能带领职工闯市场吗？”第二天，王春霞又去厂长家的门口等，饿了买一个面包吃。不知不觉中，她靠在门口睡着了。这时回家的厂长看到拿着面包酣睡的王春霞受到触动，把王春霞让进家里，还嘱咐妻子给做了碗面条。这位厂长对王春霞说：“就凭你这股劲儿，工程交给你我放心。”

再就业之路充满艰辛也充满希望。一次给用户油漆房间时，王春霞发现前道工序木工选的材料质量不好，导致后续刷油质量受影响。于是她萌发了一个大胆想法：如果把用户的装修工程包下来，一条龙服务该多好啊！这既可以多安置一些下岗职工，也能保证工程质量。经过半年的筹划，沈阳春霞装饰有限公司于1998年初成立了。为了打响公司品牌，办出特色，王春霞庄严承诺：“上门装修一次，终身免费维修。”王春霞靠真诚赢得了信任，靠质量赢得了市场。以前是他们上门找活儿干，后来是活儿上门找他们干。春霞公司也由单一的油漆粉饰施工，发展成了具备综合施工能力的装饰公司。

在市场经济的大潮中摸爬滚打，王春霞带领下岗职工先后完成了百余项建筑装修工程。职工收入普遍比下岗前翻了一番。2000年，王春霞被评为全国劳模，她感到自己身上的责任更大了。王春霞始终铭记，当劳模要处处做表率，影响周围的人。省图书馆工程收尾时，大厅四周的大理石地面布满污物，很多人主张花钱雇小工干，王春霞不同意，她找来工具蹲在地上，不声不响地打磨地面污迹。榜样的力量是无穷的，大家学着王春霞的样子干起来。

从最初带领十几个人，到最多时安置120名下岗职工，王春霞带着坚定的信念一路走来，带动了更多的下岗职工再就业。

20年过去了，如今已经退休在家的王春霞，提起那段不平常的经历仍然很激动：“我做了自己想做也应该做的事，实在微不足道，党和人民给了我崇高的荣誉。这是我一辈子最大的精神财富，我会永远珍惜！”

张德山 1944年出生，河北省河间县人，中共党员。曾任沈阳市新城子区广播电视局局长。20世纪90年代，他带领全局职工经过10余年的努力拼搏，使新城子区成为全国第一个实现三级农村广播遥控自动化的县区，实现调频广播全区覆盖，有线电视进入百姓家庭，区广播电视局被评为省、市级文明单位。1997年被评为沈阳市劳动模范，1999年被评为辽宁省劳动模范，2002年被评为沈阳市特等劳动模范。

张德山——一心为民的好“官”

“党把广播电视局这副重担交给我，我就要实实在在地干出名堂来。”这是张德山就任新城子区广播电视局局长时立下的誓言。从此，脸膛黝黑、满手老茧、衣衫简朴的张德山，把自己的生命同党的广播电视事业紧紧连在一起。

为了打好“广播专线、遥控自动化、调频广播、有线电视”四大战役，张德山可谓呕心沥血。1990年安装公用天线期间，由于受到建楼工程的制约，前期工程干在“三伏”天，后期工程干在“三九”天，张德山带领十几名技术人员，夏天冒着酷暑在跳板上凿洞引线，冬季奋战严寒在六七层的楼顶上立塔作业，付出了难以想象的辛苦。

安装调频发射塔是无线电调频广播工程的关键，这是一项既复杂又危险的活儿。好心人劝张德山：“还是花几千元外包出去算了。”他却咬牙坚持自己干。一连几天，张德山在高高的塔架上爬上爬下，累得气喘吁吁，腿也瑟瑟发抖。立塔尖那天，刚开始时天气还风和日丽，可是当他和大伙用滑车将几百斤重的塔尖艰难地吊到塔顶座时，风一阵紧一阵地刮起来，张德山怕大伙经验不足有闪失，不顾自己严重的高血压，毅然带领3名技术人员爬上40多米高的塔顶。4个人紧紧地肩靠着肩，将塔尖对准螺丝扣，一个一个地拧紧螺丝帽。当4人安全返回地面时，张德山已是大汗淋漓，头发和衣服都浸湿了。

农民感谢张德山

严冬季节，正是有线电视进户安装的最紧张时刻。为了让更多的群众在春节期间能看到有线电视节目，张德山带领职工早出晚归，加班加点地干，将近一年的时间没有休息过一天。渐渐地，他感到头痛、头晕、四肢麻木，走起路来要摔倒。去医院一检查，血脂、血黏度都比正常人高出近一倍，确诊为脑血栓前兆。医生让他住院治疗，可张德山怕影响工作，就每天晚上在局里打完点滴再去工地上指挥作业。

就这样，新城子广播电视局几百万元的工程项目，在张德山的带领下，没外请一个人，没外雇一个工，仅仅用了52万元的材料款，靠自行设计、自行施工、自行调试就拿下来了，入户率比原计划超出168%，实现了设备、机房、效果、服务的“四个一流”目标。

1998年，局里落实“村村通”广播电视工程。张德山提出：“哪怕掉下几斤肉，也要坚决完成任务。”施工正赶上酷暑，他带领施工人员穿行在闷热的庄稼地里，肩膀上的皮晒掉了一层又一层，他和大家都变成了黑脸“包公”。浸满沥青的线杆把每个人所有裸露在外面的皮肤都熏肿了，眼睛肿成了一条缝。大伙看到50多岁的局长都这么拼命干，没有一个叫苦叫累的。一次在山坡上立杆，由于过度劳累，张德山刚一上去就大头朝下摔了下来，满脸青肿，却坚持不去医院，一连几天脑袋疼得爆炸一样，他就靠吃止痛片顶一顶。当新城子最边远的地区——望滨乡古砬子村能够收看到30多套节目时，村民们高兴得奔走相告，张德山脸上也露出了欣喜的笑容。

张德山在登高作业

张德山在安装天线

在区财政十分紧张的情况下，张德山带领全局职工苦干实干，使广播电视局由他上任之初的60多万元固定资产发展到1000多万元，流动资金增加到300多

张德山参加劳动模范表彰大会

万元。

张德山的“抠”是出了名的。他出差上百次，从没坐过卧铺，从没打过“的士”，从没住过高级酒店。他出差吃饭的食谱，不是一碗面条，就是半斤包子加一碗汤。因此有人称他为“面条局长”。在购买有线电视设备中，他3次带人去北京，每一次都是昼夜兼程，自备干粮，速去速回。跟随他出差的职工们，从不理解到逐渐都习惯他的“抠”。

在连续几年实施有线电视工程中，不断有推销设备、材料的厂家找上门来，有的提出给张德山10%～20%的回扣，可轻而易举拿到几十万元回扣款，这些全被他严词拒绝了。张德山还规定了一条纪律，洽谈业务必须由班子成员两人以上参加，保证低价买回好设备。连续几年，局里平均每年接待费没超过2000元。

即使是合理合法的收入，张德山也心不贪、手不伸。在局里的有线电视工程中，按照政府与他签订的责任状，张德山应得到24万元的目标奖。这对于生活俭朴、家里连一件高档家具和电器都没有的张德山来说，无疑是一笔很大的财富。但是，他把钱全部拿出来，一部分给职工发了奖金，一部分用于职工集体休假。

张德山生活简朴，对自己达到了近乎苛刻的程度，但他对灾区人民、对贫困户总是慷慨解囊，用自己的钱帮扶困难户，送钱、送物合计5000多元，并为希望工程、残疾人事业、抗洪救灾等捐款2万多元。一次，他去社区参加活动，得知一个困难家庭孩子考上大学拿不起学费，当即表示资助其直到念完大学，先后送去4200多元现金和学习用品。

如今，张德山已经退休了，但他仍在热心地关注着广播电视事业，帮助那些需要帮助的人。他说：“人的工作年限有终点，但为人民服务永远没有终点，要做的事情还很多、很多……”

纪云华（1959—2011），辽宁省沈阳市人，中共党员。沈阳客运集团公司218路乘务员。曾任沈阳客运集团公司兴华汽车分公司工会主席。她在乘务员岗位一干就是17年，熟记全市 70多条公交线路沿线的几百所工厂、学校、医院，被乘客称为“活地图”。她结合工作实践，编写多项服务示范口诀，提升了沈阳公交行业服务质量。多次被评为沈阳市劳动模范、辽宁省劳动模范。1995年被评为全国劳动模范。

纪云华——公交战线服务明星

2011年8月11日下午，新时期的“雷锋传人”郭明义冒着酷暑，专程从鞍山赶到沈阳，看望身患癌症的全国劳模纪云华。因为纪云华身患重病期间，加入了沈阳的郭明义爱心团队，并亲自送去2000元捐款。得知纪云华作为辽宁省人大代表，经常仗义执言为群众说话办事，郭明义很感动，连声称赞“您真了不起，向您学习”，并在赠送给纪云华的书上题字：“您的爱心将照亮我们前行的道路。”

3个月后，纪云华走完了她52岁短暂的一生，把无私奉献精神留给了后人。

纪云华是20世纪八九十年代沈阳公交战线的一面旗帜。

她20岁参加工作成为一名公交售票员，当年踏上公交车背起票兜，面对每天简单重复的售票工作时，也曾经迷茫过。

思想转变是从一次小小的教训开始的。那一次，车上的乘客很多，纪云华在不停地报站、开关车门的忙碌中忘了报一个站名，一位老年乘客责怪了她。晚上躺在床上，纪云华翻来覆去睡不着，思前想后，她认识到问题的根源是自己缺少对乘客的感情和对公交事业的热爱。干一行就要爱一行，纪云华暗下决心。打那以后，她像变了个人似的，上班总比别人早来一会儿，做好出车准备工

纪云华组织班组学习

作，下班后宁可饿肚子也要打扫干净车厢卫生。

纪云华搀扶老年乘客

小小车厢就是个小社会。纪云华认识到，乘务员不能只靠热情工作，还必须有过硬的服务本领。于是，她利用休息日到先进车队的车上观摩、学习、取经。为了练习快速售票，她用卷烟纸当车票，让爸妈弟妹当乘客，反复进行演练；为了报站发音准确，她对照镜子练口型；为了熟悉沈阳的地理环境，她利用节假日先后走访了70多条公交线路，熟记30多家知名企业和100多所学校、影剧院、旅社、医院，几十处游览场所、名胜古迹、商业网点的名称和换乘方式。短短几年时间，纪云华练就了有问必答、答必准确的过硬本领，被乘客称为“万事通”“活地图”。

纪云华还注重揣摩乘客的心理，研究沟通艺术。她到新华书店购买了《心理学》《儿童心理学》等书籍，并结合自己的工作经验总结编写了一套“售票员服务经”，包括“心想乘客坚持做到四多”“尊重乘客坚持做到有三声”“体贴乘客坚持做到八照顾”及“服务五字法”“服务三字经”等服务口诀和经验。她总结并写出了10万多字的心得笔记，一些好的做法在沈阳公交系统广为推广。

纪云华辛勤地耕耘，在车厢里播撒爱的种子，也收获了社会的理解与尊重。一位盲人动情地说，五六年了，我经常坐这趟车，这位乘务员每次都扶我上下车，给我找座位，有时候还扶我过马路。虽然我看不见她的模样，但她的甜美声音我早就熟悉了。纪云华当乘务员整整17年，没有与乘客争吵过一次，没发生过一次服务性事故。

在公交车上，经常出现小偷扒窃现象。身材瘦小、模样清秀的纪云华，眼睛里从来不容沙子。面对小偷的嚣张气焰，她不顾个人安危，敢于针锋相对地较量。在制止一起扒窃事件中，纪云华指着小偷的鼻子说：“你如果敢在我们车厢里挑衅作案，抓住你就能判个十年八年，如果不信你就试试看！”一番仗义执言后，小偷被镇住了。纪云华归纳了车厢小偷的“一窜、二看、三贴、四围、五门前”的种种表现，总结出维护乘客财产安全的“宣传提示法”“观察疏导法”等，经常在车厢里宣传，她所在的包车组17年间避免了50多起扒窃案件。

1996年，纪云华担任了沈阳客运集团公司兴华汽车分公司纪委书记兼工会主席。她把职工的利益挂在心上，做了大量的实事、好事。2006年，纪云华当选辽宁省第十届人大代表，为了解决沈阳公交战线一系列问题，她早出晚归利用休息时间做了大量调查研究，提出“整合资源集约化经营”等建议。担任纪委书记、工会主席后，即使大年三十，她也去送饺子慰问一线职工。

2010年9月，纪云华因患癌症进行了一次大手术，随后又做了6次化疗和30次放疗。在身患重病的情况下，纪云华仍奔波在人大代表和工会主席的履职道路上，直到生命的最后一刻。

纪云华生前用过的部分书籍

梁鸿义 1951年出生，辽宁省沈阳市人，中共党员。沈阳市大东区市政工程公司汽车司机。参加工作以来，他先后干过勤杂工、木匠、焊工、水暖工、电工、汽车驾驶员等多个工种，无论做哪一项工作，都干一行、爱一行、钻一行，留下了闪光的足迹。1997年被评为沈阳市特等劳动模范，荣获“第三届全国职工职业道德十佳标兵”，1999年被评为辽宁省劳动模范，2000年被评为全国劳动模范。

梁鸿义——全国职工职业道德标兵

有人说他像“铁人”，为了国家和集体的利益能把命都豁出去；有人说他像孟泰，艰苦奋斗，勤俭节约；有人说他像徐虎，爱岗敬业、无私奉献……他把自己的全部智慧、精力和才能都献给了热爱的企业。他就是沈阳市大东区市政工程公司汽车司机梁鸿义。

梁鸿义文化水平不高，但他心灵手巧肯钻研。在企业里，哪个工种干活儿缺人手他就凑上去帮忙，久而久之，木工、焊工、水暖工、电工、装卸工、修理工、司炉工、汽车驾驶员，梁鸿义样样精通。

公司有一台铲车，按使用年限早该报废了，可是梁鸿义修来修去，竟然把这辆“老掉牙”的车保养得能正常运行了，并一直在使用着。一次，这辆车的铲齿坏了，为了节省1万多元的换件钱，梁鸿义仔细琢磨，最后找来一块钢板，又挫又割又焊，他只用两天就把铲齿修好了。因为有了梁鸿义，单位的22台车和其他设备，不管出了什么毛病，从来就没离开大院出去修理过。仅这一项，梁鸿义就为公司节约了30多万元的维修费。

1992年春节前夕，公司锅炉炉箅子断裂，按常规得停炉冷却后再修，但这样可能会把暖气片冻坏影响生产。梁鸿义提出，抢修不能等锅炉冷却。大家担心炉温高、不通气，怕把人憋坏。梁鸿义说：“我进去，你们看我的脚不动弹了就往外拽，只要我不死，就能把他焊好。”他穿上防护衣，把湿毛巾顶在头上，钻进去、爬出来，来回5次，终于

梁鸿义在维修压路机

把炉箅子修好了。当大家最后一次把他拽出来时，他一头晕倒在现场。在场的人无不感动，“老梁为企业真是把命都豁出去了”。

梁鸿义认准一个理儿，国家和企业是家，工人是这个家的主人，家里有什么事就应该竭尽全力去干，这才像个主人的样子。他身兼数岗，一身绝活儿，但是只拿一份工资，从不要额外报酬。一次修理压路机，他为公司节约了一万多元，公司奖励他200元，好说歹说他同意拿100元，可转身他就把这100元也交班组使用了。

《共产党员》封面上的梁鸿义

沈阳市创建国家卫生城期间，公司承担了繁重的铺路任务。偏偏此时一台12吨压路机的变速箱突然开焊，不能正常作业。按常规方法修车最少也得3天，而压路机一天也不能停。梁鸿义急中生智，想出了穿透螺丝固定法。由于水焊割眼的角度不够，他就把焊枪折成90度进行焊割。由于车底盘是好几层铁板堆成的，最多也只能割透一半。怎么办？“这样下去不是要耽误事了吗！”梁鸿义心急如焚。他干脆钻到车下，仰面朝天从底部往上割。焊花四溅，不时落在他的脸上，烫出一个个血泡。他顾不上疼痛，心里只有一个念头，就是不管克服多大的困难，也要尽快把车修好。最后，只用了半天时间就把压路机修好了。梁鸿义洋溢着喜悦的脸上，留下了点点烫伤的痕迹。

因为梁鸿义技术好，不少单位出高薪聘请都被他拒绝了。梁鸿义说，人活着不能往钱眼里钻，只有与企业同甘苦、共患难，才能对得起组织对自己的培养。

2003年春节前，数九隆冬，滴水成冰。已是晚上10点多了，老梁被单位的电话叫醒了：“不知什么原因停电了，锅炉不能运转了。”老梁立刻爬起来赶到单位。到那一看，发现是外线电路变压器烧坏了，只能由电业局专业人员维修。此时，部分暖气管线已经因为停电而上冻了，如果再拖下去，单位1300米的管线和暖气就会冻裂，造成重大损失。梁鸿义用水电焊烤已经冻上了的管线，从深夜一直烤到第二天早上。实在太困了，找地方眯一会儿又连续工作十多个小时，单位管线化险为夷了，梁鸿义却瘫倒在休息室里。

一次，在筑路施工的紧要关头，熔化沥青的沥青炉突然断裂了。要停炉修理就得使整炉沥青冷却下来从而造成停产。工期不等人，公司领导急得团团转。正患病发烧在家休息的梁鸿义得知消息后，立即赶到公司查看炉体故障。经过一番仔细检查，他建议不停炉修理。在不停炉的情况下进行维修是一项非常危险的作业。梁鸿义把湿毛巾顶在头上，把全身的衣服用水淋湿，毫不犹豫地钻到滚烫的炉子底部抢修。炉下的高温令人难忍，熔化沥青散发出来的有害气体更呛得人透不过气来。同事们心疼老梁，几次把他拽出来，准备再派别的同志进去接着修。可他说：“这活儿太危险，还是我来吧。”喘口气，又一头钻进炉底，坚持着把沥青炉修好。

一次，他出车路过小北交通岗西侧时，看到两辆汽车相撞，其中一辆汽车的油箱呼呼地着火，随时有爆炸的危险。老梁迅速停车，拿起自己车上的灭火器就冲了上去，对准油箱一阵猛喷。围观的群众被梁鸿义的行为惊呆了。火灭了，一个小车司机拍着他的肩膀说：“老兄，你真行，万一油箱爆炸了，你就没命了。像你这样的好人不多了。”

为了传承劳模精神，梁鸿义与汽车维修工路忠郊结为师徒，手把手教路忠郊修车技术，把好技术和好作风传授给他。如今，路忠郊已经成为了“金牌维修工”。梁鸿义虽然退休了，他带起的劳模团队和徒弟，都在传承着劳模精神。

全国职工职业道德『双十佳』评出

先进事迹报告会在京举行

本报北京9月3日讯 新华社记者韩振军、本报记者陈鹏报道：为进一步广泛开展“讲文明、树新风”活动，中宣部、国家经贸委、国务院纠风办、全国总工会今天在京联合举行全国职工职业道德先进事迹报告会，会上宣布了第三届全国职工职业道德“双十佳”名单。

评选职工职业道德“双十佳”，是全国职工职业道德建设指导协调小组、全国总工会为推进职工精神文明建设而开展的一项活动。获得第三届全国职工职业道德“十佳标兵”称号的是：上海西部企业（集团）有限公司水电工徐虎，北京公交总公司21路车队售票员李素丽，山西西山矿务局西曲矿综采一队副队长亢龙田，太原铁路分局太原站客运值班员史改梅，沈阳市大东市政工程公司汽车司机梁鸿义，河南许昌市环卫处清洁工冀丙祥，重庆市万县市精神卫生中心护士王凡，天津市百货大楼股份有限公司营业员邱汝舜，福建华安县新圩邮电支局乡邮员邹甲乙，广东湛江市惠珍联合医院院长梁惠珍。获得“十佳单位”称号的是：济南市交警支队，大连第一公共汽车公司，安徽淮北市运输管理处，徐州铁路分局565/566次车队，黑龙江牡丹江心血管医院，武汉中心百货集团股份有限公司，深圳工商管理（物价）局福田公司，甘肃省刘家峡化工总厂，连云港新海发电厂，长春电业局。

在今天的报告会上，踏实苦干牢记主人翁职责的梁鸿义，把赤诚的心和无私的爱献给旅客的史改梅，甘做当代时传祥的冀丙祥，学技能、送亲情、一颗诚心为顾客的邱汝舜，先后介绍了他们爱岗敬业、吃苦耐劳、勇于进取、无私奉献的动人事迹，人民大会堂小礼堂不时响起阵阵掌声。

图为第三届全国职工职业道德十佳标兵。上排左起：徐虎、李素丽、亢龙田、史改梅、梁鸿义；下排左起：冀丙祥、王凡、邱汝舜、邹甲乙、梁惠珍。 新华社发

人民日报

1997年9月

4

星期四

丁丑年八月初三

北京地区天气预报

白天 晴

降水概率0%

风向 北转南

风力 二、三级

间四级

梁鸿义被评为全国职工职业道德十佳标兵

关维国 1963年出生，辽宁省义县人，中共党员。现任沈阳惠天热电股份有限公司沈河三分公司经理。他无论是当工人还是当站长、经理，始终发扬“辛苦我一人，温暖千万家”的敬业精神，创造了一流的工作业绩。在做好本职工作的同时，他成立了志愿者服务队，带领队员20多年如一日义务为居民服务。1997年被评为沈阳市劳动模范，1999年被评为辽宁省劳动模范，2000年被评为全国劳动模范。

关维国——为千家万户送去温暖的人

关维国太平凡了，从沈阳第二热力供暖公司的一名普通水暖工，到惠工一期75号供暖站和新联线中心站站长，再到惠天热电沈河三分公司经理。然而，关维国又是不平凡的，他年复一年地工作在供暖的第一线，以无私奉献的大爱赢得了老百姓的好评如潮，成为沈阳市供暖行业的一面旗帜。

1992年6月，关维国参加工作来到沈阳第二热力供暖公司，仅仅做了4个月的水暖工，他就以出色的工作表现被任命为惠工一期75号供暖站站长。关维国怎么也没有想到，他当站长的第一天，就遭到居民劈头盖脸的一通责骂。原因是这个小区居民家里的暖气始终不热。久而久之，居民对供暖公司失去了信心。关维国没有辩解，只是感到肩上担子的沉重，尤其是看到冻得发抖甚至生病的居民，他更感到内疚。

11月的天气说冷就冷，北风呼啸、气温骤降，关维国决定立即组织抢修。他与同事们挨家挨户查看暖气设备，钻地沟、下井室冲洗管道，更换阀门。沉睡了多年的井室、地沟里积满了又脏又臭的污水，溅到身上一会儿就冻成了冰。手里的管钳，一不小心就粘在皮肤上。关维国和同事们连续奋战20多天，在刺鼻的污水里钻来爬去，人整整瘦了一圈，可小区住户的暖气却一家家热了起来。居民们被感动了，派代表一次次手捧着慰问金找到关维国，都被他婉言谢绝了。后来，居民们制作了一面写着“情暖人间，温暖万家”的锦旗送给他，表达了感激之情。

关维国身上有一种“铁人”精神。一年冬天，在抢修换热站阀门时发生意外，阀门压盖突然断裂，一股80多摄氏度的高温热水一下子喷到关维国身上，剧烈的疼痛使他浑身颤抖，直至疼得休克。在医院抢救时，关维国身上的烫伤面积达30%，局部深3度烫伤，当时医生要求他至少治疗休息两个月，关维国仅在医院躺了15天就缠着纱布上班了。后来感到身体不适实在挺不住了，他到医院一检查，原来是烫伤抢救输血时感染了丙型肝病毒。即使这样，关维国还是坚持不住院治疗，每天到医院打完点滴就匆匆回到工作岗位上，愣是一天也没耽误工作。

关维国的学历不高，但他清醒地认识到，工作只凭热情和吃苦精神远远不够。于是他自学大专课程，系统掌握了有关供暖行业的技术知识，参加有关技术培训，并把它应用到实际工作中。75号换热站供暖面积达10万平方米，按正常失水率计算，日失水量在80吨左右，但由于站内“三修”做得好，运行时检查及时，使日失水量控制在15吨，仅此一项每年就为公司节约3000余元。关维国将冬季运行中靠两台3000瓦电机供换热站用水改为由小区的给水设备直接供水，在保证供暖的同时减少不必要的浪费，又为公司节约了近万元。关维国大胆采用停网前对供暖设施进行冲洗的办法，解决了供暖前上水、冲洗、打压造成的水资源浪费问题，延长了管网使用寿命，也制约了私改暖气现象的发生。此项革新得到好评，很快在全公司推广。关维国还在站里实施了“一二次网板面对调”等一系列小革新项目，被公司作为典型经验在全系统推广。

关维国好管“闲事”出了名。夜里看见院子里有没锁的新自行车，便楼上楼下地去寻找车主；发现楼道里380伏的进户主电闸里面打出明火，便冒险拉下电闸，消除火灾隐患；某小区52号楼本不归75号换热站供暖，暖气不热的居民们抱着试探的心情找关维国帮忙，他下班后就带着人去检修，一直忙到晚上10点多。家里的暖气热了，许多居民激动得流下了眼泪。

一年春节前夕，关维国来到一对80多岁的老夫妇家，一进门就发现屋地上满是脏水，臭气熏天。两位老人眼圈红了：“下水道堵了，天天往外淘脏水，这年可咋过呀！”关维国二话没说，立即借来疏通机把下水道疏通了。临走时他对老人说：“我父母去世早，是姥爷姥姥把我带大的。你们就把我当自己的孙子吧，千万不要客气！”

叫响我是劳模，关维国一马当先。2000年，关维国在新联线中心站建立了“全国劳动模范关维国供暖服务网”，给居民发放“便民服务卡”，千方百计为群

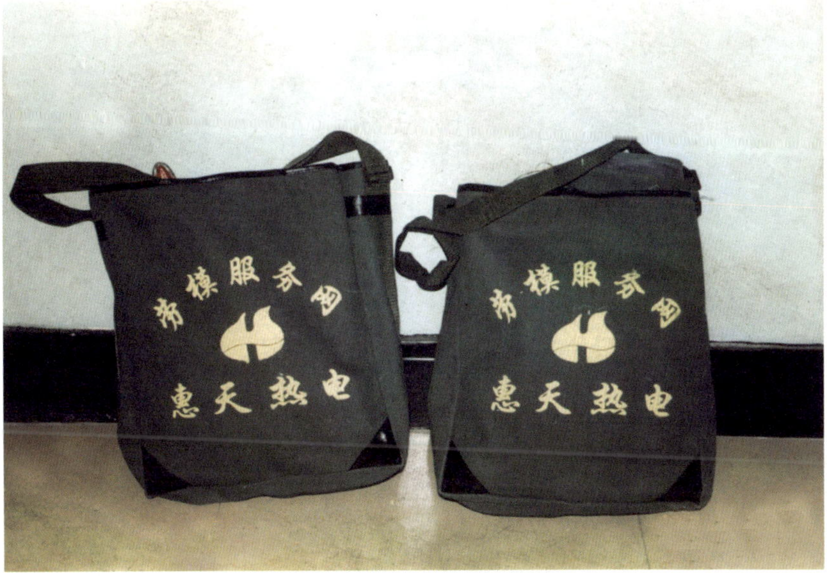

关维国的工作挎包

关维国在检查热网运行情况

众服务。几十年来，关维国照顾过多少孤寡老人、残疾人，没有人数得清。辖内的老百姓、单位有什么困难，只要找到关维国，只要他能做到的绝不推辞。一座不是其管辖范围的弃管楼，5个单元的自来水立柱都有沙眼漏水，一些用户一趟远门都不敢出，生怕家中发水。楼长抱着试试看的想法找到了关维国说明情况，他爽快地答应了："手工费一分钱不要，你们买材料就行。"75号站员工放弃了周六周日休息时间，把5个单元的自来水立柱和支管给换好了。

"我们要多给用户一点爱，多为用户提供优质服务，让供暖站成为一个爱心海、温暖家。"关维国是这么说的，也是这么做的。如今已过"天命"之年的关维国，仍在供暖岗位上奋斗着。每到夜晚，在位于沈河区三经街的75号供热站，"全国劳动模范关维国供暖服务网"的灯光牌匾准时点亮，劳模精神在这里发扬光大。

蒋新松（1931—1997），江苏省江阴市人，中共党员。中国工程院院士，著名自动控制、人工智能和机器人学专家，国家863计划自动化领域首席科学家。曾任中国科学院沈阳自动化研究所所长。他创建了我国第一个机器人工程研究开发中心，领导研制了水下机器人系列产品，为我国自动控制和机器人研制事业作出了开创性贡献。曾被评为国家有突出贡献的优秀科学家，获中国工程院首批颁发的中国工程科技奖。1998年3月，中组部、中宣部、科技部、中国科学院和中国工程院联合作出《关于号召全国科技工作者向蒋新松同志学习的决定》。同年4月，中共辽宁省委、辽宁省人民政府作出《关于向战略科学家蒋新松同志学习的决定》。1977年被评为沈阳市先进科技工作者，1984年被评为辽宁省劳动模范，1998年获全国五一劳动奖章。

蒋新松——“中国机器人之父”

在蒋新松的生命里，似乎与数字“6”结下了不解之缘。这是一个永远定格在1997年6月的镜头：在烟波浩渺的太平洋上，一艘执行太平洋多金属结核调查任务的5000吨级中国考察船在夏威夷以东海面上行驶。人们在摇晃的甲板上俯视大海，终于在指令时间、指令位置欣喜地发现旋出水面的机器人。

大家从船舱里取出事先准备好的五星红旗向蓝天高高地展开，请五星红旗与大海做证：中国6000米自治水下机器人的试验应用成功了！

此时，人们念念不忘一个人，他就是被称为“中国机器人之父”的蒋新松。船头上，19位中国科技人员肃立于甲板上，把两个月前逝世的蒋新松的部分骨灰撒入了太平洋。6000米自治水下机器人在这一年试验成功，但蒋新松在这一年走完了他66岁的人生历程。

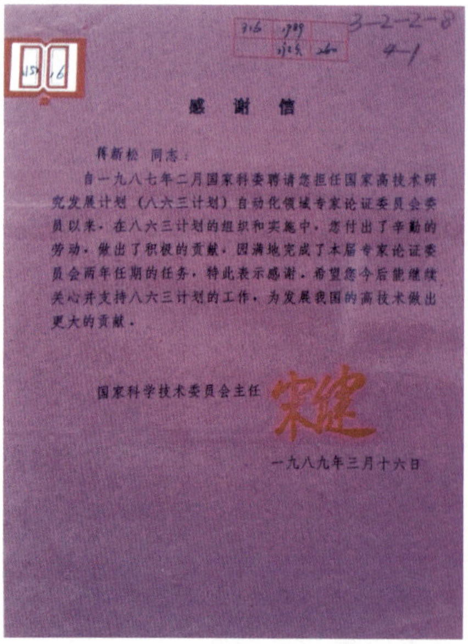

感谢信

蒋新松 同志：

自一九八七年二月国家科委聘请您担任国家高技术研究发展计划（八六三计划）自动化领域专家论证委员会委员以来，在八六三计划的组织和实施中，您付出了辛勤的劳动，做出了积极的贡献，圆满地完成了本届专家论证委员会两年任期的任务，特此表示感谢。希望您今后能继续关心并支持八六三计划的工作，为发展我国的高技术做出更大的贡献。

国家科学技术委员会主任 宋健

一九八九年三月十六日

时任国家科委主任宋健写给蒋新松的感谢信

科技进步奖证书

为表彰在促进科学技术进步工作中做出重大贡献者，特颁发国家科技进步奖证书，以资鼓励。

获奖项目：无缆水下机器人的研究、开发和应用

获奖者：蒋新松

奖励等级：一等奖

奖励日期：一九九八年十二月

证书号：

中华人民共和国科学技术部

朱丽兰

蒋新松主持的无缆水下机器人项目获国家科技进步一等奖

“海人一号”水下机器人在1985年、1986年先后获得首航和深潜成功

1980年，担任中科院沈阳自动化所所长的蒋新松提出：“结合中国国情，把研究特殊环境下工作的机器人，作为中国机器人技术发展的突破口。”为了解决我国海上石油开发、海洋调查、海洋工程以及国防的急需，他提出把“智能机器人在海洋中应用”作为中科院沈阳自动化所的重点课题，并选“海人一号”水下机器人作为我国发展机器人的攻坚目标，被列为“六五”重大科技项目和国家“七五”海上石油攻关设备项目。

此时，蒋新松作为“海人一号”水下机器人的总设计师，先后组织过中科院、有关部委及高校多学科专家进行跨行业协作，攻克了多项关键技术，仅用两年多时间就研制出样机，并在1985年、1986年先后获得首航和深潜成功。蒋新松与同事们的辛勤劳动得到了充分的肯定，“海人一号”样机获得1989年中科院科技进步二等奖。

这时，蒋新松又开始思考一个新的课题，如何使机器人科研项目转化为产品打入国际市场。他以高起点的技术引进为基础，成功地走出了一条“消化、吸收、创新、提高”发展及建立我国海洋机器人产业的道路。他们与美方合作研制的“瑞康四号”中型机器人从1988年起，一直在中国南海石油钻井平台被外国公司租用，开创了中国近海石油勘探钻井中首次使用国产机器人的成功纪录。迄今为止，他们已生产8套中型水下机器人，其中有3套销往美国。

1998年，中国科学院、中国工程院评比“1997年十大科技进展”，沈阳自动化研究所研制的6000米水下自治机器人榜上有名。蒋新松担任所长14年，沈阳自动化研究所成果累累，5项获国家级奖，46项获省部级奖。

人们把6000米水下自治机器人的试验应用成功，看作如同成功地发射了一颗返回式

“海洋卫星”，这是蒋新松生命和心血的结晶。人们很难想象，水下机器人在深海里，指甲盖大的面积就要承受6吨重的压力。除此之外，其导航定位，受海水和海流的影响，水下机器人比空中飞行体更难指挥和定位。海水对材料的腐蚀力相当强，而价值几千万元的机器人，要“健康长寿”必须采用抗腐蚀特殊材料。空中卫星能采用太阳能电池供电，而水下机器人只能自带“干粮”。

蒋新松以他战略家的眼光追踪着国际前沿课题，在水下机器人、特种机器人、工业机器人的研究、开发、工程应用及产业化方面取得了开创性的成果。他为我国建立起一支高水平的水下机器人研制队伍，建成了国内唯一能提供水下机器人系列化产品的生产基地，创建了国家机器人技术研究开发工程中心和机器人学开放实验室。在沈阳南塔地区，矗立起一座造型新颖的现代化建筑。它的庞大圆柱形筒壁如机器人的巨臂，左右圆窗好像两只明亮的眼睛，正面银白色的不锈钢板如机器人的盔甲，红、黄、蓝三色几何图案恰似机器人挥舞着彩带，迎接远方的客人。整个建筑宛如一座科学的城堡，这就是1990年通过国家验收的中国科学院沈阳机器人工程研究开发中心。它的建成凝聚着蒋新松的心血，也为这位国家“863”计划实施以来，连任四届的自动化领域首席科学家树立了一块不朽的丰碑。

1994年，63岁的蒋新松从研究所所长岗位上退下来，本该颐养天年，可他却比以前更加忙碌了。一年多的时间里，他多次为中央、省、市领导及企业作高新技术报告，撰写了20多万字的论文，探讨传统产业技术改造、发展高新技术的问题。1997年3月15日，蒋新松向国家科委领导送上20万字的研究报告，提出了对企业进行重组，大力推广CIMS大中企业，发展新兴产业的建议。这是他一年智慧和心血的结晶。人们没有想到，这竟然是他人生的最后一次拼搏和奉献。半个月后，蒋新松因病与世长辞。

1997年5月，在蒋新松辞世一个月后，根据联合国关于测试太平洋深海区地况的请求，潜深6000米的无缆水下机器人随中国海底测量队，远赴夏威夷东南海域进行深潜海试工作，为国家第一次在太平洋深海探明锰铬矿藏。

蒋新松为我国科技事业作出了突出的贡献，党和人民给予他崇高的荣誉。1998年3月，中组部、中宣部、科技部、中国科学院和中国工程院联合作出《关于号召全国科技工作者向蒋新松同志学习的决定》。4月28日，中共辽宁省委、辽宁省人民政府作出了《关于向战略科学家蒋新松同志学习的决定》。如今，蒋新松的铜像坐落在沈阳劳动公园的绿草丛中，人们前来瞻仰缅怀时，无不感念他对我国科技事业所作的贡献。蒋新松开创的机器人产业正以超常的发展态势，成为引领老工业基地加快全面振兴的龙头产业。

刘积仁 1955年出生，辽宁省丹东市人，无党派人士。现任东软集团股份有限公司董事长兼首席执行官，兼任中国软件行业协会副理事长。作为我国第一个计算机应用专业博士，他先后承担了40多项国家级重大科研课题及省、市科研项目，多项科研成果获奖。他是我国计算机软件产业化的开拓者，创立了中国第一家上市软件公司，东软先后3次入选“最具全球竞争力中国公司”20强榜单。1995年被评为全国先进工作者。曾当选第八届全国政协委员。

刘积仁——中国计算机软件产业化的先行者

2009年12月23日，CCTV中国经济年度人物颁奖典礼现场，随着激昂的音乐声响起，东软集团董事长兼CEO刘积仁从幕后走上前台，庄重地从颁奖嘉宾手中接过亮闪闪的、铭刻着崇高荣誉的奖杯。

刘积仁在获奖感言中说："东软生长在一个十分困难的时代，这个时代培养了我们忍耐拼搏的精神。我们起步在一个没有软件的市场和软件没有价值的时代。而今天我们看到软件从高科技的神坛上，变成了我们每个人生活中的消费品。我们东软的软件也变成了走向世界的新产业。我们特别幸运的就是我们成长在中国……"

1980年，刘积仁毕业于东北工学院自动控制系，同年考取东北工学院计算机专业研究生，1983年获硕士学位留校任助教、讲师，1984年考取在职博士研究生，1986年去美国国家标准局计算机研究所深造，1987年回国获东北大学博士学位，成为中国第一位计算机应用专业博士。

1986年，刘积仁到美国深造时，有一个现象让他感到好奇，与他一同工作的马里兰大学的教授，总是能够从国家标准局这类的政府机构或者IBM、HP这样的大公司里获得研究经费。而此时在中国，高等院校想要获得搞研究的经费，真比登天还难。尤其是博士、教授"下海"经商，当时被认为是一件很不光彩的事。

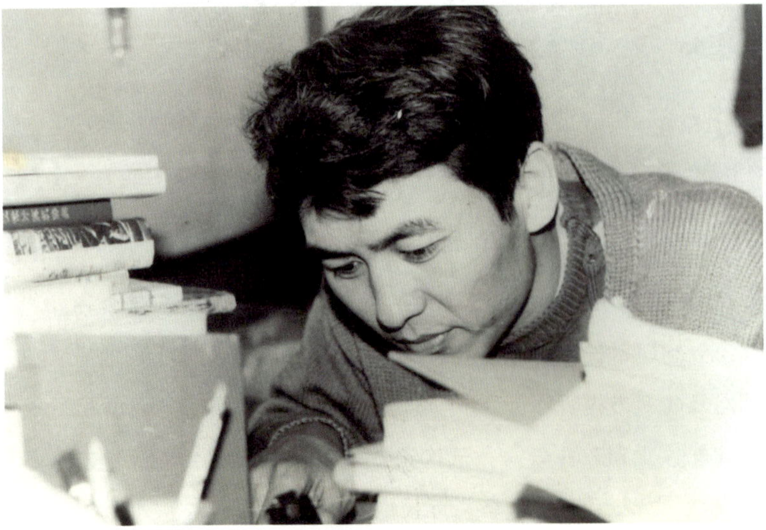

青年时期的刘积仁成为中国第一位计算机应用专业博士

1988年，东北工学院计算机系软件与网络工程研究室成立，刘积仁任主任。他刚从国外回来不久，就满怀激情地加入了这个研究室。可令他失望的是：只有一间半房子的研究室，里面除了3台旧电脑，没有一分钱的经费。刘积仁当初想好了一个点子，“架设学校研究与社会应用的桥梁”。结果，由于找不到企业给他的研究课题投资，做了一段时间，只好带着沮丧的心情将研究室的工作停了下来。

一天，学校里通知刘积仁开会，说是日本阿尔派株式会社到中国来考察，希望找到一个研究团体，能够承接汽车内部的软件系统。刘积仁做了些准备就在会上发了言，谈了自己对这个研究计划的一些看法。没想到，他的发言令日本客人十分感兴趣。会后，日本客人提出与刘积仁合作。达成合作意向后，日方请刘积仁去讲这个题目。这次日本之行，促成了东北大学与阿尔派的合作。

1990年，刘积仁领衔成立了东北工学院软件研究与开发中心，很快探索出一条教学、科研及技术转化相结合的发展路子。1991年，与日本阿尔派株式会社合资成立了沈阳东工阿尔派软件研究所，完成了科研实体向产业化的全面转化，产品开始大量进入国际、国内市场。1993年，东大阿尔派软件股份有限公司成立，实现了向规范化的现代企业的转变。1993年公司实现产值2200万元，1994年实现产值3200万元，人均30多万元。1993年“东北工学院计算机软件研究与开发中心”更名为“东北大学软件中心”，该中心经国家

刘积仁与东软青年员工在一起

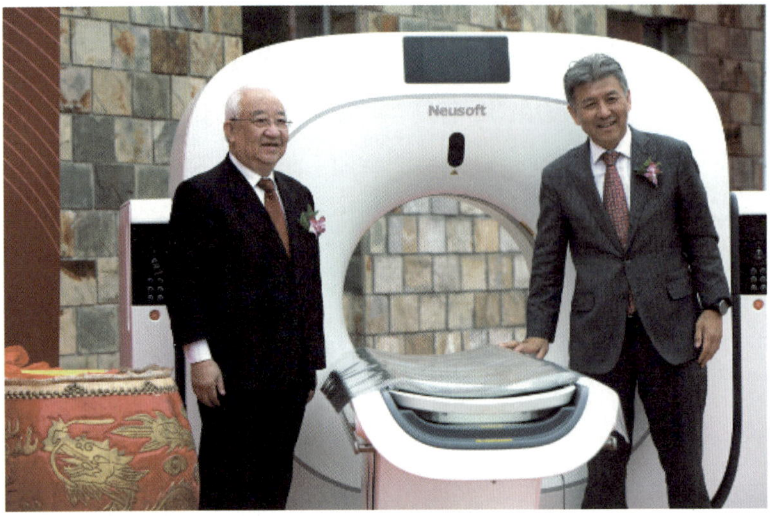

2015年5月8日东软集团发布首台国产128层螺旋CT

计委批准成为中国第一个计算机软件国家工程研究中心。

2004年6月，东软迎来了15岁生日。这家曾经被人们说成不知道“我是谁”的公司，成为我国第一家员工超万人的软件企业。与别的“从软到软”的软件公司不同，东软走的却是一条“从硬到软”的另类路线：在别的软件公司卖光盘的时候，刘积仁却带着东软人卖服务器、卖CT机、卖音响。过去若干年，从建软件园到做CT机、从做软件外包到生产音响设备、从手机设计到教育培训，东软的业务五花八门，跳跃感十足。而实际上，不管东软销售的是什么产品，其中有一样东西是共同的，那就是软件。刘积仁始终如一地把软件往解决方案上演绎，往数字医疗、服务上演绎，这也使东软变得更加浪漫、更加富有想象力。

有着浓厚艺术情结的刘积仁深知，一幅好的山水画能够做到“横看成岭侧成峰，远近高低各不同”。因此，虽然东软的核心业务是软件，但是这并不意味着一定要把软件做成单独的产品来卖，而是什么好卖就搭上去卖。在金融危机肆虐、企业抱团取暖的2009年，刘积仁果断地收购了芬兰Sesca公司旗下的3家手机软件公司100%的股份，耗资1200万欧元。2009年东软的营业收入超过40亿元。如今的东软，早已是年营业收入过百亿元的软件企业了。

刘积仁的成功，精炼两个字就是“敢为”。“无论是搞经营、办企业还是进行科学研究，其基本原理都是一样的，那就是要有创造力。没有创造力，什么事情也做不好。”刘积仁感慨地说。

孙淑君 1960年出生，山东省淄博市人，中共党员。高级心理咨询师，辽宁省特级教师。现任沈阳市残疾人联合会副理事长。她身残志坚，创办沈阳市皇姑区启智幼儿园，填补了全省乃至全国残疾儿童特教空白，探索了一条适合中国国情的残疾儿童康复教育的新路，曾获“全国热爱儿童荣誉奖章”。2000年被评为全国先进工作者。曾当选第十、第十一届全国人大代表。

孙淑君——为残疾儿童教育撑起一片蓝天

在孙淑君的微博上，有31798个粉丝关注着她、追逐着她。一位身患残疾的中年女性，她的传奇经历感动了无数人。孙淑君凭着自己对命运的抗争，凭着对残疾儿童教育事业的执着追求，克服艰难险阻，建立起一座2000多平方米的幼儿园，专门接收并进行早期教育启迪残疾孩子，她创办的沈阳市皇姑区克俭街道启智幼儿园闻名中外。

1960年2月，孙淑君出生在山东淄博，因医护人员接生不慎造成她双腿残疾。得到老师关爱成长的孙淑君小时候就萌生了当幼儿园教师的想法。她每天放学后把自己家附近的孩子组织起来，教他们唱歌做游戏。在这样当了7年的义务“小教师”后，她如愿以偿地当上了幼儿园教师。工作一年后的一天，正当孙淑君在全神贯注备课时，一张调转通知书摆在她的面前。原因是她腿有残疾，幼儿园领导怕影响孩子们的成长。回到家，她敲打着自己的残腿放声痛哭。为了给小淑君治病，爸爸妈妈拿出家里的全部积蓄给她做了手术。在病床上整整躺了19个月后，石膏拆除了，孙淑君的梦想也破灭了，因为腿依然残疾。

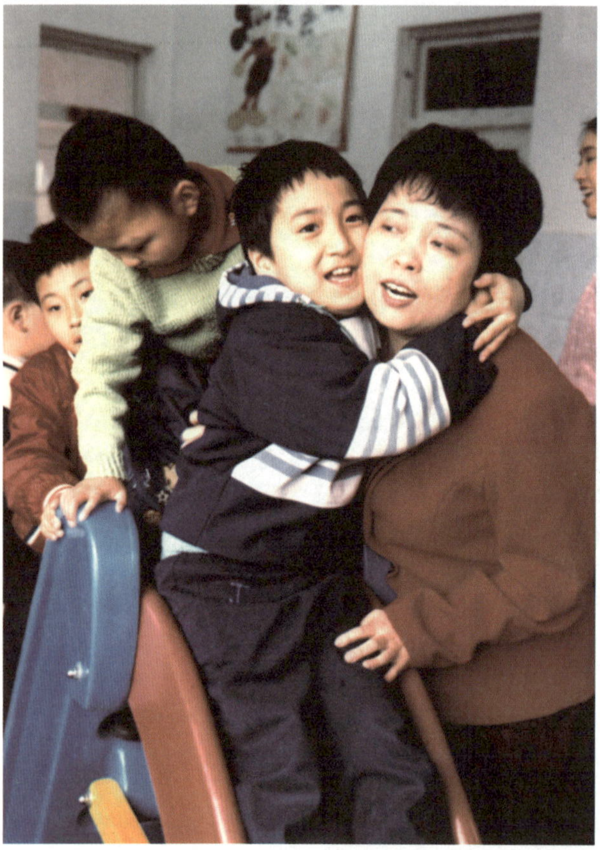

孙淑君与启智幼儿园的孩子们在一起

“办一个属于自己的幼儿园，再不会有人解雇我了。”几次当幼教的挫折使孙淑君下了这样的决心。

1983年2月，刚刚结婚的孙淑君顾不得经营自己的小家庭，从亲友手里借来1600元钱买了一间简陋的房子。丈夫刘厚明心灵手巧，帮助修窗修门砌墙刷浆。一个月后，房子被收拾得干干净净。当年5月，“淑君幼儿园”成立了！不久就有15个孩子入托。可此时孙淑君已经怀孕在身，她省吃俭用、咸菜下饭，精打细算把节省下的钱全用在幼儿园建设上了。一次次维修扩建，幼儿园的面积从20多平方米扩大到200多平方米，教具、设备应有尽有。淑君幼儿园远近闻名，入园幼儿由15名增加到100多名。

孙淑君以她独特的教学方式教孩子们，深得孩子和家长们的喜爱。比如教“猫”这个生字时，她抱来了一只大花猫，以实物示范教学产生了神奇效果。一节课下来，小朋友们个个会写猫字，人人都能讲猫的特性。

孙淑君先后创作了130多首儿歌，每首都有丰富的知识和哲理。她编著的《幼儿歌谣100首》，先后3次再版发行4万多册。高质量的教学和服务，赢得了社会的信赖和赞扬，入园儿童增加到275名。

早在办园初期，孙淑君就产生了创建一所弱智儿童幼儿园的想法，并开始了弱智幼儿教育的尝试。1984年夏天，她招收了6岁的先天痴呆儿刘征和弱智儿郭丽，成为全市第一个招收弱智儿童的幼儿园。经过两年的精心训练，郭丽像换了个人似的，唱歌、画画样样都行，刘征参加弱智学校入学考试其语言成绩达94分。

小试牛刀，孙淑君坚定了办弱智幼儿班的信心。开班不久就招来49个弱智孩子。此时，孙淑君萌发了新打算：办一所高水平的弱智幼儿园，就叫启智幼儿园。

1991年7月，孙淑君创办启智幼儿园的立项报告被批准了。于是，她拖着残腿选地点、找资金、跑批件……

1992年6月，在各级党委、政府和社会各界支持下，孙淑君筹集到93万元资金，2000平方米的启智幼儿园破土动工！孙淑君实现了人生的又一个梦想。1993年9月20日，第一批残疾儿童入园了。宽敞明亮的教室及游乐室、微机室、游泳池、音乐厅……20年来，这里共招收残疾儿童近千名，经过启智教育，5%以上的儿童进入正常小学，30%进入弱智学校，百分之百的儿童智能在原有基础上得到提高。

当选为全国人大代表后，孙淑君的视野更加宽阔，更加关注残疾人这个弱势群体。她先后在全国人大会议上提出十几项相关议案。她关注残疾人出行问题，提出《关于允许残疾人驾驶汽车的建议》的议案；她关注儿童教育，提出《关于加快制定我国〈学前教育法〉的建议》；她关注残疾人出行保障，提出“无障碍建设”立法、让弱势群体有尊严等议案。她还将目光聚焦在大学生就业问题上，提出“面对未就业大学生，政府和社会各界应给予实质性的专门帮助，成立大学生就业工作领导小组”；针对女性农民工社会保障问题，孙淑君建议，加大女性农民工社会保障力度等。

从1991年创办启智幼儿园至今，24年弹指一挥间。孙淑君凭着坚韧不拔的毅力，开创了残疾儿童教育的新天地，她说："我最幸福的，不是获得金钱和荣誉，而是实现了人生的梦想。"

2010年，孙淑君的女儿——北京大学医学博士刘晓默就要结婚了，孙淑君送给女儿的新婚礼物是自己出版的一本新书《妈妈给你追梦的翅膀》，书中记录了女儿成长的点点滴滴，渗透着一位残疾母亲不残缺的爱。如今，刘晓默已经是北京大学口腔医院正畸科的主治医师。妈妈自立自强的教育和榜样力量，为刘晓默健康成长成才奠定了坚实基础。

"我迷茫过、压抑过、愤怒过，但我从来没有放弃过！我热爱我从事的事业，我热爱培养我的这片热土！"孙淑君在微博上这样说。一位拖着残腿的美丽女人，用顽强与命运抗争的精神，在人生旅途上写下了浓墨重彩的一笔，留下了一串串闪光的脚印。

葛朝鼎 1939年出生，辽宁省大连市人，中共党员。曾任沈阳市第四中学校长、东北育才学校校长、沈阳市人民政府督学室副主任督学，现任东北育才外国语学校名誉校长。1986年，他在沈阳市率先进行“优才教育”探索，设立超常教育实验班、数学、英语、日语特长班，以此带动学校教育教学水平大幅度提高，为基础教育改革作出了突出贡献。1998年，合作兴办东北育才外国语学校，成为沈阳市中外合作办学的第一人。1983年被评为全国优秀教师，1995年被评为全国先进工作者。

葛朝鼎——基础教育的改革者

1961年，葛朝鼎由旅大师范学院毕业，之后，先后在旅大市金县六中、沈阳市十一中任教，后来又当上沈阳四中校长。1983年，他调入市总工会任科教工会主席。葛朝鼎对教育工作有着很深的感情和浓厚的兴趣，他认为自己最适合的岗位在学校，而不是机关。经过再三要求，1985年，葛朝鼎被派到东北育才学校担任校长。

东北育才学校是由张闻天、徐特立等老一辈无产阶级革命家创建的一所具有光荣革命传统的学校。1981年，学校成为沈阳市教育局直属学校，并被列为辽宁省重点中学。然而，由于“文化大革命”期间学校受到冲击，葛朝鼎进校时，派性依然非常严重，没有人专心研究教学业务。1985年高考，200名高中生参加考试，只有17人考上大学。葛朝鼎迎难而上，对学校进行大胆改革整顿，强化学校管理，健全完善各项制度，向管理要教学质量。实行教师聘任制度，调整了40名不称职教师的工作岗位。经过3年的改革整顿，东北育才学校发生了很大变化，教学质量明显提高。

葛朝鼎在校长论坛上作大会发言

1994年，一条消息经媒体报道轰动了辽宁教育界。东北育才学校学生高光平参加在瑞典斯德哥尔摩举办的第六届国际信息学奥林匹克竞赛获得金牌。这次参赛的选手来自49个国家。此前，不用说东北育才学校，就是整个辽宁省学校也没有一人在这类国际大赛中获过奖。之后，在信息学奥林匹克竞赛、数学奥林匹克竞赛中，东北育才学校只要参赛，就一定摘金夺银。截至2012年，共获金牌11块、银牌5块、铜牌5块。

葛朝鼎的著作

这是葛朝鼎又一项重大改革，即优才教育。多年工作在教学第一线，葛朝鼎意识到，人的智商是有差别的，因材施教，让优秀人才得到优质教育，从而为国家培养高素质的栋梁人材，这是教育工作者的重要责任。葛朝鼎在沈阳市率先进行了这方面的探索。1986年起葛朝鼎在学校先后设立了超常教育实验班（俗称少儿班）、数学特长班、计算机特长班、英语特长班、日语特长班等，用优才教育带动提高教学质量。这一改革取得巨大成功，很快，东北育才学校文理各科平均分、大学升学率、重点大学升学率、重点大学保送率均居于全省首位，2000年、2001年全部毕业生百分之百升入国家重点大学。2000年，仅考上北大、清华的学生就有34名，占辽宁省的1/3。不仅是在国内著名大学，在英国牛津大学、剑桥大学，美国哈佛大学、加州大学、普林斯顿大学、耶鲁大学，日本东京大学、早稻田大学、京都大学等很多大学里都能见到东北育才高中毕业生的身影。

随着东北育才学校声名鹊起，希望到这所学校读书的学生越来越多，老百姓的强烈需求和学校发展的实际都要求东北育才学校扩建，可当时市财政却难以满足学校扩建的资金要求。富有改革意识的葛朝鼎没有退却，他提出：不要钱，要政策。政策给了，东北育才学校成为全市第一个招收特长学生收费的学校。后来，学校在浑南投资9300万元建起了56000平方米的东北育才学校高中部。9300万元中，市财政拨款1800万元，其余7500万元属于学校自筹。高中部建成后，省市领导到学校参观考察，都为学校每平方米仅花1600元的投资感到惊讶，要求其他学校来东北育才学习。

东北育才学校成就斐然，不仅在国内有了很高的知名度，在国际上也有一定的影响。1997年，日本关西语言学院理事长松尾英孝先生找到葛朝鼎，提出合作办学的意愿。

在上级教育主管部门的支持下，达成合作兴办东北育才外国语学校协议，葛朝鼎又成为沈阳市第一个中外合作办学的开拓者。

这所学校位于沈阳市沈北新区，占地45000平方米，建筑面积25600平方米，有24个教学班，1000多名学生。2001年9月，葛朝鼎从东北育才学校校长位置上退休，专任东北育才外国语学校校长。他把多年积累的成功经验又用在了合资办学上，比如逢进必考，保证学苗质量，从而为优才教育打下了良好基础；开发了“中学高级英语”“中学生创造力开发”“中华文化精修入门”“基于思维的数学”等精品特色课程。2001—2007年，东北育才外国语学校高中毕业生共1675人，其中赴日留学1357人，占81%；赴美国、加拿大、英国等留学115人，占6.9%；在国内参加高考203人，占12.1%，这些学生多考进北京大学、北京师范大学、中山大学、北京航空航天大学等国内一流学校。赴日留学的有376人考入日本排名前十名的东京大学、京都大学等。

经过十几年的发展，目前东北育才外国语学校已经形成外语高水平、办学国际化和优才教育三个鲜明特色。

葛朝鼎今年已经76岁，现担任东北育才外国语学校名誉校长、终身校监，每天依然在努力工作着。

刘永福 1948年出生，辽宁省法库县人，中共党员。曾任辽宁女子柔道队主教练、中国女子柔道队主教练。在实际工作中，他总结出“搞合练、抓心理、看对手、促恢复”的训练方法，在十几年的时间里，相继带出李忠云、冷春慧等女子柔道世界锦标赛冠军，培养出了庄晓岩、孙福明、袁华、杨秀丽等奥运会冠军，被誉为“金牌教练”。2000年被评为辽宁省特等劳动模范。

刘永福——中国柔道界的“金牌教练”

2013年8月，第十二届全运会在辽宁沈阳举办。全运会开幕式上，三把熊熊燃烧的火炬传递到辽宁籍功勋教练李永波、王义夫、刘永福手中，被誉为“金牌柔道教练”的刘永福，身穿红白相间的运动服，精神饱满地健步传递着火炬。可人们不曾知道，短短的200米传递，刘永福跑得很艰难。因为几十年带队员四处出征忙于比赛和训练，伤病没得到及时治疗，如今随着年龄的增长越发严重。

在中国柔道界，提起刘永福没有人不知道。从1992年巴塞罗那奥运会到2012年伦敦奥运会，刘永福带领4位女弟子连续5次夺得女子柔道冠军。当五星红旗一次次在奥运赛场上高高飘扬，当雄壮的国歌一次次奏响，无数中国人为之感到骄傲和自豪。刘永福创造了中国女子柔道队出征奥运必捧金牌的神话。

刘永福外貌憨厚可亲，却是一位充满智慧的柔道教练。他带女子柔道队，不仅讲精神、拼体力、抓技巧，还特别讲究科学训练，主要体现在“搞合练、抓心理、看对手、促恢复”四个方面。搞合练，就是让女队员与男队员合练，这种男女对抗训练有助于女运动员提高竞技水平；抓心理，刘永福专门请心理专家协助训练，提高队员心理素质；看对手，在队员宿舍走廊墙壁上贴满各国各级

刘永福教练严格训练运动员

刘永福给徒弟示范动作要领

别强手的技术动作图片，每一位队员也都得到了一份相应级别对手的详细资料，让队员加以熟悉；促恢复，是注重队员积极休息和改变训练环境的措施。

也许你不会相信，刘永福走上柔道之路，是从学习摔跤开始的。采访中，他提起自己的师傅董永山。在旧社会，沈阳北市场跤场很有名，云集了不少江湖高手，董永山是跤场的掌门人，据说一辈子没遇到过对手。新中国成立后，摔跤手进入北市场曲艺厅，一度靠表演为生。“文化大革命”后，北市跤场没落，摔跤手纷纷转行，董永山后来在西关开了家饭店，从此隐居江湖。

就在董永山最没落的时候，一个年轻的摔跤爱好者慕名登门求教，这个人就是刘永福。“我能爱上柔道，都是因为当年在跤场看摔跤。那时一直想拜师，但老先生并不是什么人都收，看天赋，也看人品。我后来在沈阳市和辽宁省拿了几个冠军，有了点名气，这才敢登门拜访。”刘永福后来回忆。

师徒二人的故事，在那样一个复杂的年代，自然是辛酸居多。董永山人生失意，颇有点儿像电影《一代宗师》里叶问的况味，于是人逢知己，将技艺手把手倾授给刘永福，许多中国古典式摔跤的精华有幸没失传。1983年，刘永福担任辽宁女子柔道队的主教练，开始把中国古典摔跤的技法融进柔道，结果弟子出去打比赛，瞬时就把对手摔倒了。

刘永福之所以能取得令人瞩目的业绩，不光靠技术和能力。他为人善良，爱徒弟如爱自己的孩子。用自己的几十万元积蓄为困难家庭的运动员补贴，这在体育界传为佳话。

这些年，在体育圈里，很多队员和教练闹出矛盾，归根结底离不开一个“钱”字，刘永福能带出这么多好徒弟，每个徒弟都对他崇敬有加，这不是随便哪个人都能做到的。

2004年备战雅典奥运会，袁华、孙福明两人的工资是每月1500元。为了调动她们训练的积极性，刘永福私下里给她们补到每人每月1万元，给袁华补了两年，孙福明补了一

刘永福和队员载誉归来

年。刘永福怕小队员们营养不够，自己开了饭馆，饭馆成了小队员们的食堂。刘永福还给家庭困难的队员垫付饭费。因为练柔道的队员大多来自农村，家庭都不宽裕，有的甚至连每个月90元的伙食费都交不起。

“把利永远留给徒弟，自己收获的是名。”刘永福说，这是当年师傅的教诲，影响了他一辈子。

刘永福说：“我相信我是最富有的，因为我培养了5个奥运冠军和众多世界冠军、全国冠军。我所取得的这些成绩和头上的光环，绝不是用钱能买到的。”

刘永福训练场上是严师，但他也最懂得运动员的心。雅典奥运会前，刘永福在百忙中回沈阳看望家人，在壮行会上他说：“为了能给祖国争光，姑娘们从不叫苦叫累，但我知道，她们每个人都偷偷流过眼泪……”

如今，刘永福退居二线，不再担任辽宁女子柔道队主教练了。可在北京奥体中心6楼的荣誉室里，光荣榜上那12位拿过世锦赛和奥运会双料冠军的运动员，其中有7人是刘永福的弟子。这样的辉煌业绩，在中国体育教练员队伍中也是凤毛麟角。

振兴圆梦创伟业

（2003—2015）

2003年10月，中共中央、国务院出台《关于实施东北地区等老工业基地振兴战略的若干意见》，为沈阳加快调整改造指明了前进方向。沈阳市委、市政府召开“东北振兴，沈阳先行”誓师动员大会，吹响了打赢振兴老工业基地“辽沈战役”的进军号。

围绕振兴老工业基地这一主题，沈阳市率先以国企改革为中心，加大改革力度，在国家税收、社保等一系列配套改革措施的支持下，通过将产品工作原理相近、生产工艺相同、目标市场相同的优势企业进行战略重组，使一批国企迅速成长为行业龙头。2007年6月9日，国家发改委、国务院东北振兴办授予沈阳“铁西老工业基地调整改造暨装备制造业发展示范区”称号。在全市工业调整改造取得丰硕成果的同时，沈阳着眼于突破制约经济社会发展的瓶颈，围绕建设国家中心城市、先进装备制造业基地、生态宜居之都“三大目标”，扎实推进做优发展空间、做大中心城市、做强县域经济、加强生态建设、着力改善民生“五大任务”，老工业基地振兴发展取得了阶段性重要成果。

党的十八大以来，沈阳市委、市政府认真贯彻落实党的十八大、十八届三中、四中、五中全会和习近平总书记系列重要讲话精神，科学把握发展趋势，坚持稳中求进工作总基调，主动适应引领经济发展新常态，拼搏进取，攻坚克难，全面完成了“十二五”确定的目标任务。产业结构进一步优化，先进装备制造业基地初具规模，一批重点企业自主创新能力明显提升；城市功能持续完善，服务业特别是现代服务业快速发展、提质增效，区域中心城市集聚辐射能力显著增强；生态环境进一步改善，城乡面貌发生巨大的变化，沈阳市跻身“全国文明城市”行列。

党政有号召，工会有行动。全市各级工会组织围绕老工业基地振兴发展这一主题，做了大量深入细致的工作：大力弘扬劳模精神和劳动精神，为推动振兴发展凝聚精神动力；加强技能人才培训工作，为推动振兴发展提供人才保障；深化“劳动成就梦想”主题教育实践活动，教育引导广大职工团结拼搏、奋发作为，为推动振兴发展汇集起强大力量。

从2007年开始，沈阳市总工会在全市组织开展“百千万技能人才培育工程”和职工职业技能竞赛活动，着力打造“沈阳技工”品牌。过去技能竞赛主要在车、钳、铣、刨、磨等少数工种开展，现在扩大到80个以上工种，其中35个工种直接为装备制造业培养人才；过去技能竞赛主战场主要在国企，现在已扩展到民营、外资等所有企业，涵盖个体劳动者、下岗再就业人员和外来务工人员。市总工会对报名参赛选手进行免费技能培训，并与沈阳广播电视台联办电视技能大赛，极大地激发了职工学技术、练技能的热情。各级工会组织为广大职工立足岗位建功立业搭建平台，振兴竞赛活动广泛开展，2007年至2015年，累计产生技能大师10名、技能名师50名、技术大王265名、技术标兵2919名、技术能手5722名，优秀选手4453名；晋升高级技师578名、技师2007名、高级工2705名，直接参赛选手达143400人。沈阳市大中型企业高技能人才已由过去的13%提高到25%以上,主力军的劳动激情和创造活力空前释放。

加快沈阳全面振兴，归根结底要有一种以实干为荣、劳动为美的价值观，要靠一股子脚踏实地、真抓实干的冲劲。沈阳市委、市政府高度重视发挥劳动模范的引领和带动作用，中共沈阳市委先后11次作出决定，号召全市人民向“五朵金花”、徐强、杨建华、潘作良、曹佰库、陈新海、田志永、方文墨、罗阳、姜妍、李志强班等劳动模范学习。2015年，沈阳市人民政府出台了《关于进一步改善市级以上劳动模范待遇的意见》，在全社会大力倡导劳动最光荣、劳动最崇高、劳动最伟大、劳动最美丽的观念，使“爱岗敬业、争创一流、艰苦奋斗、勇于创新、淡泊名利、甘于奉献”的劳模精神不断发扬光大。

在实现沈阳全面振兴的壮阔征程上，劳动模范走在了时代的前列，他们在各自岗位上创造了不平凡的业绩，他们让劳动之花美丽绽放、花开满城。

“五朵金花” 2002—2004年，沈阳鼓风机（集团）公司承接为大型氮肥装置国产化技改项目研制“心脏”设备——中国第一套4万空分压缩机组的任务，担任主导设计的5位工程师王英杰、王广兰、张玉珠、葛丽玲、严鸿全部是女性，她们日夜奋战，实现上百项技术创新，仅用3个月就完成了设计任务，产品一次试车成功。这一项目的研制成功，结束了我国大空分装置压缩机组长期依赖进口的历史，为国家创造了巨大经济效益。人们亲切地称这五位工程师为“五朵金花”。2005年，她们集体荣获全国五一巾帼奖、全国五一劳动奖状。2005年，辽宁省总工会、中共沈阳市委先后作出开展向沈鼓集团“五朵金花”学习活动的决定。

“五朵金花”——研制国产大型空分压缩机组的创新团队

2002年，山东华鲁恒升公司投资13.7亿元进行大型氮肥装置技术改造。这是我国以煤代油战略的重大科技攻关项目，而4万空分压缩机组正是这套装置的“心脏”。7月，华鲁恒升公司正式对外招标。

机不可失！工程师王英杰和王广兰被沈阳鼓风机（集团）公司选为“开路先锋”，南下德州“抢项目”。但是，她们的对手实力雄厚，既有跨国公司，也有合资企业。对她们更为不利的是，沈鼓仅有生产1.8万空分的“履历”，4万空分一直是国内企业难以企及的高峰。

“当用户看到沈鼓的技术专家竟然是两名年轻的女设计师时，目光里多少有些怀疑，甚至冷落。”王英杰回忆说。长期以来，这一领域通常是男性的天下。

沈鼓集团“五朵金花”左起：严鸿、张玉珠、王英杰、王广兰、葛丽玲

“没有4万空分的业绩，不等于没有实力。”白天，她们满面笑容地做说服、交流工作，不厌其详地向用户介绍沈鼓的实力。晚上，她们在招待所“抠”机组性能、流程参数、技术说明等资料细节，为第二天的攻关作准备。

短短两个月中，王英杰、王广兰八下德州。她们以女人特有的细腻与真诚，认真地做着每一场技术交流。在两个月中，她们进行了30多次技术报价，材料打印出来有4米高。

渐渐地，华鲁恒升被沈鼓的诚意和势在必得的气势打动了，逐渐向国产化方向倾斜。

最终，沈鼓集团得到了足以影响其未来发展的8400万元购机合同。

纯属巧合，这一项目使5位智慧女性走到了一起。公司领导反复研究，5名主导设计师脱颖而出：由39岁的王英杰负责控制系统的设计、审核和协调，38岁的王广兰负责核心难点——空压机的设计，39岁的张玉珠、30岁的葛丽玲、29岁的严鸿3位女工程师，分别负责与之配套的氮压机、氨压机、氨冷冻机的设计。

2002年10月15日，辽宁大剧院，沈鼓集团专门为德州项目举行了“誓师大会”。

华鲁恒升总经理杨振峰的演说坦率而又沉重：“这个项目对其他厂来说，也许只是个形象问题，但对我们来说，却是个生与死的问题。搞砸了，我们就将在中国的化工行业中消失。”

实际上，这个项目对沈鼓同样生死攸关。成功了，将带来广阔的市场和可观的效益；失败了，公司可能永远不能涉足化工行业大空分压缩机领域。

只能成功，不能失败——华鲁恒升和沈鼓别无选择。

接到德州项目的“考题”后，五姐妹没有了休息日，没有了假期。她们仅用3个月时间，就完成了国际同行五六个月才能完成的设计任务。这一项目涉及3家设计院、几十家供货商，但“五朵金花”还是圆满地完成了协调工作。

“五朵金花”载誉归来

为了使数据计算精确无误，负责空压主机主导设计的王广兰，从接受任务的那天起就昼夜伏案演算、虚心向老前辈请教，在一个多月后完成了精确计算。

负责氮压机主导设计的张玉珠，白天在厂里忙活，晚上回家还要加班加点。她的家简直成了第二设计室，图纸、资料铺了满床满地，以致丈夫只能睡在沙发上。

葛丽玲工作非常敬业。项目开始招标时，她负责氨压机的报价计算。她绞尽脑汁反复比较，最终拿出了一个最佳方案。用户评价她的工作效率和敬业精神比外国人还高。

“没什么过不了的关，没什么吃不了的苦。”负责氨冷冻机主导设计的严鸿，承受了丈夫病逝的悲痛，迅速地振作起来，全身心投入工作，仅用了两个月，就拿出了优秀的设计方案。

几乎每个设计环节都必须创新。王广兰担任空压机的主导设计任务，她完成了厂里提出的将两台机组合二为一的方案，实现原动力“一拖二”的大胆设想。同时，她采用了6个转子的大胆设计，结果产品的气动功率功耗指标比世界先进水平还少上千千瓦时，特殊结构设置冷却器冷却后的温度，比世界先进水平还低三四摄氏度。

负责氮压机主导设计的张玉珠精选了4套设计方案，每套仅设计图纸就达50余页。最终确定的最佳方案，使氮压机的设计水平大大提高。

据统计，4万空分机组实现技术创新上百项，20多个核心技术获得突破。

2004年8月17日晚12时，大雨倾盆。华鲁恒升公司的厂房中，大型氮肥装置正在试车。

当长23米、高4米、重1000多吨、由1万多个零部件组成的4万空分压缩机组以完整形态出现在人们眼前时，身为主导设计师的王英杰、王广兰，也不由自主地吸了口气：这个庞然大物，真是我们设计的吗？

暖机、升速、憋压……随着气轮机的提速，整个机组运转起来。几小时后，气轮机达到了工作转数，机组运行正常！现场一片欢腾。

这一刻，不论是在现场担任指挥的王英杰、王广兰，还是远在沈阳的另外3朵“金花”，都难掩心中的狂喜：4万空分压缩机组的国产化成功了！

这意味着，一个广阔的市场已经向沈鼓轰然打开大门。4.8万空分、5.2万空分压缩机等大空分项目将向沈鼓飞来。这更意味着，外国公司垄断中国大型空分压缩机市场的历史就此终结。

“五朵金花”的美称，就此在被认为是男性天下的风机业内传开。2005年2月，这个集体荣获全国五一巾帼奖和全国五一劳动奖状。3月1日，辽宁省总工会决定，在全省职工中开展向沈阳鼓风机集团4万空分压缩机组项目攻关小组“五朵金花”学习活动。4月14日，中共沈阳市委发出《关于开展向沈阳鼓风机集团“五朵金花”学习活动的决定》。

徐　强 1970年出生，辽宁省大连市人，中共党员。现任沈阳鼓风机集团股份有限公司齿轮压缩机有限公司副总经理，兼任辽宁省总工会副主席。他自学成才、刻苦钻研，创下了大型齿轮加工4级精度的全国之最，被同行称为“徐强精度”。2004年荣获“中国青年五四奖章”“全国十大杰出青年岗位能手”。2005年8月25日，中共沈阳市委作出《关于开展向徐强同志学习活动的决定》。2010年被评为全国劳动模范。曾当选中共十七大代表，第十一、第十二届全国人大代表。

徐强——压缩机齿轮加工最高精度的创造者

曾经高考落榜的他，能够准确地翻译进口设备的工艺说明，敢与洋专家“叫板”；自学成才的他，创下了大型齿轮加工4级精度的全国之最，被同行称为“徐强精度”；作为共产党员的他，18年如一日奋战在生产一线，通过自身的先锋模范作用，带出了一支业务精湛、技术一流的团队，让更多的工人掌握了“徐强精度”。

刚入厂时，按照规定学徒期是一年，但他只用了半年时间就出徒了。看到他进步这么快，公司决定让他去操作从瑞士进口的一台马格32X磨齿机。一天，徐强操控磨齿机，他以为只要用原来学的办法操作就可以，结果将给进倍率的旋钮多拧了一周，速度竟成倍地增加，这样一来便出现了一个废品。这件事，对他震动非常大。他暗暗发誓，一定要把进口设备研究透，绝不能出现第二个废品！从那以后，徐强对自己的技术要求近乎苛刻。本来好钻研的他常常是从早晨研究到天黑，才发现自己连中午饭都忘了吃。几年过后，徐强终于成为企业内著名的技术能手。

2001年3月，徐强到德国奈尔斯公司参加本企业引进的一台数控立式成形磨齿机验收。这是当时世界上最先进的磨齿机，是我国进口的第一台最尖端的磨齿设备，仅这一台设备造价就是1280万元。当时参加验收的都是他们公司工程技术人员，工人只有徐强一人。

徐强在检查齿轮精度

徐强知道，他将是这台设备的操作者。

接到参加设备验收

的任务，当时30岁刚出头的徐强忐忑不安。尽管他在沈鼓集团从事的就是数控磨齿机的操作，然而，面对一台世界最先进的磨齿机，他还是有点儿不知所措。

到了德国这家公司，德方给了一本厚厚的英文资料后宣布各种规定，如不许随意走动，不许参观这台设备之外的设备，包括工装、胎具及设备操作。西方人总是宣称“用户就是上帝”，可徐强他们感受不到。不用说不让参观，就是对他们买的这台设备一些技术问题多问一些，德方也不爱回答。然而，徐强自知责任重大，他清楚，如果不把一些技术问题搞明白，回去怎么干？

一次，一位德方操作者在测试这台机床一个装置的精度时，只检测了一个点就认为误差在允许范围内。已经把说明书看得滚瓜烂熟的徐强立刻提出：为什么不打入全程，多测几个点？这位操作者说，没有那么长的测棒。徐强提出：可以通过机床调整回转角度来增加检验长度，这位操作者觉得有道理，就按徐强说的办法进行多点检测，结果，误差超标。这位操作者慌了，不到10分钟，几位德国专家来到现场，分析查找原因。徐强告诉他们，不仅检验精度有问题，说明书也有两处错误，并告诉他们：“如果设备达不到要求，我们不验收；如果因设备质量问题影响加工精度，我们要依法索赔。”徐强强硬又非常专业的表述让老外彻底改变了傲慢态度，他们表示要重新对设备进行调整。

同年8月，德方到沈鼓集团安装调试设备。在将散件组装成整机的过程中，徐强全神贯注，跟着干、盯着看，生怕漏掉一个细节，不懂的地方立即向外国专家请教。尽管徐强经常感受到德国人的傲慢，但为了真正掌握操作技术，他毫不在意。一次，在程序编制过程中，徐强对德国人齿轮螺旋角的一个关键数据产生疑问。这位德国人不耐烦地说：“我们从来都这么输入。”可在加工中徐强发现，砂轮在齿宽方向仅磨削一端，经验告诉他，这是一个严重的技术问题。他再次提

徐强加工的压缩机用大型齿轮

醒这位德国人。这位德国人却笑着说，这是一个奇特的齿轮。徐强严肃地提出，请他与德国公司联系，确认这样输入是否正确。徐强的强硬态度让这位德国人感到震惊，他放下手中的工作，开始用电话与德国公司联系。最后，这位德国人红着脸对徐强说："刚才是我输错了数据，感谢你给我指出了这个错误，不然麻烦就大了。"

徐强是个工作上的"有心人"。内行人都知道，无论多么高级的设备，都会随着使用年限的增加影响精度，而要保证设备在较长时间一直保持精度要求，就要保养好设备，让设备始终处于最佳状态。每天进行齿轮加工前后，徐强都要认真检查液压表、电机散风扇是否有灰尘、导轨上是否有粉尘等，都要进行认真清理。他说："细微的粉尘人们往往不会注意，但是，日积月累就会造成功能部件磨损，从而影响设备加工精度。"

让徐强创造奇迹的是2004年一个加工大型齿轮的项目。客户要求生产一个大型齿轮，设计精度是5级。齿轮的加工精度共分为12个级别，在实际操作中，大型齿轮要达到5级精度，难度相当大。在加工过程中，徐强边操作边告诫自己，一定要细心、细心、再细心。因为他知道，稍一疏忽，就会使齿轮报废。这不但要造成20多万元的经济损失，连企业的信誉也要跟着丢了。徐强的细心得到了回报，产品检验证明，他加工的齿轮不仅满足了客户5级的精度要求，甚至达到了4级！徐强创造了全国大型齿轮加工的精度之最，达到世界先进水平，国内外同行将徐强创下的这一纪录称为"徐强精度"。这个精度每年能为企业创造4000多万元价值。也正是他不断创造的奇迹，使"沈鼓"牌透平式压缩机拥有了与美国通用、德国西门子、日本三菱公司分庭抗礼的实力，成为享誉制造业的名牌。他也被评选为"全国十大杰出青年岗位能手"，并被国务院授予"全国劳动模范"称号。

杨建华 1953年出生，黑龙江省海伦县人，中共党员。沈阳鼓风机（集团）有限公司工人，高级技师。他研究成功并投入生产应用的“离心压缩机、鼓风机机壳拼装制造技术”获国家科技进步二等奖，成为新中国成立以来辽宁省第一位获此殊荣的一线工人。2000年被评为全国劳动模范。2008年4月25日，中共沈阳市委作出《关于开展向杨建华同志学习活动的决定》。

杨建华——压缩机机壳焊接拼装第一人

一个只有初中文化程度的普通工人，荣获了国家科技进步二等奖，成为辽宁省第一个获此殊荣的一线工人，他叫杨建华，被誉为“中国焊接机壳拼装制造第一人”。

一名普通工人走进科技殿堂，他曾走过一条漫长而艰辛的路。

1969年冬，杨建华怀着对未来美好生活的憧憬，迈进了沈阳鼓风机厂大门，被分配到结构车间当铆工。

杨建华白天细心观察师傅的操作，学习看图纸、放大样，晚上回到家再把白天学到的东西温习一遍，记扎实了才睡觉。刚进厂，一般都是一个师傅带一个徒弟。然而，杨建华却不满足只跟一个师傅学习，稍有空闲，就到别的师傅那儿“偷艺”。

杨建华拼装的压缩机机壳

那时，有关铆工的技术书籍非常少。他从师傅那儿弄来的铆工技术书，硬是用3年时间“装”进了脑子里。他还自学了机械制图、铆工工艺学、金属工艺学、焊接工艺学等专业理论，写了几十万字的学习笔记。

杨建华是个善于用“脑子”干活儿的人。他出徒后干的第一个活儿是“50A集流器”。“进风口”是用5块扇形板拼在一起的，拼完的形状就像“喇叭花”。

当时的铆工完全是手工操作，一般两个人一天能做4个“进风口”。杨建华就琢磨上了：干“进风口”最费时的就是拼那5块扇形板，如果能搞一个“拼装模具”将“喇叭花”形状固定，只需将扇形板往上一对就行了。他悄悄找来一些废旧材料，制作了一个“拼装模具”，一个人一天就能干5个“进风口”。

接下来的事让杨建华声名鹊起。他们为煤矿制造的通风机高4.5米，是由两节拼起来的，一节2米多高。最难干的是装“加强筋”，需要一个人一手把着天车吊钩，一手装“加强筋”。

杨建华琢磨如果干第一节时就开始装“加强筋”，那是在地上干，工人既能施展开又安全。他开始试着用这种办法干，结果大获成功：其他组两人4天干完的活儿，他们两人半天就完成了。

1992年夏末秋初，沈阳鼓风机厂召开誓师大会，中心议题是将压缩机机壳由铸造改为焊接拼装。参加会议的绝大多数是工程技术人员，杨建华作为操作工人应邀参加。

那时，压缩机机壳完全是铸造的，一件小则十几吨，大则几百吨。每生产一个铸造机壳，就要经过造木型、砂型、浇注、除砂等多道工序，周期长、造价高，而一旦铸造机壳加工时出现“砂眼”就得返工，不仅影响工期，还会造成很大的经济损失。

会议结束的第三天，杨建华来到当时的工会主席赵计生办公室，提出要担当“铆焊拼装机壳”试制任务。“既然你有信心，我为你请战！”赵主席成了支持他的第一人。

当时，见过国外铆焊拼装机壳的只有沈鼓少数领导，因此，杨建华能找到的图纸也比较简单。按图纸要求，要把150多个零部件拼装成一个高3米、长4米、宽3米、重20吨的机壳。

“中分法兰反变形”是一个很大的技术难题，而变形超过10毫米产品就报废了。为了解决这个问题，他们先将板材拼成产品形状，用圆钢进行刚性固定，然后再焊接；焊接时为防止受热不均匀产生变形，采取按不同顺序分段焊接，焊一道，量一次；同时采用“反变形”技术……杨建华连续攻克了“中分法兰反变形”“进出口风管压型”“筒体两端板曲率”“下壳内孔加工”“壳体焊接变形”等5道

杨建华获得国家科技进步二等奖

难关。

每天，杨建华他们都要干到晚上八九点钟，到了攻关的关键时刻，大家干脆就不回家。冷了，烧几块包装板，烤烤火；困了，车间有一装焊条、杂物的仓库，就到里面躺在棉门帘上眯一会儿。

就在这关键时刻，杨建华的岳母生病住院，妻子去护理。10岁的儿子颅压高，在家养病，疼得厉害时用脑袋撞墙，还经常呕吐。每天中午，杨建华赶回家给儿子做饭、照顾他吃药、收拾吐脏的房间，常常是流着眼泪赶回来继续工作。车间主任知道了，安排人轮流照顾杨建华的儿子，这给了杨建华很大安慰。

3个月后，鼓风机厂第一台铆焊拼装的压缩机壳诞生了！经有关部门检验，各项数据和几何尺寸都达到了技术要求。

杨建华成功了，好事也接踵而来。一张大红纸写的公告轰动全厂：奖励杨建华住房一套。接着，组织部门也连续找杨建华谈话：让他当车间干部。获奖住房，让杨建华非常兴奋，因为他住房太困难了。可让他当干部，他却犹豫了。他觉得自己最适合的还是当一名技术工人。

1997年，杨建华创造性地推出压缩机机壳“一·四拼装法”工艺方法，即“一套控制变形系统，四步拼装方法”，形成一套规范性操作规程，机壳生产从此实现质的跨越。

此后，伴随着沈鼓产品进入大型化、高等级的新阶段，焊接机壳的体积也越来越大，技术的难度越来越高，杨建华的技艺也越来越纯熟。第一台国产化36万吨乙烯裂解气压缩机、第一台国产化10万吨甲醇压缩机、第一台国产化MA80轴流压缩机、第一套国产化4万空分空压机组、第一套国产化800万吨炼油装置用机组……沈鼓那些具有共和国里程碑意义的大型离心压缩机，其中大部分机壳都由他领衔制造。

“舞台可以简陋，演出应当精彩；岗位可以平凡，追求应当崇高。”杨建华正是秉承这一理念，先后获得沈阳市岗位技能带头人、沈阳市铆工技术大王、沈阳市十大能工巧匠、辽宁省有突出贡献的高技能人才、全国机械工业技能大师等荣誉称号，被国务院评为全国劳动模范。

曹佰库 1958年出生，辽宁省沈阳市人，中共党员。现任北方重工集团有限公司盾构机分公司装配一车间主任。曹佰库和他的团队在短短几年时间内，攻克了盾构机装配6大关键技术，实现工艺创新近百项，自行研制工装卡具百余套，节约价值近千万元，创造了1年装配15台盾构机的全国纪录和27天装配1台大型盾构机的世界纪录。他所带领的团队在大型盾构机装配技术上达到了世界领先水平，为发展民族装备制造业作出了重大贡献。2008年被评为沈阳市劳动模范，2009年被评为辽宁省特等劳动模范。2009年6月6日，中共沈阳市委作出决定，在全市开展向曹佰库同志学习活动。2010年被评为全国劳动模范。

曹佰库——大型盾构机的装配大师

2005年以前，“中国制造”在大型盾构机领域还是一个空白，地铁等大型地下工程项目所用盾构机完全依靠进口。

然而，到了2008年，北方重工集团已生产大型盾构机15台，雄踞世界第二位。沈阳、广州、深圳等地铁项目都用上了“中国制造”的这一大型设备。

短短4年时间，从合作生产到独立制造，从依靠进口到走出国门，创造这一奇迹的，是北方重工集团盾构机分公司装配一车间主任曹佰库和他的团队。

1959年，曹佰库出生在一个工人家庭，初中毕业后入伍当兵，1982年从部队转业后来到沈阳重型机器厂（该厂2006年与沈阳矿山机器厂合并组成北方重工集团有限公司）当钳工。曹佰库有股钻劲，不会就学，不懂就问，不搞明白绝不罢休。很快，他就成为全车间效率最高的工人；当班长时，他的班是全厂最能干的班。

2005年四、五月间，沈阳重型机器厂与法国NFM公司合作生产盾构机，这是用在武汉长江过江隧道上的中国“第一台”盾构机。重型厂选择了3个班担此重任，曹佰库装配班是其中之一。

曹佰库（左二）和他的团队在装配现场

盾构机全称为盾构全断面隧道掘进机。第一台设备长60米，高近12米，重1650吨。以前，3个班从没有人见过这种庞然大物。这种设备集机械、电子、液压、传感、信息技术于一身，技术相当复杂，是目前世界上最先进的隧道专用施工机械。

根据惯例，装配要按图纸、按工艺、按技术标准进行。然而，法方只提供了主图，其他一概没有。

两个班相继告退！

庞然大物面前，只剩下曹佰库的装配班，他们不能再退了。“如果都退了，不仅中国人没了面子，更重要的是，失去了结束盾构机依赖进口的历史机遇。”曹佰库说。

了解曹佰库的人都知道，他喜欢攻坚克难，见到难干的活儿就兴奋。20世纪80年代以来，沈阳重型机器厂填补国内空白的项目有97项，而由曹佰库担纲装配的就有40多项，这其中相当一批项目是与德国、日本、法国、奥地利等国家合作进行的。

曹佰库的工作室成了图纸的天下。十几平方米的房间，墙上挂着图纸，桌上摆着图纸、总装图、分装图、部件图……“先吃透图纸，再形成装配工艺。”曹佰库这样对自己说。那段时间，他经常看图纸看得头昏脑涨，实在看不下去了，就出去转一转，到车间看一看，或者坐下来想一想。连续研究半个月，一张完整、清晰的装配工艺图在头脑中形成了。接着，他详细地将装配工艺讲给技术骨干听。

然而，在装配过程中，意想不到的问题出现了。直径11.38米、重156吨的刀盘安装时需要在空中翻转，可车间的天车只能吊重150吨。再加上翻转瞬间形成的重力，刀盘重量将大大超过天车承重能力，有可能将天车轨道拉弯，如果这样其后果不堪设想。

法方项目经理提出上翻转机，同时配备相应的辅助设备。然而，这不仅需要投资上千万元，更重要的是影响到交货期。

盾构机产品整装待发

曹佰库召开“诸葛亮会”研究，最后决定改变“吊耳”位置，将原刀盘“吊耳”重力集中在一侧转向中间，这样，因受力均匀，翻转时就不会出现瞬间形成的重力。同时，增加两个方箱，在地面上垫上一个斜角作为支撑点，变空中作业为半空中作业。

然而，这种改变从来没有过！曹佰库不知费了多少口舌，才使法方项目经理在半信半疑中批准了这个方案。

装配开始了！曹佰库拿着对讲机沉着指挥，天车司机密切配合，技工们扶着刀盘小心翼翼地靠近主机。156吨刀盘，翻转，64个螺丝孔，一下子对准了。“成功了！”曹佰库长出了一口气，右手握紧拳头狠劲向下一砸，这是他特别高兴时的习惯动作。

法方项目经理笑了：“中国人真聪明！”

2007年4月初，曹佰库班接到在新厂区为广深港装配一台直径11.38米泥水盾构机的任务，要求工期一个月。

法方专家在新厂区装配车间考察一番后说：“没有4个月无法完成。”

此时，沈阳重型机器厂已与沈阳矿山机器厂合并重组成北方重工集团有限公司，接着，以绝对控股方式并购了德国维尔特控股公司/法国NFM公司，拥有了世界隧道掘进机知名企业的控股权。同时，在2006年，曹佰库他们已经装配了4台盾构机，积累了一定经验。更重要的是，曹佰库他们拥有不畏挑战的奋进精神。

乍暖还寒的时节，新厂房门还没有装，窗户玻璃没有上，没有暖气，一到晚上寒气袭人。曹佰库和他的团队就在这样的车间架起了十几张床，一天24小时昼夜奋战，谁累了、困了，谁就去床上休息一会儿。

仅仅27天，这台泥水盾构机顺利交付使用。

2009年3月，北方重工重装车间正在同时热火朝天地装配9台盾构机。载重150吨的吊车轰鸣开过，吊起几十吨的盾体，在空中翻动；工装架上数台盾构机及数十节拖车焊花飞溅；一个个几十吨重的刀盘上百只刀具正在安装……而总指挥就是曹佰库，他娴熟地发出一个个指令，指挥着107名工友同奏一曲大工业生产的交响乐。

这一切让在场的一位外国客户看呆了，他竖起大拇指说：“曹先生，整个盾构机上万个零件都在你心中，你是盾构机装配大师！”

刀盘的刀盒装配法、左右臂组装法、斜垫式空中翻转法……4年来，曹佰库与他的团队实现技术创新上百项，自制工装卡具百余套，成为世界上唯一能同时装配大型泥水平衡、土压平衡和硬岩三种盾构机的团队。在他的团队荣获全国“工人先锋号”光荣称号的同时，曹佰库也被国务院评为全国劳动模范。

陈新海 1962年出生，山东省城武县人，中共党员。现任沈阳机床（集团）有限责任公司齿轮分公司维修钳工、高级技师。他刻苦钻研，掌握了维修进口高端设备的过硬本领，创造性地总结出了多种设备故障诊断方法，取得技术创新成果150余项，尤其在部分设备核心部件国产化上取得了重大突破，被业内誉为能为“洋设备”治病的“中国医生”。2010年被评为全国劳动模范。2010年4月26日，中共沈阳市委作出《关于开展向陈新海同志学习活动的决定》。

陈新海——为“洋设备”治病的“中国医生”

2010年2月，沈阳机床集团一台进口设备出现故障，时年48岁的维修钳工、高级技师陈新海参加“会诊”。他只摸了摸设备，就得出了结论：“机床温度低，液压制冷出了问题。”果然，温度一上调，故障随即消除。像这种神奇事儿，对陈新海来说俯拾皆是。也由此，他被大家称为能为“洋设备”治病的“中国医生”。

沈阳机床集团在加快技术、装备和产品升级的过程中，先后引进上百台国外先进设备。然而，由于引进设备精度高，结构复杂，一旦出现故障，只能请外国专家前来维修。

面对一台台国外高精尖设备，陈新海开始暗自较劲。在技术学习和研究上，陈新海是个有心人。他不仅自学了机械本科的大部分课程，还经常拜师学艺，把维修中遇到的设备“常见病”“疑难病”都记在本子上。这种笔记已有50余本，10多万字。

勤奋好学，使陈新海掌握了过人的本领，他将一台台外国设备都“装”进了脑子里。

2005年8月，我国第一台从德国引进的世界顶级成型磨齿机，加工精度出现了严重问题。按照双方协议，德方首先通过互联网进行“远程诊断”，但是没查出原因。要解决问题，只好请德国专家来。然而，德方只能半个月后派出人，而且维修费用高达20万元，如果换件，费用就更高了。更关键的是，沈阳机床集团等不起，因为这台设备加工的是出口产品，如有延误，就要交违

陈新海在检修进口设备

约金。

早就憋着一股劲儿的陈新海主动请缨，他对自己充满自信。整整两天时间，陈新海就站在这台设备旁，拿着说明书反复琢磨。当他把手放在正在工作的成型磨齿机上时，感觉有微微的颤动，手若使点儿劲，颤动现象就没有了。凭着多年维修设备的经验，他分析可能是设备某处间隙超标了。

设备拆开检查，是丝杠接合部出现磨损，间隙超标，影响了加工的精度。问题找到了，解决问题的办法随即产生：将可调整的丝杠垫圈研磨下去一点，就可恢复设备精度。可需要研磨下去的部分只有一根头发丝的1/7厚，谁敢用设备研磨？陈新海是维修钳工，研磨是钳工的基本功，他担当了这一重任。

一根头发丝1/7的厚度，肉眼根本看不清。陈新海借助仪器小心翼翼地用手工研磨。重修后的设备轻轻转动起来，颤动消失了。试着用它加工一个零件，经检查，精度完全符合要求。

在沈阳机床集团，陈新海和他的工友们真正成了“洋设备”的主人，使这些高精尖设备开动率达到98%以上。10多年时间，仅陈新海就为企业省下外修费用1800多万元，间接为企业创造价值8000多万元。陈新海维修“洋设备”的过硬本领声名远播。德国有一家世界知名的机床企业，每年都收集各国创新维修技术的经典案例，陈新海的名字也赫

沈阳市总工会举办陈新海同志先进事迹报告会

然写在其中。

提起陈新海，沈阳机床集团董事长、总经理关锡友赞不绝口：“他可是我们企业的宝贝疙瘩！有了他，我们‘千军万马’就有了保障。”

陈新海的工友都习惯地叫他“行师傅”，因为他对待工作就一个字“行”。领导安排活儿，不论难度多大，他都说“行”；外地请求支援，只要领导问到他，他一定说“行”；工友有事请他帮忙，他总是说“行”。久而久之，工友们送他一个绰号：“行师傅”。

陈新海所在分厂产生过45位劳动模范。在这儿工作，不仅让他掌握了过硬的技术，还让他学习到了很多劳动模范的优秀品质。他的一个个“行”字里面，体现的是在工作上迎难而上，不讲价钱，爱厂如家的主人翁精神和助人为乐的奉献精神。

作为维修钳工，陈新海并不局限于“修”，而是创造了“代、改、创”人称“陈新海维修三绝”的工作方法。

过去国外设备维修换件，都是买原厂件，陈新海用“替代法”打破了这一传统。2007年5月，一台瑞士产的磨齿机发生窜动，影响加工精度。陈新海很快查明病因——主轴传动系统的轴瓦精度不够。如进口一套主轴传动系统，需要29万元。陈新海反复研究、试验，用自己研制的一套轴瓦替代了进口部件，不仅恢复了设备的出厂精度，某些方面的精度还超过了原标准。

2007年11月，沈阳机床集团生产的数控机床出现噪声，陈新海经过检查，发现是所使用的“洋设备”刚性不足造成了所加工的齿轮精度不够。他便用自己特制的工具，把“洋设备”传动轴的单键联结改为花键联结，大大增加了传动动力，提高了设备的刚性。

陈新海还善于对“洋设备”进行再创造，让引进设备大幅提高加工效率。2006年，沈阳机床集团车床供不应求，要求齿轮口产量提高10倍，照此增幅需要增加10台铣床，这在当时难以做到。陈新海大胆提出了改造“洋设备”的方案。经他改造的这些设备，加工效率提高了20倍。

2008年12月，陈新海到国内某知名机床公司采购磨齿机。进行产品试验时，陈新海发现设备存在诸多问题，可厂家对此一筹莫展。陈新海细心琢磨了3天，提出了针对磨头平衡等15个问题的改进方案，让这家企业的总工程师非常震惊：“这哪是维修工人，简直就是一个优秀的设计师！”

“修旧如旧，不如革新创造。”陈新海秉承这样的理念，10年间，因为零部件替代等维修技术方法的创新，又为企业节省成本开支1200多万元。

田志永 1966年出生，辽宁省绥中县人，中共党员。现任特变电工沈阳变压器集团有限公司装配车间专家技师。他爱岗敬业、刻苦钻研，不畏挑战、大胆创新，掌握了上百个变压器装配疑难问题的解决方法，组织装配了88种世界级重大产品，其中38种为世界第一，取得创新成果200余项。2011年4月26日，中共沈阳市委作出《关于授予田志永同志“优秀共产党员”荣誉称号并开展向田志永同志学习的决定》。2011年5月5日，辽宁省总工会作出《关于在全省职工中开展向田志永同志学习活动的决定》。2011年获全国五一劳动奖章。

田志永——走在创新路上的当代工人

在看似平凡的变压器装配岗位上，他创出了一片天地，一片打造企业核心竞争力、制造世界顶级产品的天地，一片让中国工人扬眉吐气、诠释创新价值的天地。

他，就是全国劳动模范，特变电工沈阳变压器集团有限公司大型项目公司装配班班长田志永。

他技术高超，对上百个装配疑难问题的解决方案了然于胸，装配变压器一次合格率达到国内外最高水平；他善于创新，取得创新成果200余项；他业绩辉煌，组织装配了54种世界级重大变压器产品，其中24种为世界第一……

1986年，高中毕业的田志永走进沈阳变压器厂当了装配工。仅一年多，好钻研的他就掌握了变压器的基本原理，能把100多个型号的变压器的结构图都装在脑子中，可信手拈来。

2003年，随着国家电网建设速度加快，田志永所在企业沈变公司进入大发展时期，通过与国际巨头企业进行技术合作，开始制造世界最先进的变压器——直流换流变压器。

田永志与同事共同研究出口产品的结构改进方案

首次与外国人打交道的情景让田志永至今难忘。外方根本不相信中国工人，甚至一个螺丝钉怎么拧都必须按他们的要求去做。

强烈的刺激也增强了田志永的进取心。所有图纸都是英文标注的，他开始自学英语，用英语跟老外套近乎。那些日子里，他白天将工作当学习，努力记住外方每个举动，甚至每个表情。晚上拿图纸对照实物，在心里把每个零部件拆下复原，探究安装原理。1台、2台……他逐渐熟悉了直流换流变压器装配流程。到了第6台时，已能独立操作的田志永变得不“安分”了。

他发现，国外的装配程序过于烦琐，完全可以简化。外国专家对他说：“产品你们制造，技术我们负责！”田志永不服气的劲头也上来了：“技术你指导，装配我做主！”他按照自己的思路改进，结果装配时间比外国人省了6小时。外国专家对他竖起大拇指。这也让田志永感到，要想赢得老外尊重，就得有本领，这也激发了他更大的创新热情。

2006年，外国某公司与沈变公司合作生产84万千伏安的变压器。国外公司先装配了一台，用工22人，花了36小时。第二台由田志永班装配，他看完图纸说，我只需10个人，16小时。老外觉得田志永在吹牛，要与田志永打赌。

田志永运用他在装配工艺上的绝技，消化图纸，研究部件，分解任务，几乎是行云流水，一气呵成，结果仅用了12小时就完成了装配任务。这令老外惊诧不已，用仅会说的中文拼成了一句话——“田不马虎！”

一台由外国专家指导装配的变压器，在试验时“抛锚”了。问题出在哪儿？在老外束手无策时，田志永镇定地走上来。他检查了两个小时，找到了外国专家装配控制系统时的差错。故障一经排除，试验即告成功。“徒弟变成了师傅”，田志永一炮走红。

2006年，南方电网从某国购入的变压器，一到用电高峰时就发生局部过热。外国专家诊断一个月，也没有找到原因。南方电网请来田志永诊断。不到一周，他就查到了原因。他与工友研究，采用阶梯型换位导线后，不仅排除了故障，也改写了国外公司沿袭数十年的设计标准。

2009年，南方电网云广直流输电工程上马，这种浩大的直流输电工程在世界上未曾有过，所需的正负800千伏安变压器就是国外大牌企业也未曾干过。按照变压器合作生产协议，使用相同的设计图纸，先由外国公司制造成功后，再由沈变公司制造。后来发生的事情，打乱了全盘计划。由外国公司制造的产品不仅连续3次试验不合格，更急人的是找不到出现问题的原因。工程已经开工，变压器却出了问题，南方电网情急之下，要求沈变提前投料生产。田志永清醒地意识到，这次装配的难点在于找到国外试验失败的原因。他在装配中对照图纸细心排查，终于发现了“罪魁祸首”——一个国外配送的电器件不合格。结果，沈变公司制造的变压器一次试验成功。按照田志永的发现，外国公司制造的变压器也得以过关。南方电网项目负责人高兴地说：“田志永，你们真为中国人争气！”

2003年以来，田志永带出了两支让外国人打怵、让领导信任、让工友们敬佩的队

世界首台±800kV直流换流变压器

伍。这两支队伍都有着创新的基因、奉献血液和合作的情操。目前，这两支队伍中已有5人晋升为公司中层管理者，10多人成了企业创新能手，100多人成为了生产骨干。2014年，特变电工沈变公司完成600多台变压器制造任务，其中有400多台是由田志永班完成的。

2010年12月，特变电工集团召开先进人物表彰大会，田志永的发言引起强烈反响。特变电工董事长张新非常激动地说："有了田志永，企业就有了走向世界的资本！"田志永被授予全国五一劳动奖章。

心有多宽，舞台就有多大。从普通员工到装配班长，从为个人而进取到为企业和国家而奋斗，田志永创新着装配技术，也升华着自己的人生。他先后荣获沈阳市劳动模范、辽宁省优秀班组长、机械工业优秀高级技能人才、辽宁省蓝领之星、全国"五一"劳动奖章。

方文墨 1984年出生，黑龙江省哈尔滨市人，中共党员。现任中航工业沈阳飞机工业（集团）有限公司14厂“方文墨班”班长，高级技师。中航工业首席技能专家。他创造了“0.003毫米加工公差”的“文墨精度”，取得了“定扭矩螺纹旋合器”“加工钛合金专用丝锥”“多功能测量表架”等3项国家发明专利和实用新型专利，显著提高了劳动生产效率，为企业发展作出了突出贡献，树立了“80后”技术工人的崭新形象。2012年4月27日，中共沈阳市委作出《关于开展向方文墨同志学习活动的决定》。2012年获全国五一劳动奖章，2013年获“中国青年五四奖章”。

方文墨——80后“大国工匠”

1.88米的个头，100多公斤的体重，脸上架着时下流行的黑框眼镜。这魁梧的小伙子，伸出蒲扇般的大手，却异常柔软细腻。

这双手，创造了公差仅为0.003毫米，相当于1/25头发丝细的表面加工精度；这双手，9年中累计改进各种刀、量、夹具100多种，改进工艺方法60余项。

每天，小伙子都会用热水浸泡双手，除去工作时磨出的厚茧。他甚至戒了酒，也不再打篮球，只为保持手的敏感度、稳定性，从而打磨出精度更高、质量更好的“作品”。

他叫方文墨，是中航工业沈阳飞机工业（集团）有限公司的一名钳工，25岁时已是沈飞历史上最年轻的高级技师。

25岁当上高级技师，26岁斩获全国青年职工技能大赛钳工状元桂冠，27岁拥有3项国家发明专利和实用新型专利，28岁荣获全国五一劳动奖章……方文墨的履历表中有着令人艳羡的华丽成绩。

但，这条成长道路绝非“天才”两个字可以解读，而是充满了汗水、挑战、挫折、寂寞与坚持。

2003年，方文墨以全班第一的成

方文墨在加工零件

绩被分配到沈飞公司航空机加厂，主动选择当了年轻人不愿意干的钳工。

在飞机制造中，钳工负责为零件做最后一道手工精密加工，其精细程度、艰苦程度和枯燥程度都是常人难以想象的。每天，方文墨必须半弓着高大的身躯，至少站上八九个小时，反复做挫修动作8000多次。

但方文墨乐在其中。只要站在三尺钳工操作平台前，手里握住零件，他就会像一个艺术家，专注、忘我，忽略周围的一切。

有一阵，方文墨练技术就像着了魔似的：每天下班不回家，在车间练到下半夜。后来干脆买了一台老虎钳子安在自家阳台上，常常一站就是一整天，手臂被飞出的金属屑划出一道道血痕也不觉得疼。

走进方文墨的家，仿佛来到了五金铺。这些年，仅购买各种工具他就花费了4万多元，可自己身上穿的却总是几套工作服。

当一名好钳工，除了具备掌控加工精度的高超本领外，还需要熟知各个工序原理。于是，方文墨开始系统学习理论力学、结构力学、钳工工艺学等专业理论和工艺方法。

中国青年报

WWW.CYOL.NET

习近平给北京大学学生回信勉励当代青年

勇做走在时代前面的奋进者开拓者奉献者

习近平在同各界优秀青年代表座谈时强调

在实现中国梦的生动实践中放飞青春梦想

在为人民利益的不懈奋斗中书写人生华章

在同各界优秀青年代表座谈时的讲话

（二〇一三年五月四日上午）

习近平

当代青年要为实现中国梦创新创业创优

梦想领航 青春同路

2013年5月4日，方文墨荣获第十七届中国青年五四奖章

书店和工具城成了他最爱逛的地方，连第一次与妻子约会也选在了新华书店。

几年来，方文墨购买的专业书籍多达400余本，整理了20余万字的钳工技术资料。同时，他利用业余时间攻读成人高考，拿下了机械电子工程本科文凭。

他还见先进就学，不断拜师学艺。多年来，全国工具钳工季军王晓东、全国钳工冠军曲骊、全国劳模胡长国、全国技术革新能手王文麒、国防科工委技术能手由发强都成了方文墨的老师和朋友。

看着方文墨像个苦行僧似的“修炼”基本功，有的同事说：“大墨，咱再怎么练不也就是当个工人吗？”可方文墨淡淡一笑，说：“我就是当工人的料，但我要当最好的工人！”

2010年10月，在全国青工职业技能

大赛上，经过四个半小时聚精会神的钻、锉、锯、装配、调试，一块正方形的毛坯料在方文墨的手里神奇地变成了55度燕尾配合三件套，凭此，他一举夺得了机修钳工状元的桂冠。从一名技校学生到摘下全国钳工状元桂冠，方文墨仅用了10年时间。

方文墨有着与同龄人迥异的朴素，却创造了超越同行的业绩：平均每个月有4项革新改造或发明创造。他设计制造的“定扭矩螺纹旋合器”可以提高生产效率8倍，仅人工成本每年就为企业节约100多万元；他改进的铁合金专用丝锥，能提高工效4倍，每年节约人工成本和材料费46万余元。

0.1毫米—0.05毫米—0.02毫米—0.003毫米，伴随加工公差的缩小，方文墨实现了最先进的数控机床都无法企及的“文墨精度”。中央电视台为“文墨精度”摄录了激励青年成长与创造的公益广告。

在业内有了名气，许多公司盯上了方文墨，一家南方民营公司甚至为他开出48万元的年薪。这对一个家境并不富裕的年轻人来说是不小的诱惑，但方文墨拒绝了：“我家三代都是沈飞职工，我的根在这里。三尺钳工操作台是我心系蓝天、创新超越的最好舞台。我离不开，也不能离开。”

2012年6月9日，中国航空工业集团公司举行了方文墨先进事迹报告会，号召系统50万名职工以方文墨为榜样，使勤奋劳动、诚实劳动、创新劳动在“80后”“90后”工人心中生根、发芽、开花、结果。

2015年10月，中央电视台《大国工匠》节目播出了方文墨的事迹。事后，他很淡定，“我的理想依然没有变：立言立行，做中国最好的钳工；航空报国，造世界最先进的歼击机！”

罗　阳（1961—2012），辽宁省沈阳市人，中共党员。生前任中航工业沈阳飞机工业（集团）有限公司董事长、总经理，高级工程师。任职期间，他组织完成了多个国家重点工程项目，为国防现代化建设作出了突出贡献。2012年11月25日，在执行新型舰载机实验任务中，因劳累过度，他突发心脏病，不幸以身殉职，年仅51岁。他生前曾被评为辽宁省劳动模范、国防科技工业创新领军人物。牺牲后，中共中央总书记、中央军委主席习近平作出重要指示，要求全体党员干部学习罗阳的优秀品质和可贵精神。国务院追授他“航空工业英模”，中共中央组织部追授他“全国优秀共产党员”，中华全国总工会追授他“全国五一劳动奖章”，中共辽宁省委、省政府追授他“辽宁省特等劳动模范”，中共沈阳市委、市政府追授他“新时期优秀共产党员”“沈阳市劳动功勋奖章”。2013年被评为第四届全国道德模范、感动中国年度人物。

罗阳——魂系海天的航空工业英模

2012年11月25日，大连，渤海。

起飞！着舰！起飞！着舰！歼-15舰载机一次次飞向天空，又一次次平稳地降落在“辽宁舰”平台上。“成功了！”现场参加试验的飞机设计人员和海军、空军战士热烈欢呼起来。

这天晚上，沈飞公司已准备好隆重的庆功会。可就在这天中午，一切突然戛然而止——歼-15飞机研制现场总指挥、中航工业沈阳飞机工业（集团）有限公司董事长、总经理罗阳因劳累过度，突发急性心肌梗塞，他的生命永远定格在2012年11月25日12时48分，享年51岁。

4个小时后，中航工业集团公司董事长、党组书记林左鸣和同事们护送着罗阳的遗体，从试验地大连回到家乡沈阳。

隆冬之夜，北国沈阳寒风刺骨。闻讯赶来了数千名职工，大家一排排站在灵车将要经过的地方，“罗总，一路走好”“罗总，我们永远怀念你”，职工们打起横幅，很多人在抽泣。

2002年，罗阳调到沈飞公司担任党委书记兼副董事长，后又担任了董事长兼总经理。他秉持航空报国的志向，开启了波澜壮阔的奋进征程。在罗阳的带领下，企业科研生产任务连年报捷，创下了近30年来交付飞机数量最多的新纪录，营业收入破百亿元，实现了从单一国内市场向国际军贸市场的开拓。罗阳是多个型号的研制现场总指挥。企业用5年时间研制了比过去50年还多的

罗阳在试飞现场

新机型，实现了多个型号新机成功首飞。罗阳也成为多个型号军机研制的领导者、组织者和指挥者。罗阳把工人装在心里：他让管理部门给装配工人都配上了防腰脱的护腰带；在生产线现场支起行军床，让员工累了能小睡一会儿；他安排40岁以上的员工两年体检一次，40岁以下的3年体检一次；他安排并请医生到生产现场为工人检查身体；他还请来心血管病专家和心理健康专家，给员工上健康课。他对身边的同事说："我知道你们很累，可是咱们都得挺住！航空报国不是荣誉，而是责任！"他创造了"厂所一体、设计制造一体协作攻关"的新模式；组建了一支具有强大凝聚力、战斗力的攻坚团队；组建了折叠机翼研制攻关团队，一次次地从头做起，终于为舰载机插上了收放自如的灵活翅膀；拦阻钩是拦阻系统的关键部件，他组织科研人员不放过任何一个细节，不断调整研制思路和主攻方向，最终解决了这个难题。作为舰载机起降训练研制现场总指挥，他多次长时间随舰海试，解决了飞行训练中大量技术难题。

心系航空事业，情暖职工群众，罗阳尽心竭力，然而，他却慢待了一个人，就是他自己。

人到中年，正是身体的多事之秋，可这时的罗阳，却是一个事业上的"拼命三郎"。罗阳每天差不多都是6点多钟就到公司，离开公司时却经常是半夜时分，很少有时间陪家人。长年超负荷工作，使罗阳健康严重透支，血压高、血脂高，病魔悄悄向他袭来。在一家医院担任领导的妻子多次提醒他注意身体，多次催他去检查身体，他答应了，然而，一忙起来，又把妻子的叮嘱忘到脑后了。

2012年11月26日，中央电视台新闻联播报道罗阳同志先进事迹

在生命的最后一个月里，他担任两大重点型号新机试飞现场总指挥，成功完成后，赶往珠海参加航展；11月17日下午他从珠海飞回沈阳，没有回家，再飞往大连，从机场直接前往试验基地；18日他一早搭乘直升机登上"辽宁舰"，为歼-15舰载机的

起降试验做准备。

每天，他都工作在飞行平台上，观察、记录着飞机起降情况。飞机入库，他还要进行检查，再和试验人员一起研究解决问题，每天都忙到很晚。在“辽宁舰”平台查看飞机起降，罗阳距离飞机只有20米，飞机起降巨大的轰鸣声震耳欲聋，让他已经有病症的心脏承受着难以承受的震颤。

试验期间，罗阳已经感到身体严重不适，面容疲倦，体力不支。去世那天，他连早饭都没有吃。沈飞公司党委书记谢根华回忆说，歼－15舰载机起降成功后，中航工业集团准备在25日下午举行庆功会，罗阳应当出席。但是在回宾馆的路上，罗阳告诉他，自己身体不舒服，请谢根华代他出席。一回到房间，罗阳便手按胸口横躺在床上。谢根华赶紧联系医院。然而，在距离医院大门还有100米左右时，罗阳已喘不过气来，医护人员当即在医院门口大厅做起急救，但还是没有挽回罗阳的生命。

25日夜晚，在罗阳遗体前，深深了解罗阳的妻子王希利对着罗阳说了这样一句话：“罗阳，这些天来，你太累了！”“才见虹霓君已去，英雄谢幕海天间！”这是中航工业集团公司董事长、党组书记林左鸣为罗阳写的两句诗。这是对罗阳献身航空事业的礼赞，也是对罗阳英年早逝、来不及品尝胜利成果的惋叹。

祖国和人民将永远铭记罗阳。在他逝世后，国务院追授他“航空工业英模”称号；中组部追授他“全国优秀共产党员”荣誉称号；全国总工会追授他全国“五一”劳动奖章；中共辽宁省委追授他“优秀共产党员”荣誉称号，中共沈阳市委、市政府追授他“新时期优秀共产党员”光荣称号和“沈阳市劳动功勋奖章”，并在全市党员干部中深入开展向罗阳同志学习的活动。

姜　妍 1973年出生，辽宁省新宾县人，满族，中共党员。现任沈阳鼓风机集团股份有限公司透平设计院设计三室主任，教授级高级工程师。她主导设计出我国第一台百万吨乙烯压缩机，不仅打破了国外长期技术垄断，而且使我国成为世界上第四个具有百万吨级乙烯“三机”设计制造能力的国家，彻底结束了长期依赖进口的历史，被誉为“我国百万吨乙烯压缩机设计第一人”。2013年4月27日，中共沈阳市委作出《关于开展向姜妍同志学习活动的决定》。2013年获全国五一劳动奖章，2015年被评为全国劳动模范。

姜妍——产业报国追梦人

2006年的一天，沈鼓集团领导交给姜妍一项特殊的使命：主持设计我国第一台百万吨乙烯压缩机。总工程师王学军对她一字一句地说："研制百万吨乙烯压缩机，是沈鼓从事透平压缩机制造40年来的最大梦想。我们一定要给用户、给国家一个满意的交代！"

压缩机是大型乙烯工业设备的"心脏"。业内有句行话："压缩机一响，黄金万两；压缩机一停，效益为零。"姜妍曾带领团队设计出我国第一台45万吨乙烯压缩机，一举打破了国外几十年的技术垄断。领导相信她一定能完成研制百万吨乙烯压缩机的任务。

然而，这个任务太重了。她知道，2006年国家决定在天津、镇海、抚顺建设3个百万吨乙烯项目，要求沈鼓为这3个项目研制百万吨乙烯压缩机机组。这3个百万吨乙烯项目，每个投资都在200亿元啊！一旦失败，影响太大了。

姜妍清晰地感觉到自己的心脏在怦怦地跳动。然而，她感到巨大压力的同时，也非常激动。研制百万吨乙烯压缩机，是她的梦。多少次眼睁睁地看着用户因为大型乙烯压缩机不能国产而无奈地选择进口；多少次想看一眼国外机组的结构却被国外厂家礼貌地要求回避……现在，打破外国技术垄断的机会终于来了。

没有资料可借鉴，她就拖着行李箱，到国内大炼化厂去看进口设备，中国版图的对角线被她飞了几个来回；到国内有关科研院所走访讨教，吃了闭门羹就接二连三上门；她还经常跑图书馆，搭上双休日，直接去啃原版英文资料，开馆进去，闭馆出来，硬是啃下了上千篇的原版论文。

设计中遇到的最大难题是百万吨乙烯压缩机的加气结构。常规压缩机为了提高整机效率，经过几级叶轮压缩到一定温度时必须对压缩介质进行冷却后再压缩。按此方法就要在百万吨乙烯压缩机上加多个风筒。这样一来，势必要将压缩机分成两部分制造，从而使设备的工作压力陡然增加，效率大幅降低。

面对难关，姜妍陷入了沉思。眼前堆着小山一样的图纸，电脑显示着密密麻麻的数据，一旁是几乎没动的饭菜，她废寝忘食，苦苦思索，满脑子都是气体流场图。几天过去了，一张低温转子的样图突然让她生发了灵感：零下100多摄氏度的乙烯，本身不就是制冷介质吗？这么低的温度，没有必要把气体里外折腾一番。这个发现，让姜妍兴奋得从椅子上跳了起来。

她大胆决定，百万吨乙烯压缩机采用缸内加气方法。经过创新缸内加气结构，不仅极大地提高了产品的性能和效率，而且在某些方面还优于国外机组，可为用户直接节约资金7300万元。此后，她又带领团队陆续攻克了转子结构等一道道难关，经过不断论证和优化，终于形成了一套完美的百万吨乙烯压缩机设计方案。

2010年8月29日18时，沈鼓集团总装车间人头攒动，灯光闪耀，我国首台百万吨级乙烯压缩机躺在试车台上，它的设计者姜妍却躲开人群，静静地站在后面，心里忐忑不安：“从国外引进的同类机组也不一定一次开车成功，我们的‘宝贝’能成功吗？”

随着试车总指挥的一声令下，机组开车、增压，各项参数源源不断地传来：转数5890转，振动值15微米，轴瓦温度低于75摄氏度，成功了！大家一阵欢呼，姜妍却流泪了，这是激动的眼泪、幸福的眼泪。

2010年至今，沈鼓集团累计制造大型压缩机623台，产值达260亿元，其中以姜妍为主任的设计三室设计制造的产品就占60%的份额。

姜妍在这历史的跨越中功不可没。用沈鼓集团董事长苏永强的话说：“沈鼓是我国石化装备制造业与国外竞争的‘国家砝码’，而姜妍就是我们的‘国宝’。”姜妍先后荣获了沈阳市特等劳动模范、辽宁省五一巾帼先进个人、全国“五一”劳动奖章和全国劳动模范称号。

姜妍在车间工作

姜妍不是毕业于著名学府，也没有过人的才智，之所以能成为我国百万吨乙烯压缩机设计第一人，靠的是勤奋努力、不懈的奋斗。

作为国内同行业的领军企业，沈鼓集团拥有一大批业内顶尖人才，透平设计院更是“高手如云”。1300名工程技术人员，绝大多数是名校的硕士生和博士生，其中不乏教授级高级工程师和国务院特殊津贴获得者，甚至还有姜妍在校时就听说过的技术权威。最初姜妍的心中有一种自卑感。然而，面对压力，姜妍想来想去，不服输的劲儿上来了：“别人能干，我就能干！”

百万吨乙烯压缩机装置

对于一个非专业的设计人员来说，新岗位最大的挑战来源于自身专业知识的匮乏。为此，姜妍放弃了自己的业余爱好，放弃了作为一个女人陪老公、带孩子逛公园的美好时光，抓紧一切时间学习。她的导师感慨地说：“我的学生里，姜妍可能不是理论功底最强的一个，但却是学习态度最好的一个。她求知若渴的劲头，谁都比不上。”

姜妍取得了令人瞩目的成就，但也牺牲了很多很多。

虽然离父母家只有170公里、开车只需两个小时，但由于工作繁忙，常常使姜妍回家的愿望一次又一次泡汤。作为一个母亲，她对女儿的亏欠更多。2002年，姜妍的女儿出生。孩子7个月大的时候，姜妍就雇了一个阿姨来带女儿。如今，女儿已经上中学了，可是姜妍却从来没有一次到学校接过女儿。

“有快乐，也有遗憾，世界上没有十全十美的事情。”谈起这些，姜妍非常平静。

李志强 1964年出生，吉林省通化市人，中共党员。现任中航工业沈阳黎明航空发动机（集团）有限责任公司发动机装配厂总装工段“李志强班”班长。中航工业首席技能专家。多年来，他带领团队不畏挑战、迎难而上，相继攻克了国家重点型号航空发动机装配关键技术，首创航空发动机装配“倒班操作法”，实现工艺创新126项，自行研制工装工具312件，创造了99天完成全年装配发动机任务的全行业最高纪录。2014年4月25日，中共沈阳市委作出《关于开展向“李志强班”学习活动的决定》。同年，“李志强班”被中宣部、全国总工会评为“最美职工”。2015年李志强被评为全国劳动模范。

李志强——“动力铁军”的带头人

2014年五一劳动节前夕，在中宣部、中华全国总工会联合举办的最美人物系列之“最美职工”评选中，中航工业沈阳黎明航发集团公司发动机装配厂总装工段李志强班被评为“最美职工”，成为全国10个获奖者中唯一的集体，这也是辽宁省唯一获此殊荣的单位。2015年，李志强被授予全国劳动模范称号。

1983年，19岁的李志强从部队退伍后进了黎明公司。他深受公司第一代全国劳动模范马德有精神的影响，发奋学习，刻苦钻研。他每天都随身带着笔和本，将师傅传授的独门绝技、发现的故障及解决方法、关键数据、学习心得等记在本子上，随时翻看，加强记忆。他还自学了机械装配的大部分课程，练就了只要看到装配图纸就能将成千上万个散置的零件组装到一起的超强能力。1995年开始，他担任总装班班长。

如果将发动机的管路比作人体的血脉，将发动机的各个系统比作人体的器官，那么，“李志强班”的工作就是搭建、安装各个系统之间的管路，从而形成一台完整的发动机。

李志强给工友讲解装配工艺

俗话说，编筐编篓全在收口。“李志强班”干的就是“收口”的活儿，他们的装配工作是航空发动机制造的最后一道工序。产量能否完成，质量是否过关，这个班组是关键。

如何让团队实现合力最大化？李志强

提出了打造“五种能力”的要求，即严细深实的工作作风、诚实守信的道德品质、遵章守纪的行为素养、刻苦钻研的学习劲头、不折不扣的执行能力。

专家讲学、打擂比武、代理班长、员工操作能力、星级评价等一系列团队建设举措，培养造就了一批优秀的装配工人，凝聚成了一股强劲的力量。在李志强带领的班组成员中，目前拥有中航工业发动机一级技能专家1名、二级技能专家2名、三级技能专家3名，技师以上人员25名，班组90%以上人员都能够在试车台进行总体排除故障操作。

“倒班操作法”是李志强的创举。他发现，由于装配步骤多、过程复杂，全过程只能一人完成。每个装配工一天工作14个小时，有时为了抢进度还要加班加点，工人经常疲惫不堪。能否实现两人倒班干一个人的活儿？这样只要每个人定时定量完成，下一个人按着节点继续干就行了。为此，“李志强班”群策群力，研究怎样将工作量细化。他们将一台发动机分成4等份，4人一组完成一台机器的组装，并将每步操作细化成60～90个工序，每一道工序的操作时间控制在5～15分钟，计算出组装一台发动机要几百道工序，3天的时间。同时将每个小零件以目录的形式记录成册。一整年的时间，“李志强班”通过模拟操作，干活儿快的和干活儿慢的同时完成一道工序，算出每道工序完成的平均时间，编写了一个可以在任何时间进行交接的倒班指导手册，这样缩短装配时间超过80%。2013年底，李志强将“4人一组二班倒”调整为“3人一组三班倒”。这一改革极大地提高了工作效率，仅用99天的时间，就完成了相当于全年生产任务的工作量。

航空发动机漏油问题一直被视为行业难点。李志强和班组工友经常聚在一起对频发部位进行分析，总结出管路漏油三大原因并有针对性地采取措施，有效降低了发动机漏油台次，减少了发动机重复试车次数。2013年，发动机出现漏油点，工厂紧急找来李志强排

全国“最美职工”李志强班全家福

查。在试车台上，李志强用研磨膏反复研磨管路接头，没有发现任何伤痕和漏点。为了能够排除故障，班组成员将发动机分解，把管路连接在一起，在试验器上通过压力测试发现管路存在的制造缺陷，将导管返回制造单位，避免了重复试车费用1000余万元。

除了装配外，“李志强班”还经常上试车台排除故障。夏天的试车台热得如同桑拿房，冬天却低至零下三四十摄氏度。由于发动机试车后达到400摄氏度以上，手一碰就被燃油管灼起了水泡，经常是前面热得冒汗，背后吹着刺骨的冷风。一次，上级要求“李志强班”必须用最短的时间找出试车台上某发动机的故障。全体成员坚持24小时不间断作业，一次又一次地拆卸、装配、试验，用了22天完成了9次分解10次装配，测量了上万个基础数据，终于排除了故障。

黎明公司董事长、党委书记杨森评价说：“李志强班是航空发动机装配行业的铁军，是公司众多班组的杰出代表。他们技艺精湛，团结拼搏，任务交给他们，我们心里就有底。”

2013年8月30日，习近平总书记带着党中央的关怀和对航空工业的殷切希望，考察中航工业沈阳黎明公司时来到“李志强班”。当看着一台台整齐的航空发动机时，总书记亲切地握着李志强的手说：“你们的工作很光荣，很重要！”习近平总书记的一番话成为激励“李志强班”不断创新、奋勇争先的强大动力。

高福军 1961年出生，辽宁省北镇市人，中共党员。现任沈阳天北建筑安装工程公司副总经理、第一项目部经理。因为家庭贫困，他18岁由农村到沈阳打工，从力工、瓦工做起，凭借吃苦耐劳和勤奋好学，逐渐成长为高级工程师、建筑行业一级项目经理。承建的建筑工程项目多次获奖。他心系农民工兄弟，为维护农民工合法权益积极建言献策。2010年被评为全国劳动模范。2012年当选中共十八大代表。

高福军——建筑行业农民工典范

1961年，高福军出生在锦州北镇窟窿台乡一个有8个子女的农民家庭。1979年，沈阳市一家建筑工程公司到农村招工，初中刚毕业的高福军报名了。“之所以背井离乡出外打工，就是因为家里穷。”讲起这段往事，高福军依然非常感慨。

刚到沈阳时，高福军没有什么技术，只能当力工。瓦匠在架子上干活儿，力工负责用铁锹给往上送砂浆、负责上砖为瓦匠备料。多数力工只把砂浆和砖为瓦匠备上，并不考虑对方顺不顺手，但高福军细心观察瓦匠师傅干活儿，知道砂浆和砖放在什么位置瓦匠更顺手。到了中午休息时间，其他力工忙着去吃饭、找地方休息，高福军却等瓦匠离开之后，把干活儿的地方都清理干净，把瓦匠的工具都摆放整齐，把下午要干的活儿的准备工作都做好……

瓦匠师傅特别喜欢这个干活儿用心的小伙子，提出收他为徒。学徒工高福军不仅帮师傅干活儿，还给师傅打饭、端洗脚水，甚至连师傅用的工具都给擦得亮亮的。他这样做就是想让师傅多教他几招儿。

当泥瓦匠是个苦差事，一天站到晚，腿站肿了，腰酸背更痛，可他从来未休过一次假。公司多次组织旅游，高福军都把机会让给了别人。功夫不负苦心人，在学徒期满举行升级考试时，高福军与正式工人一起参加考试，在107人中他排第一。

工作之余，只有初中学历的高福军又捧起了书本，认真钻研建筑技术业务知识。凭着吃苦耐劳和勤奋好学的精神，他不仅拿到了大专文凭，还考取了高级工程师、建筑行业一级项目经理等国家级建筑专业技术职称。

出任沈阳天北建筑安装工程公司第一项目部经理后，高福军把全部心思和精力都用在了工程上。从砂浆的配比到钢筋的绑扎，从图纸的设计到施工的操作，他都一一过问，认真检查；多年来，回收旧钉子、废旧物品，他都一一经手，他看不得半点浪费；下雨了，高福军肯定往工地跑，苫上水泥等怕浇的建材。甲方的人都说，高经理有这份责任感，把工程交给他我们信得过。

沈空干休所、东塔机场、大连金州机场礼堂、辽宁省公安厅综合楼等60余个项目均以优质工程获奖。他负责的项目连续10年获沈阳市安全文明施工“新貌杯”奖，2009年获国家“AAA级安全文明标准化诚信工地”奖，项目部被市、省评为“金牌班组”“工人先锋号”“十大外来务工青年先进集体”等。2006年，他被评为全国建筑业优秀项目经理，2008年被评为全国优秀农民工，2010年荣获全国劳动模范殊荣，2012年当选为中共十八大代表。

高福军妻子说，老高每天凌晨3点多钟就赶往工地，晚上要等到工地全休了才回家……只要有项目在进行，他就在工地，这就是高福军的生活节奏。

职务变了，收入高了，生活好了，可高福军的农民工本色没有变。2007年当选沈阳市人大代表后在小组会上第一次发言，他站起来面对代表，嗓音洪亮：“我是农民工代表，我要为农民工说几句话。”

当代表的几年里，他提的建议中最多的是关于维护农民工权益的。很多农民工子女从小就跟着打工的父母来到城市上学，可孩子要参加高考了，却要回到户口所在地参加考试。由于教材、教学方式方法的差别，影响到高考成绩。为此，他建议农民工子女在哪儿上学就应该在哪儿参加高考。对于农民工的社会保障问题，高福军也有自己的看法。他说，因为农民工群体流动性比较大，在一个城市上了保险，到另一个城市后保险就接续

高福军（中）与工友在项目施工现场

不上了。他希望国家对农民工的保险，能像银联卡一样，全国各地都可以通用，实现“一卡通”。

拖欠农民工工资问题一直是党和政府、工会组织关心的事儿。可在高福军承担的项目中，从不拖欠农民工一分钱工资，如果工程款确实不到位，他拿自己的钱或找亲朋好友借，也要给农民工开工资。他出身农民，太了解农民了。他说：“农民工的工资是孩子的学费、老人的养老钱、患病家属的救命钱，不能欠。”

高福军与郭明义合影

高福军还在沈阳建筑工地率先设立“工地医疗站”“探亲夫妻间”“工地网吧”。一到过年过节，高福军肯定给农民工改善伙食，大家完工后还被允许少喝点酒，中秋节肯定发水果，每个工人发2斤月饼，让农民工有身在他乡的欢乐。

农民工赚钱不容易，舍不得花钱。他们一旦患了小病，从不舍得去医院看病，都挺着，有的实在挺不住了病倒了才去看，有的是挺到最后，小病变成大病，这也让高福军无比痛心。因此，他在工地专设了“医疗点”，招聘专业的全科医生坐诊，诊治伤风感冒、刮伤碰伤等常见病、多发病，并且购进基础药品，零加价给需要的农民工使用。高福军设立的“医疗点”是赔钱的“买卖”，可高福军一直在坚持。

出外打工的绝大多数是年轻农民工，高福军特别理解他们的思乡之苦、夫妻离别之苦，他又专门设立了“工地夫妻间”，供来沈阳探亲的妻子和丈夫团聚之用。设立“工地网吧”，为农民工免费提供上网，使他们能够通过互联网与家人联系。

“每天要面对许多农民工兄弟，我更知道应该理解他们，善待他们，因为我和他们一样，也是一个农民工。”高福军是个实在人，做了这么多让农民工心里热乎的事儿，也没有一句漂亮话。

曲道奎 1961年出生，山东省青州市人，无党派人士。现任中国科学院沈阳自动化研究所研究员、博士生导师，沈阳新松机器人自动化股份有限公司总裁，机器人国家工程研究中心副主任，兼任中国机器人产业联盟理事长。他带领团队在国内研制开发出具有自主版权的点焊机器人、高速上下料机器人、搬运机器人、磁导航和激光导航AGV移动机器人等不同类型的机器人产品，打破了“中国人做不好机器人的魔咒”，创造了中国机器人发展史上的88项第一，研发的机器人产品遍布全球23个国家，为科技兴国作出了卓越贡献。2003年被评为辽宁省劳动模范，2014年当选“中国最具影响力十大科技创新人物”。

曲道奎——机器人产业化的领跑者

2014年12月24日，号称“中国科技界奥斯卡”的中央电视台“2014年度科技创新人物推选活动”评选结果揭晓，沈阳新松机器人自动化公司总裁曲道奎排在十大“科技创新人物”之首。2000年沈阳新松机器人自动化公司创办至今，机器人家族已是“儿孙满堂”，形成了五大系列、世界最全的机器人产品，产品2/3应用于外资外企，出口15个国家，创造了中国机器人发展史上的88项第一。

近年来，德国提出工业4.0，美国提出工业互联网，日本等提出工业2050等。新一轮世界工业变革要靠数字化和网络化技术，以智能机器为支撑，最终改变制造模式和体系，而曲道奎和他的新松公司，已经站在了制造业转型的制高点上，称其为“新工业革命的领跑者”并不为过。

世界第一台工业机器人1959年面世，并首先应用于汽车工业。1972年，沈阳自动化研究所蒋新松在全国最早提出研制机器人的建议，1980年底就完成了首台示教再现机械手，这是我国第一台工业机器人，因此，蒋新松也被誉为“中国机器人之父”。然而，1997年3月，蒋新松积劳成疾，英年早逝。

曲道奎在世界机器人论坛发表演讲

2000年4月，以蒋新松名字命名的“新松机器人自动化有限公司”成立，39岁的曲道奎担任常务副总经理，两年后担任公司总裁。蒋新松是曲道奎的恩师，曲道奎对这位恩师有着很深的感情，更知道恩师的梦想。在追忆蒋新松的座谈会上，曲道奎发下誓言：“老师生前一直为创办工业机器人产业化公司而奔忙，我们要将老师的遗愿化为行动，迅速把机器人公司建起来，让机器人成为国家制造业现代化的龙头！”

然而，公司成立之后，曲道奎他们却步履维艰，饱尝冷落。在20世纪80年代，机器人市场完全是世界发达国家的天下，不仅外国人不相信中国能造出机器人，绝大多数中国人也不相信。曲道奎回忆说，尽管他们已经造出了机器人产品，但向客户推销时，许多客户一听说是国产机器人，连听产品介绍的兴趣都没有。然而，曲道奎他们没有抱怨，更没有泄气，他们千辛万苦、千方百计、千言万语，终于在锦州重机、鞍山一工、松辽汽车等企业实现了突破，也因此得到了长春一汽、沈阳金杯等大企业的信任。他们生产的9台“ACV”自动导引车机器人成功地应用于金杯客车柔性生产线后，使金杯客车质量和效益都得到大幅提升，并在全国轻型货车旅行车大赛中夺魁。金杯公司老总、著名企业家赵希友亲自率队登门致谢，称：“机器人把我国汽车工业生产技术推向了一个新水平！”

2007年，美国通用汽车公司在全球公开采购机器人。获得这个信息后，曲道奎召集领导班子成员和相关部门认真研究后，决定竞标。此时，沈阳新松机器人自动化公司刚刚7岁，名副其实的“初生牛犊”，可这只“初生牛犊”却是虎虎生威。当时，他们参与竞标的产品是移动机器人。他们根据国际市场重视环保的特点，组织科技人员奋力攻关，将原来的使用蓄电池做动力驱动改为非接触供电，同时开发了智能导航等新技术，使移动机器人达到国际先进水平，最终以性能、价格优势一举中标。

世界工业巨头用上了中国的机器人！这一消息立刻引起国外众多企业的关注。很快，自美国之后，法国、加拿大、俄罗斯等十几个国家开始购买新松公司生产的机器人，也因此结束了中国机器人只有进口没有出口的历史。

十几年来，新松公司研制了第一台通用机器人、第一台五自由度高压水切割机器人、第一台洁净（真空）机器人等88个共和国“机器人第一”。目前，新松公司产品已形成工业机器人、洁净（真空）机器人、智能移动机器人、特种机器人、智能服务机器人五大系列20多个品种。这些机器人广泛应用在汽车制造、工程机械、轨道交通、电力、IC装备、军工、石油化工等领域。2014年2月，新松公司与山东骏马公司签订合同，为骏马公司打造数字化、智能化无人工厂项目；4月，与中国铁道科学研究院城市轨道交通中心签订合同，助力轨道交通向自动化领域迈进；5月，中央电视台《朝闻天下》栏目以“劳动者·机器人”为题，以新松公司服务性机器人贴近百姓生活为切入点，展示新松机器人已

2015年4月11日中央电视台新闻联播报道新松机器人公司

逐步迈入“寻常百姓家”。

2014年7月，习近平总书记在两院院士大会讲话中指出：“‘机器人革命’有望成为‘第三次工业革命’的一个切入点和重要增长点，将影响全球制造业格局。”他殷切希望：“我们不仅要把我国机器人水平提高上去，而且尽可能地占领市场。”

有多年的技术积累，有纵横国内外市场的成功经验，有国家政策的有力支持，曲道奎将带领他的公司，实现更高目标的腾飞。

陈温福 1955年出生，辽宁省法库县人，民盟成员。中国工程院院士。现任沈阳农业大学教授、水稻研究所所长。他创立了北方粳型超级稻育种理论与技术体系，所著《水稻超高产育种理论基础》一书成为国内外有关水稻高产研究的第一部专著，首次较为系统、完整地提出了水稻超高产育种理论与技术路线，填补了稻作研究领域的空白。他选育的超级稻在东北稻区种植面积达60%以上，创造巨大的经济效益。2015年被评为全国先进工作者。曾当选第十一、第十二届全国人大代表。

陈温福——北方超级稻育种专家

提起中国“杂交水稻之父”袁隆平，可称得上家喻户晓。在沈阳也有一个袁隆平式的人物，他直接或间接培育成水稻新品种20多个，累计推广面积9000多万亩，增产稻谷46亿多公斤，产生经济效益超过36亿元。他就是沈阳农业大学教授、水稻研究所所长、中国工程院院士陈温福。

说起陈温福对农业发展的贡献，可用“巨大”二字来评价。他率先建立了北方粳型超级稻育种理论与技术体系，并在新株型创造上取得了重大突破。他先后发表论文40余篇，出版专著2部，创制出新株型优异种质20余份。他所著《水稻超高产育种生理基础》一书，是国内外有关水稻高产方面的第一部专著，首次较为系统、完整地提出了水稻超高产育种理论与技术路线，填补了稻作领域的空白。他育成的多个优质超级稻新品种被农业部确定为全国超级稻推广计划主推品种，被列入国家农业科技成果转化项目，并顺利通过科技部、农业部联合评审，成为国家“863计划”重大专项后补助品种。他和课题组选育的超级稻在东北稻区种植面积均超过水稻总面积的60%以上，平均亩增产63.4公斤，增幅高达14.9%。因而人们都说：陈温福是沈阳的袁隆平。

陈温福在指导学生查看水稻秧苗生长情况

“梅花香自苦寒来”，陈温福之所以能取得如此骄人的业绩，是他长年超出常人的付出而得。1993年，刚刚回国的陈温福从导师手中接过研究所所长的重担。平日里他早出晚归，没有休息日、节假日，超负荷地工作着。因长年辛苦劳累，病魔悄然向他袭来，被确诊为肾结核，不得不住进医院。手术时，医生打开他的腹腔后大吃一惊。他的右肾已严重溃烂，刚一动手术，主动脉一下子就脱落了。医生说，如果不是抢救及时，主动脉喷射性出血，两分钟内就可能死亡。医生都很诧异，这病少说也有七八年了，如此严重的病情，他是怎么挺住的？即使这么重的病情，可他心里依然惦记着工作。在医院只住了半个月就要求出院。医生嘱咐他要多休息，可在家躺在床上他仍坚持看资料。刚能下床走路，就捂着伤口上班了。

陈温福把全部感情和精力都投给了“三农”。所有研究项目都是为了农业增产增收。当上第十一届、十二届全国人大代表后，他更是利用这个平台为“三农”说话，也因此被誉为“情系黑土地的院士”。虽然是大学教授，但陈温福绝大部分时间都在农村度过，潜心研究秸秆炭化还田技术。“我国每年产生7亿吨秸秆废弃物，林业‘三废’也达7亿吨；由于劳力少和机械化不发达，秸秆实际还田量仅为15%左右，被烧掉或废弃的量却超过了50%。秸秆的大量燃烧或废弃，不但造成了严重的资源浪费，而且污染了环境。”陈温福忧心忡忡地说。为了解决这一难题，他牵头成立了辽宁省生物炭工程技术研发中心。2014年他几乎都泡在鞍山市岫岩县农村，多次往返，他的车一年跑了12万公里。在2015年“两会”上，他要把秸秆炭化还田技术推广出去，让全国各地都从他的研究中受益；针对粮食丰收后出现的“谷贱伤农”问题，他建议国家适度提高粮食最低保护价，敞开收购农民手中的余粮；出台专项补贴政策，削减农业生产资料价格上涨给农民带来的额外负担；研究建立保障国家粮食安全的长效机制，在国家粮食安全与种粮农民利益之间找到合理的平衡；针对土地严重退化问题他大声呼吁：“中国人多地少，土地轮耕

陈温福给沈阳农业大学师生作报告

陈温福的部分著作

不可能，但要尽力让土地得到营养补充。”

陈温福的成就得到了各方面肯定，好评如潮，他也成了名副其实的获奖大户。“籼粳稻杂交新株型创造及超高产育种研究与应用”获辽宁省科技进步一等奖、国家科技进步二等奖，“北方粳型超级稻育种理论与技术研究及新品种选育”获辽宁省科技进步一等奖，“北方粳型超级稻新品种选育与示范推广”获教育部科技进步二等奖，“优质粳稻高产高效益栽培技术集成与推广”获农业部农牧渔业丰收奖二等奖。他还荣获全国首届农业优秀科技工作者、全国农业先进科技工作者、全国先进农业科研人员、全国农业科研推广标兵、国家农业科技最高荣誉奖——中华农业英才奖，还先后荣获全国“五一”劳动奖章、全国先进工作者等数十个荣誉称号。

徐占海 1963年出生，辽宁省新民市人，中共党员。现任新民市政协副主席、周坨子镇党委第一书记。他在担任姚堡乡中姚堡村党支部书记期间，把一个负债累累、年人均收入不足千元的贫困村，变成人均收入过万元的富裕村；担任镇党委书记期间，把全市倒数第二的周坨子镇，发展成为一个年人均收入达1.2万元的远近闻名的“明星镇”。曾被评为全国优秀党务工作者、全国人民满意的公务员。2012年当选中共十八大代表。2015年被评为全国先进工作者。

徐占海——带领农民致富的好书记

1998年，徐占海在姚堡乡中姚堡村当上了村支书。当时村民人均收入不足千元，村集体更欠着近百万元的外债。经过考察，徐占海发现扣大棚种西瓜是一条致富的路子。可村民们却因为没钱，更怕赔钱，所以他的号召几乎没人响应。为了打消老百姓的顾虑，他抵押上了全部家产，帮助村民贷款。大棚盖好后，他带头学技术，挨家挨户指导村民。短短两年，这个贫困村变成了年人均收入过万的富裕村。

2008年4月，徐占海被任命为贫困乡周坨子乡（2011年撤乡设镇）党委书记。上任伊始徐占海说："为官一任，就要造福一方。农民不富是我的无能，更是我的耻辱。"他带领乡亲们发展大棚蔬菜，截至2013年，该镇发展设施农业面积34000亩，仅棚菜开发一项，全镇人均增收1.2万元。

除发展大棚蔬菜，这个镇还种植了市场非常好的寒富苹果，种植面积已超万亩。周坨子镇的水、田、路、桥、涵、闸等农业基础设施也逐渐配套，并形成了"以棚菜产业为主，寒富苹果和葡萄产业为辅"的产业格局。对于周坨子镇的未来，徐占海胸有成竹："我们镇要立足建成东北最大的无公害、绿色有机蔬菜生产基地，集旅游、休闲、采摘于

徐占海带领农民发展棚菜生产

一体的生态、绿色、环保之乡。”

徐占海生长在农村，非常了解农民的疾苦，对农民有着很深的感情。他经常教育干部：“要想当好‘当家人’，首先要成为群众的‘贴心人’。”

一次走访中，徐占海结识了王甸子村老复员军人史传伟。当时史传伟唯一的儿子因癌症去世了，留下3个正在念书的孩子。史传伟对徐占海哭诉：“儿子没有了，今后我们一家人可怎么活啊！”见此窘状，徐占海就对史传伟作出“从今以后，我就是您儿子”的承诺。此后，三个孩子上学的一切费用，徐占海全包了。如今，3个孩子已有两个大学毕业，一个大学在读。为了更好地照顾史传伟老两口，徐占海拿出积蓄在周坨子镇政府所在地为他家买了房子。

苏坨子村村民李久全家中意外失火。他得知消息后，立即赶到现场组织灭火，将损失降到了最低程度，事后又动员机关干部捐款1.1万元。在他的带动下，43名乡镇机关党员干部开展了“干群一帮一捆绑式工程”活动，每人帮扶一户贫困户，帮助群众解决生产生活难题500多件，送去钱物价值20多万元。同时，建立镇、村、组三级便民服务网络

徐占海与韩坨子村农民谋划发展大棚蔬菜致富

平台，新建政务服务大厅和信访接待大厅，设置9个村级便民服务站、52个组级便民服务点，并安排一台“便民服务110直通车”，把服务送到村里、送到百姓家中。

徐占海又是一个廉洁自律的基层领导干部。到周坨子乡上任之初，徐占海就给自己立下“三不”规矩，即不吃请、不赌博、不收礼，并在全乡党员干部中提出了“勤政跟我干，廉政向我看”的口号。

在干部提拔任用上，有人说：“没背景、没票子，想升官，没门！”而徐占海在全镇领导干部大会上却说：“工作能力和水平就是背景，事业需要就是背景，我们选干部就看德和才。”几年来，周坨子镇已先后有10余名出色的干部被提拔重用。逢年过节，有人想到他家里看望，都被徐占海一口回绝了，告诫他们：“我家门口有摄像头，如果谁来，我节后上班第一天，就开会放录像。”

徐占海母亲去世，村里500多户村民闻讯后都来吊唁，50多个村民代表跟着徐占海在母亲遗像前跪下磕头，磕完头就往炕上扔钱。办完丧事后，徐占海挨家挨户地道谢、返钱，为此事没少费周折。

在周坨子山场发包过程中，有人送上礼品，想按原价承包，但徐占海不为所动，坚持竞价承包，镇里因此多收入承包费280万元。他提议成立了乡级财务监督小组，实行月审计、月公示，重大事项公开议定、重大工程公开招标。为加强设施农业开发资金管理，成立村级纪律监督检查小组、理财监督小组、监督委员会和仲裁委员会，要求每个村单独设账，专款专用，定期监督检查。

徐占海在新民市还有一个雅号：“三真书记”，即真忠诚、真担当、真干净。徐占海对“三真”有他的解释，他说：“忠诚人民是对党忠诚的本质要求。对人民忠诚，就要当好人民的勤务员，放下架子和群众打成一片。”

对“真担当”，徐占海说：“真担当，核心要义就是敢想、敢做、敢挑重担、敢负责任，脚踏实地、真抓实干，在其位、谋其政、任其职、尽其责。”

徐占海无论在什么岗位，都是群众公认的廉洁干部，他说：“清廉是共产党员永远的底色。是否清廉，是百姓口碑中好官坏官的首要区分。作为一把手，带一个好头，就会影响一大片。我必须带好头！”他以行践言，先后荣获“全国人民满意的公务员”“全国优秀党务工作者”和“全国先进工作者”称号。

荆治严 1953年出生，辽宁省沈阳市人，中共党员。曾任沈阳环境科学研究院总工程师。2001年元旦，沈阳市委、市政府郑重向全市人民作出“治理浑河、造福人民”的庄严承诺。他带领工程技术人员通过数百次的采样分析和试验，终于找到了治理沈阳母亲河——浑河的最佳途径，并研制出了适合浑河除臭的生物药剂。他还自行设计安装了制剂生产设备和河水监控指挥系统，仅此一项就为国家节省数千万元经费。2002年9月，他负责治理的浑河五里河段水质达到了四类，被誉为“浑河治臭第一人”。2004年被评为沈阳市特等劳动模范，2006年被评为辽宁省劳动模范。

荆治严——浑河治臭第一人

每逢节假日，沈阳浑河岸边的五里河公园游人如织。他们或携妻牵子赏花漫步、或举旗列队健步疾行、或河边垂钓休闲……五里河公园东起长青桥，西至浑河桥，横跨4公里，占地总面积126公顷，规划了自然景观区、文化休闲区、娱乐服务区、异禽生态区、沿道路景观区和湿地生态区。公园内百米音乐喷泉、龙溪、人造沙滩、五里河码头广场、中心广场等景观均借鉴国内外先进设计理念，堪称国内一流。可谁能想到，十几年前，浑河是一条名副其实的污水河：粪便、垃圾以及各类工业和生活污水汇入其中，鱼虾灭绝，臭气熏天。如今，这条河变清了，河两岸变美了。而这巨大变化与一个人密切相关，他就是被誉为“浑河治臭第一人”的沈阳环境科学研究院总工程师荆治严。

浑河古称沈水，又称小辽河。历史上曾经是辽河最大的支流，辽宁省水资源最丰富的内河。浑河源于抚顺清原县滚马岭，流经抚顺、沈阳等市县，承担着辽宁省中部城市群的工农业生产及生活用水任务。

荆治严观察水样

然而，到2001年，浑河的污染承受能力已接近极限，浑河应有的功能已丧失殆尽。当年，中共沈阳市委、市政府向全市人民作出“治理浑河，造福人民”的庄严承诺，并在全国范围内公开招标。招标论证会上，荆治严带领的竞标小组不仅带来了完整的投标方案，还拎来了两个水桶：一桶是从浑河采集的黑臭河水，另一桶则是已经被除臭药剂净化过的、游着小鱼的浑河水。凭借绝对的技术优势，荆治严竞标小组一举夺标。

怀着“浑河恶臭不除，提头相见”的决心和信心，2002年元旦，荆治严浑河治臭小组冒着寒风到浑河岸边安营扎寨，在无饮用水、无电、帐篷内温度也只有零下十几摄氏度的艰苦条件下展开工作。为了获得第一手资料，荆治严沿浑河来回步行几十公里，反复考察浑河水道及污染物种类情况；为了采水样、抽淤泥，他和工友们破冰作业。

荆治严说：“立下了军令状，没有了退路，当时只有拼了。不知道水有多深，泥有多深，为了详细了解污染情况，拿出切合实际的治污办法，我们一段一段下到河里考察。那一段时间，站在岸上看，看不出哪个是工人、哪个是干部。我们手拉着手，一人夹着一块木板，万一谁要陷进去，马上把板子一横。可以说每天都是跟死神打交道。”

下河道采集水样和喷撒除臭剂需要一艘造价数万元的船，荆治严找来三角铁焊成架子，买了几十个汽车内胎捆在架子下面，一条仅花2000元的“多功能船”就诞生了。

荆治严说：“治污首先还得依靠科技。开始我们研制除臭剂做试验时，在实验室拿罐子闻都恶心，闻了以后饭都不想吃。”

从研制除臭剂到建造作业船，荆治严为国家节省了数千万元的经费。

由于长期在野外作业，荆治严患上了颈椎病、胸椎病、腰椎病等多种疾病。医生为他检查时，劝他尽快动手术，因为他的颈椎病厉害得很。“做手术得需要时间吧，做完手术还得恢复个一年半载，哪有那么多时间？”荆治严将手术一推再推。

荆治严接受记者采访

荆治严他们当时吃住都在浑河边上，一干就是3年。那时的荆治严，皮肤黝黑，手掌又粗又大，手背上全是太阳晒出的黑斑，像个地道的农民。

经过近千次的分析

试验，荆治严终于掌握了浑河恶臭的物质生成机理和物理化学特性，研制出了适合浑河除臭的生物复合制剂。在高效率完成了疏浚工程、生物复合制剂工程和污染源控制工程后，荆治严和他的团队用3年的时间，交上了一份令沈阳市民满意甚至惊喜的答卷。

荆治严他们在浑河治污的同时，沈阳开始筹建五里河公园。水清了，五里河公园也完工了。来到五里河公园沿岸，顺着缓步阶而下，俯身就可以触摸到河水。人工湖上，大、小游船，使游园者尽览秀丽景观。公园中心处的秦开雕像，使游人得以在时光隧道中得到历史文化的启迪。

五里河公园在沈阳城南筑起了一道亮丽的风景线。

浑河治污首战告捷，荆治严马不卸鞍，忙碌的身影又出现在沈阳南运河、细河、卫工河、仙女湖的治污勘测现场。在荆治严心里，环保是他的职业，更是他的使命。

沈阳仙女河也是一个污染严重的河流，市政府要在这里建污水处理厂。按照常规，建这个污水处理厂至少也得需要一年半时间。可从开始设计到全面完工，荆治严他们只用了4个半月的时间。

仙女河原来是垃圾处理场，臭气熏天，当时作业人员都戴着防毒面具。人下去站10分钟头就疼，特别是24小时作业，白天顶太阳，晚上蚊虫叮咬，半个小时就得换人。刚开始他们不了解情况，按常规工作，可不到一个小时有两个司机就晕倒了。荆治严说："作业环境非常差，真苦，那不是一般的苦。我干这么多年，没有这么苦过。"

为了赶进度，他们24小时不停地作业，几个单体同时开工，各个环节环环相扣。为了保证治污材料供应，他们派人到生产厂家守候、监督，以确保企业优先给他们生产。

一年半工期四个半月完工，仙女河污水处理厂竣工那天，大家在一起喝庆功酒。荆治严回忆说："大家一边喝酒一边落泪。"

沈阳天蓝了，水清了，树绿了，空气质量优良天数多了，荆治严功不可没。他先后获得沈阳市劳动模范、辽宁省劳动模范、"辽宁省十大环保人物"等荣誉称号。

夏云龙 1953年出生，辽宁省沈阳市人，中共党员。现任沈河区房产“110”房屋报修中心主任。2002年以来，他带领团队共完成抢修任务11万余件，抢修及时率、群众满意率、一次修复率均达100%，收到3万多个（封）感谢电话和感谢信、1000多面锦旗。他还带出了一支过硬的职工队伍，38人组成的抢修队已有7人被评为市级以上劳动模范。2004年被评为沈阳市特等劳动模范，2006年被评为辽宁省劳动模范，2007年荣获全国首届道德模范评选活动提名奖，2010年被评为全国劳动模范。

夏云龙——百姓安居的“守护神”

在沈阳市沈河区，有一个备受百姓赞誉的房产“110”房屋报修中心。13年来，中心房屋维修抢修队出车27万余次，为27万多家庭解了燃眉之急。13年多的时间，这个中心收到3万多个（封）感谢电话和感谢信，1000多面锦旗。报修中心之所以这么受欢迎，关键是他们有一个好带头人，他叫夏云龙。

2002年春，沈河区房产局在开展“优质服务年”活动中在沈阳市率先成立了110房屋报修中心，夏云龙担任主任。

下水道堵塞、上水管断裂、房子漏雨、墙皮脱落……这是老百姓家时常遇到的烦心事儿。谁家摊上这样的事，那日子准过不安生。而这时，最好的服务就是尽快帮助百姓解决问题。夏云龙向辖区居民庄严承诺：只要拨通“110”报修电话，保证30分钟赶到现场，24小时随时服务。

72个小区、数万户居民，报修中心平均每天接到三四十个电话，最忙时一天接102个报修电话，而报修中心只有38个人。夏云龙告诉大家，报修电话就是命令，只要接到电话，必须及时出车。

一天上午，报修中心连续6次出车抢修。中午，夏云龙和队员们回来刚端起饭碗，又接到了沈河区榆荫小区的报修电话。他们放下饭碗，立即出发。原来，这里的下水管道堵塞了，已经多

夏云龙和工友冒雪疏通管道

次疏通但没解决问题。夏云龙到现场勘察，初步判断堵塞处在楼道的拐弯处。工人们开始施工，当挖到一米多深时，猛然间，下水管道的污水、粪便像喷泉一样喷向了夏云龙和队员们。工作面太窄了，谁也没有地方躲……一脸脏水的夏云龙和工人们没有丝毫放慢抢修速度。4个多小时后，他们终于把下水管疏通。看到群众满意的笑脸，夏云龙和队友们松了口气。这时，大家才想起中午饭还没吃完。

夏云龙拿百姓当亲人。他说："跑水、断电不是小事，如果是自己的父母、兄妹家遇到这样的事，能不急吗？"

一次，凌晨2点10分，一阵急促的电话铃声把夏云龙吵醒。原来是通天小区137号楼一住户家里发水了，情况非常紧急。夏云龙放下电话抓起衣服匆匆赶到现场。刚走进楼道，水就瀑布般地从楼上淌下来，夏云龙和抢修队员们上楼的瞬间，浑身就被水淋透了。这家住着90岁的郭大娘和她的女儿，家已经一片狼藉了。很快，他们找到发水原因，为了不再发生这样的险情，夏云龙为住户换上了新的配件。夏云龙得知，郭大娘是与女儿靠出租一间房子来维持生活，他马上和队员们帮助郭大娘把屋里的积水淘干，把地面擦净，又把屋内存放的货物垫起来、码放整齐。处理完这一切天已经亮了。

在沈河区房产"110"房屋报修中心有一套"五四三二一"的工作标准，即"五个一""四个一样""三个必须""两不准"和"一个牢记"，这都是夏云龙根据工作实践总结出来的。"五个一"是：一声问候、一块抹布、一副鞋套、一个胸卡、一次回访。抢修队员每天都随身带鞋套，进住户家穿上。带抹布，干完活儿将地面擦净。戴胸卡，维修

夏云龙和"房产110"

后进行回访。“四个一样”是：生人熟人一样、白天晚上一样、干部群众一样、大修小修一样。“三个必须”是：通信工具必须24小时畅通，抢修人员必须随叫随到，抢修工作必须一次完成。“两不准”是：不准接受住户吃请、不准接受住户的钱物。“一个牢记”是：牢记为人民服务的宗旨。报修中心还制定了《抢修人员工作细则》《维修工人语言技巧》等规章制度，从而使抢修工作井井有条、规范有序。

夏云龙说：“这些规章制度每个人都必须保证遵守，只有这样，才能保证老百姓满意，而让老百姓满意是我们工作的最重要标准。”

一天，沈河区承德路几栋楼的400多户居民家停水。夏云龙带领抢修队一干就是十几个小时，挖开了几个1米多深坑都没找到漏水的管线。因为工程没有图纸，第二天又下起了雨，天气湿冷，夏云龙冒雨指挥又干到半夜，还是没找到漏水点。又经过一天的奋战，终于在晚上9点将管线全部修好。这时，几栋楼的住户都打开窗户，楼上楼下也站满了群众，欢呼声、掌声响成一片。夏云龙说：“看到这个情景，再苦再累心也甜。”

事后，正义社区全体居民给中共沈阳市委一位领导写了一封表扬信。信中说：“我们怀着无比佩服的心情向您推荐一个新时代优质服务的先进集体，他们是沈河区房产‘110’报修中心。这是一支特别能战斗的队伍，他们累得我们看了都心疼；这是一支诚信服务的队伍，他们把老百姓的事当自己的事；这是一支作风过硬、技术娴熟、工作有序的队伍，连续三天三夜的奋战，他们已经筋疲力尽了，可干完活儿还是把施工现场打扫得干干净净。他们的队长夏云龙，不愧为劳动模范，是他带出了一支为人民服务的好队伍。”

的确，夏云龙不仅为群众服务全心全意，还带出了一支好队伍。现在，这38人组成的房屋抢修队伍已经有7人被评为劳动模范，其中汪义钢还被评为全国劳动模范。2013年2月21日，沈阳市总工会为房屋报修中心挂上了劳模教育基地牌匾。

董文明 1965年出生，河北省清河县人，中共党员。现任沈阳市燃气集团总值班室主任。自参加工作以来，他始终工作在燃气抢修第一线，数次冒着生命危险出色地完成了应急抢险任务，被誉为沈阳燃气抢修战线上的“拼命三郎”。他还善于总结，在抢修实践中创造了“抽水缸头部装置快速抢修法”等施工工艺，被评为沈阳市百岗技能带头人和十大能工巧匠。2005年被评为全国劳动模范。

董文明——煤气抢修一线的“拼命三郎”

在沈阳燃气股份有限公司，只要一提起“拼命三郎”，几乎无人不知，他就是抢修队队长、全国劳动模范董文明。把这个雅号送给他，是职工们对他的敬佩和尊敬。

1995年6月15日，一场暴雨使位于和平北大街的一座大厦的建筑工地出现大面积塌方。与之相距6米处，埋有中、低压两条煤气管线，其中的低压管线被塌方挤压移位而断裂，煤气喷出。坑内的水位在不断上涨，塌方在继续扩展，与低压管线相邻的中压管线也面临着移位断裂的威胁。中压管线一旦断裂，后果将十分严重。

紧急关头，董文明赶到现场，他把大绳拴在身上，绳的另一端让人拽着，一头扎进六七米的深坑里。在大约20分钟的时间内，他几次浮出水面、又潜入水下，终于摸到拴绳的位置，把大绳拴在管线上，随后又和队员们一起把断裂的低压管线用沙袋封死。

一场重大事故排除了！当同事们将他拉出来时，他一点力气都没有，瘫在了地上。

人们把抢修队员称作煤气管线的“安全守护神”。从此以后，董文明又多了个美名：“拼命三郎”。

抢修中，凡是遇到危险时刻，只要董文明在，他总是冲在前面。1998年1月3日，星期天，凌晨4点，正在熟睡的董文明被电话的急促铃声吵醒。这时的董文明已是抢修队队长。他拿起话筒一听，原来是地处太原街附近的一条煤气管线断裂起火，他迅速打车赶到现场。沈阳市的地下管线种类很多，它们纵横交错，此处的煤气管线就是因为邻近的排水管线断裂水流将其下部土层冲刷掉造成悬空而断裂的，冒出的煤气遇到了明火便燃烧起来。熊熊的火焰向上蹿起有三四米高，几辆消防车也闻讯而至。这里是繁华的商业区，火势一旦蔓延开来，后果不堪设想。

按操作规定要求，必须先止气后灭火。董文明立即带领人员破路、挖坑，将起火处的管线两端掐断止气……当时虽是隆冬时节，寒气逼人，但他们却是个个大汗淋漓。气止住了，火扑灭了，断裂的管线拆下来换上了新的，恢复了供气。

就在董文明和他的队员们刚想歇口气的时候，又传来铁西区卫工街北三路煤气管线起火的消息。不容分说，他们驱车很快奔赴现场。

董文明被眼前的景象惊呆了。眼前是一片火海，热浪袭人。交通警察在很远的道口处就封闭了交通，消防车在那里严阵以待。煤气供应公司的领导、煤气总公司的领导都来了，连沈阳市公安局长也出现在现场。

这是一条20世纪50年代铺设埋深近3米的中压管线。因为运行年久，腐蚀严重，自然断裂而漏气起火。在领导下达指令关闭阀门实行降压之后，董文明带领工人立即开始了在起火管线两端挖止气坑的作业。坚硬的冻土层给施工带来很大困难，无情的烈火随时有灼伤人的危险，漏出的气味又特别熏人。十几名抢修队员轮番作业，董文明一直坚持在现场和大家一起干。当感到头疼、恶心时，就从沟里上来喝口水、换换空气，又跳下去接着干，直到第二天上午才将管线修复。这时候，在场的领导们一颗颗悬着的心才放了下来。

长期无规律、超负荷工作，使董文明原本健壮的身体患上了多种疾病。同志们都劝他去医院看看，可他总以没时间而推拖，胃疼得厉害时就吃点药顶一顶。沈阳市现有煤气管线中有40%是20世纪70年代前铺设的，其中还有少部分是日伪时期留下的。这些管线由于运行时间长久，腐蚀严重，时有漏气发生，因此，责任感极强的董文明放心不下。1997年夏天，公司领导硬给他办了住院手续，把他送进了医院。然而，他打完点滴后又跑回到工地上。他还是那句话："我们的责任太大了！"

董文明不仅关键时刻冲在前，也非常善于动脑子，创造了很多抢修的绝招妙策。

煤气管线一旦发生漏气，尽快地准确地找到漏点是抢修的关键所在。过去，寻找漏点一直用的是点线排眼法。这种方法是用钻眼机沿管道直线钻眼探测，确定地下煤气浓度最大处为漏气点。但由于煤气在土中能向各个方向渗透，这就使在中低压管道交叉处用这种方法找漏的精确度不高。董文明创造出了"双菱形"打眼找漏

董文明顶水作业

法，即在以地面煤气味浓度最大处为中心，在周围钻出“双菱形”的眼以测定漏点。由于这种方法覆盖面大又接近漏点，精确度提高了50%。

董文明和他的劳模团队

“整体排尺施工”是董文明在实践中不断摸索总结出来的又一套作业法。在这之前，当煤气管线漏气找到漏点、挖掘好作业坑后，根据管线损坏程度及所需更换的管件，逐个进行更换，费时费力。运用“整体排尺施工”作业法，就是在作业坑外将新管件备好、对接，最后进行整体安装。这样干，大部分作业都在地面上完成，只在坑内实行管道接口作业。这种施工法加快了施工速度，改善了作业条件，也使施工作业更加安全。

在市街煤气管网中，相隔一定距离都设置有抽水缸。它是为抽出管线中积水，保证煤气畅通而备的。抽水缸压力平衡器是经常损坏的部件，虽然维修时只需更换一个球阀，但必须先扩抽水缸基坑，使压力平衡器全部露出后才能更换。换一个球阀，需要两个人干十多个小时才能完成，而且这期间必须停气。针对这种情况，董文明发明了排水缸头部装置“快速抢修法”。他研究出一种类似钻眼机结构的工具，只要将它固定在压力平衡器上，把残留在管掘内的外丝剔除，这个工具就能攻丝。攻丝完毕，将新球阀换上，便完成了维修，免去了扩坑步骤。利用这种工具维修压力平衡器，只需40分钟就能完成过去10多个小时的活儿，大大地缩短了工作时间，保障了市民正常用气。

董文明在煤气抢修工艺上的这些改进与创造，使他成为沈阳市十大能工巧匠，他不仅有“胆”也有“识”，还是全国煤气抢修战线上智勇双全的一员战将。

潘作良（1965—2008），辽宁省辽中县人，中共党员。生前任沈阳市辽中县信访局局长。他兢兢业业，无私奉献，化解了许多信访难题，赢得了广大群众的信任和赞誉。2008年5月9日，因劳累过度突发脑溢血病逝，年仅43岁。时任中共中央总书记胡锦涛作出重要批示，要求全体党员干部学习他“为党分忧、为民解难”的崇高精神和“奋力拼搏、苦干实干”的优良作风。国家信访局追授他“全国优秀信访局长”，中共辽宁省委追授他“为党分忧、为民解难的优秀信访干部”，辽宁省人民政府追记他一等功，辽宁省总工会追授他“辽宁五一劳动奖章”，中共沈阳市委追授他“沈阳市优秀共产党员”，沈阳市人民政府追授他“沈阳市劳动模范”。2008年5月11日，中共沈阳市委、沈阳市人民政府作出《关于开展向潘作良同志学习活动的决定》。2008年6月26日，中共辽宁省委作出《关于开展向“为党分忧、为民解难的优秀信访干部”潘作良同志学习活动的决定》。

潘作良——“为党分忧 为民解难”的信访局长

2008年5月13日，是沈阳市辽中县原信访局局长潘作良出殡的日子。按照当地习俗，要为死者守灵3天。从沈阳、大连、鞍山、铁岭等地赶来的48名“老知青”，连续3天，守候在潘作良的灵前。

火化时间到了，48名“老知青”齐刷刷站成一堵厚厚的“人墙”，举起双手为潘作良“遮光”。这也是当地的习俗，死者不能见光。可有谁能知道，这些大悲大痛者都是多年的“上访户”啊！

因土地二轮承包、企业转制及历史遗留问题等，辽中县一度成为辽宁省“信访大县”。2006年9月11日，带着县委的信任和期望，42岁的潘作良当上了被称为“天下第一难”的信访局局长。

潘作良出生在农村一个贫困家庭，先后担任过乡党委副书记、乡长，分管过信访工作。多年在基层工作，他知道老百姓很不容易。作为党的基层干部，就应该把老百姓的事儿看得比天大，实实在在给办好，这是潘作良的信条。

“老知青”群体访是潘作良担任信访局长后受理的第一个疑难案件。在辽中县有316名“老知青”，他们绝大多数是1968年、1971年从沈阳、鞍山等地来辽中接受“再教育”的知识青年。然而，由于多种原因，这些人都在农村安家了。按照当时的政策，将他们安排在当地企业。可是，这些企业后来多数倒闭了。“老知青”虽然身在农村，可因为是非农业户口，没有土地；是工人，没有工资，也没有养老保险，只靠200元低保金生活。

第一次接待他们，就让这些“老知青”感到了潘作良的“不一样”。他说：“你们来时，个个风华正茂，可现在多已两鬓斑白。现在解决你们的问题还没有什么具体政策，但我可以了解一下其他县区是怎么解决的，争取给你们一个满意的答复。”

潘作良去沈阳市的苏家屯、东陵、于洪等郊区，一个区一个区地了解他们解决“老知青”遗留问题的办法。在辽中县他多次召开由各主要部门参加的协调会，研究解决办法。

2007年10月12日，“老知青”刘玉兰等人准备了一些材料要给潘作良。刘玉兰他们上楼一看，潘作良俯卧在床上，脸上淌着汗。他抱歉地说：“我腰脱病犯了，动不了，不然的话，不会麻烦你们几位老姐姐上楼。”

刘玉兰学过按摩，她给潘作良按了一会儿，稍有缓解。潘作良吃力地爬起来，弯着腰给她们倒水，边倒水边说：“不把你们的事儿办利索，我养病心也不踏实啊。”看着潘作良病中想的还是他们的事儿，在场的7位“老知青”都哭了。

2008年1月13日，“老知青”的问题取得重大进展，生活费涨到650元。就在这一天，100多名“老知青”开了一个联欢会，专门邀请了潘作良，并约定，将这一天作为纪念日，每年都庆祝一次。

牛心坨乡姜家村村民傅玉兰又来上访了。信访局的同志告诉潘作良，她的案子已经过县、市、省三级法院判决，都是她败诉，她是典型的无理访。然而，潘作良还是接待了她。听了傅玉兰的情况，潘作良又到姜家村调查。原来，傅玉兰自愿承包了近百亩涝洼地，根据协议，傅玉兰一亩地只交10元，不交排水费，这样，承包一亩地要少交60多元。可1995年夏天赶上连雨天，傅玉兰地被淹得很厉害，她请求乡政府开闸排水，可乡政府认为为她一家开闸费用较高，另外，她不交排水费，协议中就有责任自负的规定，因此，没有给她排水。这一年，傅玉兰家颗粒无收，损失2万多元。从此，傅玉兰年年上访告状，一告就是10年，告得家里一贫如洗。

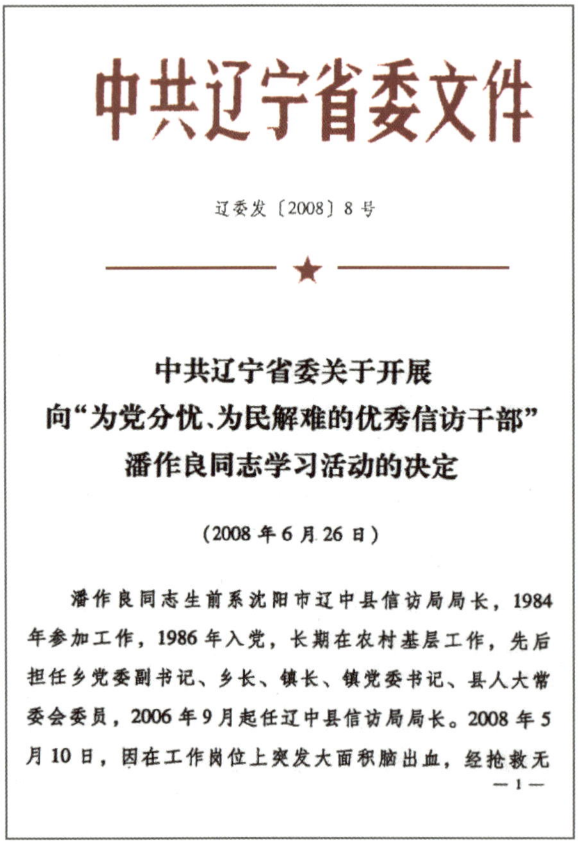

中共辽宁省委文件

辽委发〔2008〕8号

★

中共辽宁省委关于开展
向“为党分忧、为民解难的优秀信访干部”
潘作良同志学习活动的决定

（2008年6月26日）

潘作良同志生前系沈阳市辽中县信访局局长，1984年参加工作，1986年入党，长期在农村基层工作，先后担任乡党委副书记、乡长、镇长、镇党委书记、县人大常委会委员，2006年9月起任辽中县信访局局长。2008年5月10日，因在工作岗位上突发大面积脑出血，经抢救无

—1—

中共辽宁省委作出向潘作良学习的决定

潘作良多方为傅玉兰呼吁，他说得最多的一句话是：“我们不欠她的政策账，可我们欠她感情账啊。”经过多方协调，最后帮助傅玉兰办了低保，让她的基本生活有了保障。

潘作良有好几个绰号：“澡堂子局长”“方便面局长”“拼命三郎”。说他出差为节省开支，经常住价钱便宜的洗澡堂。上访者多时，经常顾不得吃饭，中午、晚上经常用方便面充饥，一个月至少吃掉两箱方便面。2008年，沈阳市搞解决信访积案的

“百日会战”，辽中县承担了51个。本来已经做过开颅手术的潘作良不顾医生劝阻，仍然夜以继日地奔忙，突击结案了13个信访案件。5月8日17时30分，潘作良召集开会，对尚未完成的38个案件一个一个地研究解决办法。23时30分，会议结束了，别人都回家了，潘作良没有走，一个一个地翻看案卷，直到凌晨两点；5点30分，只休息了3个小时的潘作良又来到正在施工的信访大厅，一层楼一层楼、一个房间一个房间地了解工程进度，查看质量；9时，参加县长召开的办公会，汇报信访案件解决进度；13时，与县法院一名副院长约了两个上访者……16时50分，潘作良不断拍打脑袋，脸冒热汗，他让同事去买雪糕，连吃了6根；17时30分，潘作良突然喊了一声：“我脑袋怎么这么疼！”说完就昏了过去。同事很快把他送到医院，终因患大面积脑出血，没能抢救过来。5月10日上午10时30分潘作良逝世，年仅43岁。

电影《潘作良》海报

潘作良从2006年9月11日就任信访局长到2008年5月10日去世，总共1年零8个月。在这607天里，潘作良共接待群众来信来访3848人次，解决重大疑难信访案件107件，息访104件；平均每天接访6至7人次，每周解决一个疑难案件。

2008年6月16日，时任中共中央总书记胡锦涛作出重要批示，“深切悼念优秀信访干部潘作良同志。我们要学习他‘为党分忧、为民解难’的崇高精神和‘奋力拼搏、苦干实干’的优良作风，把信访部门建设成为工作一流、群众满意的部门。”6月18日，国家信访局追授潘作良同志“全国优秀信访局长”荣誉称号；22日，中共沈阳市委决定追授潘作良“沈阳市优秀共产党员”称号，在全市开展向潘作良同志学习的活动；30日，中共辽宁省委追授潘作良“‘为党分忧、为民解难’的优秀信访干部”称号，辽宁省总工会追授他五一劳动奖章；2009年2月27日，潘作良同志先进事迹首场报告会在北京人民大会堂举行；根据他生前事迹创作的电影《潘作良》在全国公映。

李栓良 1950年出生，河南省滑县人，中共党员。曾任沈阳市公安局交警支队皇姑区大队“李栓良岗”警长。从警40多年，他纠正违章无数，却从没给违章者开过一张罚单，无一起群众投诉，无一次工作违纪，无一次工作失职，彰显了文明执法与和谐警民关系的魅力。他执勤17年的泰山岗，是辽宁省首个以个人名字命名的交通岗。曾荣立个人二等功1次、三等功13次，被评为全国优秀人民警察、全国公安系统二级英模。2010年被评为全国先进工作者。

李栓良——群众拥戴的好交警

2010年8月29日，全国公安系统二级英模、全国优秀人民警察李栓良退休了。当日下午，沈阳市公安局在老李工作过的泰山交通岗举行命名仪式，正式将其更名为“李栓良岗”，这是辽宁省内第一个以交警名字命名的交通岗。

李栓良1965年参加工作，1971年调到皇姑区交警大队，1994年分配到泰山岗执勤，直到退休。从警40多年，纠正违章无数，却无一起群众投诉，无一次工作违纪，无一次工作失职。李栓良用40年的从警执法经历，诠释了文明执法与和谐警民关系的魅力。

泰山岗在泰山路与陵东街交汇口，这是一个车水马龙的交通岗。过去，尽管车一辆接一辆排成长龙，可一些司机通过时还是有意慢下来，摇下车窗向正在指挥交通的李栓良挥手，或按喇叭表示问候。这多少有些让李栓良感到“无奈”，他能做的就是向这些好心人敬礼，祝愿他们一路平安。

李栓良冒雨指挥交通

不仅是很多司机，包括泰山岗附近很多居民都认识李栓良，敬重李栓良，称“老李是个大好人，是个好警察”。

泰山小区的李铁是一名送货工，他每天都要骑着三轮车去给商家送货，李栓良值勤的泰山岗是他每天的必经之路。有一次，李铁通过路口时违反了交通法规，恰巧那天正碰上老李值勤。“老李二话没说，上前敬礼后就给我开了罚单。”几天后，李铁拉了一车货物吃力地通过路口。李栓良见后，立即上前帮他推车。由于长期拉车，李铁患上了腰椎间盘突出症。“老李见我不拉车了，就问我原因，我说身体不行了。没想到他当即掏出200元钱塞我手里！如今老李要退休了，我们还真是有点儿舍不得。”

老丁在泰山路上开了一家锁店，离李栓良值勤的泰山岗很近。一次，两名骑自行车的人撞到了一起，被撞的人非要对方赔他100元钱，对方说没带钱，被撞的人就不依不饶不让走。很快马路中央聚集了一大群看热闹的人。正在疏导交通的李栓良见状，当即掏出100元给了被撞的人。“我们当时都感到很意外。后来，我们周围的业户渐渐了解了老李的家庭经济状况，都觉得过意不去，便一人拿出10块钱，凑了100元想给老李送去，可他怎么也不要。”

老李并不富裕，几乎不买新衣服，连女儿结婚时他都是穿着警服，可夫妻俩每月要拿出两人工资的三分之一资助康平、法库等贫困县的60多名上不起学的穷孩子。

张丹4岁时就失去了母亲，由身患肺癌的父亲抚养。7岁时，父亲也离她而去，从此她便同体弱多病又无生活来源的奶奶相依为命，生活十分艰难。老李得知这一情况后，毅然当起了张丹的“代理家长”，不仅为张丹交纳了全部学杂费，买了文具，还经常为她家购买日常生活用品。张丹在自家的墙上写着这样一段话：我想爸爸妈妈，但我更想栓良叔叔。为了他，我一定要好好学习！

群众自发给好警察李栓良过60周岁生日

石诗羽刚上一年级时就因父母体弱多病，家庭贫困而面临失学。李栓良听说这件事后，立即通过学校，与小诗羽的父母取得了联系，表示小诗羽的学费和生活费由他全包了。

从那儿以后，老李成了小诗羽家

的常客。逢年过节，老李拎着米、面、油来串门。小诗羽开学前，老李又带着学习用品来看望。平时，听说小诗羽家里有困难，他少则几百元、多则上千元地去资助。“我将来挣了钱，一半给父母，一半给李爷爷！”懂事的小诗羽这样说。

在沈阳市公安局为李栓良举办的退休和命名“李栓良岗”仪式上，老李落泪了。他说：“今天是我退休的日子，但是我不愿退休。我的岗没站够，服务没做够。如果允许的话，我想当协勤，继续为大家的安全出行服务。”

退休后，李栓良把“岗位”从泰山路挪到了金沙江街。金沙江街只有双向单排车道的宽度，街上有一所小学、两所中学，到了上学、放学时间，十几辆校车和接送孩子的私家车挤满了整条马路，交通十分混乱。从2011年9月开始，李栓良义务为附近学校协勤，缓解上学、放学时的交通压力，保证了孩子们的安全。

早上不到6点半，孩子们就能在学校门前看到“李爷爷”，直到上午8点多“李爷爷”才走；下午3点半之前，“李爷爷”又会准时出现在学校门口，直到晚上6点以后才离开。几年来，李栓良风雨无阻，从未缺席。私家车开过来，他甚至知道里面坐着的是哪个孩子。

金沙江街附近的交通状况有了明显改善，全校的家长有目共睹。珠江五校副校长段永钢介绍，学校曾几次提出要给李栓良一些报酬，但都被他婉言谢绝了。为了向劳模学习无私奉献的精神，珠江五校成立了中国少年先锋队李栓良中队。

退休后的李栓良好像有一股使不完的劲儿。他常讲：“为他人带来安全和快乐是我的人生信条，我要用我的一技之长，让交通顺畅，让孩子安全读书，这也是我的梦想。”

杨成东 1968年出生，山东省蓬莱县人，中共党员。现任沈阳市公安局特警支队副支队长。工作中，他身先士卒，英勇顽强，作战勇敢，危难时刻总是冲在最前面，为保卫一方平安作出了突出贡献。在生死考验面前，他不畏艰难，不怕牺牲，2008年赴汶川地震灾区执行抢险救灾和警戒任务，2009年新疆“7·5”事件发生后赴疆执行防爆、处突任务。曾荣立个人一等功2次、二等功4次、三等功10次，被评为公安部特级优秀人民警察。2015年被评为全国先进工作者。

杨成东——舍生忘死的特警队长

2012年2月3日22时，一条重要消息传来，一名嫌犯躲藏在皇姑区金川江街附近的一楼房内。接到指令，杨成东和特警队员们火速赶往现场。

嫌犯已成惊弓之鸟，身上是否藏有枪支说不清楚。嫌犯藏身的那栋房子，易守难攻，外面还加设了一道防盗门。一旦其有所警觉，后果将不堪设想。

时间不等人，杨成东立即找来“锁王”进行开锁。第一道门打开了，又一声轻微的“咔嗒”声，第二道门也打开了，杨成东想都没想，“呼”的一下拽开门，迎着屋内晃动的人影猛扑过去，瞬间将其扑倒，麻利地给嫌犯戴上了手铐。

首战告捷。

2月4日晚7时40分，杨成东再次接到指令：前往皇姑区渭河街抓捕在逃案犯姜海涛。据查，姜海涛刑满释放后，为了钱成了职业打手，持枪抢劫、身负两条人命。

当杨成东赶到时，姜海涛的藏匿地点已被全面封锁。现场是一处平房，左右两面是住户，背面是墙。正面，狡猾的案犯在窗户上挂上棉帘，用立柜等家具进行封堵，使外边根本无法了解屋内的情况。

进攻路线只能选择从门进入。可是，案犯在门口又搭建了个小屋，过道最多容纳两个人。危险摆在面前，特警队员纷纷请战，杨成东果断回答：“我是队长，我上！”说完，他挑选经验丰富、作战勇

杨成东苦练基本功

敢的张家成担任助手，检查了枪支和装备，一步步悄悄逼近小屋。

随着杨成东的手势，张家成猛地飞起一脚踹向小屋的门。意外出现了，门被踹开一个洞，原来里面顶了东西。就在张家成刚要伸手推开阻挡的东西时，“砰、砰、砰”，里面连续传来三声枪响，鲜血一下子从张家成的手上涌出，杨成东也感觉腿上一麻。就在斜倒的一刹那，他果断地向门内连续开枪，压制住对方火力，为张家成赢得了宝贵的撤离时间。

杨成东被增援队员抢救出来时，战友们发现杨成东的左侧大腿已被子弹打穿，鲜血浸透了裤子。在送往医院的路上，意识依然清醒的他，还一个劲儿地询问抓捕情况，嘱咐队员小心。

住院后的短短几天里，案犯姜海涛被警方击毙的消息传遍了沈阳的街头巷尾，一些群众慕名送来了鲜花、水果。当听到有人称赞他是“英雄”时，他却回答：“别这么说，真正的英雄不是我，是我们这支团队，我只是做了一个警察应该做的。”

杨成东和战友在赛会安保现场

当时中央电视台记者采访杨成东时，曾问他：“你是大队长了，应该是指挥级别，怎么还第一个往上冲，不怕死吗？”杨成东坚定地回答：“在特警的字典里没有‘怕’这个字。狭路相逢勇者胜。我的职务是大队长，危难时刻，就应该身先士卒。”

危机时刻显身手，从参加公安工作到担任领导职务，杨成东始终是这样。

2008年5月12日，四川省汶川地区发生里氏8.0级强烈地震。地震造成惨重伤亡，无数房屋垮塌。5月30日，特警支队接到紧急命令，立即驰援当地警方，协助开展治安维护工作。当时，杨成东正担任作训处处长。支队领导考虑他的母亲刚刚去世不久，父亲身体不好，妻儿又无人照顾，不准备让他去。杨成东听到消息后，找到上级，软磨硬泡非要参加不可。就这样，杨成东当天踏上了征程。到达四川后，他负责沈阳援川特警队勤务安排和与公安部、省厅前线指挥部外联工作。他与同志们同甘共苦，克服高温、潮湿、蚊虫叮咬和余震不断等困难，先后指挥、部署了6次重要警卫任务，2次到鹰嘴子堰塞湖抢险现场指挥抢险救灾和警戒工作。在面临堰塞湖随时可能决堤的情况下，他配合省公安厅前线指挥部和当地公安机关，制订了周密的受灾群众撤离方案，得到了公安部、省厅前线指挥部的高度评价。援川56天的工作中，他还热心救助受灾群众，先后捐款1000余元，协调解决受灾群众生活中遇到的困难，受到了灾区干部群众的赞扬。56天的时间，条件艰苦、水土不服，加上没日没夜的劳累，让杨成东整整消瘦了20斤，但是，为了灾区的重建，为了劫后余生的群众，杨成东觉得再苦再累都值得。

2009年，新疆“7·5”事件发生后，他义愤填膺，主动请缨，积极要求参加执行援疆任务。作为援疆指挥部作训组组长，抵达新疆后，他顾不上休息，就立刻投入到防暴、处突工作当中。根据沈阳特警负责管辖区域的实际情况制订了各种工作方案及处置预案，并参加组织指挥。他凭借着多年来积淀的沉着应对、果断处置、因情施策的工作能力，在“7·13”暴力事件和“9·3”事件中，充分体现出特警不畏艰难、不怕牺牲的精神。由于天气炎热、气候干燥、工作繁重，刚来的几天，他的眼睛又红又肿，痛痒难忍，但他从未叫苦叫累。由于连续作战，他腿部的旧疾复发，但他仍然坚持工作，从未休息一天。

危险时刻显身手，使杨成东成为公安部多次表彰的特级人民警察，2015年被评为全国先进工作者，他是沈阳人民熟悉与敬佩的好警察。

陈松蒲 1950年出生，辽宁省辽阳市人，致公党党员。现任沈阳松蒲博爱护养中心院长。虽自幼残疾，但她身残志坚，扶弱济困，先后创办了全国第一个由残疾人经营的电话交换台、邮政代办所和全国首家残疾人经营的以安置残疾人就业、托养残疾人和老年人生活为主的沈阳松蒲博爱护养中心。经过多年发展，该中心现已成为集生活照料、医疗康复、心理疏导、文体娱乐、临终关怀和职业培训于一体的综合性养老连锁机构。2008年被评为沈阳市劳动模范，2009年被评为辽宁省劳动模范，2014年被评为中华孝亲敬老十大楷模。

陈松蒲——老人们的孝顺女儿

陈松蒲两岁时，患了小儿麻痹症。为治病，她做了4次大手术、40多次小手术，还是落下了残疾。多年来，与她相随相伴的就是拐杖和轮椅。然而，她却并未因此萎靡不振，而是一直与命运抗争，身残志坚，走出了一条创业之路。2003年10月，她创办了以收养残疾人和老年人为主的非营利养老机构——沈阳松蒲博爱护养中心。这年她53岁。

陈松蒲说，就是因为残疾，她得到了父母更多的呵护。一次次手术，每次从麻醉中醒来，她第一眼看到的一定是父母。在陈松蒲护养中心正门有一副对联，上联是：替天下儿女尽孝；下联是：为亿万家庭分忧。在她心中，父母是这个世界上最好最亲的人。她创办这个“护养中心”，就是想让更多的辛苦了一辈子的老人有一个幸福的晚年。

现在，陈松蒲的护养中心已发展到4家，员工128人，在住老人313人，高龄重症老人242人。俗话说，宁养一小，不养一老，照顾老人不容易。

每天开饭时间，陈松蒲都会准时来到餐厅，挨个儿询问老人饭菜可口不可口、咸不咸、硬不硬。乔连生、王荣敏老两口儿都患有糖尿病，吃东西有禁忌，陈松蒲就让厨师专门给他们进行营养配餐；于奶奶吃素，陈松蒲就让厨师为她单独做素菜。

每天，陈松蒲都要查房，专门去看望卧床的老人。她提醒护理员要给老人勤翻身，吃饭时尽量让老人坐起来，免得吃呛到了。询问每位老人情况时，她都和老人拉着手。她说，风烛残年的老人大多感觉孤独，特别需要温暖、亲情。李志杰老人已经96岁了，自己儿女来都不认识，但她认识陈松蒲，一见陈松蒲就拍手，有时管她叫院长，有时叫女儿，有时叫侄女，高兴一阵儿后，一定让陈松蒲和她贴贴脸，每次陈松蒲都亲热地和她贴贴脸才离开。

“刘爷爷又骂人了！”刘爷爷叫刘庭芳，87岁，患小脑萎缩病，一糊涂就骂，骂老伴、骂儿女，抱怨谁都不管他。每当这时候，陈松蒲都会摇着轮椅过去。只要见到陈松蒲，老人很快就会安静下来。只要老人一抱怨身上没钱了，陈松蒲就会拿出50元、100元给他，老人会像孩子似的乐呵呵地把钱揣起来。可老人头脑清楚时，又会把钱送回来，但陈松蒲从来不收，她让护理员用这个钱给老人买他喜欢的东西。

84岁的国大爷一年失去了3位亲人。他的精神崩溃了，在家天天又骂人又砸东西，儿子没办法，将他送到护养中心。老人刚来时骂人、打人，陈松蒲和护理员陪了他三天三夜。一只小猫跑过来，老人两眼放光，陈松蒲立刻跟别人要了一只送给国大爷。老人有了喜欢的伴儿，慢慢安静了下来。

为了让护理员理解老人，陈松蒲专门从天津鹤童培训中心请老师进行培训。她还让护理员们蒙上眼睛、戴上耳塞、腿上绑上支架去穿针引线、去听别人说话、去行走，让她们体会人老了耳聋眼花、生活不便的难处。她还专门设了“委屈奖”，让护理员们无论老人怎样发火都要微笑面对。

陈松蒲行动不便，4处护养中心需要她管理，工作一天下来非常疲倦，不顺心的事儿也不少，但只要一进护养中心的门，人们看到的就是一张笑脸。陈松蒲说：“我要用阳光心态让护理员快乐，让老人快乐。”

百岁老人赵佐堃是北京人，没儿没女，侄女去了美国，就把她送到这家护养中心。老人特别喜欢孩子，和人聊天时她都要问人家有宝宝没有。知道老人的心病，陈松蒲和她聊天时就对她说：“我就是您的宝宝。”说得老人眉开眼笑。从此，四季服装，陈松蒲都想着给老人买；过生日时，送她鲜花、生日蛋糕，让老人感觉虽然没有孩子但并不孤独。

96岁的赵秀琴老人缠足，是个小脚儿。陈松蒲去北京时，特意给她买了一双绣花鞋，把老人美得不得了，马上穿上，来个人就伸脚让别人看，问人家“好看不？”社会上

陈松蒲（前排左一）被评为全国十大孝亲敬老楷模

时兴穿唐装，陈松蒲自己买了一件，赵奶奶看了说：“真好看。”陈松蒲马上去商店给赵奶奶也买了一件。

刘殿祥老人是回民，靠捡破烂为生，80多岁了，身体多病，社区找了几家养老院都不收。2003年10月，他们将刘殿祥送到这里。老人非常虚弱，陈松蒲亲自开着她那辆残疾人代步车给他买麦乳精、蛋白粉，给他增加营养。2005年12月，87岁的刘殿祥老人去世。陈松蒲到回民聚居的小区了解回民安葬习俗，自己出钱为刘殿祥老人选择了墓地，立了碑，按照回民习俗，给老人净身，用白布缠裹，将老人安葬。回民小区的居民说，就是有儿有女的人，也不过如此。

2007年3月，87岁的左大爷生命将要走到尽头，老人说，他就想吃豆腐脑、大果子，陈松蒲连续给他买了一个星期，直到老人去世。

10多年来，陈松蒲送走1000多位老人，其中孤老有50多人。对每位孤老的丧事，陈松蒲都处理得特别细致周到。

陈松蒲记着每一位孤老的生日，“母亲节”“父亲节”给老人送鲜花，让孤老不孤。陈松蒲说：“我们每一位护理人员都是他们的孩子。”

2015年4月，沈阳市红十字会医院暨沈阳市老年医院大东护理院入住沈阳松蒲博爱护养中心。药局、观察室、化验室、采血室、医务室、中心输液室……整个一楼10多个房间用于医疗诊治。陈松蒲说，她这样做的目的，就是想让这些老人生活得更有质量。

“像孝顺自己父母那样孝顺老人，像照顾自己孩子那样照顾老人”，这是陈松蒲对所有护理人员的要求，而她就是最好的践行者。2014年，陈松蒲以她敬老孝亲的事迹，被评为“中华孝亲敬老十大楷模”。

黄凤珍 1937年出生，辽宁省沈阳市人，中共党员。曾任铁西区兴工街道九委社区党委书记、社区主任。为解下岗职工燃眉之急，她在全市社区中率先建立了家政信息就业服务站，仅2003年该社区就安置失业人员1009人，就业安置率达95%，成为带动沈阳市社区安置失业人员工作的“领头雁”，被时任国务院总理朱镕基称赞为了不起的“小巷总理”。2003年被评为辽宁省劳动模范、全国优秀社区干部，2004年被评为沈阳市特等劳动模范。

黄凤珍——“小巷总理”

2002年7月22日，时任国务院总理朱镕基来沈阳视察，听取社区低保和再就业等工作汇报。铁西区兴工街道九委社区党委书记、社区主任黄凤珍一个个安置就业和服务居民的办法加上她一口地道的东北话，让一向严肃的朱镕基笑得合不拢嘴，连称兴工九委了不起，还诙谐地称赞黄凤珍是“小巷总理”。

说黄大妈是“小巷总理”真是名副其实。2003年，沈阳市城镇登记失业人数为21.2万人，登记失业率为7.2%。这些下岗失业人员大多数是从传统产业裁减下来的，年龄偏大、文化偏低、缺少技能，再就业难度大。兴工九委是铁西区规模比较大的一个社区，有居民2281户，总人口7635人，失业人员1062人。

作为社区书记和主任，黄大妈有200多项工作要管，但就业和再就业工作是重中之重。

黄大妈到赵永利家走访时，这个30多岁的大男人正抹眼泪呢。几年前因单位倒闭回家的赵永利天生左手畸形，媳妇儿一直瘫痪在床，生活没啥来源。黄大妈安排小赵扫社区的院子，有人不同意：“一个残疾人能扫好吗？”黄大妈说：“赵永利是最困难的人，让他干这活儿还可方便回家伺候媳妇。”

这种安排是她能做主的，可全社区1000多名下岗职工若想都安排出去，哪有那么多的安置地方啊?

黄大妈首先想到的是与驻社区单位取得联系。国税铁西分局凌空一所、工商铁西分局兴工一所、自来水铁西营业处等13家单位和17家非公有制企业，黄大妈挨个儿地走，终于和各单位建立起了用工联系制度。

兴工九委社区下岗女工较多，年龄大、身体差、家庭负担重。针对这些就业困难人员，黄大妈想出个主意，2001年7月，“无围墙工厂”——英华手工编织厂开办了。只要下岗职工愿意学，专职老师免费进行技术培训，出徒后回家干活儿。集中培训、分散作业、统一销售的生产经营方式，使大龄女工足不出户就实现了就业。黄大妈用这种方式培训了社区内外的4000余名编织人员，安置失业女工400多名。

黄大妈还发现，搞家政服务能开发出不少就业岗位。兴工九委社区在全市社区中率先建立了家政信息就业服务站，开展就业培训，并提供了保洁等70多项家政服务。

社区的低保户中有一部分人没活儿干，是因为思想观念放不开，黄大妈就帮助下岗职工转变择业观念。“黄大妈，我能干点儿啥活儿？”当40多岁的下岗工人付立宏站在黄大妈面前时，她发现付立宏心挺细，于是灵机一动：“学服装裁剪！”“可别逗了，那是女人干的活儿，我一个大老爷们儿，拿针都拿不住，能做得了？”“那高级的裁缝可全是男的啊！你怎么就干不成？”黄大妈找了个有经验的老师傅教他。尽管付立宏因怕人笑话中间又打起退堂鼓，但在黄大妈鼓励下还是坚持学成了。黄凤珍又帮他在社区内开了个服装店。付立宏越干越红火，先后教30多名下岗失业人员学会了服装裁剪，帮助15名失业人员分别办起了自己的服装店。

2003年，该社区安置本社区失业人员1009人，就业安置率达95%，成为带动沈阳市社区安置失业人员工作的“领头雁”。黄大妈也被评为辽宁省劳动模范、全国优秀社区干部。

黄凤珍在社区巡逻

对社区内的下岗、失业人员，黄大妈做到了就业需求清、安置结果清、工作表现清等“六清”，对下岗职工的培训指导到位、安置就业到位、跟踪走访到位等“六到位”。“黄大妈”这三个字也有了让人“信任”的魅力。2002年7月，黄凤珍申办了“黄大妈”称谓和自己肖像的注册商标。

“黄大妈”商标可以无偿使用，但黄凤珍对使用商标者“约法四章”：必须是失业人员用；开业后必须更多、更好地安置失业人员；必须诚实守信，遵章守法；

黄凤珍帮助下岗失业人员重新走上就业之路

必须具有无私奉献精神，推动再就业工作。就这样，先后有酱香抻面店、鑫鑫百货商店等13个商业网点使用了“黄大妈”商标，不仅企业经营效果好，更有近百名下岗失业人员成为这一“连锁”就业的受益者。

“黄大妈”的牌子越叫越响。远在昌图和法库县的失业人员都到“黄大妈”家政信息就业服务站来找工作，他们就有一个理由：“觉得黄大妈可信。”2002年末的一天，一对年轻夫妇找到黄凤珍说：“我们想一次性买断你这个商标做买卖。你有5个孩子，给你100万元，每个孩子分10多万，剩下的钱你留着养老多好！”黄大妈对这两口子说：“下岗职工都像我自己的孩子一样。这个商标是为这些孩子注册的。你们别费这心思了。”

2009年10月，73岁的黄大妈从工作了47年的社区工作岗位上退下来，可退休的黄大妈很快又找到了服务社会、服务大众的新工作。凭借自己的影响力和号召力，黄大妈把平时社区学习组里的老党员、老干部、老教师等发动起来，成立“爱心团队”，谁有困难，大家就帮助谁，从刚开始二三十人的队伍发展到现在的200多人。

兴工街道有个“阳光之家”，聚集了十几个残疾孩子。黄大妈定期组织“爱心团队”去看望孩子们，给他们做心理辅导，每次去都带上孩子们爱吃的零食。看到孩子们吃完饭用凉水洗手，黄大妈就给买了一台热水宝安上。看到孩子们活动项目少，她的爱心团队又给买了20个腰鼓，没有专业的老师教，黄大妈就主动去学，然后再去教孩子们。

吉林省四平市来的农民工老邹慕名找到黄大妈，求黄凤珍帮自己租个房子卖水果，黄大妈二话没说就在附近帮他盘了个水果店。老邹的女儿圆圆7岁了还没上学，黄大妈知道后，找关工委、找学校，最后终于让孩子就近进入兴工四校就读。

黄大妈，真是名副其实的“小巷总理”。

沈阳劳动模范名录

（1949—2015）

全国劳动模范、先进生产（工作）者

1950年

马恒昌　赵国有　赵　岚　赵德惠　卢兴文　聂秉举　贾德仁　徐万福　田桂英（女）
李景民　康学福　唐忠国　邹　云　马德有

1956年

修德仁　张恩德　胡连发　刘家惠　李广仁　王增福　许维钧　王金元　裴丁漫（女）
葛启坤　王永昌　王永孚　王延隆　王文山　周德鹏　钱天根　林绍发　李仪贞（女）
李育泉　燕连荣　杨顺山　李林根　董朗泉　张锡久　王世斌　王振东　张云卿（女）
李文化　刘云安　龚逸文　陈崇信　杨洪吉　赵宝祥　邢文先　徐连贵　赵竹影（女）
樊庆连　柳瑞森　周世臣　殷宝玉　刘天奎　吴家柱　张甲禄　王保正　陈玉言（女）
宋贵文　林国山　卢凤章　哈栢成　王景福　丘　庸　萧庭义　李道成　李玉屏（女）
杨崇先　吴成祖　马世英　刘炳江　白玉泉　杜华令　吴树宝　倪德善　孙莲凤（女）
马凤俊　王德顺　李栋山　王兆铭　梁金声　王瑞华　刘曙辰　陶仁贵　尉凤英（女）
王贵常　杨书田　崔吉发　姜凤号　李升华　接显贵　高丕润　刘世章　马素梅（女）
刘洪滨　黄元浦　叶润岐　丁立有　司汉民　刘德进　樊　宽　周芳田　薛修已（女）
陆焕卿　龚畿道　沈洪涛　赵立哲　纪有恒　刘应埙　鸣　戈　王　卓　郭玉芬（女）
徐菊华　谌　艾　冯春和　刘玉庆　宋绍臣　苏润芝　侯家骏　王文华　丁玉心（女）
郑百福　李凤乔　任广良　潘绍周　吴凤林　李高田　王润久　兰秀章　安静娴（女）
喻世荣　崔云桥　姜耀宗　崔凤城　刁秀山　武苏珍　梁志富　宋长庆　李湘君（女）
赵成儒　龚理民　赵文涛　赵敬铭　杨　墇　杨莜甫　张金声　陈阿玉　穆连梅（女）
陈田田　陈统兴　崔德清　赵奎元　范垂庆　吴文祥　潘福建　孔庆财　王凤英（女）
吴洪发　毕序起　刘玉泽　吴玉增　李永忱　毛献瑞　杨常元　张宝贵　张凤莲（女）
苏可里　李森荣　杨世沛　黄国祥　王贵振　郑明久　张国桢　吕秀清　田雅范（女）
迟永真　李士义　刘金祥　官秉仁　李长顺　姜俊华（女）　爱淑芬（女）
温淑芳（女）

1959年

王凤恩 吴家柱 张甲禄 张锡久 李桂秋 杨洪吉 马士元 王春香 尉凤英（女）
王春德 刘永奎 孙忠义 林国山 李裕民 闫永久 赵奎元 张明云 陈玉言（女）
关国栋 苏宝元 孔庆堂 葛庆林 钟季卿 牛序润 李成坤 田景阳 王桂芝（女）
周德鹏 张秉福 金朝渭 杨德林 马荣明 梁文泰 关长禄 程俊生 时桂珍（女）
阮德祥 杨作先 徐振江 苏景耀 刘秀启 牛书林 夏尊庭 刘诗华 石凤霞（女）
马洪谦 王希春 贺宝忠 王中扬 梁占元 李文全 张希贤 刘志岐 马惠英（女）
庞金田 梁金声 郤宝庚 王惠卿 张元令 刘发章 朱玉瑶 姜丕珍 金贞淑（女）
刘作民 张 明 石玉永 苏宝珍 赵丕烈 于文江 纪辅义 于广海 李素文（女）
张永安 林春富 张宪武 刘洪福 孙文元 李文儒 高云升 陈传礼 王玉英（女）
韩文玉 李景长 何锡有 王守义 高志忠 栾殿顺 任树芳 迟广启 孙桂芝（女）
爱素芬（女） 沈素娟（女） 崔传华（女）

1960年

龚畿道 秦耀庭 范垂文 金 丰 马瑞麟 王其慧 金济霖 韩学文 于雅娟（女）
王宝驹 金福镇 高宪章 金振镛 杨永义 杨 沐 封金波 李长式 解玉芝（女）
吕春山 张玉祯 高惠田 冯大同 张永和 李成林 刘洪波 全奉荣 宁文祺（女）
张 权 孙洪福 管韵华 李默然 俞德秀 郭宏元 赵景安 林福致 张玉芹（女）
靳勇振 姜成信 陈 俊 马 加 王作兴 刘宝夫 王希印 赵香谷 景淑岚（女）
左宝奎 富 魏（女） 鞠桂英（女） 王翠琴（女） 荣淑媛（女） 陈 非（女）
崔诚五 蔡秀云（女） 金贞淑（女） 贾月娥（女） 田稚范（女） 商贵珍（女）
赵玉兰（女） 史越娥（女）

1977年

杨洪吉 郭锡维 崔福高

1978年

李 薰 张少铭 张嗣瀛 陈 岱 李润庭 袁忠山 周清一 刘鼎环 安静娴（女）
吴有三 滕云鹤 邢邵芳 阎德义 黄新民 张绍明 黄懋汉 杨振玉 张桂荣（女）
王文斌 张 起 刘廷发 吴承志 郑忠文（女） 张桂兰（女）

1979年

张成哲　陈富文　葛林森　刘鼎环　黄新民　阎德义　袁金岩　于溪滨　郑忠文（女）
李润庭　王兴亚　张桂兰（女）

1988年

顾诵芬

1989年

徐有泮　史继文　金书升　张成哲　杨铁岩　金连余　王永波　张克树　王巧珍（女）
梁洪启　徐玉德　郝振山　沈延刚　王立哲　刘国栋　王凤林　赵希友　王云峰（女）
朱启丹　徐正本　王兴亚　余镇危　陈洪铎　王金城　李锦韬　张书芳　张淑芳（女）
王永珍（女）　张再华（女）

1995年

关玉新　刘积仁　葛朝鼎　魏国良　张维满　周　伟　胡　勇　周　伟　董令贻（女）
刘荣家　李德权　徐振忠　张景奎　徐正新　张绍阳　杨福信　唐乾三　曹延风（女）
付政伟　张文英　李开明　邵守元　姜　伟　藏怀玉　武玉山　刘　春（女）
徐秀琴（女）　刘桂琴（女）　纪云华（女）

2000年

孙昌志　苏建一　倪洪林　卢　柯　池明宇　许文有　陈　钢　梁鸿义　孙淑君（女）
杨建华　周传淞　张振一　张佩伦　孙士坤　朱克信　杜业兴　关维国　杜　雪（女）
曲英年　陈友联　刘文钦　刘芝旭　郭维林　王春霞（女）　刘健美（女）

2005年

刘晶儒　苏文捷　苏永强　李方勇　康宝华　董文明　商纯福　荣　辉　姚　敏（女）
刘仁山　李钢城　师守君　于廷伟　王　洋　孟宪新　石战宁　梁洪春　袁　媛（女）
柴天佑　邵令文　张鸿雁（女）　赵　霞（女）　周燕妮（女）　赵俊玲（女）

2010年

李栓良　徐　克　鲁　博　于会怀　钱玉贵　关锡友　孙国财　夏云龙　董鹃鹃（女）

王心智　刘　辉　林木西　张若雷　王　欣　张雨廷　陈新海　曹佰库　高　琛（女）
徐　强　李静文（女）　王会琴（女）　高金萍（女）　王　彤（女）　高　虹（女）
高福军　王桂荣（女）

2015年

孙忠军　徐宝军　李志强　王　阳　于东海　汪义刚　王祖来　褚晓文　姜　妍（女）
张化光　陈温福　杨成东　徐占海　程　革　叶　军　王大壮　陆永飞　韩　敏（女）
袁桂笊　王　刚　李　萍（女）　冯玉萍（女）　曹淑君（女）　董　健（女）
李晓春　张玉坤（女）

沈阳市荣获公安部一级、二级英模名录

1980年

王明海（一级英模）

1984年

王子富（二级英模）

1996年

洪海峰（二级英模）

1999年

邓万宏（二级英模）

2012年

庞　程（二级英模）

沈阳市荣获2008年北京奥运会、残奥会先进个人名录

张　振　田建芬（女）　范广会　刘　伟　陈相中

辽宁省劳动模范、先进生产（工作）者

1959年

刘云岐　刘德海　宋凤林　王希春　曹守明　陈会民　张沛霖　许玉林　孙景兰（女）
马玉才　于文江　王凤恩　张甲禄　吴家柱　张洪文　李裕民　王春香　尉凤英（女）
杨洪吉　苏宝元　张锡久　周振东　马士元　庄旭有　郭忠明　杨维宝　陈玉言（女）
由政文　王春德　孔庆堂　赵奎元　赵荣升　林国山　伦枫梁　周振华　时桂珍（女）
马洪谦　郭福鹏　刘永奎　周德鹏　孙茂林　关明远　牛序润　田景阳　常淑珍（女）
姜永华　关长禄　张　明　赵梅东　张之忠　康乐忱　阮德祥　于万起　张丽娟（女）
张秉福　张兴业　林成家　唐友林　马荣明　张成顺　梁文泰　苏景耀　傅桂珍（女）
李国申　王凤林　刘秀起　刘凤山　王文山　齐辅政　周庆和　单桂胜　吴桂兰（女）
史维国　王　德　陶惠祥　刘俊杰　纪辅义　徐殿博　张乃星　周凤岐　王兰芝（女）
张成哲　刘玉堂　袁明安　赵文普　张立平　李丽华　杨作先　梁金声　王秉芳（女）
王瑞华　刘德成　谢葆炎　张元令　王继先　王有道　朱景林　李德兴　罗桂荣（女）
赵　起　董宝祥　王成志　于振财　张宪武　王膺远　于广海　聂可顺　王贵芝（女）
王作兴　孙文元　林春富　张永安　胡忠福　李维新　朱玉瑶　徐兴有　王允芝（女）
苏俊鹏　张文富　张述忠　梁占元　郭泮礼　姜丕珍　高启荣　边士峰　李芝莲（女）
张洪启　何子静　官炳仁　陈世和　张来生　宋庚辰　杜玉林　金贵林　宋桂臣（女）
靳　湖　李恒山　白德臣　徐明山　曹国民　王　义　王延隆　李振彬　石凤霞（女）
宋克宽　苏宝珍　关英杰　詹凤来　汤贤惠　陆奎章　崔修范　李焕荣　陈永芝（女）
王炳坤　吕学明　贺宝忠　华林森　陈阿玉　孙忠义　邢凤仪　阎永久　徐淑清（女）
刘湘涛　宋长庆　黄志权　杨富荣　关国栋　李桂秋　张明云　王晴华（女）
金贞淑（女）　孙淑珍（女）　崔传华（女）　陈素清（女）　温梅英（女）
魏娟如（女）　金玉莲（女）

1960年

苏绍臣　杜长福　沙俊生　张连铭　侯吉圣　包大奎　张理书　顾德成　王翠琴（女）

冯大同　于庆林　辛叶川　邵会卿　邵连卿　周学义　王绍林　世常胜　蒋凝辉（女）
徐振先　杨德林　安庆和　张喜文　王伟卿　李新之　史树仁　华福明　王素贤（女）
潘家盛　高长春　廖兴武　潘子英　郑郁周　张景明　张艳芳　马瑞恩　高淑藩（女）
付政宏　张　清　李成林　王锡银　罗灿文　赵国源　王文焕　陈芝亭　王慧令（女）
张甲禄　马士元　马洪谦　吕书成　刘作民　周振华　李裕民　孔庆堂　王　权（女）
王凤恩　刘永奎　桑永福　吴家柱　王春香　刘湘涛　吕学明　邢凤仪　李淑娥（女）
王中扬　葛庆林　陈　起　王延隆　梁文泰　贺宝忠　周德鹏　李成坤　王玉馥（女）
唐崇本　牛序润　张　明　夏振江　赵奎元　郭忠明　陈阿玉　钟季卿　巩玉芝（女）
张成哲　张秉福　金朝渭　孙介礼　程俊生　宋长庆　马荣明　刘秀起　张桂芝（女）
李国申　刘凤山　杨作先　金贵林　张恩泉　梁占元　郑光照　王　印　刘素珍（女）
蒋德普　张兴业　周奎业　王增福　金国柱　白德臣　刘志岐　张宪武　王宝菊（女）
于广海　林春富　张永安　纪辅义　于文江　许玉林　张元令　梁金声　尉凤英（女）
王瑞华　刘景宽　刘发章　张明云　张世鹏　阎永久　林国山　张锡久　马惠英（女）
刘鹏飞　任安平　许春阳　焦镇江　林永信　姜丕珍　金道成　库学俭　罗桂荣（女）
宋凤林　薛殿举　肖巨常　贾宝忠　谭金昌　苏景耀　于宝全　赵德巨　陈玉言（女）
郭玉奎　常宝起　刘裕茂　丁喜昌　徐本镇　杨维刚　刘诗华　石玉永　王桂芝（女）
王玉良　林玉相　佟恩友　王隆波　李贵清　王兴仁　王英波　朱吉大　王兰芝（女）
梁耀林　齐明光　盛化泉　王殿全　陈铁普　王立荣　张玉清　高勇一　时桂珍（女）
汤　沐　邹廷茂　金懋勋　王宝驹　张希武　杨永义　高宪章　马长庚　马素梅（女）
吕春山　金济霖　吴忠秀　高惠田　张克义　周荣汉　孙洪福　刘永祥　孙景兰（女）
冯大同　李文涛　李长式　孙　星　吕世源　吴忠扬　傅长久　林树生　邹桂珍（女）
刘树沛　徐洪贵　马瑞麟　张广财　金福镇　毕竟同　李盛青　高敬先　王淑清（女）
全奉荣　金　丰　杨开国　蒋才良　王其惠　范垂文　唐耀先　龚畿道　姜筠梅（女）
戴钦廉　崔连复　韩学文　王海全　王宗梅　任传贵　赵景安　李春荣　赵凤云（女）
李　森　郑殿元　管韵华　刘洪臣　张正亮　筱立本　刘焕云　郭成斌　柴素兰（女）
安有林　李玉太　冯景顺　郭宏元　李忠棠　郑启芳　张洪钧　潘贵生　宁文祺（女）
张敬贤　郑玉江　黄玉安　刘永海　权永三　崔凤忠　陈忠甫　朱护生　曹桂荣（女）
李成林　阎文庆　封金波　高俊哲　赵国恩　宋玉庭　刘振华　庞纯玉　王素芹（女）
朱国金　李玉春　袁　良　王作兴　王登玉　刘宝夫　许春昌　陈瑞昌　于雅娟（女）
尹大邦　田文明　胡景珉　张维忠　肖捷明　陈会心　高久山　王希印　黄秀芝（女）
郭树清　赵香谷　金振亮　刘洪波　崔书成　胡荣森　乔永顺　杨焕兴　解玉芝（女）
阮崇武　冯富根　郭振杰　范喜纯　张　权　张玉祯　庄育智　张沛霖　陈　璧（女）

任世德　王连东　陈胜德　李亚杰　李树森　苗万河　单维奎　张哲喜　曹春明（女）
张其羽　郑文秀　刘德滨　李亚东　苏宝元　何锡有　王巨山　王殿元　张玉芹（女）
姜文海　曲文义　尹国栋　代志全　陈玉国　杨文山　赵永起　孙毓洲　景淑岚（女）
田世昌　孙文元　杜正才　马春普　张乃正　柳向辰　陈启林　李凤亭　富　巍（女）
刘恩成　刘玉祥　刘仁先　王书贤　敖金山　王崇仁　于海泉　赵景安　荣淑媛（女）
步宽成　柏福全　毕德荣　边芝年　乔玉丰　阎德富　李凤林　张　君　王素珍（女）
戚福全　任树芳　徐文友　李景长　李文俊　张殿臣　王希印　任传贵　华盛芹（女）
刘崇泰　张志仁　孙处章　马百元　左德全　焦鑫仲　左运昌　潘耀宗　王翠琴（女）
李浩恩　夏云生　站永江　关长禄　李春年　尹复权　尹占福　赵梅东　鞠桂英（女）
李满昌　夏宝富　姚生义　李春奇　郭树清　刘迎春　钮广玉　李务本　王雅清（女）
李明心　张荣元　董　全　董兰玉　刘启成　王纯然　田鸿润　潘海东　庞秀英（女）
景春树　白玉林　张立生　刘德胜　高久山　毛森林　姜廓忠　刘庆芳　李淑珍（女）
郝庆治　张昌芝　杨崇林　李宝山　董长鸿　宋长和　阎万荣　陈永山　高桂兰（女）
满春福　朱　玉　梁玉华　范永孝　王福恩　王　义　黄延顺　李　祥　马　丽（女）
张维民　戴福祥　石学成　刘清涛　刘文玉　张文福　李希武　卞树仁　张云卿（女）
易　恩　肖树仁　梁延吉　薛正春　孙荣阁　柏玉林　李枫林　李　福　刘　凡（女）
米景玉　傅景时　孟宪尧　桂长新　杨世功　陈洪书　杨贤惠　段文生　陈　非（女）
黄瀛洲　花淑兰（女）　蔡秀云（女）　赵宝霞（女）　梁笑玉（女）　邬谟侠（女）
蒙国君　张静文（女）　金贞淑（女）　王时兰（女）　冯雅云（女）　刘淑珍（女）
李有扬　尹桂兰（女）　王桂芝（女）　马志恒（女）　朱宗勤（女）　周露明（女）
裴昌荣　贾月娥（女）　姜秀芬（女）　徐桂云（女）　林碧玉（女）　王晴华（女）
路连英　李书馨（女）　忻亦芬（女）　刘凤贤（女）　肖翠琴（女）　初云清（女）
李玉华（女）　曹春兰（女）　张景霞（女）　钱兰英（女）　王静珍（女）
申恩燕（女）　祁志杰（女）　吴兰英（女）　韩素君（女）　田桂荣（女）
王桂琴（女）　郭秀荣（女）　杨阿米（女）　游素芝（女）　高　晶（女）
韩允琴（女）　宋素华（女）　王　英（女）　沈素娟（女）　张桂兰（女）
孙宝兰（女）　李素文（女）　展桂英（女）　贾月娥（女）　刘淑媛（女）
李淑云（女）　栾凤琴（女）　金桂云（女）　纪秀卿（女）　高素兰（女）
孙桂芝（女）　吕素琴（女）　穆桂兰（女）　刘淑琴（女）　王丽英（女）
马桂兰（女）　杨宝荣（女）　毛凤琴（女）　李玉英（女）　朱桂芝（女）
云兴池（女）　袁玉兰（女）　王桂兰（女）　张金凤（女）　边素琴（女）
李子连（女）　吕素琴（女）　刘桂英（女）　王爱珍（女）　张海云（女）

金淑兰（女） 刘素文（女） 徐　径（女） 宋雅芬（女） 吴佩霞（女）
商守业（女） 傅国英（女） 李凤琴（女） 周淑琴（女） 田凤芹（女）
谢连芝（女） 张淑珍（女） 徐宝琴（女） 张维志（女） 李素兰（女）
陈素杰（女） 王玉英（女） 伊淑芳（女） 韩素云（女） 赵亚芳（女）
张敏媛（女）

1963年

王凤恩 吴家柱 周振华 林海丰 吴大有 孔庆堂 刘作民 陈富文 金馥泉（女）
梁金声 郭福鹏 王　文 朱玉瑶 汪　才 苏宝元 马洪谦 李裕民 吴桂兰（女）
谭金昌 伦枫梁 张甲禄 马士元 许春阳 张成哲 周德鹏 李景山 张继珍（女）
刘永奎 陈柏茂 梁文泰 孙介礼 宋学山 张锡久 许有方 桑永福 徐盛新（女）
楚兴茂 焦振江 郝维臣 赵梅东 王永锡 王春德 郭忠明 高庆升 汤莲英（女）
杨德林 贾宝忠 赵玉林 杨洪吉 吕书成 程俊生 孟昭华 邱希文 杜玉珍（女）
牛序润 刘裕茂 王希春 吴绪常 曲兆富 马荣明 蒋德普 周奎业 贾月娥（女）
徐明山 孙启峰 李文全 白德臣 李荣耀 王福臣 赵富贵 李　新 孙景兰（女）
刘秀启 刘志岐 杨作先 刘凤山 庞金田 王兴仁 徐永成 杨清元 任惠芳（女）
崔文山 刘万忠 金福长 于广海 崔福高 纪辅义 陆焕卿 张永安 马淑兰（女）
王允清 王作兴 孙文元 吴延昌 孙成文 腾占鳌 张元令 李景富 杨桂兰（女）
李德兴 葛庆霖 顾洪财 金永发 王有道 邹希成 柏玉林 马春贵 张素琴（女）
韩立德 李炳超 詹凤来 马永和 汤贤惠 苏来顺 张绍清 肖文魁 刘桂珍（女）
张明云 陈子云 张世鹏 周圣祥 赵奎元 宋长庆 王嘉兴 刘湘涛 尉凤英（女）
迟博林 吕学明 唐崇本 张国良 贺宝忠 李有璞 王兰芝（女） 李桂秋（女）
孙桂荣（女）

1964年

王凤恩 陈富文 吴家柱 朱玉瑶 张元令 崔福高 刘作民 梁金声 尉凤英（女）
林海丰 吴大有 郭忠明 郭福鹏 张成哲 贾宝忠 许春阳 纪辅义 王兰芝（女）
于广海 张锡久 周振华 金福长 杨洪吉 李裕民 孔庆堂 谭金昌 吴桂兰（女）
刘永奎 吴绪常 杨德林 孙介礼 陈柏茂 葛庆霖 张甲禄 马荣明 金馥泉（女）
赵梅东 白德臣 李荣耀 王　文 汪　才 许有方 张嗣瀛 王延隆 邢凤鸣（女）
李景富 李德兴 杜玉珍（女）

1977年

杨洪吉　崔福高　吴少新　郭锡维　郑宝山　徐长山　齐　进　李书彬　谭淑琴（女）
关明远　孔庆堂　张凤阳　斯重遥　吕德顺　梁金声　王希印　王泥平　崔传华（女）
陈友善　石本清　郭忠明　陈绍发　罗乃祥　张少铭　王凤鸣　袁福本　金润素（女）
贾明阁　刘鼎环　林元春　张志义　傅士秀　于福润　于信令　于永俊　辛桂兰（女）
马仁栋　王　冲　王一平　王雪松　王化民　王凤鸣　王长安　王富山　刘凤兰（女）
王克俭　王光兴　王泉根　王希木　王希岐　王青澄　王荣桂　王恕德　裴淑兰（女）
王振奇　王福昌　王新颖　卢业生　傅相武　冯兰宾　冯永祥　孙凤庆　李桂兰（女）
孙允中　孙恩昌　刘万金　刘汉忠　刘国武　刘明成　刘尚长　刘春兴　安静娴（女）
刘德成　朱永祥　师昌绪　许纪庆　庄有智　迁永祥　曲长仁　吴维福　庞桂芬（女）
吴平森　吴庆义　吕　琛　吕雨芳　吕德顺　李　铣　李　薰　李廷敏　吴锦英（女）
李寿生　李润芳　李润庭　李铁藩　杜家驯　张胜天　张　革　张少铭　高根梅（女）
张书芳　张长中　张尔慈　张守勋　张国范　张芷香　张勃然　张乃智　张荫昌
张嗣瀛　宋振一　何孟嘉　陈　岱　陈光禄　陈道斌　陈福芳　林　亢　杨关福
杨式麟　杨景培　宋庚辰　卓利耕　周士德　周本濂　周卫国　周仲民　柏治平
钟玉成　侯继善　赵绍棠　姚兴茂　姜燮昌　高家兴　高清宝　徐广忠　徐凤安
徐克勋　郭文玉　郭日跻　郭可信　郭渭贤　韩行已　唐瑞森　顾　玙　袁忠山
陆　蜴　黄万吉　斯重遥　董祥家　惠云身　蒋有立　蒋新松　葛庭燧　蔡铁义
缪平溪　廖伯廉　郝明昌　郭蔼然　宫学斌　王万福　王庆春　刘庆国　刘立德
阎德义　杜永刚　杜明俊　李之恒　杨传超　杨凤勇　吴英纯　沈秉炎　陈子龙
罗乾显　金明善　周　华　胡成师　柯国梁　顾诵芬　姚志诚　鹿鸣东　程显英
程华明　臧国运　田治绪　吴长春　王连盛　权正钧　王文斌　巨连升　张连棣
海启秀

1978年

杨洪吉　崔福高　吴少新　阎德义　郑宝山　徐长山　葛林森　李树彬　崔传华（女）
斯重遥　梁金声　袁忠山　林元春　王凤鸣　张成哲　贾复会　金福长　金润素（女）
孔庆堂　陈富文　郭锡维　张凤阳　陈友善　郭忠明　石本清　李乃功　于淑丽（女）
李裕民　黄家文　周振华　李景玺　米希成　刘明成　高礼全　林国山　于淑丽（女）
张绍文　罗乃祥　梁纯有　王泥平　郭凤本　马　义　姚志诚　曹吉琛　吴锦英（女）
吕雨芳　王永云　张来顺　石　魁　魏占田　李洪义　贾明阁　沈延刚　裴淑兰（女）

陈　岱　任广信　李玉芳　王旭星　高贵甫　邹永新　张志义　谭淑琴（女）
辛桂兰（女）　刘惠兰（女）　安静娴（女）　杨秀芳（女）　杨凤琴（女）
左忠贤（女）　张桂荣（女）　周敏英（女）　郑忠文（女）　张桂兰（女）

1979年

张成哲　齐　进　顾洪财　金书升　沈延刚　王子雁　袁忠山　于得水　刘　辛（女）
霍承春　王春香　王德仁　杨景培　侯继善　张宗德　曹延林　张福林　聂宝娟（女）
张兵延　白德纯　李子季　胡鼎生　孙兆增　李厚轩　王　德　纪文成　苏　舒（女）
刘述举　关明汉　吕庆斋　姚洪璞　李永吉　云沛岫　高俊章　宋坤庆　李玉琴（女）
李铁生　李　文　刘继文　周卫国　刘少清　李良会　马恩信　韦世一　徐玉萍（女）
李文贵　王云良　董善福　林强明　郭绍清　陈光禄　朱国瑞　丛安禄　杨清仕
周井福　宁作庆　陈天柱　王长安　王庚荣　谭庆才　周儒林　张长中　姜长峰
李文学　张绍亭　谭纪从　邹本锁　于龙义　许纪庆　金福长　郭福鹏　吴英杰
马　义　姜义民　李元强　陶福祥　王兴文　于诗才　汤玉斌　于海生　尚国新
陶风亭　闻殿槐　宫润泽　李熙东　张家玺　杜景元　傅维敏　马明弟　王斌鸿
张兰基　林　江　刘万金　李长明　吴殿启　张申江　韩行已　杨秉炎　王希强
田名显　何学明　赵金禄　窦义来　齐育文

1980年

闫德义　陈富文　张成哲　李润庭　葛林森　崔福高　齐　进　吴少新　郑忠文（女）
徐长山　谢明师　郑宝山　郭锡维　赖祖涵　王声溢　王凤鸣　马　义　张桂兰（女）
林国山　金书生　袁福本　社永刚　张德荣　王甫亭　李铁贵　尹月樵　崔传华（女）
曲文英　王明海　戴挹柄　闯恩诩　孔庆堂　林元春　高礼泉　王泥平　张桂荣（女）
黄家文　李景玺　刘明诚　袁忠山　米希成　穆照富　王允富　顾洪财　金润素（女）
孙德宏　杨逢玺　常德义　郝圣廷　孙连本　康金海　倪成仁　吕雨芳　庞丽娟（女）
蒋有立　王德山　杨德林　张兵延　崔昌俊　高玉成　林金树　陈国策　范崇燕（女）
何珠年　许国林　李世忠　李凤华　程再元　包贵义　孙兴国　金福长　许桂贤（女）
安兆林　矫树万　吴世政　吕凤海　任洪昌　刘墨林　于广海　金成钧　倪凤芳（女）
席庆生　季世明　季万清　王恒佩　孙天仁　杨永贵　赵大杰　刘鼎环　谭淑芹（女）
李洪义　孙学利　李万功　徐文庆　沈廷刚　兰福万　康殿龙　石　魁　吴锦英（女）
隋树林　李德巨　齐人礼　陈友善　姚志成　曹吉琛　徐占山　杨铁岩　杨秀芳（女）
卞子庄　刘庆仕　朱朝荣　张云庆　郭凤本　刘振起　郭景生　王开刚　刘凤兰（女）

李寿生　赵树楷　马广仙　焦士杰　邹其道　白士俊　王洪大　纪　才　辛桂兰（女）
刘廷发　张德恩　张文萃　唐任远　王旭星　方明观　葛朝鼎　刘国武　赵淑清（女）
邹段山　杨全安　李云柱　丁连贵　王玉海　葛诗林　贾明阁　高友常　裴淑兰（女）
杨洪发　刘树才　张　全　马品芳　林绂之　刘玉增　吴少举　孔广林　翟福安（女）
贾复会　王卿义　陈松和　王凤财　刘汉章　王宏章　冯永祥　张德惠　王春香（女）
周凤有　张桂芝（女）　陈秀莲（女）　易淑珍（女）　陈丽艳（女）　刘惠兰（女）
张　印　聂宝娟（女）　王德云（女）　邹玉杰（女）　王巧珍（女）　罗桂兰（女）
汤　沐　周敏英（女）　金雅伦（女）　刘素香（女）　展桂英（女）　郑淑琴（女）
张秀芝（女）　姜玉英（女）　李雪铭（女）　李雪铭（女）　金毓芝（女）
朱世瑛（女）　邓竹君（女）　筱俊亭（女）　何凤云（女）　肖素菊（女）
李淑英（女）　王淑云（女）　左忠贤（女）　何少凝（女）　郑丽华（女）
秦香芝（女）　刘淑杰（女）

1982年

唐任远　陈富文　张成哲　董香利　郑宝山　林金树　王春香　金书升　秦凤兰（女）
汪文锦　阎德义　陈友善　杜永刚　朱朝荣　梁洪启　袁忠山　刘明成　杨秀芳（女）
剑　辉　杨胜东　李乃功　齐凤来　彭高林　韩执璋　施廷藻　葛朝鼎　刘惠兰（女）
葛诗林　高友常　王声溢　王子富　郑昌国　王兴亚　王延森　萨士华　许桂贤（女）
孙玉宝　王振东　石耕田　李润庭　于洪财　傅庆文　王鸿章　李月久　倪凤芳（女）
邹振先　孙连本　李延林　黄家文　陈国策　罗乃祥　林国山　于得水　安静娴（女）
郝圣庭　李延林　黄家文　陈国策　罗乃祥　林国山　于得水　张淑芹　佟福珍（女）
王进本　蒋有立　崔昌俊　李凤华　马品芳　王本绥　穆照富　冯　道　郑忠文（女）
安兆林　杨逢玺　袁福本　顾洪财　张兵延　何珠年　吴绍新　陈金贵　曲文英（女）
许国林　吕凤海　郭锡维　胡鼎生　姚志成　吴俊杰　张云庆　马振国　曲文英（女）
王泥平　郭希斌　曹吉琛　杨铁岩　徐占山　郭景生　卞子庄　安适纯　范崇燕（女）
马名仲　李世忠　王德山　王　铁　周宪文　高玉成　季世明　李体峰　李依依（女）
张克树　刘忠和　刘秉清　常德义　程再元　张文斗　秦忠英　曾昭祥　易淑珍（女）
孙　成　王家林　孙永祥　张书芳　刘明鉴　孙学利　沈延刚　吴少举　吴锦英（女）
史延亮　张连金　刘玉增　高有岐　白福春　徐福山　王恒发　王甫亭　翟福安（女）
赖祖涵　尹月樵　陈　水　谢明师　李宇权　李铁贵　马广仙　丁连贵　吕　军（女）
王旭星　赵树楷　刘树才　邹其道　方明观　王玉刚　鞠传洪　王振兴　刘庆娥（女）
俞玉鼎　闯恩诩　赵秉岩　戴挹柄　王卿义　张凤林　李建国　王凤财　刘凤兰（女）

郭文祥　李兆生　时长佐　陈维贤　王万生　赵济财　孟庆礼　杨景昌　庞丽娟（女）
荣　辉　金凤权　孙永茂　戴有典　林英洁　蒋福林　于世良　赵万忠　王德云（女）
宿广太　赫广连　赵常尧　杨新城　陶启林　王会翠　田永稔　邢巨山　张桂芝（女）
赵洪庆　王　铎　金玉普　胡玉山　赵文书　武　真　乔殿仕　孙现果　隋金兰（女）
刘士超　徐秀媛（女）　刘慧敏（女）　王淑云（女）　徐今冬（女）　徐惠玲（女）
刘淑杰　田九奔（女）　李淑香（女）　孙维荣（女）　裴淑兰（女）　姜艳芹（女）
刘汉章　马桂英（女）　李凤贤（女）　王巧珍（女）　张桂兰（女）　金雅伦（女）
孙海斌　张雅珍（女）　丛爱玲（女）　罗桂兰（女）　杨桂斌（女）　夏凤清（女）
霍永奎　阎凤伟（女）　何凤云（女）　韩玉杰（女）　董秀云（女）　周敏英（女）
王　魁　李　霞（女）　白素兰（女）　于淑琴（女）　阎晓莹（女）　胡淑芳（女）
梁振波　左忠贤（女）　林序珍（女）　宋桂范（女）　苏玉兰（女）　师桂芬（女）
秦香芝（女）

1984年

特等劳动模范

顾诵芬　张成哲　张振玉　王延森　王云峰（女）　瞿学军（女）　苏玉兰（女）

劳动模范

谭振威　沈聿修　汪文锦　张成伦　郑恩德　陈富文　于德水　王瑞森　杨秀芳（女）
荀宝砚　李延林　史继文　刘相荣　吕凤海　彭行建　董万德　张克俭　张淑琴（女）
姜延功　史铁毅　王一平　艾隆成　崔静波　梁之女　王君福　吴少举　曹淑芳（女）
吴绍新　王进本　冯　道　姚志成　阎德义　栾绍庚　李思彪　闫义顺　许桂贤（女）
房成日　杨铁岩　史长清　郭林江　张万钧　李乃莹　郑宝富　马名仲　徐惠玲（女）
刘明诚　方文仲　袁忠山　张克树　李　闯　高守范　赵维山　程再元　邬丽华（女）
马斯作　崔凤年　蒋润田　张志平　余镇危　游开国　吴　哲　恩振宇　安静娴（女）
梁洪启　梁恩伦　刘玉增　王恒发　卞继周　苏　凯　闵长荣　徐开亮　徐立仁（女）
李凤贤　孙长华　沈延刚　张宝安　刘敬贤　闻邦椿　唐任远　顾学裘　郑忠文（女）
陈　水　赵维绳　刘景行　刘忏斌　王纪春　李润庭　赵金铎　陈洪铎　王巧珍（女）
刘多沛　葛诗林　关殿中　李钟熙　刘树才　年连玉　方明观　马广仙　吴银实（女）
李文举　施廷藻　田义忠　王子富　刘国武　马福春　张　维　浦昭枫　吴银实（女）
郭庆元　王兴亚　郑春吉　马德奎　杨建发　石耕田　刘树功　金喜根　杨桂斌（女）

程宝华　王成儒　徐广权　沈宝全　徐继贤　杨树德　孙玉宝　祁克明　阎晓莹（女）
荣　辉　礼维国　王庆凯　胡春林　周景福　朴荣龙　曹恩哲　徐正本　李　新（女）
胡廷范　孙建修　杨胜东　张书芳　杨玉宝　洪瑞章　李　凡　陈亚和　陈雪岚（女）
周天祥　田屯林　杨井林　陈志学　韩　键　王会元　蒋新松　李玉伟　唐　励（女）
姚景远　杨柏毓（女）　杨素梅（女）　顾　敏（女）　杨慧丽（女）　郭玉芹（女）
王　魁　史桂琴（女）　肖连梅（女）　姜　英（女）　姜　英（女）

1987年

特等劳动模范

史继文　张成哲　陈洪铎　王兴亚　徐正本　王云峰（女）

劳动模范

徐有泮　朱庆荣　刘相荣　许继荣　高嵩山　杨孝芳　王永泰　荀宝砚　王秀敏（女）
王进本　关兴家　胡景廷　殷长泰　金书升　李宝增　黄永敬　高培亮　章静雯（女）
曲以万　金连余　余镇危　郭宝恩　杨铁岩　房成日　王文树　张炳余　曹淑芳（女）
唐乾三　蔺崇德　钱家越　张克树　李　闯　赵　烽　高文田　曹吉焕　任雅晶（女）
周玉骧　方文仲　黄永敬　周康林　吴宝良　闵长荣　徐开亮　沈延刚　王巧珍（女）
刘玉增　王恒发　刘跃华　陈兴久　王利哲　刘国栋　聂开永　唐任远　王永珍（女）
赵鸣玉　潘德惠　贾静涛　张今声　李德新　罗学强　李润庭　赵维山　张淑芳（女）
郭登元　吴绍新　罗焕文　赵希友　王一平　姜延功　李文儒　戴有明　李静兰（女）
王庆复　周长山　刘玉章　李锦韬　王凤林　关殿中　裴良柱　李长春　许景茹（女）
邱文江　宋吉文　李文举　丁长勋　施廷藻　王希武　马玉昌　朱启丹　张　华（女）
吕树元　李　威　李文魁　张寿德　马名仲　阎德义　潘劲松　巴国臣　杨桂斌（女）
吴　哲　王卿智　王殿发　杨英华　佟广贵　林加昌　程宝华　杨树德　顾　敏（女）
佟英文　王忠林　张亚男　韩士库　赵济财　祁克明　周景福　曹俊杰　赵振芝（女）
陈延泽　车万世　杨建发　石耕田　佟福功　金喜根　于大明　郑春吉　李　新（女）
王延森　苏立文　胡廷范　胡廷义　张书芳　杨胜东　阎晓莹（女）　王惜时（女）
纪云华（女）　孙　萍（女）　贺秀宇（女）　肖淑菊（女）　郤代珍（女）
高春华（女）　黄万仪（女）　夏　荣（女）　郭玉芹（女）　田玉英（女）
阎占荣（女）　李淑华（女）

1989年

特等劳动模范

王利哲　张成哲　赵希友　郝振山　徐正本　史继文　王惜时（女）

劳动模范

高培亮　金书升　王进本　田佩俭　许继荣　徐正新　杨孝芳　关兴家　方金维（女）
潘毓恕　黄永敬　李宝增　张寿德　左长林　高嵩山　徐有泮　杨铁岩　赵红斌（女）
余镇危　金连余　张炳余　唐乾三　刘继承　朱朝銮　房成日　陈启生　孙家兰（女）
闫凤学　蔡春生　于龙仁　高文田　张克树　张绍阳　吴一红　傅守法　李淑华（女）
崔福信　赵　烽　沈延刚　刘玉增　梁万明　潘劲松　张长江　王信明　章静雯（女）
刘国栋　张嗣瀛　陈洪铎　马英高　姜希尚　李润庭　朱道华　赵金铎　阎占荣（女）
李德新　唐任远　马占元　徐永利　金德贤　王凤林　刘德汉　李迺莹　徐秀媛（女）
沈文波　杨全华　尉　杰　朱启丹　吕祥春　李文儒　甘　宏　宋吉文　李丽颖（女）
莫大奎　贾福兴　黄振东　王泥平　庞世均　王希武　丁长勋　王阁文　阙瑞荣（女）
李锦韬　张再华　高洪茂　杨福信　张剑秋　刘庆仕　杨恩贵　王向峰　卢桂荣（女）
石以祥　吕　程　李万亭　杨　帆　王永波　张洪奎　王兴亚　张书芳　纪云华（女）
林嘉昌　张景华　张景贵　侯继生　张维满　祁克明　秦玉范　车万世　王巧珍（女）
刘长江　董长青　乔贵满　戴有川　杨胜东　尹作斗　胡廷范　李德全　孙　萍（女）
苏立文　李文让　杨建发　石耕田　刘士成　金喜根　苏玉胜　刘广清　王云峰（女）
田玉英　黄丽华（女）　赵铁砚（女）　张淑英（女）　杨桂斌（女）　陈桂珍（女）
徐宝树　孙　燕（女）　张　桦（女）　张淑芳（女）　王桂秋（女）　陈文贤（女）
董士杰　李　新（女）　李志华（女）　赵淑娟（女）　刘映辉（女）　揣玉花（女）
郭玉芹（女）　朱来君（女）

1992年

特等劳动模范

刘积仁　张成哲　周世俊　尹作斗

劳动模范

李长信　张景文　高培亮　朱　有　李深余　关敬安　朱连川　王昌彦　廉凤民（女）
高作儒　张士祥　冯国金　徐正新　项永春　许继荣　董贵德　左长林　田桂芳（女）
杨福信　王　强　孟庆廉　张炳余　刘庆仕　蔡春生　陈德章　赵庆来　马桂荣（女）
白世英　吕　程　周成显　王安宇　项国桢　唐乾三　张绍阳　唐燕萍　纪云华（女）
吴宝良　史兆斌　张广生　肇　捷　陈恒义　符朝斌　孙学彬　苏德元　马荣芬（女）
田　铎　李国忠　赵临洲　王信明　田宝国　倪明海　范炳勇　郭树柏　刘焕荣（女）
李学尧　曹文波　徐振忠　董文杰　李开明　曹振江　周士昌　郭殿荣　黄丽华（女）
李　正　郭庆鼎　关玉新　魏东兴　董贵平　葛朝鼎　吴育斌　王春堂　闫凤新（女）
邢云祥　闵发顺　王玉山　刁成林　李王林福　杨通礼　钟文秀　王成荣　婉莹（女）
陈智慧　马青山　周明新　宋铁城　李　咸　许纪庆　胡　勇　马连英　施长新（女）
唐英年　王万武　刘荣家　王永凯　李福山　李福柱　许锡武　陈子荣　谢志雪（女）
黄振东　马家骥　李瑞衡　李文儒　邱志民　马炳贵　秦桂林　王云海　王桂秋（女）
李芳臣　祁克明　邵德利　于连俊　潘成元　杨建发　贾庆林　石耕田　张微香（女）
朱君舜　胡显亮　张景贵　关绍甫　赵祥云　付良山　侯继生　李德全　徐秀芹（女）
黄兆庆　苏焕芝　徐正本　宫海楼　刘广清　王兴亚　樊德忠　黄俊山　赵铁砚（女）
车万世　李兆仁　孙德满　张淑英（女）　辛红英（女）　赵素坤（女）　司桂馥（女）
王胜甫（女）　刘桂芹（女）　王秀芹（女）　张家媛（女）　赵桂香（女）
王云峰（女）　陈玉春（女）　吴笑云（女）　邹文素（女）　姜惟廉（女）

1995年

特等劳动模范

尹作斗　张振一　柴天佑　唐英年　王云峰（女）

劳动模范

周盛华　高　军　胡显亮　王盛武　安成群　郝亚洲　徐正本　黄兆庆　姜维廉（女）
苏焕芝　霍文秀　张志仁　陈英华　赵晓光　王兴亚　郝会纯　刘广清　苏　洁（女）
张少义　付　强　张景贵　翁柏文　刘守信　于连俊　孙世坤　荣　辉　付多丽（女）
李宝田　傅金良　蒋玉柱　银海泉　王振汉　冯国华　韩凤忱　关世珠　王桂云（女）

张炳余 朱克信 李 明 刘庆仕 杨恒生 霍恒荣 郭维林 商洪钧 宫长艳（女）
田培忠 臧怀玉 孙洪斌 张今声 张佩纶 袁家麟 王毓民 刘汉忠 马荣芬（女）
王海军 李恩和 李庆权 张思洁 辛树枝 凌立生 王作臣 常守谦 张福荣（女）
马树仁 唐启新 刘贵良 张成哲 王仁义 申光铉 马丹徐 王 宽 成美荣（女）
王庆山 邢 军 牛成顺 肖庆森 赵 仪 张爱民 宋启文 刘宝和 李 昕（女）
于齐天 锡春茂 佟春永 高庆轩 金荣富 孟庆民 倪恩纯 高大秋 李香玉（女）
刘芝旭 孙作树 吴为民 于平远 李绍栋 魏东兴 冯维光 杨学著 陈立人（女）
李 智 左纪连 都 仁 韩 青 季克昌 徐吉生 印新阳 王 杰 牛丽雪（女）
齐连仲 王子正 张 杰 佟恩光 钟文秀 姜庆武 苏士印 杨海林 孙淑君（女）
刘文玉 张东阳 洪海峰 崔守杰 刘铭扬 孟庆廉 史继文 李德阳 常 波（女）
高洪茂 王伟华 倪明海 梁守达 李世民 冉雨杉 祖占祥 艾 农（女）
常 波（女） 金 丽（女） 郭爱武（女） 赵淑兰（女） 徐希娟（女）
王巧珍（女） 尹淑珍（女） 黄丽华（女） 郭友菊（女） 刘焕荣（女）
王德萍（女） 崔香菊（女） 冯 丽（女） 修配琴（女） 司桂馥（女）

1999年

特等劳动模范

刘芝旭 孙昌志 杨建华 刘积仁 刘文钦

劳动模范

周传淞 李世军 顾德忠 王佐华 刘志德 才鸿均 李德权 李玉仁 谭立萍（女）
王新智 孙传家 杜业兴 于洪丰 赵晓光 井恩生 王兴亚 冯春国 曲 玲（女）
郝会纯 董承虎 田玉英 黄兴纯 周 印 王海泉 姜绍昌 贾忠明 高金琴（女）
张怀信 苏东贵 徐宝金 孙士坤 吴连级 陈革新 王振汉 冯国华 包信灵（女）
方永清 刘少文 何忠良 李如忱 张书芳 果 硕 杨 敬 赵立泉 季兰娟（女）
马英春 孙长江 程浩明 王 洋 刘宦魁 陈 光 刘宏伟 王乃清 张忠悦（女）
马成安 张绍阳 刘慧鸣 方俊峰 聂 林 孙世夫 董学才 展万金 王春霞（女）
肖玉良 张 杨 韩圣春 李金桥 翟大光 赵贵宝 吴立人 许焕刚 张书荣（女）
朱克信 曲英绪 戚建国 杨守仁 陈 钢 赵柏彦 王占英 王家铭 杜 雪（女）
孟宪新 金荣富 郭守和 范利明 关维国 凌利生 朱树森 杨升林 刘健美（女）
韩国权 郭华峰 陈友联 刘顺喜 温煜璠 刁国华 张殿华 李殿武 韩春星（女）

肖广志　李杰清　金志生　邓万宏　李卫东　杨欲兵　江根苗　祝安宝　赵俊玲（女）
关秉贤　史贤庆　徐小荷　赵金山　黄兴武　王　敏　韩　力　郭成江　邹翠云（女）
李金岭　王子正　丁　伟　梁鸿义　刘　伟　辛　特　陈永贵　邢玉民　高玉琴（女）
池明宇　黄小平　张德山　刘仁山　陶继新　董兰元　张凤亭　李福深　王莉莉（女）
张维夫　卢树春　范源田　刘炳仁　王玉江　田佩俭　夏万堂　董树军　王秀华（女）
杜庆凯　刘伯祥　张捷军　马文忠　陈军光　赵　勇　宋　明　王喜财　宫玉囤（女）
李喜凤（女）　王　东（女）　袁　媛（女）　董桂凤（女）　王惜时（女）
赵春梅（女）　顾秀芳（女）　孙淑君（女）　侯慧娟（女）　龙秀英（女）
朱艳文（女）　吕明亮（女）　孟美丽（女）

2003年

特等劳动模范

张成哲　刘积仁

劳动模范

陈惠仁　苗黄胜　张大军　苏永强　李方勇　荣　辉　王　毅　于廷伟　周燕妮（女）
李春明　邵令文　潘世臣　刘杰敏　教玉章　张振明　董长惠　邓万宏　宋玉华（女）
师守君　陈英杰　刘长令　张宪忱　李广杰　曲文玉　李文君　娄　屹　马晓欣（女）
隋宝志　刘宝森　商纯福　罗树全　于欣欣　刘晶儒　王者良　昌中业　社长虹（女）
康宝华　黄凤珍（女）　商伟菊（女）　陈颖波（女）　刘晓丹（女）　黎沈香（女）
刘少文　苏　虹（女）　张红艳（女）　阎云环（女）　邢素敏（女）　富淑艳（女）

2006年

特等劳动模范

徐　强　王天然　王国栋

劳动模范

祝江全　徐占海　王世洪　祝恩库　朴胜泽　刘　涛　武德润　陈建筑　王桂花（女）
赵维城　崔汝宁　张　军　刘殿忱　李　俭　李祥吉　陈新海　徐兆福　高　虹（女）
冀宏伟　胡印生　张　健　宋显忠　张玉杰　刘　丰　王健军　张雨廷　张玉芳（女）

段玉跃　王　彤　吴丽君　于　文　牛文海　韩广龙　李玉恒　夏云龙　贾淑芳（女）
孙东风　白尚志　马　利　孙　聪　李力敏　李光磊　巩长霖　钱　明　王英杰（女）
尤福民　严昊明　丁大明　何国华　杨广林　陈　伟　高明辉　刘朋杰　包　瑞（女）
孟凡杰　朱德利　王德芙　林木西　荆治严　郭晓岩　王　勇　陈嘉良　张惠铭（女）
吕明臣　尚东伟　查志英　赵光武　姜恩鸿　赵久宏　单兴万　汤　军　丛莲芳（女）
穆秀仁　王贵虹　乔尚泽　孙国财　李　彬　高　敏（女）　吴秀娥（女）
王胜春（女）　王立杰（女）　李静文（女）　王敬党（女）　张玉琴（女）
王会琴（女）　张志杰（女）　王　昆（女）

2009年

特等劳动模范

曹佰库　陈温福　于会怀

劳动模范

苏广林　李　良　崔庆良　罗　军　王　欣　王　阳　张在谦　齐　君　白　岩（女）
李宝昌　陈铁军　张奎尧　赵宏生　王杨洋　张劲松　张若雷　张孝勇　郑丽华（女）
董宝成　原　钢　赫立远　闫小明　高福军　杨胜华　孙　艺　李栓良　陈松浦（女）
邓长辉　张振邦　王葆真　张连祥　孔跃龙　万英君　赵香瑞　王　奇　栾　英（女）
张道明　邵志军　黎　明　王大壮　刘　震　罗　阳　鞠保义　苏国富　孙　凯（女）
鲁　博　张国祥　刘福龙　宋宝全　王瑞林　蔡九坤　郭宝林　隋英信　辛　平（女）
由连奎　薛景浩　王　颖　李晓彬　邵　军　刘　欣　俞万祥　高　虹　韩　敏（女）
李蔚天　闫守国　陶庆才　赵国辉　牛富全　高国文　韩贵成　钱玉贵　杨慧君（女）
田志革　刘忠利　赵国辉　王志元　李春江　王怀文　刘先玲（女）　王志新（女）
张玉坤（女）　张宝砚（女）　刘秀兰（女）　朱　玉（女）　姜　萍（女）
刘景芳（女）　白　实（女）　朴明华（女）　黄丹凤（女）　曹淑君（女）
杨秀兰（女）　刘淑怀（女）　高金萍（女）

2012年

特等劳动模范

方文墨　张化光　罗　阳　鲁　卓（女）

劳动模范

张腾蛟	孙柏成	徐宝军	郭廷会	王清涛	王　刚	李志强	于东海	王丽芳（女）
黄克毅	江振友	程　革	武文争	李　红	汪义钢	张志洪	徐　威	陈雪娇（女）
宋诗力	周　正	李国华	郭洪江	郭宝辉	石俊英	宋爱军	方　明	董丽娜（女）
张大伟	娄延春	陈晓东	王　平	姜　凯	周云川	王　平	安　宁	李　萍（女）
耿洪臣	刘鹏程	魏　利	褚晓文	王　冕	房柏岩	阎晓辉	牟景旭	路　军（女）
董伟钧	王建力	汤天鹏	尹传东	金卫东	徐晓兵	周万春	张毓滨	王贵霞（女）
尹省山	礼恩龙	唐家锋	贾心明	王洪伟	李天来	刘志超	杨理践	李淑梅（女）
刘　军	陈立军	田　维	臧广颐	程　林	吴玉厚	陆永华	牛　冲	刘淑珍（女）
赵光强	施国强	张敬红	佟明仁	黄孝忠	杨俊亭	何永成	李晓春	崔莲顺（女）

韩玉军　唐　华（女）　刘　妮（女）　李尚文（女）　彭丽君（女）　董　健（女）

战　百　冯　凝（女）　李晓东（女）　杨　悦（女）　袁桂梵（女）　董淑云（女）

安沛先

沈阳市劳动模范、先进生产（工作）者

1949年

劳动模范

赵国有　赵富有　高金库　董锡春　葛尚周　孙振汉　姚元福　朱满堂　王建业
白相武　蒋万和　王淑珍　王维民　张尚举　赵庆福　马恒昌

1950年

劳动模范

赵国有　马恒昌　贾德仁　徐万福　马德有　张义昌　姚元福　陈连高　毕玉兰（女）
赵德惠　乔学亮　李洪岐　孙学海　聂秉举　徐行达　金德江　葛尚周　郭桂兰（女）
郝兰胜　赵　岚　陈毓才　孙世昌　刘景贵　刘凤君　金国珠　赵庆福　吴文荣（女）
康学福　赵广和　李英范　尚　可　陈俊雄　王其志　房亚乔　邓永满　陈隅卿（女）
李景民　吕　超　王国庆　高贤芳　林宗棠　阎恩普　孙振汉　王延隆　邢秀清（女）

1951年

劳动模范

张义昌　王延隆　初鸿义　郑锡坤　刘景贵　毕玉兰　季君田　杨宝忠　汪桂春（女）
何雅周　白福聚　赵德惠　李锡奎　杨有德　刘锡俊　张叶茂　乔学亮　彭秀珍（女）
宋光宗　王兴典　赵宗仁　王济民　吕庭章　赵克胜　吴宝昌　姜万寿　邱桂荣（女）
叶次珊　左洪涛　陈　相　臧　锺　王铮安　林宗棠　赵　岚　王　成
于克敏　张德文　于冶夫　王英铠　由其田　李景民　戚长昆　宋振远
张英治　韩余通　徐子斌　周景辉

1952年

劳动模范

姜万寿	王延隆	李锡奎	王文山	初鸿义	许平达	杨守训	刘景贵	马桂芝（女）
吕去病	沈德彰	于冶夫	林宗棠	李景民	刘积贵	王　文	乔学亮	张素兰（女）
王金元	刘子春	蒋德林	于克敏	高光珍	孙昌平	赵克胜	侯景明	王莲芬（女）
王凤恩	刘奎文	潘宝岳	姜丕珍	岳贵山	戴允芝	赵明哲	季君田	刘凤军
王铮安	李　力	于文斌	俞成汉	石成玉	赵宝玉	张润端	刘秀文	杨明书
李慧云	赵庆文	刘文白	周金氏					

1953年

劳动模范

姜万寿	王文山	高方启	刘子春	杨守训	张殿魁	李升华	蒋德林	马桂芝（女）
马鸣贺	王金元	张喜贺	王凤恩	李高田	张秀文	邵景华	刘光荣	王景兰（女）
王　文	吕去病	刘奎文	唐玉仁	于克敏	任锡高	徐连贵	王连发	裴淑琴（女）
惠洪久	李洪崎	刘凤军	赵运茂	马海波	王庆福	苑国英	王学根	高素香（女）
李才吉	刘善明	孙敦本	李雪生	高志连	赵永春	赵景耀	张润端	吕淑贤（女）
李天书	田家庸	黄文斌	张寿泉	金道成	阎玉声	翟允昌	孙达权	刘行素（女）
李洪学	吴开俊	苏俊义	张贞茹	吕婕好（女）	周金氏（女）			

先进生产者

吕淑贤	刘行素	翟允昌	吕婕好	王仲康	孙达权	李洪学	吴开俊	周金氏（烈属）
苏俊义（荣军）	张贞茹（军属）							

1954年

劳动模范

王文山	马鸣贺	莫文祥	宋凤林	刘子春	王　文	王金元	任福光	朱　玉（女）
徐振国	李升华	曹复兴	陈华文	李达林	王凤恩	徐连贵	李绍运	王景兰（女）
黄守荣	陆万林	赵奎元	赵凤山	刘湘涛	王金荣	梁志福	杨鹏程	鲁素英（女）

刘维忠　张金声　刘志祥　李学义　关文萱　耿本善　贾志强　杨恩发　郭桂兰（女）
王增福　阎法信　刘广秦　任锡高　王剑秋　王炳文　赵殿弼　池　永　马素梅（女）
刘永成　朱殿喜　胡凤琴（女）　杨维丽（女）　蔡安娥（女）

1955年

劳动模范

宋凤林　李升华　赵奎元　王凤恩　李学义　林继泰　马素梅　杨洪吉　杨维丽（女）
张金声　佟品卿　张德远　郑百福　鞠化民　于贤文　汪闻磬　李鸿义　吴春荣（女）
李文成　张怀萱　刘承俊　陈统兴　朱家琛　罗至会　金道成　才仁安　叶菊英（女）
陈璞璠　徐良坤　张贵臣　于立有　徐凤文　李吉南（女）　尉凤英（女）

1956年

劳动模范

王文山　徐连贵　杨洪吉　王延隆　沈国梁　王凤恩　林绍发　李育泉　陈玉言（女）
殷宝玉　庞洪泉　李林根　哈柏成　周德朋　董朗泉　赵奎元　刘炳江　孙莲凤（女）
赵文涛　杨崇先　杨　幢　龚理民　赵敬铭　杨筱甫　赵成儒　王金元　尉凤英（女）
梁志福　郭尚奋　宋绍臣　李凤乔　任广良　郑百福　王文华　孙惠田　王凤英（女）
杨兴山　刘志清　宋开文　王连有　赵乃武　苏克里　张德远　张金声　马素梅（女）
童文郁　陶仁贵　杨书田　丁立有　杨均昌　叶润岐　许　智　牛万河　温淑芳（女）
李树明　王仁瑞　徐良坤　梁金声　王景福　武苏珍　韩成顺　栾日恒　张德君（女）
左福荣（女）　张志莲（女）　丛桂香（女）

先进生产者

佟品卿　张锡久　杜立国　刘汝德　牟明伏　张贵卿　王世斌　曹文清　杨玉兰（女）
赵宝祥　李长生　魏洪来　马世有　由永泰　张云泰　吴家柱　刘永泰　张淑德（女）
陶贵有　吕世滋　罗英才　杨维保　袁成祥　王振东　曹振清　赵棠林　赵竹影（女）
钱天根　刘凤武　白景山　戴洪凯　陈政歧　李树春　丛连滋　王明扬　李玉屏（女）
艾芝义　魏文春　陈忠多　付景森　许金山　陈崇信　陈国栋　李振周　胡字美（女）
刘云安　刘恩金　王家福　唐明智　刘凤歧　周汉兴　曹守明　王振国　赵文卿（女）
张甲禄　柳瑞森　周世臣　徐春海　吴庆吉　姜明一　樊庆连　邢文先　刘春荣（女）

林国山	杨秀鹏	房法权	孟范山	赵同财	宋贵文	王月石	陆汗文	任桂英（女）
田德润	孔庆荣	谢廷武	徐荣阁	敖启文	李延林	林　文	周永平	郑淑媛（女）
高宇光	杨顺山	汪闻磐	刘天魁	黄守荣	周维根	兰福贵	吴福林	栾华美（女）
周茂培	卢凤章	焦百顺	金允田	傅永贵	燕连荣	苏廷科	王焕东	王秀荣（女）
任子歧	夏全录	马洪谦	梁世昌	韩　义	王保正	王金城	金　铠	邵励励（女）
于文盛	罗宝玉	潘景海	张其德	闻季方	石世鸣	刘先德	聂治贵	张维彬（女）
王国兴	杨镇兴	王凤文	阎汝新	兰心仁	王景阳	姜成锦	肖荣繁	郭履芳（女）
潘宏春	张炳如	高庆平	李文海	倪　亮	陈有德	焦景龙	魏秉祥	孙永嘉（女）
乐志良	蔡顺福	张宽荣	南宝义	冯耀宗	孔德礼	张永成	刘俊武	唐凤英（女）
高志龙	王德成	王开仓	郑纯昌	孙忠义	吴承祖	王柏清	王贵年	曲桂花（女）
郭纯富	李宝祥	王惠川	王祖业	张洪文	郑明久	石占元	王文礼	王素琴（女）
王连仲	王锡良	贾凤文	张德吉	申进元	吕奎山	王文铎	孙绍泽	关桂珍（女）
刘庆惠	张锡卿	马世英	刘　奋	陈统兴	瞿　智	解承芳	盖思正	吴桂荣（女）
王继先	刘锦堂	黄浩川	钱焕清	匡德懋	刘显庭	孙振刚	王宝康	李素秋（女）
徐振刚	孙谈花	徐贤驹	陈阿玉	戴家麟	段振国	孙显隆	郭雨春	李兰云（女）
段亨昌	姚惠东	马　恕	邓成山	刘志山	许顺才	张书安	田魁芳	池顺伊（女）
吴保福	宋长庆	于吉道	李玉山	岳兴顺	周玉龙	张登科	邓玉才	丁淑兰（女）
曾广纯	刘寿山	刘继戮	崔云桥	孙文生	张恒亚	刘树勋	郭锡振	张秀春（女）
常忠良	王兴国	赵文弟	李永忱	兰　富	姜仁志	陈兴锐	童永庆	金文子（女）
许维钧	王葆和	葛启坤	王增福	崔文有	梁熙春	周亦新	于清身	安静娴（女）
王永孚	关西林	徐肇翔	崔沛德	何宝石	魏广成	张凤池	曲凤山	穆莲梅（女）
李万春	于庆仁	李洪儒	孙维俊	张志远	姜福景	杨德清	李永钧	侯力英（女）
阎恩普	韩荣庆	麻恩庆	张春阳	苑文魁	何源涌	高志连	刘玉庆	袁桂兰（女）
张振勋	李鸿义	曲凤文	赵华仙	孙德库	范傅忠	刁秀山	崔凤成	姜桂兰（女）
李中才	侯其源	宋殿英	程自金	赵云清	郭荣升	李欣博	李　钰	胡海鸿（女）
王福林	洪声钜	刘若痴	刘宗海	张怀萱	于泰海	孙宏成	韩宝民	裴丁漫（女）
刘子明	刘裕茂	孙长发	王清刚	张伯茂	白国相	刘伯文	那庆耀	赵希容（女）
余崇岳	刘新国	高庆和	于先禄	高云声	韩金生	吕振威	高丕润	沈　瑞（女）
易广振	胡德财	薛爱举	张云斗	刘振恒	张宪武	孙爱军	李传信	张锡英（女）
李长珍	李福元	赵玉荣	丁守义	王应运	于兴波	张福臣	吴殿階	贾丽芬（女）
林廷明	李绍喜	于立法	刘绍良	王贵常	曲恩波	苑福臣	温建中	刘德珍（女）
李纪典	周连俊	王哲世	李克敏	刘德进	赵允恭	纪辅义	黄元浦	邹文静（女）

李宪纬 郭俊卿 景晔梁 徐殿博 孟广佑 薛汉华 王式唐 朱一志 王世兰（女）
陶惟勤 唐 逊 吴晤峰 任福才 王宝轩 陈洪武 李春海 张书财 王階兰（女）
赵秀荣 林纪胜 沙恩奎 张永吉 张英林 祁显贵 赵景春 卢德荣 田英珍（女）
于喜庆 韩孟雄 汤贤惠 唐栢峰 王异之 李宗学 保金波 苏宝珍 王桂芬（女）
李森荣 朱寿鹏 石维祥 陈廷玺 教文增 温耀林 杨永实 姜文忠 张佩珍（女）
李高田 陈福国 宋国奎 樊海亭 杜春泰 储和岳 姚尚武 吴雅彬 刘景芬（女）
朱广仁 戴洪启 沈锡忠 卢喜滨 吴文祥 马洪坤 高景水 李恩普 王桂英（女）
钟福成 翟喜凤 关树权 吴庆田 张文阁 刘吉祥 崔廷财 李春福 田若君（女）
张均贵 郑连会 温华廷 苑振远 郝玉本 吴景长 王芝梅 陈 信 刘翠兰（女）
边长河 刘玉发 郑玉宽 康顺喜 张永清 朱永祥 赵维山 张成贵 曹复贞（女）
张锡恩 李维显 吴凤林 郑希贵 石兴嬛 刘光荣 段鑫田 孙 愚 王代黛（女）
姜静秋 马凤俊 胡广文 王剑秋 穆成林 张保生 张恩明 周维贤 于桂琴（女）
喻左英 吴清海 白德臣 李序恩 苏润芝 张权清 赵品清 张福善 于淑兰（女）
李佩林 孙启峰 宋连成 朱万有 高南植 梁太甲 权锡俊 潘福双 崔姬玉（女）
郑元烈 徐守才 崔世钧 刘勤时 郭成岩 贾忠宝 樊希良 王家财 李桂荣（女）
陈景祥 阎殿长 于国江 张传武 吴春财 李忠志 左宝言 卢喜贵 杨秀廷（女）
王德政 李海伦 郑光照 康乐忱 张启文 宋宗礼 王希春 刘庆安 陈惠兰（女）
王粹甄 赵殿恩 刘 震 常永茂 王永兴 王景春 赵冠成 张志功 孙孝凤（女）
田维新 祝广勤 杨祥厚 汪恩林 张玉祥 任长泰 刘洪奎 王 铎 王淑云（女）
郑贵旺 宗成义 樊 宽 李玺亭 宋丽娟 赵合年 刘墨林 孙仁泰 张秀石（女）
李正时 胡景风 魏振林 齐相臣 赵德俊 王延礼 武金声 王荣久 王淑云（女）
李文汉 张福田 胡忠福 缪萍溪 姜丕珍 金开书 刘明年 霍春田 苏文荣（女）
孔宪柱 杨九昌 董兰田 刘国才 李景长 颜雨亭 阎守德 王怀义 吕雪梅（女）
李占春 任树尧 杨世宪 关武纯 吴隆阳 杨逢春 孙受润 王尚杰 郭淑贞（女）
张学忠 高云祥 李方魁 王庆泽 赵朝清 刘凤珍 金懋禾 李树芳 郭玉芬（女）
郑怀文 花庆有 卢弼廷 孙学福 李润亭 张 宝 李长福 郭少成 刘文珍（女）
艾雨生 朱庆溪 赫永海 何希春 于登云 董宝臣 佟庆顺 揣广均 崔仙女（女）
朱福林 唐继轩 刘洪珍 田甲硕 徐光远 张泽淳 杨瑞祥 刘宗周 王书兰（女）
崔继顺 夏祥仁 张麟阁 刘金浩 刘玉芝 李基太 叶忠孝 杨占全 王凤琴（女）
韩世旦 孙国德 张普加 郭俊新 梁振庭 祖延仁 王佐臣 李树明 从淑日（女）
葛贵金 赵玉吉 杜忠林 阎世有 于贤文 赵继祥 张有恒 张乐贵 张会元
何永森 王芳田 杨顺然 赵俊瑞 王克昌 张连才 张继胜 司汉民 蓝发棠

杨庆文	刘志安	李世春	贾锡令	尹国祥	才仁安	陆焕卿	高连峰	赵长清
李龙珍	卢京植	周国山	赵福泽	李永泉	傅宏增	伊文元	王雨田	王振江
何明祯	鲁永海	遇永祥	丁德恩	林起仁	管永林	张廷刚	顾有德	周广志
姚维强	王德运	曲吉春	杨洪春	张广仁	刘纯纲	王仕仁	曲国相	郑吉荣
李洪斌	宋永君	田树义	李连珍	萧成玉	宋学成	郭长福	王善志	程洪章
曲宝金	梁维忠	姜海山	吴德明	郭春桂	王立酆	宋春玉	曲忠钦	王文实
迟继涛	蒋宏升	张　福	薛常山	王凤秀	卢文礼	杜金科	李树和	李朝和
王振伟	陈日新	刘景礼	刘立明	朱家勋	卢万明	刘恩元	金道成	王可行
张华生	孙宗林	李宝有	任振东	董春华	胡裕华	马天禄	李良民	王瑞凤
刘怀春	戚孝庵	齐正伦						

1957年

劳动模范

王文山	哈柏成	赵永安	杨洪吉	潘景海	吕世滋	王春香	费慰祖	陈玉言（女）
燕连荣	吴家柱	由政文	穆长林	林国山	张甲禄	杨恩成	樊庆连	吴秀英（女）
莽宝成	黄善义	王殿臣	陈阿玉	刘俊武	刘湘涛	王炳坤	张洪文	陈凤舞（女）
曹吉庆	王玉成	曹守明	张树仁	李中才	胡宝群	宋作云	杨德明	李凤琴（女）
宋绍臣	王景春	张汝林	路生民	常宝瑞	杨兴山	刘信德	沈英韬	娄秀枫（女）
樊　德	石守业	左义存	靳祥亭	苏宝珍	汤贤惠	于运来	刘德文	韩桂兰（女）
张德远	徐良坤	张元令	曹国民	杨书田	张宪武	张志连	张金声	石凤霞（女）
程素亭	袁玉玺	丁立有	李景长	王玉合	刘心田	何锡有	傅振江	裴丁漫（女）
郭廷贵	张秘泉	吴国柱	金道成	郎国栋	杨永义	钱中元	秦耀庭	张志莲（女）
王洪业	邓知礼	张鹏瑞	魏明台	韩文玉	李文惠	王宝库	郭耀仁	张万娴（女）
李凤阁	孙秉库	陈义三	何子静	王相臣	王福利	张成顺	宋广棉	杨泰霞（女）

肖先锐（女）　丁玉心（女）　范希陶（女）　鑫艳玲（女）　王淑文（女）
商贵珍（女）

先进生产者

张锡久	毕仲伟	常永泉	李裕民	王世斌	都培有	谭金昌	王文龙	张书文（女）
刘振宽	郭福鹏	冯玉珍	于润深	杨风阁	李芳彦	刘廷贤	田绍庸	于吉风（女）
章永宽	陈　本	王国山	张明利	谭玉臣	孙广贤	杨维宝	李景玺	俞风仙（女）

庞国维	陈廷贤	刘家厚	陶贵友	李宝山	孟照斌	周庆和	赵景奎	程秀昌（女）
韩昌生	邹积荣	刘耀江	孙玉成	郭义山	姚德武	朱绍臣	魏文春	安玉贵（女）
常孟侠	周德鹏	习广发	安文彬	徐振祥	马春时	潘吉金	周世臣	刘淑坤（女）
伦枫樑	高树义	柳瑞深	殷宝玉	马士元	尹守田	王秉钧	李文喜	董世芬（女）
刘广义	陈广有	朱俊瑶	孙富盛	刘　兴	张才林	郭廷选	李尚义	李珍玉（女）
安纯义	李振林	姜志学	张枝信	李贵文	张振夏	孙连义	赵恩德	孙桂荣（女）
董郎泉	蔡文彬	陈敏良	白锡廉	卢本昕	朱长杰	陈晋玺	张有增	莫慰芳（女）
王宝堂	陈克明	刘鹏飞	张振海	高玉生	张　成	吴绪常	张玉生	王　萍（女）
胡修鸿	张立平	史庭来	赵宏逵	王春乐	王景连	丁伟民	李忠孚	潘英勤（女）
吴迪顺	江成功	沈从龙	赵宝元	童文郁	田景阳	岳允斌	伏殿林	刘雨辉（女）
苏廷科	傅永贵	高天信	李长顺	魏洪来	赵宝祥	陈书铭	邢文先	栾华美（女）
王保正	黄廷用	高洪刚	顾志清	吴兆奎	张庆发	萧玉铎	何启祥	王书云（女）
齐辅政	罗宝玉	张　忠	沈啊四	张礼明	王洪飞	沈成山	于守祯	吕文苓（女）
周永东	王善宁	孔宪周	陈元祥	张荣顺	李宝有	滕世泽	张春成	孟秀芬（女）
李景唐	徐占元	朱振新	李振江	陈再新	宋德亭	贾锦峰	蒋庆有	王凤兰（女）
吴听荣	熊明久	姜雨峰	杨　震	王兴利	刘振财	吴国清	胡承珂	孙素兰（女）
赵敬铭	张景儒	孟宪尧	吕绍才	张世德	佟德厚	王存劳	倪　亮	苏嘉珍（女）
赵成儒	蔡焕深	唐普春	牟代成	杨升年	张忠礼	赵永财	王绍仁	王秀荣（女）
冯宝廷	吴俊学	顾玉山	艾锡祥	赵凤阁	祝普印	李学校	张臣山	魏云华（女）
王立华	李广停	杨世杰	王骥良	王会清	夏恩涛	朱根宝	张树彦	陈桂珍（女）
王泮久	余昌华	蔡钧陶	戴济生	马世英	周长生	杨惠展	李建定	张桂芝（女）
刘庆林	孙春照	刘洪发	王自行	郝庆凯	李向荣	聂治南	闵秉允	王念先（女）
赖高尧	黄浩川	陈　龄	邹本晨	王学忠	黄志全	孙忠义	邢丰琪	李耕野（女）
高玉纯	殷守铭	魏秉祥	刘海波	王文贵	杨宪清	吴开银	罗维海	王凤仙（女）
赫洪义	刘景山	张傅柱	王祖叶	李桂秋	赵　珍	杨昌盛	宁朝元	金玉萍（女）
孙太昌	许顺才	王延祥	艾连君	何宝余	丁福库	宋长庆	张恒亚	刘淑琴（女）
周喜春	刘占国	郭福东	冯福田	潘国环	张会平	孟祥生	邵丕珍	李金英（女）
孙玉臣	宋廷家	郝岐山	李志德	于廷贵	刘福德	史绍林	李修金	孙连清（女）
姜福景	杨德清	刘涌清	李玉成	张书元	金敬忠	温树林	艾长振	董淑珍（女）
王树云	于发水	何　文	郭锡振	关彦清	张海志	陈广歧	沈家祥	吴兴兰（女）
左景伊	潘宝信	单统勋	徐荣阁	刘金铠	杨景培	周绍禔	张三余	崔秀琴（女）
夏　辉	丁锦川	于信令	鲁振华	张玉宝	滕占鳌	张兴邦	谷茂宸	陈桂英（女）

杨万廷	贺万秀	王子民	尤启明	韩士令	王宝治	李遵友	董纪有	陈康特（女）
孙厚禄	盛福先	张景春	李　斌	贺先敬	邵德江	佟绍忠	张玉久	史庆芬（女）
苏润芝	杨年发	张文秀	高奎益	路世良	富国良	韩耀章	王兆禄	李连珍（女）
张士英	姜殿成	黄殿章	孙启峰	鲍兴洲	刘恩元	凌长胜	梅万有	孙佩兰（女）
李绍山	荣大财	邹士斌	张秀山	张俊清	赵恩芝	赫文耀	刘玉庆	张兰英（女）
王德信	郭荣升	郭永昌	褚永广	程世兴	李文禄	杨　桐	邵长海	张桂兰（女）
张佐勋	张殿忠	宫立学	马景文	韩守礼	白国相	孙德库	刘德章	吴桂荣（女）
蔡建新	周维恩	王秀春	郑百福	赵殿弼	张永吉	胡超程	段继孟	于东芬（女）
徐浩民	蔡英贤	史星乙	郑全忠	葛凤桐	谭质斌	宋大才	孙本福	魏淑兰（女）
陈玉书	张宝金	姜志泰	李春福	娄凯忠	杜长荫	郑希贵	徐国卿	姜明波（女）
吴喜荣	陈　信	李秉直	赵兆勤	张正福	韩同兴	张岐山	王垂业	许庆仪（女）
高继堂	冯　复	孙福兴	余永铭	王天进	张智学	宋国斌	王希元	刘　英（女）
白小影	曾昭顺	周从弼	李凤山	符泰岩	孙世贤	刘凤文	朱玉深	何雪柔（女）
李文信	郭宏元	王锡贵	邹立辰	黄云鹏	王景林	果承贵	徐仁达	李慧琴（女）
李春德	丁杰超	贾言九	梁光兴	丁士贤	董连权	王时庸	杨志谦	李文彦（女）
刘绍元	林福山	姜世奎	王家丰	金哲浩	张运宝	冯春和	曲宗洲	亢启英（女）
于锦堂	张巨林	朱福来	康玉璞	郑昌淳	王永贵	谭福生	周冕术	张桂贤（女）
王德祥	范春阳	李本政	孙　玉	徐良臣	姜永钦	朱廷儒	刘应壎	董淑清（女）
孙彦伦	王作忠	施锡钦	何增泽	赵凤起	王树悦	孙恒福	张铭新	张素梅（女）
曹国范	王云萃	吴景长	杨金榜	林国栋	赵国财	杜廷余	陈锡龄	郝玉珍（女）
段鑫田	杨玉璋	马良兴	韩英杰	荆兆俊	刘海涛	刘允田	王俊士	宋丽娟（女）
黄维柱	张汉武	高凤楼	窦志刚	王丕环	丛志泉	郑德荣	王德玉	李婉香（女）
梁永和	阎华昌	王泽学	袁明安	李文阁	绳忠信	芦万明	姜永华	张德君（女）
汪国友	张鸿钧	周富斌	张廷刚	王本安	徐明智	朱华荣	孙继才	温淑芳（女）
司贵德	赵殿文	张宏家	郎吉英	魏俊良	谢鸣山	关作山	邵德志	刘淑珍（女）
曹玉林	杨树彬	姚国民	孙善和	孔庆沭	郭洪远	张会腾	任家吉	何玉梅（女）
吴士才	白承兴	张凤仪	赵书文	樊希良	武苏珍	许利胜	高成明	张英才（女）
鄂连仲	朱惠章	刘有钧	王立志	潘正敏	栗荣久	董春华	姜纯璿	赵立荣（女）
冯守谦	刘润一	赵乃盛	史连有	刘景明	佟锡宽	赵梅东	钱家泰	李静贤（女）
康乐忱	黄作舟	马子良	刘信礼	王吉祥	苗宝藩	宫　贤	许志中	杨桂芝（女）
刘　勋	宋霭云	李庆顺	罗开云	于洪滨	王庆忠	贾天镇	张如富	郭亚娟（女）
徐复山	王玉珩	王如昇	王庆祥	王雨田	兰从举	王敬叶	赵德忠	荀　毅（女）

李顺有	张克增	张青山	张万忠	冯书祥	李　福	朱振明	张永泰	郭俊英（女）
于忠禄	尉文杰	张君国	杨东平	姜丕珍	金开书	杨守峰	李宝光	薛文兰（女）
潘念英	邢玉书	程玉山	姚玉昌	史治起	李世春	何崇仁	王继立	虞雅英（女）
王永琛	夏祖治	王维鹏	都振仑	孙衍春	张玉柱	燕子林	郑明勋	周素兰（女）
孙玉魁	曲士有	赫忠林	王景双	刘玉萍	李春润	吴天林	王廷奎	于淑珍（女）
丁雨林	冯万顺	陈玉馥	刘献林	王德荣	张　珍	张亚钧	程世增	王爱花（女）
吴佩鑫	徐庚申	刘傅福	姜文忠	朱广仁	李福昌	张焕明	刘恒玉	毕静贞（女）
陈庆珩	霍占山	王世昌	关庆余	盛勋叶	佟明义	吴绍春	赵永生	韩淑菊（女）
魏文华	吴凤魁	许自棋	张永祥	徐兴海	杨宝玉	吴鹏汗	张连生	胡晓岩（女）
赵继祥	王庆吉	张国恩	于贤文	李宝金	姜元鹤	唐成珠	赵福元	赵钟秀（女）
董宝祥	王培昆	顾洪才	张汗芝	夏良秦	赵青海	贺先德	王钦东	李秀琴（女）
李兆民	邵景明	关启祥	潘汝建	袁明印	于春义	甘元珠	张仁先	张庆坤（女）
高庆和	何贵印	张志纬	李明洲	聂克顺	曹绪芝	王丕巨	肖忠顺	郭福顺（女）
高丕润	李玉林	武耀文	赵文财	孙文元	王景兴	马云鹏	王发盛	段素艳（女）
王殿良	王兴文	寇庆喜	孔祥占	张云阁	周振文	邱义停	王正臣	霍玉香（女）
陈洪苍	孙江安	袁家斌	川村薰	童德明	王作兴	阎　启	赵松筠	郎素兰（女）
刘惟斌	唐　逊	朴立中	周逸村	杜学瀛	卞奉武	于志深	魏忠余	颜秀芝（女）
纪辅义	高元芳	胡连发	王居仁	魏正义	何荣英	吴桂昌	朱成德	叶连玉（女）
鞠世成	马宝臣	王贵常	刘景和	孙建章	张绪堂	林廷明	徐振山	赵　刚（女）
夏殿平	王恒顺	郝兴志	石长山	陈有庆	苏庆和	李兴堂	王福新	刘桂兰（女）
丁国刚	刘国安	张荣光	刘镇心	于文江	许立功	刘德进	吴金庆	张桂兰（女）
何文生	杨乃聚	刘　强	曾繁宝	张芝畹	韩福初	王付绂	张庆仁	杨桂荣（女）
赵广安	杨常元	王连群	金水甲	李凤山	朴灵玕	吴庆宣	刘兴忠	王玉梅（女）
陈忠海	祝景多	董余久	方积义	白文奎	张玉衡	沈洪勤	宋占德	李秀云（女）
赵金山	田学孟	董孝凤	赵鹏山	王德宏	金永稿	张丕栋	姚承绪	廖淑琴（女）
张忠德	张国连	赵恩学	梁德江	徐新生	刘桂英	王德成	韩应甲	金丽敏（女）
张大一	任广玉	刘乃训	任朝盛	徐福年	张振发	张纯一	黄宝林	郑淑琴（女）
冷永安	杨新福	庄春茂	李荣昌	芦秉信	鞠德元	王福正	刘福贵	魏　敏（女）
郭景春	刘宝库	谢成春	张建勋	王儒德	易永连	任桐圃	孙世恕	周世荣（女）
王秀铭	杨国超	闫海清	祁籍堂	李景阳	杨恩增	高振全	李保忠	苏士英（女）
刘积斌	孙昌国	刘国琦	韩德模	王尔富	王志礼	张永山	谭春才	王淑琴（女）
徐明山	欧殿武	刘德春	陈文贵	李连城	吴克勤	罗世铭	王景华	冷素琴（女）

牟　英	曹凤鸣	赵玉春	陈雁宾	张文海	姜国尧	扈家华	全季言	刘纯惠（女）
李树章	冯玉麟	范垂庆	康安得	王文礼	孙宝治	杜宝山	叶润岐	王媛英（女）
田国信	李学田	魏振民	何宗肖	杨均昌	丛桂香	潘世田	侯益轩	楚真女（女）
刘仁贵	任传贵	袭建珍	蔺吉如	赵永楼	曹先礼	杨孚春	穆振国	陈恩润（女）
李占春	喻清华	陈海仁	刘汗臣	窦重山	马明斗	楚永祯	徐增仪	于壮梅（女）
李润亭	白清海	王德财	郑远德	栾殿顺	卑连举	董兰田	张士长	付桂芝（女）
张起叶	张玉良	刘友三	佟宝有	吴隆阳	石占魁	王明新	孙国德	谭树英（女）
梁福科	王克頖	夏祥仁	周纯厚	金永男	张士瀛	汤云朋	李果良	董淑珍（女）
边世兰	郭起山	陈维国	梁明五	刘继民	韩尚邦	张泽纯	张传镛	丁文翰（女）
高盛林	邢蔚南	张广祥	陈宝成	陈永吉	刘汝瑚	魏化鹏	闫国安	罗克毅（女）
孙学福	王甫亭	张传凯	宋春元	张玉忠	李和贵	曲凤文	鲁连月	凤维君（女）
高洪云	杨开沣	赵玉魁	邹玉书	李树森	张孝久	赵殿有	李率真	贾馥梅（女）
段树博	吕运禄	李亚东	吕诚举	黄　驹	张常春	陈志坤	辛兴义	李素珍（女）
张怀儒	施恩贵	李继深	白世丰	张泽民	于述生	张维范	黄耀忠	贾雅仙（女）
杨志山	李　郊	李子炎	胥金和	夏云霄	孙纯忠	东光烈	韩祖仕	陈梅芝（女）

刘永吉	赵文兰（女）	姜俊华（女）	田　馥（女）	张翠兰（女）	刘宗清（女）
金安澜	荆亚慧（女）	陈秀媛（女）	宋芳玉（女）	冯玉珍（女）	于　灏（女）
米　勒	于凤琴（女）	孙卓颖（女）	李荣珍（女）	解玉芝（女）	周桂兰（女）
高云山	信文雅（女）	王玉莲（女）	朱春雅（女）	王瑞芬（女）	戚素荣（女）
李镛德	刘文滋（女）	张凤格（女）	侯德恩（女）	徐金东（女）	张书坤（女）
张金山					

1958年

劳动模范

王凤恩	张宪武	王文山	张甲禄	曹守明	苏宝珍	赵梅东	林国山	尉凤英（女）
曹吉庆	王作兴	宋作云	孙文元	石守业	赵永安	由正文	何景藩	张志莲（女）
范效曾	刘家厚	李尚义	郭福鹏	牛序润	袁明安	于万起	唐友麟	石凤霞（女）
吴家柱	王春香	杨洪吉	荞宝成	李桂秋	华林森	王殿臣	刘俊武	陈玉言（女）
王玉成	张明云	张洪文	李洪富	陈阿玉	孙忠义	刘湘涛	谭振庆	时桂珍（女）
王炳坤	宋长庆	何敬忠	孙文岐	刘云岐	周凤岐	孙鸿轩	洪景荣	刘桂芝（女）
韩世令	郑百福	边士峰	兰九洪	赫文耀	梅万有	张锡恩	杜长仁	温梅英（女）

郭泮礼　张元令　胡忠福　于运来　刘振声　汤贤惠　王印成　曹国民　郑淑琴（女）
王应运　于文江　童文郁　刘福焕　李景长　夏保富　杨敬义　蔡允恒　王玉英（女）
王甫亭　韩文玉　张振发　郭耀仁　韩仁松　张忠德　张成顺　王相臣　陈素清（女）
陈义三　何子静　张景祺　吴克勤　阮德祥

先进生产者

孙广水　赵鹏祥　薛　贵　陈文起　都秀平　哈柏成　孙　益　李玉民　章翠英（女）
王志程　王文龙　孔庆堂　刘振宽　张才林　杨维保　焦振江　毕玺祥　金玉顺（女）
吕富贵　张　平　周庆和　楚兴茂　杨凤山　张　忠　王春贵　郑铭玉　张丽娟（女）
冯立春　刘永太　张　友　王金喜　王庆吉　马士元　吴大友　刘国财　俞凤仙（女）
才玉堂　李振林　安纯义　朱映隆　朱绍臣　王心超　徐更金　张润轩　宋桂臣（女）
孙吉祥　董占芳　张兆歧　吕书成　程玉昆　于润深　黄士信　顾振江　秦凤媛（女）
王其田　韩文库　张广武　马春时　伦枫梁　鄢文华　刘德柱　罗惠权　王允芝（女）
周德鹏　冯延凯　张学文　王玉璋　张水竿　张炳生　程俊生　杜兴兰　王桂芝（女）
刘进贤　庞希运　李之英　李占文　樊　德　吕二成　孙介礼　司贵德　史家琴（女）
李元怀　金殿佑　陈世忠　孙贵年　郑学儒　吴德淑　许利胜　陶惠祥　任裕贵（女）
张汝清　高文斌　李廷魁　宋元素　张文巨　杨国强　李玉敏　石明泉　魏娟如（女）
鞠兴作　孙善和　姜永华　刘安成　王德林　张福深　刘书贵　曹万镒　金玉莲（女）
焦立元　贾德山　唐尚睦　李文起　王衍波　刘景明　姜兴贵　路绵仁　顾龙宝（女）
曹玉林　富再兴　常宝起　白锡廉　焦百顺　张秉志　杨肇义　芦本昕　张淑芬（女）
高玉生　王宝堂　李洪波　吴绪常　张振海　王克守　吴连升　阎永信　陈学文（女）
李鹤友　孙全增　沈祖俊　张起义　赵宏逵　张立平　钱家太　宋宗礼　吴桂兰（女）
许殿范　戴百祥　李毅臣　王敬宾　王寿山　李振权　王宗仁　孙树芳　吴玉兰（女）
史维国　富壮炜　李显忠　初文海　于文盛　韩永刚　罗宝玉　王善亭　马云凤（女）
张忠仁　朱春生　李绍先　关玉复　付学营　付永贵　马振棠　高　义　刘淑芬（女）
高维廉　王天俊　赵呈壁　韦文哲　林海枫　马天禄　于百勤　薛宝禄　李耕野（女）
奚福海　徐明泉　金哲俊　毛永荣　朱振新　钱万选　翟景惠　王相如　程桂花（女）
龙绥泉　刘继恒　李文修　贺永康　熊明久　包秀华　徐占元　巫增锡　唐　智（女）
苏秀昆　周玉珍　谈汉泉　于平旺　杨成林　祝普润　曹裕兴　陈恒道　崔秀琴（女）
庞志超　邢国兴　董凤海　邵惠林　章长顺　阎保林　佟德厚　吴有斌　柏再苏（女）
蒋岳全　马宪庭　张世德　艾锡祥　岳福义　高新会　白宝荣　赵同志　陆秀英（女）
杨广才　李春芳　那玉刚　冉保全　胡承珂　徐瑞恒　赵敬铭　刘景贵　于东芬（女）

张素儒	刘振财	鞠殿东	申进元	蒋全福	彭守业	孟宪尧	王连仲	许凤玉（女）
吕绍才	章海山	王智敏	康洪业	马广珍	杨维栋	赵玉海	郝庆凯	王友珍（女）
于克敏	聂尚清	马世英	庄　稼	孙春照	徐福义	钱兆良	谷春元	李惠兰（女）
黄志全	李培元	徐志新	储荣华	邹本晨	龙维寅	孙德俊	高玉纯	白桂兰（女）
王洪举	阎善清	刘全喜	李万才	赫洪义	孙德胜	邓治耿	杨岱学	郭淑文（女）
陈文书	王静珍	罗长茂	王福禄	聂敏庆	沙英林	孟昭华	刘恩财	郭淑文（女）
张玉发	任久余	王绍先	韩凤林	兴成寰	张惠平	石振铎	张子云	张翠云（女）
程云平	魏生发	张清廷	刘成福	汪　东	籍志远	张　斌	张孝友	周淑清（女）
陈积华	杜玉扶	徐风权	赵海楼	苏国荣	张书元	许维钧	赵国良	吕桂芬（女）
束菊清	黄恩孟	闻德福	曹果毅	葛庭富	费廷瑞	张　茂	高风亭	刘秀兰（女）
王世卿	魏连甲	荣大财	邹士斌	孙庆久	孙宝奇	崔克俭	王福顺	李淑珍（女）
朱占奎	刘宝海	赵福春	曲凤文	咸阳秀	阎法信	杨宗汉	王大胜	韩铜环（女）
周维恩	陈富宽	王兆禄	孙启丰	张士英	王学良	刘海江	张德福	张英才（女）
张凤谟	宋吉瑞	孙嘉尚	李维国	张启坤	付云鹏	张学文	张瑞新	张雅钧（女）
王宣文	杨德明	衣成耀	王炎如	胡德成	郭文林	佟绍忠	张永久	高妹光（女）
陈永贵	姜长刚	吴春才	任和成	赵玉亭	祝洪滨	郑锡祜	姜崇和	方元琴（女）
刘绍俊	赵永冠	刘泮源	慈长庚	张世华	王云萃	韩同兴	王象林	王爱花（女）
王树悦	张长明	汤承先	王居郇	李炳超	石国芳	徐安利	姜殿成	王桂兰（女）
王启明	胡敬文	韩守礼	藏著凯	徐风岐	金永镐	史星乙	许占山	袁玉兰（女）
付克兴	徐富先	张焕之	吕金宝	刘振东	陈鼎元	梁金声	刘大卫	孙素珍（女）
东光烈	王溥杰	邹海亭	崔成刚	黎福堂	赵永才	王庆祥	张振国	邹淑兰（女）
孙　诚	张如富	潘念英	全玉宝	王云汉	王丕昆	李善维	王玉衍	邓丽蓉（女）
刘景宽	刘善文	刘金山	柴希贵	韩成义	王衍忱	林自田	徐纯信	魏　敏（女）
云福生	刘　勋	赵忠礼	霍占山	张凤林	高永年	孙茗玉	李来福	宫雅茹（女）
丁雨林	刘殿成	韩国安	张金才	王　生	王福祥	杨树藩	路奎章	王启荣（女）
高继业	高庚维	白锡钧	姜成立	魏永湖	郑永禧	易福爱	段开梅	叶连玉（女）
王殿玉	李振海	杨殿国	孙广喆	于士敏	白庆功	吴万英	许德溥	肖玉珍（女）
李成勋	张德远	孔祥珂	张守山	李景富	孙志成	孙绍喜	崔禹京	赵　刚（女）
邢　发	韩秉信	孙福增	张雨周	冀殿喜	初国栋	吕步云	朱恩集	赵春荣（女）
周振文	唐凤玉	王正臣	张凤阳	付荣恩	王明臣	黄玉民	高洪义	颜秀枝（女）
霍大林	孙学德	程海峰	王东增	刘士荣	孟照杉	杨国华	李德山	段素艳（女）
于广海	万福令	李冠珍	尹增寿	王春早	张相木	刘发国	杨太春	郎素兰（女）

杨书田　聂可顺　王丕巨　向宏伟　于春义　郑云久　朱道炎　姜化成　李静洁（女）
徐殿博　沈从龙　宋东彦　邓子林　姚振恒　沈晋业　张　杰　史占良　王玉梅（女）
杜宗范　陈家魁　芦广元　王应遵　郭正和　纪辅义　宋国栋　袁凤宣　杨桂荣（女）
姜明元　王良财　鞠世成　王桂岭　崔福高　邹绍棠　李永坤　金景春　刘桂兰（女）
尹进年　刘斗春　刘永树　朱绍春　纪　才　宋春江　高洪云　于义芝　端木传楠
郎国栋　赵荣山　刘永财　杨开丰　李景忠　李　武　王振清　崔万才　迟善邦
叶润歧　郑元逸　杜宝山　王春田　刁　勤　姜长湖　马树屏　吴景春　马连祥
季万明　刘有三　王俊山　范启盛　孙宝治　阎保祥　陈振铎　王玉和　廖久恩
张传开　陈宝华　刘惠恩　李荫生　王洪尧　马良臣　李明春　董景林　顾玉善
王瑞臣　黄廷勤　何锡有　金永男　李寿水　任树芳　韩秉智　张起业　王恩荣
刘柏福　胡寿冈　王子民　徐培礼　田保太　邴文毫　吴月安　卢京植　周毓珩
陈秋柏　郑宪明　王金璞　汪尚勤　张玉衡　谷德荣　李风山　薛庆礼　武贵林
王宝库　赵金山　张鸿禄　董孝风　宋文焕　梁德江　李成业　姚成绪　赵鹏山
李锡昆　刘常富　任绍志　王连珍　刘银祥　王如发　韩应甲　李风德　邬继恒
祝景多　杨建发　董芝顺　张丕栋　刘宝清　杨呈富　朴炅玕　李华山　那凤海
张益录　韩奎文　崔文山　吕正玉　高新有　张宝贵　杨璞清　黄新太　吕　光
姜克礼　谢成春　冷永安　芦秉信　易永连　徐明山　蒋德普　李荣昌　倪志方
杨复新　冯日新　凯明三　白云生　范垂庆　姜国尧　孙殿元　孙洪庆　全学言
田树德　郑淑阶　徐晓东　孙天民　罗世铭　唐光同　陈文贵　张永山　毛克勤
王玉财　陈毓增　刘长荣　王景华

1959年

劳动模范

王凤恩　吴家柱　苏宝珍　曹国民　张元令　王春香　张宪武　曹守明　尉凤英（女）
王应运　王延隆　李景长　张甲禄　张沛霖　苏宝元　李桂秋　伦枫梁　石凤霞（女）
林国山　赵坯烈　牛序润　王　义　王炳坤　陈阿玉　郭福鹏　赵梅东　孙景兰（女）
杨洪吉　张锡久　张洪文　刘湘涛　关长禄　金　丰　于万起　宋长庆　李素文（女）
由正文　关国栋　李裕民　周振东　张明云　吕学明　马士元　庄旭有　张志莲（女）
刘云岐　郭中明　杨维宝　贺宝忠　华林森　王春德　孔庆堂　赵奎元　陈玉言（女）
邢凤仪　赵荣昇　孙忠义　阎永久　周振华　马洪谦　刘永奎　王瑞华　王玉英（女）
梁占元　李高田　汤贤惠　梁金声　于广海　王作兴　孙文元　林春富　王晴华（女）

王成志　于文江　张永安　杜玉林　蔡允恒　何文福　何锡有　高德安　金贞淑（女）
周德鹏　孙茂林　关明远　田景阳　姜永华　刘宝夫　张立平　张　明　孙桂芝（女）
张元忠　郭泮礼　康乐忱　姜丕珍　朱景林　王甫亭　高启荣　阮德祥　王淑英（女）
边士峰　张秉福　张兴业　左运昌　张洪启　林成家　何子静　唐友林　时桂珍（女）
焦鑫仲　王占一　王希春　马荣明　王继先　高志忠　王有道　张成顺　贾月娥（女）
梁文太　路奎章　李德兴　苏景耀　李国申　于雅娟　杨作先　马玉才　李淑菊（女）
王凤林　官丙仁　张来生　刘凤山　张述忠　刘秀起　董　英（女）　常淑珍（女）
崔传华（女）　陈素清（女）　爱素芬（女）

先进生产者

王文山　范胜文　李树德　王福春　都秀平　曲文义　邱玉存　都培有　李福英（女）
朱世成　林玉相　杨肇义　齐正平　康长礼　李春仲　张千春　张庆海　章翠英（女）
黄百成　江永德　王荣义　李树春　李佩忠　赵德增　任学海　吕书成　肖翠琴（女）
于润深　杜成礼　孙胜利　叶国安　马连忠　顾振江　陈富礼　彭永堂　肖翠琴（女）
石玉成　鲍志洲　黄作先　罗宝玉　王文林　齐士升　齐辅政　范怀善　苏正敏（女）
白述俊　周庆和　吉有胜　谢雨林　邓玉才　楚兴茂　孙树芳　潘景海　傅桂珍（女）
张连明　张宝荣　鄢文华　刘家厚　王连河　姜文海　袁启昆　富壮伟　张桂香（女）
单桂胜　邵金山　罗宏盛　尹国栋　王新和　吴绪常　史维国　王瑞堂　郭兆兰（女）
刘作民　陈成帮　许自棋　张永祥　毕监荣　王　德　李向阳　吴大孝　魏娟如（女）
石长顺　段树藩　唐志孚　张德远　吴广华　刘育非　阚培松　柳亚斌　邵滋英（女）
赵继棠　邓有林　刘振声　郭福田　王德春　王忠信　葛庆林　张奉春　王凤仙（女）
陶惠祥　李跃庭　刘春霖　赵敬铭　侯德泰　刘俊坤　张景儒　肖殿启　王兰芝（女）
王盛林　陈之本　蒋基玺　吴桂兰　胡承珂　金昌国　王绍卿　熊明久　郭玉春（女）
龙绥泉　周圣祥　张世朋　胡东明　罗盛贵　李永成　于新臣　黎永志　刘雪萍（女）
徐明礼　朱振新　盛贤兴　徐占元　李文修　张龙瑞　贺纯芳　俞树奎　李耕野（女）
叶渭杰　钟季卿　谷春元　徐恒悦　李荣昌　黄志全　高新惠　王恩普　宋桂兰（女）
王立强　常保堃　张恒珍　刘俊杰　左俊恒　蒋述发　徐绍斌　杨广才　金玉莲（女）
董海昌　王祖叶　黄德义　栗德旭　赵乃荣　迟博林　叶振海　苏秀坤　曲桂春（女）
薛宗林　徐方宝　高文芳　胡炳全　陈子云　韩凤玉　徐晓龙　施永祥　张桂荣（女）
祝普润　线玉令　纪兆德　谷世英　林旭东　于　翔　孙绍孔　杨贵华　迟月娥（女）
庄　稼　周玉珍　郁文洪　孙春照　阎宝林　赵乃祥　王殿臣　李殿祥　陆秀英（女）
乔永根　鲁荣发　高　君　冯洁清　李洪涛　金连伦　孟宪尧　鞠殿东　于东芬（女）

柏龙生　周凤皋　秦甫泉　赵建新　王亚均　吴大有　高洪福　徐广海　王秉芳（女）
许春阳　余士言　丁福年　康伟韬　张乃星　朱克正　刘永学　陈振清　陈玉芝（女）
刘锡忠　刘绍博　李振权　陈　和　邱文海　关玉复　王守贵　雍贵华　初云清（女）
马春时　顾连选　邱子敦　傅希元　汪　东　冯德生　陈柏茂　张宝奇　罗桂荣（女）
张永升　李兆邦　陈　起　刘德海　孔令雨　郭振远　林碧玉　刘广德　李淑云（女）
刘德成　谢葆炎　尹占福　秦　诚　刘先平　孔宪文　邱希文　郑文斌　韩允琴（女）
万春德　张兴亚　苏来顺　姚慕贤　陈铁普　张振发　孙玉魁　宋克宽　裴淑荣（女）
张树翘　李　俊　赵宝林　霍占山　赵延堂　关英杰　赵济忠　徐春茂　王英春（女）
刘普岩　沈文海　刘光弟　马振方　韩德胜　韩永高　黄守金　鄂　贵　韩素云（女）
李恩明　刘守刚　石玉书　李义忠　杨德伟　宗庚辰　吴永海　唐庆山　李　巍（女）
冯茂田　金贵林　王毓福　孙树仁　王文盛　田凤玉　曹国咸　狄明祺　马玉秋（女）
刘裕茂　李维新　陈世和　张　茂　董瑞祥　彭其顺　范广有　王德山　王静珍（女）
马俊龙　程德才　董宝祥　顾正安　徐国荣　石炳顺　刘振东　刘伯福　蔡一忠（女）
李润庭　叶润岐　虞弼庭　王巨山　米玉喜　崔万才　窦重山　韩普文　邱　雯（女）
杨开丰　韩子平　徐文志　董景林　高玉坤　周荣汉　朱廷儒　王方维　许凤玉（女）
林继肯　杨继伦　马瑞麟　乔惠源　金济霖　崔启武　王其慧　魏彦成　马士贤（女）
石殿忠　阎家成　李立峰　边芝年　邰鉴石　李世忠　高俊哲　陈德稳　徐桂月（女）
赵景安　穆英达　徐　进　姜灿章　赵永福　小立本　陈国梁　张　君　游素芝（女）
彭荣桂　杨润芳　逄云庆　胡凌彦　关福林　陈宝兴　孙荣会　隋天发　刘素范（女）
聂可顺　杨泰春　李永坤　王允清　郝维诚　梁立延　李宏富　胡忠福　陈存芝（女）
薛殿举　柴希贵　纪辅义　王正臣　张自斌　荆盛茂　高占山　李景山　吴慧智（女）
孙　健　朱继文　刘振坤　董明岐　穆守仁　曹智申　齐明光　宗必泽　商贵珍（女）
夏先梅　徐殿博　刘东才　孟昭文　王荣山　鲍荣堂　许玉林　赵士连　筱俊亭（女）
王廷起　高成岚　王传安　郑国臣　王立国　郭正和　韩立群　王正新　刘素洪（女）
吴元凯　刘浦东　胡国泰　邹振高　李显忠　滕瑞显　张殿军　那尔礼　王贵芝（女）
吴忠厚　王志诚　张志强　温殿宝　唐崇本　臧玉盛　阎振龙　阮宜德　王允芝（女）
杨顺山　李俊生　于文胜　郑诗银　张宏爵　贾宝忠　李兆升　赵玉玺　耿秀兰（女）
陈世忠　刘国政　那兴奎　王　君　金成义　陈恕文　金书升　王维平　孙淑珍（女）
李成坤　刘秉敬　傅学营　赵宏逵　吴春木　高庆生　杨德林　罗成柱　陈永芝（女）
孙德恩　孟昭诚　王宝瑞　孙克禄　姜兴贵　张兴琪　孙庆久　谢英贵　侯殿文（女）
吴宏润　杨慕秋　王志贤　左瑞博　郝承认　张永久　滕木端　李荣耀　王淑华（女）
王　印　萧永春　胡树林　由介林　王荫武　易福爱　刘芳海　吴绍春　陈桂兰（女）

刘诚信	王吉成	周维贤	邓占清	秦连生	顾洪才	沈元祥	于德宝	曲桂芳（女）
周凤岐	张德福	郑锡祜	周庆林	周云藩	苗福昌	戴书田	宋芳仁	王　敏（女）
杜玉扶	任甫全	张连忍	刘景宽	李宝元	刘万贵	果德发	隋常吉	郭淑芳（女）
杨璞清	宋广绵	刘寿庆	羿维城	夏宝富	顾象贤	余永铭	臧家诗	祝桂芳（女）
杨象业	丁世贤	韩　禄	王春田	靳　湖	朱玉瑶	苏俊鹏	历敬子	邹桂珍（女）
林永信	张成哲	张景琪	宋凤林	洪维福	李文全	张汝林	焦振江	梅温英（女）
赵德巨	夏振江	常宝起	滕芳圃	刘文志	杜长福	于永和	王永茂	梁笑玉（女）
王桂生	谢忠源	刘　和	邱兰芳	李玉山	袁官俊	李子恒	田志纯	张翠兰（女）
姜兴海	吴德元	刘振海	刘同成	吕日学	王银秀	邹本宏	滕瑞年	汤连英（女）
范垂庆	杨美荣	戴焕文	王维民	张忠魁	潘毓文	梁士英	杨国超	金桂芝（女）
宋金厚	刘殿文	赵山岐	傅会文	孙玉民	栗庙成	王秀山	冯光生	戴竹梅（女）
王洪庆	董泽民	陈宪冶	刘治国	关恩喜	李务本	董兰玉	路云章	魏　荣（女）
蒋盛有	张传开	张淑良	刘滋厚	杨兆荣	金　铁	赵　策	孙家声	李丽华（女）
赵成禄	赵炳水	林景祥	顾景新	王世绵	赵春华	刘洪修	吴方明	齐　萍（女）
杨明久	王振奇	贺洪志	李忠海	董　全	杜宝山	刘启成	谭国英	李淑兰（女）
陈宝华	李增光	张焕生	王庆生	袁　良	王文礼	马元勋	苑忠财	傅桂芝（女）
刘义成	刘兆彬	贾德利	王广福	程广山	袁克瑞	翟兆禹	齐子万	傅桂珍（女）
马善诚	刘玉堂	毕有昌	于振财	朱国泰	郭明礼	张俊林	赵为诚	伊淑芳（女）
杜洪昌	张志勤	苏庆丰	王振江	景春树	丁常学	于荣源	苑丕义	刘敬言（女）
郭文政	张连媛	王永先	王英孝	杨永义	解庆山	巩传厚	阎永恩	李洪兰（女）
郭钟和	关文清	金道成	刘文正	刘贵仁	范大祥	崔德富	邱恩恒	富雅珍（女）
邓万君	李永根	李世恒	崔修范	孟祥霖	刘武民	程俊生	龙来福	袁玉兰（女）
朱级三	阎永利	栾洪业	刘景和	梁世昌	李权好	程云平	关克明	苗日新（女）
于海泉	徐福和	时文斗	毛森林	张昌芝	王振厚	王德和	张国柱	张淑兰（女）
钱文增	姜长峰	高坯所	周玉顺	曲兆富	傅克兴	朱振禄	陈　龙	肖润芝（女）
刘　勋	邹海亭	刘崇荣	穆君坦	黎福堂	梅万友	胡长林	王忠孝	鲁玉珍（女）
高新有	吴彦昌	沈永太	白德臣	王家兴	王景芳	张和珠	张志仁	冯文英（女）
季万清	缐恒绩	郎国栋	谭春财	黄吉宪	于会清	徐本镇	杨森林	李芝莲（女）
王景福	李景富	封金波	张久川	高宝贵	宿奎一	蒋德普	高玉成	于桂兰（女）
毛克勤	宫长赞	张广森	张根华	任树芳	梁文治	陈万俊	郭景阳	宋桂臣（女）
张维金	李钟德	刘玉铭	杨九昌	杨占玉	刘景顺	蔡景玉	张从胜	杨富荣（女）
陈顺修	金集山	史国志	周书禄	赵秀斌	刘玉庆	陈永贵	潘正敏	李雅铭（女）

张守山　汤国相　陈岳芳　玄庆仁　孙天民　郝文举　王景文　温如洁　张金凤（女）

祝相阁　孙处章　尹凤仪　陶墨金　赵广森　郑百长　李芳铭　杨桂满　于桂英（女）

阎福生　任传贵　傅玉祥　阮崇武　刘振华　杨明森　徐兴有　陈志成　余有权（女）

陈玉庆　信广义　苑仲斌　车成大　杨恩增　赵英凯　邱维家　丁立有　徐淑清（女）

樊启宇　祝国勋　肖向溪　张云龙　李连江　王儒德　周德昌　李登禄　孙宝兰（女）

罗世铭　孙嘉祥　陈宝玺　鲍俊生　贾根福　顾义泉　陈秀峰　周奎业　邹子勤（女）

易永连　张宝财　李浩恩　薄华东　楚景隆　那绍才　马成忠　王阜昌　王霭云（女）

刘国栋　韩秉智　王焕礼　李荫生　张鹏举　徐光远　王人能　李　武　张桂兰（女）

侯英文　富宝钧　马守业　庞志荣　吴忠秀　余春芳　张明聚　汪文奎　王玉梅（女）

范子林　欧殿武　石明泉　邓丽容　郭宏元　姜纯志　杨德成　李国贤　沈淑娟（女）

王玉春　金潮渭　白云生　矫寿山　傅　悦　吕正玉　阎景堂　王德禄　李桂枝（女）

黄作舟　库学俭　张永山　王忠孝　陈景堂　孙德金　王春林　赵呈壁　杨桂荣（女）

郭洪远　姜殿成　鄂连仲　马有祥　郜有武　徐明山　袁明安　郭振中　王宝莲（女）

杨铭阁　石玉岩　李延奎　赫崇武　黄英魁　李恒山　阎万江　李庆云　王宝莲（女）

张启哲　林仁亭　郭　玉　丰宝善　王君胜　杨治庭　李慧武　王子臣　王宝莲（女）

杨成有　傅景时　张清波　谢树林　毛宪臣　肖功福　李春荣　史宝重　董玉英（女）

张希贤　汤　沐　赵　起　汪　财　张文富　雷东发　崔书成　满春福　王　英（女）

刘福兴　范春久　赵玉会　李景武　赵　有　邹兴国　王凤燕　陈会民　杨淑卿（女）

于景才　肖喜春　卢永源　高敬先　海恒钧　张　波　张德举　庞金田　林莺顺（女）

毛献瑞　赵文晋　辛树柏　丁喜昌　黄鹤臣　陈金标　李祥春　赵永吉　杨淑卿（女）

魏兰亭　李安州　李文富　孙茂廷　杨兆林　马象阁　林莺顺（女）　姚　利（女）

李素珍（女）　刘凤琴（女）　黄桂芳（女）　庞秀英（女）　张淑芳（女）

解玉芝（女）　宁文棋（女）　刘玉环（女）　安一鸣（女）　于世芳（女）

李彦萍（女）　王文凤（女）　费书琴（女）　冯雅云（女）　王素珍（女）

田荣萍（女）　石仲玲（女）　刘素珍（女）　徐　经（女）　王和利（女）

李静芝（女）　甄翠琴（女）　张桂珍（女）　刘景芝（女）　王新兰（女）

邓采云（女）　胡素云（女）　张启明（女）

1960年

劳动模范

王凤恩　张元令　詹凤来　吴家柱　张宪武　刘湘涛　张甲禄　王春香　尉凤英（女）

李裕民　宋凤林　王延隆　李桂秋　杨洪吉　张锡久　周德鹏　苏宝元　李素文（女）
关国栋　于文江　张明云　赵奎元　李景长　关长禄　王　义　吕学明　马素梅（女）
孙文元　马士元　庄旭有　郭忠明　孔庆堂　王瑞华　邢凤仪　赵荣升　孙景兰（女）
孙忠义　王春德　伦枫梁　陈阿玉　林国山　梁占元　牛序润　梁金声　王玉英（女）
林春富　郭福鹏　赵梅东　苏宝珍　阎永久　周振华　马洪谦　刘永奎　陈玉言（女）
汤贤惠　于广海　张永安　张永安　何锡有　孙茂林　关明远　金朝渭　孙桂芝（女）
张　明　郭泮礼　姜丕珍　阮德祥　张秉福　张兴业　张洪启　王希春　王淑英（女）
马荣明　张成顺　苏景耀　李德兴　马玉财　李国申　杨作先　王凤林　时桂珍（女）
张来生　刘凤山　张述忠　刘秀起　贺宝忠　刘作民　梁文泰　路奎章　崔传华（女）
纪辅义　张成哲　丁立有　袁明安　焦鑫仲　金道成　宋长庆　钟秀卿　沈素绢（女）
朱振新　张世鹏　王中扬　吕书成　葛庆林　陈　起　楚兴茂　桑永福　爱素芬（女）
李成坤　谭金昌　刘鹏飞　郭亚林　任安平　许春阳　于宝全　孟昭华　素　清（女）
邱希文　金贵林　张恩泉　任锡高　王钧学　韩永高　刘景云　肖巨长　王兰芝（女）
薛殿举　刘洪福　金连吉　许玉林　徐殿博　何文福　王巨山　焦振江　王肇俊（女）
杨德林　贾宝忠　唐崇本　朱玉瑶　林永信　李文全　夏振江　刘景宽　刘淑坤（女）
王　印　苏俊鹏　郑光照　白德臣　李文儒　蒋德普　王嘉兴　曲兆富　罗桂荣（女）
孙处章　任树芳　杨桂满　库学俭　周魁业　孙介礼　左运昌　左德全　王淑清（女）
刘发章　金国柱　景春树　王福增　杜宝山　程俊生　王守义　卑金山　孙宝兰（女）
郭　玉　庞金田　刘志岐　金润素（女）　王桂芝（女）　邹桂珍（女）　张桂兰（女）
姜筠梅（女）　徐　径（女）　甄翠琴（女）

先进生产者

海喜春　徐德恒　李永顺　何文生　王立强　徐绍斌　栗德旭　叶占山　王　贵（女）
姜俊峰　魏景林　张宗权　孔宪章　高明达　郭　祥　陈子云　周玉珍　刘雪萍（女）
郑学芳　邓　安　李学校　杨世功　韩风玉　朱永福　线玉令　迟溥林　孙桂荣（女）
谷世英　庄　稼　于　翔　林旭东　王炳坤　牛书林　李文修　王显荣　吕秀云（女）
罗盛贵　郭从学　黎永志　张德海　吕志坚　曹人杰　李绍文　于新臣　李芝兰（女）
张邦瑞　车立瑞　俞树奎　吴文库　乔国海　桂长新　孙天发　谷春元　严宝宝（女）
雷贤望　梁世和　熊明久　徐瑞恒　刘俊坤　王殿元　刘凤山　刘诗华　孙淑文（女）
单永春　周风皋　张国良　于德礼　朱柏贵　曲文义　都秀平　谢升光　杨菊珍（女）
范圣文　王启宝　都培有　李成德　刘文奇　杨肇义　林玉相　黄百成　李桂芝（女）
李贵清　李文化　于成富　孙胜利　黄士信　顾振江　刘乃贵　李长生　王施琴（女）

郭淑菊　齐士升　刘怀发　刘普兴　王连成　黄作先　罗宝玉　赵德增　王惠芝（女）
杨维刚　陈　欣　黄家文　王占武　萧崇昆　鄢文华　潘景海　高玉生　柏发云（女）
毕重祥　郭余久　尹国栋　吴绪常　戴洪凯　管景华　王来德　吴犬孝　陆秀英（女）
李向阳　许自琪　刘振声　阚培松　吴广华　王德春　赵继堂　张德远　滕利花（女）
石玉永　马惠英　马春时　徐春海　朱连保　孙士泮　王泽文　陈秉和　谷翠英（女）
徐广海　吴大有　高洪福　王根生　张乃星　沈玉忱　冯德生　汪　东　萧文英（女）
陈伯茂　杨胜斌　曹金峰　王　忠　刘家厚　袁启昆　陶惠祥　董春华　张桂香（女）
贾德利　姚海峰　陈其才　王龙波　齐振廷　崔俊民　苏宪义　王恩久　曹春兰（女）
武进喜　李义忠　宋绍臣　刘守刚　张　茂　张国山　王宝治　李维新　李桂华（女）
王成良　刘仲发　王化愚　崔洪翩　刘玉茂　吴永海　吕孟贤　王毓福　苏秀英（女）
阎志生　王成立　薛立满　刘世和　徐本镇　张贵臣　李景富　赵秀斌　王　芳（女）
李景泉　储　樵　王玉良　吴守恩　佟恩友　王富林　刘德成　黄英华　付桂珍（女）
谢葆炎　王世伟　杨春和　萧长顺　刘明阁　张德才　何兴荣　杨金山　曾淑华（女）
萧景堂　王殿全　汪国斌　戴有铮　王书祥　王殿发　张殿魁　孙玉魁　李淑云（女）
刘忠兴　张朋发　富俊发　金永熙　崔秀范　闫厚元　段福全　逄云庆　丁淑清（女）
李玉林　随天发　杨士臣　王允清　李永坤　李宪增　王膺尊　张福臣　张英才（女）
李俊生　赵喜增　郑国臣　程景全　佘崇岳　武兴富　柴希贵　胡忠福　溢桂芳（女）
王正臣　张自斌　邢盛茂　刘广元　刘东财　李坤久　杜玉林　王延启　曾淑华（女）
潘海泉　赵世廉　张广岐　吴文进　李井山　刘长林　吴宝风　张凤山　李淑云（女）
金荣福　夏先梅　马乃臣　徐兴有　朱景林　赵仁阁　陈志成　孙学德　丁淑清（女）
韩立群　苗　贵　梁立廷　李恒富　王成志　谢大忠　杨秀春　潘宏有　张英才（女）
穆守仁　冷金广　韩奉久　齐明光　董明岐　李文盾　许百良　韩子平　溢桂芳（女）
董景林　马庆良　顾兴祥　刘柏福　王廷祯　尹兆武　戴礼元　杨开丰　朱葵棣（女）
张耀西　刘世勋　朱福园　刘学墉　邢起毅　王佐臣　张喜盛　业润岐　祁志杰（女）
靳勇振　岳长林　何根亭　戚福全　边芝年　郃鉴石　崔成禄　吕振州　游淑芝（女）
冠玉祥　王印怀　方玉金　周吉德　王　洁　黄耀忠　刘守贵　程玉书　商贵珍（女）
李风林　姜同盛　迟景钧　李亚东　尹广林　石殿忠　张永和　唐洪仁　李淑兰（女）
牛庆芳　宋殿奎　刘先平　韩础石　栾殿顺　董德本　高占峰　吴忠厚　张　岩（女）
吴保印　常孟侠　李恩元　那兴奎　王　君　滕占傲　兰九洪　王学思　徐志昭（女）
靳　湖　王俊生　刘学东　付学营　王立荣　张元忠　尤振国　胡树林　张继珍（女）
戴书田　高学民　齐云弟　高兴贵　王乐增　张德福　王志贤　曹玉林　邢凤鸣（女）
陈钧柱　张振远　李仁成　徐有顺　郝承印　关振龙　藏玉胜　潘家启　孙淑珍（女）

崔文生	杨蔚章	刘小航	王英文	刘秉敬	厉敬子	王仲礼	张华邦	高淑兰（女）
王粤相	于文盛	于德禄	罗法鑫	杨德志	赵玉玺	杨森林	高庆生	王允芝（女）
赵德臣	郝维臣	张殿军	侯绍文	崔广福	顾洪财	由介林	萧作卿	李秀英（女）
孙德恩	张志强	王振元	王志成	刘国政	那尔礼	王德文	郑锡祜	吕素琴（女）
温殿宝	臧家诗	杨象业	吕景春	李春琦	陈永发	曹守为	张永年	郭庆荣（女）
夏宝富	王春田	尹占福	王玉林	果德发	纪秀卿	王静波	刘寿庆	赵玉琴（女）
冯广济	李兴武	郑殿云	闫百会	隋常吉	王立守	张景琦	史永富	许淑文（女）
韩　禄	单继民	袁鸿钧	李满昌	张守志	冯慧远	张从胜	玄庆仁	姜桂荣（女）
王甫延	刘玉璞	王如升	杨凤轩	王清明	宿奎一	潘宝岳	邹海延	王玉芳（女）
唐玉纯	陈　龙	胡长林	庄化一	王庆祝	贾忠宝	陈永贵	祝相阁	孙凤兰（女）
陈万俊	刘玉和	姜永华	王福来	张义明	康鹏久	付克兴	孟繁珍	陈乃勤（女）
潘政敏	栾文章	赵凤岑	王甫延	王雨林	赵洪盛	张德仁	宋凤林	赵淑琴（女）
高尚义	孙天民	宫长占	杨恩增	高玉成	侯德润	王宝山	刘慧恩	张世英（女）
贺传翔	李子炎	徐文友	张柏兴	马德清	郑百长	吴彦昌	林增昌	周奎士（女）
李　成	李昌士	张志仁	张根华	郭景杨	肇广玉	庄春盛	柳福林	唐述贤（女）
刘崇荣	于永新	于业深	季万清	陶墨金	付长庆	刘永先	唐友麟	陈乃勤（女）
石明泉	孙长清	董秀田	刘　迟	韩德福	马守业	付宝钧	王玉春	李秀娟（女）
蔡玉田	庞志荣	姜殿成	李国贤	黄作舟	戴俊丰	易永年	何子敬	董玉英（女）
徐明山	孙嘉祥	景玉春	李素先	孙德金	王　德	张永山	汪文奎	宋淑华（女）
马成忠	那绍才	刘玉铭	李浩恩	李左军	周德昌	欧殿武	马有祥	张彩月（女）
赵福贵	张宝财	耿殿泽	李恒山	顾文财	杨连清	陈维新	吴惠林	曲玉英（女）
李荫生	马百元	郎国栋	乔林久	张瑞书	迟孝林	彭万珍	刘喜珍	马　静（女）
张景春	黄英奎	刘滋厚	刘守业	戴修富	朱　桢	李连富	赫恩启	王桂兰（女）
喻景仲	栗廷萱	刘国良	王福江	金则增	滕芳圃	刘文志	常宝起	刘桂英（女）
崔龙仙	腾瑞年	刘永树	张贵德	王世绵	吕日学	于永和	杜长福	刘亚琴（女）
苗　忠	邹士斌	罗远金	钮广玉	张明金	吴德元	陈景堂	刘同成	杨桂荣（女）
刘玉善	刘义成	王溥年	尹志本	张焕生	王庆生	李有文	刘一鸣	程淑梅（女）
宋云生	张子荣	于福作	董泽民	常炳仁	徐庆祥	杨国超	赵山岐	孙凤云（女）
王有道	王纪先	汪秉钧	闫振华	周美寅	夏文祥	苑福臣	董　全	丛桂香（女）
张荣元	季务本	刘启成	张淑良	张傅开	许振刚	程柏芝	马元勤	郑忠文（女）
闻茂谦	王占芳	吕名全	赵世海	郭文政	张俊林	孙启峰	解庆山	李延珍（女）
梁士忠	王成有	苏庆丰	葛学荣	毕友昌	李　新	魏有和	姚彩廷	丁淑青（女）

庄敬德　唐伯樽　关文清　白玉林　张宝仁　刘玉书　郭明礼　王永先　刘凤云（女）
曲长怀　孙德洪　邓万君　李世恒　郭锡振　會宪仁　苗奉亲　李树仁　林玉琴（女）
张昌芝　胡振生　张国柱　卢永源　满春福　李景武　杨振生　张文富　徐盛新（女）
孟献义　孙永德　马　云　赵王会　尹兆才　高殿生　杨喜珍　岳景武　赵凤兰（女）
杨文忠　于喜林　张希贤　丁喜昌　王相林　王俊石　刘　君　李祥春　郭玉英（女）
刘凤桐　朱庆英　关柏南　刘长山　杨福山　刘朝抠　杨润良　张仁山　张淑芳（女）
杨树桐　杨兆林　郭玉奎　赵永吉　郭淑坤　于跃泉　马俊库　张德荣　李文清（女）
毛宪臣　徐琪康　张化武　尹喜臣　张清波　付景时　杨成有　吴绍清　洪玉兰（女）
张茂财　郑云集　朴玉章　郭玉财　张德举　温清泉　任唯一　郭玉山　王翠英（女）
林　会　王居胜　孙贵宝　韩广魁　王从礼　杨春昶　张启哲　蒋坤一　韩学英（女）
张福顺　刘凤琴（女）　冀桂芳（女）　吕　侠（女）　展桂英（女）　康介清（女）
李惠武　肖桂琴（女）　肖桂琴（女）　曲立玖（女）　崔宝环（女）　汤运英（女）
董玉甫　徐中兰（女）　杨宝荣（女）　马桂兰（女）　郑素荣（女）　刘素华（女）
曹文珊（女）　刘凤芝（女）　胡仕玉（女）　王淑英（女）　胡月兰（女）
苗日新（女）　付桂芝（女）　李玉英（女）　伊淑芳（女）　袁玉兰（女）
滕秀英（女）　高桂香（女）　王慧英（女）　萧印芝（女）　冯英杰（女）
张金凤（女）　郑桂兰（女）　徐淑清（女）　白雅滨（女）　吴桂珍（女）
王淑兰（女）　路淑琴（女）　邓彩云（女）　郭彩云（女）　刘王君（女）
郭树春（女）　兰德琴（女）　冯玉珍（女）　李淑娟（女）　刘玉杰（女）
郝凤兰（女）　夏春荣（女）　张芝清（女）　关凤林（女）　陈凤玉（女）
王金环（女）　金淑兰（女）　商凤珍（女）

文教系统劳动模范

张沛霖　金　丰　龚畿道　庄育智　阮崇武　庞纯玉　赵丕烈　高宪章　忻亦芬（女）
杨永义　汤　沐　王宝驹　刘振华　王希印　刘宝夫　陈瑞昌　王作兴　景淑岚（女）
赵香谷　赵景安　任传贵　郭宏元　解玉芝（女）　宁文祺（女）　于雅娟（女）
荣淑媛（女）　贾月娥（女）　金贞淑（女）　刘景芝（女）　陈　非（女）

文教系统先进工作者

崔连馥　韩学文　赵忠诚　刘德滨　肖广发　肖捷明　张忠良　陈新安　林韵梅（女）
张克义　高擎州　杨文忠　姜海臣　秦耀庭　孟庆文　王崇仁　陈鸿宾　王　琦（女）
陈丙辰　王焕春　孙廷烈　于海泉　张绍先　佟杰新　马祯鹏　李华天　刘金保（女）

陆钟武	何裕恒	敖金山	王方维	徐正泰	朱廷儒	曲绎臣	谭启栋	张玉新（女）
唐耀先	杨开国	荀云和	范垂文	张希武	徐盛斌	周荣汉	戴钦廉	陈　壁（女）
马睿麟	邹廷茂	徐洪贵	孙　星	杨怀庆	徐凤和	朱护生	金懋勋	李书馨（女）
李树人	高勇一	王其惠	张佩勤	张广财	阎文庆	王海全	蒋才良	刘凤贤（女）
吕世源	刘彦彬	杨焕兴	乔永顺	李亚杰	范喜纯	任世德	王连东	钱兰英（女）
李树森	郭振杰	苗万和	冯富根	陈胜德	胡荣森	费殿哲	单维奎	王晴华（女）
齐殿元	金济霖	徐恩多	孙忠伦	张宝钧	张甲奎	马志恒	朱国俊	林碧玉（女）
杨国栋	胡景珉	于大海	景占春	孙受润	刘庆琮	王玉文	张玉连	傅玉杰（女）
綦恒绩	杨沛泉	张子林	李云鹤	张恒倜	宁洪谦	李松干	高家凯	刘玉芬（女）
崔登树	金福镇	李宴圣	崔发兴	李树春	高惠田	杨德意	李兆语	李助萱（女）
赵春财	吴忠秀	余春芳	刘树沛	王景惠	周先礼	任凤至	王金才	马士贤（女）
蒋盛有	李文涛	吴忠扬	李春德	杜功礼	马凤翊	赵贵春	金振镛	徐桂云（女）
刘洪波	潘守为	滕英超	刘永祥	郑永浩	姚文华	侯士筠	刘永德	郭秀荣（女）
黄正源	张明铸	王际信	尹铉凤	高敬先	寇清廉	傅长久	王绍申	王素琴（女）
张华显	乔福昌	董长宏	佟仁山	李万宝	封金波	李盛青	马长庚	于慧淑（女）
邵国栋	王上田	王焕章	孙　奎	陈德润	李玉琛	朴又生	单庆斌	杨　杰（女）
关吉璋	李致敬	蔡铭芳	林树生	李　林	王卉生	李国富	张晓仟	关桂兰（女）
张培儒	王　忠	刘希昌	王殿印	刘福钢	赵凤皋	杨毓林	金世革	杨　杰（女）
刘振声	高彦升	白向荣	王佩峰	强　贵	宋致鹏	高东礼	范连升	关桂兰（女）
张玉祯	李遇春	梁国玲	李家仁	朱宝魁	张廷阁	赵　祥	赵成德	刘玉滨（女）
刘相臣	刘鸿儒	李长式	张海蛟	侯景生	毕竟同	刘清涛	陈希胜	郑月芝（女）
王福庆	赵成方	韩宏勋	邵文举	王廷贵	吕春山	汤日新	徐绍升	洪忠琴（女）
阚春林	李广久	孙洪福	张　权	王守信	邹景盛	于长海	侯玉堂	张云霞（女）
李文俊	张知学	车轼衡	孙立炎	张士长	尹大邦	许春昌	冯泽振	马秀兰（女）
孙　千	郑兰亭	刘　群	朱瑞林	刘成富	郭启厚	姚生义	邵有武	黄春雁（女）
郭振中	刘振和	张成贤	张钧川	战永江	赵书才	董长俊	韩连发	柳碧田（女）
刘迎春	王洪彬	郭树清	吕怀营	张秉衡	袁　良	陈铁桀	陈会心	曲桂芳（女）
任永昌	代有辉	代有庚	张　贤	张诗卿	穆凤山	刘培英	陈奎一	李翠珍（女）
刘玉非	郭正和	徐恒悦	高久山	王登玉	刘有恩	张炳山	朱国金	程　艳（女）
孙九英	刘青云	吴云峰	崔书成	刘德满	范春久	韩兴旺	尹百千	陈绍岚（女）
李俊民	张春盛	吴成林	田文明	方志恒	张树田	郭殿忱	李玉春	张景霞（女）
贾秀峰	张文和	张万禄	刘焕云	郭成斌	李春荣	李锦田	管韵华	蔡桂荣（女）

刘洪臣 张正亮 郑殿元 安有林 郑启芳 张维忠 周永茂 刘永海 穆桂兰（女）

高俊哲 宋志琛 张 君 张敬贤 崔凤忠 陈忠甫 李成林 宋 涵 庞秀英（女）

王宗梅 宋玉庭 张鸿钧 权永三 黄玉安 郑玉江 李 森 李忠堂 金素兰（女）

李玉太 赵国恩 买鸿鸣 王永安 石静波 赵国民 胡春林 施永和 郭雅丽（女）

张振武 王学绪 刘荣泉 张 凤 国广德 张玉清 李永占 王世奎 陈秀媛（女）

傅瑞堂 鞠桂英（女） 程国珍（女） 李雪铭（女） 李玉兰（女） 赵淑兰（女）

冯景顺 王立真（女） 王立仁（女） 兴景珍（女） 安一鸣（女） 崔绍莹（女）

潘贵生 李玉兰（女） 金桂云（女） 余 迈（女） 余 迈（女） 陈玉兰（女）

盖德奎（女） 徐 凤（女） 曹春明（女） 张世珍（女） 宋玉珍（女）

杨心兰（女） 阎淑兰（女） 王淑容（女） 杨桂清（女） 邵子英（女）

王淑琴（女） 张秀云（女） 黄日丽（女） 关玉芹（女） 曹桂荣（女）

王素珍（女） 张喜珍（女） 周凤华（女） 富 巍（女） 王凤茹（女）

王淑媛（女） 李 实（女） 王凤珠（女） 赵瑞琴（女） 程素荣（女）

郭秀春（女） 郭秀春（女） 袁雅茹（女） 李芳贤（女） 刘子范（女）

费淑贤（女） 黄秀芝（女） 华盛琴（女） 王雅清（女） 杨春霞（女）

赵凤云（女） 周丕芝（女） 郭佩玉（女） 张英碧（女） 勾春兰（女）

杨玉环（女） 王莲蓉（女） 贾淑研（女） 李庆兰（女） 孙淑芬（女）

张华艳（女） 刘玉霞（女） 宁贵金（女） 王淑玲（女） 甄培云（女）

田玉杰（女） 柴素兰（女） 张玉芹（女） 王蔼云（女） 王凤玲（女）

沈蓉江（女） 郭瑞琴（女） 宫爱珍（女） 王 英（女） 王淑珍（女）

姜秀芬（女） 金善女（女） 高玉兰（女） 安玉荣（女） 李玉华（女）

尤素珍（女） 贺桂清（女） 耿秀兰（女） 祝桂芳（女） 王静珍（女）

初云清（女） 孟淑珍（女） 任桂英（女） 周露明（女） 李雅清（女）

纪桂荣（女） 肖纪香（女） 李淑兰（女） 孙玉华（女） 乐凤琴（女）

肖翠琴（女） 潘玉华（女） 周秋英（女） 吴桂新（女） 李耕野（女）

潘淑芳（女） 张桂荣（女） 王时兰（女） 王桂珍（女） 王玉辉（女）

张菊香（女） 朱宗勤（女） 李芝连（女） 冯亚云（女） 毛淑芝（女）

李郁馥（女） 任福顺（女） 刘凤云（女） 王素珍（女） 吴凤英（女）

尹桂兰（女） 张素梅（女） 崔凤鸣（女） 胡淑琴（女） 张维志（女）

周凤珍（女） 李贞淑（女） 崔素华（女） 刘淑珍（女） 刘 凡（女）

花淑兰（女） 蔡秀云（女） 马 丽（女） 高桂兰（女） 邬谟侠（女）

康凤英（女） 李淑珍（女） 赵宝霞（女） 梁笑玉（女） 张静文（女）

李阴芝（女） 马俊杰（女） 孙佩学（女） 采淑芬（女） 朱昌琴（女）
张淑凤（女）

1961年

劳动模范

王凤恩 吴家柱 周振华 杨洪吉 李裕民 张甲禄 丁立有 王延隆 尉凤英（女）
刘作民 于文江 梁金声 崔福高 赵奎元 赵梅东 崔修范 周德鹏 李素文（女）
龚畿道 赵丕烈 刘湘涛 李景长 许春阳 金永发 李景富 刘宝夫 王兰芝（女）
梁文泰 白德臣 刘福兴 张锡久 苏宝元 刘鹏飞 刘永奎 王春香 马素梅（女）
林国山 张明云 吕学明 马士元 谭金昌 孔庆堂 陈　起 郭忠明 孙凤兰（女）
王瑞华 于广海 伦枫梁 邢凤仪 马洪谦 张成哲 汤贤惠 牛序润 崔传华（女）
陈阿玉 李桂秋 吕书成 王春德 何锡有 郭福鹏 钟季卿 孟昭华 于雅娟（女）
刘玉茂 张永安 关明远 刘景宽 张　明 李国申 林春富 纪辅义 忻亦芬（女）
何文福 阮崇武 李文全 李成坤 杨德林 焦振江 葛庆林 桑永福 金贞淑（女）
楚兴茂 朱振新 张世鹏 任锡高 孙文元 邱希文 李文儒 徐殿博 王桂芝（女）
贾宝忠 曲兆富 王家兴 阮德祥 蒋德普 孙处章 任树芳 刘振华 沈淑娟（女）
任传贵 杨桂满 王希印 孙介礼 袁明安 张兴业 张秉福 周魁业 孙景兰（女）
焦鑫仲 左德全 郭宏元 王希春 马荣明 张成顺 杜宝山 景春树 陈玉言（女）
刘发章 杨永义 程俊生 宋长庆 赵香谷 杨作先 刘秀起 刘凤山 罗桂荣（女）
刘志奇 王启宝 黄柏成 范景春 陈伯茂 孙玉春 张德远 刘育非 刘淑坤（女）
滕以考 陶惠祥 吴绪常 王永锡 刘振声 李景山 王隆波 梁世和 那桂珍（女）
徐恒悦 顾洪财 陈子云 王　遵 杨岱学 赵鹏国 王允清 薛殿举 孙桂芝（女）
刘炳江 王希春 郑国臣 张国良 魏景林 代礼元 敖金山 王振元 景淑岚（女）
冯大同 朱　达 管韵华 林海丰 高庆升 郝为臣 史永富 尹占福 王淑英（女）
夏宝富 李春奇 赵秀斌 郭景阳 徐明山 王　文 王有道 李有璞 张桂兰（女）
李荣跃 肖喜春 郭　玉 傅景时 王泽文 刘万忠 姜筠梅（女）
解玉芝（女） 贾月娥（女） 王玉英（女） 甄翠琴（女） 刘景芝（女）
金复全（女） 吴桂兰（女） 王翠琴（女） 蔡秀云（女） 张继珍（女）
徐盛新（女） 赵桂兰（女） 汤连英（女） 张淑良（女） 朱宗勤（女）
冯玉珍（女） 富　巍（女）

先进生产者

曲文义　郭殿文　肖洪昌　车长新　王俊礼　刘文奇　王兴言　孙兆有　单翠英（女）
林玉湘　李文化　刘高斗　郑春述　尹国栋　郭余九　李景玺　许家厚　肖翠琴（女）
杨春祥　林忠武　张绍林　鄢文华　王明仕　朱学山　刘述禹　汪　东　高映辉（女）
武耿如　李兆邦　冯德生　李子纯　王瑞明　吴景山　董春华　赵继堂　傅桂珍（女）
刘占山　张启宽　屈文儒　钱庆绪　魏宝荣　许自琪　王德春　王泥平　吴锦英（女）
王庆泽　陈成帮　张振远　吴丰林　孙洪新　于景春　马春时　顾天成　柴桂芝（女）
耿福禄　柳瑞森　杜万钧　庄旭有　吴大有　高洪福　徐广海　王根生　苏秀英（女）
刘锡文　黄家文　王永平　杨维刚　王世海　崔绍长　黄作先　潘日珠　郭素兰（女）
常炳印　侯玉恒　李贵臣　顾振江　石玉成　高明德　赵德增　鲍治州　郭素菊（女）
刘怀发　吴希宾　侯希中　李佩忠　苏成光　王金山　王连成　赵子林　陈淑华（女）
张钧成　于忠洪　夏君陶　王喜春　苑志成　李长德　李树春　金永福　际兰英（女）
吕英怀　张广德　张凤山　乔景新　程玉发　李福江　宗孝云　史会廷　赵爱英（女）
王书林　陈奇财　唐景丰　郑广元　王恩久　房立荣　刘春福　武进喜　孟凡凤（女）
王发善　王文林　林殿清　王鸿涛　魏兴洲　于吉芳　熊明久　许平亚　张桂荣（女）
高振义　李国忠　赵太成　林兆成　罗盛贵　邵文炳　马守海　刘洪波　孙桂荣（女）
李振先　吴文库　李文修　周聖祥　单永春　曲凤有　杨殿兴　秦甫泉　李玉娥（女）
业志刚　周玉珍　线玉岑　郑学芳　迟柏林　焦子文　陈金火　于　翔　曹台中（女）
崔万朋　李学校　潘国强　郭　祥　朱永福　窦有发　韩凤玉　关国栋　杨菊珍（女）
业玉恩　郑洪龄　曹吉庆　韩怀祥　孙文修　赵广会　海喜春　常宝坤　金春子（女）
岳福义　孔宪章　孙照斌　林德让　祁忠礼　刘俊峰　郑朝会　张染凤　严宝宝（女）
史明旭　阎永久　袁忠良　王大胜　赫永亮　刘守刚　谭丕枫　张三余　王惠芝（女）
王敏福　杨有义　张恩泉　宁千云　刘速连　王宝治　张　茂　吴俊昌　金玉莲（女）
王福禄　陈华林　张家俊　任庆顺　白君臣　王明义　王庆林　纪丰全　黄家齐（女）
陈洪恩　汪振昌　吴忠义　万春德　王英波　王　栋　陆焕卿　李玉森　吕秀云（女）
李维新　刘仲发　王金河　杨德清　张守志　卢凤春　韩行智　朱成有　王采范（女）
董法千　甘志卿　王成立　刘树祥　吕先义　张庆忠　石殿忠　田成章　李桂芝（女）
刘承业　李献福　徐国荣　唐玉纯　韩国珍　张福祯　刘玉璞　田本芝　米桂荣（女）
杨焕兴　陈国敏　王世良　曹福林　杨志明　赵长胜　徐景先　任树尧　李耕野（女）
梁绍清　郭凤跃　董福海　林有发　马国胜　冯启文　苏文阁　马福生　刘丽琴（女）
孙玉魁　张博文　郑春峰　苏宝珍　张绍堂　吕永兴　陈恒心　杜春清　刘凤云（女）

曹洪儒　傅香久　周维成　刘忠兴　姚提贤　孙毓彬　代介平　王　生　李延华（女）
邹世海　张玉柱　王福贵　王修全　张文龙　李春润　朱兴礼　张　伯　王静祯（女）
陈作兴　栗新洪　李玉林　阎厚元　杨鹏程　杨世臣　韩广怀　乔毓安　曾淑华（女）
刘铭建　李俊生　彭高林　郭正和　程井泉　肖巨长　王作兴　宋喜田　李淑云（女）
孙学山　梁立廷　安凤桐　任广俭　张守贵　许东昶　薄铭忠　薛永宽　申恩燕（女）
马乃臣　张宝龙　徐兴有　朱景林　赵仁阁　于延舟　王正臣　张凤阳　高素兰（女）
潘宏有　张洪波　潘金胜　孙继山　田守家　孙克禄　曹玉林　刘鸿令　马淑兰（女）
严钟英　董明岐　冷进广　夏先梅　齐　恒　王恒德　杨世民　刘广源　姚桂兰（女）
邱忠和　孟昭文　齐明光　韩奉久　李文汉　顾兴祥　王恒乐　崔继顺　韩允琴（女）
徐荣阁　叶润岐　刘玉祥　于福令　王奎章　董景林　刘世勋　杨开丰　陆　桐（女）
张耀西　韩子平　李润廷　邢起毅　朱福园　刘学庸　王春荣　王焕春　郭桂清（女）
李华天　张广生　秦耀庭　陈峻青　孙忠伦　陈新安　魏宝令　徐正泰　周子英（女）
谭启栋　尤世福　周毓珩　马瑞麟　庞纯玉　尹洪成　邢金山　刘凤祥　王桂馥（女）
杨润民　邹廷茂　关兴波　刘学林　常桂森　高恒山　杨怀庆　车济宇　杜桂珍（女）
孙　乾　徐德仙　朱庆芳　陈芳歧　刘贵林　傅国庆　卢发桂　蔡教中　刘金华（女）
俞德秀　唐国财　郃鉴石　林多禄　何根亭　边芝年　戚福全　辛士林　董玉英（女）
刘守贵　乔玉丰　高俊哲　李亚东　迟景钧　李凤林　彭守业　毛福和　吕秀云（女）
李景泉　赵景安　刘洪臣　郭少楼　王会田　虞泽齐　刘焕云　安有林　王采范（女）
曲景恩　王均岐　王兴山　倪贵芝　张怀儒　黄耀忠　李祥光　王仲礼　李桂芝（女）
刘秉敬　温毅宝　郝承印　胡树林　傅绍忠　兰久洪　滕木端　潘文选　米桂荣（女）
滕占鳌　王志善　常孟侠　李恩元　关长禄　孙德恩　李仁成　张志强　李耕野（女）
杨森林　吴忠厚　戴书田　王静波　仲桂兰　秦许亭　戴有策　杜继忠　刘金保（女）
冷发林　赵忠顺　咸化庆　厉敬子　赵德巨　吕振宝　张山绪　吴玉森　陈　璧（女）
周连宏　马明弟　孙玉海　刘清河　高树禄　鲁广忠　王贵合　孙文夫　高　晶（女）
吴玉林　曹守明　尤振国　李国民　王品三　王春田　王继铎　纪秀卿　田雅范（女）
林春青　张德福　尹夏权　张福山　尹大邦　尹宪珠　崔凤忠　李春林　赵玉兰（女）
李德胜　姚生义　刘忠芝　果德发　何庆会　朱瑞林　高述玲　玄庆仁　张　勤（女）
王家瑞　庄化一　王庆祝　贾庸宝　季万清　祝相阁　陈万俊　胡长林　陈　非（女）
于业深　陶墨金　王福来　陈永贵　傅克兴　李　成　于永新　赵子行　高明珍（女）
张志刚　李耀先　高玉成　贺傅翔　林基丕　苑金章　刘士才　程士兴　王立真（女）
陈美元　张根华　刘玉和　张殿臣　徐文有　吕仁堂　封金波　李文俊　梁桂珍（女）
王甫亭　陈子友　郝文俭　林增昌　马守业　富宝钧　庞志荣　石明泉　李淑兰（女）

蔡玉田　孙长清　李国贤　刘宝迟　何子静　董秀田　徐福令　刘兆旭　邢凤鸣（女）
薛宝仁　谭兴茂　王俊丰　耿殿泽　周德昌　刘玉铭　刘左军　马成忠　赵士文（女）
欧殿武　王儒德　李恒山　张恩国　顾文财　杨连青　滕忠厚　徐国盛　王素珍（女）
张文瑞　展桂英　马百元　郎国栋　张瑞书　焦万镒　陶焕义　郭振中　梁秀英（女）
曹振民　张尚勤　曹守谦　郑永贵　赵迺圣　佘春芳　孙永生　陈景堂　郝丽义（女）
朱　祯　李连富　曹惠民　王洪庆　李玉山　程学书　邓成林　李向山　傅玉兰（女）
胥景瑞　吕宪斌　钮广玉　罗远金　刘国良　朱恩涛　王福江　孙连康　王凤英（女）
马奎君　尹志木　李春林　戴有辉　张成贤　王明义　杨年发　吴德元　郭庆荣（女）
冯国华　马洪森　李铭心　王福臣　王延年　王继先　刘福增　刘治国　吕淑琴（女）
邵洪海　陈宝仁　汪秉钧　张传开　刘永财　苑福臣　金道成　李春德　李淑环（女）
郭树清　王庆生　闻茂谦　宋恩泽　王世锦　黄成甲　张　涛　王占芳　黎　光（女）
杨金顺　王增福　杨国超　周桐林　董泽民　赵山岐　陈会心　林典先　周桂兰（女）
解庆山　梁士忠　苏庆丰　金国柱　孙启峰　孙文泰　张文彬　曲长怀　鞠桂英（女）
王作云　代有更　徐化阳　毕有昌　步宽成　王际信　曲永仁　关文清　穆桂兰（女）
刘玉书　张　财　王世英　高连璞　杨学文　赵承玺　张国柱　张昌芝　邓献金（女）
史恩锡　李树仁　朱跃辰　于宪水　孙德洪　岳成喜　李世恒　邓万君　温巨敏（女）
张惠元　刘兆孟　傅长久　乔福昌　许国璋　门志修　杨崇林　史占芳　王凤英（女）
郭文杰　温幅田　于传松　张桂林　李盛青　任忠俊　李明达　师国范　郭庆荣（女）
侯振亚　李秉泽　李文忠　杨福山　杨树洞　陈继平　于耀泉　刘全文　吕淑琴（女）
徐迺祥　张仁山　赵永吉　王兴武　张述忠　兰兆志　高全会　王玉安　李淑环（女）
邓立诰　尹喜臣　王甲凤　刘广厚　卑金山　杨振生　张文富　尹兆才　黎　光（女）
满春福　邢光华　张　槐　王宝山　崔书成　邵文权　刘　义　刘　君　张春荣（女）
柏玉林　张玉祯　张国财　安云生　丁喜昌　李祥春　张德举　顾显廷　杨玉珍（女）
杨尉久　韩纯忠　郝永福　周绍文　张茂才　杨文忠　杨喜珍　张显财　张舜琴（女）
郝长举　吕春山　汤　沐　杨兆林　史宝重　蔡桂荣（女）　赵永玉（女）
李秀娟（女）　郝　静（女）　王吉花（女）　孙素清（女）　孙桂英（女）
王　英（女）　丁淑清（女）　郑中文（女）　任彩霞（女）　苏成霞（女）
李延珍（女）　丛桂香（女）　张英兰（女）　王素琴（女）　李彦卿（女）
丁淑珍（女）　马　静（女）　徐秀兰（女）　吴凤翔（女）　张丽岩（女）
刘雅琴（女）　张凤兰（女）　张敬贤（女）　井玉春（女）　王翠英（女）
纪桂荣（女）　黄桂芳（女）　吕　侠（女）　李素珍（女）　庞秀英（女）
刘宗清（女）　孟淑珍（女）　刘文玉（女）　肖桂琴（女）　兴景珍（女）

李淑兰（女）　季雪铭（女）　荆显如（女）　李淑珍（女）　王桂芝（女）
崔绍瑩（女）　金桂云（女）　张凤霞（女）　佟桂英（女）　崔宝环（女）
王秀余（女）　鞠爱清（女）　陈素清（女）　李凤英（女）　马桂兰（女）
杨宝荣（女）　李秀娟（女）　梁笑玉（女）　张银铠（女）　曹文珊（女）
赵庆兰（女）　刘淑华（女）　郑素荣（女）　刘凤芝（女）　胡月兰（女）
徐淑兰（女）　李玉英（女）　郑素琴（女）　杨秀英（女）　袁玉兰（女）
任淑芳（女）　曹春明（女）　张素琴（女）　苏继文（女）　王素琴（女）
耿珍莲（女）　边素芹（女）　张金凤（女）　王桂菊（女）　徐淑清（女）
关玉琴（女）　裴李氏（女）　王佩清（女）　许玉芳（女）　商凤珍（女）
刘素文（女）　张秀玲（女）　李丽范（女）　赵桂琴（女）　于淑华（女）
兰德琴（女）　刘淑清（女）　金运英（女）　邓采云（女）　施桂琴（女）
陈淑香（女）　陈凤玉（女）　贾淑娥（女）　张桂珍（女）　王连荣（女）
赵亚芳（女）　刘淑珍（女）　杨贵兰（女）　郝凤兰（女）　夏春荣（女）

1963年

劳动模范

刘凤山　庞金田　王兴仁　徐永成　杨清元　崔文山　刘万忠　于广海　马淑兰（女）
崔福高　纪辅义　张永安　王允清　王作兴　孙文元　吴廷昌　孙成文　李素文（女）
滕占鳌　张元令　崔修范　李景富　李德兴　葛庆林　顾洪财　汤贤惠　沈素娟（女）
金永发　王有道　陆焕卿　左德全　任树芳　郭景阳　李景长　丁立有　张桂兰（女）
夏宝富　王甫亭　代礼元　朱庆溪　徐光远　邹其道　李率真　苏彰武　孙桂芝（女）
杜廼忠　韩文玉　李忠义　刘玉彬　李宝宽　张桐阳　吕善祥　马绍财　孙凤兰（女）
龚畿道　张沛霖　刘宝夫　王延隆　杨永义　刘振华　王希印　金福镇　傅桂芝（女）
李春德　敖金山　夏君陶　竺尚强　汤　沐　贾静波　王凤恩　吴家柱　王玉英（女）
周振华　林海丰　吴大有　孔庆堂　刘作民　陈富文　梁金声　郭福鹏　张淑良（女）
张明云　陈子云　王　文　朱玉瑶　汪　才　苏宝元　马洪谦　张世鹏　展桂英（女）
周圣祥　赵奎元　李裕民　谭金昌　伦枫梁　张甲禄　刘鹏飞　李有璞　傅桂芝（女）
宋长庆　马士元　许春阳　张成哲　周德鹏　李景山　刘永奎　陈柏茂　王玉英（女）
梁文太　孙介礼　宋学山　张锡久　王家兴　许有方　桑永福　楚兴茂　张淑良（女）
焦振江　郝维臣　赵梅东　吴绪常　王永锡　王春德　郭忠明　刘湘涛　展桂英（女）
迟博林　李桂秋　吕学明　高庆生　杨德林　贾宝忠　唐崇本　赵玉林　谢香珍（女）

杨洪吉　吕书成　程俊生　孟昭华　邱希文　牛序润　贺宝忠　刘裕茂　黎　光（女）
张国良　王希春　曲兆富　马荣明　蒋德普　周奎业　徐明山　孙启丰　景淑兰（女）
李文全　白德臣　李荣耀　王福臣　赵福贵　任惠芳　李　新　刘秀启　蔡秀云（女）
刘志岐　杨作先　庞秀英（女）　富　巍（女）　刘景芝（女）　于雅娟（女）
尉凤英（女）　王兰芝（女）　金馥泉（女）　吴桂兰（女）　张继珍（女）
徐盛新（女）　汤莲英（女）　杜玉珍（女）　贾月娥（女）　孙景兰（女）

先进生产者

张芝礼　高家有　杜若馥　韩明鑫　刘长有　张步云　梁世和　何明富　曹台中（女）
韩建文　于吉芳　林殿卿　孙永年　李遵图　李国忠　王文林　罗盛贵　郭淑菊（女）
周耀斌　李凤林　魏秉文　吴文库　陆宝林　赵太戌　林兆成　刘洪波　陈素华（女）
马文志　邱朝政　张奎武　李清浦　吕脉财　李盛田　廖成良　王德智　卢素荣（女）
姚文泉　刘玉水　冉崇斌　李有恕　李长生　刘家彬　滕以考　侯玉恒　罗桂荣（女）
赵德增　张鋆成　杜兆全　陈关龙　赵广会　孔宪章　金守山　孔照斌　成桂兰（女）
林德让　尚东成　祁忠礼　崔锡斌　海喜春　赵敬先　潘学元　冯宝金　王淑坤（女）
吕凤海　王者新　肇玉玲　李慎道　林元春　姜松和　赵承德　张福信　陆　桐（女）
张绍林　张连香　胡存保　李权好　高金阁　张克湘　戴燕璞　庄旭有　孙桂荣（女）
高洪福　苏德新　丁元勋　许德溥　王崇山　王泥平　杨殿相　许自棋　吴锦瑛（女）
朱学禄　朱万先　徐广财　任宝成　苏景耀　李树桐　王立仁　陈春芳　李桂芝（女）
赵呈璧　张清文　王向先　周连宏　王　景　吕英怀　刘祥太　张官明　米桂荣（女）
刘海伯　张广德　董秀田　郭文政　张祥业　于林德　孙向荣　关明远　吕秀云（女）
郭余九　马守印　王德和　于清海　王大国　毛世荣　刘玉昆　孙延凌　黄家齐（女）
高友发　汪　东　李福库　李兆邦　陈志远　梁洪恩　张振远　孙洪新　王采繁（女）
何松山　杨培福　喻少忠　肖洪昌　张武忠　戴巨廷　于俭熙　孟广树　高映辉（女）
黄家文　刘西文　周庆和　吉有盛　马俊林　姜德明　王金喜　刘　铎　隋金兰（女）
李述新　李成璞　张秉福　王儒廷　王庆文　孙龙修　孙文修　韩怀祥　何　杰（女）
厉敬子　王志善　刘秉敬　孟宪尧　季　波　金相成　潘国强　刘日新　陈　萍（女）
施永祥　孟宪成　线玉苓　郑学芳　崔万鹏　梁坤奇　朱承球　王启富　程启贤（女）
郭　祥　刘洪昌　周玉珍　杨惠展　孙永才　孙全增　侯德勤　李文化　罗玉荣（女）
李仁成　丘恩元　朱永祥　吕振宝　孙德恩　路生云　赵清连　李成恩　邢凤鸣（女）
王德吉　李连成　詹玉昌　刘德柱　邹凤起　季凤元　刘进宾　魏景林　尤淑勤（女）
林国山　张德远　李生林　邸振声　孙玉海　李国民　唐景和　郑玉德　张凤荣（女）

郑洪岭	邵正忠	刘朝副	袁明安	刘高斗	黄柏成	张山绪	金福长	全晶晖（女）
鄢文华	王清和	王寿增	苏在章	朱　祯	胡长林	刘贵义	郭锡振	周淑芝（女）
孙兴武	滕木端	周巨成	罗远金	王福胜	李义忠	高凤坤	钱　汾	温秀恩（女）
黄玉文	唐宗元	王玉福	和进安	陈永贵	程世兴	万宝君	王化愚	张敬贤（女）
王英波	顾兴顺	袁仁财	沈延刚	代书田	及宝山	李宝财	张　茂	徐秀兰（女）
蓝九红	刘蕴珂	张洪亮	李凤篆	戴有策	张尔慈	王新武	王希春	逄承珍（女）
刘培宸	杨有义	宋尚志	褚玉忱	王儒德	曹桐润	郭振英	马步举	高敬华（女）
曹永德	孙跃武	胥景瑞	姚传经	姜延功	陶井尧	衣焕章	王玉春	杨淑媛（女）
赵迺圣	唐福林	张志盛	李国贤	宋日成	梁士忠	曲长怀	李向山	赵惠芳（女）
孙继才	范文彩	吴忠厚	张志强	郭洪远	刘同成	果德发	董泽民	李福淑（女）
季万清	陈吉祥	李左军	孙德金	石明泉	佟建章	程学书	侯殿弼	张秀英（女）
李志良	马成忠	马守业	曹良臣	杨玉盛	玄庆仁	高礼泉	张凤楼	赵士文（女）
赵永庆	尹秉枝	王永禄	童丰田	尚景春	王秀臣	于鸿猷	闻茂谦	关恨绵（女）
张士有	冯殿衡	徐学德	梁法权	陆恩山	孟庆斌	赵明和	李玉贵	李凤英（女）
闵绍骞	汪尚文	张继贤	王忠伦	刘文和	李树文	刘明远	朱耀臣	孙淑清（女）
胡树林	耿殿泽	李恒山	王洪庆	高玉成	伦　声	吴景山	董春华	曲月霞（女）
李儒富	咸化庆	潘文选	沈德才	林景祥	王世绵	杨长贵	王庚祥	王美莲（女）
宋吉瑞	王宝瑞	史永富	李财德	郭德文	倪士轩	傅同隆	李春和	郭采凤（女）
万宝欣	蔡玉田	王秀余	张忠富	孙文泰	徐福令	马洪森	何子静	陈淑清（女）
张尚勤	张兴业	张成顺	祝相阁	刘忠芝	王庆祝	周承志	丘金鹤	刘凤梅（女）
王九昌	杨永超	杨国超	王中元	曹广会	曹伯耕	张士奎	富宝钧	李秀娟（女）
王福江	薛景斌	谷元恒	马奎君	朱恩涛	蔡霁时	石殿忠	张春成	赵宝英（女）
关明义	曹国俊	周　文	李明士	赵国清	姚国栋	李子文	柏玉林	马素梅（女）
韩立德	施洪友	宫方廷	李长林	史清林	张文富	刘祥武	吴继恒	李淑娟（女）
薛宝仁	于长胜	李跃先	张福庆	王太文	常佐礼	刘明顺	魏经铎	徐今冬（女）
梁国栋	朱连有	苑金章	刘兴权	董世广	郑祖光	赵品芳	龙恩普	关佩兰（女）
王世英	刘瑞田	王成文	张　槐	李玉发	乔毓安	冷进广	刘庆练	刘文玉（女）
张俊英	张洪林	王振山	赵兴印	彭高林	王玉岭	郑国臣	朱福安	郑素荣（女）
郑孝谦	姚庆德	刘荣生	温福廷	马世生	陈殿举	王庆祥	迟恒福	赵宝珍（女）
刘元瑞	王玉珩	王锦明	鲁风春	张树发	任风元	王殿祥	栾世保	王桂香（女）
葛林森	任广俭	袁启春	蔡玉满	张风春	李文忠	傅克兴	郑建文	刘文玉（女）
李玉林	曲洪生	刘明鉴	姜连章	刘广元	高忠常	董兰平	王佃阁	郑素荣（女）

李兴华　闫进宝　刘永长　孙远波　范景山　苗　贵　张忠义　许立功　赵宝珍（女）
黄世豪　韩奉玖　张凤阳　李书东　韩永恒　马永和　刘忠兴　王国库　王桂香（女）
胡良锁　李绍章　李金元　路奎章　程世增　刘德义　张永林　苏来顺　刘文玉（女）
黄承福　贾武权　金永熙　王福祥　高同义　王福贵　白金福　张绍清　郑素荣（女）
于希烈　王殿全　王振元　朱凤亭　王明义　梁立长　富政文　刘陆和　赵宝珍（女）
丁伯林　曹赓启　詹凤来　赵丕烈　苏宝珍　张殿魁　邹喜成　李高田　王桂香（女）
王继先　林玉明　周桐林　王绍周　佟恒山　顾文财　杨连青　滕忠厚　刘文玉（女）
张　珍　裴永贵　张富有　孙文夫　泥法成　甘志卿　田成章　董法乾　郑素荣（女）
生本德　王宝山　董文祥　常连科　董国忠　杨福山　刘承业　马春治　赵宝珍（女）
夏永富　刘发章　孙处章　刘云占　王紫娟　张守山　丁根兴　王守成　王桂香（女）
董耀廷　潘汝圃　惠国太　白富臣　李景惠　于洪深　朱福园　金云升　刘凤芹（女）
白凤书　李庆洪　汪秉钧　邱吉福　贾恩全　张文瑞　吴万岐　张昌芝　董玉英（女）
王增祥　王清林　张恒华　梁害然　曹润昌　孟宝丰　刘玉和　秦慎海　张宏燕（女）
龙玉良　郝润喜　张明时　杨文焕　赵禄祥　李润亭　马百元　郎国栋　黄桂芳（女）
李　金　孟繁茂　张传开　马岫云　潘维友　刘永财　刘永树　史恩锡　伊淑芳（女）
任光武　潘礼忠　刘义成　李炳超　孙喜才　金仲元　杨开丰　王喜峰　陈守恒（女）
冯宝山　王世福　陈家宽　赵志财　金万权　何文福　陶守泉　陈占忠　葛淑芬（女）
张金盈　刘耀新　何令海　卜金德　刘　荣　韩树绅　杨喜珍　杨文中　王桂珍（女）
张德举　王宝生　任百忱　王相普　李凤林　朱普庆　傅景时　刘福兴　任彩霞（女）
杜井坤　满春福　崔书成　闫　振　李　升　白士伦　孙立发　王喜双　张淑琴（女）
尚福林　马清林　曹玉山　杨士友　余成有　白永金　吴七寿　孙志企　李淑芹（女）
王培之　吴延贵　李显良　刘长贵　刘卫勋　李国申　曾广生　于百川　董淑文（女）
姜茂福　朱广有　黄来祥　邓宝琦　刘福章　李志良　田巨山　王　信　丛桂香（女）
刘汝香　于林甫　刘丕臣　孙常思　杜少武　彭启生　贾　钰　殷仲福　方玉兰（女）
乔连城　于福令　韩成树　王丙久　于海涛　齐广荣　崔显忠　张柏志　张有云（女）
单维魁　吴文印　郑广通　张永海　刘圣德　刘殿财　李荫秀　周　生　孙艳秋（女）
周承新　马俊才　张宝林　李默然　林福致　刘文玉　陆殿国　焦麟昆　刘文玉（女）
冯景顺　郭宏元　戴钦廉　陆轶尘　张征祥　杨继伦　廖新泉　张培明　郑素荣（女）
杨润民　马瑞麟　姜万钟　韩学文　马德麟　王方维　谭启栋　赖福涵　赵宝珍（女）
刘发祥　金　丰　齐铁珊　刘德民　孟庆鑫　陈尚志　张福志　李文涛　王桂香（女）
彭鸿涛　丁杰超　杜功礼　卢国臣　崇毓昆　宁守恩　封金波　王鹏鹬　安凤英（女）
佘春芳　刘世堂　张三保　王景春　蓝行简　徐恩多　陈会心　李文俊　郭彩云（女）

刘焕相　詹维仁　郭启厚　王忠良　李润庭　孔繁珍　吴化礼　郭树清　李家芝（女）
兰崇礼　栾志成　朱玉田　张本财　崔顺汉　王　光　王耀明　赵香谷　李凤琴（女）
韩来友　马象阁　傅景丰　孙洪德　王宝驹　张云鹤　邹殿山　张培儒　李香兰（女）
邹本明　陈丽生　黄汇清　卢发贵　徐　朴　刘树善　孙自福　程宪志　刘玉芳（女）
王育才　张春林　邹万成　高新国　杜桐相　生元林　辛士林　魏春发　翟守珍（女）
于庆林　林多禄　李荣春　丁兆新　王中山　戚福全　刘静波　王贵明　关凤林（女）
于振祥　迟景均　于大海　李亚东　谢文元　金祥业　黄振武　卢永源　张桂珍（女）
刘绍元　梁绍清　李　平　毛福和　夏尊良　薛长清　王庆生　焦万镒　孙秀琴（女）
张恩民　关文清　苗希春　李忠山　梁进臣　吴国维　李翰维　高福泉　刘淑卿（女）
黄耀忠　杨德林　马春贵　杨金富　王　珂　高崇新　赵俊杰　高俊哲　于桂红（女）
刘守贵　韩书英（女）　孙素珍（女）　韩素云（女）　李淑英（女）　刘　凡（女）
筱俊亭（女）　梁笑玉（女）　温巨敏（女）　王桂珍（女）　赵莲茹（女）
曹春明（女）　刘宗清（女）　田桂云（女）　崔绍莹（女）　程国珍（女）
王立真（女）　曲桂芳（女）　张玉梅（女）　许焕斌（女）　戴淑兰（女）
张燕萍（女）　孟淑珍（女）　张　岩（女）　刘秀琴（女）　尹春玉（女）
刘玷珉（女）　于桂英（女）　祝德荣（女）　李　新（女）　韩凤云（女）
刘淑珍（女）　刘淑芹（女）　李艳波（女）　魏玉华（女）　张玉芹（女）
王连荣（女）　刘桂荣（女）　侯彩琴（女）　吴慧智（女）　于静苹（女）
韩絮心（女）　马凤兰（女）　方春玉（女）　张家珍（女）　郭占华（女）
马广荣（女）　张银鎧（女）　金德凤（女）　周凤香（女）

1964年

劳动模范

王凤恩　吴家柱　陈富文　朱玉瑶　刘作民　陈子云　梁金声　林海丰　尉凤英（女）
苏宝元　吴大有　孔庆堂　郭忠明　郭福鹏　张成哲　许春阳　贾宝忠　王兰芝（女）
杨德林　李裕民　张明云　张世鹏　张锡久　王　文　马荣明　白德臣　陈　萍（女）
许有方　谭金昌　吴绪常　周振华　赵玉林　张甲禄　刘永奎　赵梅东　金馥泉（女）
杨洪吉　楚兴茂　黄家文　吕书成　金福长　竺尚强　王永锡　陈柏茂　张继珍（女）
宋长庆　李有璞　厉敬子　周德朋　高庆生　伦枫梁　林国山　马士元　安静娴（女）
马洪谦　李景山　曾广恒　张绍林　张国良　贺宝忠　邱希文　刘裕茂　邢凤鸣（女）
杨有义　王春德　邵永富　周圣祥　赵太成　李国忠　林兆成　李桂秋　吴桂兰（女）

吕学明　迟博林　刘湘涛　梁纯有　苏景耀　赵奎元　魏景林　赵广会　崔玉顺（女）
焦振江　郝维臣　程俊生　孙介礼　袁明安　李国民　曲兆富　王希春　徐盛新（女）
汪　才　周奎业　徐明山　孙启峰　李荣耀　李新正　高玉成　赵福贵　杜玉珍（女）
崔文山　刘万忠　张元令　崔修范　李景富　顾洪才　金永发　李德兴　马淑兰（女）
葛庆林　陆焕卿　赵丕烈　于福润　杨洪富　孙文夫　崔福高　纪辅义　李素文（女）
于广海　王作兴　滕占鳌　王允清　孙文元　孙成文　吴延昌　张凤阳　沈素娟（女）
温福廷　彭高林　王志和　王庆祥　丁立有　朱庆溪　王甫亭　邹其道　傅桂芝（女）
左德全　李率真　郭景阳　任树芳　夏宝富　马百元　刘义成　龚畿道　张桂兰（女）
刘宝夫　李劫夫　庄育智　李春德　王延隆　杨永义　张嗣瀛　冯大同　孙桂芝（女）
焦麟昆　金福镇　刘振华　王希印　敖金山　韩润滋　王兴仁　杨青元　张淑良（女）
于作良　韩立德　赵永吉　杨作先　杨振生　苏彰武　杨文忠　邱福桐　丁淑清（女）
刘秀岐　刘凤山　庞金田　王相普　展桂英（女）　王　英（女）　解玉芝（女）
庞秀英（女）　景淑兰（女）　忻亦芬（女）　温巨敏（女）　蔡秀云（女）
马广荣（女）　富　巍（女）　于雅娟（女）　郭彩云（女）　陈凤玉（女）
刘景芝（女）

先进生产（工作）者

肖洪昌　于俭熙　孙广水　潘学元　黄柏成　刘高斗　刘鹏飞　滕以考　李庚子（女）
杜兆全　侯玉恒　赵德增　张鋆成　谭成玉　郭禧楮　张志元　吉有盛　魏凤珍（女）
周庆和　赵培增　刘钧涛　张明利　李宏波　井锡太　刘秉敬　王志善　陈淑华（女）
张德林　李学禹　李生林　徐广财　孙全增　高清宝　邱恩元　王殿忠　陈玉言（女）
陈春芳　鄢文华　刘德柱　邹凤起　王金喜　周天禄　张德沅　许自祺　成桂兰（女）
陈玉书　苏德新　王泥平　那桂祯　孙　华　张振远　唐景和　李兆邦　吴锦英（女）
高金阁　李权好　吴廷山　吕凤海　刘兴臣　高洪福　孙兴安　邸振声　李庚子（女）
张清文　路生云　白胜宝　金有林　杜庆云　孙宝金　佟魁斌　毕庶考　魏凤珍（女）
戴有辉　胡树林　牟家忠　刘庆练　唐福林　刘宝恒　乔连成　詹玉昌　陈淑华（女）
李连成　王德吉　张德林　周立庆　曾令成　张官明　沈锡孝　郑洪岭　陈玉言（女）
叶玉恩　韩明鑫　张步云　韩建文　孙永年　罗盛贵　张奎武　周耀斌　成桂兰（女）
顾士能　乐苗祥　林殿卿　陆　义　何兆武　石成恩　李遵图　刘洪波　吴锦英（女）
王文林　陈维江　喻少忠　周玉珍　郭　祥　金相成　刘洪昌　杨惠展　常迺文（女）
钱玉苓　施永祥　王启富　朱承球　潘国强　崔万鹏　郑学芳　孟宪成　黄家齐（女）
梁坤奇　崔锡斌　陈关龙　孔宪章　孔照彬　海喜春　林德让　孙永才　吕秀云（女）

刘朝敷　石运兴　邢凤仪　夏珍武　刘玉昆　孙延凌　陈志远　梁洪恩　王采藩（女）
穆绪官　易春明　李盛田　迟延恕　王士有　曲兆有　赵吴璧　侯存华　刘秀文（女）
潘凤展　吕脉财　浦希安　李清浦　林兴有　邵正忠　孟宪尧　季　波　孙桂荣（女）
滕玉和　汤朝祯　王聘相　何松山　孙向荣　孙喜才　李仁成　周连宏　李　新（女）
孙玉海　李成璞　胡存宝　吕振宝　张秉福　刘同芳　孟广树　侯德勤　王凝慧（女）
王儒廷　孙龙修　梁文泰　金振普　董秀田　石明泉　李左军　孙德金　周淑芝（女）
宋春田　孙守保　宋尚志　郭振英　孙佩东　吴景山　唐崇本　张　茂　罗玉荣（女）
王志成　王寿增　胡兴文　刘占德　王化愚　陈永贵　戴有策　赵广居　关桂珍（女）
万宝群　顾兴顺　冀庆珠　李义忠　郭锡振　符锡珍　兰九红　孔繁禄　张凤荣（女）
马四沂　王文海　王福胜　朱　祯　胡长林　刘智兰　程世兴　及宝山　温秀恩（女）
焦秋贵　沈延刚　董象全　耿庆丰　和进安　王毓福　李凤篆　黄玉文　关恨绵（女）
张玉宝　张志强　车成大　郭宏远　张志胜　王日发　苗凤桐　季万清　李凤英（女）
陈吉祥　张树林　郝先富　曲长怀　李向山　渠延民　梁国栋　梁士忠　王秀余（女）
曹永德　姚传经　孙有林　马步举　胥景瑞　赵迺圣　罗世昌　姜延功　付连云（女）
陶景尧　依焕章　王玉春　李凤阳　程学书　杨玉盛　玄庆仁　尹秉枝　李爱宝（女）
于鸿猷　王庚祥　薛宝仁　蔡玉田　王秀臣　马洪森　吕长荣　马文山　崔传华（女）
郭德文　李财德　刘文启　马守业　杨常贵　潘文选　王世绵　张成顺　汤莲英（女）
李文全　蒋德普　张华英　张宝修　王久昌　姜洪浩　邱金鹤　王庆祝　李秀娟（女）
曹惠民　李树昌　杨国超　王福江　马奎君　富宝钧　张世奎　谷元恒　陈素清（女）
王中元　郭春轩　朱连有　伦　生　尚景春　刘希堂　梁法权　魏经铎　马素梅（女）
童丰田　刘兴权　苑金章　张士有　赵翰臣　王洪庆　于长胜　张凤楼　冯宝英（女）
高礼泉　刘世修　徐学德　李树文　李恒山　闵绍骞　王忠伦　刘文权　郭采凤（女）
赵明和　梁　顺　孟庆斌　张继贤　盖泉新　曹国俊　张鸿昌　闻茂谦　刘凤梅（女）
咎廷玉　马永和　詹风来　路奎章　夏连志　杨振宗　刘德义　胡良锁　孙秋媛（女）
赵宝义　刘青山　刘忠兴　李金元　郑永祥　王振元　王修权　黄承福　逄承珍（女）
董义喜　刘　恩　张成发　张玉柱　刘云占　秦文尧　苗春润　李有恕　郑素荣（女）
宋名正　董春华　李儒富　咸化庆　王殿全　于希烈　薛殿玉　于延舟　刘文玉（女）
范景山　张守山　丁根兴　李松田　齐广敏　李文贵　王富林　董国忠　徐秀兰（女）
刘树祥　泥法成　马金龙　王世录　王继先　刘汝发　马春治　刘发章　赵品芳（女）
张学文　夏光明　傅献珍　滕忠厚　顾文财　裴永贵　佟恒山　孙处章　杨淑媛（女）
冯广济　刘　君　郭海廷　王宝山　王绍周　刘承业　张道善　李正芳　关佩兰（女）
常连科　娄鹤林　王秀臣　王玉国　乔毓安　刘铭鉴　曲洪生　胡梦周　张敬贤（女）

张国良　王正臣　王洪田　张忠义　蔡成彬　高忠常　董兰平　侯广志　张秀英（女）
曹福山　张永安　刘广元　陈景玉　李海峰　徐鑫武　阎进宝　冷进广　任惠芳（女）
李　明　崔可富　韩奉玖　张万金　石成俊　任广俭　葛林森　栾世保　徐金冬（女）
王殿祥　孟广发　郑云亭　赵庆祯　王锡玉　王兴忠　陈德山　张凤春　王春兰（女）
杨森林　裴福成　张纯荣　杨希德　刘子龙　高浦芝　马守忠　马乃臣　孙景兰（女）
张洪林　王玉岭　郑国臣　褚书香　赵宪亭　王振山　姚庆德　郑孝谦　高秀珠（女）
朱福安　程贵森　姜文周　智德洪　陈殿举　马世生　任凤元　陈敬举　赵永玉（女）
张树发　王锦明　刘锡玉　鲁凤春　刘元瑞　迟恒福　张玉堂　张天贞　王紫娟（女）
张有林　李长福　李景惠　应永根　张荫轩　詹维仁　张庆增　崔　成　周秀兰（女）
李守凤　郭砚泳　张　儒　白富臣　李景长　李庆洪　贾恩全　张文瑞　王永琴（女）
王清林　崔耀德　赵禄祥　杨文焕　龙玉良　郝润喜　刘成有　刘玉和　颜淑华（女）
万宝鑫　刘仁先　尹兆武　吴万歧　曹润昌　梁豁然　刘永树　潘礼忠　陈玉清（女）
王泮财　金玉田　焦世杰　丁正东　刘雁衡　王福祥　杨开丰　韩文良　刘淑兰（女）
陶守泉　王家庆　赵志财　金　丰　赖祖涵　刘发祥　谭启栋　王方维　王美荣（女）
周毓珩　张三保　徐恩多　马瑞麟　戴钦廉　陆铁尘　张征祥　杨润民　马秀明（女）
林多禄　计志忠　赫明昌　胡家炽　徐康富　逯绍国　杨继伦　吕　甡　周秀荣（女）
齐铁珊　彭洪涛　刘世堂　高魁举　徐恩惠　裴承荣　于荫海　陈尚志　董玉英（女）
宁守恩　蒋盛有　卢国臣　王会兴　张玉良　朴景河　王连贵　冯景顺　李延珍（女）
刘焕云　陆殿国　张宝林　郭宏元　李犀杭　李文俊　李润庭　兰行简　刘凤琴（女）
郭树清　郭启厚　柏福全　王新颖　朱瑞林　周景胜　孙树宪　金炳端　郑钟文（女）
龙期威　王大翔　张尔慈　王新武　崔景瑞　石殿忠　姜洪义　刘富荣　吕淑琴（女）
李福敬　陈　印　刘长富　刘静波　李荣春　王树多　王中山　孙成章　周敏英（女）
丁兆新　白凤书　卢发贵　戚福全　邹万成　孙自福　潘荣春　高新国　黄桂芳（女）
辛士林　黄汇清　王玉德　刘守贵　纪　彬　李亚东　于大海　常恩多　王玉英（女）
王治忠　叶志全　李凤林　张怀儒　谢文元　王贵明　张　收　于福海　王桂珍（女）
张月均　梁进臣　李忠山　王庆生　张恩民　焦万镒　关文清　苗希春　伊淑芳（女）
黄振武　李步振　金祥业　孙学廷　刘绍元　徐敏兴　李振勃　毛福和　任彩霞（女）
郭凤跃　周　文　康树林　刘跃新　王耀明　李子文　赵国卿　张金盈　葛淑芬（女）
邱凤先　李文忠　刘兴邦　马象阁　张根贤　刘朝枢　赵正武　曹玉洁　张淑琴（女）
张继和　何令海　卜金德　满春福　惠国太　杜景坤　杨占春　高崇新　孙凤兰（女）
刘祥武　张　槐　罗百芳　张培儒　李　祥　郑兴文　潘兴海　崔书成　李淑琴（女）
王贵卿　孙昭桂　薛作林　刘瑞田　柏玉林　杨喜珍　王景荣　汤　沐　陈凤奎（女）

周凤岭　傅景丰　孙洪德　刘　荣　姜国仁　韩书绅　张启玉　马春贵　丛桂香（女）
宫方廷　傅景时　张云鹤　朱普庆　韩明志　孙洪福　潘汝圃　张德举　董淑文（女）
吴文涌　方玉兰（女）　张有云（女）　韩春荣（女）　宫立萍（女）　孙淑清（女）
郭绍文　陈淑娟（女）　马桂云（女）　刘宗清（女）　张玉梅（女）　曲桂芳（女）
曾宪贵　田桂云（女）　程国珍（女）　王桂珍（女）　崔韶莹（女）　盖德魁（女）
王守本　张秀芬（女）　刘　凡（女）　李淑英（女）　筱俊亭（女）　梁笑玉（女）
曹良臣　戴淑兰（女）　张玉琴（女）　王玉勤（女）　刘莫媛（女）　孟淑珍（女）
李春和　范广莲（女）　陈楚莹（女）　张宏燕（女）　孙艳秋（女）　王莲运（女）
傅同隆　张家珍（女）　郭占华（女）　张银铠（女）　金德凤（女）　韩凤云（女）
尹作读　安凤英（女）　姜　婺（女）　尹贞淑（女）　车佩华（女）　关桂清（女）
李家炘　于桂红（女）　李家芝（女）　杨桂兰（女）　刘淑珍（女）　刘玉芳（女）
刘淑娟（女）　孙秀琴（女）　赵亚芳（女）　刘素坤（女）　邴连荣（女）
张桂珍（女）　王淑兰（女）　魏玉华（女）　周凤香（女）　郝凤兰（女）
白玉兰（女）　赵世文（女）　邸淑韫（女）

五好职工

王凤恩　吴家柱　朱玉瑶　张元令　崔福高　刘作民　梁金声　林海丰　吴桂兰（女）
吴大有　郭忠明　郭福鹏　张成哲　贾宝忠　许春阳　纪辅义　于广海　尉凤英（女）
张锡久　周振华　陈富文　金福长　杨洪吉　李裕民　谭金昌　孔庆棠　王兰芝（女）
刘永奎　吴绪常　杨德林　孙介礼　陈柏茂　葛庆霖　张甲禄　马荣明　金馥泉（女）
赵梅东　白德臣　李荣耀　王　文　汪　才　许有方　张嗣瀛　王延隆　邢凤鸣（女）
李景富　李德兴　杜玉珍（女）

1966年

五好标兵

王凤恩　陈富文　金福长　陈子云　吴大有　刘培勋　吕德顺　张成哲　冯宝霞（女）
张绍林　郭忠明　梁金声　吕学明　周振华　杨德林　刘作民　李景山　尉凤英（女）
李裕民　白德臣　张国良　魏景林　杨洪吉　刘湘涛　刘永奎　迟博林　金润素（女）
厉敬子　梁世和　许有方　邵永富　马洪谦　林国山　李国民　王春德　王兰芝（女）
周德鹏　黄家文　孙永年　楚兴茂　王永锡　刘洪昌　焦振江　郝维臣　陈　萍（女）
梁世忠　张魁武　陆　义　邱希文　张　茂　杜克恩　孙介礼　徐明山　崔玉顺（女）

孙启峰　李荣耀　李文全　路灿悦　张金涛　潘学元　杜元春　王玉甲　杜玉珍（女）
任宝成　那贵珍　王　林　张明利　孟宪尧　吴振武　沈延刚　胡存宝　孔素云（女）
李凤阳　崔昌俊　和进安　安金声　梁国栋　张树林　张和珠　周洪群　安静娴（女）
陶景尧　姚成林　王福江　李义忠　李盛田　杨玉盛　王春元　董跃清　邢凤鸣（女）
刘文祥　王宝利　张华英　潘文选　宋吾强　杨年发　刘高斗　孙维祥　崔传华（女）
高玉成　彭高林　崔修范　王希印　张凤阳　段明志　邵桂先　贾振间　赵玉华（女）
金永发　于福润　滕占鳌　王允清　王庆祥　杨洪富　阎进宝　石成俊　孙桂荣（女）
于延舟　李文贵　庄育智　吕占春　周毓珩　马广仙　孙桂芝　焦士杰　马剑云（女）
韩文良　杨宝福　刘义成　尹兆武　丁立有　任树芳　王宪忠　王文斌　李秀娟（女）
李劫夫　龚畿道　洪恒多　杨永义　李润庭　金　丰　郭殿荣　彭洪涛　姜淑兰（女）
吕善祥　颜淑华（女）　陈翠英（女）　马淑兰（女）　王秀春（女）　李桂茹（女）
关洪业　武秀芬（女）　吴桂芬（女）　郭阳翠（女）　李素文（女）　王秋凤（女）
王树多　陈素娟（女）　沈素娟（女）　张富芝（女）　杨庆芬（女）　汪月芝（女）
王守安　常凤云（女）　原淑静（女）　王及珍（女）　黄美琴（女）　谷春华（女）
孙处章　刘淑莲（女）　张桂兰（女）　高凤霞（女）　鞠素英（女）　董玉英（女）
温巨敏（女）　武小侠（女）　谢玉芝（女）　庞秀英（女）　吕彩英（女）
马广荣（女）　康凤兰（女）　王春兰（女）　李永听（女）　孙桂馨（女）
王淑兰（女）　刘桂珍（女）

1977年

沈阳市工业学大庆会议劳动模范

杨洪吉　崔福高　吴少新　郭锡维　郑宝山　徐长山　齐　进　关明远　谭淑琴（女）
孔庆堂　张凤阳　吕德顺　李书彬　斯重遥　李乃功　梁金声　李裕民　崔传华（女）
林元春　王希印　金福长　陈富文　王泥平　葛林森　陈友善　周振华　金润素（女）
林国山　石本清　郭忠明　郭魁斗　李景玺　陈绍发　闫德义　于福润　辛桂兰（女）
罗乃祥　张少铭　袁忠山　王凤鸣　黄家文　张绍文　袁福本　米希成　刘凤兰（女）
高礼全　梁纯有　贾明阁　杨德林　张甲禄　于淑丽（女）　裴淑兰（女）
陈玉言（女）

沈阳市财贸战线第二次学大庆、学大寨会议劳动模范

焦士杰　张志义　李成禄　邹其道　纪　才　马百元　李树明　张桂荣（女）

周敏英（女） 张桂兰（女） 郑忠文（女） 史桂芳（女） 李　杰（女）
王爱民（女） 展桂英（女） 李桂兰（女） 于艳华（女）

沈阳市先进教师代表会议劳动模范

张嗣瀛 金济霖 张玉春 杨永义 汤贵铭 赵素英（女） 刘志英（女）
张玉梅（女） 叶春芬（女）

沈阳市工业学大庆会议先进生产（工作）者

窦立和 周三杰 任洪昌 张绍林 刘文秋 孙天仁 刘梦奎 解吉成 翟福安（女）
张来顺 阎纪文 芦明志 王允富 伦枫梁 吕凤海 王心超 崔昌俊 易淑珍（女）
张进富 沙经纬 顾洪木 方志好 代伯祥 孙介礼 李学勤 王明禹 候玉珍（女）
刘伯山 孙德洪 王振东 马有海 李文良 金玉民 孙龙修 李锡亮 吴锦英（女）
张绍仁 赵俊山 王典贵 倪成仁 林庆平 杨永贵 孙国升 赵锡三 王玉环（女）
王春永 王大胜 李国仁 张富国 杜景元 马景武 沈宝仁 郭德文 张家芝（女）
刘明成 吕雨芳 赵达山 全成林 穆兆富 白国勇 罗守勋 邱希文 战淑英（女）
高玉成 周恒友 刘跃起 王立华 舒大纯 李忠武 贾树山 佟恒祥 齐燕梅（女）
戴永举 刘春轩 钟玉成 王国恒 张绍德 刘凤云 宴世盛 关国事 郑书华（女）
顾福杰 肖忠山 孙成业 王学才 付士秀 贾复会 孙长安 高贵甫 徐莲珍（女）
林春俭 王庆新 韩启金 吴世政 钱玉福 于乐泉 金有林 黄文令 王秋未（女）
乔根庆 鹿道发 邹恒玉 曹台中 董克明 班耀庆 耿尚武 刘庆国 吴可心（女）
赵广会 陈广恒 蒋景薄 韩庆山 詹继太 刘振起 张佩德 胡景文 勾淑霞（女）
胡成师 周善生 申　敬 马　义 易连生 郭景生 刘忠志 谢凤珍 刘庆娥（女）
潘凤展 吴仁忠 李　挥 曹吉琛 曹德俊 张英文 浦希安 唐绍基 梁淑兰（女）
王忠信 佟继功 李洪义 王瑞合 康殿龙 孙文元 郭继红 张国良 任志勤（女）
刘明鉴 谢宝谦 杨树山 宫厚荣 冯宝玉 韩行巳 杨维烈 孙成文 刘惠兰（女）
徐文庆 诸庆达 魏占田 张有林 熊福顺 于诗才 曹国松 刘鼎环 赵瑞雪（女）
陈　岱 邹本伦 刘万山 雷遂芳 王有德 朱崇兴 刘国凡 李玉振 王天凤（女）
张德胜 吴秉德 白景和 李允道 李际孝 张树春 胡发会 于仁水 王天凤（女）
宁天洪 索永成 李树林 徐淑兰（女） 梁　军（女） 冯玉华（女）
李淑琴（女） 李玉华（女） 张淑兰（女） 邱玉蓉（女） 鞠桂兰（女）
董守芹（女）

沈阳市财贸战线第二次学大庆、学大寨先进生产（工作）者

张荣斌　葛遵义　王建斌　邓庆科　尹士贤　杨树林　孙衍左　邹茂盛　金明花（女）
王际宝　李黎明　马仁林　贾宝才　王甫亭　杜善福　张万兴　吕宗祥　马桂英（女）
肖福仁　都景一　孟兆怀　刘树森　洪庆华　朴凤先　王玉敖　魏春岩　战荣芳（女）
朱绍春　吴承志　施蕴智　杨文焕　哈俊福　常士绵　王立国　张殿阁　董淑贤（女）
黄维勤　孙　富　李为民　陈德富　唐德祥　白汝芳　耿宝章　李春波　祖秀英（女）
吕海山　金灿杰　吴硕春　李文发　汲元昌　许玉明　王景山　和　平　葛淑芬（女）
王德祥　李安环　何文福　杨再祥　刘兆安　毛德发　单志喜　王学智　葛淑芬（女）
封焕柱　张希荣　邓新文　孙洪斌　徐勤西　王维武　张合义　单连成　芦春艳（女）
姚玉贵　卜文清　崔永安　高源勇　宋九祯　耿士林　马占元　张　奎　于树鑫（女）
张凤德　马广先　戢　锋　韩满刚　李福琛　李发利　付培增　刘宝庆　山爱芝（女）
金德一　于敬仁　冯书亮　赵树凯　董玉兰　梁洪启　龚振铎　安润生　唐巧云（女）
王桂芝　孙宝义　孟宪友　吕建伟　张德举　张德荣　朱普庆　陈景福　白淑清（女）
张云龙　解玉福　王春阳　徐宝金　宋志廉　谢玉忠　王泮才　郑斗日　曹淑芳（女）
郭永祥　段纯洁　董玉仁　张佩礼　朱奎起　赵振江　刘廷发　关贵书　韩俊秀（女）
关占林　关德春　栾殿章　白士俊　李绍武　林庆有　张广成　佟德志　苗玉斌（女）
杨芳年　赵明祯　崔长有　司玉玺　王礼全　王继才　戴有权　张如湖　徐淑芬（女）
刘振江　王淑荣（女）　张凤琴（女）　王春凤（女）　赵济珍（女）　解清莲（女）
宁士忠　赵玉珍（女）　孟宪珍（女）　杨玉英（女）　赵亚芬（女）　王凤玉（女）
张淑梅（女）　王宣兰（女）　白淑华（女）　杨明正（女）　罗桂兰（女）
李连爽（女）　常宗淑（女）　赖秀英（女）　陈　光（女）　丁秋丽（女）
韩任顺（女）　苗淑杰（女）　丛桂香（女）　朴福顺（女）　翟月芝（女）
王　英（女）　齐凤秋（女）　苏艳坤（女）　朱晓霞（女）　仲淑梅（女）
王淑香（女）　张秀云（女）　刘淑香（女）　孙秀兰（女）　黄继兰（女）
郝晓君（女）　闫凤琴（女）　张淑英（女）　关玉琴（女）　郑淑琴（女）
张景霞（女）　杜玉春（女）　王秀兰（女）　张春兰（女）　王玉兰（女）
国淑兰（女）　马淑清（女）　孙汝坤（女）　岳桂琴（女）　赵振芝（女）
李淑艳（女）　白会君（女）　李秀芹（女）　郭秀爱（女）　尚梅生（女）
杨桂茹（女）　刘凤琴（女）　张素芹（女）　关凤林（女）　陈桂琴（女）
李淑文（女）　陈凤玉（女）　王玉琴（女）　邢秀琴（女）　乔芙灵（女）
白素兰（女）　张瑞兰（女）　万秀琴（女）　蔡淑艳（女）　张凤琴（女）

王　秀（女）　梁淑清（女）　贾桂芹（女）　王占兰（女）　秦淑芳（女）

沈阳市先进教师代表会议先进教师

胡茂弘　杜鹤桂　尚久亮　金　丰　龚焕高　王焕春　张震泽　刘明玉　贾鸿玫（女）
刘　波　黄吉繁　刘尚长　朴元植　陈　郡　刘纯义　陈尚仁　杨景祥　宋桂琴（女）
唐任远　郭庆鼎　付宝庆　郭福兴　武振安　姚新生　佟启良　霍存慧　郭协取（女）
季观之　田继德　王化久　宋兆荣　袁景禹　高明信　朱振海　孙　任　管保清（女）
于贺良　姚正修　张　可　张大中　崔福庆　郑光浩　谬文灿　王春友　张国贤（女）
王声溢　石赫光　傅守田　郑　军　姜德顺　马光裕　邵惠基　魏光华　迟森林（女）
彭洪涛　耿毅志　周道才　高占全　王振欧　张　会　徐德元　付维颖　王慧珠（女）
高中元　冯大同　柳大夏　敖英海　孙培科　朴学军　王清林　徐少愚　战玉霞（女）
夏长生　岳德普　路　飞　王锡伯　张庆玉　李成昌　侯德恩　王乃俊　李宝珍（女）
乔文生　金熙善　吴维国　高　文　顾常荣　李振生　刘忠治　许清涛　曹金屏（女）
张凤联　佟荣久　赵廷忠　黄忠吉　杨德贤　李喜宝　马兴国　佟杨福　常志华（女）
宣忠仁　郭廷连　刘宝琛　门德荣　马恩全　勾庆会　梁恩惠　韩复昌　刘慕萍（女）
黄宝铮　田华玉　李胜权　李景明　张廷昭　陈玉才　杨德林　张铁军　张秀英（女）
杨长霖　程玉文　张占东　金昌范　张树涛　李家勋　贾淑研　姚玉清　卢玉琴（女）
潘秀凤　徐东升（女）　孙玉香（女）　李佩一（女）　郭清华（女）　高秀珠（女）
马　秀　刘霭敏（女）　王桂荣（女）　焦桂兰（女）　王连荣（女）　唐桂兰（女）
吕桂芳（女）　杨诚珍（女）　李淑香（女）　张爱春（女）　朴英子（女）
杨友凤（女）　敬淑媛（女）　许芙英（女）　卢秀敏（女）　邸爱洁（女）
穆少珍（女）　代丽萍（女）　回春茹（女）　赵兰平（女）　王凤卿（女）
邢桂芹（女）　胡育英（女）　马永香（女）　李雪铭（女）　彭秀英（女）
任学芳（女）　崔素芳（女）　杨慧先（女）　李淑艳（女）　王玉琢（女）
曲凤芝（女）　张继红（女）　孙秀蓉（女）　李凤吉（女）　葛喜梅（女）
季艳娟（女）　王素兰（女）　张秀珍（女）　韩桂清（女）　宋士润（女）
赵静媛（女）　张玉兰（女）　秦家琦（女）　白立文（女）　田慕莲（女）
杨丽然（女）　付素琴（女）　郎敬华（女）　张润香（女）　朱迎春（女）
王继瑞（女）　吴占英（女）　李世坤（女）　王玉香（女）　张奎英（女）
郭淑兰（女）　徐　彤（女）　戴静慧（女）　刘永兰（女）　张玉合（女）
关春媛（女）　李德岚（女）　姬秀芳（女）　李素芝（女）　金姬子（女）
高国范（女）　杜瑞霞（女）　马　岩（女）　张敬岩（女）　涂国珍（女）

任雅文（女） 金　平（女） 赵桂珍（女） 宫素清（女） 马春兰（女）
孟玉芝（女） 韩秀兰（女） 罗玉华（女） 柴玉芝（女） 邓国荣（女）
张汉英（女）

沈阳市先进科技工作者

孙恩昌 杜家驯 张芷香 王长安 孙凤庆 方志好 王一平 金松宇 黄士俊（女）
杨玉学 许光正 李振权 张国泰 王荣桂 徐勤学 蒋朝辉 容华焕 吴锦英（女）
刘明成 王凤鸣 于信令 杜景元 周卫国 吕　琛 吴庆义 闯恩诩 庞桂芬（女）
金钟学 伍招才 宋振一 贺礼瑞 王希春 蔡铁义 李提峰 吕雨芳 李　英（女）
于光山 张　革 邓鑫泉 袁忠山 刘万章 崔恩厚 高殿尧 傅相武 高根梅（女）
王镇铮 侯继善 汪殿生 刘德成 刘延铭 王泉根 梁金声 金德章 安静娴（女）
刘万金 陈道斌 诸惠昌 田冶绪 郭渭贤 周士德 金储汉 王克俭 于淑丽（女）
李玉发 王安民 许纪庆 蒋有立 马仁栋 迂永祥 吴新民 陈福芳 何安光（女）
吴维福 祖国栋 姜燮昌 姚兴茂 朱英浩 张勃然 高家兴 王雪松 郭阳翠（女）
李连春 杨关福 周仲民 顾　砖 倪家骝 王　冲 李文化 关琳章 高清宝
李福仁 梁铨新 李宗钦 宗庚辰 杨景培 王振奇 廖伯廉 杨福田 周德星
钟家溶 刘增凡 陈西虹 巴连仲 王希木 陶德馨 何孟嘉 钟玉成 张长中
曲长仁 刘秉清 朱永祥 张秀璞 陈光禄 许永熙 顾明初 王庆椿 程显英
董国光 杜永刚 罗乾显 杨凤勇 彭柏祥 何大明 胡成师 沈炳炎 杜明俊
金明善 杨传超 许　忻 顾诵芬 周　华 鹿鸣东 刘立德 崔占斌 姚志成
臧国运 陈子龙 李之恒 刘庆国 严成忠 程华明 阎德义 赵承烈 柯国梁
王为先 王克勤 李树仁 王明义 李吉钧 浦希安 邱绪楚 吕德顺 葛庭燧
程远连 韩云杰 杨德林 王富山 韩行已 陈　岱 缪萍溪 张乃智 纪辅义
林　亢 赵绍堂 于承俊 李洪义 温俊义 徐觉林 王保亮 李　明 赵光宇
王希岐 司万宝 王恒发 于诗才 刘汉忠 谭振华 叶中桂 王福昌 唐瑞森
高文斗 张嗣瀛 陆　旸 王光兴 黄万吉 郑怀远 鲜于泽 林肇琦 刘尚长
宋玉林 吴士培 肇树春 张荫昌 郭蔼然 赫明昌 冯兰滨 潘绍周 杨式麟
董祥家 陈久荣 徐恩多 李庭敏 王青澄 陈尚仁 杨景祥 宫学斌 隋文作
孙允中 娄永新 惠云身 陈英杰 李　铣 李润庭 刘国武 王欣颖 陈　波
吕成焕 刘允青 吴礼忠 刘绍勋 汪震宙 李　薰 斯重遥 郭可信 师昌绪
周本濂 吴平森 庄育智 李铁藩 张胜天 王仪康 崔明哲 赵怀玉 王化民
卢业生 林其枢 张少铭 郭文玉 张尔慈 徐克勋 李寿生 张守勋 高伟华

李春生　王福盛　蒋新松　徐凤安　沈传泽　冯永祥　徐立新　李　木　王恕德
徐光忠　马天程　李润芳　李大树　李洪书　柏治平　林宝钦　张国范　钱明德
佟守智　卓利耕　杨明正　刘春兴　任光武　朴昌根　李志达　李庆龙　傅俊义
刘新发　张贵德　胡发会　周福悦　柴天佑　金玉磨　龚关林　李芳亭　张书芳
郭日跻　柏德华　关世珠　赵长志　张树声　吴继先　宋毅夫　孙福成　任凤春
张连棣　王文斌　金石洙　王健群　刘万顺　刘兴革　张恒德　巨连生　姜湖龙
聂玉贵　海启秀　葛金斗　朴义浩　吴扬甲　王思杰　庄洪哲　王兴亚　李雨亭
阎太根

1978年

沈阳市工业学大庆会议劳动模范

杨洪吉　崔福高　吴少新　阎德义　郑宝山　徐长山　葛林森　李书彬　崔传华（女）
斯重遥　梁金声　袁忠山　林元春　王凤鸣　张成哲　贾复会　金福长　金润素（女）
陈富文　林国山　孔庆堂　李裕民　王泥平　周振华　李景玺　张来顺　于淑丽（女）
张绍文　齐　进　刘明成　黄家文　石本清　罗乃祥　袁福本　米希成　吴锦英（女）
高礼全　王允富　贾明阁　杨德林　王永云　顾洪财　吕雨芳　穆照富　辛桂兰（女）
王雪松　李乃功　张凤阳　石　魁　魏占田　李洪义　郭锡维　陈友善　安静娴（女）
郭忠明　梁纯有　郭凤本　马　义　王开刚　张少铭　王希印　左忠贤（女）
刘凤兰（女）　裴淑兰（女）　陈玉言（女）　勾淑霞（女）　杨秀芳（女）
谭淑琴（女）　刘惠兰（女）

沈阳市财贸战线学大庆、学大寨会议劳动模范

刘廷发　纪　才　王甫亭　张德荣　焦士杰　张桂荣（女）　郑忠文（女）
赵树楷　李成禄　李树明　邹其道　杨芳年　张桂兰（女）　王巧珍（女）
马百元　李　杰（女）　罗桂兰（女）　展桂英（女）　王玉琴（女）
于艳华（女）　刘素香（女）

沈阳市工业学大庆会议先进生产（工作）者

伦枫梁　吕凤海　窦立和　李文化　张绍林　崔昌俊　刘梦奎　邢书敏　侯玉珍（女）
遇永祥　李锡亮　李茂成　孟立平　张绍仁　孙国升　方志好　吴世政　战淑英（女）
赵锡三　马景武　周卫国　刘墨林　汪仲才　周恒友　罗守勋　赵达山　王玉环（女）

高玉成　钟玉成　夏光明　卢德运　付士秀　郝为臣　宁天洪　于仁水　郑书华（女）

杨洪发　朱崇兴　陈　岱　孙文元　韩行已　张乃智　高占玉　曹国松　徐连珍（女）

胡成师　浦希安　於品刚　杨传超　李春新　姚志成　孙茂臣　王恒博　曹金屏（女）

贾金升　刘振起　李　挥　李寿生　吕　琛　王旭星　杨百昌　赵振芳　杨凤芹（女）

宋宇祥　吴秉德　李允道　王玉海　李玉芳　李学勤　王明禹　解吉成　曹台中（女）

王心超　何全海　任洪昌　刘文秋　王本绥　宋福君　杨树柏　卢明志　张素兰（女）

宋玉华　李凤华　陶景尧　王忠恩　孙宝伦　孙瑞增　李英西　曹国俊　翟福安（女）

郝圣廷　阎纪文　李金明　马占鳌　倪成仁　杨永贵　赵俊山　王典贵　易淑珍（女）

常德义　张富荣　柴广义　杨逢玺　马有海　孙德洪　王立华　舒大纯　孙淑霞（女）

贺清林　贾树山　杨太科　于永庆　李晓国　关宝全　王春永　李国仁　叶庆霞（女）

刘恩崇　张富国　杜景元　马荣增　韩柏昌　郭德文　沈宝仁　白国勇　郑素荣（女）

郭绍卿　刘跃起　全成林　高雪山　邱希文　韩天云　张绍德　王国恒　张家芝（女）

刘凤元　关国事　晏世胜　王恒佩　刘春轩　刘　涛　孙成业　高贵甫　吴可心（女）

曹庆斌　孙长安　孙成林　张　新　佟恒山　郭德堂　王学财　于乐全　王桂清（女）

金有林　林宝魁　王庆新　林春俭　乔根庆　索永成　李树林　孙宝才　齐艳梅（女）

谢宝谦　沈延刚　徐文庆　褚庆达　张有林　侯富邦　康殿龙　张国良　潘雅琴（女）

王瑞合　刘明鉴　孙成文　田益山　于化连　杨富春　熊福顺　宋新树　徐今冬（女）

杨树山　张桂春　宫厚荣　张国勋　于诗才　邹恒玉　耿尚武　申　敬　王秋未（女）

刘忠志　吴仁忠　张英文　胡景文　赵广会　郭忠实　高文杰　王惠民　刘宝杰（女）

钟省仁　曹吉深　杨成林　韩殿芳　封振福　高泽元　卞子庄　潘风展　仲桂兰（女）

闫殿阜　刘庆仕　钱士浩　王忠信　金宪权　孔凡文　徐占山　周善生　许桂贤（女）

郭景生　蔡可河　刘万山　徐立武　邹木伦　徐克访　姜春阳　宁山林　高雅清（女）

任广信　刘庆娥（女）　刘　伟（女）　梁淑兰（女）　李春菊（女）　杜玉清（女）

胡发会　刘雅珍（女）　徐淑兰（女）　杜玉清（女）　刘雅珍（女）　徐淑兰（女）

赵乃新　王秀春（女）　钱　华（女）　李淑琴（女）　李素春（女）　任志勤（女）

程维书　王天凤（女）　赵瑞雪（女）　朱凤兰（女）　聂宝娟（女）　高　燕（女）

白素珍（女）　雷遂芳（女）　谢桂珍（女）　鞠桂兰（女）　王秀萍（女）

沈阳市财贸战线学大庆、学大寨会议先进生产（工作）者

司玉玺　张荣斌　崔长有　王礼全　孙衍左　马仁林　王际宝　王际宝　戴雪艳（女）

贾宝财　王会斌　贾宝财　王会斌　刘国祥　胡连臣　刘国祥　胡连臣　祖秀英（女）

杜善福　吕宗祥　肖福仁　孟昭怀　王立国　洪庆华　黄维勤　张万兴　董淑贤（女）

吴承志　李为民　张殿阁　朱绍春　常士绵　孙　富　杨文焕　王兴武　贾桂琴（女）
王俊山　那济良　王永财　刘树森　赵占琪　孙德福　白汝芳　李文发　战荣芳（女）
金灿杰　李春波　吴硕春　王凤才　李庆龙　汲元昌　孟繁荣　刘政安　徐淑芬（女）
尤玉良　张玉荣　王正修　高长福　许玉明　任光武　隋敬鹏　何文福　高淑增（女）
李安环　杨再祥　刘兴启　王洪太　孙士荣　颜福来　封焕柱　王学智　樊淑云（女）
邓君升　张希荣　姚玉贵　单连成　单连成　耿士林　马占元　黄骏业　段淑贤（女）
潘俊丰　王家浮　孙占财　王　铭　张　奎　马广仙　戢　锋　刘振江　刘淑贞（女）
唐运凯　雷荣贵　龙起江　杨明正　陈永发　苏惠钧　张合义　赵永林　石桂莲（女）
刘景志　张益寿　付培增　金德一　于敬仁　刘造炎　冯书亮　李发利　李淑敏（女）
于维申　刘宝庆　闵绍成　梁洪启　董兰玉　李铁贵　于泗广　孙宝义　阎淑荣（女）
徐凤祥　吕建伟　张德举　陈恕忠　袁　璞　李广元　陈景福　朱普庆　李桂兰（女）
王春阳　张奎保　石　斌　杨守山　王景悦　潘永恩　郑斗日　高悦强　金雅伦（女）
王泮才　郭永祥　盖志芳　张佩礼　段纯洁　张文学　张凤城　关占林　山爱芝（女）
关德春　高春久　张新亭　朱奎起　冉庆山　杨继东　赵振江　王广民　葛淑芬（女）
白世俊　刘丽环（女）　丛爱玲（女）　范文霞（女）　陈玉珍（女）　刘淑梅（女）
栾殿章　徐　晶（女）　薄香改（女）　于清春（女）　曹淑芳（女）　韩俊秀（女）
李绍武　陈菊英（女）　苗玉彬（女）　王淑荣（女）　张凤琴（女）　宋淑兰（女）
林庆友　蒋素云（女）　葛宝莲（女）　王春凤（女）　赵济珍（女）　高凤珍（女）
佟德志　秦桂珍（女）　陈　光（女）　李连爽（女）　常宗淑（女）　翟月芝（女）
郭荣斌　丁秋丽（女）　韩任顺（女）　朴福顺（女）　苗淑杰（女）　丛桂香（女）
赖秀英（女）　王　英（女）　齐凤秋（女）　董克彬（女）　舒艳坤（女）
王淑香（女）　黄际兰（女）　关玉琴（女）　孙秀兰（女）　张秀云（女）
鲍凤艳（女）　刘家香（女）　姜秀珍（女）　芦纯洁（女）　王玉秀（女）
孙淑珍（女）　张桂玲（女）　张秀芝（女）　杨玉英（女）　孟宪珍（女）
赵玉珍（女）　王凤玉（女）　董秀云（女）　张淑梅（女）　唐杰芬（女）
王宣兰（女）　郭玉梅（女）　郑素琴（女）　王秀兰（女）　张景霞（女）
王秀兰（女）　田淑芳（女）　岳桂琴（女）　郭翠根（女）　杜玉春（女）
毛晏映（女）　门秀兰（女）　杨桂芹（女）　赵振芝（女）　尚梅生（女）
李淑艳（女）　刘凤琴（女）　王桂芝（女）　张素芹（女）　王淑珍（女）
郭秀爱（女）　张玉荣（女）　武淑媛（女）　杨淑芳（女）　刘树森（女）
孙玉英（女）　陈凤玉（女）　关凤林（女）　陈桂芹（女）　邢秀芹（女）
乔芙灵（女）　李淑文（女）　白素兰（女）　邸素芹（女）　王　莉（女）

张瑞兰（女） 张淑英（女） 梁素清（女） 张凤琴（女）

1979年

劳动模范

阎德义 陈富文 张成哲 闯恩诩 崔福高 金福长 李 薰 吴少新 张桂荣（女）
贾复会 齐 进 李润庭 张嗣瀛 郑宝山 葛林森 斯重遥 梁金声 于淑丽（女）
李书彬 张文萃 王明海 郭锡维 陈友善 马 义 郭凤本 姚志成 金润素（女）
曹吉琛 徐占山 杨铁岩 卞子庄 刘庆仕 朱朝荣 袁忠山 王凤鸣 李雪铭（女）
徐长山 林元春 杨洪吉 孔庆堂 林国山 吕德顺 李裕民 王泥平 郑忠文（女）
黄家文 杨德林 李景玺 刘明成 高礼泉 米希成 穆照富 王允富 曲文英（女）
袁福本 吕雨芳 顾洪财 杨逢玺 宋福军 孙德洪 倪成仁 郝圣庭 安静娴（女）
崔昌俊 金书生 常德义 赵景祥 孙连本 葛久坚 林金树 高福臣 刘惠兰（女）
蒋有立 王德山 高玉成 陈国策 张兵延 何珠年 刘鼎环 兰福万 朱凤兰（女）
李乃功 石 魁 魏占田 李洪义 徐文庆 沈延刚 王开刚 邹本伦 聂宝娟（女）
赵树楷 纪 才 张德荣 刘廷发 邹其道 王甫亭 杨芳年 焦士杰 崔传华（女）
李树明 张德恩 白世俊 陈尚仁 王声溢 张大中 吴宏斌 王旭星 吴锦英（女）
李际孝 丁连贵 贾明阁 高友常 王维江 李树林 杨洪发 辛桂兰（女）
杨秀芳（女） 左忠贤（女） 刘凤兰（女） 裴淑兰（女） 许桂贤（女）
赵淑清（女） 谭淑琴（女） 张桂兰（女） 王巧珍（女） 罗桂兰（女）
王玉琴（女） 展桂英（女） 李 杰（女） 刘淑香（女） 金雅伦（女）
姜玉英（女） 赵素英（女） 张玉梅（女） 金玉芝（女） 肖淑菊（女）
何凤云（女） 任树坤（女）

先进生产（工作）者

于品刚 杨传超 刘振起 卞魁辰 刘蝉祯 史长清 徐德元 蒋景溥 丁玉馥（女）
王为先 齐跃山 蔡庆祥 张玉才 胡成师 姜兆洪 李 辉 周 华 黄楚帆（女）
任洪昌 刘守安 李永亭 邢书敏 王金山 白云琛 高福金 于广海 陈玉言（女）
焦宗刚 杨关福 李树德 车明颖 王 冲 伦枫梁 吕凤海 李文化 战淑英（女）
边延年 李铁生 赵 剑 刘梦奎 董世仲 张绍文 安兆林 孟立平 潘雅琴（女）
吴汉帮 李稀亮 王文章 冯 道 张绍仁 周绍昌 孙国升 石本清 杜玉芝（女）
车监之 郭福东 王永声 马景武 赵锡三 贾景生 杜景元 杨蕴璋 徐今冬（女）

张元忠 秦文焕 罗守勋 刘墨林 汪仲才 王敏生 高彐山 赵达山 倪凤芳（女）
钟玉成 宋宇祥 张凤武 王一平 方志好 朱永祥 侯义平 白尚殷 杨紫云（女）
许国林 王泉根 康金海 丁建敏 吴士政 牛福江 周成显 窦立和 何少凝（女）
王作释 高占玉 韩行巳 田益山 陈少发 端木楠 曹国松 王立洲 高雅清（女）
王恒发 张凤阳 赵国才 单玉恩 田常勤 谢　琪 付定一 王振文 赵大杰（女）
冯永祥 李　木 黄德信 李汉章 刘仁生 张国范 尹士贤 王礼全 赵大杰（女）
孟昭怀 王俊山 吴承志 王兴武 杨再祥 李明春 孙士荣 陈富忠 刘　伟（女）
邓君升 封焕柱 张希荣 姚玉贵 赵国恩 陈永发 魏忠良 于敬仁 张淑兰（女）
于维申 李铁贵 关承宽 刘　志 陈恕忠 陈景福 王泮才 邹士福 唐风仙（女）
高春久 郭洪祥 杨继东 李经石 栾殿章 陈业炎 王树春 肖忠耐 张桂兰（女）
吕　琛 郭效汾 刘少立 王锡伍 胡炳文 张震泽 闻帮椿 葛朝鼎 周敏英（女）
吴万用 邢恩德 彭洪涛 底仲修 许清涛 吴安岩 张效武 李景明 黄彐艳（女）
方明观 李海潮 佟玉衡 邹殿山 林兴芝 朱庆喜 赵　钰 李友清 王丽莉（女）
冯连玉 王玉海 马　奎 韩玉昌 李玉振 王　岷 李忠贤 吴继先 贾桂琴（女）
吴连纯 于仁水 孙庆柏 马振林 张传信 许志富 邓玉钦 李云柱 葛淑芬（女）
梁恩彦 阚玉林 李培生 邹恒玉 张英文 赵广会 王惠民 钟省仁 王丽娟（女）
高泽元 潘凤展 阎殿章 钱士浩 孔凡文 郭景生 张云朋 吴仁宗 丛爱玲（女）
王恩科 胡鼎生 吴俊杰 马宗文 魏井林 孙兆增 罗祥生 张金玺 卢纯杰（女）
徐衍泉 曾宪明 蔡克何 梁纯有 栾乐云 于德水 李连仲 李效忠 宋淑兰（女）
吕学科 孟宪春 朱庆荣 康元林 何金目 刘文秋 赵仁清 褚传发 葛宝莲（女）
梁宝金 王心超 李振凤 王德仁 楚兴茂 安宗武 芦洪正 张凤有 赵济珍（女）
王明禹 解景海 王本绥 李绍文 关延新 顾为民 蔡德全 李凤华 商金凤（女）
郑玉璋 尹全发 王忠恩 张光远 李英西 魏永志 陶景尧 陈福堂 陈　光（女）
张文发 罗乃祥 马有海 马占鳌 李金明 杨士玫 于洪林 王铁钢 苗淑杰（女）
单昭来 杜广贵 杨永贵 赵俊山 柴广义 柯福长 张汉卿 宋德顺 翟月芝（女）
李国仁 关宝全 蔡玉田 贺玉田 孙维芝 伯永琪 周恒友 张国祥 张秀云（女）
王玉亮 金成钧 张付国 丛兆林 王历儁 张志海 万文仲 王更才 黄际兰（女）
李庶彦 刘中天 刘兆印 郭绍清 邱希文 白国勇 刘跃起 全成林 关玉琴（女）
商家威 李增加 于明金 王风山 刘春轩 王恒配 刘　涛 王力华 张秀芝（女）
周德朋 宁元增 曹司山 于会治 贺清林 李忠武 杨太科 陶惠祥 石广玉（女）
张有功 李万清 马忠英 王增富 周玉良 曲玉辉 孙敏森 张　新 孙彩霞（女）
佟恒山 孟庆国 王学才 鲍良芝 孙成业 孙希文 蔡雨山 顾福杰 郑素琴（女）

于永庆　庄　祥　石宝符　赵旭华　周洪裕　高贵甫　郭金田　彭兴我　尚梅生（女）
刘成喜　金有林　矫树万　李景贵　姜跃洲　林宝魁　季世明　顾广祥　赵振芝（女）
张文举　康殿龙　李树玉　邓玉森　王　德　陈瑞季　张友林　褚庆达　张素琴（女）
王新华　孙学利　杨树山　张桂春　宫厚荣　刘长江　袁长永　陈自忠　白素兰（女）
隋树林　兰文泉　孙成文　姚维业　张玉堂　张国勋　兰玉山　王初发　邸素琴（女）
吴效忠　梁洪启　赵同胜　杨发祥　赵国清　刘国祥　司玉玺　刘树森　王淑萍（女）
任光武　白汝芳　李文发　金灿杰　徐洪礼　孙德福　孙宝义　佟德志　张瑞兰（女）
史宏伟　岁盛英　张　启　任广信　邹家兴　韩玉才　张长贵　何达全　戴秀梅（女）
刘永文　梁淑清（女）　张凤琴（女）　李风丽（女）　金洪声（女）　葛喜梅（女）
张伟昌　解玉芝（女）　年秀坤（女）　郑英子（女）　刘宗清（女）　王淑莲（女）
田焕章　贾淑研（女）　涂国珍（女）　张奎英（女）　任　竞（女）　苏　华（女）
孔广林　周淑英（女）　于世华（女）　陈福香（女）　陈崇杰（女）　齐玉霞（女）
翟永发　付桂英（女）　刘家香（女）　贾玉杰（女）　陈忠凡（女）　刘兰芳（女）
杨凤芹（女）　尹月樵（女）　筱俊亭（女）　武小侠（女）　任志勤（女）
白淑珍（女）　李洪凤（女）　雷凤英（女）　洪德莲（女）　陈淑云（女）
高　燕（女）　王德云（女）　段长桂（女）　张淑萍（女）　孙淑霞（女）
张淑琴（女）　田素坤（女）　翟福安（女）　易淑珍（女）　叶庆霞（女）
张淑兰（女）　辛翠玉（女）　曲桂珍（女）　宋玉华（女）　周艳华（女）
翟凤英（女）　梁春花（女）　张家芝（女）　汪奎媛（女）　赵桂芬（女）
毕桂芳（女）　张淑兰（女）　杜凤英（女）　张运芝（女）　齐艳梅（女）
白淑芬（女）　沈玉兰（女）　肖淑珍（女）　王淑云（女）　柴玉华（女）
佟凤云（女）　王月琴（女）　全银子（女）　金良善（女）　吴桂兰（女）
郑玉兰（女）　李淑云（女）　王秋未（女）　王桂英（女）　吴可心（女）
王桂清（女）　宋美霞（女）　勾淑霞（女）　左铃霞（女）　孙凤琴（女）
刘宝杰（女）　杨景姝（女）　刘庆娥（女）　王月芳（女）　梁素兰（女）
郭秀英（女）　王秀春（女）　李淑英（女）　梁　军（女）　陈金萍（女）
杜玉清（女）　李素春（女）　胡春美（女）　刘亚珍（女）　钱　华（女）
高书文（女）　邹玉杰（女）　陈菊英（女）　鞠桂兰（女）

1980年

劳动模范

阎德义　陈富文　刘鼎环　张成哲　李润庭　葛林森　崔福高　闯恩诩　郑忠文（女）
齐　进　吴少新　徐长山　王开刚　郑宝山　贾复会　王明海　郭锡维　张桂兰（女）
张文萃　赖祖涵　王声溢　康金海　王凤鸣　马　义　孔庆堂　林元春　崔传华（女）
高礼泉　林国山　王泥平　黄家文　李景玺　刘明诚　袁忠山　米希成　张桂荣（女）
穆照富　王允富　顾洪财　孙德宏　杨逢玺　常德义　郝圣庭　孙连本　李雪铭（女）
金书生　倪成仁　吕雨芳　蒋有立　王德山　杨德林　张兵延　崔昌俊　金润素（女）
高玉成　林金树　陈国策　何珠年　袁福本　许国林　李世忠　翟福安　庞丽娟（女）
王春香　李凤华　程再元　包贵义　孙兴国　金福长　石　魁　李洪义　曲文英（女）
孙学利　李乃功　徐文庆　沈延刚　兰福万　康殿龙　陈友善　杜永刚　左忠贤（女）
姚志成　曹吉琛　徐占山　杨铁岩　卞子庄　刘庆仕　朱朝荣　张云庆　杨秀芳（女）
郭凤本　刘振起　谢明师　李寿生　赵树楷　张德荣　王甫亭　马广仙　吴锦英（女）
李铁贵　焦士杰　邹其道　白士俊　王洪太　纪　才　刘廷发　张德恩　许桂贤（女）
唐任远　王旭星　方明观　葛朝鼎　刘国武　丁连贵　李际孝　陈松和　刘凤兰（女）
王凤才　葛诗林　贾明阁　高友常　杨洪发　刘树才　张　全　辛桂兰（女）
赵淑清（女）　裴淑兰（女）　王淑云（女）　倪凤芳（女）　张桂芝（女）
谭淑琴（女）　于淑丽（女）　刘惠兰（女）　聂宝娟（女）　王德云（女）
王巧珍（女）　罗桂兰（女）　周敏英（女）　金雅伦（女）　刘素香（女）
展桂英（女）　郑淑琴（女）　张秀芝（女）　姜玉英（女）　范崇燕（女）
刘宗清（女）　金毓芝（女）　何凤云（女）　肖素菊（女）　尹月樵（女）

先进生产（工作）者

窦立和　蒋昌业　杨关福　高启祥　车明颖　吴广学　李文化　葛久坚　张翠兰（女）
边延年　李铁生　欧阳铭　邢如砺　刘玉超　胡立成　高　勇　李庚梅　战淑英（女）
李永亭　白云深　熊志春　李忠超　于广海　李成坤　王金山　王锡武　王德花（女）
赵维博　蔡德泉　安兆林　张克有　王文章　王永贵　李锡亮　冯　道　梁冬梅（女）
徐家俊　杨景培　崔日权　宋志远　周绍昌　车监之　孙国升　王永声　徐今冬（女）
金成钧　周恒有　马景武　杜景元　霍恒滨　汪仲才　邱希文　赵达山　佟凤云（女）
刘墨林　耿殿泽　高雪山　李庶彦　于明金　王敏生　秦文焕　王立石　西传英（女）

王春元　方志好　吴秉德　钟玉成　余镇危　孙玉成　宋宇祥　于乐洪　杨紫云（女）
金宝明　孙希文　夏光明　姜德政　马名仲　乔奎秀　史怀林　赵大杰　何少凝（女）
吴世政　董文礼　周成显　梁金声　张贵春　王新华　姚维业　魏占田　郭阳翠（女）
李德巨　齐人礼　曹国松　刘子秀　陈如龙　王恒发　谭振华　刘玉华　翟月芝（女）
马振富　刘蝉祯　程显英　贾金升　黄石连　吴庚臣　徐德元　蔡克河　白素兰（女）
张玉才　崔万钧　崔玉波　张福浩　张继昌　罗乾显　周　华　唐国荣　丛爱玲（女）
杨传超　史长清　魏秉梅　沈运生　刘玉田　陈福年　李成山　李宗成　梁淑清（女）
李厚康　陈铁君　赵志诚　马喜泉　刘仁生　张国范　赵玉善　王初发　张瑞兰（女）
张大奇　张志新　姚大有　代连发　李树明　李景长　任光武　全巨山　尚梅生（女）
张兴厚　刘　志　孟昭怀　魏忠良　芦景兆　梁维平　杨继东　罗志煊　黄际兰（女）
陈富忠　吴承志　陈永发　高春久　王泮才　单连成　邓君升　王俊山　葛宝莲（女）
王兴武　马占元　郭洪祥　栾殿章　郑国福　封焕柱　李发利　薛恩荣　田淑芳（女）
杨再祥　孙士荣　于维申　李明春　郭荣斌　李经石　常殿云　孙占财　祖秀英（女）
韩晓林　陶学文　胡炳文　吕　琛　林树贤　张永泰　珞　珈　李贤成　陈菊英（女）
彭洪涛　关维东　马学斌　许清涛　张效武　李福山　李海潮　杜功礼　张凤琴（女）
张作宪　徐庆余　李景明　杨家树　吴宏斌　安延春　邹殿山　张敬铭　邢秀芹（女）
朱庆喜　刘绍勋　毕士贤　赵　钰　刘　翌　杨全安　王玉海　韩玉才　邸素芹（女）
张　奎　韩玉昌　于忠和　刘忠义　任洪良　李云柱　陈远生　高凤海　贾桂琴（女）
刘儒学　宛玉良　高士林　孙　勇　李贵森　李玉振　程景龙　于潮深　宋淑兰（女）
王家林　马品芳　林绂之　刘文秋　赵仁清　金树元　梁宝金　侯墨池　张淑芹（女）
楚兴茂　王德仁　芦洪正　安宗武　栾乐云　于得水　吕凤海　李连仲　董秀云（女）
殷传芳　杨庆文　孙天仁　任洪昌　初绍忠　朱庆荣　何金月　关延新　芦纯洁（女）
李绍文　焦晋卿　袁德林　王忠恩　王明禹　郑玉璋　尹全发　张光远　关玉琴（女）
李英西　魏永志　陈福堂　张凤有　王本绥　邢书敏　马继法　张绍文　孙彩霞（女）
芦景林　罗乃祥　马有海　代奎文　李洪才　李成军　祁占东　李振江　高淑增（女）
那兴奎　杨永贵　张文斗　刘树仁　王树林　于殿堂　田永安　蒋润田　戴秀梅（女）
张汉卿　吴　侠　李国仁　孙维芝　席庆生　丛兆林　张志海　王丕贤　王会兰（女）
孙志春　孙启丰　关宝权　张汉清　伯永琪　魏汉民　冯兰亭　张富国　石桂莲（女）
贺玉田　郭绍清　李体峰　刘跃起　商家威　王庚才　王凤山　张福林　王淑萍（女）
李增加　王克安　白国勇　王力华　周德朋　宁元增　董跃泉　曹司山　朱世英（女）
于济才　李忠武　张树法　杨太科　李家贵　张有功　季万清　马忠英　吴佑新（女）
胡海波　金　诚　陈令贵　王恒佩　刘春轩　孙敏森　曲玉辉　周玉良　赵素英（女）

杨春明　张铁南　鲍良之　佟恒山　王成国　孟庆国　孙成业　王学财　冯玉珍（女）

陈金贵　于　记　庄　祥　田志绪　高贵甫　彭兴我　马义民　赵旭华　周雪菡（女）

郭金田　戴　柄　刘政安　季世明　韩守良　林宝魁　金有林　矫树万　李凤丽（女）

赵旭东　金献阁　刘玉曾　刘铭监　杨树山　兰文泉　隋树林　郝明玉　张玉琴（女）

姜永坤　吴少举　张国勋　李树玉　曹文明　陈自忠　纪朝明　杜福来　郑英子（女）

张友林　刘长江　王　德　刁占祥　周万和　袁长永　宋延帮　杨松楠　葛喜梅（女）

杨启来　邹恒玉　吴俊杰　钱士浩　陈启生　王恩科　胡鼎生　高泽元　张玉梅（女）

郭景生　潘风展　安茂田　徐衍泉　赵广会　肖振田　孔繁文　孙兆增　于淑琴（女）

张金玺　顾树堂　罗祥生　史维民　姜忠田　曾宪明　赵兴田　鲍庆瑞　张奎英（女）

张云鹏　马宗文　王惠民　钟省仁　梁纯有　李绍昌　吴兴德　赵国卿　贾淑妍（女）

李春生　邓重美　牟家忠　刘树森　白汝芳　佟德志　刘国祥　徐鸿礼　孙珂利（女）

崔润生　潘国文　李文发　曲福志　张　启　梁洪启　任广信　罗盛英　于桂英（女）

邹家兴　史宏伟　朱世昆　田焕章　张蔙云　张长贵　靳友林　刘永文　任　兢（女）

李树林　张伟昌　李明良　孙永刚　单维学　刘瑞祥　孔广林　邓竹君（女）

李春岩（女）　向　红（女）　张淑芳（女）　赵玉梅（女）　黄凤珍（女）

周淑英（女）　王玉香（女）　付桂英（女）　陈福香（女）　陈崇杰（女）

李桂兰（女）　贾玉杰（女）　韩玉杰（女）　筱俊亭（女）　武小侠（女）

郭淑琴（女）　张淑琴（女）　王玉琴（女）　李秀芬（女）　易淑珍（女）

叶庆霞（女）　张淑萍（女）　刘桂兰（女）　张淑琴（女）　田素坤（女）

周艳华（女）　翟凤英（女）　辛翠玉（女）　宋玉华（女）　王成芳（女）

杜凤英（女）　曲　静（女）　张家芝（女）　潘雅琴（女）　沈玉兰（女）

齐艳梅（女）　白淑芬（女）　常凤玉（女）　王秋来（女）　李淑云（女）

金良善（女）　王月琴（女）　陈秀莲（女）　全银子（女）　翟淑珍（女）

王桂英（女）　王桂清（女）　权春子（女）　陈丽艳（女）　杨景姝（女）

勾淑霞（女）　宋美霞（女）　孙淑琴（女）　林述爱（女）　刘庆娥（女）

王月芳（女）　郭秀英（女）　高雅清（女）　刘　丽（女）　孟庆艳（女）

钱　华（女）　刘荣华（女）　王秀春（女）　陈金萍（女）　刘雅珍（女）

李淑英（女）　姜艳芹（女）　任志勤（女）　白淑珍（女）　张淑霞（女）

郑桂英（女）　邹玉洁（女）　郭迎春（女）　邱玉蓉（女）　韩　杰（女）

张守洁（女）　任淑坤（女）

1981年

劳动模范

阎德义 张成哲 崔福高 李润庭 闯恩诩 齐　进 王声溢 郑宝山 郑忠文（女）
许国林 谢明师 郭锡维 赖祖涵 徐长山 张文萃 葛林森 王明海 倪凤芳（女）
王甫亭 杜永刚 李铁映 王瑞贤 林国山 王泥平 黄家文 王允富 金雅伦（女）
顾洪财 郝圣庭 孙连本 蒋有立 张兵延 崔昌俊 林金树 陈国策 崔传华（女）
袁福本 王春香 李凤华 包贵义 于得水 李文化 金有林 赵仁清 王巧珍（女）
栾乐云 任洪昌 杨德林 张　全 戴挹柄 金书升 何珠年 杨逢玺 张桂兰（女）
程再元 倪成仁 常德义 安兆林 陈金贵 冯　道 刘明成 李世忠 庞丽娟（女）
米希成 王　铁 王德山 高礼泉 吕雨芳 袁忠山 穆照富 高玉成 尹月樵（女）
李体峰 盖立荣 陈友善 朱朝荣 姚志诚 曹吉琛 杨铁岩 卞子庄 杨秀芳（女）
刘庆仕 张云庆 刘振起 史长清 胡鼎生 吴少举 李乃功 朱殿石 谭淑琴（女）
张学利 康殿龙 沈延刚 白福春 纪　才 孟昭怀 王洪太 刘福太 许桂贤（女）
李寿生 唐任远 刘国武 王天进 李铁贵 赵树楷 丁连贵 马广仙 罗桂兰（女）
焦士杰 王旭星 葛朝鼎 李际孝 葛诗林 白士俊 邹其道 杨洪发 曲文英（女）
李海朝 刘树才 李福山 高友长 邹殿山 陈松和 杨万良 裴淑兰（女）
翟福安（女） 张淑琴（女） 安静娴（女） 吴锦英（女） 刘凤兰（女）
刘庆娥（女） 左忠贤（女） 张桂芝（女） 隋金兰（女） 王淑云（女）
孟庆珍（女） 赵淑清（女） 辛桂兰（女） 陈丽艳（女） 佟福珍（女）
刘惠兰（女） 聂宝娟（女） 王德云（女） 姜艳芹（女） 钱　华（女）
张亚珍（女） 周敏英（女） 丛爱玲（女） 邱玉荣（女） 刘素香（女）
李雪铭（女） 夏凤清（女） 范崇燕（女） 刘宗清（女） 何凤云（女）
齐凤秋（女） 吴　敏（女） 肖淑菊（女） 张秀芝（女） 周雪菡（女）
郑淑琴（女） 郭迎春（女） 于淑芹（女） 白素兰（女）

先进生产（工作）者

吴士江 刘生贵 卢洪正 安忠武 楚兴茂 李文奎 李连仲 吕凤海 丁乔松（女）
侯墨池 刘文秋 佟英杰 朱庆荣 焦晋卿 付广相 徐佩银 王怀志 易淑珍（女）
郭成英 孙兴国 谢大瑞 关延新 李绍文 孙吉祥 何全目 王本绥 于亚娟（女）
尹全发 郑玉璋 王忠恩 陈福堂 李英西 那世雄 马继法 魏永志 宋玉华（女）

满景芳	王希有	阎　颖	李承业	张凤有	王树凡	张同华	张庆文	吴希英（女）
王进本	孙天仁	刘际祥	王立华	孙文贵	于济才	常奎英	杨泰科	王成芳（女）
王洪安	张有功	季万清	董跃泉	陈令贵	王　伟	胡海波	马忠英	周艳华（女）
刘春轩	苏福生	吴效忠	矫树万	季世明	吴英杰	舒文军	刘玉清	辛翠玉（女）
韩守良	张文斗	孙德义	杨永贵	于殿堂	陈仲义	蒋润田	张汉清	刘桂兰（女）
田宝文	高成刚	王树林	杨春义	丰玉林	孙德洪	张绍文	房锡有	王桂清（女）
那兴奎	刘凯民	马友海	罗乃祥	赵福春	王铁钢	姜成会	梁殿林	王桂英（女）
安逸芝	祁占东	胡忠国	张　东	夏重书	李振江	杨春明	张友光	全春子（女）
王成国	杨振有	孙成业	王学才	于　靖	阎文洲	赵炳岩	彭兴我	周凤兰（女）
庄　祥	吴少新	于永庆	张德胜	吴世政	王会来	林宝奎	王洪江	王静华（女）
宫连城	张志海	何长春	高述真	于仁登	王丕贤	赵文华	禹贺林	李淑香（女）
李国仁	冯兰亭	南　鹏	常凤玉	薛宝仁	赵洪信	庞宪忠	伯永琪	张家芝（女）
丛兆林	杨德轩	朱玉贵	周宪文	孙启丰	张跃明	韩永柱	王有恒	张惠君（女）
姚廷岐	宋宗山	李瑞忠	郭绍清	李增加	刘跃起	商家威	王凤山	曲　静（女）
李洪禄	刘志恒	王润昌	李希林	屈连福	刘凤元	赵世千	周玉良	王桂香（女）
王东全	窦立和	孔庆堂	杨立志	谭振威	王志佐	邢茹砺	韩振华	李洪香（女）
金树元	杨关福	葛久坚	高元秀	杨庆文	高　勇	李铁生	李庚梅	刘　力（女）
马品芳	熊志春	赵维博	邢书敏	卢振章	李宝增	林元春	欧阳铭	徐桂兰（女）
边义功	王玉君	王金山	于广海	王锡武	艾龙成	史铁毅	梁之安	白淑芬（女）
方志好	孙玉成	宋宇祥	佘缜危	李洪祚	牟家忠	姚大有	张志新	姚淑洪（女）
李兆福	安适纯	史怀林	王家林	何维忠	杨景培	刘增凡	车监之	王素华（女）
孙国升	吴宗仁	何子安	张兴华	张克有	刘国才	佟恒山	孙希文	王洪芹（女）
夏光明	孙本利	马义民	赵旭华	王卿义	王世昌	董景田	赵大杰	郎淑清（女）
曹以兴	段　同	金成钧	周恒有	王亚斌	孙志春	曹树和	杜景元	李淑云（女）
陈开福	赵宗保	刘金保	徐有顺	汪仲财	刘墨林	白国勇	于明金	金良善（女）
秦文焕	王立石	张凤楼	代锡平	张克树	单文佐	魏绍广	林志秀	宋美霞（女）
赵庆海	李培洪	赵　瑞	于灵家	张维顺	高雪山	刘秉清	金宝明	刘丽芬（女）
王恩科	刘俊峰	吴俊杰	陈启生	韩殿芳	钟省仁	赵广会	林德让	孙淑琴（女）
马振国	孙福忠	郑洪岭	程家强	赵兴田	贺旭东	王保林	郭景生	汤先丽（女）
徐衍泉	郭　起	余基国	李绍昌	唐栋庭	高泽元	顾树堂	罗祥生	吴　杨（女）
蔡运金	黄石连	郭全祥	于品刚	孙庆元	钱士浩	邹恒玉	沈炳炎	田九奔（女）
王惠民	包成章	林维保	肖熊裔	崔万钧	杨传超	沈广学	程光轸	张长荣（女）

蔡克河　唐国荣　马祥瑞　杨懋钧　张玉财　王会林　李树玉　杜福来　赵印琴（女）

高玉枝　金宪阁　隋树林　贺先柱　何连启　杨松南　唐永发　鲍永志　张郁莉（女）

马相臣　赵修岭　张朋仁　赵英堂　宋顺庆　兰文泉　刁占祥　王新华　王坤元（女）

戴有明　韩克祥　徐福山　徐文庆　段英强　黄金岭　张国勋　常永顺　刘桂芹（女）

庞顺瑞　宋连义　张贵春　仲兆信　李秀山　马振富　魏占田　杨明先　吕　军（女）

王汉云　姚维业　曹国松　王恒发　邵式坡　王宝田　林国政　刘玉华　邹玉杰（女）

刘福安　李儒田　王金成　矫贵德　刘国祥　王福文　王其林　李明春　战淑英（女）

白汝芳　王德祥　李文发　姜文山　于永洲　李景长　崔润生　刘树森　刘映辉（女）

杨再祥　付泉清　赵海东　陈富忠　韩晓林　卜其吉　胡性之　陈福年　潘雅琴（女）

赵志诚　陆海林　马喜泉　刘玉田　李成山　曹永泉　刘仁生　李春生　曾淑英（女）

赵国卿　吴兴德　陈　水　副宝庆　李传璞　郭景阳　张永泰　商　闻　沈玉兰（女）

蒋　巍　曾周良　王德卿　张占东　杜继阳　戴树田　刘绍勋　尹龙占　梁冬梅（女）

王成金　李玉石　王志涛　陈远声　李云柱　洪忠党　陈裕敏　张振斌　曹淑芳（女）

张葭云　梁洪启　张　启　张作宪　孙永和　彭洪涛　张　奎　邹家兴　胡　平（女）

陈大伟　任广信　辛墨文　史宏伟　朱世坤　单连成　孙占财　马占元　徐今冬（女）

宣永太　梁维平　韩玉才　于忠和　于福生　李树田　周立方　韩玉昌　陈秀莲（女）

罗盛英　张树春　王玉海　石殿棋　李发利　朱庆喜　白贵清　刘义春　西传英（女）

石玉德　刘树林　安春林　王泮才　池明宇　贾荣光　刘俊江　栾殿章　杨紫云（女）

佟德志　郭荣斌　刘绍成　黄忠吉　刘永文　常殿云　张福镇　张效武　佐素云（女）

阎俊山　林采杰　李玉库　朱奎启　杨继东　王兆启　贾凤山　刘　志　王守环（女）

史景林　张英连　李井明　李玉震　杜德春　张长贵　方明观　王士安　郑桂英（女）

王子富　田义忠　慈铭德　吴景文　陈相会　李成森　吴国江　高永春　张淑霞（女）

马名仲　彭　群（女）　赵锦明（女）　姚家秀（女）　李淑英（女）　李凤贤（女）

孔广林　刘荣华（女）　孟庆艳（女）　高收文（女）　王岩岚（女）　徐媛滋（女）

高宏英（女）　秦凤兰（女）　王占兰（女）　祖秀英（女）　卢孜泓（女）

刘淑梅（女）　于　凤（女）　毕崇秀（女）　高玉莲（女）　卢纯杰（女）

何淑娟（女）　王晓丹（女）　杨淑华（女）　宋淑兰（女）　张凤芹（女）

刘焕荣（女）　葛宝莲（女）　翟丽娟（女）　潘世琴（女）　王福珍（女）

任　竞（女）　孙卓莹（女）　金玉芝（女）　柳英环（女）　刘佩云（女）

吴慎义（女）　迟淑珍（女）　邓竹君（女）　潘秀珍（女）　白秀亭（女）

筱俊亭（女）　武小侠（女）　姜桂云（女）　张淑琴（女）　张守杰（女）

王　威（女）　刘淑洁（女）　尚梅生（女）　金迺辰（女）　庞春梅（女）

付桂英（女） 任淑芝（女） 黄际兰（女） 孙桂兰（女） 李桂兰（女）
赵启焕（女） 赵桂清（女） 回春茹（女） 张慧娴（女） 齐　玲（女）
温淑媛（女） 赵素文（女） 孙玉香（女） 赵翠娟（女） 周淑英（女）
李秀茹（女） 张淑芳（女） 董秀云（女） 谢志雪（女） 亢德贤（女）
韩玉杰（女） 黄凤珍（女） 王玉香（女） 夏爱凤（女） 陈桂珍（女）
王秋英（女） 邢俊芳（女） 于维申（女） 陈福香（女） 李凤丽（女）
任淑坤（女） 黄永红（女） 徐桂英（女） 殷桂荣（女） 郑淑芳（女）
姬秀芳（女） 梁素清（女） 张素红（女） 王淑莲（女） 戈玉芬（女）
张奎英（女） 张凤琴（女） 赵桂华（女） 王玉琴（女） 邢秀芹（女）
贾素研（女） 娄秀莲（女） 苏桂芝（女） 王淑萍（女） 邹玉梅（女）
张玉琴（女） 宋文贤（女） 胡才才（女） 孙学军（女）

1982年

劳动模范

陈富文 张成哲 董香利 陈金贵 林国山 于得水 何珠年 王春香 吴绍新
崔昌俊 孙连本 蒋有立 顾洪财 许国林 黄家文 金书升 李文化 刘庆娥（女）
马品芳 李延林 王怀志 丁合亭 赵仁清 郝圣庭 侯墨池 关明远 杨秀芳（女）
王成国 张凤舞 安兆林 周德朋 史铁毅 唐全尧 王本绥 孙希文 吕　军（女）
吴世政 张绍文 罗乃祥 吕庆斋 林金树 李凤华 王允富 陈国策 刘桂兰（女）
袁福本 郑宝山 刘鹏飞 汪文锦 丰玉林 那兴奎 祁占东 李文魁 翟福安（女）
邢如砺 李宝增 韩振华 焦晋卿 安忠武 芦洪正 王进本 关延新 吴锦英（女）
崔克杰 王锡武 季万清 尹全发 王甫亭 王洪太 王延刚 曹德林 张淑芹（女）
潘广义 唐任远 韩执璋 刘国武 陈　水 赖祖涵 闻邦椿 李宇权 易淑珍（女）
梁文卿 谢明师 刘福太 李润庭 王天进 王子富 陈松和 田义忠 周艳华（女）
蔡宝贵 兹明德 王凤财 施廷藻 吕凤海 李铁贵 丁连贵 赵树楷 张雅珍（女）
马广仙 彭洪涛 杨胜东 芦永生 韩文玉 孙永祥 张书芳 李乃功 丛爱玲（女）
齐凤来 刘明鉴 孙学利 沈延刚 吴少举 彭高林 张连金 刘玉增 周敏英（女）
高有岐 于泽昌 白福春 朱殿石 赵玉山 徐福山 栾文泉 田济洲 罗桂兰（女）
李树玉 张贵春 宋延帮 王会林 谢恩和 曹国松 魏延顺 贺先柱 刘焕荣（女）
王恒发 肖庆丰 李世忠 程再元 高玉成 蒋润田 曾昭祥 徐有顺 刘淑梅（女）
季世明 王家林 王　铁 王德山 周宪文 周恒有 孙维芝 孙志春 高玉莲（女）

杜景元　丛兆林　赵宗保　于仁奎　吴镇良　吕雨芳　李体峰　郭绍清　于　凤（女）
韩永柱　刘墨林　张克树　俞　辉　王兴文　刘忠和　史延亮　刘秉清　尹月樵（女）
周玉良　徐长山　张文斗　许立洪　杨永贵　郭希振　秦忠英　杨春义　孙卓莹（女）
张志平　孙　成　苏福生　姜延功　胡海波　马忠英　冯　道　杨逢玺　侯桂云（女）
张兵延　穆照富　任洪昌　马有海　赵乃圣　王金山　邢书敏　闯恩诩　邱玉蓉（女）
窦立和　阎德义　陈友善　杜永刚　朱朝荣　王泥平　曹吉琛　杨铁岩　刘素香（女）
郭锡维　胡鼎生　於品刚　黄石连　陈寿根　陈启生　赵义田　肖玉顺　夏凤清（女）
吴俊杰　沙正平　马振国　张云庆　林德让　徐占山　肖熊裔　张炳余　曲文英（女）
史长清　贺旭东　刘庆仕　郭景生　卞子庄　刘振起　赵秉岩　戴挹柄　范崇燕（女）
王卿义　谢文瑞　郭希斌　赵大杰　安适纯　马名仲　刘明成　袁忠山　何凤云（女）
梁洪启　常德义　朱世昆　王声溢　王旭星　葛朝鼎　王玉刚　高友常　齐凤秋（女）
方明观　邹殿山　葛诗林　刘树才　邹其道　李海潮　孟昭春　郑孝国　胡淑芳（女）
鞠传洪　王振兴　俞玉鼎　王振东　郭文祥　时长佐　陈维贤　王万生　胡淑芳（女）
高振华　李兆生　孙玉宝　荣　辉　赵济财　孟庆礼　杨景昌　金凤权　姜艳芹（女）
戴有典　萨士华　孙永茂　林英浩　王兴亚　蒋福林　于世良　赵万忠　李凤贤（女）
石耕田　赫广连　赵常尧　杨新城　宿广太　陶启林　王延森　王会翠　马桂英（女）
邢巨山　秦凤兰（女）　郑忠文（女）　王巧珍（女）　张桂兰（女）　金雅伦（女）
田永稔　王淑云（女）　张桂芝（女）　张郁莉（女）　隋金兰（女）　徐惠玲（女）
赵洪庆　徐秀媛（女）　刘慧敏（女）　梁冬梅（女）　孟庆珍（女）　徐今冬（女）
郑孝国　西传英（女）　姚淑洪（女）　芦桂荣（女）　赵淑清（女）　汤先丽（女）
霍宝浼　崔传华（女）　辛桂兰（女）　田九奔（女）　和苏连（女）　陈汝荣（女）
姚志成　孙维荣（女）　李淑香（女）　战淑英（女）　李洪香（女）　裴淑兰（女）
辛翠玉（女）　王桂清（女）　张　桦（女）　左忠贤（女）　刘惠兰（女）
刘凤兰（女）　庞丽娟（女）　佐素云（女）　谷雅兰（女）　宋桂范（女）
王德云（女）　何少凝（女）　许桂贤（女）　倪凤芳（女）　安静娴（女）
佟福珍（女）　张长荣（女）　吴　敏（女）　李秀茹（女）　肖淑菊（女）
韩玉杰（女）　董秀云（女）　王玉香（女）　杨桂斌（女）　王秋英（女）
阎凤伟（女）　贾淑妍（女）　邢秀芹（女）　白素兰（女）　慕世英（女）
郭英春（女）　于素芹（女）　李　霞（女）　阎晓莹（女）　苏玉兰（女）

1983年

特等劳动模范

唐任远　顾诵芬　朱朝荣　阎德义　张成哲　闻邦椿　刘明诚　王声溢　安静娴（女）
刘玉增　杨胜东　王兴亚　王巧珍（女）

劳动模范

陈富文　丁合亭　孙连本　窦立和　于得水　李文魁　郝圣庭　谭振威　易淑珍（女）
全　骏　芦洪正　王修家　林玉相　胡景廷　许宽熙　李文化　邢如砺　杨秀芳（女）
吕凤海　汪文锦　赵仁清　杨孝芳　刘鹏飞　任洪昌　李延林　王怀志　张淑琴（女）
韩振华　侯墨池　王进本　张清文　王允富　李宝增　芦盛谦　陈国策　翟福安（女）
关延新　邢书敏　金虎兵　蒋有立　刘永江　崔昌俊　王本绥　王朴林　刘桂兰（女）
郭锡振　许立洪　张志平　秦忠英　张朝俊　黄东波　杨永贵　孙　成　吕　军（女）
张凤武　余镇危　苏福生　任恩连　王家林　秦涛年　吴振良　周宪文　宫长艳（女）
李良会　于仁奎　孙维芝　孙志春　付永仁　王德山　俞　辉　张克树　曲　静（女）
季世明　李体峰　高玉成　郭绍清　高守范　王兴文　刘忠和　史延亮　李淑华（女）
刘墨林　韩永柱　赵兴桥　艾炳政　刘秉清　马世恒　赵永昌　程再元　倪凤芳（女）
蒋润田　张文斗　曾昭祥　张占东　王天进　高贵春　杨玉理　王化民　裴淑兰（女）
李寿生　赵志诚　谢明师　高　进　徐长青　王旭星　赵树楷　丁连贵　徐秀媛（女）
刘多沛　马广仙　吴育斌　孙景森　杨泽立　季福荣　朱世昆　葛朝鼎　刘慧敏（女）
胡　勇　高友常　王玉刚　张桂春　宋延帮　孙学利　谢恩和　栾文泉　隋金兰（女）
魏延顺　徐福山　费诚信　黄纪荣　朱殿石　刘跃华　刘全义　曹德林　王淑云（女）
刘　凯　王延刚　聂开永　王洪太　梁文卿　朱廷儒　李润庭　翟允昌　徐金冬（女）
陈　水　陆钟武　袁家麟　金玉良　李忠贤　薛恩荣　方明观　邹殿山　姚淑红（女）
葛诗林　石玉德　刘树才　郑相宪　邹其道　李海潮　佟德志　袁允声　芦桂荣（女）
王子富　刘西库　杨　柏　张天中　金宝在　王连峰　林　珂　关　斌　西传英（女）
高永春　施廷藻　程远连　孔庆堂　时崇袖　吕庆斋　成　安　张义山　王洪芹（女）
靳风书　尹全发　赵乃圣　张　全　张　军　穆照富　邓国微　董　镛　徐慧玲（女）
史铁毅　田凤钰　季万清　袁福本　唐全尧　艾隆成　何仲山　顾洪财　佟福珍（女）
姜延功　崔静波　梁之安　董万德　鄢祚鼎　张绍文　安兆林　金书升　张郁莉（女）
关明远　那兴奎　武迪生　马有海　祁占东　彭行健　贾继昌　冯　道　杨紫云（女）

李凤阁　徐开亮　王成国　郑宝山　许国林　陈金贵　孟庆荣　王君福　崔传华（女）
李树芳　董香利　李世禄　史长清　郭希斌　郑昌国　崔吉祥　胡鼎生　吴艳华（女）
曲明家　蔡运金　程华明　于品刚　姚志诚　肖玉顺　吴俊杰　陈启生　赵艳娟（女）
曲以万　张云庆　马振国　盖立荣　孙福忠　曹吉琛　沈炳炎　张炳余　杨柏毓（女）
杨铁岩　贺旭东　刘庆仕　郭景生　卞子庄　刘振起　于兴国　应忠民　田九奔（女）
刘青山　马文彦　周成显　郑宝富　李成富　赵大杰　李廼莹　孙方汉　张长荣（女）
矫树万　马名仲　梁洪启　韦文长　袁忠山　周恒友　霍宝逸　蔡文启　李淑香（女）
李世忠　杜景元　李乃功　关桂林　苏　凯　巴遂忠　齐凤来　彭高林　孙文静（女）
沈延刚　赵玉山　张士勇　吴少举　王恒发　陈启贤　高有歧　田济洲　李月娥（女）
马振富　刘景行　王会林　孙长华　李宝库　祝恩多　赵常尧　芦永生　蔡友松（女）
白朋烈　郭华堂　张书芳　郭日跻　赵迺华　李世贤　石耕田　杨新城　罗润华（女）
赫广连　祝恩多　赵常尧　单守仁　胡凤信　王延森　邢巨山　赵洪庆　邱玉蓉（女）
苏钦一　张奎刚　张振普　王振东　王万生　时长佐　陈维贤　高振华　闫介林（女）
王成儒　王立业　张宝成　孟昭贤　曹奎男　程宝华　李长青　姚乃范　曲文英（女）
孙玉宝　陈玉珂　刘思超　吴德义　荣　辉　刘学亚　孟庆礼　胡春林　张慧娴（女）
孙永茂　金凤权　唐仁启　戴有典　张恩顺　祁玉福　郭述尧　刘纯乡　夏凤清（女）
白纯静　刘素香（女）　李国琪（女）　李秀茹（女）　齐凤秋（女）　何凤芸（女）
王青年　杨桂斌（女）　阎凤伟（女）　王秋英（女）　张再华（女）　肖淑菊（女）
刘俊岩　张淑英（女）　王会云（女）　王玉香（女）　贾淑妍（女）　李淑英（女）
李成富　任雅晶（女）　马桂英（女）　姜艳芹（女）　秦凤兰（女）　瞿学军（女）
张桂兰（女）　金雅伦（女）　丛爱玲（女）　罗桂兰（女）　张雅珍（女）
何　品（女）　周敏英（女）　邹金兰（女）　工　晶（女）　卢孜泓（女）
王玉华（女）　刘素梅（女）　郑忠文（女）　邓竹君（女）　张玉梅（女）
白素兰（女）　郭英春（女）　于淑琴（女）　慕世英（女）　张敬岩（女）
胡素芳（女）　陈雪岚（女）　阎晓莹（女）　郭　晶（女）　韩玉杰（女）
白秀亭（女）　辛翠玉（女）　周艳华（女）　刘庆娥（女）　魏玉冰（女）
佐素云（女）　谷亚兰（女）　刘　苏（女）　刘惠兰（女）　王德云（女）
许桂贤（女）　张桂芝（女）　曹淑芳（女）　甘　泉（女）　李凤贤（女）
赵　平（女）　陈汝荣（女）　张凤珍（女）　赵丽英（女）　宋桂范（女）
杨素芹（女）　安秀芹（女）　苏玉兰（女）

1985年

特等劳动模范

杨建发	王兴亚	杨胜东	张成伦	徐有泮	刘明诚	梁洪启	徐开亮	贺秀宇（女）
闵长荣	王子富	史继文						

劳动模范

郝圣庭	李文化	林玉相	芦洪正	王修家	关延新	虞　恬	刘春生	辛翠玉（女）
杨烛苍	芦盛谦	李宝增	许宽熙	胡景廷	李涵春	邓国徽	金　永	刘　苏（女）
窦立和	贺希杰	丁合亭	孙树堂	于延海	朱　友	安兆林	金书生	郑桂英（女）
那兴奎	梁铁山	孙　涛	焦景武	赵孝经	赵希友	李景治	凌方遒	刘映辉（女）
田凤钰	何忠山	季万清	张凤翼	吴石青	邢书敏	宋光耀	潘久建	蒋丽华（女）
杨国昌	刘传廷	崔昌俊	王本绥	邹永德	尹全发	李进元	张　军	徐秀媛（女）
梁经明	赵乃圣	杨孝芳	赵仁清	李兆升	杨德文	李文魁	姜　革	隋金兰（女）
郭惜华	范鹤峰	张殿凯	陈金贵	刘德满	王守奎	韩宝安	李守富	西传英（女）
马洪博	关兴家	高元秀	杜兆稔	殷长泰	许继荣	张国德	刘庆敏	芦桂荣（女）
唐乾三	王朝瑛	陈启生	曲以万	曲明家	曹秉哲	胡鼎生	王珠善	孟庆珍（女）
程显英	肖益祥	王敏和	田　珍	金连余	朱朝荣	韩义学	刘庆仕	栾秀珍（女）
李吉钧	徐衍泉	佟秉海	马国仲	张明山	于龙仁	丁绍琛	王文树	刘英菊（女）
张寿良	甄家治	安适纯	张宇骏	朱朝銮	徐秉铨	袁远达	赵文岐	杨紫云（女）
薛德林	钱家越	蔺崇德	吴俊杰	周宪文	李良会	杜景元	王德山	吴艳华（女）
裴海泉	侯连山	刘庆海	吴玺瑞	佟太文	邹常顺	赵东华	王跃平	赵元萍（女）
吴炳凯	鞠维通	刘宝和	曹吉焕	季世明	李体峰	史延亮	俞　辉	张　京（女）
高志刚	陈盛元	申　涛	李光升	孙凤海	吴宝良	王凤山	蔡　林	何亚力（女）
刘英超	刘秉清	王奎达	李再兴	计振声	赵　坚	宋玉安	曾昭祥	王新颖（女）
许立洪	黄东波	傅守法	刘曾凡	秦涛年	朱如恒	隋立欣	赵永昌	李顺祚（女）
赵　烽	张凤武	刘竹安	栾业柱	李子季	田本好	刘日忠	宋子言	纪云华（女）
李民功	刘乾伟	宋兴邦	肖玉成	齐凤来	魏秀川	刘跃华	陈　良	任雅晶（女）
林绂之	赵宪广	马宝恒	曹福和	马振富	李光权	李成昌	许平孚	金雅伦（女）
郭宗荣	张士勇	谢恩和	王庆荣	李乃功	武仁久	马　非	郑宝山	周敏英（女）
张志远	倪恩纯	高克忠	关宝发	徐宝奎	李宝耐	温俊祥	王信明	秦凤兰（女）

齐同富 白志江 戴铁成 张焕文 陶舜国 满守志 聂开永 刘国栋 卢孜泓（女）
田　泽 姚殿武 王延刚 王利哲 周士杰 石清海 郑殿勋 刘　凯 刘素梅（女）
罗学强 谢绪恺 刘志超 孙长林 郭熹明 张晓林 王化民 谢明师 王玉华（女）
费诚信 朱殿石 程永新 吕晓禾 张绍连 李振东 季福荣 杨泽立 汤玉兰（女）
吴育斌 赵　钰 邹家兴 赵树楷 丁连贵 胡　勇 孔祥骥 王文岩 周立杰（女）
刘永成 崔庆惠 王跃春 赵国辉 邵玉良 卢洪章 刘德汉 曲福志 祝兆贤（女）
李方贵 贾忠明 张占东 邹殿山 王吉元 肖井顺 陈德稳 宋吉文 丛爱玲（女）
张鹏鹤 温志武 赵永君 邱桂伍 王希武 黄永富 程远连 成　安 邹金兰（女）
张国治 王殿俊 姚治分 吴文粹 路奎中 佟英文 赵凤山 郭士林 张玉梅（女）
郑兰卿 张文德 邓庆文 刁凤楼 白喜中 付广恩 常日烈 勾万发 孙文静（女）
聂秉臣 李景华 刘有德 张汉才 尹利拥 王德山 张文兴 刘学亚 高春华（女）
魏天佑 陈玉珂 郑云集 赵济才 吴连吉 吴宝昌 李文让 宋庆章 丁丽清（女）
马清普 潘永民 邵正坤 赵宝华 信占范 孟庆贤 祁玉福 于敬涛 崔晓辉（女）
刘纯乡 洪用甸 王　浩 曹俊杰 孙嘉忠 高景彦 张国库 路宝新 邓竹君（女）
顾常彦 赫广连 佟福功 祁宝贵 迟光有 李希宝 赵希恒 秦凤禄 何凤云（女）
胡凤信 王焕根 赵常尧 杨新成 李庆阳 马家振 冯季良 安维财 齐凤秋（女）
王青年 李世贤 陈吉生 邢巨山 邢宝顺 訾会成 张　健 孙天庆 李秀茹（女）
林长义 李树有 郑圣道 马连成 孙继业 周世治 锡永仁 李忠诚 王　晔（女）
王德财 隋玉珍（女） 张慧娴（女） 夏风清（女） 凤志芬（女） 曲文英（女）
徐连贵 阎介林（女） 刘淑洁（女） 王　威（女） 阎凤伟（女） 张再华（女）
郭日跻 肖淑菊（女） 王玉香（女） 张淑英（女） 李桂英（女） 慕世英（女）
刘恒吉 郭英春（女） 夏淑丽（女） 张淑香（女） 张敬岩（女） 丛丽君（女）
齐文德 徐秋萍（女） 韩玉杰（女） 胡素芳（女） 朱丽珍（女） 苑桂芳（女）
郭　晶（女） 张亚男（女） 吴建芝（女） 王桂芝（女） 朴京子（女）

1987年

特等劳动模范

史继文 徐有泮 张成哲 王利哲 陈洪铎 闵长荣 曲以万 刘国栋 贺秀宇（女）
张克树 金连余 余镇危 沈延刚 李润庭 朱庆荣 李　闯 王兴亚 王云峰（女）
苏立文 徐正本 杨胜东 杨建发 任雅晶（女） 张亚男（女）

劳动模范

刘相荣	许继荣	高嵩山	杨孝芳	王永泰	左长林	荀宝砚	王进本	张　南（女）
关兴家	虞　恬	胡景廷	殷长泰	吕树元	朱　友	金书生	李宝增	赵红斌（女）
窦立和	李兆升	李文魁	张寿德	那兴奎	黄永敬	张纯道	董　镛	刘凤云（女）
邹永德	张　军	朴昌秀	郑恩德	黄铭亮	张树堂	朱维才	曲　峰	方金维（女）
李瑞衡	高元秀	张学仪	陈国民	汪文锦	周月德	徐正新	董　谦	焦　燕（女）
刘　森	刘宝利	王连喜	段志刚	金胜凯	田佩剑	张绍武	刘　玄	魏晓华（女）
张琴开	韩国强	李文栋	李洪奎	郭成元	彭忠律	郑景顺	何全海	李　平（女）
于忠洪	高培亮	杨福信	张永贵	秦涛年	相立富	杨长洪	那绍君	遇凤生（女）
潘毓恕	姜春茂	刘　新	古兴烈	徐德安	邵景泉	李忠武	宋吾强	王秀英（女）
李秀峰	曲道刚	刘国泉	恩振宇	阎德义	郭宝恩	杨铁岩	房成日	郤代珍（女）
王文树	吴　哲	张炳余	唐乾三	陈启生	顾晋松	吴俊杰	牟富远	杨汝环（女）
蔺崇德	王珠善	蔡春生	宋乐民	齐耀山	赵沛霖	陈尚志	王来山	孙兴华（女）
徐晓漱	吕世德	阎凤学	程显英	闫义顺	袁远达	彭柏祥	吕　程	贾凤春（女）
韩义学	王存邦	马玉波	叶　梧	周　刚	李子季	纪仁福	于龙仁	郑桂英（女）
钱家越	王兆环	刘天文	林宝魁	潘汝健	周世俊	朱朝銮	赵　烽	李　辉（女）
栾瑞琨	曹吉焕	周玉骧	周康林	唐功成	刘宝山	马名仲	赵永昌	孙家兰（女）
李英浦	吴宝良	刘曾凡	方文仲	吴玺瑞	纪仲明	代新学	刘学琨	王秀敏（女）
董乃诚	康延章	赵永顺	张绍阳	袁忠山	张庆宣	高德清	宋永强	章静雯（女）
张德顺	史延亮	司贵智	吕长贵	王极煊	张荣富	张凤海	张志平	阎占荣（女）
许立洪	刘泰元	陶　宇	符朝斌	岳德源	葛树功	于春和	高玉厚	李淑华（女）
周远兴	季世明	吴挺宝	金丰宁	高文田	宋子言	王白石	南世玉	曹淑芳（女）
刘兴国	徐开亮	张焕文	刘玉增	魏秀川	王恒发	刘跃华	孙长华	张桂珍（女）
温俊祥	陈兴久	林绂之	倪恩存	高克忠	金耀翔	孟庆珩	关景富	徐秀媛（女）
陈俊峰	刘铭恩	王信明	潘劲松	周春发	郝振山	罗风江	舒振东	隋金兰（女）
张长江	韩瑞东	韩行已	段玉跃	赵庆林	李树森	曹文波	阎福门	李艳华（女）
郑宝山	徐占奎	张志远	果泽田	马　非	谭其旺	杨恩贵	关永江	王　溯（女）
梁万明	关宝发	周景成	巴国臣	刘敬贤	王朝瑛	齐国相	方向发	邓新梅（女）
聂开永	罗焕文	戴有权	张广志	张宝安	王延刚	陆乃玉	杜永纯	李丽影（女）
任寿山	于永洲	周士杰	孙福聪	唐任远	赵鸣玉	潘德惠	贾静涛	赵国彦（女）
杨式麟	张今声	李荣久	薛万琦	李德新	谢启文	董光裕	李兆君	孟庆珍（女）

杨再山　张永泰　傅晓声　张子良　窦铁石　费诚信　罗学强　程永新　芦桂荣（女）
姜希尚　赵金铎　周德奎　陈欲航　杜　琳　魏炳禄　郭大光　赵维山　崔淑英（女）
李再兴　倪绍宗　刘秉清　宋玉安　陈德义　陈盛元　赵希友　王一平　付玉华（女）
姜延功　凌方遒　史铁毅　杨全华　张国德　史庭莱　罗荣耀　杜文元　蒋桂珍（女）
刁成林　崔静波　梁之安　王林福　迟汉章　杨志明　李　威　李乃莹　阙瑞荣（女）
戴有明　韩国璞　尉　杰　李文儒　谢恩和　刘德洲　宁　彦　佟秉海　瞿月丽（女）
吴玉清　孙富业　刘茂祥　韩文达　王明月　杨福春　魏德华　郭登元　于　欣（女）
祝崇志　王守奎　吴绍新　董显枢　明久晏　赵继臣　刘希军　李文举　纪云华（女）
丁长勋　刘永成　王金有　裴占有　崔庆惠　张殿奎　刘玉章　马占元　徐立仁（女）
李锦韬　刘　复　孔祥骥　王文岩　王承祖　刘多沛　杨通礼　徐永利　李素彦（女）
田玉树　裴良柱　王福义　王广智　关殿中　曹经义　刘振兴　王福祥　李葵东（女）
王凤林　何永军　李长春　刘德汉　付世和　周长山　董学礼　张丰伟　王巧珍（女）
王彦生　邹万源　刘　志　王庆复　王吉元　肖景顺　王德成　王新家　孙　萍（女）
苏士印　马玉昌　马广仙　赵　钰　邹家兴　尚德威　陈党生　崔　岩　崔觎科（女）
邱文江　原庆祥　宋吉文　高明忱　孙荣贵　杨雨杰　王金城　陈德稳　初　阳（女）
李永恩　张既泽　施廷藻　王希武　井文库　程远连　庞世钧　贾福兴　刘兰英（女）
王泥平　黄振东　魏国华　吕子海　高继存　李　军　刘　克　戴化宁　胡少梅（女）
夏中本　郭日跻　姜尚文　王树堂　张书芳　那恒林　汲惠吉　李忠成　李志华（女）
肇秀峰　徐连贵　佟广贵　郑朝权　程天瑞　佟金尧　潘士文　林加昌　赵淑英（女）
杨树德　奚洪国　侯继生　庞跃林　邓庆文　姜绍先　王忠林　孟昭民　周立杰（女）
张景贵　程宝华　王跃武　佟英文　徐广顺　杨中孝　王继武　李德厚　崔书者（女）
靳风书　李生权　姜书德　胡景林　陈玉珂　韩士库　赵济才　祁克明　刘焕荣（女）
礼维国　李宝田　邵正坤　孙士坤　侯万春　陆荣弼　荣　辉　郭英举　汤玉兰（女）
张茂胜　田华彪　王维善　王占生　涂振文　潘永红　佟宝村　周景福　李美华（女）
曹俊杰　陈延泽　车万世　路宝新　王　浩　朴荣龙　于福顺　高景彦　张永新（女）
金星七　杜业伟　范崇喜　孙复言　苏玉奎　刘　革　马通仁　刘恕臣　刘素梅（女）
石耕田　李希宝　朱凤山　林陆泉　马成泰　金喜根　刘树功　佟福功　黄万仪（女）
李凤祥　苏德胜　杨新成　许世林　宋国军　李明义　马家振　荆永德　孙文静（女）
于大明　袁忠良　陈吉生　郑春吉　黄兆庆　崔七星　王会翠　李德全　丁丽清（女）
金英植　刘恩深　王延森　胡廷义　胡廷范　李多胜　李树友　尹作斗　高春华（女）
郑圣道　曲斌子（女）　王永珍（女）　张淑芳（女）　李静兰（女）　武学君（女）
李景丰　王新颖（女）　杨紫云（女）　张　京（女）　徐成杰（女）　许桂贤（女）

孔宪荣（女） 王素茜（女） 栾秀珍（女） 李世惠（女） 张　华（女）

许景茹（女） 李　瑛（女） 王秀兰（女） 张淑英（女） 肖淑菊（女）

苏助乾（女） 王淑华（女） 周雪菡（女） 齐凤秋（女） 于桂馥（女）

李秀茹（女） 马秀文（女） 杨桂斌（女） 顾　敏（女） 张再华（女）

陈桂珍（女） 高祖贻（女） 赵振芝（女） 刘淑清（女） 张淑香（女）

窦淑芬（女） 慕世英（女） 郭英春（女） 王雅茹（女） 邢秀琴（女）

周喜英（女） 任秀芬（女） 陈淑芳（女） 曲文英（女） 凤志芬（女）

王惜时（女） 郭惠兰（女） 马淑清（女） 安桂华（女） 李　新（女）

阎晓莹（女） 郭　晶（女） 郭宏梅（女） 朱来君（女） 娄妹非（女）

刘志娴（女） 郭玉芹（女） 吴健芝（女） 何敬芝（女） 张慧英（女）

苏玉兰（女） 田玉英（女） 刘建娥（女） 洪明顺（女）

1989年

特等劳动模范

史继文 朱启丹 沈延刚 张成哲 张克树 金书生 杨铁岩 赵希友 王巧珍（女）

张书芳 郝振山 潘劲松 王利哲 刘国栋 高文田 马英高 余镇危 王云峰（女）

张嗣瀛 丁长勋 王凤林 车万世 王兴亚 杨建发 张景华 徐正本 王惜时（女）

张再华（女）

劳动模范

关兴家 刘　森 杨兆民 关敬安 池长友 田吉地 钱文龙 许继荣 赵红斌（女）

王成祥 王凤双 王进本 杨福信 梁铁山 杨长洪 徐有泮 韩玉双 遇凤生（女）

熊华玉 彭仲律 朱　友 冯国金 左长林 王　宽 张世凯 曲道刚 韩丽君（女）

黄铭亮 张利智 田佩俭 陈国民 刘荣五 费良田 徐志凯 黄永敬 伊春秋（女）

范庆元 于延海 刘增泽 唐启新 胡光烈 周月德 张文财 尉端恩 任双兰（女）

张琴开 黄春雅 张树棠 李瑞衡 秦涛年 刘宝利 徐正新 王光祖 方金维（女）

纪长征 李宝增 刘祥瑞 曲　峰 于　澈 郭惜华 姜春茂 韩国强 贺小宁（女）

张寿德 高培亮 高嵩山 崔成久 杨孝芳 卢沛锋 王沈宁 马魁文 贾桂君（女）

郑景顺 潘毓恕 彭晓章 杨永学 门长清 付青山 黄松涛 刘士新 丁桂华（女）

宋铁瑜 朱庆荣 王远程 金连余 张炳余 阎凤学 房成日 唐乾三 马铁民（女）

朱朝銮 严云良 刘庆仕 李之毅 刘　侠 刘洪晓 钱家越 杨凤勇 阎培芝（女）

吕　程　宋国忠　杨正文　肖福寿　张文生　李　明　蔡春生　周世俊　魏晓华（女）
顾晋松　刘继承　马　力　贺景荣　尹春铭　李世民　陈世忠　于平远　康金凤（女）
赵志库　吴英杰　王文树　孟繁荣　马玉波　于龙仁　甄治平　张振坤　郭俊英（女）
陈启生　杨　英　李志广　郭宝恩　赵洪生　王来山　孙志邦　严文锦　李志英（女）
曹吉焕　张绍阳　郭宝林　李兴国　谢怀鹏　谭利剑　刘树生　韩成儒　孙家兰（女）
张春生　段　同　王明尚　杨德军　崔福信　史延亮　周宇平　何义成　王玲珍（女）
孙凤海　程仁章　徐德朋　吕洪臣　刘　俭　单守悌　田　锋　戴锡忱　杨汝环（女）
高　璞　李志德　刘世和　吴一红　张金铎　李　健　吴挺宝　赵　烽　李亚萍（女）
揣国庆　郭振声　王世仁　孙希久　郝春贵　汪养中　王继随　张剑秋　赵淑娟（女）
徐晓波　秦维玉　宋学通　李永奎　包连弟　傅守法　袁忠山　刘兴国　石文学（女）
兰亚平　赵临洲　白铭新　刘玉增　张玉玺　王信明　梁万明　杨连才　郑桂英（女）
杨生贵　陈俊峰　项林厚　刘继华　秦世喜　张长江　曹文波　秦树桐　郑志珍（女）
葛铁铭　温福庭　葛宗智　关宝发　于顺伟　刘芝德　赵庆林　杨恩贵　崔淑英（女）
全英麟　王连弟　李国忠　倪明海　徐开亮　郑宝山　谭其旺　倪恩纯　章静雯（女）
金荣富　郭　翔　刘铭恩　陈兴久　舒振东　孙长华　金　辉　李德臣　刘素芝（女）
王延刚　李爱义　张佐仁　刘延超　王　毅　甘　宏　刘敬贤　聂开永　卢桂荣（女）
何宝浦　姚家骥　徐振中　张殿华　戴有权　陆乃玉　周士杰　冯泽民　冯遵义（女）
陈洪铎　贾静涛　杨式麟　王向峰　董厚德　李德新　李润庭　朱道华　李丽颖（女）
于长和　张汝华　蔡中驹　关玉新　王志成　张义显　赵金铎　蔡林方　曹玉兰（女）
葛朝鼎　董贵平　姜希尚　唐任远　韩永山　王阁文　李锦韬　高洪茂　徐秀媛（女）
刘　复　张澍荃　吴光宇　于受怡　宋守勤　朴在生　金德才　杜绍贵　邓新梅（女）
刘兴海　杨胜东　徐连贵　李乃莹　李　威　李文儒　凌利生　尉　杰　赵国彦（女）
赵玉琛　张宝安　付世枢　姜延功　杨全华　史庭莱　石以祥　闵发顺　张玉华（女）
王守祯　罗荣耀　姚英杰　刘国俊　吴振有　张万清　沈文波　倪绍宗　马雅娥（女）
于荫增　钱胜年　刘明铎　吕祥春　杨　帆　贾振文　王守奎　董显枢　蒋桂珍（女）
王朝义　顾福山　杨世君　宋明权　王英杰　任凤元　胡景凯　韩　阳　李淑华（女）
盛奎强　吴玉刚　肖之田　宋万昌　王文郁　秦桂林　薛殿玉　杨志明　刘桂芝（女）
刘义遇　王林福　信志国　胡守权　刁成林　魏国华　黄振东　王泥平　刘宪英（女）
贾福兴　徐全祥　马家骥　唐　英　张进考　陈敬忠　王景新　尤　先　阎占荣（女）
黄芝庭　张士良　邱文喜　李俊忠　孙荣贵　宋吉文　莫大奎　梁国斌　安静娴（女）
李万亭　王春堂　宋铁成　庞世钧　王希武　邵国珊　程远连　金德贤　阚瑞荣（女）
孙茂钧　孙金龙　刘德汉　赵惠明　裴占有　周彦才　李文举　何永军　马春华（女）

王泮才　高尚吉　袁　野　晏景贵　贾宝贵　王成荣　姜庆武　李柏郁　金书兰（女）
董学礼　王玉双　徐永利　赵百川　孙继勤　马占元　张殿奎　马连英　马桂荣（女）
徐玉德　王文岩　胡　勇　王承祖　李发利　吴中生　马广仙　邹家兴　纪云华（女）
陈荣礼　邵玉良　牛福礼　王庆复　徐立中　朱启湘　王振才　高兆江　郭　君（女）
陈启贤　杨宝俊　陈鸿滨　王士学　高大秋　王德成　李茂桐　王福安　李薏兰（女）
郭洪璋　孙德满　林嘉昌　王文彪　刘恒吉　佟金尧　程占喜　孙广信　田　敏（女）
关绍甫　路新革　张景贵　戴爱强　阎锡恩　王忠林　周长山　佟应文　陆晓川（女）
王岳武　侯继生　姜书德　孟昭民　胡景林　邓庆文　姜绍先　奚洪国　刘　秀（女）
刘进明　王　林　杨忠孝　郑奎福　张维满　祁克明　礼奎喜　潘成元　任雅晶（女）
张德荣　赵济才　荣　辉　孙士坤　秦玉范　杨雨春　郭正仁　张玉超　张素云（女）
王长安　张士忠　张　强　李文让　曹洪任　徐成文　李加生　张明田　李春玲（女）
石耕田　刘士成　徐基珠　胡显亮　金喜根　苏玉胜　崔永道　李久杰　刘淑梅（女）
马成泰　杨新城　林陆泉　朱凤山　李凤祥　刘吉祥　张　炬　刘广清　胡少梅（女）
徐宝树　王超俊　于大明　马喜军　陈吉生　马家振　原忠良　孙洪乐　周立杰（女）
苏文章　张德成　张国华　戴有川　孙永茂　吴先奎　周景福　马通仁　郭希斌（女）
刘长江　董长青　郭文涛　丁良民　刘　勇　乔贵满　赵　义　吴玉财　黄丽华（女）
尹作斗　胡廷范　李德全　胡宝林　刘恩森　黄兆庆　金应植　苏立文　张永新（女）
赵洪庆　陈锡梅（女）　李志华（女）　刘焕荣（女）　索淑杰（女）　李秀平（女）
章松育　董　莉（女）　闫凤新（女）　王　岩（女）　王春艳（女）　孙　萍（女）
崔七星　汤玉兰（女）　任秀梅（女）　孙文静（女）　李婉莹（女）　解柳松（女）
郑圣道　马玉莲（女）　李静文（女）　冯玉萍（女）　张桂琴（女）　谢志雪（女）
张鸿雁（女）　雒丽铭（女）　何　伟（女）　董桂凤（女）　王会琴（女）
司桂馥（女）　张微香（女）　高英霞（女）　孔宪荣（女）　徐秀琴（女）
王桂秋（女）　栾秀珍（女）　张淑芳（女）　汤桂琴（女）　张艳华（女）
黄文晓（女）　史淑梅（女）　杨紫云（女）　张秀金（女）　乔黎明（女）
张　桦（女）　李　新（女）　郭宏梅（女）　郑玉芬（女）　潘中华（女）
亢　娟（女）　赵铁砚（女）　张淑英（女）　王淑华（女）　苏助乾（女）
姚明兰（女）　郭英春（女）　侯丽范（女）　裴香馝（女）　孙　艳（女）
刘淑洁（女）　乔福兰（女）　甄惠敏（女）　李秀茹（女）　张桂珍（女）
梁　君（女）　柏　辉（女）　王胜甫（女）　陈桂珍（女）　杨桂斌（女）
凤志芬（女）　齐　玲（女）　银洪贵（女）　郭惠兰（女）　陈文贤（女）
张金环（女）　孙宪伏（女）　李淑香（女）　王　敏（女）　赵桂香（女）

王慧敏（女）　程晓文（女）　娄妹非（女）　郭玉芹（女）　石秀华（女）
杨淑琴（女）　安淑兰（女）　韩淑珍（女）　田玉英（女）　刘建娥（女）
邹文素（女）　朱来君（女）　朴京子（女）

1991年

特等劳动模范

宋铁瑜　张绍阳　王进本　王阁文　张长江　傅守法　张炳余　关玉新　阎凤新（女）
高嵩山　唐任远　徐正新　刘荣家　唐英年　杨建发　车万世　尹作斗

劳动模范

崔宝恩　刘广志　李德平　周伯仁　侯庆森　朱连川　周　洪　关敬安　叶志焕（女）
王德友　高培亮　李深余　王兴尧　靳焕章　彭仲律　王　崇　张梓谟　廉凤民（女）
曹　军　陈能池　唐启新　孟　华　王昌彦　孙洪敏　关兴家　刘　杰　高丽娟（女）
郑恩德　杨福信　高作儒　王志杰　王成祥　王恩巨　李长信　于世臣　丁桂华（女）
徐瑞林　艾湘远　项永春　廉沛泉　潘玉恕　宋振中　邵守元　孙中武　董　谦（女）
蔡国实　李殿起　张世祥　李瑞衡　付青山　张景文　刘增泽　韩玉双　康金凤（女）
李克俭　刘士新　池长友　王毓民　金玉奇　庄殿伟　刘国徽　董春明　雷灵霞（女）
韩秋平　冯忠恕　胡宝利　王　强　王　宽　冯国金　刘恩发　韩国强　巴秀华（女）
苏德春　林洪言　高日新　段德发　朱　友　贾东明　杨纪彬　徐家伟　刘梦秋（女）
许继荣　苏文财　高大杰　秦涛年　佟　力　周世俊　刘庆仕　唐乾三　杨庆艳（女）
黄　民　商洪均　张世忠　梁国柱　杨玉林　金铁栋　曹继武　董家丰　杨宝霞（女）
王安宇　张乃昌　谢克光　蔡春生　李之毅　郭维林　严云良　王铃珍　吴淑娟（女）
闫光炜　李世民　霍恒荣　张子厚　白士英　盖立荣　段国惠　陈德章　杨伟光（女）
董丕忠　王　勇　张　旭　赵庆来　李凤文　项国祯　张宝东　吕　程　解雪溶（女）
钱家越　王广生　丁天有　那荣录　刘栋国　孙守万　张艾东　朱朝銮　刘桂范（女）
周成显　罗崇民　宋志远　肖庆森　张关镛　孙维芝　马学臣　肇　捷　李桂芬（女）
吴宝良　吴金山　张广生　李永奎　钱国庭　贾吉泰　梁占成　于天林　田桂芳（女）
郝承瑞　卢书华　赵朋举　林凤彦　陈恒义　孙凤海　马俊彦　崔凤祥　李雅萍（女）
宋启文　郭　云　何义成　于齐天　董金财　苏　岩　黄东波　苏德元　周桂珍（女）
马文忠　葛　战　李志德　符朝斌　艾树忠　何梦华　蒋　宁　郝维臣　彭　群（女）
程仁章　吕财麟　李长生　吴挺宝　赵　烽　俞述勤　王世仁　王治国　窦伟华（女）

方俊峰　肖泰保　徐德鹏　史延亮　刘长柱　华泽忠　符大臣　张树范　冯遵义（女）
王继随　高文田　孙希久　赵临洲　卢宝君　张志文　高瑞岭　苗雨均　冯学军（女）
吕传鸿　李国忠　汪金福　于顺伟　田宝国　陈俊丰　齐凤来　翟忠生　孙玉玲（女）
范炳勇　高顺祥　金振海　刘大军　藏长远　赵志惠　孙　德　倪明海　郭玉凤（女）
郭俊倬　金　辉　刘芝德　曹文波　李树森　全英麟　回振亮　孙长华　唐艳平（女）
穆俊岩　刘继华　李守忠　倪恩纯　谭其旺　秦树桐　田志祥　刘明杰　黄淑荣（女）
武兴春　陈兴久　王信明　杨生贵　张玉玺　铁大远　杨连吉　齐兴凯　刘桂芝（女）
金荣富　王德林　潘劲松　夏　冰　李开明　曹振江　李盛丰　高　军　马桂荣（女）
吴培志　刘顺喜　曲从显　刘敬贤　何　浩　韩瑞琪　王士学　孙作树　刘　秀（女）
孙会明　徐振中　王　毅　王福文　于　力　张福家　王继文　马德麟　谢　兵（女）
董贵平　徐开先　刘维业　于在勋　葛朝鼎　张澍基　陈建发　蒋本相　马荣芬（女）
李德新　白金铠　郭殿荣　齐春林　张相华　吴育斌　刘金界　周　汶　吴晓平（女）
袁凤俊　雷崧僧　魏忠余　马玉明　杨玉清　魏东兴　王　金　吴士義　郭　君（女）
高兆江　梁立延　朱启湘　李润庭　么喜龙　郭庆鼎　姚新生　周士昌　纪云华（女）
刘邪涛　董国珍　李　正　霍纪文　蔡林方　崔永信　李兆仁　赵涛权　张素云（女）
杜绍贵　品庆云　李建勋　裴占友　周彦财　毕永举　孟庆廉　李启荣　王春艳（女）
刘汉斌　李　威　佟恩光　路春明　孙继勤　杨通礼　徐永利　李文儒　刘　燕（女）
凌利生　白永生　金德贤　高国发　苗俊杰　关殿中　贾福兴　张　文　马　莉（女）
苏钦巨　任建章　田奎斌　姜庆武　王成荣　王万武　苏士印　陈智慧　金爱华（女）
韩明权　王德成　王铁南　史俊国　陈荣礼　王凤新　何永军　王泮才　王美英（女）
高尚吉　钟文秀　刘　军　邓玉厚　黄振东　夏荣德　杨学义　马广先　刘焕荣（女）
王玉山　孙树森　赵毓琛　杨全华　付世枢　闵发顺　钟瑞山　史　岩　黄丽华（女）
张宝振　邢云祥　赵海涛　石以祥　胡　勇　刘少良　张良纯　马青山　尹淑珍（女）
姜锡林　周明新　李俊忠　莫大奎　智增成　马廷魁　王景新　柴德信　贾桂敏（女）
洪玉文　赵玉福　刘　月　刘西友　尹宏伟　黄永利　梁中需　戴越峰　刘淑玉（女）
王树俭　支国泰　胡　平　武玉山　何　涛　陈体沈　马炳贵　王运吉　李香玉（女）
赵家训　纪玉峰　迟庆宝　李福山　付宝生　王永凯　李福柱　徐忠忱　孙　萍（女）
郝润生　杨介奇　张俊普　盛福厚　张志明　王文江　吴文礼　朱卫东　于锡琴（女）
宋铁成　程远连　战胜文　刘茂达　张景奎　刁成林　王林福　苑荣卿　郭锡斌（女）
张仲才　胡守全　崔敬波　王全江　张剑秋　李德全　赵洪庆　郭柏林　张永新（女）
胡洪烈　苏焕芝　郑圣道　胡宝林　黄兆庆　章松育　杜喜奎　王延森　钟云霄（女）
赵永胜　刘恩深　刘德义　杨泽青　张文英　戴有川　黄俊山　樊德忠　王爱萍（女）

苏玉奎　孟凡友　赵国范　吴先奎　任宝富　臧润铰　赵晓光　霍文秀　李志华（女）
盖喜生　王建群　刘士成　杨守臣　金喜根　王盛武　胡显亮　石耕田　董　莉（女）
杨新城　徐宝义　朱凤山　贾庆林　刘万林　范长秋　刘庆库　刘忠仁　高丽珍（女）
汤宝华　刘景山　郝会纯　关世贤　苗　华　崔景贵　苏文章　马家振　王淑莲（女）
于大明　孙洪乐　陈吉生　刘广清　路新革　屈凤喜　程占喜　关绍甫　李春铃（女）
赵国林　张希峰　李福山　刘绍廷　侯继生　鄢永平　薄学胜　赵祥云　周立杰（女）
姜绍先　付良山　胡景林　刘忠海　王跃武　张景贵　王中林　孟昭民　张福荣（女）
富国会　王　林　焦玉华　赵连贵　刘维春　张力为　郭正仁　张国贵　张桂琴（女）
祁克明　潘成元　田振海　张春枝　姜国典　于连俊　陶成学　张维满　王　军（女）
刘俊海　赵济财　孙士坤　邵德利　曹洪印　周　政　程启俊　郝维文　何　伟（女）
李学尧　李　毅　孙德满　陈德仁　郭绍信　汤贵铭　毛玉斌　王之芳　施长新（女）
陈玉敏　张鸿雁（女）　谢志雪（女）　栾士梅（女）　于凤臻（女）　李婉莹（女）
赵　伟　宫　静（女）　高秀华（女）　高淑琴（女）　赵素坤（女）　付广恩
牛丽雪（女）　姚明兰（女）　李桂英（女）　赵铁砚（女）　王淑华（女）
张淑英（女）　司桂馥（女）　马淑芬（女）　蒲翠明（女）　张桂珍（女）
张家媛（女）　梁　军（女）　李学英（女）　辛红英（女）　白秀彬（女）
潘中华（女）　龙秀英（女）　李　新（女）　徐联文（女）　刘　健（女）
孙　燕（女）　朱桂芬（女）　张淑红（女）　苏玉英（女）　佟素香（女）
赵桂香（女）　高丽影（女）　汤淑芝（女）　黄永红（女）　银鸿桂（女）
王玉娥（女）　王秀芹（女）　王惜时（女）　刘桂琴（女）　成美荣（女）
贾国玲（女）　赵素芳（女）　陈桂珍（女）　冯月冬（女）　田淑华（女）
王胜甫（女）　张凤云（女）　刘玉芳（女）　刘　春（女）　王桂秋（女）
张薇香（女）　徐秀琴（女）　高英霞（女）　杨紫云（女）　孔宪荣（女）
黄文晓（女）　李晓燕（女）　栾秀珍（女）　王玉坤（女）　张文慧（女）
崔雅琴（女）　张　桦（女）　白金兰（女）　朱来君（女）　邹文素（女）
韩淑珍（女）　文素清（女）　田玉英（女）　石秀华（女）　杨素琴（女）
朱静平（女）　朴素莲（女）

1993年

特等劳动模范

张成哲　史继文　田华章　刘积仁　唐乾三　邓足斌　高文田　徐正新　王巧珍（女）

李广智　李开明　周世俊　尹作斗　王振汉　张文英　宋学明　王兴亚　姜惟廉（女）
于再勋　王云峰（女）　纪云华（女）

劳动模范

贺光明　韩洪林　王国恒　刘　预　吕春秀　蒋海清　田培忠　张顺明　杨晓琴（女）
杨　光　李志军　冯世栋　钱家越　陈德章　李连燕　刘景振　周　华　付玉梅（女）
张炳余　魏敏通　高祥贵　臧怀玉　杨恒生　卢伟权　唐荣兴　李世民　谢廷秀（女）
霍恒荣　孙成儒　张子厚　朱克信　代文彪　张景奎　谢克光　蔡春生　孙桂兰（女）
孟宪新　郭维林　张凤栖　李宗钦　尹前进　王德泉　汤　萍　孙洪斌　陈会欣（女）
刘启泰　耿承伟　付定一　付铁林　王毓民　陈朴庵　王大寰　张佩纶　李桂芬（女）
柴天佑　吉士俊　郝文学　滕卫平　张　辉　宇永福　黄志远　张今声　李雅萍（女）
刘成文　王　春　吴旭芒　李德新　吕化广　高维伟　沈建民　韩秋波　郝素玲（女）
王　光　康长安　吴育斌　李俊复　刘绍家　王语涛　程玉文　刘长青　张　激（女）
鲁文远　陈洪铎　丁静涛　蒋仲乐　周本濂　朱国臣　林　涛　苏士义　张　华（女）
李长生　刘汉忠　郑庆云　李德举　郭伟春　唐荣国　鄂义海　吴克仁　李志君（女）
庄　祥　陈德奎　李盛勤　王吉友　王连杰　于泽昌　聂志才　姚军毅　苏　洁（女）
沈启文　祝国强　刘春新　于延康　张茂义　郑凤奎　艾洪云　侯尚君　何玉凤（女）
张仲才　王林福　孔昭明　张德君　张捷军　刁成林　胡守权　李国范　马桂梅（女）
张绍斌　张克礼　邹兆郎　张洪海　唐广福　江　涛　姜忠恒　徐英波　齐凤娟（女）
卜承訷　刘占安　徐绍棉　魏文达　戴守仁　陶乃林　常守谦　李成秀　张锡华（女）
陈福芳　杨建华　赵计生　蔡文铎　王乃刚　邵守元　李　智　孙尚一　张淑媛（女）
佐国军　王和平　刘志增　单明恩　张　珂　王德先　董庆祥　包贵义　王美英（女）
徐瑞林　刁永庆　杨国栋　赵贵宝　左纪连　孙殿良　马树仁　李　军　关士荣（女）
张振一　喻兴海　郑　平　衣国相　张献明　于国忠　孟昭玉　运庭乐　姜　萍（女）
冯庆余　杜士杰　张景文　张长江　尹显文　池长友　李广志　赵玉林　杨伟光（女）
张　鼎　张国庆　李英堂　范洪业　马春忠　柳建恩　辛年太　梁柏山　苏桂艳（女）
崔玉翔　孔繁荣　庄明悦　魏殿阁　罗德利　张福琛　柳玉田　赫广连　王凤喜（女）
赵临洲　孙希久　王化斌　于福山　倪恩纯　田志祥　张国贤　臧连春　高金芹（女）
刘明杰　倪明海　郭俊倬　孙　德　潘公展　翟忠生　谭其旺　张洪宝　陶凤珍（女）
张宝忠　杨启良　徐祥运　刘敬贤　姚家骥　刘家骥　侯升魁　黄东皓　纪素云（女）
李方红　王安宇　于平远　赵学成　金　辉　郇义军　张为人　段英振　王德萍（女）
卢书连　钟文军　高宝林　徐培成　刘文利　刘升汉　刘大军　于钦水　徐秀芹（女）

吴玉文	张万厚	张彦学	郑　伟	高　军	曲从显	吴广德	曹振江	周　杰（女）
佟仁祥	徐振中	孙作树	王万林	李富贵	张庆华	张显成	刘宝和	傅多丽（女）
刘桂洲	孟庆芳	陈广福	闫振海	边建军	肖太保	王绍栋	韩炳孝	李晓艳（女）
潘公璞	刘克敏	苗雨均	刘玉杰	马　勇	宋启文	金荣国	赵　仪	栾秀珍（女）
肖庆森	孙凤海	王　雷	刘积瑞	孙庆文	丁洪光	张丙亮	陈树严	黄文晓（女）
刘　生	张爱民	于齐天	王忠海	苏文海	陈　东	张绍阳	杜景元	王玉坤（女）
王　珍	杨宝俊	吴均楼	孙福天	孟庆民	李德阳	庞洪臣	刘　凯	方　洁（女）
秦振阳	张宝连	冯永茂	唐继跃	冯书顺	刘永厚	刘恩发	关吉国	张香琴（女）
陈海廷	王庆山	贾东明	苏文财	王希臣	徐宝珠	孔天才	王振伦	王淑贤（女）
王　强	王　宽	栾连仲	李延昌	康新占	徐国仁	刘作秋	张维斌	程蕴璞（女）
傅守法	李汝源	李志德	刘俊全	吴启明	师守臣	马恒力	李宇范	李　昕（女）
张守忠	孙　森	王志仁	张景略	陈宝士	刑　军	吕殿伟	李继英	宫长艳（女）
金荣富	高庆轩	杨生贵	付政伟	刘建伟	徐自成	杨　喆	刘云续	高秀英（女）
佟春永	杨　圉	魏秀川	朱树森	王建华	陈宝友	张连刚	张铁铭	吴晓萍（女）
杜春祥	赵成林	王　杰	田禾融	于道勤	李佳珍	印欣阳	孙源志	马荣芬（女）
张明治	李富洲	杨学义	陈学勤	李国英	李桂英	丁树贵	随宝志	马金环（女）
王文军	胡　勇	刘振海	欧乃光	李昌利	史宝力	佟恩光	杨通礼	周桂芝（女）
孙　拥	孙继勤	路春明	张伟昌	潘英杰	佟佰仁	薛继常	唐英年	高玉芹（女）
张泽民	刘忠勤	崔守杰	滕　林	刘杰义	吴为民	贾恒年	代立洲	聂希婵（女）
周大全	王万武	田奎斌	刘仁山	王成荣	张玉春	任建章	姜庆武	宫锡芝（女）
范继光	张生贵	李文川	李国玉	杨海林	常福祥	连亚萍	张振祥	闵建新（女）
孔　军	信洪贤	杨　华	李永忱	孟庆昌	陈明艳	王　仁	钟文秀	张福荣（女）
王　浩	邓万生	任福鹤	蒲巨明	胡佳友	苏士印	陈兆权	李依书	郭　丽（女）
冯恩明	林乃成	牛成顺	宋铁成	吴卫东	庞世钧	祖占祥	戴振铎	金爱华（女）
程云伟	么喜龙	高兆江	张　晨	孙长山	孙培泮	王凤新	杨　林	高丽珍（女）
王润树	杨宝维	郑立成	董文杰	赵毓琛	付世枢	王申德	杨全华	郝丽萍（女）
王玉山	闵发顺	张思洁	杨庆生	李庆全	万　辉	汤金华	李伯师	王东风（女）
辛树枝	司桂馥	凌立生	高乃学	杨学著	刘振远	刘东辉	李玉生	高青云（女）
柳博亮	王学敏	韩　青	吴志伟	李鹤千	张佳平	姜　伟	洪海峰	佟明英（女）
董　斌	李新彦	金炳甲	张立斌	林昌焕	周长奇	孙万林	刘　智	李生菊（女）
王　杰	钱启哲	张玉祥	马　驰	郭愚然	邹有恒	张成贵	张　利	林会杰（女）
黄振东	苏立志	李殿林	张金龙	白永生	展洪胜	庄宇洋	白金良	梁晶娥（女）

李文儒	马顺一	刘　军	郭绍忠	朱文玉	孙德满	孙作武	关连甲	黄淑荣（女）
孙岫林	王学士	姜世秀	许崇田	王盛武	安成群	栾忠和	刘士成	郭友菊（女）
金三渐	郭利铭	董德禄	黄兆庆	薛景颖	辛　特	由俊革	胡宝林	杜淑云（女）
李德权	刘恩深	董青山	冯国华	姜　福	王淑侠	李友林	刘井忱	冯　丽（女）
张首先	王建新	孟令群	李如忱	陈秀甫	郎洪国	马志文	张春山	朱玉欣（女）
刘玉林	于富波	崔彪国	孙玉忱	冯鹤林	陈守明	闻殿恒	李泽民	魏国荣（女）
刘成心	赵作刚	黄宝荣	赵海良	李守山	邱启祥	吴守中	李福海	张俊艳（女）
王自力	兰助林	张乐祥	吴德全	富启山	顾忠义	金巨才	陈玉忠	崔　洁（女）
刘连举	张国安	李国忠	武德金	赵晓光	金常元	赵国强	祝恩元	郝淑贤（女）
张德林	马通仁	白成利	王志权	赵全甫	戴有川	孟凡友	孟繁荣	翟淑英（女）
田玉香	韩绍久	金魁仁	白贵学	孙士昆	邵连喜	佟宝忱	王吉元	董令贻（女）
蔺善学	康广亮	杨井石	陈崇江	王海栋	杨春成	马福昌	赵维纲	成美荣（女）
魏天佑	孟宪平	张力为	王泽成	丁绍柱	于天义	孙洪乐	于春生	银鸿桂（女）
佟占春	侯庆义	赵利洪	孙志旭	马家振	吴俊峰	孙　伟	郑圣道	胡景兰（女）
徐正本	苏焕芝	汉骏声	温绍强	王延森	胡洪烈	赵洪庆	张志江	王惜时（女）
杜荣涛	吴振亮	夏长柏	吴其昌	赵汉文	程宝民	王佑华	石耕田	陈立人（女）

张淑英（女）	赵铁砚（女）	牛丽雪（女）	赵春梅（女）	冯丽华（女）
姚明兰（女）	王焕云（女）	王胜甫（女）	刘玉芳（女）	那亚光（女）
孙淑君（女）	辛红英（女）	常　波（女）	沈长艳（女）	铁广丽（女）
金　丽（女）	杨丽范（女）	窦淑芬（女）	王玉霞（女）	郭爱武（女）
刘　健（女）	王德华（女）	张　宏（女）	马志英（女）	高惠菊（女）
樊文池（女）	王　清（女）	王伟华（女）	张桂琴（女）	高红苗（女）
谢　燕（女）	曹延风（女）	尹淑珍（女）	刘焕荣（女）	王桂云（女）
李丽香（女）	马秀娟（女）	荀玉侠（女）	刘　春（女）	王　瑛（女）
王世云（女）	王文兰（女）	周晓娥（女）	王淑莲（女）	朱来君（女）
白桂英（女）	刘西琴（女）	陈英华（女）	邹文素（女）	李雪梅（女）
田玉英（女）				

1995年

特等劳动模范

史洪元	王　毅	王德芙	高文田	郭华峰	金远同	魏东兴	徐　克	王德花（女）

孙国泰　张炳余　刘万林　赵洪庆　赵国林　高忠臣　王兴臣　纪云华（女）
孙洗宇（女）　张家媛（女）　孙淑君（女）

劳动模范

孙连德　张凤山　李保成　王海棠　崔玉海　李宗钦　邹友贤　阎庆国　张小谷（女）
刘继承　孟宪新　缪德新　詹宝海　甄荣海　曲仁礼　卢伟权　诸志杰　陈会欣（女）
刘景振　张庆凡　高立生　戚建国　陈安迪　岳春长　海宜德　徐忠义　谢廷秀（女）
王占英　于福生　夏玉珏　李宝奎　范　斌　詹恒兴　王家铭　刘文苓　何静坤（女）
韩同毅　金永茂　刘大都　宋洪生　邵明玉　严成忠　崔世海　许焕刚　石锦秀（女）
郭兴华　刘文春　刘春义　张凤栖　苏建一　佟　炬　鞠亚力　孙茂吉　张艳侠（女）
金尔埠　杜春山　吴俊德　费寿林　李华天　关秉贤　崔金山　王会元　刘明月（女）
孙学文　韩行任　申明俭　陈明春　宋佐衡　陈　敏　孙实淮　藏树良　王胜春（女）
柏树令　韩玉昆　张守芳　宋铁先　周继荣　宁书麟　曲英年　张冬黎　王　东（女）
郭福盛　薛景坤　孙贵祥　王光义　白文志　刘锡勤　侯贺金　刘树林　武秀芳（女）
白雪飞　顾福山　王吉友　王连杰　陈颖新　姚军义　张银龙　唐　军　苏丽菊（女）
镡季春　王宗生　荆茂东　张振东　倪静波　刘继增　张启国　孙庆利　皇甫正纯（女）
董庆国　朱凯丰　田新德　张满生　郝崇学　龙永林　段立夫　董之珉　董雅芝（女）
杜振刚　李　军　郑奎士　李茂彬　龙晓智　陈忠仁　杜荣庆　田春生　何　如（女）
郭书山　户纯礼　藏启忠　宋国良　王鹏昆　孙家乃　张忠强　孟祥锁　闻　博（女）
冯书顺　马　壮　宁应成　刘作秋　赖华敏　曹铁山　关吉国　马铁男　戴俊英（女）
薛连奎　郑新文　廉英云　樊立文　李昌满　温岳胜　于卫东　丛殿富　王桂英（女）
唐继跃　王继玉　赵立泉　赵筱灵　戴守仁　苗绍实　林治国　高汝宣　张启芳（女）
夏晓平　马　丹　刘　玄　浦乃昭　李　军　高元秀　黄立生　曹晓宁　王美英（女）
杨连举　于国忠　刘胜林　赵宝财　马国本　张付业　宋立良　于长深　刘　丽（女）
刘喜臣　宋国良　初忠臣　王树刚　董亚权　崔连华　董路明　冉祥国　许　晶（女）
李荣生　周家颜　潘高峰　张梓模　赵洁山　张　力　黄家骏　孙　志　杨伟光（女）
王友富　王　臻　马春忠　梁柏山　杨荫泉　张新甫　田福义　张德均　汪　敏（女）
张捷君　沙连海　冯宝贵　刘光正　刁成林　赵凤利　房殿生　马歌群　李　艳（女）
王　峰　张纯仁　王绍栋　刘克敏　高文庆　吴志鹏　孙世夫　郎俊秀　肖海英（女）
娄晓平　徐守俭　方向珍　韩福臻　于忠春　陈功奇　刘金文　陈广福　刘秀荣（女）
姜天恩　韩忠齐　王家利　孟庆春　王洪田　张维顺　赵宏生　朱继贤　祝　虹（女）
李洪新　王　珍　宋凤祥　曹志军　刘汉生　孙德波　赵纯文　闫振海　郑文英（女）

刘　生	王金余	马庆松	藏来俊	宁培林	吴本科	任志惠	施德欣	张淑兰（女）
田富勤	廉国荣	李光玄	姜生亚	马成安	何玉珊	张夫成	王小东	李晓艳（女）
吴晓春	王古松	孙希久	赵临洲	沈德良	李　东	訾禹新	郇义军	徐秀琴（女）
金　辉	伊恒金	刘延旭	王英伦	郭守和	李学忠	韩明伟	李庆和	金明淑（女）
钟鉴章	任旭明	李世永	郭树升	秦振铎	郑家仁	马忠国	孙武权	孙　兰（女）
梅广友	姜春祥	王真新	李世军	孙鼎尧	李　文	任成杰	卢树春	崔亚萍（女）
张　毅	张国贤	赵景昆	潘公展	庞洪波	杜庆凯	刘春章	费　侠	郭文改（女）
王林华	王如意	刘景瞻	董忠诚	衡启置	孙玉良	高福良	周　刚	张英凤（女）
王天华	王同贤	刘启民	黄东皓	王　金	王基立	陈长海	崔洪岩	韩春星（女）
史冠君	石凤朝	张京放	黄兆纯	史国庆	刘向革	孙绍良	李连义	张玉兰（女）
赵德宽	王启元	曹子寿	韩圣春	陈惠仁	王德民	宋　立	董哲伟	马铁民（女）
李广盛	徐瑞林	孙丛伟	管云武	周宝林	韩伯昌	崔德志	王延瑞	魏晓华（女）
张　强	王　彦	宋学明	于开金	郝铁生	付　立	张文双	肖庆海	朱艳文（女）
李　秋	王　成	王德育	唐双宁	董兰元	吴志伟	杨伟友	张　路	徐广奎（女）
赵　勇	赵启超	曲全秀	张景阳	胡长生	刘连水	孟兆利	安相臣	张凤芝（女）
李　伟	苏跃金	石伟英	王建平	车　毅	刘万德	俞　辉	尹巨业	孙玉芹（女）
隋舒杰	杨雨繁	李　志	康庆云	万国龙	冯博伦	田炳柱	张国荣	黄淑荣（女）
随宝志	郭　斌	胡守权	王文军	吴殿银	史宝力	欧乃光	那亚光	苏玉兰（女）
白春民	付兴玉	何守仁	孙　拥	邓宝冬	杨克琪	梁洪义	路春明	赵贤淑（女）
王淳朴	顾广瑞	冯世良	刘庆喜	任万新	刘惠龙	张伟昌	李德胜	刘桂芝（女）
李玉森	朱守信	池明宇	闵书苓	唐洪友	孙维国	郭作琦	刘连奎	赵继红（女）
王志远	李学才	邹华钧	代元洲	于胜林	田荣光	李东凯	李国良	房秀英（女）
许庆库	刘仁山	娄柏明	曹天军	赵长远	王吉元	陈革新	王林江	庄淑华（女）
韩景坤	常铁良	侯林学	李向军	杨国辉	张凤亨	任宏海	李大汉	杜　雪（女）
王可志	王国祥	于忠奇	信洪贤	冯英福	李永忱	赵　革	李福申	张建华（女）
李学民	邓万宏	金炳甲	周　伟	张　科	梁福权	金锡盛	王兆启	柴丽君（女）
陈炳炎	杨文喜	张树勋	刘德明	张士兰	孙玉民	张家树	朱山河	李晓阳（女）
陈　光	丁予稣	康宝勋	陈巨余	刘　杰	朱俊英	庄宇洋	郑连荣	王　丽（女）
吴立忠	蔡永良	王宝林	郭明顺	卢宪阁	陈宝岩	宋继文	刘　斌	刘健美（女）
刘　铁	付松涛	潘德平	张成贵	郭利铭	张振海	康宝华	李彦福	王宝珠（女）
高洪宣	许崇田	才红军	张庆久	周传淞	赫广连	祝普和	洪　江	刘　燕（女）
吴振亮	张玉春	陶永久	史宝宽	张庆德	金常山	赵玉志	王心智	刘增杰（女）

高书颖　郭绍忠　辛　特　胡洪烈　安兴业　孟庆军　董德禄　丁良才　王伟杰（女）
金玉柱　李庆福　刘　勇　李洪吉　董福林　敦恩涛　赵国强　杨乃财　罗　芳（女）
杨东发　洪福祥　张永全　管俊杰　戴友川　高亚平　王志权　孙　伟　马　莉（女）
宫海楼　赵德军　赵荆山　梁中孝　郭英占　冯春国　于春生　马家振　鞠玉环（女）
侯庆义　于大为　孙志旭　刘成山　赵广武　闻殿恒　赵裕后　付德山　宫锡芝（女）
吴奇民　金熙福　李永贵　王质民　吴德全　赵乃范　王百奎　黄兴纯　宋　丽（女）
周　印　杨振龙　孟庆波　马恩财　梁金海　安荣华　王景才　邢凤林　高玉芹（女）
沈炳维　赵子维　丁绍柱　徐宝金　丁玉库　董振玉　苏东贵　张春枝　宋玉华（女）
费玉安　何宝乾　甘凤阁　曹华秀　杨秀贵　哈连喜　白年胜　魏天佑　陈瑞华（女）
赵树新　马文龙　王宝柱　史恩和　吴　威　高彦平　刘　松　夏均魁　刘延华（女）
曹瑜昭　吴启光　李临洁　韩洙天　郭东辉　鄢德森　王世清　徐国栋　张　丽（女）
蒋吉生　张福志　郎洪国　何忠良　孙玉忱　杨　哲　贾跃辉　崔标国　曹凤珍（女）
安　启　贾启坤　白尚斌　王建新　孟令群　董青山　方永清　胡玉山　李艳春（女）
王希武　王桂菊（女）　魏　媛（女）　张桂琴（女）　王桂英（女）　陈湘源（女）
张　贵　韩　萍（女）　杨　杰（女）　雷宇辉（女）　韩亚丽（女）　张　杰（女）
肖景新　田柏丽（女）　苗金丽（女）　李国香（女）　宫玉囤（女）　李喜凤（女）
刘桂云（女）　郝芷华（女）　凤志芬（女）　齐明珍（女）　魏兆君（女）
顾秀芳（女）　赵春梅（女）　谭艳杰（女）　冯丽华（女）　刘玉芳（女）
王胜甫（女）　沈长艳（女）　梁金梅（女）　佟玉芝（女）　侯秀华（女）
陈　伟（女）　龙秀英（女）　潘中华（女）　王凤荣（女）　王德华（女）
黄冬梅（女）　周艳芹（女）　王秀英（女）　赵佳坤（女）　李云华（女）
连亚平（女）　李雅君（女）　冯兰菊（女）　滕丽云（女）　王桂媛（女）
任育英（女）　李　巍（女）　安正实（女）　邢汝芝（女）　姚淑忱（女）
金长家（女）　沈　娟（女）　朱来君（女）　王惠翠（女）　石淑琴（女）
田玉英（女）　张永红（女）　王钟荷（女）　刘昌清（女）

1997年

特等劳动模范

马晓伟　王兴亚　叶恒强　刘万林　刘芝旭　许焕刚　宋学明　孙昌志　金秀杰（女）
张绍阳　杨建华　金荣富　孟庆民　凌立生　徐正本　梁鸿义　滕家仁

劳动模范

付金良　何忠良　胡玉广　党国良　卜忠义　李如忱　王忠山　孙玉忱　刘桂杰（女）

刘德世　张文秀　刘玉山　王喜权　杜业兴　戴有川　郭书富　洪福祥　陈英华（女）

张志仁　赵晓光　井恩生　吴铁成　于洪丰　杨乃才　杨东发　程殿玉　田玉英（女）

李常歧　冯春国　董承虎　王乃义　郭英占　朱文国　张连魁　侯德贵　高书颖（女）

吴作功　李　强　王新智　李德全　万守海　孙传家　郭绍忠　安兴业　朱来君（女）

李玉仁　孟庆军　金玉柱　黄兆庆　赵洪庆　董德禄　陈炳炎　赵子维　佟淑娟（女）

尹振东　侯会超　吴连吉　涂承德　张守礼　许克振　罗树全　王德峰　康桂芬（女）

蔺善余　赵广洽　赵宝德　张怀信　王长学　戴永利　王俊清　孙宝成　杨秀丽（女）

王海栋　蒲玉伟　张　东　吴忠柏　姜绍昌　潘振兴　刘玉财　符文俭　张　新（女）

王海泉　张少义　史兴民　康国杰　张国富　靳朋友　张景贵　杜绍才　潘立新（女）

李晓春　邵广军　顾忠义　黄兴纯　洪尚岩　刘洪印　刘晶儒　时圣运　孙宝琴（女）

赵荣成　郭生富　周传淞　郭立铭　刘志德　李彦福　马玉珠　李德林　龙卉君（女）

高洪宣　李宝坤　陶永久　柴红军　祝普和　顾德忠　吴其昌　刘忠仁　李　军（女）

王祥荣　史宝宽　王振汉　王建新　孟令群　冯国华　王希武　卢宪阁　王焕昌（女）

方永清　攸景峰　胡玉山　任喜君　袁吉民　孙　悦　苏洪印　韩洙天　谭晚华（女）

刘志春　马铁光　侯世昌　王国成　张永祥　刘炳仁　毛恩平　赵立泉　张　伟（女）

孙维家　杨广林　田江南　李少光　刘鹤群　苏永强　史继文　郭宏沈　朱艳文（女）

袁广辉　张乐群　张长林　马树仁　赵晶太　陈世义　王　洋　周成仁　孙桂香（女）

张书权　张国志　赵福林　杨胜名　张成哲　李振宇　孙保琪　闫世江　赵风珍（女）

宋立良　刘保民　王远平　初忠臣　冉祥国　马树仁　池长友　董路明　冯遵义（女）

马　铭　何柏利　唐学波　李荣生　孙家宏　刘文俊　刘新一　张万山　张秀贤（女）

李凯乐　金玉玲　田忠琦　王存科　刘宏伟　周岐兴　王仁国　廉英云　曲　玲（女）

杨禄魁　冯　斌　塔国华　王生龙　李庆春　孟祥锁　王　宽　王春光　杨玉芝（女）

林瑞广　唐继跃　冯书顺　赵树弟　陈宝义　郑忠义　孙艺策　李嘉斌　孟宏伟（女）

朱国平　晏　勇　孙树彬　羿世俊　孟凡玉　陈志超　赵寿洲　张居东　王德萍（女）

刘兴才　李广新　徐贵林　田晓峰　刘　铁　刘慧鸣　肖庆森　戴振华　王　贞（女）

吴志鹏　王绍栋　孙世夫　孙　华　陈功奇　王　昆　崔振祥　方俊峰　崔　玲（女）

王金余　许国军　程洪库　刘宝和　李金友　陆广兴　黄德波　宋永利　祝　虹（女）

朱继贤　于齐天　赵宏升　李连春　汤振荣　曾志军　吴德旺　韩永利　侯丽华（女）

聂　林　裴守泰　镡季春　栾述义　由明雪　张克生　朱仁德　汤　伟　徐仁莉（女）

张起国	刘继曾	周　刚	曲照朋	毛树维	黎志海	张鸿良	范元田	鞠玉环（女）
徐忠文	张国华	梁向东	翟大光	贾云峰	李　伟	肖玉良	宋　力	袁永杰（女）
赵永洪	卢洪仕	张岱海	曹敬斌	马学仁	展万金	赵希勇	刘继东	赵广华（女）
康树森	闫庆礼	周　正	孙忠会	鲁新奎	潘世臣	阎世文	韩圣春	黄淑华（女）
崔立成	夏万堂	李广财	张宝录	韩宝龙	何维新	朱歆荣	张京放	刘延华（女）
王建力	张德荣	李子刚	杨铁柱	张洪武	侯兴亚	杜文壮	冯锡才	季兰娟（女）
朱德民	崔法金	张捷军	陈岗石	王仁义	冯宝贵	于世俊	朱正连	乔　锋（女）
宋宝奇	胡长国	杨春林	张景奎	孟宪新	阎庆国	戴惠风	霍恒荣	王建凤（女）
曲仁礼	梁凤文	黎恩林	聂作平	董菊生	张炳余	戚建国	陈安迪	张忠悦（女）
张儒生	刘振宇	杨文权	鲍雨霖	刘玉壁	蔡德功	杨士杰	张德发	高逸云（女）
刘　欣	王大禹	王书保	吴扬法	金兆瑞	侯庆平	高树林	谈盘大	闵建新（女）
张　杰	李世伟	杜洪昌	王玉杰	周建华	张正训	丁　峰	程　堃	王春霞（女）
张卫国	刘崇然	沈忠仁	李振忠	程宝华	梅　琨	郝洪林	李彦顺	李春香（女）
关维国	赵志惠	范利明	原首晨	葛景芳	王东志	张国贤	臧连春	孙世华（女）
刘启宝	杜庆凯	费　侠	刘春章	张忠礼	张晓志	刘玉昌	安正男	孙　滢（女）
马云奇	张洪生	运永顺	金立全	马尚礼	王爱宣	康维韬	康文钰	王　敏（女）
潘清河	王鹏昆	肖广智	祝普岗	李会军	冯　驰	唐双宁	康兴志	张书荣（女）
吕　波	刘耀华	陈海涛	锡春茂	梁洪春	聂志才	王吉友	王永凯	纪云华（女）
杨立文	陈德奎	杨　文	李恩和	张　伟	王海军	刘国学	董忠涛	杜　雪（女）
龙际安	王志孝	贺文长	李献文	高崇林	刘纯君	张　钧	刘瑞清	柴丽君（女）
杜忠文	石俊生	刁国华	刘长仁	杨万年	信洪贤	张　毅	戴天跃	杜长虹（女）
苏玉印	孙克诚	艾海清	陈军光	董文忠	陈雨华	王古松	郭建华	李晓阳（女）
靳万军	何东升	关维良	唐仁龙	高文利	吕长胜	王启义	赵　宏	王　丽（女）
王伯伦	宋今丹	白钦先	杨松松	罗　旭	李宏男	吴剑华	张书杰	陈敬芝（女）
孙铁珩	张喜哲	张维平	陈洪彬	孙　民	孟明扬	石万祥	尹旭东	刘健美（女）
王永本	赵志忠	汤金南	李树良	刘　康	冯体贵	宋　明	矣庆泽	孟美丽（女）
张作民	刘兴华	张德波	聂树林	杨兴奎	金重阳	刘俊林	黄兴武	韩春星（女）
刘　旭	马守民	李国才	祝安宝	木　青	张　强	孙元志	王文堂	王凤云（女）
姜　涛	邓庆启	魏东兴	李　忠	晏　华	刘启民	侯　炜	赵文才	吕明亮（女）
洪海峰	陈学伦	赵会雷	倪洪林	周　伟	杨德奎	赵建民	林治轩	韩玉香（女）
魏　明	胡兴武	杨亚光	李培英	邓边疆	赵　伟	柳玉辉	张文富	扈少伟（女）
赵立新	江凤阳	刘永国	杜绍林	刚忠良	刘长泰	王秀华	单德军	崔桂华（女）

张书博　邢　军　徐春明　刘爱党　丁予稣　李　岩　姚　曦　王玉江　韩秀云（女）
田禾融　孙彦民　许艺伟　王　敏　王　杰　靳荣谦　迟法令　车宪辉　周玉玲（女）
孟庆廉　康庆云　黄亚平　郭成江　李金岭　费连贵　韩　力　冯博伦　凤志芬（女）
郭　斌　隋宝志　范国兴　范关南　李玉明　辛　特　王金锁　刘玉芳　张晓茹（女）
孙　建　林俊峰　张福义　高海宁　曲俊璞　刘　伟　何海达　路春明　云　彩（女）
程渤铭　余立群　丁　伟　孙　拥　栾玉文　刘慧龙　关恩石　陈永贵　孙菊梅（女）
李振远　池明宇　朱守信　李洪兴　杨宝魁　崔同庆　李　超　赵广文　张亚君（女）
张金龙　唐英年　崔守杰　赵伟祺　孙维国　王家平　张德山　吴为民　赵俊玲（女）
代元洲　于振和　刘庆江　范成林　石新元　耿学峰　陶继新　刘绍义　张　志（女）
祝世民　李广仁　赵广柱　侯万才　李树武　张国臣　勾玉伟　罗绍成　吴桂新（女）
苏士印　刘志忠　贾振东　袁玉玲　周道修　石国军　王庆符　马宝山　吴凤琴（女）
秦国喜　王　彤（女）　王巧珍（女）　程桂兰（女）　刘焕荣（女）　王宝珠（女）
王国祥　邹翠云（女）　李文林（女）　宁玉杰（女）　王　东（女）　皇甫正纯（女）
于忠奇　吴　玲（女）　娄　鸣（女）　李玉梅（女）　董桂凤（女）　王远杰（女）
侯长安　王玉珍（女）　王玉平（女）　王秋云（女）　张桂琴（女）　赵桂云（女）
王秀梅（女）　张　瑾（女）　龙连芝（女）　金　利（女）　耿凤林（女）
张亚芹（女）　郎　明（女）　闰翠珍（女）　赵晓华（女）　赵春茹（女）
何晶满（女）　王秀华（女）　赵凤霞（女）　刘　杰（女）　丁秋丽（女）
王叔智（女）　陈素梅（女）　迟淑英（女）　于　录（女）　王惜时（女）
顾秀芳（女）　陈　波（女）　谭艳杰（女）　赵春梅（女）　孙淑君（女）
那亚光（女）　王淑媛（女）　侯慧娟（女）　穆伟珠（女）　孙丽滨（女）
潘中华（女）　王玉霞（女）　卢忠民（女）　龙秀英（女）　郭爱武（女）
王明伦（女）　齐继贤（女）　付淑芹（女）　李翠岩（女）　张树森（女）
何宝华（女）　王宝荣（女）

1998年

劳动模范

韩　威　李少光　马　翀　姚宝峰　崔永政　曾宪峰　齐连同　吴晓东　张爱滨（女）
付玉新　王更新　路　琪　方　韧　王忠民　张德生　顾德昌　廉贵本　徐　艳（女）
李洪兴　于沈光　商国华　刘佩臣　孙庆绵　马之骥　苗栓明　陈国栋　李丽清（女）
武忠发　张家彦　金志生　张司明　张忠平　王文仲　陈景宽　高　峰　裴丽艳（女）

孙学海　黄学文　王玉琨　朱继新　于学石　保剑平　杨新丰　洪毅武　高景丽（女）
于纪盛　富　饶　陈连芳　满守征　张国华　李志刚　柳质国　袁会玉　贾东红（女）
韩　越　谢维刚　李桂山　林兆祥　李云鹏　郭希海　范吉全　张焕文　丁维革（女）
邓连喜　富家妍（女）　马晓欣（女）　王丽颖（女）　孙丽杰（女）

1999年

特等劳动模范

王　军　王　洋　王振岩　卢　柯　刘　伟　庄宇洋　何文江　陈　钢　于　爽（女）
李玉仁　李成胜　张儒生　洪　江　郭庆平　倪洪林　董文明　王春霞（女）
袁　媛（女）

劳动模范

胡永清　赵志坚　朴永进　戴有川　洪福祥　杜业辉　祝恩库　张志仁　胡亚杰（女）
郭书富　张庆瑞　张占超　孙立险　孙　强　高士杰　赵德普　张　涛　邹文素（女）
张煜明　白锡斌　金维民　万长金　党国良　梁印德　赵树文　荣　旭　刘昌青（女）
马长山　袁　勇　雷勇生　李纯山　苗滋茂　宋洪利　朱文国　李长歧　蒋春阳（女）
李英华　陈泉山　陈建筑　李根道　李　强　卜成义　赵桂君　侯景仁　马淑昆（女）
王继纯　曹大忠　王　江　王凤辉　孟繁华　林淳伍　高宝印　赵彩霞　李欣然（女）
郭绍忠　聂良志　孟庆军　金玉柱　刘殿忱　王洪新　李鹤千　商德华　于　洁（女）
徐振宇　夏巨卿　李殿宏　范长林　杨志才　王庆利　郑富库　曹桂林　韩丽霞（女）
康成山　李德文　翁百文　赵宝臣　时圣运　付启山　祁国显　丁海荣　张玉兰（女）
王立世　陈振书　李春光　张少义　吕洪涛　张奎宝　李东宾　陈士书　董秀琴（女）
王文江　王建新　李　剑　曹庆福　任喜军　孔德君　张海涛　刘景明　王秋萍（女）
董洪章　魏国华　石立新　江殿国　王喜文　王荣宝　孙谋畔　赵恒志　吴彩霞（女）
夏奎富　张怀忱　王世刚　郭德显　于清复　陈启德　杨玉武　昌忠业　赵凤珍（女）
杨显才　陆洪宇　戴良敏　刘俊学　左宝振　汪乐春　刘卫星　冯恩重　谢书茹（女）
史宝宽　李宝财　赵铁利　王德库　郑秉库　孟祥吉　孙　玖　国世峥　冯丽荣（女）
张志堂　徐宝权　张玉禄　李玉祥　宋宝明　康宝华　李宝坤　缪征义　崔　玲（女）
陈广鹏　陈绍贵　孙柏成　于廷伟　陈安德　程世明　贾希良　李振宇　徐美芳（女）
马将发　苏永强　李常军　姚德利　卢　东　许　贵　王福才　夏时才　王秋艳（女）
杨晓光　张　杰　田仁生　吴先智　张福文　梁东徽　唐德基　修思常　史丽娜（女）

孙保琪	邱　峰	刘　毅	周建伟	鄢德刚	荆崇为	丛恕华	陈宇征	郭丽红（女）
顾贵和	郭洪军	高　健	张成哲	王生龙	孟祥锁	高世能	凌学勤	陈耀萍（女）
裴建芳	申　超	林瑞广	赵明奎	孙景明	刘志新	王恩斌	李金岭	苗淑芝（女）
刘起嘉	刘　鲁	王维之	崔国富	吴玉江	夏经岩	李凤杰	李凤林	张淑华（女）
王志成	吴志鹏	银士印	王亚凡	李　强	辛　峰	高奎山	刘宝和	王　瑛（女）
蔡广强	刘　阳	李连春	于齐天	沈玉福	陈启明	刘德茂	王　珍	曲玉艳（女）
刘福全	王殿生	刘英杰	赵宏生	马成立	李建民	富建华	金光辉	冯　莉（女）
王春明	邓可名	孙政敏	孙作文	张克生	黄伟玲	金明淑	王希荣	孙　静（女）
栾述义	王胜华	赵志勇	李世军	谭宝明	刘忠杰	李新春	单　龙	潘　杰（女）
纪常华	昌　盛	赵志平	姜长君	许智伟	张殿武	孙志发	蔡兴功	王兰君（女）
林春郊	王立鑫	张之中	梁　君	陈树谦	董哲伟	廖春柏	都志山	刘秀丽（女）
王　珏	袁维江	周宝义	孙兆平	李　锦	王富新	孙树波	罗贵良	樊海燕（女）
侯占武	李新义	王维人	朱德民	廖德明	张武虹	任乃刚	郑　勇	高逸芸（女）
张景奎	黄季墀	于兴斌	曲仁礼	田　锋	程国明	梁凤文	王大禹	方秀梅（女）
肖长成	于康成	常延东	轩振广	李贵清	高　翔	林　革	张致君	刘清焕（女）
丛培国	陈　宁	查　明	李力敏	闫庆国	关双彦	姚连伟	胡如恒	房玉勤（女）
白光大	许伟光	蔡秋生	常文斗	丛富文	刘文芩	卢伟权	孔祥杰	刘　智（女）
许广政	孙阳学	李世伟	高树林	刘海寰	戚余伟	杨宝华	王彦平	李春燕（女）
滕伟好	陈金彬	贾瑞阳	鞠保义	何　明	于国辉	吕德臣	王利泉	才丽君（女）
张俊杰	任成杰	赵志蕙	金潮海	顾华强	孟庆礼	靳光伟	张国贤	杜长虹（女）
李贵平	臧连春	王惠春	蔡俊彦	吴晓东	李文伟	刘春章	刘守田	刘　耀（女）
崔卓夫	刘国义	张景平	孙志杰	高德新	张海波	刘　伟	丁顺利	李晓阳（女）
翟佐云	孟繁誉	吉承红	周肇功	李建新	王凤新	丁春林	王海峰	田秀娟（女）
刘　灏	李佳奇	张洪凯	张士玉	李　平	杨立文	刘国学	李成祥	刘育波（女）
王英汉	郭亚利	龙际安	马永清	贾树东	吕海军	韩国权	张洪宝	金丽敏（女）
张　凯	温进才	朱坤海	李深影	孙奎远	赵成利	提　斌	呼玉普	项　荣（女）
徐传法	赵树林	张润生	王福兴	张　珂	刘　凯	高广义	刘　庆	王秀林（女）
吴　光	孙中兴	张　斌	孙思英	刘景瞻	明　哲	柳明利	董伟钧	马晓昕（女）
卢宝君	吴　珂	高文田	冯绪普	孙绍章	闫太日	罗也平	王红石	郭　明（女）
梁志德	陈温福	郭启勇	楼介治	赵玉国	徐绥绪	刘兆伟	金明善	杨　宁（女）
康廷国	徐　明	李　宏	潭家镒	郭广大	张连璞	张亚军	张述禹	郭秀茹（女）
徐人瑞	刘长令	路海林	杨晓东	邱广涛	金英俊	吴洪喜	张福钧	汪　敏（女）

白景林　李　诚　李兴成　孔德生　李广杰　徐福春　杨学宁　祁相良　薛素霞（女）
王善福　萨世奎　那树伟　铁维龙　牛文海　朱文蔚　孙洪成　冯顺起　吴翠香（女）
田　维　王　战　藤彦军　仇方内　曾　彦　王任东　田春雷　张玉良　于谨芝（女）
郑大为　李成绩　金玉雷　刘　晶　金锡盛　徐树山　杨洪文　刘玉成　马慧敏（女）
戴振华　邢　军　杨全华　杨炳辉　王建仁　高　峻　关忠义　迟长江　吴丽君（女）
任宝存　王英侠　程国珍　刘　军　丁国新　傅志刚　袁长久　李志民　王桂华（女）
吴　力　李　岩　陈巨余　蒋贵林　白玉宏　张　志　郭大礼　李凤宝　刘焕荣（女）
徐剑菲　杨　波　付家良　刘建业　车　光　李　斌　穆洪来　丁桂林　孙玉国（女）
朱树才　洪明泰　安良泰　阴振环　殷　力　于洪庄　王立成　范关南　吴　英（女）
郭　斌　冯博伦　吕其忱　孙长松　刘爱党　董国林　宁学斌　魏振华　蔡　方（女）
刘　伟　王广海　张平生　皮文德　李文林　高海宁　孙　拥　周德孟　戴淑华（女）
张宝华　王文余　宋凤祥　张振明　高伟明　景雅君　王忠强　黎　明　徐映红（女）
张　利　戴君明　隋安治　师守君　李晓东　方春亮　李宏明　石文学　杨晓彦（女）
郑　国　刘有权　蔡复生　夏经政　何凤春　刘尚杰　孙刚森　王忠富　刘　伟（女）
宋长巨　宫贵春　朱守信　於永金　李新杰　王庆林　王福龙　马友林　李彦君（女）
姜恩鸿　吴为民　关长林　于香君　柯亚君　李　军　李江平　张航军　刘　红（女）
祝士民　孙广信　常绍华　刘　伟　黄冬梅　张　扬　王志新　鄂朋久　孟少春（女）
石玉柱　曹泊宇　付　强　苏士印　侯宝军　孙正喜　张玉光　王化英　梁　杰（女）
王晓光　张得宽　王启家　刘绍东　张　彪　李绍华　袁　铮　朱敬梓　郭瓦力（女）
王国祥　董文军　李庆波　刘　伟　孙亚远　李长福　郎海鹏　刘铁林　王占仁（女）
陈雨华　邵国泰　刘志嘉　苑　舜　王天然　姜连英　杨玉林　刘景勋　赵启焕（女）
何　伟　田振国　穆　昕　江　涛　孙铭先　张忠武　毕建平　桑国仁　张希臻（女）
刘思仁　曹淑华（女）　王玉英（女）　吕继英（女）　丛立芝（女）　李秀文（女）
祖树武　王宜春（女）　李　飞（女）　崔　高（女）　甘桂菊（女）　高　敏（女）
陆小川　王红军（女）　李春颖（女）　程桂兰（女）　刘　燕（女）　高桂荣（女）
秦文军　卞解顺（女）　张秉荣（女）　张凤华（女）　李　华（女）　王　霞（女）
果荣山　吴玉清（女）　赵宝红（女）　童杰萍（女）　杨文玉（女）　周淑华（女）
坂吉久　周雅琴（女）　刘凤荣（女）　吴玉香（女）　娄妹非（女）　高　虹（女）
张晓辉（女）　段玉羚（女）　朱铁军（女）　翁　宁（女）　王艳华（女）
马玉琴（女）　满荣珍（女）　纪　颖（女）　吴淑杰（女）　鲍伟侠（女）
王玉洁（女）　牛丽雪（女）　陈　波（女）　孙　琳（女）　喻绍芬（女）
田庆印（女）　刘玉芳（女）　吴成菊（女）　李香玉（女）　贺秀兰（女）

王淑媛（女） 徐雅坤（女） 缪晓辉（女） 佟玉芝（女） 黄俊梅（女）
林庆绵（女） 代素清（女） 王丽娟（女） 杨慧敏（女） 刘桂琴（女）
刘凤英（女） 张红娟（女） 赵秀华（女） 刘淑珍（女） 李桂枝（女）
张　立（女） 田　宏（女） 杜　娟（女）

2002年

特等劳动模范

丁守山 王　涛 王治礼 王新智 付　超 石战宁 孙忠军 刘宝亮 王　彤（女）
肖广智 李少光 吴晓东 林左鸣 张德山 祝振波 章功力 教玉章 刘建美（女）
张桂平（女） 祖松梅（女）

劳动模范

杜守则 田志远 康自宝 祝恩库 鞠洪仁 刘殿义 杜业兴 于洪丰 万爱光（女）
朴永进 戴有川 李士学 祝恩元 张志仁 孙继祥 杨忠校 刘少文 张　红（女）
葛振成 孙凤贵 冯春国 李　强 梁忠孝 侯景仁 王者良 于春生 闫云环（女）
陈建筑 郝会纯 何宝刚 李长歧 孙兴武 张国柱 屈长友 王洪丰 谭立萍（女）
胥宝辉 叶　舒 路国恩 姜　涛 刘景山 张　贵 高奎吉 佟振生 梁桂云（女）
商纯福 高文荣 汪凤德 兰明海 董　俊 李大伟 姜德山 李恭友 方修云（女）
崔芳惠 张福祥 陈宝仁 刘铁军 范宝明 刘洪文 黄德育 宋天祥 石宇虹（女）
孙学明 张宏斌 尉　新 朱文波 赵贵福 陈会林 郭东辉 常　远 王　莉（女）
方九香 陈万华 徐宝顶 张成玉 姚宝华 戢焕尧 丁　宇 谢春光 刘晓文（女）
张乃新 王惠斌 曹福华 刘春来 陈兴江 肇恒斌 邓长德 张永宝 谢艳秋（女）
关文策 辛树伟 张家兴 薛亚洲 杨维涛 张福庭 张福贵 张明国 张淑芝（女）
于成贵 于欣欣 朱　联 姜恩家 赵留福 朴胜哲 范光耀 胡成夫 韩淑敏（女）
王立先 史沿征 佟明胜 樊景春 邓　勇 翁佰文 袁本军 张惠儒 包　瑞（女）
吴庆民 刘玉珂 刘永久 赵长有 李忠奎 王进基 贺庆英 杨焕杰 高　颖（女）
胡双喜 陈文志 于文启 冯永久 孔繁良 王景玉 李天林 张孝臣 李　莉（女）
祁国显 邢百学 刘炳仁 冯景昌 于廷伟 赵立泉 李祥吉 许宝君 严海清（女）
佟丕钧 李秀刚 成正朝 苏永强 李宝山 黄　柏 戴良波 鲁维超 李秀梅（女）
张井宽 王　洋 奚顺昌 张　杰 周玉斌 吕宗沛 刘德安 侯国良 张文惠（女）
许　贵 周化民 陈庆杰 李晓峰 李　明 马　铭 张世昌 李　镭 长冈治朗

李富尧　胡韵生　王　宽　王长顺　马德文　孔祥明　郑忠义　孙　彪　佟　丽（女）
梁会山　李春明　冀宏伟　刘景顺　陈世彬　张建军　方　伟　徐振钢　郑小秋（女）
赵　鸣　贺玉奎　李凤海　史明星　王绍栋　陈玉华　赵延风　张绍阳　王亚奇（女）
宋小东　李　强　邵松岭　赵沈生　朴寅培　于成波　侯　峰　吕　靖　周燕妮（女）
邹继忠　肖云鹏　范庆锋　夏经明　李春余　富建华　王瑞池　杨国升　李翠芝（女）
吴宗复　霍秀岱　曹仕侠　刘秀山　孟君安　董　涛　李贵祥　吴　群　潘　杰（女）
王彦昌　王　福　康庆国　王永恒　梁德文　张全武　马　宁　舒　展　孙　静（女）
曹福民　蔡英杰　蒋秋明　陈允禄　关　键　王　晖　陶新潜　李海峰　王德良（女）
徐兆福　杨振年　杨全华　陈树谦　夏万堂　王华东　蔡昭藏　黄先奎　杨　峻（女）
关锡友　陈　波　杨　松　侯　慧　杨广智　荣　辉　刘　丰　王　嵩　辛　平（女）
李丕学　靳溪泉　王忠川　赵大勇　李朝日　冯向东　吴立人　李新义　张忠悦（女）
崔景明　陈玉泉　董学军　赵　喆　李　昕　李显林　王茂国　陈建平　张桂芝（女）
米国玉　阮意东　陈德水　刘万福　刘守义　陈丹平　冯玉清　梁凤文　马春英（女）
张儒生　陈安迪　曹同舟　江振友　丁相福　陈景良　金　鹏　张连祥　常　欢（女）
张玖山　王志川　刘述铎　王凤元　张建伟　徐晓明　胡长伦　胡长国　蔡　颖（女）
苏成江　孙阿刚　李方勇　由长春　姜殿军　宫　兵　徐志宏　陈立学　常　艳（女）
吴耀春　尹国富　韩　松　赵立平　石忠华　孙　聪　徐国茂　李继英　王　玲（女）
尚东炜　耿锡良　李兴国　郎国军　姜　田　刘立新　高　嵩　詹　勇　宋宝珠（女）
周兴和　高志刚　于宝贵　宋爱军　刘　诚　林力春　刘同跃　白亚军　杜长虹（女）
刘春章　李广林　何文江　王惠春　李成胜　尹国柱　张雨廷　关维宏　宋克香（女）
冯建东　邹贞彦　和锡之　郑　勇　王　均　杨　忠　栾　天　郝清福　苏金环（女）
钱乃宏　吴培义　徐忠庆　王胜伟　张存良　秦克江　马　利　邴守刚　田　霞（女）
石之英　吴长江　温维新　刘景柱　邵令文　周德顺　于长华　张双龙　王军艳（女）
刘凤利　李　增　付晓东　周振海　姜振月　樊晓明　胡　军　常静波　高春萍（女）
张洪宝　赵联合　杨兰轩　王树生　李森颖　徐　彬　刘志国　李　强　杨玉杰（女）
窦志强　涂　凯　曲晓峰　张成功　金星喆　郭光荣　孙武刚　周卫东　张静鑫（女）
高文田　刘永华　王荣富　杜惠程　朱为民　沈维宏　曲文玉　王志君　李春荣（女）
肇洪超　王殿佐　边时弘　马建中　孟凡全　张瑞英　王　元　王国栋　郑　悦（女）
汪定伟　刘广纯　李天来　陈英杰　王揖涛　邹黎明　胡荫平　赫国胜　李　华（女）
王成元　刘仁杰　孙开来　陈峻青　吴成东　廖邦俊　谢小京　马朝建　李韵华（女）
曹中复　马继明　李贵忱　葛　峰　龙学敏　倪大伟　张　羿　韦公儒　张　杰（女）
杨秀山　单大国　陆维华　马　疆　王宝江　赵　辉　郎彦龙　商世英　刘　艳（女）

徐本良　卢兆慧　范文富　孟庆绵　曾繁君　李建新　刘启祥　丁大明　孟宪芸（女）
那树伟　牛文海　崔　韬　杨绍波　王　凯　王哲年　钱　明　刘生生　吴昀峰（女）
汪胜平　王书谦　隋忠学　朱　光　徐玉甫　陈伟昌　刘兴和　王　爽　陈　莉（女）
王　勇　冷树春　李栓良　王铁军　张立斌　张　强　马春孝　张耀伟　解曼丽（女）
闫　立　陈　甦　陈大伟　邢　军　姜恩鸿　耿金财　史宝杰　吴　刚　孙兆清（女）
老延智　陈　勇　宋敬泽　袁　伟　齐长凯　李宗同　张　明　姜爱国　李焕云（女）
季忠贤　辛广玉　王　波　娄　丹　张砚瓒　张连发　李玉武　娄　屹　李焕云（女）
李和实　付幼宏　金银一　王公铎　荆维强　关玉杰　任贵清　张大军　李焕云（女）
刘　新　庞　伟　门春禄　王洪杰　王玉鑫　孟宪宪　崔根有　孙永和　李焕云（女）
石　平　李玉亭　顾成杰　葛风岐　范关南　李涤川　张国荣　周文财　商伟菊（女）
刘福军　郝维强　王子正　李　炎　成　炎　吴　宁　肖长德　隋宝志　王国兰（女）
时　彪　乔尚泽　李洪绪　高伟明　秦长友　沈亦武　魏振华　张平生　徐　放（女）
李树春　辛　特　卢成孝　赵广荣　杨炳辉　刘之松　沙劲松　罗颖杰　曲凤媛（女）
白兴明　王忠仁　王述良　宫玉发　李延祥　赵　郁　徐维和　程自力　许桂娴（女）
杨春霖　池明宇　乔恩福　李春刚　李立生　夏传良　李振清　张航军　陈金玉（女）
于香君　金　刚　玄志强　侯殿平　侯延芳　吴志中　刘进文　李玉升　张锦华（女）
王华国　金凤奎　陶继新　龚　伟　王志贺　郑　伟　孙　义　王慧涛　郑洪新（女）
朱德利　王革明　张兴喜　田　径　刘方军　韩景奇　陈文祥　李光大　程　迪（女）
战凤龙　丁焕志　宇　光　李　恒　赵玉峰　李春友　刘如久　于中奇　李国凤（女）
张海军　李艳玲（女）　薛淑萍（女）　张希臻（女）　丛莲芳（女）　何　伟（女）
张士翼　刘焕英（女）　宋文惠（女）　张翠华（女）　苏　虹（女）　高雅珍（女）
曹春林　陈淑华（女）　邓洁萍（女）　刘　燕（女）　贾　艳（女）　刘　虹（女）
李庆波　佟玉英（女）　董郁洁（女）　郭　红（女）　刘　威（女）　韩晓光（女）
杨学波　王桂花（女）　贾淑霞（女）　夏秋梅（女）　董淑芳（女）　郭凌波（女）
黄凤珍（女）　刘宝清（女）　孙根妮（女）　崔晓彦（女）　陈　伟（女）
朱　杰（女）　吴　静（女）　马晓航（女）　刘晓丹（女）　赵　悦（女）
张　扬（女）　周铭真（女）　刘桂菊（女）　张　红（女）　赵馥英（女）
段国慧（女）　于桂香（女）　张　敏（女）　徐　丹（女）　李　军（女）
马铁民（女）　徐雅坤（女）　郭丽娟（女）　盛世珉（女）　刘艳芬（女）
杨忠莉（女）　李香玉（女）　刘玉芳（女）　亓　军（女）　逄兆英（女）
贺秀兰（女）　沈恩然（女）　李丽君（女）　陈长杰（女）　孙　敏（女）
陈玉秋（女）　肖　晓（女）　叶海秋（女）　栾　英（女）　王丽娟（女）

崔启华（女） 姚文涛（女） 陈颖波（女） 陈 茹（女） 郑云华（女）
王志新（女） 李明尔（女） 刘爱萍（女） 熊玉荣（女） 史 林（女）

2004年

特等劳动模范

李祥吉 于 波 何国华 赫冀成 孙武刚 康宝华 荆治严 商纯福 袁丽新（女）
苏文捷 夏云龙 王志学 黄凤珍（女）

劳动模范

王 洋 王 刚 康振生 梁佳灵 张 杰 孙彦国 杨福彦 陈 伟 周凤林（女）
高 炬 张所林 钟 馗 徐 强 王铁锋 艾英学 王 瑀 张启明 王英姿（女）
薛宇飞 张煜伟 邓长辉 柏喜林 扶 军 张乐群 刘宦魁 赵振山 马 竞（女）
黄光璞 李荣富 王常东 徐成辉 张铁华 赵立鸿 许振海 葛树成 申艳光（女）
赵文忠 李传武 史衍华 严昊明 张士波 侯志成 陈新海 杨广明 赵 波（女）
高明辉 冯振洁 蔡英杰 杨瑞祥 魏云峰 崔立刚 李永焕 黄兆国 陈淑梅（女）
纪 阳 孙 宇 赵献奇 王仁之 胡印生 刘焕明 黄玉石 白尚志 杜玉朔（女）
张社宽 何英新 林忠华 齐永伟 李铁军 王 浩 陈德水 杨树仁 安晓霞（女）
王永志 耿 波 李力敏 王秀昌 刘 宏 都本正 刘景林 陈国峰 赵 丽（女）
季晓光 胡振乾 徐东涛 高雪泉 郑国华 张 健 刘 迪 罗 阳 李建榕（女）
李 勇 李国英 陈凤秋 宋显忠 刘延夫 许印勃 韩立夫 潘殿财 金素芝（女）
张玉杰 王 勇 吴民生 曾东宁 李 岩 胡文学 宋光成 郭振钢 赵 荦（女）
胡锡华 田 菁 陈 涛 鲁启阳 王茂庆 王远平 邢 军 王学军 崔建英（女）
李允植 王贵虹 刘 超 温德慧 李朝日 方 明 关 怀 王立权 赵 颖（女）
赵晓锋 顾思九 张保民 吴树怀 张宝君 赵明天 王雪寒 刘 晓 田 霞（女）
王文连 郑 勇 江岸峰 张宝利 刘 勇 景志岩 何文江 白通凯 王 艳（女）
冯 辉 高景明 佟知庚 张雨廷 冯建东 刘春章 刘春旺 倪立新 刘春儒（女）
关维宏 李铁军 王运阁 包家骥 王 煜 何芸生 李启明 许仲德 马玉慧（女）
侯德安 慕善新 程 伟 徐成芳 李 铣 杨理践 唐春安 关晓辰 卢丽红（女）
郭晓岩 杨关林 张福昌 刘 兴 林木西 崔国生 潘子民 徐正进 徐鹤洙（女）
栾书伟 马宝春 邓 杰 吴任春 栾云东 崔修震 赵国新 于 文 高艳辉（女）
张学忠 巩长霖 叶又生 吴佳铭 谷延昭 赵光辉 杜惠程 丛义军 李春嵘（女）

郭志怀　王宏顺　石宝忠　谢　中　屈大勇　曲显宏　刘成军　王　奇　甄　芸（女）
盛伯义　郭介民　李荣良　高文芝　何锡春　朱传福　孙　东　李　越　王胜春（女）
任　辉　寇景学　田　伟　张立杰　孙　杰　王宪民　樊荣绵　喜恒伟　赵姝剑（女）
杨庆利　杨魁元　董营实　表永坤　焦玉泉　屈丰泰　李铁林　王尉军　彭丽君（女）
陈宏波　杨　建　原　刚　赵家驹　孙百军　常万军　候　岩　王　平　吴　迪（女）
陈嘉良　吴进阳　张东江　唐晨光　李成绩　颜　卿　邱立民　齐　群　陈丽彬（女）
韩佳君　蔡战军　廉　杨　孔祥龙　王锡本　魏海军　张良荣　曲文模　张月秋（女）
孙文东　冯小平　寇祖轲　张宝祥　王连贵　袁　义　韩风俊　穆秀仁　高　琛（女）
刘松灿　崔天月　原培新　张玉宝　石伟华　王　伟　王逸华　田天柱　朱　玉（女）
范业琦　李景军　郑有林　高　峻　张仲涛　单宝刚　王建华　刘玉行　尚　红（女）
程　岩　王新元　隋宝志　郝维强　王子正　何正勇　邹建林　寇友彬　张淑兰（女）
成　炎　于林平　刘德利　顾延福　杨新泉　唐立忠　魏振华　邓德超　石玉秀（女）
李文林　王　勇　朱大成　兰晓亮　宋宝全　王建力　孙豪杰　朱书华　曾艳丽（女）
佟会恩　李玉恒　沈卫军　束　春　常忠民　林　成　付小平　于静春　卢朝霞（女）
胡国权　宿庆金　汤　军　刘　涛　许鸿达　李雪林　隆　楠　韩　巨　张玉坤（女）
杨久成　李振家　李长绵　李华兴　邢　巍　于继红　张宝儒　佟庆印　孙　波（女）
王自达　刘殿臣　张　军　路宝鑫　林万欣　刘以贤　刘向前　刘国利　柴淑彬（女）
马文升　王世宏　陈　鹏　赵维辑　佟太江　李东斌　陈永凯　李　峥　邵亚南（女）
王洪峰　单兴万　吴金坤　赵　凯　罗亮琦　崔龙泰　董　侠　李根道　李慧君（女）
徐庆和　武德润　吴　琼　魏庆杰　于　平　赵炳昌　高爱国　马　疆　石　明（女）
马成义　史兴民　丁长石　洪德纯　赵贵锋　杨晓明　陈宝吉　白晓东　徐豫平（女）
陈玉奇　赵永吉　杨均湛　李宝双　李光磊　洪建华　徐占海　周绍武　王　晶（女）
祝江全　张景利　吴昌东　马成来　杨德余　邢　东　田玉丰　郭忠武　李述贤（女）
李忠祥　邹立国　宋振铁　崔汝宁　苏荣库　赵维城　王守玉　冯维生　佟雅娟（女）
雷艳云　薛忠元　翟文亮　赵洪任　费宝胜　李超华　何忠义　何　爽　肇生丽（女）
王树生　齐文波　王耀武　张宝桐　吕宝文　李长瑞　金凤海　孙东风　高秀娟（女）
刘　禹　韩志国　李霄雷　张少云　孙海峰　李阳普　刘云溪　屠永远　张淑敏（女）
李春景　刘国凡　张宝林　李　慈　王培柱　张　斌　范晓东　王　珏　姚　敏（女）
李玉刚　杨　燕（女）　陈红君（女）　崔　岩（女）　李惠静（女）　马凤娟（女）
鲁福信　李桂榕（女）　赵婷玉（女）　关云萍（女）　高艳香（女）　夏书月（女）
查剑平　韩晓竹（女）　周　丹（女）　蒋晓梅（女）　王立杰（女）　金　波（女）
郑金勇　索丽珍（女）　吴秀娥（女）　姜　君（女）　张玉芳（女）　周纪荣（女）

杨　凯　王翠凤（女）　张惠铭（女）　李文君（女）　张志杰（女）　刘艳玲（女）
刘延江　王云秋（女）　王　昆（女）　王静芳（女）　李金荣（女）　吕昆荣（女）
陈　琨（女）　石秉贤（女）　白卫星（女）　陈　波（女）　马淑琴（女）
贾淑芳（女）　贺秀兰（女）　刘艳芬（女）　朱艳萍（女）　胡　方（女）
李东春（女）　王桂艳（女）　田秀丽（女）　李　军（女）　陶桂茹（女）
王春义（女）　祝旭东（女）　康秀娟（女）　田金范（女）　刘荷云（女）
杨秀兰（女）　周　兰（女）　崔英云（女）　祁淑洁（女）　李玉芝（女）
魏素娟（女）　王会琴（女）　钱静华（女）　曹春云（女）　苏冬梅（女）
姜　伟（女）　韩丽华（女）　杨　波（女）　李淑娴（女）　步艳斌（女）
李柏樑（台湾）　全龙植（韩国）　罗钟洙（韩国）　蔡文良（福建）
曾昌飚（温州）　董启君（本溪）　潘太富（温州）　进藤俊一（日本）
汉斯·葛力普（荷兰）　台谨贤（美籍柬埔寨）

2006年

特等劳动模范

王　阳　钟　馗　姜　伟　郑全录　李　刚　李　辉　于会怀　韩　敏（女）
杨尔绮（女）　唐　颖（女）

劳动模范

李　军　杨春文　韩　涛　王　黎　高　滔　王树军　王吉尧　涂赣峰　吴曼娜（女）
李蓬勃　苏在一　胡定海　陈凤亮　迟玉民　海泽宇　白文斌　孙伟山　戴丽娟（女）
耿立民　赵成文　张宜成　姚　伟　张奎尧　牛大勇　于洪昌　方　勇　苏　静（女）
刘　伟　祝云鹏　张　涛　李　辉　苏　平　王乃印　宋诗力　王明新　王　越（女）
马恩义　连玉国　孙少波　王清林　邢　军　洪成业　李芳园　韩宏伟　梁　丹（女）
马铁军　周达义　李明仁　刘春发　张洪泉　刘福民　高光顺　姚书平　詹爱云（女）
魏　东　秦　禹　杜荣生　石云锦　张宝来　那泽志　赵长有　姜　勇　刘颖慧（女）
陈树立　崔仁树　王守华　吴晓晶　吴维胜　杜　宁　李　良　佟方伟　赵　敏（女）
徐殿启　翟顺成　聂云祥　范丰栋　刘今方　符熙鹏　尹传东　李德衡　李淑芬（女）
表成龙　胡国联　张连儒　苏世兴　肖文杰　张绍波　王德利　吕志杰　王英华（女）
白常厚　胡光晨　王先立　董大中　于泽久　姜文斗　李翀昕　朱振宇　王晓晶（女）
郑洪顺　姜　波　王冬松　胡　苏　王百昌　张明华　王恩宏　王昌佑　么喜琴（女）

张绍森	郭学军	高速	单连仲	郭宝林	徐寅辰	赵广民	刘长利	张玲（女）
姜志军	王桂丰	张巨元	吴晓健	张福清	徐阳	吴广义	马立伟	吴亚玲（女）
洪光	乔德富	王伟	刘启	韩树峰	张跃军	岑圣洪	徐宝民	徐杰（女）
张雷	王殿秀	赵国鹏	齐国胜	王忠礼	李志强	王兴元	吕文彬	蒋继革（女）
张树文	赵立杰	王晓东	王德智	刘凤博	潘宝忠	孙志刚	石海泓	金子（女）
邢守刚	白钟影	徐新堂	谢文强	柏嘉安	王鹏	李冰	王学武	李跃（女）
李效成	史贵武	邵志军	范国旗	付维强	张子军	刘国玉	王全星	王春香（女）
李玉臣	郭殿满	何晓东	刘关强	罗军	许林华	孙毓卿	董江	张利（女）
慈东	黄照营	张玉龙	吴玉厚	万英君	田维实	刘相华	穆怀中	王广兰（女）
孙贵范	高闯	贾天柱	吕宗枢	孙思予	王彤	吕正华	辛利伍	王朗（女）
任级三	贲志宇	闻波	俞万祥	安涛	田奎玉	孙晓	费书国	胡凤荣（女）
刘永奎	刘继山	王雨斌	梁忠祥	单伟光	孙艺	郭秉雄	赵香瑞	秦丽红（女）
邸久和	王爱国	焦石	张良	梁景光	欧伟	张伟光	张殿臣	秦丽红（女）
陈涛	王成喜	单铁环	何玉光	郭廷会	金淳德	李惠武	宋毅	王淑芬（女）
黄科	张全会	张振阳	王大壮	曹永庆	孙景成	谢占武	段士锦	李翠霞（女）
齐振家	韩伟新	李恕	常焕勇	程向辉	戚勇	张宏波	李海鹏	徐凤芹（女）
韩立军	魏运灵	邱岩	王胜	李强	鲍俊夫	方伟力	梁学善	关屋忠彦（日本）
曲骊	杨波	陈允禄	刘鹏程	谢文田	乔上力	梁志顺	谭德忠	董桂琴（女）
肖明	吕开宇	刘贵良	李强	董宝成	苗伟	周胜庆	关维宏	潘亦绯（女）
王子博	迟金文	冯辉	刘春章	何文江	陈强	孟凡凯	王耀	刘玉珍（女）
丁立根	王辉	宿志坚	胡凯峰	王敬廉	丁颖铭	安宁	任力男	田凤霞（女）
佟悦	王育民	张军	王晓阳	于顺	郑宏威	王爽	姜晓光	兰雪健（女）
张广君	冯博	王祖来	徐德利	倪思源	张国祥	刘锋	卜庆平	孙敬梅（女）
杜凤进	李恒	黄宝盛	陈小鹏	赵怀清	朱新泉	姜耀辉	许树文	周雅丽（女）
李子明	朱晓光	张赛	赵路新	杨奔	刘恩贵	王树立	郭天玉	李丽（女）
陈伟昌	邱光华	宋伟	侯良冶	廉辉	邱立全	王京	谭成	杨桂梅（女）
张振深	闫春平	李军	杨顺	王书坤	张长锁	陈涛	刘旭辉	宋敬文（女）
刘延民	郑伟	李东顺	钟亚明	刘胜勤	杨大群	刘闯	王洪	高淑芹（女）
刘信广	穆鸿栋	赵国辉	田志革	钱玉贵	李希国	孙洪山	闫海生	李静华（女）
李洪军	张宝珠	顾长林	马德宽	周德臣	王兴财	张文华	程文刚	高颖（女）
徐洪飞	王志元	王明武	李仁生	孟宪文	何立兴	姜大光	关玉栋	张晓梅（女）
李春江	付绍忠	尹振强	刘贵库	陈志仁	王克	刘永彪	徐春吉	孙艳华（女）

周东刚　于　洪（女）　高　波（女）　张金凤（女）　张桂菊（女）　李玉芝（女）
李世臣　杨丽华（女）　王凤彩（女）　回德芬（女）　高凤芝（女）　于会芬（女）
王代权　刘素坤（女）　王　颖（女）　刘先玲（女）　宁玉侠（女）　郭金艳（女）
高淑珍（女）　王玉璘（女）　杨　琦（女）　林　晶（女）　张艾华（女）
赵丽嘉（女）　冯　晶（女）　王　璐（女）　葛莎莎（女）　李艳萍（女）
张宝砚（女）　辛　彦（女）　冯永新（女）　曹淑君（女）　余秀林（女）
徐玉玲（女）　骆素秋（女）　肖纯凌（女）　徐拯民（女）　洪　玫（女）
郭　敏（女）　王　艳（女）　潘丽庆（女）　宋　颖（女）　赵洪霞（女）
张红梅（女）　李发美（女）　刘　卓（女）　张　斌（女）　赵玉淼（女）
李淑华（女）　谢　红（女）　谢　丹（女）　张春玲（女）　王桂荣（女）
孙　新（女）　王玉梅（女）　魏彦玲（女）　孙　颖（女）　石艳芸（女）
杨慧君（女）　吴秀琴（女）　杨艳华（女）　杜　杰（女）　王秀香（女）
王　萍（女）　高旭灵（女）　佟桂莲（女）　孙　峰（女）　包春霞（女）
张莉红（女）　齐丽颖（女）　郭艳霞（女）　崔　萍（女）　付西津（女）
陈书一（女）　张鲜萍（女）　赵建新（女）　李秀凤（女）　朴明华（女）
刘慧玲（女）　吴　霞（女）　刘　瀛（女）　倪　兵（女）　张　威（女）
李雪绵（女）　白　云（女）　王丽娟（女）　仲丽艳（女）　李艳萍（女）
李尚丽（女）　金　岩（女）　刘桂秋（女）　任　鸿（女）　朴仁淑（女）
张德华（女）　米歇尔·裴翰（荷兰）

2008年

特等劳动模范

张在谦　王　欣　徐宝军　刘　波　王　娇　李　瑞　张　振　段国会（女）
张劲松　付　强　高国文　马淑惠（女）　王　琳（女）　宋　宁（女）

劳动模范

李荣玺　洪运力　李广波　苏广林　赵　震　谭　俊　董　颖　王　颖　桂　丽（女）
唐家锋　张道利　栗建民　周云川　陈宝刚　王向东　董志强　龙世泽　李淑娟（女）
马　威　徐占元　刘福龙　刘金苏　吴成茂　田　克　徐　威　王运福　吴　沙（女）
闫欣平　徐晓冬　张宏伟　张旭春　王东明　印明洋　曹佰库　卢　峰　段鸿茹（女）
罗纯伟　冯　然　侯殿仕　王恩溪　李明吉　马学显　袁忠春　安沛先　魏晓明（女）

苗东旭	文川	杨伟家	李文东	张毓滨	苏国富	董伟钧	李胜坤	黄进（女）
王金奎	黄异	孙达博	曹咏	康家强	程世伟	肖永	李屹峰	蔡玉芬（女）
孔跃龙	郭裕春	李国华	张东男	张凯	李晓彬	于威	杨建国	杜笑然（女）
赵斌	黄涛	由连奎	郝清田	李春山	李宏	梅傲霜	葛鹏霄	胡素芬（女）
张宁	李勇	赵伟	丁峰	赵书凡	赵钰	辛金栋	尹春光	段凤香（女）
金阳	赵冠英	周胤卓	曹福军	郑松夫	巩俊海	薛景浩	赵纯宏	宋莲（女）
韩延辉	项博诚	马占信	金在万	赵文柱	樊玉清	卢秉刚	邹学英	杨丽华（女）
张树忠	刘汉先	胡成强	李昌国	高松	张英林	孙成宝	刘欣	郭玉秋（女）
王乃奇	廖春刚	王玉峰	刘定纯	王庆义	梁立新	信杰	陈铁军	李惠萍（女）
张景槐	王瑞林	李延年	姚余锋	吴长青	宋玉良	羿维礼	于守福	孙莉莉（女）
张孝勇	郭宝辉	徐晓兵	贾立忠	徐雪峰	李凤宽	杨玉山	张颂	季岩（女）
刘阳	杨学权	王天泉	雷国柱	王孟泽	任海青	柳金龙	殷贤友	张玉珠（女）
邹永庆	杨宏	王顺	石国义	陆国栋	胡光耀	赵海林	夏君轶	傅素静（女）
马立东	王国庆	郭晓庆	崔庆良	肖新鹰	邢汉奇	辛敏杰	张连富	翟艳君（女）
王建伟	方军	于东海	徐春波	孙怀宇	朱延斌	姚秉全	张森堂	张艳芬（女）
齐君	吕世祥	王宝清	初德泉	白树彬	计权	王亚忠	王石	凌洋（女）
王向明	朱凤林	高巍	王向阳	潘树成	任玉民	张才	徐刚	郑丽华（女）
殷玉华	李敏	吴春明	李悦	年庆丰	方世夫	刘守进	汤卫	张振丽（女）
臧德臣	王明玉	邢贵和	于晓光	张铁岩	高峰	陈伯超	王维林	李金萍（女）
傅俊范	赵波	张义民	王大超	张忠	吕青山	史力民	娄延春	周琦（女）
庞士信	梁成文	于佳	胡传生	姜凯	陈晓东	刘辉	张秀岑	赵经娟（女）
程林	温健	刘长春	韩维庆	张春	孙海昌	冀慎泉	徐强	史锦云（女）
王恩亮	王恩华	陈显强	肖军	顾晓辉	苏凤棠	宋庆林	尹哲	鄂丽（女）
马万利	杨小舟	张安民	高士军	吴佩德	沈建家	姜克东	付安政	陈松蒲（女）
李秉和	阎铁男	王克	白刚	汲涌	刘琰	王晓峰	孙卫国	王爱军（女）
严曙光	杜显国	赵世锋	关志	董哲伟	冯振洁	刘岩	杨海波	于丽春（女）
杨宝忠	曹利军	曹永刚	李贵洲	王东明	关伟林	赫立远	张鹏	卢亚香（女）
韩杰	武文争	王维良	王葆真	孙长顺	刘戈	傅卓林	王振苏	陈素桂（女）
战洪福	张志	高德新	唐英利	赵志强	李宝昌	沈国荣	薛景普	高文珍（女）
许云诚	高仲	吴好增	孙立学	那志远	陈巍	刘博	常东	陈亚珍（女）
周海峰	闫小明	李红	楚鸿祥	苏金喜	李锡惠	王警军	张军	韩晶（女）
史彩亮	张巍	董巍	刘文庆	梁晓光	张林树	李秀廷	高诚瑜	孙心燕（女）

刘海滨　刘晓东　朴昌龙　张明峰　赵洪涛　索景悦　姜荣涛　阎嘉敏　白晓萍（女）
陈玉民　陈相忠　陈振武　王真茂　张彦斌　韩春声　杨国凯　刘锡铮　李淑梅（女）
孙云龙　郭玉福　吴敏辉　朱　磊　候　军　刘　彦　白云良　德　朋　董文秋（女）
李世文　毛积涛　高福军　黄建民　陆永飞　杨胜华　张春海　王　军　赵　莉（女）
于　博　郭少玉　李奎斌　何君礼　杨庆丰　黄　晨　周大伟　赵　祎　肖　坤（女）
邹健立　罗建平　邓晓东　张文赞　王继鸿　任文超　韩贵成　杨金朗　黄兆平（女）
李栢林　王启常　牛富全　赵维明　吴学宽　朱国成　张爱忠　刘忠利　于　丹（女）
崔连柱　徐　光　路殿勇　孟宪财　赵　勇　段景权　魏学章　周恩权　张　泓（女）
李忠双　赵纯友　田学丰　李晓春　孙德东　刘同玉　马玉文　韩权昌　李学君（女）
李会峰　喜春胜　朱晓兵　王怀文　何福安　刘洪元　马玉权　齐国胜　姜秀英（女）
李延辉　李茂贵　潘作良　王　洪　陈国强　徐德洪　胡占才　徐大地　冯　凝（女）
陈小平　曾　波　许文有　薛英伟　吴晓冰　冯德钧　李　军　何正勇　周　荣（女）
袁　健　邱祖安　李桂盛　王廷瑞　陈佳标　王松涛　孙永刚　蔡　彤　赵淑华（女）
王天明　凌正康　梁凤海　王海波　孙超武　陶庆才　翟　克　李凤山　刘景芳（女）
张海涛　王天泉　刘绍东　吴　峰　白凤华　刘建立　宗先奎　蒋颂杰　白　刃（女）
赵　辉　邵　军　刘凤岐　马志军　姜庆明　陈尊多　陈仲兴　李　飞　单永辉（女）
张广善　闫守国　孙昌生　陈辽东　李针红　徐兴家　李蔚天　范泉水　关　英（女）
石　敏　张雅书　刘　军　费良玉　宋　伟　李曙光　赵振伟　江崇军　葛丽萍（女）
鲁　博　王　丽（女）　郭红伟（女）　王桂英（女）　杨建明（女）　王　云（女）
王海民　白　实（女）　范　平（女）　韩　瀛（女）　何淑华（女）　张　巍（女）
刘牧野　杨君霞（女）　张　荣（女）　周　菲（女）　高诚慧（女）　李雪冰（女）
章　硕（女）　张露丽（女）　高　虹（女）　崔福德（女）　刘晓虹（女）
隋剑爽（女）　姜　萍（女）　王铁宏（女）　杨桂红（女）　徐　涛（女）
徐锦春（女）　王　虹（女）　李秀人（女）　李艳辉（女）　薛　静（女）
周玉萍（女）　巩渊博（女）　左玉娟（女）　李伟君（女）　姚凤珍（女）
王立红（女）　曹　青（女）　王雁翎（女）　孙桂芝（女）　牟　玲（女）
赵　红（女）　冯惠莲（女）　关丽华（女）　孙　桦（女）　黄丹凤（女）
张淑红（女）　李晓明（女）　高　颖（女）　杨桂花（女）　何　苗（女）
韩秋颖（女）　李英娜（女）　王　惠（女）　刘淑华（女）　王海霞（女）
宋爱武（女）　李　玥（女）　白　岩（女）　宣晓萍（女）　任桂荣（女）
刘淑怀（女）　贾云霞（女）　高金萍（女）

2010年

特等劳动模范

张腾蛟 王 刚 庞 程 庞 为 高国栋 张化光 黎 明 冯玉萍（女）
陈雪娇（女） 鲁 卓（女）

劳动模范

李振生 刘贵财 陈 军 王 凯 马晓安 胡清泉 陈兆林 李秀河 胡静琴（女）
田 力 李国斌 刘 刚 柳 林 汪义钢 陈 军 刘玉锋 杨 刚 李晓东（女）
胡文革 曹志奇 易 进 李延卫 王志刚 马志芳 张怡中 张岱云 权晓艳（女）
陈秀庆 张文政 沈志奇 张 放 张志洪 张 剑 魏福军 王长斌 董淑云（女）
吴建国 金志齐 孟 涛 翟 利 孙国令 康铁柱 沙庆纯 周万春 吴 艳（女）
张 伟 李文茹 刘文博 赵伟卿 曲 凯 李善义 周 铭 史启林 刘雅君（女）
段 焱 李景祥 崔 涛 臧广颐 程 光 侯东川 王国强 盛 涛 李秀华（女）
张 琦 马志源 孙伍乐 施 雷 梁 平 周廷昌 李玉昆 礼恩龙 锡 燕（女）
赵晓勇 任德军 周 正 张 忻 王洲平 于 泳 李胜全 刘 鹏 宁翠荣（女）
杨 帆 耿振台 李 伟 王玉书 姜洪骥 刘 勇 刘文杰 张 恒 信醒鹃（女）
汤天鹏 郑家全 汪德军 吕东财 孙连营 孙立刚 李海洋 焦 奡 马丽娜（女）
贾心明 宁 刚 刘 春 戴永平 张廷彦 魏占斌 邹有绵 孙忠明 张秋平（女）
蔡学群 李树正 张毅明 王兴东 穆卫东 周发利 王青彬 孙铁新 李子娟（女）
王 宏 徐忠力 朱生伟 郭浩然 宋一甲 郭洪江 刘凤民 刘春华 曾庆质（女）
李 光 薛 勇 张凤义 赵维强 石玉斗 史恩瑞 王 勤 郭广文 李 娜（女）
王连深 信国儒 胡国际 吕森林 马吉友 苏银玉 刘 辉 谷连成 马金芝（女）
郭立峰 石文权 安洪宾 孙 全 刘忠良 任大同 申志刚 张国忱 范秀莲（女）
陈恢库 孙立勋 张大伟 赵宏宇 代洪国 刘 波 王 威 徐超明 刘雅杰（女）
何锦华 吕 泉 袁凤林 陈昌龙 王绪清 王 崴 于永泉 都玉洲 和 宁（女）
胡亚洲 李培春 张洪龙 段献庆 王 敏 田富跃 姜卫东 张泽胜 李 丽（女）
王天奕 朱文杰 李景尧 於胜军 宁仁之 郭 捷 褚晓文 焦明发 董秋雯（女）
赵 波 陈凡奇 张世昌 袁 立 张振波 何 浩 张树栋 韩继明 张秀云（女）
许雪峰 张贵兴 王延林 李海峰 栾建军 范 义 孙祥东 毕绍华 李春英（女）
祝 坚 刘一鸣 张国庆 周海辉 池贵义 从 杰 杨 光 卢秉延 张淑琴（女）

俞礼胜　张　勇　付伟俊　石　磊　辛　强　孔令达　任庆贵　张伟明　邹海霞（女）
常宝强　杜宝臣　郑白水　魏　利　耿洪臣　张海利　王　刚　倪日亮　董　健（女）
姚智峰　张立新　侯凤阳　肖福明　王铁良　王　平　陈誉华　关洪全　王朝晖（女）
张伶伶　郝永平　李丕鹏　肖林久　吕常伟　张振威　李崇杰　范立南　李淑芳（女）
张丙吉　李金鹏　谢　林　苏雨顺　张仕卿　周新文　赵英魁　戴显伟　王枫溱（女）
李宝泉　康景波　张建平　赵　刚　聂雨宏　李广大　李剑平　刘长辉　李妍妍（女）
史玉林　刘云鹏　姚兴佳　彭　文　路振富　杨德华　杨维满　王　军　程继鸿（女）
郭振杨　程　革　徐　刚　宋铭杰　魏　刚　耿忠洋　韩殿富　高彦松　王淑敏（女）
尚　皓　杜　祥　李福连　任广华　刘建帮　李树德　关锦平　李长清　张秀杰（女）
佟葆晖　姜玉成　李相严　李基华　姜广祥　宁俊平　杨维桢　周明辉　张　茹（女）
沈学丰　田　军　闻彦博　王　剑　穆红雨　马建国　徐永久　刘玉琳　毕文萍（女）
王克森　侯　冰　张洪流　单明莹　邱　耘　张智武　齐英昊　阎福德　金兆英（女）
刘爱民　付可弘　孙忠学　王　镭　刘　君　陈　勇　王　勤　陈永德　王贵霞（女）
田雪峰　宋绪鲜　王大权　邱崇宝　王文波　牛　良　巴　放　任宝臣　乔玉英（女）
王　鑫　王德周　陈亚明　吴佩君　陈立军　王守江　王志伟　刘正辉　李唤弟（女）
陈保东　刘壮野　郑文录　庞少华　张文欣　赵　忠　郭俊胜　沈桂章　李　莹（女）
许　明　朱再信　张连刚　张　强　张维营　王晓刚　张宏大　张天华　王润娇（女）
邵　华　张野驰　于　江　费玉秋　郭忠涛　巩文龙　李　众　齐建军　赵　露（女）
尹省山　段龙财　张忠文　关　炜　赵　锐　刘　灏　陆永华　神克柱　王秀华（女）
牛　冲　王伟健　洪玉文　施国强　赵光强　朱长伟　徐宝正　潘梅生　田红蕾（女）
陈志国　张敬红　王连金　佟明仁　刘全宇　陈怀君　黄孝忠　高　征　王红军（女）
邢作岩　杜忠春　杨俊亭　刘明印　李成奎　秦国生　何永成　王长余　时　平（女）
孟奎伽　刘福昌　于会库　韩玉军　付国海　战百秋　佟永才　张海忱　徐晓宁（女）
秦洪江　谢春来　刘庆军　高洪春　郝　爽　李宏亮　马佩义　李　伟　冯　宇（女）
李欣然　李艳秋（女）　王　英（女）　马　波（女）　钟晓玲（女）　张振英（女）
刘海东　崔莲顺（女）　李　光（女）　王丽芳（女）　严锦侠（女）　王　燕（女）
陈百峰　方宗英（女）　杨　松（女）　金树颖（女）　谭惠苓（女）　马　英（女）
董　政　赵克非（女）　张　瑾（女）　孙洪艳（女）　李成子（女）　宋金萍（女）
刘默然　夏亚琴（女）　张玉红（女）　王　新（女）　张玉萍（女）　张　健（女）
刘洪海　熊　焰（女）　陈　蕾（女）　刘　宁（女）　冯海燕（女）　曹奇志（女）
王学军　石　莉（女）　董　颖（女）　关丽萍（女）　曲秀娟（女）　王婷婷（女）
卞祖红（女）　董丽娜（女）　高秀菊（女）　王　斐（女）　李　萍（女）

薛凤锁（女）　杨玉洁（女）　苏桂秀（女）　刘　妮（女）　王　静（女）
聂丽娟（女）　穆淑娟（女）　刘　杰（女）　卢小璇（女）　钟　甦（女）
蒋　阳（女）　李秀珊（女）　王　琳（女）　张晓丽（女）　杨　悦（女）
王　营（女）　刘会纯（女）　温　葵（女）　许红娥（女）　李治丽（女）
陈云环（女）　申宝莲（女）　佟丽芬（女）　赵凤菊（女）　宋玉芬（女）
袁桂笂（女）

2012年

特等劳动模范

方文墨　李凤义　史纯贺　杨成东　孟　军　高玉彦　姜　妍（女）
张志敏（女）　杨静微（女）　王义华（女）

劳动模范

高洪斌　王志鑫　吕铭军　刘天福　赵福涛　米世诚　信　锐　郭再伟　卢　敏（女）
李永胜　王明伟　陈志金　崔岩斌　王　廉　马瑞杰　姜春发　邴国宪　张晓云（女）
朱恩伟　郭传臣　李　涛　林宝强　季光辉　辛红昇　周维刚　纪　伟　吴　全（女）
刘　昊　崔佩强　白　平　安　亮　夏长涛　康思远　李　强　刘卫东　王洪艳（女）
王　涛　訾禹昆　吕　超　董彦宏　王远航　孙　飞　周年发　张海军　陈　燕（女）
孟繁富　丁一明　潘维栋　韩吉祥　宋志强　范基良　马　辉　陈怀胜　王琳瑛（女）
戴铁军　刘海涛　周大辉　杜建宁　任加峰　王庆新　张建本　王晓英　刘映伟（女）
曹海波　张福斌　姚　尚　张葆晨　陈　雷　孔繁霁　吴联合　刘志敏　王英杰（女）
于治伟　韩日刚　谢根华　刘廷毅　王　军　顾　军　吕宗英　朱志良　曹立华（女）
段玉玺　孙英贤　吴　斌　王世杰　张立德　杨兆宇　安晓卫　赵慧平　李　潞（女）
杨德武　王洪飞　赵德山　李　智　穆　风　刘荣范　于东溟　赵建华　金晓阳（女）
佟　伟　赵忠海　丁宏伟　乐维宁　杨兆田　王子彬　常　敏　张国庆　陈　虹（女）
徐洪利　苏焕伟　王海林　于晓松　张跃辉　孟宪彬　金月辉　魏　军　韩锡艳（女）
王　班　李德东　王世勇　徐玉川　迟云飞　聂宝刚　李春雷　张家臻　于丽岿（女）
赵光伟　罗树伟　王　璞　何　平　陶　枫　李文鹤　穆子源　郑国庆　王爱武（女）
王　伟　宋思官　张剑光　孙　明　李冬青　刘加保　焦万胜　刘承轩　杜　强（女）
张敬波　王　凯　吕正海　王立平　张贵忠　刘　凯　秦建明　臧言实　郁　燕（女）
徐　涛　石　品　王　树　黄广平　江　涛　郑　峰　李吉伟　高兴友　刘　健（女）

胡长生 刘向东 洪 鹏 张洪波 薛克峰 孙克强 郝铁凡 杨绍福 单慧玲（女）
王树祥 李志刚 薛 昆 崔 宏 王光明 李永一 刘 辉 高书海 赵 伟（女）
张超波 刘玉石 王泓伟 赵立国 黄晓东 司 戎 杨 斌 唐绍巍 陆 虹（女）
魏来舜 王 琦 魏辉艰 王汝全 田 冬 张 冶 王 权 潘家驹 张 岩（女）
李志民 银 琼 梁 波 刘文利 徐明泉 冯 述 孙 岩 郭连贵 刘继辉（女）
刘福满 高士波 姚长杰 吴 江 郭玉江 曾庆金 宋 东 马章平 高淑敏（女）
沙 迪 巴文夺 宋铁斌 刘 伟 许 冬 黄贵文 张 帅 李晓林 徐 萍（女）
杨 柏 魏 东 张 宏 冯圣良 郭绍武 杜 涛 潘晓宏 刘瑞勋 马 红（女）
李义功 宋 涛 周 军 刘永明 张晓辉 苏 杰 路忠郊 武金喜 刘松岩（女）
赵永太 毕研东 郭福有 张景波 肖 智 曲鸿雁 马祥波 高 廉 张 蓉（女）
于 杰 许京光 温鸿博 丁元开 郭洪生 王家会 王 澍 杨兆祝 梁晓波（女）
杨承英 张晓锋 戚成振 张宝印 王家昆 吴 军 郭 辉 汪学志 张晓艳（女）
宋 威 田凤石 朱振刚 徐德辉 唐广海 贾成贵 何有祥 田 阳 唐乐珍（女）
赵秀海 谢德实 张恩学 王洪义 王 凯 丁 文 王立明 王 磊 冯 慧（女）
刘志峰 王金钟 周成宏 张振东 李 攀 郎 杰 王建财 马运忠 韩艳云（女）
柴静祥 林祥勇 吴继伟 唐贵春 张景余 孙志宏 李宝荣 戴运福 王忆洁（女）
廉洪波 刘天禄 李明海 韩 笑 黄永才 于立坤 杨长胜 范金星 关益民（女）
林连续 张宇峰 郭绍元 杭彦龙 陈海龙 韩国忠 陈国红 宋晓利 刘红伟（女）
李景林 任泽民 于彦峰 孙忠义 赵洪志 张 波 佟玉成 赵铭禄 应 敏（女）
赵春富 王鸿斌 张 明 曹建文 段继成 吴庆国 赵宏江 李红日 汪云霞（女）
陈 宏 李成祥 张 勇 杨学东 宁兴华 李一民 王 民 王 庆 王 纯（女）
何英祥 王立勋 王朝伟 张怀德 张庆峰 陈 冲 胡凤彦 陈国青 孙丽玲（女）
张向阳 王东辉 黄溢昕 毛 兵 王学东 赵奎刚 高铁军 武 威 邓 华（女）
李 刚 宫运福 李 斌 李长武 甄海军 李文彤 席文涛 公丕发 苏玉男（女）
邬中铎 贾 巍 王 翔 乔 江 宫 魁 张晓科 赵瑞来 李玉国 陆 露（女）
刘 京 张长胜 于欣然 董长海 姜 成 曹贺斌 石铁光 张 辉 石雪莉（女）
许炳新 李 想 康国海 高 超 刘恩连 王 志 曲 飞 盛凤坤 周 晶（女）
于宏海 孙永福 付成华 赵广军 王 贵 王 琦 郑忠信 石 磊 梁富梅（女）
邹权忠 佟成山 王宝存 陈述森 田 高 张立奎 潘成彬 金 柱 陈冬梅（女）
于光远 李百昌 徐晓明 齐宝生 单 鹏 田洪久 王兴波 李春阁 王丽君（女）
王洪纯 娄红利（女） 李云飞（女） 刘 岚（女） 吴 杨（女） 陆雪松（女）
霍俊忠 王 晶（女） 溥 莉（女） 李 莉（女） 王 辉（女） 孙 萍（女）

崔　凯　赵玉凤（女）　邬艳霞（女）　王颖坤（女）　蔡晓燕（女）　韩　静（女）
赵秀勇　吴志馨（女）　冯丽霞（女）　王小芝（女）　宋翠玲（女）　张　丽（女）
孔令财　窦爱军（女）　李志波（女）　关凤艳（女）　侯云凤（女）　金　玲（女）
孙　明　王　宏（女）　吴秀春（女）　张　玲（女）　葛　坤（女）　张　静（女）
王　欣（女）　王艳萍（女）　张　范（女）　彭雪芳（女）　王艳春（女）
贺晓梅（女）　崔荣芝（女）　黄晓冬（女）　董　涓（女）　毛淑彦（女）
安力军（女）　孟　娟（女）　盖崇茂（女）　孙　丽（女）　张蒙丽（女）
王红杰（女）　陈　岩（女）　韩春丽（女）　李　利（女）　李　丹（女）
王　玲（女）　刘　坤（女）　刘淑芹（女）　李凤杰（女）　吕敏红（女）
王　宁（女）　刘淑芬（女）　付德君（女）　韩亚娟（女）　丁　杰（女）
孟春玉（女）

2014年

特等劳动模范

李晓亮　杨　森　马长好　朱宗宝　张　珂　王靖昊　尤泽余　赵兴华　盖立亚（女）
李宜荣（女）

劳动模范

洪家光　李玉文　王宝新　张清江　丁志强　吴学文　梁　岩　李　玲　曲广富（女）
郭洪杰　宋明冬　宫丽平　翟　军　隆　泽　杨文学　李　海　梁　军　唐　华（女）
倪　军　安延峰　王怀武　李　静　李　宁　邢　樯　李长强　沈锡钢　王　岩（女）
王明皓　曹茂国　王恩富　吴东生　郭　京　崔晓春　陈光伟　张明生　米忠义（女）
彭　霞　佟胜利　何金结　康　龙　王绪军　于　忠　王洪军　孔令友　李　林（女）
申恩龙　田　丹　白震国　丛英彪　刘　威　刘永明　刘春雨　孙景阳　邹彦儒（女）
杜光勇　李春利　宋　亮　张亚琴　邵培仁　姜兴群　高玉国　曹　丹　曹　利（女）
景　罡　马　诚　王日清　李忠臣　李铁昌　杨　溢　吴小平　汪创华　王　玲（女）
张继昌　姚　勤　韩　健　林永忠　裴禄军　刘旭东　方庆红　王劲松　明立军（女）
顾晓林　侯雪晨　吴硕东　王　宇　吴秀文　单连斌　赵立民　艾延廷　吴　燕（女）
许　健　李　威　王明友　支　伟　王铁玉　朱　伟　陈锡民　徐建军　孙士国（女）
王铁红　何仲贵　迟维意　王明宝　高秀兰　刘晓华　赵维江　党玉民　姜月秋（女）
贾同福　栾　笑　杭　涛　谢赞歌　张　雷　吴宝俊　赵　亮　温广君　范　瑜（女）

刘文祥　程　宇　赵立平　焦增群　石　阳　袁　奇　肖文堂　柏松阳　刘春景（女）
赵　斌　刘正涛　李　宾　徐银彪　于　涛　辛长义　张德刚　佟宝昌　吴文鹏（女）
刘庆军　刘东冶　潘泳超　刘雨声　杨　烁　王　涛　王国平　杨　剑　王东明（女）
张建国　陈宏泽　史福庆　曲长斌　张绿波　朱志刚　陆庆轩　刘文艳　郭　萍（女）
张　宇　任国文　仝学让　吕振悦　寇占楼　刘桐武　佟福林　魏玉良　刘　旸（女）
董　萌　王　凯　徐胜伟　汪　洋　李　刚　易启相　王文成　卢　林　王　红（女）
张晓东　谢文跃　崔　巍　祖春阳　张毅成　冯战新　管宏祥　刘云初　尚涤尘（女）
秦立新　孙庆新　王晓东　王文泉　田　巍　张鹏远　王　艳　林　俊　于京春（女）
刘庆吉　王　森　王贵富　李树军　赵士庆　李　岩　关　健　纪清林　纪文彬（女）
刘文晶　刘春光　赵彦明　杨红松　温建民　裴　健　刘　诚　程显俊　王建华（女）
张　旭　蔡世毅　杨俊臣　王　哲　程　宇　金巍松　王浦育　王万玉　陈毅强（女）
王子建　张　军　张宏宇　王青香　姜　昕　张　弢　陈明月　于春锋　欧阳伟（女）
关普义　张国利　田　野　王华堂　李洪波　高占国　周宗波　姜俊伟　张桂荣（女）
李本华　黄恒江　陈荣宗　谢松年　王国东　朱孟林　刘长青　杜　方　王雪岩（女）
刘海江　刘恒志　李伟华　洪　岩　张治军　滕瑞成　刘　琦　夏晓峰　贾　乘（女）
李　建　姚俊刚　杜玉潭　白静波　张海波　杨景忠　魏国东　魏莹佳　许　斌（女）
林振强　张士杰　李成多　刘家和　武仲刚　沈志国　艾志松　左世博　衣　鹏（女）
任文良　胡　宏　刘金库　孟凡开　慈维德　张明江　李长有　鄂晓泉　李凤香（女）
郑英德　张爱军　李　辉　韩文利　崔魁武　韩洪瑞　冯　博　杨春宝　张　娟（女）
郑延蛟　白　岫　刘铁男　范　凯　孙　波　温海峰　张向利　许德奎　李　丹（女）
张立峰　刘士军　范进霖　白洪涛　刘春华　林文金　徐鸿明　郭进展　穆亚平（女）
王晓亮　赵志红　张　震　宋　全　张海波　孙家海　马炫宗　吴　斌　高彩玲（女）
张志宏　张仁民　于强禄　刘汉广　吴更新　于占华　王广海　赵国祥　周　鹏（女）
李　斌　冯　毅　娄红光　乔　新　刘连新　王宗学　张传明　路站稳　赵　娜（女）
马忠胜　冯书亭　任明杰　赵震宇　郑　伟　沈　祥　杨廷威　邵敬联　李　洋（女）
丁洪彦　王树江　李越力　甄学刚　袁玉宝　刘秀峰　崔洪波　林力田　朱会君（女）
王希科　井晓光　何玉昌　刘晓竞　王　跃　李宝军　张弋弓　殷旭东　刘晓华（女）
崇　鑫　董恩武　栾广京　孙建军　牟国明　张宝贵　雷　鸣　高大为　王艳菊（女）
贾荣旺　陈　军　金　铁　张国柱　刁宝成　蔡永贺　迟连德　王东杰　李　航（女）
景亚栋　夏　明　蔡君杰　杨海涛　李雪松　李宝安　常兴宏　温德有　朱翠翠（女）
孙启祥　何长平　赵　飞　洪蕴来　张宝信　董国良　宋玉文　金　铖　吕　辉（女）
孙士军　邴迎辉　张洪芳　周继红　于春元　郎国利　刘　伟　赵　戬　陈　晓（女）

张玉琢　李海刚　邱良华　孙旭新　白永海　扈国军　孙景学　刘占义　张　杰（女）
张国军　吴韶君（女）　王书兰（女）　郑襄勤（女）　张勇军（女）　李　颖（女）
李志刚　左春英（女）　王晓南（女）　李　萍（女）　周新仪（女）　孙丽艳（女）
朴永东　张冬梅（女）　章东声（女）　崔恒岩（女）　张　燕（女）　杨　静（女）
李　仲　李玉萍（女）　黄淑玲（女）　何　新（女）　戴　滨（女）　李连义（女）
刘国权　徐盛梅（女）　尚雅娟（女）　张　红（女）　赵丽欣（女）　王素云（女）
林连菲（女）　贺　明（女）　刘红宇（女）　汪　彧（女）　赵永红（女）
辛　微（女）　刘春凤（女）　高丽莎（女）　褚　萍（女）　刘春艳（女）
高　虹（女）　郎歆华（女）　亓明华（女）　李　明（女）　吕　娜（女）
林　梅（女）　罗玉娟（女）　齐伟彤（女）　姜　敏（女）　于　新（女）
曹春彩（女）　任晓茹（女）　于秀丽（女）　付　杰（女）　肇丽静（女）
何　畅（女）　钱菊利（女）　王丽梅（女）　孙思园（女）　常淑娟（女）
杨　曼（女）　孟丽君（女）　宋　莉（女）　刘　虹（女）　陈颖欣（女）
王晶秋（女）　罗　扬（女）　王秀莲（女）　徐红艳（女）　刘黎明（女）
孟　虹（女）　刘　征（女）　孙静敏（女）　李　莉（女）　聂　畅（女）
宛　盈（女）　门晓霞（女）　虞梅芳（女）　孙丽娟（女）　吴忠莲（女）
田　丽（女）　赵凤英（女）　刘　阳（女）　郭秀芬（女）　张亚艳（女）

后记

在中共沈阳市委、市政府的关心支持下，由沈阳市总工会编写的《沈阳劳动模范》一书正式出版了。这是沈阳市学习贯彻习近平总书记系列重要讲话精神，在全社会大力弘扬劳模精神、劳动精神的实际举措，是沈阳工会组织献给建党95周年的一份厚礼。

本书对史料的运用、史实的叙述和观点的把握，以中国特色社会主义理论体系和中国特色社会主义工会理论为指导，以中华全国总工会、辽宁省总工会、沈阳市总工会相关文献和沈阳地方史志为依据，通过对沈阳解放以来劳动模范评选表彰工作的深入研究，以及对各个历史时期知名劳模事迹的整理挖掘，进一步理清了沈阳劳模产生及发展的历史脉络、劳模工作的基本特点和劳动模范的重要贡献，力求使之成为一部传承劳模精神的励志书、沈阳工运史研究的参考书、沈阳劳模工作的工具书，并作为沈阳劳模纪念馆和沈阳劳模网建设的重要遵循。

在本书编写过程中，得到中共沈阳市委党史研究室副主任鲁颖、沈阳市档案局原副局长周庶江、沈阳市地方志办公室资料信息处处长颜秉顺、沈阳九一八纪念馆原馆长初兴佳、铁西区总工会原副主席逄育葵等同志的指导和帮助。同时，全市知名劳动模范（家属）在资料、图片的征集过程中，给予了鼎力协助和支持。在此，一并表示衷心的感谢。

本书由绪论、七个部分和劳模名录构成。绪论由赵力军执笔，第一部分至第七部分由刘一力、田宝君、苏开、王海轩、原昌、朱少凡、顾威执笔，徐光荣、曹洪、王勤、徐子华、阎雨燕对书稿进行了统筹修改。劳模名录由沈阳市总工会宣教部整理、劳模办复核。王翔坤、周荣生多次召开会议组织各方面人员对书中有关重要内容进行讨论并对整部书稿进行审定。赵忠令、王风旋、王洋、刘丹、马俊、李长涛、齐向宇、刘忠波、马宪政等同志参与了写作及资料编辑等工作。

由于时间跨度较长，加之水平所限，书中难免有遗漏和不妥之处，敬请读者批评指正。

沈阳市总工会

2016年4月